Seguro, Logística e Infraestrutura

Seguro, Logística e Infraestrutura

BRASIL EM CRESCIMENTO

2021

Coordenação:
Carlos Henrique Abrão
Fátima Nancy Andrighi
Ney Wiedemann Neto
Paulo Henrique dos Santos Lucon
Sidnei Beneti

ALMEDINA

SEGURO, LOGÍSTICA E INFRAESTRUTURA
BRASIL EM CRESCIMENTO

Coordenação: Carlos Henrique Abrão, Fátima Nancy Andrighi, Ney Wiedemann Neto, Paulo Henrique dos Santos Lucon, Sidnei Beneti

DIRETOR ALMEDINA BRASIL: Rodrigo Mentz
EDITORA JURÍDICA: Manuella Santos de Castro
EDITOR DE DESENVOLVIMENTO: Aurélio Cesar Nogueira
ASSISTENTES EDITORIAIS: Isabela Leite e Larissa Nogueira

DIAGRAMAÇÃO: Almedina
DESIGN DE CAPA: FBA

ISBN: 9786556271873
Março, 2021

Dados Internacionais de Catalogação na Publicação (CIP)
(Câmara Brasileira do Livro, SP, Brasil)

Seguro, logística e infraestrutura : Brasil em crescimento / coordenação Carlos Henrique Abrão ... [et al.]. -- 1. ed. -- São Paulo : Almedina, 2021.

Outros coordenadores : Fátima Nancy Andrighi, Ney Wiedemann Neto, Paulo Henrique dos Santos Lucon, Sidnei Beneti.
ISBN 978-65-5627-187-3

1. Engenharia 2. Infraestrutura - Brasil 3. Logística I. Andrighi, Fátima Nancy. II. Wiedemann Neto, Ney. III. Lucon, Paulo Henrique dos Santos. IV. Beneti, Sidnei.

21-55060 CDD-620.0042

Índices para catálogo sistemático:

1. Engenharia : Projetos : Tecnologia 620.0042

Aline Graziele Benitez - Bibliotecária - CRB-1/3129

Este livro segue as regras do novo Acordo Ortográfico da Língua Portuguesa (1990).

EDITORA: Almedina Brasil
Rua José Maria Lisboa, 860, Conj.131 e 132, Jardim Paulista | 01423-001 São Paulo | Brasil
editora@almedina.com.br
www.almedina.com.br

SOBRE OS COORDENADORES

Carlos Henrique Abrão
Desembargador do Tribunal de Justiça de São Paulo, Doutor pela USP com especialização em Paris. Professor pesquisador convidado da Universidade de Heidelberg. Autor de obras e artigos.

Fátima Nancy Andrighi
Ministra do Superior Tribunal de Justiça (1999). Doutoranda em Direito Civil, pela Universidade Federal de Buenos Aires – UBA. Mestre em Mediação (Master Latinoamericano Europeo em Mediación) pelo Instituto Universitaire Kurt Bosch, Suíça, com tese sustentada. Pós-graduada em Direito Civil pela Universidade Católica do Distrito Federal (1999). Pós-graduada pela Universidade de Ensino Unificado de Brasília (1996). Pós-graduada pela Universidade Vale dos Sinos – Unisinos (1976). Corregedora do Conselho Nacional de Justiça (2014/2016). Autora de obras e artigos.

Ney Wiedemann Neto
Juiz de direito desde 1989 e Desembargador no Tribunal de Justiça do Rio Grande do Sul desde 2008, atualmente exercendo a 3a. Vice-Presidência. Mestre pela FGV Direito Rio (2007). Bacharel em Direito pela UFRGS (1987). Professor em cursos de pós-graduação em Direito no Rio Grande do Sul. Autor de obras e artigos.

Paulo Henrique dos Santos Lucon
Presidente do Instituto Brasileiro de Direito Processual. Professor dos Cursos de Graduação e Pós-Graduação da Faculdade de Direito do Largo de São Francisco. Presidente da Comissão de Ética Pública.

Sidnei Beneti

Ministro do Superior Tribunal de Justiça (Aposentado). Professor Titular Emérito de Direito Processual Civil e Ex-Professor Titular de Direito Civil da Faculdade de Direito de São Bernardo do Campo – SP. Livre-Docente e Doutor em Direito Processual pela Faculdade de Direito da USP – SP. Foi Presidente e é Presidente Honorário da União Internacional de Magistrados – Roma. Árbitro dos Centros de Arbitragem da Câmara de Comércio Brasil-Canadá- SP e da Câmara de Comércio Brasil-Itália – SP. Membro efetivo do Instituto Brasileiro de Direito Processual, do Instituto Ibero-americano de Direito Processual, da Associação Internacional de Direito Processual, do Instituto dos Advogados de São Paulo, do Instituto Alemão-Brasileiro de Juristas e da Associação Jurídica Alemanha-Japão (Hamburgo). Autor de obras e artigos.

SOBRE OS AUTORES

André Furtado de Oliveira
Pós-graduando em Advocacia Contratual e Responsabilidade Civil pela Escola Brasileira de Direito em parceria com o IBDCivil. Graduado em Direito pela PUC-SP. Advogado.

André Tavares
Graduado em Direito pela PUC-Rio em 2001. Pós-Graduação em Direito Securitário pelo MBA Parceria Universidade Cândido Mendes/FUNENSEG em 2003.
Professor de Seguros no MBA de Direito Securitário da FUNENSEG.
Sócio do Escritório de Advocacia Sergio Bermudes de 2003 a 2017.
Presidente do Grupo Nacional de Trabalho de Seguro Garantia da Associação Internacional de Direito de Seguros – AIDA. Membro do Conselho Deliberativo da Associação Internacional de Direito de Seguros – AIDA.

Angélica Carlini
Advogada e Docente da Universidade Metropolitana de Santos – UNIMES. Doutora em Direito Político e Econômico. Doutora em Educação. Mestre em Direito Civil. Mestre em História Contemporânea. Graduada em Direito. Pós-Doutorado em Direito Constitucional.

Augusto Fiel Jorge D'Oliveira
Advogado. Bacharel em Direito (UERJ). Mestre em Direito (Ll.M.) pela Northwestern University, Chicago, EUA. Especializado em Administração de Empresas pela Kellogg School of Management, Chicago, EUA. Mestrando em Finanças Públicas, Tributação e Desenvolvimento (UERJ). Ex-conse-

lheiro Titular da 3ª Seção de Julgamento do Conselho Administrativo de Recursos Fiscais.

Caio César Bueno Schinemann
Advogado. Bacharel em Direito pela UFPR. Sócio da área de Direito Administrativo do VGP Advogados.

Cláudio Aparecido Ribas da Silva
Advogado, Pós-Graduado em Direito Processual Civil pela PUC-SP. Bacharel pela Universidade Mackenzie. Professor de Direito Processual Civil, Saúde Suplementar e Legislação do Seguro na Escola Nacional de Seguros (ENS). Professor de Mediação. Vice-presidente do Grupo de Trabalho da AIDA Brasil para os temas de Saúde Suplementar e de Processo Civil.

Ernesto Tzirulnik
Advogado em São Paulo e Brasília. Doutor em Direito Econômico pela USP. Presidente do IBDS – Instituto Brasileiro de Direito do Seguro. Coordenador da comissão de juristas e técnicos responsável pela elaboração e acompanhamento dos anteprojetos de lei de contrato de seguro (PL 3.555/2004 a PLC 29/2017)

Ilan Goldberg
Advogado. Doutor em Direito Civil pela Universidade do Estado do Rio de Janeiro – UERJ. Mestre em Regulação e Concorrência pela Universidade Cândido Mendes – Ucam. Pós-Graduado em Direito Empresarial LLM pelo Ibmec. Professor convidado da Escola de Magistratura do Estado do Rio de Janeiro – EMERJ, da Escola Nacional de Seguros (ENS-Funenseg) e da Escola de Direito da Fundação Getúlio Vargas (RJ). Sócio de Chalfin, Goldberg & Vainboim Advogados Associados.

Jéssica Suruagy Amaral Borges
Mestre em Direito Administrativo pela PUC-SP. Graduada em Direito pela PUC-SP.
Advogada.

Jordana Medeiros de Borba
Advogada no escritório PERY SARAIVA NETO | ADVOGADOS. Graduada pela Universidade do Vale do Itajaí – UNIVALI e pós-graduada em Direito Público pela Universidade Regional de Blumenau – FURB.

José Geraldo Brito Filomeno
Advogado, consultor jurídico, professor especialista em direito do consumidor, foi procurador geral de justiça do estado de São Paulo, o primeiro promotor de justiça de defesa do consumidor do país e vice-presidente, além de relator-geral, da comissão que elaborou o anteprojeto do vigente Código Brasileiro de Defesa do Consumidor.

Luís Antônio Giampaulo Sarro
Advogado, Bacharel pela PUCSP e Pós-Graduado em Direito Civil pela FADUSP. Membro do Conselho de Ensino, Pesquisa e Extensão da Escola Superior de Direito Municipal de São Paulo – ESDM-SP. Presidente do Grupo Nacional de Trabalho de Processo Civil e Conselheiro da Seção Brasileira da Associação Internacional de Direito de Seguro – AIDA Brasil. Procurador aposentado do Município de São Paulo. Ex-Diretor do Departamento Judicial da PGM-SP e Chefe da Assessoria Técnico Jurídica da Secretaria dos Negócios Jurídicos da PMSP. Ex-Membro da Câmara Técnica de Legislação Urbana (CTLU) da Prefeitura do Município de São Paulo. Membro efetivo do Instituto Brasileiro de Direito Processual – IBDP.

Luiz Fernando Casagrande Pereira
Advogado e Consultor. Mestre e Doutor em Direito Processual Civil pela UFPR. Sócio-fundador do VGP Advogados.

Marco Antonio Rodrigues
Procurador do Estado do Rio de Janeiro. Professor Adjunto de Direito Processual Civil da Faculdade de Direito da Universidade do Estado do Rio de Janeiro. Mestre em Direito Público e Doutor em Direito Processual pela Universidade do Estado do Rio de Janeiro. Pós-doutor pela Universidade de Coimbra. Sócio de F. Torres Advogados. Cursando L.L.M. em *International Dispute Resolution* na *King's College London*. Membro do Instituto Brasileiro de Direito Processual, do Instituto Ibero-Americano de Direito Processual, da *International Association of Procedural Law* e do Instituto

Português de Processo Civil. Professor de cursos de Pós-Graduação pelo Brasil. marcoadsrodrigues@gmail.com

Marcelo Vieira Von Adamek
Doutor e Mestre em Direito Comercial pela Faculdade de Direito da USP. Professor Doutor da Faculdade de Direito da USP.

Maria da Glória Faria
Advogada, graduada pela UERJ, pós-graduada em Direito Empresarial pela UCAM, IAG Máster em Seguros – PUC-RJ. Conselheira e Presidente do GNT de Novas Tecnologias da AIDA Brasil (2018/2020), organizadora da Revista Jurídica de Seguros RJS – da CNseg.

Mariana Kaludin Sarro
Advogada Sócia da Giampaulo Sarro e Advogados Associados. Bacharel em Direito pela Universidade Presbiteriana Mackenzie. Coautora de livros e de artigos publicados em revistas especializadas.

Olivar Vitale
Advogado, Presidente do IBRADIM (Instituto Brasileiro de Direito Imobiliário), Membro do Conselho de Gestão da Secretaria da Habitação do Estado de São Paulo, Conselheiro Jurídico do Secovi-SP e do Sinduscon-SP, Membro do Conselho Deliberativo do Instituto Brasileiro de Direito da Construção – IBDiC, Professor e Coordenador Pedagógico do Curso de Especialização em "Direito Imobiliário Empresarial" da Universidade Secovi, Professor e Coordenador do Curso de Pós-Graduação em "Gestão em Negócios Imobiliários", da ESPM – SP, Professor e Coordenador na disciplina "Aspectos Comerciais e Legislação na Construção Civil", no curso de Especialização/MBA da POLI-USP, Professor da matéria "Direito Imobiliário" na pós graduação em Direito Empresarial da Escola Paulista de Direito – EPD, Professor na Faculdade Baiana de Direito, na Business School Saint Paul e na UBS, Diretor da MDDI (Mesa de Debates de Direito Imobiliário). E-mail: olivarvitale@vbdlaw.com.br.

Paulo Henrique Cremoneze
Advogado, Sócio de Machado, Cremoneze, Lima e Gotas – Advogados Associados (Smera-BSI), Presidente do IDT – Instituto de Direito dos

Transportes, Mestre em Direito Internacional Privado, Vice-Presidente da UJUCASP– União dos Juristas Católicos de São Paulo, Membro Efetivo do IASP – Instituto dos Advogados de São Paulo, Autor de livros e artigos jurídicos publicados, Diretor Jurídico do CIST - Clube Internacional de Seguro de Transportes, laureado pela OAB-Santos pelo exercício exemplar e ético da advocacia, associado da entidade mantenedora da Universidade Católica de Santos.

Pedro Ivo Silva Mello
Co-fundador do escritório Raphael Miranda Advogados.
Graduado e pós-graduado pela PUC-Rio, com especialidade em Direito Civil Patrimonial. Pós-Graduado pela Escola Nacional de Seguros no MBA de Seguros e Resseguros. Certificado pela Fundação Getúlio Vargas/RJ no curso de extensão em Seguros e Resseguros e pela King´s College London nos cursos Negotiation – Strategy and Skills e International Commercial Law.
Co-coordenador do Programa de Direito dos Seguros do Instituto Connect de Direito Social – ICDS.

Pery Saraiva Neto
Advogado, consultor jurídico e professor. Titular do escritório PERY SARAIVA NETO | ADVOGADOS. Doutor em Direito pela Pontifícia Universidade Católica do Rio Grande do Sul (PUCRS), com estágio doutoral na Faculdade de Direito da Universidade de Coimbra. Mestre em Direito pela Universidade Federal de Santa Catarina (UFSC). Diretor Acadêmico da Associação Internacional do Direito do Seguro – AIDA/Brasil.

Ricardo Bechara Santos
Consultor Jurídico especializado em Direito de Seguro. Membro efetivo da Associação Internacional de Direito do Seguro – AIDA Brasil. Autor, dentre outras, das obras "Direito do seguro no cotidiano", "Direito do seguro no novo código civil e legislação própria" e "Coletânea de jurisprudência STJ/STF, Seguros, Previdência Privada e Capitalização" e coautor de diversas obras. Consultor jurídico da Confederação Nacional das Seguradoras – CNseg e do Sindicato das Seguradoras nos Estados do Rio de Janeiro e do Espírito Santo – SIndseg RJ/ES.

Roberto Angotti Junior
Procurador do Município de São Paulo. Professor de Direito do Seguro da Funenseg – Fundação Escola Nacional de Seguros. Coordenador do Centro de Estudos Jurídicos- CEJUR da PGM/São Paulo. Professor da Escola Municipal de Administração Pública de São Paulo – EMASP. Professor do LFG – Cursos Preparatórios para Concursos Públicos. Professor Conteudista do Curso de Pós Graduação da Universidade Anhanguera. Mestre em Filosofia e Teoria Geral do Direito pela USP. Especialista em Direito Público pela Escola Paulista da Magistratura. Bacharel em Direito e em Administração de Empresas.

Sergio Ruy Barroso de Mello
Advogado. Vice-Presidente Mundial da Associação Internacional de Direito de Seguros (AIDA)

Walter A. Polido
Mestre em Direitos Difusos e Coletivos pela PUC-SP. Árbitro em seguros e resseguro. Coordenador acadêmico do Curso de Especialização em Direito do Seguro e Resseguro da ESA-OAB-SP. Parecerista.

NOTA DOS COORDENADORES

Coube aos coordenadores do magnífico opúsculo seguro, infraestrutura e logística, em parceria com a editora Almedina, vislumbrar importante coletânea cercada de especialistas a fim de lançar luzes sobre o atraso que nos retira a possibilidade de alcançarmos o celeiro desenvolvimentista, abordando com, curial propriedade, uma gama de assuntos peculiares ao gargalo da nossa economia e que esfacela o custo-benefício final da cadeia produtiva.

A relação de seguro é fundamental para manter a segurança e estabilidade em qualquer modalidade contratual, ao passo que se tivermos uma boa infraestrutura mapeada pela logística multimodal, poucas serão as falhas a culminar com a responsabilidade. Estamos engatinhando em termos de transporte ferroviário, mas acentuadamente o rodoviário passou por grandes transformações e hoje até se insere a implementação no ramo do sistema Uber, que traria uma nova variante a ponto de reduzir o custo e permitir cargas compartilhadas sem que o veículo retorne para sua origem vazio.

Dentro dessa perspectiva inovadora, os coordenadores sentem-se orgulhosos em poder destrinchar um dos temas mais candentes do último século em relação ao crescimento e desenvolvimento do produto interno brasileiro, qual seja, a total ausência de infraestrutura e de logística a refletir nas circunstâncias de asfixia dos portos e, de igual maneira, de aeroportos, cujo aumento resulta no fluxo constante e um mercado exportador vibrante, não apenas pela imensidão de nossas riquezas atreladas à indústria alimentícia, mas favorecida pela valorização da moeda estrangeira.

Debater o plano prático e os aspectos nevrálgicos do seguro nos remete à compreensão de princípios ligados à boa-fé, menor onerosidade e a preservação do equilíbrio que, desde o início até o final, é ponto crucial para a cobertura e a rápida liquidação do sinistro.

Temos em muitos setores pouca penetração do seguro, notadamente no campo, e assim projeta o manancial diversas características atreladas ao barateamento da apólice e a real finalidade do pertencimento da cobertura patrimonial em todas as etapas, desde a produção até a destinação do produto no mercado final.

Com boa logística e substancial infraestrutura poderemos galgar degraus importantes e sairmos do marasmo que nos coloca em posição desvantajosa em tudo e por tudo no viés concorrencial, quiçá tenha chegado o momento de nos preocuparmos em criar um sistema multimodal eficiente, integrado e que atenda às reais necessidades do Brasil do Oiapoque ao Chuí e sempre fundado na tecnologia e nas inovações que resultam na total revolução da metodologia atual para um regramento com segurança e estabilidade hospedado na cobertura securitária, incrementado por uma logística eficiente e, sem a menor sombra de dúvida, uma essencial infraestrutura fundamental para o Brasil sair da categoria de País emergente e ingressar no circuito vocacionado ao primeiro mundo.

Atenciosamente,
Os Coordenadores

São Paulo, 8 de dezembro de 2020
DIA DA JUSTIÇA

SUMÁRIO

1. Ações Securitárias e o Reconhecimento Liminar de Prescrição

Marco Antonio Rodrigues

1. Ações securitárias e seus prazos prescricionais

Nas relações de seguro, muitas vezes surgem conflitos que não conseguem ser resolvidos pelos meios consensuais de solução de controvérsias, seja a conciliação, a mediação ou a arbitragem[1]. Assim sendo, muito embora o direito de acesso à justiça deva ser compreendido como um direito de obtenção da solução justa para o conflito de interesses, e não necessariamente de uma prestação jurisdicional[2], resta a judicialização da questão.

Na propositura de ações de seguro, há duas importantes regras relativas à prescrição. A primeira delas se refere ao prazo para o ajuizamento da pretensão do segurado contra o segurador, ou a deste contra aquele. Estabelece o artigo 206, §1º, II, do Código Civil, que o prazo é de um

[1] Defendendo a natureza de meio consensual para a arbitragem, Rodrigues, Marco Antonio. *A Fazenda Pública no processo civil.* Rio de Janeiro: GEN, 2016, p. 368.

[2] Importante destacar que o artigo 3º do Código de Processo Civil, ao tratar das normas fundamentais do processo civil brasileiro, estabelece, em seu *caput,* a inafastabilidade do controle jurisdicional, sendo que seus parágrafos 1º a 3º preveem o acesso à arbitragem e a outros meios consensuais de solução das controvérsias, donde se extrai que o artigo que cuida do acesso à justiça no CPC estabelece tal acesso não apenas pelo Judiciário, mas por outros mecanismos igualmente eficientes.

ano e deve ser contado, para o segurado, no caso de seguro de responsabilidade civil, da data em que é citado para responder à ação de indenização proposta pelo terceiro prejudicado, ou da data que a este indeniza, com a anuência do segurador. Já quanto aos demais seguros, conta-se da ciência do fato gerador da pretensão[3].

Ademais, não se pode esquecer da pretensão do segurador em face do terceiro causador do dano que foi coberto pelo contrato de seguro. Nessa hipótese, deve ser aplicada a regra geral do prazo prescricional para as ações de reparação civil: trata-se do prazo trienal, constante do artigo 206, §3º, V, do Código Civil. O presente artigo se debruça, então, na análise do eventual reconhecimento liminar da prescrição dessas pretensões veiculadas nas ações de seguro, como medida de eficiência dentro do processo, e sobre a necessidade de se equilibrar a eficiência e o contraditório quando da prolação dessas decisões de improcedência liminar do pedido.

2. A improcedência liminar do pedido como expressão da eficiência no processo

A Emenda Constitucional nº 45/04 trouxe ao artigo 5º da Constituição da República mais um direito fundamental processual: o direito à duração razoável do processo, constante do inciso LXXVIII desse dispositivo. Esse direito consagra aos jurisdicionados um processo sem dilações indevidas, ou seja, que o processo não se atrase indevidamente.

Nesse sentido, o Código de Processo Civil de 2015, no artigo 4º, no capítulo que cuida das normas fundamentais do processo civil, consagra expressamente tal direito fundamental, prevendo o direito de as partes obterem a solução integral do mérito em prazo razoável. Note-se, entretanto, que corretamente o legislador não previu qual seria a duração adequada para um processo, considerando que isso depende de

[3] A título de exemplo, no caso do seguro DPVAT, o termo inicial do prazo prescricional é a data em que o segurado tem ciência da invalidez (REsp 1388030/MG, Rel. Ministro Paulo de Tarso Sanseverino, SEGUNDA SEÇÃO, julgado em 11/06/2014, DJe 01/08/2014, julgado no rito dos recursos repetitivos). No caso de seguro saúde, a pretensão de declaração de nulidade de cláusula de reajuste tem início com a vigência do contrato (REsp 1360969/RS, Rel. Ministro Marco Buzzi, Rel. p/ Acórdão Ministro Marco Aurélio Bellizze, SEGUNDA SEÇÃO, julgado em 10/08/2016, DJe 19/09/2016).

circunstâncias relativas ao desenvolvimento de cada relação processual[4]. O direito a um processo com prazo razoável é efetivado pelo Código de Processo Civil por meio de diferentes mecanismos que procuram trazer uma prestação jurisdicional de forma mais rápida, o que, em última análise, promove o direito ao processo célere.

Ao lado da duração razoável do processo, o Código de Processo Civil de 2015 também consagrou a eficiência, norma que representa mais do que a duração razoável do processo: trata-se da exigência de que as normas processuais sejam interpretadas de modo que o processo tenha a melhor performance possível, bem como que o órgão jurisdicional e o Poder Judiciário atuem da forma que gere os melhores resultados com o menor dispêndio de tempo e de energias[5]. Assim sendo, a eficiência compreende um mais do que um processo com duração razoável, mas um processo e um Poder Judiciário com os melhores resultados tendo os menores custos.

A improcedência liminar do pedido insere-se, então, no contexto de busca de uma tutela efetiva, porém de maneira mais célere, evitando uma desnecessária dilação processual[6]. Trata-se de técnica de aceleração

[4] "Portanto, o que o artigo 5º, inciso LXXVIII, da Carta Magna consagra é um direito a um processo que tramite sem dilações indevidas, ainda que necessite de uma duração considerável" (Rodrigues, Marco Antonio dos Santos. *A modificação do pedido e da causa de pedir no processo civil*. Rio de Janeiro: GZ, 2014, p. 209). José Rogério Cruz e Tucci, por sua vez, com razão constata não ser possível fixar *a priori* uma regra específica, que delimite quando a garantia da duração razoável do processo é respeitada ou não. Diante disso, informa que a Corte Europeia dos Direitos do Homem usa três critérios, a partir das circunstâncias do caso concreto, para a verificação da observância dessa garantia. São eles: a complexidade do assunto; o comportamento das partes e de seus procuradores, ou da acusação e da defesa do processo penal; e a atuação do órgão jurisdicional (Tucci, José Rogério Cruz e. Garantia do processo sem dilações indevidas. *Revista Jurídica*, Porto Alegre, ano 48, n. 277, p. 5-25, nov. 2000. p. 8).

[5] "A eficiência é a capacidade de se obter o máximo de produtividade em uma atividade, utilizando-se do mínimo esforço (aí incluídos os recursos em geral) possível. Para tanto, são elementos fundamentais: (i) a maior produtividade possível (maior rendimento – outputs) e (iii) a máxima minimização do desperdício (inputs). Grossíssimo modo, chega-se à concepção do atendimento ótimo da relação custo-benefício." (Rodrigues, Marco Antonio; Porto, José Roberto Sotero. Princípio da eficiência processual e o direito à boa jurisdição. *Revista de Processo*, v. 278, pp. 89-117, jan./2018) (grifo no original)

[6] Convém lembrar a clássica lição de José Carlos Barbosa Moreira, no sentido de que não necessariamente a justiça célere é adequada: "Para muita gente, na matéria, a rapidez constitui o valor por excelência, quiçá o único. Seria fácil invocar aqui um rol de citações de autores

procedimental: o legislador, em prol da celeridade e da efetividade da tutela jurisdicional, permitiu que, ao realizar o juízo de admissibilidade da demanda, o juiz dispensasse a citação do réu, proferindo desde logo sentença de mérito. Passa-se, então, à análise dos requisitos para a realização de tal julgamento liminar.

2.1. Requisitos

O artigo 332 do Código de Processo Civil traz as regras gerais sobre os requisitos para a aplicação da improcedência liminar de pedidos. Em primeiro lugar, para a aplicação dessa técnica, a demanda deve dispensar instrução probatória. O CPC, então, abandona a ideia prevista no CPC/73 de que a ação que terá seu pedido apreciado de plano necessita ser exclusivamente de direito. Trata-se, com efeito, de previsão salutar, já que uma demanda dificilmente cuida apenas de norma jurídica, havendo muitas vezes fatos que estão sujeitos à subsunção a tais questões de direito[7], como, por exemplo, se é caso de fato exclusivo de terceiro a excluir a responsabilidade da seguradora. Assim sendo, ainda que a ação proposta cuide de fatos, caso tais alegações fáticas não demandem instrução probatória, é possível ocorrer a solução liminar do mérito do processo iniciado.

O segundo requisito para a improcedência liminar, embora não expressamente arrolado no artigo 332, é que tal improcedência seja total. Se o juiz proferisse julgamento do mérito procedente em alguma medida, antes da citação do réu, isso representaria um prejuízo à esfera jurídica do demandado, sem que lhe fosse propiciado o direito ao processo e sobretudo à utilização de mecanismos para a defesa de seus interesses, a

famosos, apostados em estigmatizar a morosidade processual. Não deixam de ter razão, sem que isso implique – nem mesmo, quero crer, no pensamento desses próprios autores – hierarquização rígida que não reconheça como imprescindível, aqui e ali, ceder o passo a outros valores. Se uma justiça lenta demais é decerto uma justiça má, daí não se segue que uma justiça muito rápida seja necessariamente uma justiça boa. O que todos devemos querer é que a prestação jurisdicional venha a ser melhor do que é. Se para torná-la melhor é preciso acelerá-la, muito bem: não, contudo, a qualquer preço" (MOREIRA, José Carlos Barbosa. O futuro da justiça: alguns mitos. *Revista de Processo*, v. 102, pp. 228-237, abr.-jun. 2001. p. 232).

[7] "Com efeito, no processo há uma indissociável relação entre fatos e direito afirmados em juízo" (RODRIGUES, Marco Antonio dos Santos. *A modificação do pedido e da causa de pedir no processo civil*. Rio de Janeiro: GZ, 2014, p. 50). Nessa linha, NIEVA FENOLL, Jordi. *El hecho y el derecho en la casación penal*. Barcelona: Bosch, 2000. p. 124.

fim de influenciar a tomada de decisão do julgador[8]. Diante disso, haveria ofensa ao devido processo legal e ao contraditório.

O terceiro requisito que podemos elencar é que a causa se insira em alguma das hipóteses de cabimento da improcedência liminar, e que estão previstas nos incisos I a IV do artigo 332 e no seu parágrafo 1º. Os incisos se referem a casos em que o pedido contraria algum padrão decisório, seja ele vinculante sobre o Judiciário ou não. São eles:

> "Art. 332. Nas causas que dispensem a fase instrutória, o juiz, independentemente da citação do réu, julgará liminarmente improcedente o pedido que contrariar:
> I – enunciado de súmula do Supremo Tribunal Federal ou do Superior Tribunal de Justiça;
> II – acórdão proferido pelo Supremo Tribunal Federal ou pelo Superior Tribunal de Justiça em julgamento de recursos repetitivos;
> III – entendimento firmado em incidente de resolução de demandas repetitivas ou de assunção de competência;
> IV – enunciado de súmula de tribunal de justiça sobre direito local."

No que se refere aos casos previstos nos incisos I, II, III e IV, constata-se que a busca de celeridade no processamento da demanda de conhecimento em primeiro grau de jurisdição se alia ao prestígio à isonomia e à segurança jurídica, dando apoio à previsão do art. 926 do CPC, no sentido de que os Tribunais devem uniformizar sua jurisprudência e mantê-la estável, íntegra e coerente. Procura-se, por meio de tais regras,

[8] No estágio atual do processo civil, o contraditório deixou de ser visto com base meramente no binômio informação/possibilidade de defesa, passando a exigir seja possibilitado às partes o direito de influência na tomada de decisão pelo órgão jurisdicional, contribuindo para a formação da solução do conflito. Vendo o contraditório como direito de influência, à guisa de exemplo, pode-se indicar Luiso, Francesco P. *Principio del contraddittorio ed efficacia della sentenza verso terzi.* Milano: Giuffrè, 1981, p. 18; Greco, Leonardo. "O princípio do contraditório". *In*: Greco, Leonardo. *Estudos de Direito Processual.* Campos dos Goytacazes: Ed. Faculdade de Direito de Campos, 2005, p. 545; Theodoro Júnior, Humberto, Nunes, Dierle José Coelho. Uma dimensão que urge reconhecer ao contraditório no direito brasileiro: sua aplicação como garantia de influência, de não surpresa e de aproveitamento da atividade processual. *Revista de Processo,* São Paulo, v. 34, n.168, p. 107-141, fev. 2009, p. 109; Oliveira, Carlos Alberto Alvaro de. A garantia do contraditório. *Revista Forense,* Rio de Janeiro, v. 95, n. 346, p. 9-19, abr./jun. 1999, p. 16; Rodrigues, Marco Antonio dos Santos. *A modificação do pedido e da causa de pedir no processo civil.* Rio de Janeiro: GZ, 2014, pp. 158-159.

conferir efetividade aos precedentes e gerar respeito aos entendimentos já firmados pelos tribunais superiores ou pelos tribunais locais[9].

Nessa linha, o inciso I prestigia os enunciados de súmula do Superior Tribunal de Justiça e do Supremo Tribunal Federal, em nome da segurança jurídica, uma vez que vai ser aplicada ao caso que está em juízo a solução que já foi consolidada por Tribunal Superior. Ademais, ainda que o juízo decidisse em sentido distinto ao de enunciado de súmula daqueles tribunais, caso a demanda chegasse às cortes superiores por meio de recursos, muito provavelmente estas fariam prevalecer o entendimento do enunciado sumulado.

Da mesma forma, o acórdão proferido por tais tribunais em sede de recurso representativo de controvérsia também é admitido pelo CPC como causa de improcedência liminar, assim como o entendimento firmado em sede de incidente de resolução de demandas repetitivas ou de assunção de competência. Tais hipóteses decorrem do microssistema de precedentes vinculantes, já que os artigos 1040, 985 e 947 do CPC, respectivamente, preveem o caráter obrigatório desses pronunciamentos perante o Judiciário. Como decorrência da necessidade de observância de tais julgados, a improcedência liminar busca um processo mais célere e eficiente, além de evitar soluções contraditórias para uma mesma questão de direito.

Ademais, o artigo 332, inciso IV, estabelece a possibilidade de improcedência liminar de pedido que contrarie enunciado de súmula de Tribunal de Justiça sobre direito local. Com efeito, embora não haja uma expressa vinculação de tais súmulas estabelecida no CPC, fato é que os Tribunais de Justiça conferem a última palavra em matéria de direito local. Assim, se uma pretensão contraria uma súmula dessa espécie, a baixa probabilidade de julgamento contrário a esta no tribunal justifica que haja uma improcedência liminar, em respeito a esse padrão decisório, e considerando que, consoante os artigos 102, III, e 105, III, da Constituição

[9] Trata-se, com efeito, de uma "mudança de paradigma consiste em abandonar o caráter meramente persuasivo da jurisprudência anterior (precedentes persuasivos) para assumir o papel normativo dos precedentes atuais (precedentes vinculantes). A finalidade desta mudança está em assegurar racionalidade ao direito e, ao mesmo tempo, reduzir a discricionariedade judicial e o ativismo judicial." (ZANETTI JUNIOR, Hermes. Artigo 927. In: CABRAL, Antonio do Passo; CRAMER, Ronaldo (Coord.). *Comentários ao novo Código de Processo Civil.* Rio de Janeiro: GEN, 2016, p. 1421).

da República, não há que se falar em recursos especial ou extraordinário para revisão de direito local.

Além de tais hipóteses de improcedência liminar, o parágrafo 1º do mesmo artigo prevê o reconhecimento de plano de prescrição ou decadência. Note-se que o artigo 487, inciso II, do CPC, estabelece que o reconhecimento de prescrição ou decadência é caso de resolução de mérito, o que retira qualquer dúvida de que um julgamento ao início do processo com tal teor também seja de mérito.

3. Exigência de contraditório na improcedência liminar?

Questão importante que surge ao se analisar a improcedência liminar do pedido no Código de Processo Civil de 2015, se refere à necessidade de contraditório antes da prolação da sentença liminar de improcedência. O CPC/15 conferiu grande importância ao contraditório, enquanto direito fundamental que assegura a influência das partes na formação do convencimento judicial. Assim é que o artigo 9º do novo diploma estabeleceu um dever de oitiva prévia da parte contra quem será proferida uma decisão, ao prever que não se proferirá decisão contra uma das partes sem que ela seja previamente ouvida.

Note-se que tal contraditório deve ser útil, ou seja, se o pronunciamento judicial em nada for prejudicar a parte, não há necessidade de que seja ouvida. Assim, no caso da improcedência liminar do pedido, como se trata de decisão que em nada prejudica a esfera jurídica do réu, este não precisa ser ouvido.

No caso do autor, de outro lado, diante do mencionado artigo 9º, e do dever de alerta instituído pelo artigo 10, no sentido de que as partes possuem o direito de que lhes seja possibilitada a manifestação sobre fundamento que as partes não tiveram a oportunidade de tratar, será preciso que o demandante seja intimado para se manifestar acerca do fundamento que o julgador adotará para proferir a improcedência liminar do mérito?

O artigo 487, parágrafo único, prevê que ressalvada a hipótese do § 1º do art. 332, a prescrição e a decadência não serão reconhecidas sem que antes seja dada às partes oportunidade de manifestar-se. Dessa forma, verifica-se que, no caso de reconhecimento liminar de prescrição ou decadência, houve expressa opção legislativa por excluir tal hipótese da necessidade de oitiva prévia das partes – ou seja, tanto do autor como do réu[10]. Com efeito, nesse caso parece ter o legislador entendido que não há um efetivo prejuízo ao autor, tendo em vista que este pode demonstrar alguma causa interruptiva ou suspensiva da prescrição em sua apelação, e esta terá efeito regressivo[11], por força do artigo 332, § 3º, do CPC. A título de exemplo, imagine-se que o magistrado reconheceu liminarmente a prescrição da pretensão numa ação em que o segurado pleiteia o recebimento da indenização por parte de sua seguradora. Ocorre que se aplica ao caso em tela a súmula n. 229 do STJ, que dispõe que: "O pedido do pagamento de indenização à seguradora suspende o prazo de prescrição até que o segurado tenha ciência da decisão"[12].

Diante de tal situação, pode o autor apelar, demonstrando a existência de causa suspensiva da prescrição, o que pode ser até mesmo reconhecido pelo juízo em sede de juízo de retratação, evitando prejuízos

[10] Importante ressaltar que, para parcela da doutrina, tal previsão se justifica, "Porque aí há oportunidade de retratação pelo próprio juízo." (Marinoni, Luiz Guilherme; Arenhart, Sérgio Cruz; Mitidiero, Daniel. *Novo Código de Processo Civil comentado.* São Paulo: Revista dos Tribunais, 2015, p. 490). Na jurisprudência também vem sendo aplicada a regra do artigo 487, parágrafo único, do CPC. Veja-se a título de exemplo: "Apelação cível. Execução fiscal. Município do Rio de Janeiro. Imposto predial e territorial urbano (IPTU). Taxa de coleta domiciliar de lixo (TCDL). Exercícios de 2000 a 2002. Extinção do processo pelo reconhecimento ex officio da prescrição. Sentença liminar que dispensa o prévio contraditório. Situação que configura improcedência liminar, exceção prevista no art. 487, par. único do CPC/15. Desnecessidade de oitiva prévia do representante da Fazenda Pública. Exigência cabível apenas nas hipóteses de prescrição intercorrente, o que não se referiu no caso concreto. Execução fiscal tempestivamente proposta, contado o prazo prescricional quinquenal a partir do vencimento dos tributos. Interrupção da prescrição que se dá no momento da propositura da execução, desde que realizada a citação no prazo legal, ressalvada a demora por culpa do serviço judiciário. Citação não alcançada. Município-exequente que, através de convênio de cooperação técnica e material firmado com o Tribunal de Justiça para agilização dos executivos fiscais, a assumiu obrigações no que se refere à otimização da prática dos atos processuais. Delonga processual não imputável ao serviço judiciário. Inaplicabilidade da súmula nº 106 do STJ. Manutenção da sentença. Desprovimento do recurso" (Apelação Cível nº 0223501-55.2004.8.19.0001, Rel. Des. Cristina Tereza Gaulia, Quinta Câmara Cível, julgamento em 10/10/2017).

[11] Trata-se de expressão utilizada, dentre outros autores, por Alcides de Mendonça Lima (Lima, Alcides de Mendonça. *Introdução aos recursos cíveis.* 2ª ed. São Paulo: Revista dos Tribunais, 1976. p. 289). Conforme já sustentamos em outra sede, o efeito regressivo "É o efeito que o recurso possui de possibilitar o reexame da decisão recorrida pelo seu próprio órgão prolator." (Rodrigues, Marco Antonio. *Manual dos recursos, ação rescisória e apelação.* Rio de Janeiro, Gen, 2017, p. 92).

[12] STJ, Súmula 229, SEGUNDA SEÇÃO, julgado em 08/09/1999, DJ 08/10/1999, p. 126.

decorrentes da sentença liminar. Nas demais hipóteses de cabimento da improcedência liminar, constantes dos incisos do artigo 332, não houve previsão autorizativa da decisão de mérito antes da oitiva do autor. Note-se que, entre as exceções ao artigo 9º, constantes do parágrafo único do mesmo dispositivo legal ou de outras normas, não há a previsão de que seja possível proferir julgamento liminar de improcedência sem a oitiva do autor. Assim, impõe-se seja o autor ouvido antes de tal sentença, como decorrência do direito fundamental ao contraditório, pois pode demonstrar não ser caso de aplicação ao caso concreto do precedente invocado pelo magistrado.

No caso das ações relativas a seguros, como a de cobrança de prêmio ou a de ressarcimento em face do causador do dano pelo seguro pago pela seguradora, muito comumente há uma necessidade de produção de provas, de modo a verificar a existência ou não de causa de exclusão de responsabilidade da seguradora, por exemplo, ou para a verificação da ocorrência do sinistro. Assim sendo, a hipótese de cabimento da improcedência liminar mais recorrente é a de prescrição da pretensão.

Considerando o objeto do presente estudo ser o reconhecimento da prescrição nas ações de seguro, importante reiterar que, no caso de verificação desta liminarmente, fica autorizado o reconhecimento liminar sem a oitiva das partes, por força do artigo 487, parágrafo único, do CPC[13]. No entanto, tal regra deve ser interpretada também à luz da norma fundamental do contraditório: o artigo 487, parágrafo único, do CPC configura verdadeira autorização à improcedência liminar por prescrição, mas não uma imposição de ausência de contraditório. Dessa forma, se o magistrado tiver dúvida se existe causa interruptiva da prescrição, por exemplo, deve permitir o contraditório prévio das partes.

Ademais, não se pode esquecer que o artigo 487, parágrafo único, do CPC permite o reconhecimento da prescrição sem a oitiva do autor apenas liminarmente. Portanto, ao longo do processo o reconhecimento da prescrição da ação securitária exigirá o contraditório das partes, caso não tenham se manifestado sobre tal matéria e não lhes tenha sido oportunizado que o fizessem. Trata-se de verdadeira exigência do contraditório enquanto dever de alerta, constante do artigo 10 do CPC.

[13] Hipótese esta "permitida porque (...) não há necessidade de instrução da causa para o seu reconhecimento." (COSTA, Susana Henriques da. In: CABRAL, Antonio do Passo; CRAMER, Ronaldo (Coord.). *Comentários ao novo Código de Processo Civil*. Op. cit., p. 602).

Nessa linha, vale notar que o dever de alerta do artigo 10 do CPC confere o direito de influência inclusive sobre as matérias cognoscíveis de ofício, como é o caso da prescrição[14]. Por isso, exemplificativamente,

[14] Importante salientar que o Superior Tribunal de Justiça possui julgados consagrando que o direito ao contraditório também envolve a possibilidade de manifestação prévia sobre as matérias cognoscíveis de ofício. Destaque-se: "PROCESSUAL CIVIL E PREVIDENCIÁRIO. JULGAMENTO SECUNDUM EVENTUM PROBATIONIS. APLICAÇÃO DO ART. 10 DO CPC/2015. PROIBIÇÃO DE DECISÃO SURPRESA. VIOLAÇÃO. NULIDADE. (...) 2. O art. 10 do CPC/2015 estabelece que o juiz não pode decidir, em grau algum de jurisdição, com base em fundamento a respeito do qual não se tenha dado às partes oportunidade de se manifestar, ainda que se trate de matéria sobre a qual deva decidir de ofício. 3. Trata-se de proibição da chamada decisão surpresa, também conhecida como decisão de terceira via, contra julgado que rompe com o modelo de processo cooperativo instituído pelo Código de 2015 para trazer questão aventada pelo juízo e não ventilada nem pelo autor nem pelo réu. 4. A partir do CPC/2015 mostra-se vedada decisão que inova o litígio e adota fundamento de fato ou de direito sem anterior oportunização de contraditório prévio, mesmo nas matérias de ordem pública que dispensam provocação das partes. Somente argumentos e fundamentos submetidos à manifestação precedente das partes podem ser aplicados pelo julgador, devendo este intimar os interessados para que se pronunciem previamente sobre questão não debatida que pode eventualmente ser objeto de deliberação judicial. 5. O novo sistema processual impôs aos julgadores e partes um procedimento permanentemente interacional, dialético e dialógico, em que a colaboração dos sujeitos processuais na formação da decisão jurisdicional é a pedra de toque do novo CPC. 6. A proibição de decisão surpresa, com obediência ao princípio do contraditório, assegura às partes o direito de serem ouvidas de maneira antecipada sobre todas as questões relevantes do processo, ainda que passíveis de conhecimento de ofício pelo magistrado. O contraditório se manifesta pela bilateralidade do binômio ciência/influência. Um sem o outro esvazia o princípio. A inovação do art. 10 do CPC/2015 está em tornar objetivamente obrigatória a intimação das partes para que se manifestem previamente à decisão judicial. E a consequência da inobservância do dispositivo é a nulidade da decisão surpresa, ou decisão de terceira via, uma vez que fere a característica fundamental do novo modelo de processualística pautado na colaboração entre as partes e no diálogo com o julgador. 7. O processo judicial contemporâneo não se faz com protagonismos e protagonistas, mas com equilíbrio na atuação das partes e do juiz de forma a que o feito seja conduzido cooperativamente pelos sujeitos processuais principais. A cooperação processual, cujo dever de consulta é uma das suas manifestações, é traço característico do CPC/2015. Encontra-se refletida no art. 10, bem como em diversos outros dispositivos espraiados pelo Código. 8. Em atenção à moderna concepção de cooperação processual, as partes têm o direito à legítima confiança de que o resultado do processo será alcançado mediante fundamento previamente conhecido e debatido por elas. Haverá afronta à colaboração e ao indispensável diálogo no processo, com violação ao dever judicial de consulta e contraditório, se omitida às partes a possibilidade de se pronunciarem anteriormente "sobre tudo que pode servir de ponto de apoio para a decisão da causa, inclusive quanto àquelas questões que o juiz pode apreciar de ofício" (Marioni, Luiz Guilherme; Arenhart,

se no curso de um processo relativo a uma ação de ressarcimento de uma seguradora em face de terceiro o julgador entender que a pretensão já estava prescrita, tem o dever de alertar ambas as partes quanto a tal questão, de modo que possam influenciá-lo sobre tal matéria. Da mesma forma, numa ação de cobrança de indenização pelo segurado, tem o dever de alertar as partes quanto à possível ocorrência de prescrição,

Sérgio Cruz; MITIDIERO, Daniel. Novo código de processo civil comentado. São Paulo: Editora Revista dos Tribunais, 2015, p. 209). 9. Não se ignora que a aplicação desse novo paradigma decisório enfrenta resistências e causa desconforto nos operadores acostumados à sistemática anterior. Nenhuma dúvida, todavia, quanto à responsabilidade dos tribunais em assegurar-lhe efetividade não só como mecanismo de aperfeiçoamento da jurisdição, como também de democratização do processo e de legitimação decisória. 10. Cabe ao magistrado ser sensível às circunstâncias do caso concreto e, prevendo a possibilidade de utilização de fundamento não debatido, permitir a manifestação das partes antes da decisão judicial, sob pena de violação ao art. 10 do CPC/2015 e a todo o plexo estruturante do sistema processual cooperativo. Tal necessidade de inquirir as partes previamente à prolação da decisão judicial, mesmo quando passível de atuação de ofício, não é nova no direito processual brasileiro. Colhem-se exemplos no art. 40, § 4º, da LEF e nos Embargos de Declaração com efeitos infringentes. 11. Nada há de heterodoxo ou atípico no contraditório dinâmico e preventivo exigido pelo CPC/2015. Na eventual hipótese de adoção de fundamento ignorado e imprevisível, a decisão judicial não pode se dar com preterição da ciência prévia das partes. A negativa de efetividade ao art. 10 c/c art. 933 do CPC/2015 implica error in procedendo e nulidade do julgado, devendo a intimação antecedente ser procedida na instância de origem para permitir a participação dos titulares do direito discutido em juízo na formação do convencimento do julgador e, principalmente, assegurar a necessária correlação ou congruência entre o âmbito do diálogo desenvolvido pelos sujeitos processuais e o conteúdo da decisão prolatada. (...)" (STJ, REsp 1676027/PR, Rel. Ministro HERMAN BENJAMIN, SEGUNDA TURMA, julgado em 26/09/2017, REPDJe 19/12/2017, DJe 11/10/2017). Registre-se, contudo, que a questão é polêmica no âmbito do STJ, pois há julgados que reduzem o âmbito de aplicação do artigo 10 do CPC, até mesmo em casos que envolvam suposta prescrição: "EMBARGOS DE DECLARAÇÃO. OMISSÃO. OBSCURIDADE. CONTRADIÇÃO. INEXISTÊNCIA. PRINCÍPIO DA NÃO SURPRESA (ART. 10 DO CPC). AUSÊNCIA DE OFENSA. 1. Os embargos de declaração só se prestam a sanar obscuridade, omissão ou contradição porventura existentes no acórdão, não servindo à rediscussão da matéria já julgada no recurso. 2. O "fundamento" ao qual se refere o art. 10 do CPC/2015 é o fundamento jurídico – circunstância de fato qualificada pelo direito, em que se baseia a pretensão ou a defesa, ou que possa ter influência no julgamento, mesmo que superveniente ao ajuizamento da ação – não se confundindo com o fundamento legal (dispositivo de lei regente da matéria). A aplicação do princípio da não surpresa não impõe, portanto, ao julgador que informe previamente às partes quais os dispositivos legais passíveis de aplicação para o exame da causa. O conhecimento geral da lei é presunção jure et de jure. (...)." (STJ, EDcl no REsp 1280825/RJ, Rel. Ministra MARIA ISABEL GALLOTTI, QUARTA TURMA, julgado em 27/06/2017, DJe 01/08/2017).

até para que possam demonstrar uma possível causa suspensiva do prazo prescricional, como na hipótese da mencionada súmula n. 229 do STJ.

Conclusões

Diante do sentido que deve ser dado à eficiência, pode-se afirmar que esta configura um interesse público, sendo de relevância ao Poder Judiciário e à própria sociedade que haja uma solução para a demanda, mas tal interesse deve respeitar a promoção das demais garantias do processo justo, de maneira a promover o interesse público na realização concreta do direito em jogo[15], protegendo-se o acesso à justiça, somente será pleno quando a informação dos direitos for adequada, estiver garantida a participação de quem quer que seja no devido processo legal e que assegure à parte, que tem o melhor direito, a receber o mais rápido possível o bem a vida a que faz jus[16].

Assim sendo, pode-se afirmar que o julgamento liminar de improcedência do pedido é técnica que prestigia a eficiência, a tempestividade da tutela jurisdicional e o acesso à justiça. Tal técnica de aceleração procedimental possui especial interesse nas ações de seguro relativamente ao reconhecimento da prescrição.

Por força do artigo 487, parágrafo único, do CPC, fica autorizado o reconhecimento da prescrição liminarmente sem a oitiva das partes. Tal previsão não impede, contudo, que o magistrado pretenda ouvir antes o autor, mas não há *error in procedendo* se assim não o fizer.

De outro lado, o reconhecimento da prescrição ao longo do processo deve estar conjugado com o artigo 10 do CPC, no sentido de que o contraditório, enquanto dever de alerta, exige que ambas as partes tenham a oportunidade de se manifestar sobre a tal matéria. Assim sendo, eficiência do processo e contraditório são valores que devem andar lado a lado na busca da prestação jurisdicional justa.

[15] Nessa linha, Bedaque, José Roberto dos Santos. *Efetividade do processo e técnica processual*. 3. ed.. São Paulo: Malheiros, 2010. p. 131. Na doutrina portuguesa, José João Baptista defende a necessidade de ponderação da celeridade com a justiça (Baptista, José João. *Processo Civil I*: Parte geral e processo declarativo. 8. ed. Coimbra: Coimbra Editora, 2006. p. 78).

[16] Carneiro, Paulo Cezar Pinheiro. Art. 7º. In: Alvim, Teresa Arruda; Didier Junior, Fredie; Talamini, Eduardo; Dantas, Bruno (Coord.). *Breves comentários ao novo Código de Processo Civil*. São Paulo: Revista dos Tribunais, 2015. p. 63.

Referências

BAPTISTA, José João. *Processo Civil I*: Parte geral e processo declarativo. 8. ed. Coimbra: Coimbra Editora, 2006.

BEDAQUE, José Roberto dos Santos. *Efetividade do processo e técnica processual*. 3. ed.. São Paulo: Malheiros, 2010.

CARNEIRO, Paulo Cezar Pinheiro. Art. 7º. In: ALVIM, Teresa Arruda; DIDIER JUNIOR, Fredie; TALAMINI, Eduardo; DANTAS, Bruno (Coord.). *Breves comentários ao novo Código de Processo Civil*. São Paulo: Revista dos Tribunais, 2015.

COSTA, Susana Henriques da. In: CABRAL, Antonio do Passo; CRAMER, Ronaldo (Coord.). *Comentários ao novo Código de Processo Civil*. Rio de Janeiro: GEN, 2016.

GRECO, Leonardo. *Instituições de Processo Civil*. Vol. II. Rio de Janeiro: Forense, 2010.

______________. "O princípio do contraditório". *In*: GRECO, Leonardo. *Estudos de Direito Processual*. Campos dos Goytacazes: Ed. Faculdade de Direito de Campos, 2005.

LIMA, Alcides de Mendonça. *Introdução aos recursos cíveis*. 2. ed. São Paulo: Revista dos Tribunais, 1976.

LUISO, Francesco P.. *Principio del contraddittorio ed efficacia della sentenza verso terzi*. Milano: Giuffrè, 1981.

MOREIRA, José Carlos Barbosa. O futuro da justiça: alguns mitos. *Revista de Processo*, v. 102, pp. 228-237, abr./jun. 2001.

NIEVA FENOLL, Jordi. *El hecho y el derecho en la casación penal*. Barcelona: Bosch, 2000.

OLIVEIRA, Carlos Alberto Alvaro de. A garantia do contraditório. *Revista Forense*, Rio de Janeiro, v. 95, n.346, p. 9-19, abr./jun. 1999.

RODRIGUES, Marco Antonio dos Santos. *A modificação do pedido e da causa de pedir no processo civil*. Rio de Janeiro: GZ, 2014.

______________________________. *A Fazenda Pública no processo civil*. Rio de Janeiro: GEN, 2016.

______________________________. Da inaplicabilidade da teoria da causa madura ao julgamento liminar de improcedência em demandas repetitivas. *Revista Dialética de Direito Processual*, v. 124, p. 63-71, 2013.

______________________________. *Manual dos recursos, ação rescisória e reclamação*. Rio de Janeiro: GEN, 2017.

______________________________; PORTO, José Roberto Sotero. Princípio da eficiência processual e o direito à boa jurisdição. *Revista de Processo*, v. 278, pp. 89-117, jan. 2018

THEODORO JÚNIOR, Humberto, NUNES, Dierle José Coelho. Uma dimensão que urge reconhecer ao contraditório no direito brasileiro: sua aplicação como garantia de influência, de não surpresa e de aproveitamento da atividade processual. *Revista de Processo*, São Paulo, v. 34, n.168, p. 107-141, fev. 2009.

TUCCI, José Rogério Cruz e. Garantia do processo sem dilações indevidas. *Revista Jurídica*, Porto Alegre, ano 48, n. 277, p. 5-25, nov. 2000.

ZANETTI JUNIOR, Hermes. Artigo 927. In: CABRAL, Antonio do Passo; CRAMER, Ronaldo (Coord.). *Comentários ao novo Código de Processo Civil.* Rio de Janeiro: GEN, 2016.

2. Princípio da Legalidade e a Inclusão das Despesas de Capatazia na Base de Cálculo do Imposto de Importação e da PIS/COFINS-Importação

AUGUSTO FIEL JORGE D'OLIVEIRA

Introdução

A tributação nas operações de importação e, em conseqüência, o custo do produto importado, estão intimamente ligados à *compreensão que se dê à expressão "valor aduaneiro"*, pois essa é a grandeza econômica eleita pelo legislador, de forma direta, como base de cálculo do Imposto de Importação e do PIS/COFINS-Importação, tal como prevêem os artigos 2º, inciso II, do Decreto-Lei nº 37/1966 e artigos 3º, inciso I, e artigo 7º, inciso I, da Lei nº 10.865/2004, *in verbis*:

> *Imposto de Importação*: "Art.2º – A base de cálculo do imposto é: (...) II – quando a alíquota for "ad valorem", o valor aduaneiro apurado segundo as normas do art.7º do Acordo Geral sobre Tarifas Aduaneiras e Comércio – GATT".
>
> *PIS/COFINS Importação*: "Art. 3º O fato gerador será: I – a entrada de bens estrangeiros no território nacional; (...) Art. 7º A base de cálculo será: I – o valor aduaneiro, na hipótese do inciso I do caput do art. 3º desta Lei;"

Há influência ainda na formação da base de cálculo do Imposto sobre Produtos Industrializados e do ICMS devidos na importação, tendo em vista o disposto no artigo 14, inciso I, alínea "b", da Lei nº 4.502/1964[1], e artigo 13, inciso V, da Lei Complementar nº 87/1996[2].

Apesar dessa importância, não há, na legislação interna, a explicitação do conteúdo da expressão valor aduaneiro nem disposição expressa sobre o que estaria incluído e excluído nele. Porém, não ficará o intérprete frustrado, pois, como é uma noção disciplinada internacionalmente, de longa data, no âmbito das práticas comerciais entre os países, é possível a busca de seu correto significado, a partir da análise do acordo internacional que regula a matéria, a saber, o Acordo de Valoração Aduaneira (AVA), tal como determina o próprio Decreto-Lei nº 37/1966 ao tratar da base de cálculo do Imposto de Importação.

Nesse contexto, discute-se na jurisprudência se as despesas de capatazia, definida no artigo 40, parágrafo 1º, inciso I, da Lei de Portos, como *"atividade de movimentação de mercadorias nas instalações dentro do porto, compreendendo o recebimento, conferência, transporte interno, abertura de volumes para a conferência aduaneira, manipulação, arrumação e entrega, bem como o carregamento e descarga de embarcações, quando efetuados por aparelhamento portuário"* devem ou não ser incluídas no valor aduaneiro e, em consequência, se os importadores devem oferecer tais valores à tributação pelo Imposto de Importação, PIS/COFINS-Importação e, indiretamente, ao IPI e ICMS devidos na importação.

No Superior Tribunal de Justiça, a matéria já foi apreciada pelas duas turmas de Direito Público e *prevalece o entendimento de que tais despesas não poderiam compor o valor aduaneiro*, para fins de tributação na importação. Como essas decisões se deram por maioria de votos, *há real possibilidade de mudança no resultado*, em função de simples alteração na composição dos Colegiados.

[1] Art. 14. Salvo disposição em contrário, constitui valor tributável: I – quanto aos produtos de procedência estrangeira, para o cálculo efetuado na ocasião do despacho; (...) b) o valor que servir de base, ou que serviria se o produto tributado fôsse para o cálculo dos tributos aduaneiros, acrescido de valor dêste e dos ágios e sobretaxas cambiais pagos pelo importador.

[2] Art. 13. A base de cálculo do imposto é: (...) V – na hipótese do inciso IX do art. 12, a soma das seguintes parcelas: a) o valor da mercadoria ou bem constante dos documentos de importação, observado o disposto no art. 14; b) imposto de importação; c) imposto sobre produtos industrializados; d) imposto sobre operações de câmbio; e) quaisquer despesas aduaneiras; e) quaisquer outros impostos, taxas, contribuições e despesas aduaneiras.

Por outro lado, no Conselho Administrativo de Recursos Fiscais (CARF), a posição é diametralmente oposta, ainda que pelo voto de qualidade, pois a 3ª Turma da Câmara Superior de Recursos Fiscais entende pela inclusão de tais despesas na base de cálculo dos tributos incidentes na operação de importação e deixa de seguir os julgados do STJ na matéria, sob o argumento de que as decisões do STJ não foram tomadas sob o regime dos recursos repetitivos do art. 1.036 do Novo Código de Processo Civil e, dessa maneira, não atrairiam a aplicação do art. 62, parágrafo 1º, inciso II, alínea "b", do Regimento Interno do CARF[3]. Recentemente, em maio de 2019, a Primeira Seção do STJ, em processo de relatoria do Ministro Gurgel de Faria, determinou a afetação de três recursos especiais[4] para, sob o rito dos recursos repetitivos, definir a tese sob a matéria, que foi cadastrada sob o nº 1.014, com a seguinte questão submetida a julgamento: "inclusão de serviços de capatazia na composição do valor aduaneiro".

Naquela ocasião, a importância da questão tanto para os contribuintes que realizam operações de comércio exterior quanto para a Fazenda Pública foi evidenciada, tendo em conta que, nas palavras do Ministro Relator: *"Quanto à multiplicidade, observo que o trabalho realizado pela Comissão Gestora de Precedentes revela sua ocorrência, ao verificar haver, pelo menos, 100 recursos em tramitação neste Tribunal Superior e outros 51 já julgados. Ao lado disso, a Fazenda bem anota a relevância do tema, ao mencionar que estudo realizado pela Receita Federal aponta cálculo de impacto estimado em R$ 12 bilhões de reais no prazo de 5 anos, no que concerne tão somente ao Imposto de Importação e ao Imposto sobre Produtos Industrializados, sem contar, portanto, com a contribuição ao PIS e a COFINS incidentes na importação"*.

Diante disso, verifica-se que a questão da inclusão das despesas de capatazia na base de cálculo dos tributos incidentes na operação de

[3] Art. 62. Fica vedado aos membros das turmas de julgamento do CARF afastar a aplicação ou deixar de observar tratado, acordo internacional, lei ou decreto, sob fundamento de inconstitucionalidade. § 1º O disposto no caput não se aplica aos casos de tratado, acordo internacional, lei ou ato normativo: (...) II – que fundamente crédito tributário objeto de: (...) b) Decisão definitiva do Supremo Tribunal Federal ou do Superior Tribunal de Justiça, em sede de julgamento realizado nos termos dos arts. 543-B e 543-C da Lei nº 5.869, de 1973, ou dos arts. 1.036 a 1.041 da Lei nº 13.105, de 2015 – Código de Processo Civil, na forma disciplinada pela Administração Tributária;

[4] Recurso Especial nº 1.799.306; Recurso Especial nº 1.799.308 e Recurso Especial nº 1.799.309.

importação é *controversa*, ainda *está em aberto* na jurisprudência do STJ, porém, *está bem próxima de uma definição*, que certamente virá com o julgamento da matéria pela Primeira Seção do STJ, em regime dos recursos repetitivos, com reflexos no julgamento da matéria por todos os Tribunais Regionais Federais e pelo CARF.

Neste momento, nada mais oportuno que a análise da matéria, o que realizaremos a partir, (i) inicialmente, dos argumentos colocados pela inclusão e pela exclusão dos valores da capatazia na base de cálculo; (ii) pelo exame do conteúdo e do alcance do princípio da legalidade e sua interação com os tributos incidentes sobre a operação de importação; e (iii) pela verificação da sujeição da inclusão das despesas de capatazia a esse princípio, tão caro à segurança jurídica.

1. Os argumentos em disputa no CARF e no STJ

Na sessão de 18/07/2019, a 3ª Turma da Câmara Superior de Recursos Fiscais do CARF julgou a matéria e negou provimento, por voto de qualidade, ao recurso especial interposto pelo contribuinte, assentando o seguinte entendimento: *"VALORAÇÃO ADUANEIRA. VALOR DA TRANSAÇÃO. AJUSTES DO ART. 8º DESPESAS COM A DESCARGA DA MERCADORIA. PORTO DE DESCARGA. INCLUSÃO. Em cumprimento às disposições do Acordo de Valoração Aduaneira, no Brasil, decidiu-se que os gastos relativos a carga, descarga e manuseio, associados ao transporte das mercadorias importadas, até o porto ou local de importação integram a base de cálculo dos tributos aduaneiros. Em decorrência dessa decisão, devem ser acrescidos ao valor da transação os gastos com capatazia incorrido no porto de descarga da mercadoria no país"* [5].

Nessa ocasião, pode-se observar que três argumentos foram debatidos pela Corte Administrativa. Primeiro, o contribuinte alegou que não existiria, à época dos fatos, expediente normativo que determinasse a inclusão dos gastos de capatazia na base de cálculo do Imposto de Importação. Essa alegação foi rejeitada, sob o fundamento de que *"ainda no ano de 1986, por conseguinte, em data muito anterior aos fatos geradores de que se cuida (2001 e 2002), por meio do Decreto 92.930/86, o Brasil exerceu a prerrogativa estabelecida no item 2, letra "b" do art. 8º do Acordo de Valoração Aduaneira, determinando a inclusão dos elementos especificados nas alíneas "a",*

[5] Acórdão nº 9303009.204.

"b" e "c" do parágrafo 2º do artigo na base de cálculo do imposto de importação" e essa opção teria sido corroborada pelo art. 17, do Decreto nº 2.498/1998.

Segundo, o contribuinte alegou que somente os valores gastos até a chegada ao porto podem ser incluídos na base de cálculo do Imposto de Importação, devendo-se entender por "até o porto" todos os momentos anteriores até esse marco temporal, ficando de fora, portanto, os custos despendidos no momento de chegada e após a chegada da mercadoria ao porto. Essa alegação foi rejeitada, pois a leitura defendida pelo contribuinte levaria ao absurdo, de modo que não poderia ser a melhor leitura. Como bem apontado na decisão, essa leitura levaria ao entendimento de que somente poderiam ser incluídos gastos de descarregamento em momento anterior à chegada ao porto, logo, a partir dessa leitura tais gastos apenas poderiam se referir ao momento de embarque no porto no exterior ou eventual transbordo de um navio para outro, em razão da parada do navio em um porto intermediário, entre o porto de partido e o porto de chegada. Todavia, conforme sustentado na decisão, essa leitura não seria possível, pois não há gastos de descarregamento no porto de embarque – há, sim, gastos de carregamento, que com o primeiro não podem se confundir –, e tal dispositivo não poderia se prestar a regular uma situação excepcional, que é a de transbordo, salvo de tivesse deixado essa hipótese de forma explícita.

Terceiro, o contribuinte alega que deveria ser aplicado o entendimento do STJ ao caso, o que foi negado, como exposto acima, em razão de as decisões do STJ na matéria não terem sido tomadas em sede de recurso repetitivo. No Superior Tribunal de Justiça, a matéria foi examinada em ambas as Turmas de Direito Público. Como mencionado na fundamentação da decisão do Ministro Gurgel de Faria para afetação da matéria à Primeira Seção no rito do repetitivo, no julgamento do Recurso Especial nº 1.799.306, já tinham sido julgados 51 processos sob a matéria, de modo que existe vasto repertório de decisões sobre a matéria.

Na Primeira Turma, para fins de expor os argumentos em disputa, podemos citar o julgamento do Recurso Especial nº 1.239.625, de Santa Catarina, ocorrido em 04/09/2014, em que se entendeu pela ilegalidade da Instrução Normativa que trata da matéria por uma suposta afronta ao conceito de valor aduaneiro previsto no Acordo de Valoração Aduaneira e no Regulamento Aduaneiro, ao afirmar *"A Instrução Normativa 327/03 da SRF, ao permitir, em seu artigo 4º, § 3º, que se computem os gastos com descarga da mercadoria* ***no território nacional****, no valor aduaneiro, desrespeita os limites impostos pelo Acordo de Valoração Aduaneira e pelo Decreto 6.759/09, tendo em vista que a realização de tais procedimentos de movimentação de mercadorias* ***ocorre apenas após a chegada da embarcação****, ou seja, após a sua chegada ao porto alfandegado".* (grifos nossos)

Em seu Voto Vencido, o Ministro Sérgio Kukina afastou a ilegalidade apontada, ao defender que o Acordo de Valoração Aduaneira, ao prever em seu artigo 8º, item "b", a inclusão de *"gastos relativos ao (...) descarregamento (...), associados ao transporte das mercadorias importadas até o porto ou local de importação"* estava a se referir ao descarregamento no porto de destino, incluindo, desse modo, as despesas de capatazia em solo nacional, afastando uma possível interpretação de que o descarregamento em tela seria aquele realizado em um eventual porto intermediário utilizado no transporte, entre a partida e chegada, em razão da limitação dada pela expressão "até o porto".

Em 09/03/2017, a Segunda Turma apreciou a matéria e aprofundou os debates, no julgamento do Recurso Especial nº 1.528.204, também de Santa Catarina. Nessa ocasião, o Ministro Mauro Campbell Marques examinou os 6 (seis) métodos previstos no Acordo de Valoração Aduaneira para se chegar ao valor aduaneiro e, a partir da premissa de que todos os métodos buscam chegar a um resultado que seja uniforme, ao verificar a impossibilidade de inclusão das despesas de capatazia no valor aduaneiro pelo método dedutivo e computado, concluiu pela sua impossibilidade também para o método do valor de transação.

Por sua vez, o Ministro Herman Benjamim, votou pela inclusão das despesas de capatazia, realizando uma leitura conjugada dos artigos 33 do Decreto Lei nº 37/1966 e 77 e 79 do Regulamento Aduaneiro, para concluir que *"somente estão excluídos do conceito de valor aduaneiro os gastos e despesas incorridos no território aduaneiro, isto é, na "parte restante do território nacional"*, ou seja, apenas aqueles incorridos na zona secundária do artigo 33, inciso II, do Decreto Lei nº 37/1966. Não há dúvidas de que existem relevantes argumentos para a defesa de ambas as posições, como se percebe do exame dos votos apresentados tanto pelos Ministros que entendem pela inclusão quanto pelos que entendem pela exclusão das despesas de capatazia no valor aduaneiro.

Contudo, todas as manifestações expostas na Primeira e na Segunda Turma do STJ partem da premissa de que o Acordo de Valoração Aduaneira

obriga a inclusão de *"gastos de descarregamento associados ao transporte das mercadorias importadas até o porto ou local de importação"* e/ou que mandamento nesse sentido teria sido incorporado na legislação interna de forma válida. Daí toda a discussão se pautar naquilo que se entende ser o correto significado da expressão *"até o porto"*.

No CARF, a discussão é muito semelhante, restringindo-se à busca pela melhor leitura do dispositivo do AVA, repetido em atos editados no país, que trata das despesas de capatazia (*os gastos relativos ao carregamento, descarregamento e manuseio, associados ao transporte das mercadorias importadas até o porto ou local de importação*), para se compreender o significado da expressão *até o porto ou local de importação*, salvo alguns poucos casos, como o julgado pela 3ª Turma da Câmara Superior e que deu origem ao Acórdão nº 9303009.204, em que se traz à baila, ainda que de maneira tímida, a questão de ausência de norma para a inclusão das despesas de capatazia no valor aduaneiro.

Ocorre que esse nos parece ser exatamente o ponto a ser enfrentado e aprofundado, pois (i) o AVA não obriga a inclusão das despesas de capatazia no valor aduaneiro e (ii) não existe Lei, em sentido formal, incluindo as despesas de capatazia na base de cálculo do Imposto de Importação e PIS/COFINS-Importação, requisito essencial para a cobrança de tais valores, em obediência ao princípio da legalidade (Carta da República, artigo 150, inciso I, e no CTN, artigos 3º e 97).

2. Princípio da Legalidade e Operação de Importação

A Constituição da República prevê em seu art. 5º, inciso II, que *"II – ninguém será obrigado a fazer ou deixar de fazer alguma coisa senão em virtude de lei"* e, em matéria tributária, prevê no art. 150, inciso I, o princípio da legalidade tributária, como uma limitação do poder de tributar, nos seguintes termos: *"Art. 150. Sem prejuízo de outras garantias asseguradas ao contribuinte, é vedado à União, aos Estados, ao Distrito Federal e aos Municípios: I – exigir ou aumentar tributo sem lei que o estabeleça"*.

Como explica Ricardo Lodi Ribeiro, a legalidade tributária é associada, em sua origem, à ideia de autoconsentimento dos contribuintes, que se realizaria pela eleição de representantes dos contribuintes a mandato no Parlamento que, por sua vez, votariam de acordo com o interesse de seus eleitores, havendo uma espécie de autorização por parte dos contribuintes, exercida mediante a votação de representantes, para a instituição e majoração de tributos pelo Parlamento. Porém, nos dias de hoje, essa ideia se mostra ultrapassada, pois aquele que é eleito não deve votar de acordo com o interesse daqueles que o elegeram, mas de acordo com o interesse do país e de toda a sociedade, e também porque, nos dias de hoje, diferente no passado, não apenas quem ostenta a qualidade de contribuinte é que tem o direito de voto.

Assim, atualmente, é mais certo afirmar que a legalidade tem como fundamento o pluralismo político do Parlamento, que o autoriza a ser o local de debate e decisão quanto a essa matéria, e não o Poder Executivo, que, como principal responsável pela realização de políticas públicas, tem o interesse em uma maior arrecadação. Assim, a legalidade *"é a principal arma de combate contra uma visão unívoca da realidade e negadora da ambivalência no âmbito fiscal, representada pela fixação das regras tributárias por aquele poder encarregado de arrecadar e dar destino às receitas públicas (Garcia Novoa, 2000, p. 28)"*[6].

Como se observa pela própria redação de cada dispositivo, o princípio da legalidade tributária é mais rígido que o princípio da legalidade em geral, pois não exige apenas que a obrigação se dê *"em virtude de lei"*, mas que a obrigação seja estabelecida pela própria Lei, o que indica a não admissão de delegação para exigência ou aumento de tributo. Nesse sentido é o ensinamento de Ricardo Lodi Ribeiro[7], que afirma:

> "(...) no que diz respeito à criação de tributos e à sua majoração, como ocorre com a criação de crimes e penas, a Constituição Brasileira, a exemplo do que se dá na maioria dos países (...) não se contentou com a mera exigência de habilitação legal para que a autoridade administrativa determine a obrigação a cargo do particular (legalidade em sentido amplo ou reserva de lei relativa), conforme exige o art. 5º, II, da Constituição. Tal disciplina, adequada à ação da administração diante de um direito fundamental, nas searas do Direito Constitucional e do Direito Administrativo, e até mesmo do Direito Tributário, saldo no que tange à criação ou majoração de tributos, é insuficiente para regular a obri-

[6] Ribeiro, Ricardo Lodi. "O fundamento da legalidade tributária. Do autoconsentimento ao pluralismo político". Revista de Informação Legislativa. Brasília a. 45 n. 177 jan./mar. 2008. P. 215 e ss.

[7] Ribeiro, Ricardo Lodi. *Segurança Jurídica do Contribuinte – Legalidade, Não-surpresa e Proteção à Confiança Legítima.* Rio de Janeiro: Lumen Juris, 2008, Unidade II.p. 87-88.

> gação tributária. Em virtude da necessidade de se garantir o pluralismo político quanto à definição dos critérios que irão presidir a divisão dos encargos sociais para cada segmento da sociedade, a Constituição exige que a lei em sentido formal seja o veículo que, alterando a relação jurídica entre o Estado e o particular, promova a instituição ou majoração de tributos. Esse é, nos dias atuais, a dicção verbal da expressão legalidade em sentido estrito ou reserva absoluta de lei, que é amparada pelo art. 150, I, da nossa Constituição, também chamada de legalidade tributária".

Por sua vez, o art. 97, do CTN, esclarece o conteúdo do princípio - verdadeira regra de competência ou de estrutura dirigida ao legislador - da legalidade, no sentido de que somente a lei pode estabelecer a instituição ou majoração de tributos, incluindo todos os seus aspectos essenciais, como definição do fato gerador, fixação da alíquota do tributo e, para o que nos interessa neste breve estudo, *a fixação de sua base de cálculo*. Portanto, o princípio da legalidade tributária exige não apenas que a hipótese de incidência ou o fato gerador ou a situação de fato abstrata ensejadora da tributação esteja prevista em Lei, mas que também o próprio valor a ser entregue pelo contribuinte ao Estado esteja previsto em Lei. Desse modo, não apenas o antecedente mas também o consequente da norma tributária devem estar previstos em Lei.

Por esse motivo, é interessante a observação de Sacha Calmon Navarro Coêlho, no sentido de que o princípio da legalidade em matéria tributária é até mais rígido que o princípio da legalidade em matéria penal, pois, no Direito Penal *"se permite ao juiz, ao sentenciar, a dosimetria da pena, com relativa liberdade, assim como diminuir e afrouxar a pena a posteriori. No Direito Tributário, além de se exigir seja o fato gerador tipificado, o dever de pagar o tributo também deve sê-lo em todos os seus elementos, pois aqui importantes são tanto a previsão do tributo quanto o seu pagamento (...)"*[8].

Apesar dessa rigidez, o princípio da legalidade admite exceção, *mas somente naqueles casos textualmente previstos pela Carta da República*, como **(i)** a possibilidade de o Poder Executivo da União alterar as alíquotas do Imposto de Importação, do Imposto de Exportação, do IPI e do IOF;

[8] COÊLHO, Sacha Calmon Navarro. Curso de Direito Tributário brasileiro. 9ª edição revista e atualizada. Rio de Janeiro:Forense. 2006, p. 220.

mesmo assim, desde que *"atendidas as condições e os limites estabelecidos em lei"*, como previsto no art. 153, parágrafo 1º, da Carta da República; **(ii)** a possibilidade de o Poder Executivo da União reduzir e reestabelecer as alíquotas da CIDE-Combustível, como previsto no art. 177, parágrafo 4º, inciso I, alínea "b", da Carta da República; **(iii)** e outros casos textualmente previstos na Lei Maior.

Essa ressalva constitucional é destinada àqueles tributos que também apresentam um caráter extrafiscal e que são utilizados pelo Estado para intervir na economia, em questões de abastecimento, segurança nacional, dentro outras finalidades que não têm relação com a arrecadação de recursos.

Diante disso, para o caso ora em análise, poder-se-ia indagar algo no sentido de que, já que o Executivo pode alterar sem qualquer necessidade de edição de Lei a alíquota do Imposto de Importação, seria a ele também permitido que alterasse também a base de cálculo, que é a outra grandeza utilizada para que se chegue ao *quantum debeatur*. Contudo, a resposta é negativa, levando-se em consideração que qualquer exceção à regra constitucional da legalidade tributária deve estar prevista textualmente no próprio texto constitucional; não se pode empregar a analogia para exigir tributo não previsto em lei (art. 108, inciso I, parágrafo 1º, do CTN), e mesmo a ressalva relativa à fixação de alíquota não é uma carta branca ao poder executivo, que somente poderá agir dentro de *"condições e os limites estabelecidos em lei"*, como prevê a própria Carta da República.

Nesse sentido, é a arguta e precisa observação de Luís Eduardo Schoueri, inclusive, comparando o tratamento constitucional dado à matéria entre o texto constitucional atual e o passado:

> "Não há mitigação tácita ao Princípio da Legalidade em matéria tributária. Quando o constituinte assim desejou, ele expressamente previu a possibilidade de o Executivo, nos limites da lei, alterar as alíquotas. Por outro lado, a mitigação dá-se apenas com referência à alíquota; todos os demais aspectos da hipótese tributária devem estar fixados pela lei, não podendo ser modificados pelo Poder Executivo. Nesse ponto, deve-se notar que a regra da Constituição de 1988 é mais rígida do que a existente no passado, quando também a base de cálculo podia ser fixada pelo Poder Executivo. Isso mostra que, nesse particular, foram supera-

dos, porque não recebidos pelo texto de 1988, os artigos 21, 26 e 65 do CTN, na parte em que se referiam à modificação da base de cálculo"[9].

Com isso, pode-se concluir que, pela aplicação e em prestígio ao princípio constitucional da legalidade tributária, qualquer alteração para majorar a base de cálculo do Imposto de Importação e do PIS/COFINS-Importação depende da edição de Lei e, em decorrência, qualquer ato infralegal do Poder Executivo tendente a incluir parcelas não previstas em Lei na base de cálculo destes tributos é ilegal, por violação às próprias leis de regência de tais tributos.

Princípio da Legalidade e a inclusão das despesas de capatazia na base de cálculo do Imposto de Importação e PIS/COFINS-Importação

Nesse passo, uma vez assentada a premissa acima, constata-se que, ao longo dos últimos anos, a Receita Federal do Brasil editou uma série de atos, pelos quais se manifestou pela inclusão dos *"gastos relativos ao carregamento* descarregamento *e manuseio associados ao transporte das mercadorias importadas até o porto ou local de importação"* no conceito de *valor aduaneiro*, como se verifica pela análise da Instrução Normativa SRF nº 16/1998 (artigos 2º e 3º), do Ato Declaratório da Coordenação-Geral de Administração Aduaneira (AD COANA) nº 3/2000[10], do Regulamento Aduaneiro de 2002, Decreto nº 4.543/2002 (artigos 77 e 79), da Instrução Normativa SRF nº 327/2003 (artigos 4º e 5º) e do Regulamento Aduaneiro atualmente vigente, Decreto nº 6.759/2009 (artigos 77 e 79).

Tratam-se, todos, de atos infra-legais, de caráter regulamentar, que, como se sabe, não se destinam a criar, restringir ou extinguir direitos, mas detalhar, pormenorizar os direitos previstos em Lei, o que se reflete, no campo do direito tributário, na limitação ao poder de tributar consistente na proibição de instituir ou aumentar tributos por atos dessa natureza, o que só é permitido à Lei, em obediência ao princípio da legalidade, acima destacado.

[9] SCHOUERI, Luís Eduardo. Direito Tributário / Luís Eduardo Schoueri. 4ª Edição. São Paulo: Ed. Saraiva. 2014. P. 314.

[10] Ato Declaratório da Coordenação-Geral de Administração Aduaneira (AD COANA) nº 3/2000: *"Os gastos relativos à descarga e ao manuseio de mercadorias importadas, associados ao transporte internacional, integram o valor aduaneiro, independentemente da responsabilidade pelo ônus financeiro e da denominação adotada"*.

Portanto, tais atos devem ter fundamento de validade em uma Lei que inclua a parcela analisada na base de cálculo do Imposto de Importação ou das contribuições para o PIS/COFINS-Importação.

Do exame do artigo 77 do Regulamento Aduaneiro atual, Decreto nº 6.759/2009, percebe-se que tais atos infra-legais não buscam fundamento de validade no Decreto-Lei nº 37/1966 ou na Lei nº 10.865/2004, que estabelecem e fixam a base de cálculo do II e do PIS/COFINS--Importação, pois, como visto acima, tais Leis apenas determinam que a base de cálculo será o *valor aduaneiro, mas apontam como fundamento legal 2 (dois) diplomas que decorrem do plano internacional e tratam justamente do conteúdo de valor aduaneiro*: (i) o Acordo de Valoração Aduaneira ("AVA"), Artigo 8, parágrafos 1 e 2; e (ii) a Norma de Aplicação sobre a Valoração Aduaneira de Mercadorias, Artigo 7º, aprovado pela Decisão Conselho do Mercado Comum ("CMC") nº 13/2007.

Nesse ponto, importante destacar que a Carta da República outorga ao Presidente da República competência privativa para *"celebrar tratados, convenções e atos internacionais, sujeitos a referendo do Congresso Nacional"*, que, assim, possui competência exclusiva para *"resolver definitivamente sobre tratados, acordos ou atos internacionais que acarretem encargos ou compromissos gravosos ao patrimônio nacional"* (artigos 49, inciso I, e 84, inciso VIII, da Carta da República).

À luz dessas competências constitucionais, a jurisprudência que se firmou no e. Supremo Tribunal Federal é no sentido de que os *tratados internacionais em geral* e os *acordos celebrados pelo Brasil no âmbito do Mercosul* não têm aplicabilidade imediata no plano do direito positivo interno, dependendo, para tanto, de uma *série de atos de caráter político-jurídico*, que foram bem descritos e definidos no julgamento do CR 8.279-AgR, de relatoria do Min. Celso de Mello:

> "A *recepção* dos tratados internacionais em geral e dos acordos celebrados pelo Brasil no âmbito do Mercosul *depende, para efeito de sua ulterior execução no plano interno*, de uma sucessão causal e ordenada de atos revestidos de caráter político-jurídico, assim definidos: (a) *aprovação, pelo Congresso Nacional, mediante decreto legislativo, de tais convenções*; (b) *ratificação desses atos internacionais, pelo chefe de Estado, mediante depósito do respectivo instrumento*; (c) *promulgação de tais acordos ou tratados, pelo presidente da República, mediante decreto, em ordem a viabilizar a produção dos seguintes*

> *efeitos básicos*, essenciais à sua vigência doméstica: (1) publicação oficial do texto do tratado e (2) *executoriedade do ato de direito internacional público, que passa, então – e somente então – a vincular e a obrigar no plano do direito positivo interno. Precedentes.* O sistema constitucional brasileiro não consagra o princípio do efeito direto e nem o postulado da aplicabilidade imediata dos tratados ou convenções internacionais." (CR 8.279-AgR, Rel. Min. Presidente Celso de Mello, julgamento em 17-6-1998, Plenário)

Com relação ao AVA, a ata final da rodada Uruguai foi *devidamente aprovada pelo Decreto Legislativo nº 30/1994* e, após, promulgada pelo *Decreto Presidencial nº 1.355/1994*, de modo que, uma vez que seguiu os trâmites necessários para sua internalização no ordenamento jurídico nacional, pode ser admitido o seu *status* de Lei, para fins de definição de base de cálculo.

Contudo, mesmo admitido o seu *status* de Lei, a norma que se extrai do AVA não tem o condão de amparar os atos infra-legais da Receita Federal, simplesmente porque não determinou a inclusão de *"gastos relativos à descarga da mercadoria do veículo de transporte internacional no território nacional"* no conceito de *valor aduaneiro*, outorgando apenas a faculdade de incluir ou não tais gastos aos Estados Contratantes. É ler:

> "Artigo 8
>
> 1. Na determinação do valor aduaneiro, segundo as disposições do Artigo 1, deverão ser acrescentados ao preço efetivamente pago ou a pagar pelas mercadorias importadas: (...)
>
> 2. Ao elaborar sua legislação, cada Membro deverá prever a inclusão ou a exclusão, no valor aduaneiro, no todo ou em parte, dos seguintes elementos:
>
> (a) – o custo de transporte das mercadorias importadas até o porto ou local de importação;
>
> (b) – os gastos relativos ao carregamento descarregamento e manuseio associados ao transporte das mercadorias importadas até o porto ou local de importação; e
>
> (c) – o custo do seguro"

Dessa maneira, se, de um lado, o AVA contemplou as parcelas a serem consideradas pelos Estados Contratantes na determinação do *valor aduaneiro*, de outro lado, facultou a inclusão ou exclusão de determinadas parcelas, entre as quais se incluem os *"gastos relativos ao (...) descarregamento associados ao transporte das mercadorias importadas até o porto ou local de importação"*.

A respeito da facultatividade – e não obrigatoriedade – da inclusão de tais parcelas, mas sem entrar no mérito de sua válida incorporação à legislação de cada país, é de se destacar as considerações de Rosaldo Trevisan, para quem: *"Não há, assim, tal restrição, no Acordo de Valoração Aduaneira, que remete a faculdade justamente às legislações nacionais, ou como acabamos de ver, regionais. Tais legislações podem decidir expressamente incluir tais custos, como fez o Mercosul; expressamente excluí-los, como fez a Comunidade Andina de Nações; ou simplesmente sobre eles silenciar, igualmente os excluindo do valor aduaneiro, a exemplo da União Europeia"*[11].

Assim, a meu ver, fica demonstrada a impossibilidade de o AVA, por si só, justificar a inclusão de tais parcelas no conceito de *valor aduaneiro*, por manifesta ausência de norma dispondo nesse sentido, o que só veio a ocorrer, no plano internacional, em relação ao Brasil, com a "Norma de Aplicação sobre a Valoração Aduaneira de Mercadorias", aprovada pela Decisão CMC nº 13/2007, cujo anexo da Decisão CMC nº 13/2007 prevê o seguinte:

> "ARTIGO 1
> A base de cálculo do Imposto de Importação será o valor aduaneiro das mercadorias importadas, determinado conforme as normas do Acordo sobre a implementação do Artigo VII do Acordo Geral sobre Tarifas e Comércio 1994 (GATT), assim como as demais disposições relacionadas com o mesmo e procedentes do ordenamento jurídico do MERCOSUL.
>
> CAPÍTULO 2
> DETERMINAÇÃO DO VALOR ADUANEIRO
> ARTIGO 5
> Ao valor aduaneiro serão incluídos os seguintes elementos:
> a) os gastos de transporte das mercadorias importadas até o porto ou lugar de importação;

[11] TREVISAN, Rosaldo. "O Imposto de Importação e o direito aduaneiro internacional". São Paulo: Aduaneiras: LEX Produtos Jurídicos. 2017. P. 439.

b) os gastos com carga, descarga e manuseio, ocasionados pelo transporte das mercadorias importadas até o porto ou lugar de importação;
c) o custo do seguro das mercadorias".

Essa segunda norma foi internalizada pelo Decreto nº 6.870/2009, que foi publicado em 04/06/2009. Pelo exposto até aqui, já poder-se-ia concluir, *para os fatos geradores ocorridos antes de 04/06/2009 em relação ao Imposto de Importação*[12] *e antes de 04/09/2009 em relação ao PIS/COFINS-Importação*, tendo em conta a aplicação da anterioridade nonagesimal prevista no art. 195, parágrafo 6º, da Carta República a essa última espécie tributária, *não há como se majorar a base de cálculo de tais tributos* com os *"gastos relativos à descarga da mercadoria do veículo de transporte internacional no território nacional", por inexistência de qualquer Lei nesse sentido.*

Mas não é só. Para o período posterior, nem mesmo a edição do Decreto nº 6.870/2009 é capaz de justificar a inclusão das despesas de capatazia no valor aduaneiro. Isso porque o Decreto nº 6.870/2009 é um Decreto Presidencial, não tendo havido a necessária e anterior aprovação pelo Congresso Nacional, ao contrário do que ocorreu com o AVA. Conseqüência disso, levando em consideração que o *"sistema constitucional brasileiro não consagra o princípio do efeito direto e nem o postulado da aplicabilidade imediata dos tratados ou convenções internacionais"*[13], é que não há como se reconhecer qualquer *status* de Lei às disposições desse ato, que também não pode ser utilizada pela Receita Federal do Brasil para dar fundamento a supostas regulamentações que acabam por majorar a base de cálculo dos tributos incidentes na importação, em relação ao período posterior a 04/06/2009, para o Imposto de Importação, e posterior a 04/09/2009, para o PIS/COFINS-Importação.

Um ponto em sentido contrário a essa conclusão seria a possibilidade do Decreto nº 6.870/2009 se qualificar como um "acordo executivo", uma espécie de tratado que não depende de ato do Poder Legislativo, mas apenas de ato do Poder Executivo, para sua internalização e validade em território nacional.

[12] O princípio da anterioridade tributária previsto no art. 150, inciso III, alínea b e c, da Carta da República, não se aplicam ao Imposto de Importação, por força do disposto na ressalva contida no parágrafo 1º, do referido artigo.

[13] CR 8.279-AgR, Rel. Min. Presidente Celso de Mello, julgamento em 17-6-1998, Plenário.

Segundo Celso D. Albuquerque de Mello, a prática de celebração de acordo executivo se desenvolveu acima de tudo nos Estados Unidos da América, com o desejo de fugir do controle do Senado, e a única distinção entre um tratado e o acordo executivo é de ordem formal, de direito interno, se tal ato precisa ou não de aprovação do Legislativo[14].

No Brasil, o autor narra que a doutrina se dividiu em duas grandes correntes, a primeira que sustenta a validade dos acordos do Executivo dentro de nossa ordem constitucional (formada por Accioly, Levi Carneiro, João Hermes Pereira de Araújo e Geraldo Eulálio Nascimento Silva) e a segunda que nega esta validade (formada por Haroldo Valladão, Marota Rangel, Afonso Arinos, Pontes de Miranda, Themístocles Cavalcanti e Carlos Maximiliano). O Autor se posiciona pela primeira corrente, por entender que *"é a que melhor atende às finalidades práticas da questão"*, observando ainda que *"podemos acrescentar que é inadmissível considerar que a nossa Constituição tem sido violada impunemente todos estes anos"*[15].

Mas o que é interessante notar é que, mesmo para a primeira corrente, há uma limitação na prática de utilização do "acordo executivo" pelo Poder Executivo, em função do conteúdo objeto de ajuste, que deveria ficar circunscrito sobretudo às matérias de competência do Poder Executivo. Fazendo referência a Accioly, Celso D. Albuquerque de Mello afirma que[16]:

> "A primeira corrente afirma que seria dispensada a aprovação do Legislativo nos seguintes acordos: "a) os acordos sobre assuntos que sejam de competência privativa do Poder Executivo; b) os concluídos por agentes ou funcionários que tenham competência par para isso, sobre questões de interesse local ou de importância restrita; c) os que consignam simplesmente a interpretação de cláusulas de um tratado vigente; d) os que decorrem, lógica e necessariamente, de algum tratado vigente e são como que o seu complemento; e) os de "modus videndi" (...) podendo-se

[14] Mello, Celso D. de Albuquerque, 1937. "Curso de Direito Internacional Público". 14ª Edição. Rio de Janeiro: Renovar, 2002. P. 226-227.

[15] Mello, Celso D. de Albuquerque, 1937. "Curso de Direito Internacional Público". 14ª Edição. Rio de Janeiro: Renovar, 2002. P. 229.

[16] Mello, Celso D. de Albuquerque, 1937. "Curso de Direito Internacional Público". 14ª Edição. Rio de Janeiro: Renovar, 2002. P. 228.

> ainda acrescentar as "declarações de extradição" e "ajuste para prorrogação de tratado (...)" (Accioly)"

Assim, a ideia por traz do acordo executivo é que ele serve regular matérias de competência do Executivo ou, em relação a outras matérias, aquelas que sirvam apenas para complementar tratados maiores, estes sim que passaram pelo crivo do Poder Legislativo, havendo, na realidade, quando dessa autorização do Poder Legislativo, uma pré-autorização para a internalização dos acordos posteriores, que ficaria a cargo apenas do Chefe do Poder Executivo.

Todavia, no caso em questão, de uma decisão do Mercosul que inclua, na base de cálculo do Imposto de Importação e do PIS/COFINS-Importação, determinadas parcelas facultativas de um tratado maior, observa-se que essa forma de internalização se revelaria nitidamente inconstitucional.

Como visto, o princípio da legalidade em matéria tributária não admite qualquer tipo de delegação, a obrigação tributária não deriva da Lei, ela tem que estar prevista na Lei. Logo, a majoração da base de cálculo dos tributos em estudo não poderia se dar por ato do Poder Executivo. Ainda que, em geral, possa se admitir a validade de acordo executivo sem a anuência do Congresso, na hipótese de esse acordo executivo versar sobre majoração de tributos, a Carta da República não admite delegação nem pré-autorização, sendo certo que a inclusão de parcelas na base de cálculo do Imposto de Importação e do PIS/COFINS sem fundamento em Lei se revela inválida.

Por último, é de se destacar que a decisão do CARF mencionada aponta que o Brasil teria exercido a prerrogativa estabelecida no item 2, letra "b" do art. 8º, do AVA, mediante a edição do Decreto nº 92.930/86, que tem a seguinte redação:

> "Art. 1º O Acordo sobre a Implementação do artigo VII do Acordo Geral sobre Tarifas Aduaneiras e Comércio, apenso por cópia ao presente decreto, será executado e cumprido tão inteiramente como nele se contém, com as ressalvas feitas aos parágrafos 3, 4 e 5 de seu Protocolo Adicional.
>
> Art. 2º Na base de cálculo do imposto de importação, definida de conformidade com o acordo que com este decreto se promulga, serão

incluídos os elementos a que se referem as alíneas a, b, e c, do parágrafo 2, de seu artigo oitavo".

Porém, o Decreto nº 92.930/86 é decreto presidencial, logo, do Poder Executivo, e, ao se examinar o Decreto Legislativo correspondente (o DL nº09/1981), observa-se que seu art. 1º apenas *"os textos do Acordo sobre a Implementação do Artigo VII do Acordo Geral sobre Tarifas Aduaneiras e Comércio (Código de Valoração Aduaneira), do Protocolo Adicional ao referido Acordo, bem como da Lista de concessões Tarifárias Brasileiras nas Negociações Comerciais Multilaterais, todos concluídos em Genebra, a 12 de abril de 1979"*.

Aqui, percebe-se de plano que o acordo, à época, foi implementado por ato do Congresso, sem a previsão de qualquer inclusão de despesas de capatazia, eis que apenas reproduziu o que havia no tratado e o Executivo, unilateralmente, acrescentou um artigo para incluir tal parcela, de forma incompatível com o princípio da legalidade tributária.

Conclusões

Já chegando à conclusão, podemos afirmar que o AVA não determina a inclusão das despesas de capatazia no valor aduaneiro, mas apenas aponta para a sua possibilidade, outorgando uma faculdade aos Estados contratantes.

Além disso, em prestígio e observação ao princípio da legalidade (Carta da República, artigo 150, inciso I; CTN, artigos 3º e 97), o acréscimo de tais parcelas às bases de cálculo do Imposto de Importação e do PIS/COFINS-Importação só pode ser estabelecido mediante a edição de Lei em sentido formal ou a internalização com status de Lei de acordo celebrado pelo Brasil nesse sentido.

Não existindo, a nosso ver, até o momento edição de Lei nem internalização de acordo com status de Lei agregando tais valores ao valor aduaneiro e às bases de cálculo do Imposto de Importação e do PIS/COFINS-Importação, pode-se afirmar que a faculdade do AVA ainda não foi exercida pelo Brasil, sendo descabida a exigência pela Receita Federal de tais parcelas, com base meramente em atos infra-legais da legislação interna e em ato internacional que não foi internalizado com status de Lei no ordenamento jurídico interno.

Essa conclusão resta evidenciada para o período anterior à edição do Decreto nº 6.870/2009, que é o ato indicado pela Receita Federal do Brasil como ato de manifestação da opção pela faculdade prevista no AVA sobre a matéria. Antes dele, havia apenas uma faculdade prevista pelo AVA. Mas essa conclusão também é plenamente aplicável para o período posterior a esse Decreto, tendo em conta a matéria não comporta regulação por "acordo executivo".

Referências

Coêlho, Sacha Calmon Navarro. *Curso de Direito Tributário brasileiro.* 9ª edição revista e atualizada. Rio de Janeiro:Forense. 2006.

Mello, Celso D. de Albuquerque, 1937. *Curso de Direito Internacional Público.* 14ª Edição. Rio de Janeiro: Renovar, 2002.

Ribeiro, Ricardo Lodi. "O fundamento da legalidade tributária. Do autoconsentimento ao pluralismo político". *Revista de Informação Legislativa.* Brasília a. 45 n. 177 jan./mar. 2008.

__________. *Segurança Jurídica do Contribuinte* – Legalidade, Não-surpresa e Proteção à Confiança Legítima. Rio de Janeiro: Lumen Juris, 2008, Unidade II.

Schoueri, Luís Eduardo. *Direito Tributário.* 4ª Edição. São Paulo: Ed. Saraiva. 2014.

Trevisan, Rosaldo. "O Imposto de Importação e o direito aduaneiro internacional". São Paulo: Aduaneiras: LEX Produtos Jurídicos. 2017.

3. Protesto do Recebedor: Da Não Exigência da Regra do Art. 754 do Código Civil ao Segurador da Carga

PAULO HENRIQUE CREMONEZE

Inalterado o dever do segurado, proprietário e/ou dono da carga de apresentar o protesto cabível ao transportador em caso de falta ou de avaria

O Protesto do recebedor, previsto no art. 754 do Código Civil, é um dos temas mais polêmicos do Direito dos Transportes, especialmente no tocante ao Direito do Seguro. Isso porque não o apresentar, ou fazê-lo intempestivamente, é algo que poderá implicar decadência do direito. [A palavra "poderá" não é aqui usada à toa, porque a decadência nem sempre se impõe em tais casos.

Em verdade, a interpretação do art. 754 do Código Civil leva em consideração tudo o que foi criado pela doutrina e pela jurisprudência. E isso desde o tempo em que o protesto do recebedor ainda se disciplinava pelo art. 756 do Código de Processo Civil de 1939, mantendo-se em vigor o mesmo conteúdo pelo Código de Processo Civil de 1973, art. 1.218, XI.

Dito isso, em que pesem discordâncias respeitáveis, a decadência de direitos não se opera quando há outro meio de prova substancialmente hábil para comprovar, com segurança, a culpa do transportador de carga por eventuais faltas ou avarias. Reconhecemos que a afirmação acima não é uníssona nos meios jurídicos, mas se torna cada dia mais forte. Até mesmo em homenagem a um passado não muito distante.

Mas, se ainda há sincera dúvida e acaloradas discussões sobre o que antes se afirmou, dúvida alguma há em relação ao que ora se expõe com convicção e forte ancoragem jurisprudencial: 1) instrumentos como o termo de faltas e avarias (transporte marítimo), o Siscomex-mantra (transporte aéreo) e os boletins de ocorrência (transporte rodoviário), entre outros, fazem as vezes do protesto do recebedor; 2) o protesto lançado contra um dos participantes da cadeia logística de transporte aproveita a todos os demais; e 3) não se exige o protesto do recebedor quando a apuração do dano for realizada no exterior.

Essas três afirmações são muito sólidas. Oferecem ajuda substancial em litígios com transportadores de carga. Assim, de uns tempos para cá, tenho defendido que a regra do art. 754 do Código Civil não produz efeitos em relação aos seguradores de carga, mas somente aos seus consignatários e proprietários.

Considerando que muitas vezes os reclamantes de faltas e avarias são seguradores sub-rogados na pretensão original dos segurados, consignatários e donos de carga, não havendo protesto ou sendo ele intempestivo no caso concreto, incogitável será a decadência de direito. Ainda que por equiparação e por equidade, advogamos isso com base no § 2º, do art. 786 do Código Civil, o qual dispõe basicamente que nenhum ato do segurado pode de algum modo extinguir ou prejudicar o direito de regresso do segurador contra o causador do dano.

E por "nenhum ato" também se deve entender o de índole omissiva. Mesmo que o dono da carga extraviada ou avariada, total ou parcialmente, não apresente o protesto contra o transportador, ainda assim subsistirá o direito de regresso do segurador. Nenhuma indenização de seguro é paga sem a devida regulação do sinistro, sem a perfeita caracterização de um dano decorrente de risco previsto na apólice. A única ressalva se mostra para o caso em que o segurador sub-rogado, não apresentando o protesto do segurado, ou fazendo-o de modo imperfeito, seja obrigado a provar a culpa em sentido estrito do transportador, a despeito do signo da responsabilidade civil objetiva que decorre do inadimplemento de obrigação contratual de resultado.

O fato é que vem ganhando cada vez mais fôlego no Poder Judiciário a tese segundo a qual é desnecessária a apresentação do protesto pelo segurador sub-rogado. Inicialmente polêmica, hoje essa tese constitui uma forte tendência jurisprudencial. Nem poderia ser diferente, eis que se trata de algo coerente, assentado no Direito Natural, na ordem moral e no melhor conceito de justiça de todos os tempos, o de Justiniano – segundo o qual justiça é, acima de tudo, dar a cada um o que é seu. Ousamos ainda afirmar que essa inteligência se ajusta muito bem aos princípios informadores gerais do Direito, alguns tidos como garantias fundamentais constitucionais, como os da isonomia, proporcionalidade, razoabilidade e equidade. Uma rápida pesquisa jurisprudencial já comprova o que aqui se afirma com peso de bigorna e valor de ouro.

Nesse sentido, recente decisão da 15ª Câmara de Direito Privado do Tribunal de Justiça do Estado de São Paulo, na Apelação nº 1100248-55.2017.8.26.0100, em que advogamos pelo segurador contra o transportador, com voto da relatoria do excelentíssimo Desembargador José Wagner de Oliveira Mellato Peixoto, cuja ementa afirma: "*(...) O artigo 754, parágrafo único, do Código Civil não se aplica à seguradora, mas somente à transportadora – Incidência do CC, artigo 786 – Precedentes do STJ e do TJ (...)*".

Importante notar que a ementa faz menção expressa aos precedentes do próprio Tribunal de Justiça do Estado de São Paulo, o mais importante da América Latina, e ao Superior Tribunal de Justiça, donde é possível inferir que a tendência jurisprudencial de fato é pela não vinculação do segurador de carga ao art. 754 do Código Civil.

Prossegue o V. Acórdão, em sua fundamentação, citando decisão recente do Superior Tribunal de Justiça, de 13 de junho de 2018, de relatoria da eminente Ministra Maria Isabel Gallotti, nos Embargos de Declaração em Recurso Especial nº 1.207.435-SP: "*tal dispositivo somente diz respeito às relações entre transportador e o destinatário da carga, não se aplicando à seguradora, cujo direito de regresso é disciplinado pelo art. 786 do mesmo diploma legal. O comando normativo em tela aplica-se entre a transportadora e a destinatária e não com a seguradora, como pretende a embargante. É que a seguradora por óbvio carece de interesse em reclamar eventuais avarias da carga, pois pretende sub-rogar-se no direito ao ressarcimento contra o responsável pelo sinistro. Desse modo, a seguradora não está sujeita ao prazo decadencial de dez dias, se a própria lei fixa prazo de um ano para que o segurado se volte contra o segurador e vice-versa, consoante os termos do art. 206, § 1º, II, do Código Civil*".

Levando-se em elevada conta o conceito amplo de jurisprudência – defendido por Pontes de Miranda –, que dispõe que qualquer decisão judicial, ainda que emanada de órgão monocrático, já se encaixa nesse mesmo conceito, muito aproveita destacar a decisão proferida noutro caso, em que atuamos na defesa do segurador contra o transportador de carga, de 12 de novembro de 2018, da lavra do respeitável Juiz de Direito Tanit Adrian Perozzo Daltoé, que em parte da fundamentação declara: *"(...) é assente o entendimento que, em se tratando de ação de regresso, à seguradora nao oponível essa prescrição, vez que submetida ao preceito do art. 786 do Código Civil."*. [2ª Vara Cível de Itajaí, Santa Catarina, Autos nº 0305756-81.2014.8.24.0033].

Interessante notar que no corpo da mesma decisão o Douto Juiz reproduz a ementa da decisão colegiada paulista, da relatoria do eminente Desembargador José Wagner de Oliveira Melatto Peixoto, que antes mencionamos como importante fonte do entendimento aqui defendido. Em síntese, mostra-se cada vez mais indiscutível que, estando ausente o protesto do recebedor ou sendo ele intempestivo, não há decadência de direito para o segurador sub-rogado. Pois bem. Diante disso, a pergunta que se faz é: poderá o segurador negar o pagamento da indenização ao segurado, consignatário ou dono de carga, que não apresentar o protesto do recebedor competente? A resposta segura é: sim!

Não se trata de casuísmo ou de dupla medida para um mesmo peso. Longe disso. Trata-se apenas de boa hermenêutica jurídica, respeitando a ontologia dos fatos. Contudo, é preciso dizer que, ainda que forte, uma tendência jurisprudencial não é certeza absoluta. Isso não pode ser ignorado. Além disso, um eventual benefício jurisprudencial ao segurador litigante não implica um salvo-conduto ao segurado. Não permite que este descumpra seus deveres legais e contratuais. Trata-se de norma contratual, com desenho também legal. O segurado simplesmente não pode prejudicar o direito de regresso do segurador. Tampouco pode colocá-lo em risco de modo deliberado. Logo, deixar de apresentar o protesto ainda é, de certa forma, expor a risco esse mesmo direito de regresso.

É imperativo o dever do segurado em apresentá-lo formal e tempestivamente. Não há nesse ponto qualquer relativização. Evidente, porém, que o segurador poderá dimensioná-lo com maior ou menor rigor, a depender das circunstâncias particulares do caso concreto, levando-se em conta ainda a caracterização da falha do segurado como falta escusável ou inescusável. Mas esse poder é exclusivamente do bom e justo arbítrio do segurador. Não configura direito subjetivo do segurado. Os corretores de seguro têm de instruir os segurados a zelar pela apresentação dos protestos cabíveis contra os transportadores. Até porque, em casos de negativa de cobertura, é contra eles correrá a figura da decadência de direito.

Deste modo, a situação jurisprudencial aqui exposta em nada altera o dever do segurado. Deve ele ainda apresentar o protesto do art. 754 do Código Civil. A única novidade diz respeito à não exigência de sua apresentação ao segurador sub-rogado em litígio com o transportador desidioso. Razões ontológica distintas que, embora interligadas em certa medida, exigem respostas jurídicas também distintas.

4. Contratos de Seguro: Aspectos Técnicos, Jurídicos e Regulatórios

Angélica Carlini

Introdução

A atividade econômica de seguros ocupa lugar de fundamental importância em muitos países do mundo, porém, no Brasil, ainda há espaço para crescimento e para a consolidação da cultura de contratação de seguro como investimento e não como custo do empresário.

Para muitos empresários os seguros são dispendiosos, excessivamente burocráticos e nem sempre confiáveis no tocante ao pagamento da indenização pelo segurador. Parece que sempre há o risco de o caso concreto ser considerado risco não coberto, agravação de risco ou algum outro motivo que determine a negativa da cobertura. Para os seguradores, por sua vez, os tomadores de seguro não se informam adequadamente sobre os riscos contratados, não contratados e situações que caracterizam agravação de risco e, no caso dos seguros não-massificados as empresas tomadoras de seguro não podem alegar que são vulneráveis porque, quase sempre, possuem condições concretas para compreender os termos das apólices de seguro que contratam e, para dirimir dúvidas junto a profissionais contratados para essa finalidade como advogados, corretores de seguro, atuários e outros.

Para além desse conflito latente nas relações entre tomadores e seguradores existe o fator precificação – valor do prêmio do seguro –, quase sempre considerado alto em uma economia que como a brasileira há alguns anos apresenta índices muito modestos de crescimento. Qualquer custo impacta o resultado dos empresários e, por isso, contratação de seguros tem que ser precedida de estudo minucioso de necessidade, adequação e oportunidade, Isso, muitas vezes, leva o empresário a decidir não contratar.

A decisão pela não contratação do seguro assim como a decisão pela subcontratação – contratação em valores de indenização menores do que aqueles efetivamente necessários em caso de materialização de um risco – é sempre negativa para o próprio empresário e sua atividade, como para a sociedade. Diante dos danos provocados por um incêndio em indústria ou comércio; acidente com cargas transportadas ou manejadas em armazéns gerais; problemas com obras de engenharia em fase de construção; poluição ambiental provocada por vazamento de produtos químicos; entre outras inúmeras possibilidades corriqueiras na atividade empresarial, a falta de cobertura securitária pode inviabilizar economicamente o negócio tanto quanto pode significar impossibilidade da continuidade e, dessa forma, estarão comprometidos o recolhimento de tributos, manutenção de empregos e de atividades comerciais de fornecedores da empresa que sofreu os danos.

De outro lado, ocorrido o sinistro e existente a cobertura de seguro o pagamento da indenização é momento de reinício da atividade empresarial que, muitas vezes se reestrutura em pouco tempo, retomando sua rotina de produção sem desgaste para a marca e para a qualidade dos produtos. Isso também repercute de forma positiva para a manutenção de empregos, pagamento de tributos e relações com os fornecedores.

As coberturas de seguro são essenciais para a atividade empresarial em qualquer área econômica e, na atualidade, quando as empresas estão focadas em implantação de inovação tecnológica, maior concorrência e qualidade para o consumidor, repor rapidamente perdas decorrentes de acidentes é essencial para não afetar a rentabilidade, para não incorrer em perda de mercado e, principalmente, para garantir a segurança necessária para os investidores.

Este estudo tem por objetivo analisar contratos de seguro não-massificados que são aqueles utilizados nas atividades empresariais de produção econômica. O objetivo é estudar a formação dos contratos, seus fundamentos técnicos e definição de riscos cobertos, não contratados e o conceito de agravação de risco que pode determinar a perda do direito à indenização.

Para correta análise de riscos cobertos e não contratados é importante compreender o modelo regulador e fiscalizador da atividade de seguros privados no Brasil exercidos pelo Conselho Nacional de Seguros e Superintendência de Seguros Privados e a influência que exercem na dinâmica das práticas de mercado, em especial em relação aos clausulados utilizados pelos diferentes seguradores.

Com essas reflexões este trabalho pretende contribuir para a ampliação da compreensão dos contratos de seguro que, há centenas de anos têm participado da vida econômica dos diferentes países do mundo e contribuído de forma objetiva para a continuidade de atividades empresariais importantes para toda a sociedade.

1. Contratos de seguro: obrigação de garantir riscos predeterminados

Contratos de seguro são aqueles firmados entre partes para a cobertura de riscos predeterminados que quando materializados geram danos que o segurador deverá indenizar, até o limite máximo de garantia contratado e somente se o risco estiver entre aqueles elencados como riscos cobertos. Os contratos de seguros são contratos em que a principal obrigação do segurador é garantir o pagamento de indenização quando e se ocorrido o risco coberto pelo contrato, respeitado o limite máximo fixado entre as partes.

Para garantir que o pagamento da indenização será realizado quando e se ocorridos os riscos fixados no contrato, o segurador organiza atividade empresarial complexa, que depende de uma rede de prestadores de serviços técnicos para que possa ser materializada. Para cumprir suas obrigações contratuais o segurador organiza atividade empresarial e, por meio dessa organização garante que da fase de análise de risco para subscrição até o cálculo técnico da extensão dos danos materializados após a ocorrência de um risco coberto, tudo aconteça com eficiência e estrito respeito às normas legais, técnicas e contratuais.

A organização da empresarialidade pela qual é responsável o segurador tem início com a análise dos riscos que o tomador pretende cobrir por intermédio do contrato de seguro. O risco é área de conhecimento que pertence ao tomador que, por ser o protagonista da atividade empresarial, deve ser conhecedor dos riscos de sua atividade e compartilhar esse conhecimento com o segurador antes da contratação do seguro. Por isso os tomadores de seguro preenchem *questionários* detalhados com inúmeras perguntas sobre os riscos, frequência de ocorrência, danos que geraram, programas de gerenciamento e prevenção de riscos adotados pela empresa, profissionais utilizados para essa atividade – quantidade e formação –, entre outros dados essenciais para que o segurador possa ser possuidor de dados essenciais para que possa desempenhar sua atividade-fim.

Importante destacar que mesmo quando praticam a mesma atividade de produção, por exemplo, fabricação de óleos automotivos, cada empresa pode utilizar recursos tecnológicos, de gestão e humanos diferentes para alcançar seus melhores resultados; e, além disso, podem estar localizadas em áreas muito distintas e, por isso mesmo, sujeitas a riscos climáticos, de violência ou de incêndio completamente diferentes umas das outra. Cada empresa é única na forma como previne e gerencia riscos e, por isso, as respostas às indagações do segurador são igualmente únicas e devem ser apresentadas de forma detalhada.

É com os dados sobre os riscos que os seguradores determinam parte importante de sua atividade: o valor com que o segurado tomador do seguro terá que contribuir para ingressar no fundo mutual, repositório de recursos de onde sairão os valores necessários para pagamento de indenizações quando os riscos se materializarem. Os fundos mutuais são organizados com as parcelas de prêmio pagas pelos segurados e, seus recursos são gerenciados pelo segurador que por essa razão só pode utilizar esses recursos quando não houver nenhuma dúvida de que o risco ocorrido e, os danos dele decorrentes, são realmente cobertos pela apólice e podem ser indenizados sem causar prejuízos ao fundo mutual e, consequentemente, aos demais segurados que contribuíram para a formação desse fundo.

Os fundos mutuais pertencem aos segurados. São valores que não podem ser utilizados para nenhuma outra finalidade que não seja o pagamento de indenizações decorrentes de danos de riscos cobertos pelos contratos de seguro. O valor do prêmio de seguro é dividido, a rigor, em duas partes: aquela que será destinada para o fundo mutual de onde sairão os valores necessários para pagamento das indenizações; e, os recursos que serão destinados a pagamento de despesas administrativas, comissão de corretor de seguros, tributos e percentual de lucro do segurador.

Os cálculos realizados para organização do fundo mutual devem ser fundamentados em riscos e em danos mensuráveis, porque seguro é uma atividade que precisa garantir a solvência dos recursos necessários para pagamento de indenizações. Por essa razão técnica é que nem todos os riscos são passíveis de serem cobertos por contratos de seguro. Nem todos os riscos são satisfatoriamente conhecidos e, por isso, os resultados de sua materialização – os danos –, nem sempre se encontram suficientemente mensuráveis.

É o caso típico das novas tecnologias que, ao serem implantadas nos processos produtivos nem sempre permitem que se conheça seus riscos e, nem os danos dele decorrentes. Nesse caso, não há como realizar os cálculos essenciais para a organização do fundo mutual que vai garantir o pagamento das indenizações. Somente quando essas novas tecnologias se tornarem mais conhecidas, com riscos e danos mensuráveis, é que se poderá fazer a inserção delas no campo dos riscos cobertos pelos contratos de seguro.

A inserção de novos riscos como cobertos pelos contratos de seguro não tem relação com a extensão dos danos. Em muitos países do mundo os riscos de terremotos e furacões são cobertos pelos contratos de seguro sem nenhum problema de ordem técnica porque, embora sejam eventos que causem danos materiais severos, com destruição de casas, pontes, queda de árvores e torres, entre outros, são danos conhecidos porque ocorrem com frequência há muitos anos. Em regiões dos Estados Unidos da América do Norte há épocas do ano denominadas de "temporadas de tufões", o que indica que são fenômenos recorrentes, conhecidos e para os quais há, inclusive, preparo da população de forma a que sejam evitadas as perdas humanas.

A extensão do dano não é o que veda a inserção de novos riscos nos contratos de seguro mas, o conhecimento prévio sobre sua recorrência e consequências, ou seja, potencial destrutivo dos danos que podem causar. Conhecidos esses fatores, mensurados os danos que podem decorrer de um determinado risco e ele poderá compor o quadro de riscos cobertos de seguro.

Na fase que antecede a contratação do seguro, os riscos próprios de uma atividade empresarial são analisados por atuários e estatísticos que definem o valor necessário para que cada segurado, individualmente, ingresse no fundo mutual. Qual o valor da contribuição que o segurado deverá despender para poder participar da mutualidade para a qual contribuíram também outros tantos segurados? Esse é o cálculo que atuários e estatísticos preparam a partir da análise dos riscos e, das estatísticas sobre a quantidade de vezes que esse risco se materializa. Também é essencial conhecer a média dos valores em dinheiro necessários para pagar os danos do risco materializado.

O cálculo do prêmio é o valor da contribuição de cada tomador para o fundo mutual. O valor da indenização é calculado após a ocorrência do dano e a partir dos dados particularizados de cada fato danoso. O valor necessário para reparação dos danos (indenização), será calculado em cada caso concreto para que sejam indenizados somente os danos efetivamente decorrentes do risco materializado e, de forma a não trazer nenhum benefício para o tomador de seguros. Contratos de seguro não são fonte de enriquecimento e nem de vantagem pecuniária para os segurados, porque o fundo mutual não pode ser utilizado indevidamente em nenhuma hipótese.

Predeterminação de riscos é essencial para que os fundos mutuais sejam organizados corretamente e, tenham recursos necessários para o pagamento de indenizações quando os riscos se materializarem. Incluir obrigações para o fundo mutual além daquelas previamente calculadas é ilegal, à luz do que determina o artigo 757 do Código Civil. Seguros são contratos que cobrem apenas riscos predeterminados e não qualquer modalidade de risco ocorrida durante a vigência do contrato. Abel B.Veiga Copo[1] esclarece:

> Neutralizar el riesgo, diluirlo, minimizarlo, es la médula intrínseca del seguro, función y causa del mismo. Anticiparse al mismo, prevenirlo, reducir el impacto sobre la integridad de un patrimonio, la integridad e indemnidad de la persona, perimetrar su frecuencia, su intensidad, su variabilidad, son ejes cardinales del seguro, tanto desde una óptica de eficiencia jurídica, como, sobre todo, económico actuaria. Circunscribir el riesgo cubierto y asegurado a parámetros ciertos e indubitados

[1] Copo. Abel B.Veiga. *El Riesgo En El Contrato de Seguro.* Pamplona: Aranzadi Thomson Reuters, 2015, p.19.

> sin desnaturalizar la esencia del mismo y sin extenderlo a la anomalía heterodoxas de riesgos es el eje del propio contrato de seguro. Pero circunscribir es definir, es acotar, es, en definitiva, delimitar, en sus múltiples dimensiones y ámbitos, objetivas y subjetivas, cuantitativas y espaciales, temporales, etc. Definir es seleccionar y, paralelamente, anti seleccionar el riesgo asegurable, por definición, por inclusión y por exclusión. Definir la eventualidad, el evento, saber el alcance compresivo del daño, los sujetos asegurados, etc., no siempre es una tarea sencilla. Y no lo es porque no movemos en el proceloso ámbito de lo eventual, lo incierto. La contingencia del riesgo, la aversión al mismo, atrapa la vida diaria del ser humano, su patrimonio, su responsabilidad, los negocios, etc., graduando e intensificando ese mismo riesgo a la hora de su asunción, s ésta propia o ajena a través de tercero. Saber y deslindar el qué, el quién, el cómo, el cuándo, el dónde perfilan, configuran y delimitan el riesgo efectivo que el contrato de seguro traza y la seguradora cubre. Definir y delimitar. Incluir y excluir, evitando el vaciamiento del contrato, del riesgo, o dicho de otro modo, evitar la desnaturalización del contrato de seguro es el reto, pero también la esencia del riesgo y por extensión del contrato de seguro.

A lição é clara: contratos de seguro possuem riscos cobertos e riscos não cobertos que podem também ser chamados de *excluídos* ou, riscos *não contratados.* Aliás, a expressão *riscos não contratados* é bem objetiva, exprime melhor o caráter de *risco não inserido no contrato* mas, no entanto, é pouco utilizada no Brasil. Compreender o trabalho prévio realizado por seguradores e tomadores na construção da relação de riscos que estarão cobertos pelo contrato e, daqueles que não serão inseridos é essencial para a correta atividade de seguros; mas, também é fundamental para que a interpretação das cláusulas contratuais tenha como pressuposto que os cálculos atuariais foram feitos a partir da definição dos riscos cobertos e, por consequência, a existência de recursos econômicos do fundo mutual é exclusiva para o pagamento de indenizações para esses riscos e não para todos os riscos, nem para outros que ali não se encontrem inserido.

Daí decorre a importância de circunscrever os riscos cobertos de forma objetiva e clara nas apólices de seguro para inexista dubiedade, ou em outras palavras, para que os contratantes possam identificar com clareza os riscos cobertos e os riscos não contratados na apólice. A professora Margarida Lima Rego[2] afirma a esse respeito:

> Cumpre acrescentar que a perspectiva relevante, para o efeito de identificar a presença de um risco significativo de seguro, é a perspectiva do segurador e não a do segurado, o que significa que, sem prejuízo da necessidade de um juízo de risco anterior e independente do contrato, no plano da qualificação não deverá perguntar-se se o segurado tinha ou tem algo a perder com a ocorrência do sinistro mas antes se, por efeito do contrato, resulta das estipulações que o segurador passa a ter algo a perder por efeito da ocorrência do sinistro – o mesmo é dizer, se pode concluir-se que o risco se encontra *coberto* pelo contrato.

E acrescenta importante elemento para a compreensão dos contratos de seguro

> (...) o conceito de interesse vem acrescentar algo de novo ao conceito de risco para o efeito da determinação do que é contrato de seguro. Porque, se o conceito de risco já contém em si a ideia de impacto, de desvalor, esta refere-se à primeira destas relações – à relação entre o sujeito e o bem exposto ao risco primário. O que o interesse vem acrescentar de novo é esta consciência de que também se perspectiva uma relação entre o sujeito do risco e a prestação do segurador, e que é nesta última relação, objectivamente, apreciada que se situa a finalidade de satisfação de uma necessidade eventual.[3]

Na redação do Código Civil de 2002, no Brasil, o segurado é aquele que tem interesse legítimo relativo à pessoa ou coisa, contra *riscos predeterminados.* Não são todos os interesses do segurado que serão objeto de cobertura pelo contrato de seguros mas, somente os *riscos predeterminados* para os quais esteja presente o interesse do segurado e, na mesma medida, esteja presente o risco significante para o segurador, tão significante que foi inserido como risco coberto no contrato de seguro de forma a ensejar o pagamento de indenização, caso venha se materializar

[2] Rego, Margarida Lima. *Contrato de Seguro e Terceiros. Estudos de Direito Civil.* Coimbra: Coimbra Editora, 2010, p. 170.
[3] Obra citada, p. 281-282.

ao longo do período de vigência do contrato firmado entre o tomador e o segurador.

A essência do interesse convergente do tomador e do segurador é dada pela existência de um risco contratado para ser coberto pelo contrato de seguro e, consequentemente, indenizado no momento em que ocorrer.

1.1. Riscos contratados e riscos não contratados

Riscos contratados podem estar nos contratos de seguro de forma nominada ou, de forma não excluída. É lícito nominar detalhadamente os riscos que estão contratados ou, nomear detalhadamente os riscos excluídos. Nesse último caso o contrato é chamado de *all risks,* mas há um limitador: estão cobertos todos os riscos que não aqueles nomeadamente excluídos.

A expressão anglo-saxã ainda utilizada no Brasil não pode ser traduzida em sentido lato mas, em relação à modalidade de contrato de seguro. Não são *todos os riscos* que estão cobertos mas, *todos os riscos que não tenham sido expressamente excluídos em cláusula própria para essa finalidade.* O que se percebe é que nos contratos de seguro as cláusulas de riscos cobertos e riscos excluídos (ou não contratados) são igualmente relevantes e, preferencialmente, devem ser lidas em conjunto para que não haja dúvida sobre os objetivos a serem atingidos.

Os riscos contratados podem estar especificados em cláusulas gerais, cláusulas particulares e ainda em cláusulas adicionais. É importante que sejam conhecidas cuidadosamente pelo tomador porque, por vezes, um risco não está consignado em uma cláusula geral ou, consta como risco excluído e, no entanto, está coberto em cláusulas particulares ou adicionais. Um exemplo típico é a cobertura de danos morais que é excluída expressamente nas condições gerais e, incluída por meio de coberturas particulares do mesmo contrato.

Os riscos não contratados são especificados em cláusulas próprias e podem ser de natureza geral ou específica. Existem riscos não contratados que constam das cláusulas gerais da apólice e, outros que são elencados em cláusulas particulares ou adicionais. Todos são riscos não contratados e que caso venham a ocorrer não serão indenizados pelo fundo mutual, porque não foram arrecadados valores de prêmio para essa finalidade.

Alguns riscos não contratados em uma apólice de seguro ou, em condições particulares ou adicionais, podem ser contratados em apólices específicas. Por exemplo, nos seguros de Responsabilidade Civil Geral não há cobertura para riscos cibernéticos como risco de vírus ou vazamento de dados. Em contrapartida, as apólices de responsabilidade civil por ataques cibernéticos, também chamadas de *Cyber Seguros,* cobrem esses riscos e outros relacionados a estes. O mesmo acontece com a poluição cujo risco não é coberto nas apólices de responsabilidade civil geral porque existem coberturas em seguros específicos de riscos ambientais.

Por isso o tomador precisa conhecer detalhadamente os riscos aos quais a atividade empresarial que ele realiza está sujeita. É do tomador a responsabilidade de saber a que riscos está exposto e, de quais danos precisa se prevenir por meio da contratação de seguro. Ninguém conhece melhor a atividade empresarial e os riscos a que ela está exposta, que aquele que administra e pratica essa atividade. As informações prestadas pelo gestor da atividade empresarial para o segurador vão determinar a correta contratação. Isso significa, objetivamente, que os riscos daquela atividade passíveis de serem inseridos no contrato de seguro, estarão particularizados e com limites máximos de indenização calculados, para que possam ser utilizados no momento em que for preciso pagar indenizações.

O princípio da boa-fé nos contratos de seguro é recíproco para seguradores e tomadores e, ambos precisam agir em consonância com a qualificação oriunda do Código Civil brasileiro que no artigo 765 determina: *a mais estrita boa-fé e veracidade, tanto a respeito do objeto como das circunstâncias e declarações a ele concernentes.* Nesse sentido a afirmação da professora Vera Helena de Mello Franco[4]:

> O contrato de seguro é um contrato *ubérrima fidei* e a avaliação do risco pela seguradora, a fim de que possa calcular o prêmio, esteia-se nas declarações do segurado. Daí porque tem o dever de prestar declarações exatas (sobre circunstâncias conhecidas). Se falsear, altera o equilíbrio da mutualidade, pois pagará menos por riscos superiores e, em decorrência, perderá o direito à garantia, pagando

[4] Franco, Vera Helena de Mello. *Contratos. Direito Civil e Empresarial.* S.Paulo: Revista dos Tribunais, 2012, p. 322.

Alguns riscos aos quais a atividade empresarial está sujeita não poderão ser incluídos no contrato de seguro e, nesse caso, serão riscos não contratados. Por vezes, como já afirmado aqui, poderão ser contratados em outras modalidades de seguro e, em outros casos, não existirá nenhuma cobertura securitária para eles. É o caso dos riscos decorrentes de atos de hostilidade ou de guerra, declarada ou não, conspiração, subversão, rebelião, insurreição, guerra civil, guerrilha ou revolução entre outros semelhantes. Essa exclusão consta das apólices de seguro brasileiras de forma expressa, taxativa e não há seguros que possam ser contratados para incluir esses riscos. Para esses casos, o empresário deverá utilizar seu próprio fundo de reserva, criado para garantia de manutenção, custeio de obras de reparos ou reformas, substituição de equipamentos e máquinas, entre outros. A gestão empresarial impõe a constituição de reservas que, junto com a contratação de seguros, torna a atividade empresarial mais confiável, segura e preparada para enfrentar os problemas próprios de seu cotidiano.

A depender da atividade empresarial realizada pelo tomador e dos riscos dela decorrentes, ele terá que contratar um conjunto de apólices com um ou vários seguradores, para poder usufruir de diferentes coberturas (riscos contratados), para suprir os diversos tipos de risco aos quais está sujeito. Poderá utilizar as apólices de seguro, ainda, para contemplar situações que não são exatamente de risco, mas de complemento de remuneração para seus empregados como, por exemplo, a contratação de seguro de pessoas (cobertura para vida e acidentes pessoais), seguro de saúde suplementar (para o empregado e beneficiários indicados) e, previdência complementar. O que não é possível é que o tomador de seguro utilize o contrato para cobertura de riscos não contratados, o que obrigará o fundo mutual a despender recursos para os quais não houve cálculo de pagamento de prêmio. Nesse sentido, a lição esclarecedora de Veiga Copo[5]

> No existe un derecho a una cobertura holística de riesgos. La selección de los mismo o, si se prefiere, la anti selección de unos u otros riesgos, coberturas en suma, es consustancial a la técnica aseguradora y al riesgo mismo. El límite (....), la no desnaturalización del contrato de seguro. (...) En cierto modo el riesgo que interesa al contrato de seguro es el

[5] Obra citada, p. 104.

> que está determinado en él, en la póliza o condicionado del contrato – aquel riesgo que se aleja de posibilidades ciertas y se aproxima a meras probabilidades o incluso el que se parapeta en índices y tablas actuario-estadísticas–, pues es el contrato el que limita y delimita la modalidad o modalidades de riesgo que la entidad aseguradora cubrirá. Sin riesgo no hay seguro (...)

Sem risco não há contrato de seguro mas, é da essência dessa relação contratual que seja um risco descrito, identificado, que não se confunda com todas as outras possibilidades existentes, que se limite àquela que serviu de base para os cálculos atuariais e estatísticos que determinaram o valor do prêmio a ser pago pelo segurado como contribuição para o fundo mutual.

1.2. Agravação de risco e a impossibilidade de indenizar os danos decorrentes de sua prática

Determina o artigo 768 do Código Civil brasileiro que o segurado perderá o direito à garantia se agravar intencionalmente o risco objeto do contrato de seguro. A intencionalidade é do ato praticado com intenção de agravar, ainda que o resultado danoso não ocorra. Se a intenção fosse para o resultado haveria fraude do tomador e não agravação de risco.

Assim, se o tomador de seguros proprietário de uma frota de veículos de transporte declara que possui monitoramento dos veículos por meio de rastreador e, durante a vigência do contrato de seguro decide rescindir o contrato com a empresa de monitoramento para evitar maiores custos para sua atividade empresarial, estará caracterizada a agravação de risco intencional independente dos veículos da frota serem objeto de roubo ou de furto.

De outro lado, se o proprietário da mesma frota de veículos desliga o aparelho rastreador em determinada situação objetivando, com isso, facilitar o roubo da carga para poder receber a indenização do segurador, não há que se falar em agravação de risco porque estará caracterizada a fraude do tomador. O professor Adalberto Pasqualotto[6], a esse respeito, afirma:

[6] Pasqualotto, Adalberto. *Contratos Nominados III*. S.Paulo: Revista dos Tribunais, 2008, p. 116-117.

> (...) Agravar o risco significa aumentar a possibilidade de ocorrer o sinistro ou o seu potencial lesivo. (...) A sanção é a perda do direito à garantia. Se o dano ocorrer em razão do agravamento intencional do risco, o segurado não receberá indenização. Haverá que se verificar a relação de causalidade entre a atuação intencional do segurado que determinou o agravamento do risco e os fatores determinantes do sinistro. Não estabelecido nexo causal, não incide a regra sancionatória. O que se perde é o direito à garantia. Não é condição da perda a ocorrência do sinistro. A seguradora pode invocar o agravamento intencional do risco para dissolver o contrato a qualquer momento. Trata-se de resilição: dissolução do contrato com efeito *ex nunc.* O contrato fica ineficaz para o futuro, sem restituição integral. A seguradora mantém o prêmio e deixa de prestar a garantia.

A agravação intencional de risco é fator de impacto para a mutualidade, causa desequilíbrio e não pode ser aceita pelo segurador. A agravação do risco decorrente de incidente tratada no artigo 769, parágrafos 1º e 2º é outra situação jurídica e, em alguns casos, poderá ser solucionada com o aumento do valor do prêmio de modo a permitir o reequilíbrio da situação. Nesse caso do artigo 769 a agravação não é intencional, embora a não comunicação ao segurador possa ocorrer de má fé e gerar a perda da garantia.

Agravação intencional não se confunde com a agravação decorrente de incidente, muitas vezes provocado por terceiro e sem participação do tomador. É o que pode acontecer, por exemplo, quando o tomador de seguro tem sua indústria de tintas automotivas instalada ao lado de um terreno baldio no local se instala um posto de combustível, que pode significar aumento de risco em relação a incêndio ou explosão. Ou, em outra hipótese, ao lado do depósito de mercadorias de uma loja de eletrodomésticos ocorre uma invasão e a criação de um conglomerado de moradias irregulares que se torna dominada por grupos de criminosos. Esses fatos deverão ser levados ao conhecimento do segurador para que avaliada a viabilidade da continuidade da cobertura contratual.

O Enunciado 374, da IV Jornada de Direito Civil do Superior Tribunal de Justiça determinou que: *"No contrato de seguro, o juiz deve proceder com equilíbrio, atentando às circunstâncias reais, e não a probabilidades infundadas, quanto à agravação dos riscos."* Probabilidades infundadas deve ser compreendido como aquelas para as quais não esteja demonstrada de forma clara o desequilíbrio da relação contratual, ou em outras palavras, aquela possibilidade para a qual não se identifica o risco efetivo à mutualidade que é a fonte pagadora de todas as indenizações devidas pelo contrato de seguros.

Ao analisar as possibilidades de agravação de risco é preciso ter em foco que os contratos de seguro se sustentam na higidez da mutualidade; as coberturas contratuais estão restritas às práticas legais dos tomadores porque não podem se constituir em autorização para práticas ilegais às expensas do fundo mutual; e, obrigam as partes contratantes à agirem com a mais estrita boa-fé e veracidade em todas as fases do contrato. Assim, todas as práticas do tomador de seguros que coloque em risco a higidez da mutualidade; que afronte a legislação vigente ou, que se constitua em flexibilização do dever de boa-fé é caracterizadora de agravação de risco e, nessa medida, enseja a perda da garantia contratual.

2. Regulação de seguros no Brasil

Os seguros privados regulados pelo Conselho Nacional de Seguros Privados – CNSP e pela Superintendência de Seguros Privados – SUSEP são todos aqueles praticados no Brasil, exceto a saúde suplementar. Também são regulados pelo CNSP e pela SUSEP a previdência complementar aberta. Os seguros saúde estão sob regulação e fiscalização do Conselho Nacional de Saúde e, da Agência Nacional de Saúde Suplementar.

Até o momento o Decreto Lei nº 73, de 21 de novembro de 1966, é a norma que dispõe sobre o Sistema Nacional de Seguros Privados e regula as operações de seguros no Brasil. A Lei Complementar nº 126, de 2007, dispõe sobre a política de resseguros, retrocessão e sua intermediação, as operações de cosseguro, as contratações de seguro no exterior e as operações em moeda estrangeira no setor securitário. Avança no poder legislativo um projeto de lei de seguros que, no entanto, ainda não foi aprovado. O PL 29 de 2017 está em tramitação no Congresso Nacional, mas, até o momento não há previsão para ser colocado em votação e segue tramitando pelas diferentes comissões do legislativo.

O artigo 36, letra "c" do Decreto 73/66, determina que compete à SUSEP na qualidade de executora da política traçada pelo CNSP como órgão fiscalizador da constituição, organização, funcionamento e operações das sociedades seguradoras, *fixar condições de apólices, planos de operações e tarifas a serem utilizadas obrigatoriamente pelo mercado segurador nacional*. Em razão dessa determinação fixada na letra "c" do artigo 36, do Decreto 73/66, os contratos de seguro se tornaram fortemente padronizados, ainda que produzidos por diferentes seguradoras e para diferentes coberturas de risco. A SUSEP criou o instrumento denominado Lista de Verificação organizada para cada modalidade de seguro e, a partir dele, determina minuciosamente o que o contrato de seguro pode conter.

Para propor um produto de seguro para o mercado o segurador se adequa à Lista de Verificação da SUSEP para aquela modalidade de seguro e, encaminha o material para avaliação da SUSEP que poderá concordar ou não com os termos em que o contrato foi redigido. Caso a SUSEP entenda que alguma das exigências da Lista de Verificação não foi atendida de forma adequada, poderá determinar que aquele ponto seja refeito ou modificado.

O artigo 8º, parágrafos 1º e 3º do Decreto 60.459, de 13 de março de 1967, modificado pelo Decreto 3.633 de 18 de outubro de 2000, determina que as seguradoras enviarão à SUSEP para análise e arquivamento, as condições dos contratos de seguros que comercializarem, com as respectivas novas técnicas atuariais. O parágrafo 1º prevê que a SUSEP poderá a qualquer momento, diante da análise que fizer, solicitar informações, determinar alterações, promover a suspensão do todo ou de parte das condições e das notas técnicas atuariais a ela apresentadas; e, no parágrafo 2º está determinado que as condições de seguro deverão incluir cláusulas obrigatórias determinadas pela SUSEP.

Essas determinações obrigam os seguradores brasileiros a operar somente com contratos que tenham sido aprovados pela SUSEP, porque o risco de colocar um contrato no mercado e ter que revê-lo ou modifica-lo, é insustentável do ponto de vista operacional e econômico, principalmente pelos custos administrativos gerados. Para administrar corretamente e não permitir que essas perdas ocorram, os seguradores brasileiros apresentam seus contratos e aguardam que o corpo técnico da SUSEP analise, faça as exigências de modificação ou, emita a aprovação formal para depois disso, colocarem o contrato de seguro no mercado para os segmentos interessados na contratação.

Dessa prática resultam modelos de apólice quase sempre padronizados, divididos em condições gerais, condições especiais, particulares e específicas que nem sempre são facilmente compreendidas pelos canais de distribuição de seguros (corretores de seguro e agentes) e, ainda menos são compreendidas pelos tomadores de seguro. As empresas privadas tomadoras de seguro, em razão das especificidades técnicas e operacionais de sua atuação econômica, certamente, prefeririam contratar seguros organizados de forma mais específica, singular, para atender suas necessidades com maior precisão. Mesmo nos seguros massificados fornecidos aos consumidores, é possível identificar aspectos que poderiam contemplar com maior especificidade as necessidades dos diferentes grupos, como, por exemplo, nos seguros de automóvel, de vida ou, de acidentes pessoais, entre outros.

A dificuldade de compreensão que, em grande medida é fruto da necessidade de adequação à Lista de Verificação da SUSEP, não é exclusiva de distribuidores e tomadores. Não raro, no âmbito dos tribunais brasileiros são detectadas dificuldades na compreensão dos clausulados, da hierarquia das cláusulas (gerais, especiais, particulares ou específicas) e, não raro, a judicialização do setor decorre dessa dificuldade de compreensão que atinge até mesmo os profissionais de direito. Dificuldade de compreensão da terminologia dos contratos de seguro e das coberturas contratadas e não contratadas é prejudicial para a sociedade, para os tomadores de seguros (massificados e não-massificados), para o judiciário e para os seguradores. Em resumo: não beneficia ninguém, não permite o avanço na credibilidade do segmento e, ainda pior, incentiva práticas fraudulentas.

A liberdade para proposição de novas coberturas, de novos modelos de seguro, na atualidade ainda é muito reduzida. Os seguros *não-padronizados* são pouco praticados no Brasil porque há dificuldade de serem aprovados na SUSEP e, isso também contribui para a concentração de mercado e para a pouca inserção de inovações no setor.

No ramo de seguros de responsabilidade civil geral e suas coberturas especiais o problema é recorrente porque a cada dia surgem novas atividades econômicas, novas tecnologias, quase sempre indutoras de outras possibilidades de risco. Se existem novos riscos é preciso que o setor de seguros desenvolva estudos técnicos-atuariais e estatísticos para contemplar novos produtos de seguro, novas coberturas em produtos já existentes. A velocidade das mudanças na produção econômica com características de intangibilidade, como tem ocorrido em tempos de inovação, não tem sido acompanhada pelas coberturas de seguro em razão do modelo restritivo adotado pelo órgão regulador e fiscalizador.

Os modelos padronizados e os modelos não-padronizados e a forte regulação realizada pela SUSEP nessa área, de redação de clausulados, impedem que os tomadores de seguro contratem as coberturas mais adequadas a seus negócios. Também impede que os empresários contribuam com as especificidades de sua atividade econômica para o desenvolvimento de novos produtos de seguro, para contemplar áreas econômicas específicas como, por exemplo, o setor de entretenimento que se expande cada vez mais em todo o mundo; ou, o setor de turismo em suas várias modalidades; entre outros que têm se tornado mais economicamente relevantes no mundo contemporâneo.

Em 1988, a Constituição Federal, no artigo 174, determinou que como agente normativo e regulador da atividade econômica, o Estado exercerá na forma da lei as funções de fiscalização, incentivo e planejamento, sendo este determinante para o setor público e indicativo para o setor privado. O artigo 174 da Constituição Federal é um instrumento legal capaz de mitigar o poder da SUSEP no que tange a redação dos clausulados de seguros. Seu poder de regular e fiscalizar, à luz do artigo 174 da Constituição Federal, deve se restringir às reservas de sinistros e de demais provisões técnicas das seguradoras, para garantir solvência e liquidez das operações realizadas sem inferir, no entanto, nos clausulados de contratos de seguro colocados no mercado.

A sustentação jurídica que advém da Constituição Federal de 1988, da Lei n. 8.078, de 1990, e, da Lei 10.406, de 2002, entre outras normas criadas a partir da nova ordem constitucional brasileira, se tornaram mecanismos comprovadamente satisfatórios para proteger o equilíbrio das relações contratuais, em especial para os consumidores mas não apenas para eles, conforme emana dos artigos 420 e, seguintes, do Código Civil de 2002.

Desde 1988, não é mais necessário que a SUSEP fiscalize a atividade dos seguradores na criação clausulados. Em conformidade com as melhores práticas conhecidas no mundo o papel do regulador não é coibir a liberdade empresarial mas, fiscalizar a partir de parâmetros objetivos a solvência e liquidez das empresas de seguro. Além disso, é preciso compreender que a fiscalização das reservas técnicas e dos mecanismos de organização e administração são, de forma objetiva, mecanismo para avaliação das práticas dos seguradores no mercado, porque produtos de seguro mal estruturados, com cálculos atuariais inadequados ou, coberturas impróprias, impactam diretamente nas reservas técnicas e descontentam consumidores e tomadores.

A liberdade para criar produtos de seguro é essencial para os seguradores e benéfica para os tomadores e consumidores. Essa liberdade pode ser acompanhada sem que seja preciso aprovar a redação de clausulados, além de que os tomadores e consumidores possuem eficientes instrumentos jurídicos para impedirem más práticas em seguros privados no Brasil. A Lei 13.874, de 2019, determina no artigo 1º normas de proteção à livre iniciativa e ao livre exercício da atividade econômica e, disposições sobre a atuação do Estado como agente normativo e regulador, nos termos do inciso IV do caput do artigo 1º do parágrafo único do artigo 170 e do caput do artigo 174 da Constituição Federal.

A Lei de Liberdade Econômica trouxe modificações para o Código Civil brasileiro que, certamente, poderão contribuir para novas perspectivas dos contratos de seguro no Brasil. A nova redação do parágrafo único do artigo 421 do CC/02, agora determina que *nas relações contratuais privadas, prevalecerão o princípio da intervenção mínima e a excepcionalidade da revisão contratual.* O artigo 421-A introduzido pela Lei de Liberdade Econômica, inseriu vários aspectos relevantes para as relações entre tomador e segurador em contratos não regidos pelo Código de Defesa do Consumidor, como se pode constatar:

> Art. 421-A. Os contratos civis e empresariais presumem-se paritários e simétricos até a presença de elementos concretos que justifiquem o afastamento dessa presunção, ressalvados os regimes jurídicos previstos em leis especiais, garantido também que: (Incluído pela Lei nº 13.874, de 2019)
> I – as partes negociantes poderão estabelecer parâmetros objetivos para a interpretação das cláusulas negociais e de seus pressupostos de revisão ou de resolução; (Incluído pela Lei nº 13.874, de 2019)
> II – a alocação de riscos definida pelas partes deve ser respeitada e observada; e (Incluído pela Lei nº 13.874, de 2019)
> III – a revisão contratual somente ocorrerá de maneira excepcional e limitada.

Presunção de paridade e simetria até a presença de elementos concretos que justifiquem o afastamento dessa presunção; parâmetros objetivos para a interpretação das cláusulas negociais; alocação de riscos definida pelas partes, respeitada e observada; e, revisão contratual em caráter excepcional e limitada. Esses são aspectos poderão ser aplicados aos contratos de seguro firmados entre tomadores não-consumidores e seguradores, principalmente para viabilizar maior liberdade na criação de clausulados com coberturas mais adequadas às necessidades dos tomadores e, melhor adequação dos seguros brasileiros a práticas internacionais.

O papel de regulador e fiscalizador do CNSEP e da SUSEP, a partir da Lei de Liberdade Econômica, deverão ser focados mais em garantia da solvência e liquidez das seguradoras e, menor intervenção nos clausulados e produtos de serviços disponibilizados por elas para o mercado nacional. Os Decretos 73/66, 60.459/67 modificados pelo Decreto 3.633, de 2000, terão que ser revistos e reinterpretados à luz da Constituição Federal e da Lei de Liberdade Econômica, para garantir que o setor de seguros seja ativo na oferta de coberturas e clausulados. Ao mesmo tempo, terão que ser preservados os rigores de fiscalização pela SUSEP no que tange aos critérios de solvência e liquidez, para que as reservas técnicas sejam calculadas e administradas em conformidade com os legítimos interesses dos segurados e da sociedade.

Há fundamentação legal que autoriza maior liberdade na concepção de coberturas de contratos de seguro e, há necessidade de que esses produtos cheguem ao mercado para tomadores cujas atividades empresariais possuem riscos complexos e específicos.

Conclusões

Os contratos de seguro são construídos com cláusulas predispostas pelo segurador e, em grande parte, cláusulas determinadas pelo Conselho Nacional de Seguros Privados – CNSP e pela Superintendência de Seguros Privados – SUSEP. Contém cláusulas restritivas de direito quase sempre nominadas como riscos não cobertos ou riscos não contratados e, além disso, prescrevem situações de riscos cobertos que podem se tornar não cobertos em decorrência da forma como ocorrem, o que é chamado de agravação de risco.

Contratos com cláusulas predispostas e com restrições não são, em geral, muito bem recepcionados pelos contratantes. No caso específico dos contratos de seguro há que se levar em conta, ainda, a complexidade da terminologia empregada e como ela dificulta a pronta compreensão dos tomadores de seguro e, não raro, até mesmo dos corretores de seguro, agentes e juristas.

Apesar disso, são contratos relevantes para o desenvolvimento econômico e com positivo impacto social. Quando praticados de forma correta, com respeito às normas técnicas e cálculos atuariais e estatísticos, é possível para o segurador organizar um fundo mutual hígido que fará frente a todas as necessidades indenitárias, durante o período de vigência do contrato. Organizar e gerir o fundo mutual é tarefa complexa, detalhada, que concretiza a principal atividade-fim dos seguradores mas que só pode ser bem sucedida, se os tomadores contribuírem com o detalhamento dos riscos que eles, como empresários, conhecem muito bem.

Para que essa atividade-fim seja confiável para o tomador de seguros e para toda a sociedade é preciso que os riscos sejam conhecidos, estudados e, principalmente, que sejam corretamente divididos em riscos contratados, riscos não contratados e riscos que não serão indenizados, embora estejam contratados porque na situação específica, são resultantes de agravação de risco e, por isso, afastados pelo contrato.

Esses conceitos são fundamentais para a organização dos fundos mutuais e, na mesma medida, são fundamentais para o gerenciamento eficiente desses mesmos fundos. Extensão na interpretação das cláusulas de riscos cobertos ou, redução das hipóteses de aplicação da cláusula de riscos não contratados são situações negativas para os recursos do fundo mutual, cujos valores pertencem aos tomadores de seguros e, só podem ser utilizados pelos seguradores em benefício destes.

Ignorar ou minimizar a importância dos fundamentos técnicos dos contratos de seguro é decisão de risco porque ou o fundo mutual, ou os novos tomadores, terão que dividir a conta da indenização paga por extensão de interpretação das cláusulas contratuais ou, pela inserção entre os riscos cobertos de riscos que originariamente haviam sido segregados como riscos não contratados. Ignorar ou minimizar a agravação de riscos também é decisão de risco, porque implica em utilização do fundo mutual de forma não planificada e, via de consequência, maiores custos para todos os tomadores de seguro.

É certo que as definições de riscos cobertos, riscos não contratados e de hipóteses de agravação de risco precisam estar muito claras, redigidas de forma objetiva e que facilite a compreensão dos tomadores e de todos aqueles que operam com esses contratos, ainda que esporadicamente como os juristas, por exemplo. Transparência, clareza, objetividade não são adjetivos aplicados a cláusulas de seguro, antes disso, são elementos essenciais para que se possa caracterizar a estrita boa-fé do segurador na liderança de seu papel de garantir a formação e o gerenciamento de fundos mutuais.

A mudança na regulação de seguros no Brasil pode ser um fator determinante para que os seguradores tenham maior objetividade e clareza na redação dos clausulados de seguros, tanto para massificados como para não-massificados. Em um país com forte tradição de Estado autoritário, presente em muitas relações econômicas, que somente a partir da década de 1990 iniciou a Reforma Administrativa do Estado, até hoje inconclusa mas que, no entanto, iniciou o processo que parece irreversível de menor presença do Estado, maior liberdade dos agentes da iniciativa privada e, também maior responsabilidade pelos atos praticados, é chegado o momento de modificar a forma de regulação de seguros no Brasil.

A regulação de seguros no Brasil ainda é fortemente marcada pelos objetivos nacionalistas da década de 1960. Com a entrada em vigor da Constituição Federal de 1988 e, mais recentemente, com a aprovação da chamada Lei de Liberdade Econômica é possível afirmar que os marcos regulatórios de seguros privados devem ser mais flexíveis, principalmente para que o regulador não tenha responsabilidade de redigir cláusulas contratuais mas, sim, exerça sua tarefa primordial que é fiscalizar a solvência e liquidez dos fundos mutuais, responsabilidade que compete com exclusividade ao Estado-regulador.

Parece paradoxal que a flexibilidade para redação de cláusulas contratuais e organização de coberturas de seguro seja melhor para o setor e para toda a sociedade; parece contraditório que a diminuição do papel do Estado na regulação possa representar melhoria para os serviços de seguro e para os tomadores desses serviços. Mas o implemento da criatividade, da liberdade de empreender e, principalmente, da busca de maior clareza nas relações com os tomadores, sem intermediação direta do Estado, favorecerá o aumento da responsabilidade empresarial e jurídica único indicador seguro para concretizar a credibilidade do tomador e o valor reputacional da empresa.

A liberdade de redação das cláusulas contratuais deverá ser acompanhada de responsabilidade dos seguradores pelos serviços colocados no mercado, mas, o Brasil possui marcos legais e poder judiciário preparado para não permitir desequilíbrio contratual, mesmo entre empresas contratantes como ocorre nos seguros não-massificados, que foram objeto desta reflexão.

É necessário proteger os tomadores de seguros contra abusos, mas, é também necessário proteger a boa-técnica dos contratos de seguro, os fundamentos atuariais e estatísticos decorrentes da análise de riscos e suas peculiaridades, para que tomadores e seguradores possam confiar nos melhores resultados das relações contratuais.

Referências

Copo. Abel B.Veiga. *El Riesgo En El Contrato de Seguro.* Pamplona: Aranzadi Thomson Reuters, 2015. *Condiciones en el Contrato de Seguro.* 2ª edição, Granada: Editorial Comares, 2008.

Cordeiro, António Menezes. *Direito dos Seguros.* Coimbra: Almedina, 2013.

Franco, Vera Helena de Mello. *Contratos. Direito Civil e Empresarial.* S.Paulo: Revista dos Tribunais, 2012.

Pasqualotto, Adalberto. *Contratos Nominados III.* S.Paulo: Revista dos Tribunais, 2008

Rego, Margarida Lima. *Contrato de Seguro e Terceiros. Estudos de Direito Civil.* Coimbra: Coimbra Editora, 2010.

Strauch, Osvaldo Contreras. *El Contrato de Seguro.* Chile: Editorial Juridico de La Ley, 2002.

5. Compra Virtual de Passagens Aéreas e Desistência

José Geraldo Brito Filomeno

Introdução

Antes de qualquer consideração mais detalhada, é mister ponderar que o Código de Defesa do Consumidor não é uma panaceia que serve para a tutela de todos os conflitos surgidos das relações de consumo. É, isto sim, um *microssistema jurídico,* na medida em que dispõe de princípios que lhe são bastante próprios e peculiares (como, por exemplo, o princípio da vulnerabilidade do consumidor e o da destinação final de produtos e serviços colocados no mercado), sendo ainda *interdisciplinar* (ou seja, relaciona-se com todos os ramos de direito, a começar pela Constituição Federal que lhe dá suporte e fundamento, aliás); e *multidisciplinar* (porquanto contém no seu bojo institutos que se referem àqueles mesmos outros ramos de direito como a responsabilidade civil objetiva, proteção contratual etc.).

A mencionada *interdisciplinaridade,* aliás, está expressa no art. 7º, *caput,* do Código de Defesa do Consumidor: *"os direitos previstos neste código não excluem outros decorrentes de tratados ou convenções internacionais de que o Brasil seja signatário, da legislação interna ordinária de regulamentos expedidos pelas autoridades administrativas competentes, bem como dos que derivem dos princípios gerais do direito, analogia, costumes e equidade".*

Esta é a razão pela qual se revela imperioso enveredar por outros ramos do direito, notadamente o Direito Civil e, no caso em pauta, pelo Direito Administrativo, analisando-se detidamente as normas baixadas pela agência reguladora competente, no caso a ANAC – Agência Nacional de Aviação Civil. Senão, vejamos.

1. Direito de arrependimento: natureza jurídica

Os contratos, como se sabe, em princípio são irrevogáveis – *pacta sunt servanda* –, a não ser em razão de circunstâncias muito especiais. E o Código de Defesa do Consumidor, partindo do pressuposto de que o consumidor é a parte *vulnerável* nas relações de mercado e consumo, adotou o princípio da *relatividade das obrigações por ele assumidas.*

Daí porque, por exemplo, tutela as relações entre fornecedores de um lado, e consumidores de outro, de forma especial para esses, desde a oferta e publicidade de produtos e serviços, passando pela formação dos contratos e, até mesmo, nas chamadas relações *pós-consumo* ou *pós-venda,* dentro de um sistema de supervisão e controle as quais chamamos de *salvaguardas consumeristas.* Ora, o chamado *direito de arrependimento* insere-se exatamente nesse conjunto de salvaguardas, podendo-se considerá-lo, no âmbito do direito privado, como uma espécie de condição suspensiva *ope legis.* Ou seja, cuida-se de uma cláusula bastante específica, derivada não da vontade das partes, conforme estatuído pelo art. 121 do Código Civil[1], mas *diretamente e por força da lei,* qual seja, o art. 49 e seu parágrafo único do Código de Defesa do Consumidor.

Isto quer dizer, portanto, que o direito de arrependimento consiste em uma condição suspensiva, admitindo a possibilidade de manifestação contrária do consumidor no sentido de tornar sem efeito o contrato estabelecido dentro do prazo de reflexão de 7 (sete) dias, a contar do recebimento do produto ou serviço adquiridos por qualquer meio fora do estabelecimento do fornecedor.

São nesse sentido as ponderações de Cláudia Lima Marques *et alii*[2]:

> *"A lei alemã de 1986, hoje consolidada nos §§ 312 e 312ª do Código Civil alemão, considera que a* aceitação *do consumidor, a sua manifestação de vontade, ficaria* suspensa *e só seria eficaz, segundo o § 1º, 'se o cliente no prazo de uma semana não a revogar por escrito'. Logo, para o direito alemão (§ 312 e § 355 do*

[1] Art. 121 – Considera-se condição a cláusula que, derivando exclusivamente da vontade das partes, subordina o efeito do negócio jurídico a evento futuro e incerto.

[2] *Comentários ao Código de Defesa do Consumidor,* Ed. Revista dos Tribunais, SP, 1ª ed., 2004, p. 603.

*BGB reformado), nas vendas a domicílio a oferta e a aceitação inicial do consumidor não formam um contrato, o que caracterizaria a eficácia normal da aceitação. A aceitação fica como que submetida por lei a uma condição suspensiva, não é eficaz até a passagem do prazo, sem nova manifestação. Se o cliente revoga (*Widerruft*) sua aceitação, no prazo e nas condições legais, a aceitação nunca terá tido eficácia, o contrato nunca terá sido formado, pois o evento futuro e incerto (a passagem do prazo, sem a revogação), a que estava submetida a manifestação de vontade do consumidor, não ocorreu (...) A lei francesa de 1972, Lei 72-1137, de 22.12.1972, prevê em seu art. 3º, hoje consolidado no art. 121-25 do* Code de la Consommation (Loi 93.949/93), *que, 'nos sete dias a contar da proposta de compra assinada pelo cliente ou da sua aceitação contratual, o cliente tem a faculdade de renunciar a estas através de carta* recomandée'. *Na interpretação de Calais-Auloy (Calais-Auloy,* Domicile, *p. 267), o retardo de sete dias significaria que o contrato não se conclui instantaneamente, até porque o art. 4º, hoje art. 121-26 da Lei francesa proíbe que se exija do cliente qualquer tipo de contraprestação durante este prazo. Segundo a lei francesa, não haveria qualquer tipo de execução do contrato durante o prazo de 'reflexão'".*

2. Razões para o instituto do arrependimento

As razões fáticas e lógicas de referido instituto parecem-nos de fácil percepção. Com efeito, se os usos e praxes centenários de comércio consistem no comportamento usual de consumidores no sentido de se dirigirem aos postos de vendas onde *visualizam concretamente e até tocam os produtos aí expostos*, os meios mais modernos de comunicação social, como a *internet* e outros nem tão novos assim, como os *catálogos, almanaques, vendas de porta em porta, por reembolso postal* e o próprio telefone, propiciam um *exame tão-somente à distância ou virtual dos produtos ofertados*, com suas evidentes deficiências, sem embargo da qualidade visual dos referidos meios de comunicação.

Ou seja, na visão sagaz, realista e até bem humorada de Matias Aires (1705-1763)[3]: *"Se os sentidos nos enganam, quem nos há de desenganar, ou como havemos de emendar esses mesmos sentidos enganados?"* Ou, também da mesma forma perspicaz, conforme ponderado por Goethe (1749-1832)[4]:

[3] *Reflexões sobre a Vaidade dos Homens*, Ed. Livraria da Folha, série Coleção Grandes Pensadores nº 21, pág. 112.

[4] *Natureza e Ciência da Natureza*, Dicionário de Citações de Paulo Rólnai, Ed. Nova Fronteira. R.J. 1985, verbete *sentidos*.

"Os sentidos não enganam; o que engana é o julgamento". Era muito comum, aliás, para aqueles que lidavam com tecidos para confecções de roupas, como os alfaiates, por exemplo, *"sentirem" o tecido não só com os dedos, mas com os ouvidos, quanto ao seu atrito com os mesmos para aferirem a sua qualidade e textura*, e até mesmo o cheiro deles exalado.

Diante das vendas por catálogos, telefone, reembolsos postais, e, mais modernamente, via *internet*, e sempre à distância, essa *sensibilidade foi prejudicada*, por razões óbvias.

E, tendo em vista essa realidade, é que os redatores do Código de Defesa do Consumidor estipularam um tipo de condição suspensiva que viesse a garantir ao consumidor à distância o direito de se arrepender caso, por exemplo, a compra feita não tenha correspondido às suas expectativas. Este foi o verdadeiro espírito norteador do dispositivo que ora se comenta.

Resta evidenciado, igualmente, que o *direito à informação* está intimamente jungido a esse arrependimento, já que, à distância e sem *sentir* o produto ou serviço que está para ser adquirido ou contratado, respectivamente, *as informações corretas, claras, precisas, ostensivas e em língua portuguesa sobre suas características, qualidades, quantidade, composição, preço, garantia, prazos de validade e origem, entre outros dados, bem como sobre os riscos que apresentam à saúde e segurança dos consumidores* mostram-se imperiosas para que o consumidor proceda a compra na exata forma e condição pretendidas (cf. art. 31 do Código de Defesa do Consumidor).

3. Distinção entre direito de arrependimento e reclamação por vício ou defeito

Para exercitar o direito de arrependimento nada precisa alegar o consumidor, em princípio, a não ser o propósito de resolver a pendência com seu fornecedor, porquanto tendo a compra sido efetivada fora do estabelecimento comercial, não correspondeu às suas expectativas. Ou, em outras palavras: embora já avençado o negócio e firmado o contrato, o consumidor opta por se desvincular da obrigação assumida, tornando o mesmo contrato ineficaz, retornando as partes ao *status quo ante*. Essa circunstância nada tem a ver com a reclamação, por exemplo, caso o produto, *mesmo adquirido fora do estabelecimento comercial do fornecedor, vier a apresentar um vício* (anomalia que compromete o funcionamento ou desempenho do produto) *ou um defeito* (também uma anomalia, mas de natureza grave que venha, inclusive, a comprometer a saúde ou segurança do consumidor).

Ou então, no que tange aos serviços, da mesma forma, se foram *contratados fora dos pontos de venda do fornecedor, mas se revelarem inseguros, perigosos ou danosos* (hipótese de *defeito* pelo fato do serviço) ou, então, *qualidades impróprias ou duvidosas ou, ainda, em desacordo com as indicações constantes da oferta ou mensagem publicitária.* Nesses casos de *defeito* ou *vício de produtos, não se há que falar em direito de arrependimento, mas sim de direito a reparação pós-contrato, nos termos do disposto no art. 18 do Código do Consumidor, ou, ainda, em seu art. 12.* E, na hipótese de *serviços,* da mesma forma, não poderá o consumidor alegar *direito ao arrependimento, mas sim pleitear uma compensação pela violação dos artigos 14 e 20, ambos do Código de Defesa do Consumidor.*

Essa distinção é de *vital importância,* visto que *se o consumidor abriu a embalagem do produto e constatou vício ou defeito, esvaiu-se a condição suspensiva.* Ou seja, o negócio se concretizou e assumiu eficácia plena com a *utilização do produto.* E o mais importante: *mesmo que não tenha encontrado qualquer vício ou defeito, o consumidor que utilizar o produto, ainda que dentro do prazo de reflexão, renunciou ao direito de arrependimento.*

O mesmo se pode afirmar com relação aos serviços, objeto, aliás, primordial das empresas de aviação. Ou seja, se é que se pode chamar de *pacote de serviços* a disponibilização por parte de cada uma delas de um *espaço* nas aeronaves, para que o passageiro-consumidor *usufrua da viagem,* cujo adimplemento principal por parte das empresas consiste, em última análise, levá-lo bem, e, sobretudo incólume ao seu destino (artigo 730 do Código Civil), *não se haverá falar em direito de arrependimento, notadamente quando o consumidor é devidamente informado a respeito destas condições, preços e regras de adimplemento.*

O que poderá ocorrer, isto sim, é a desistência de viajar, por exemplo, ou adiar a viagem, hipóteses em que, todavia, as normas expedidas pela agência reguladora competente – e o próprio Código de Defesa do Consumidor – estabelecem como se darão as restituições parciais do que havia sido convencionado ou, no caso de adiamento, a forma de cobrança de uma multa contratual. Ou seja, conforme estatuído pela Portaria nº 676, de 13-11-2000, da Aeronáutica:

"Art. 7º – O passageiro que não utilizar o bilhete de passagem terá direito, dentro do respectivo prazo de validade, à restituição da quantia efetivamente paga e monetariamente atualizada, conforme os procedimentos a seguir:
I – bilhete doméstico – o saldo a ser reembolsado deverá ser o equivalente ao valor residual do percurso não utilizado, calculado com base na tarifa, expressa na moeda corrente nacional, praticada pela empresa emissora, na data do pedido de reembolso; e
II – bilhete internacional – o saldo a ser reembolsado deverá ser o equivalente ao valor residual do percurso não utilizado, calculado com base na tarifa, expressa em moeda estrangeira, efetivamente paga pelo passageiro e convertida na moeda corrente nacional à taxa de câmbio vigente, na data do pedido de reembolso.
§ 1º Se o reembolso for decorrente de uma conveniência do passageiro, sem que tenha havido qualquer modificação nas condições contratadas por parte do transportador, poderá ser descontada uma taxa de serviço correspondente a 10% (dez por cento) do saldo reembolsável ou o equivalente, em moeda corrente nacional, a US$ 25.00 (vinte e cinco dólares americanos), convertidos à taxa de câmbio vigente na data do pedido do reembolso, o que for menor (...)
Art. 8º – Para o reembolso de bilhete de passagem com prazo de validade expirado, será prerrogativa da empresa emissora adotar o critério de correção do valor a ser reembolsado.
Art. 10 – Nenhum reembolso será devido pelo transportador, se, por iniciativa do passageiro, a viagem for interrompida em aeroporto de escala (...)
Art. 12 – A reserva só será considerada confirmada quando, no respectivo cupom de voo do bilhete de passagem, estiverem devidamente anotados, pelo transportador, seus prepostos, agentes gerais ou agências de viagens autorizadas, o número, a data e a hora do voo, bem como a classe de serviço e a situação da reserva.
Art. 13 – O passageiro poderá cancelar a reserva já confirmada, desde que o faça com antecedência mínima de 4 (quatro) horas, em relação á hora estabelecida no bilhete de passagem".

Repita-se, todavia: a) isto nada tem a ver com o direito de arrependimento, em que o contrato estaria, como já salientado passos atrás, *com sua execução suspensa em razão da venda feita fora do estabelecimento comercial do fornecedor. E, nesse caso, a restituição do que houver sido pago aí sim, seria integral, com os acréscimos legais.* E, em outras palavras: b) ainda mais explicitamente: *não é justo que o consumidor, tendo adquirido um produto por qualquer meio fora do estabelecimento comercial do fornecedor, ainda que dentro do prazo de reflexão de sete dias, venha a dele* não *se utilizar e, sem mais nem menos, pretenda devolvê-lo ao mesmo fornecedor, que teria de arcar com todos os ônus dessa devolução.*

Da mesma forma: c) *mutatis mutandis, não é justo que o consumidor, tendo adquirido uma passagem aérea por qualquer meio fora dos balcões das empresas de aviação aérea, devidamente informado pelo respectivo site de todas as condições possíveis (i.e., horários de partida e chegada, aeroportos de embarque e desembarque, transporte e condições para bagagens, como proceder à escolha de classe de poltronas e sua marcação e, principalmente, meios e formas de pagamento), venha a alegar, com base no art. 49 do Código do Consumidor que desiste da contratação, pura e simplesmente, reclamando a restituição de tudo que já tiver sido pago, cancelamento de débito em cartões de crédito e outras providências. Haveria, nesta hipótese, um enriquecimento ilícito da parte do consumidor, o que contraria o claríssimo princípio da boa-fé tão caro ao direito consumerista.*

Aliás, destaque-se neste ponto que percentual de 10% (dez por cento) *a título de cláusula penal no caso do § 1º do art. 7º da norma baixada pela autoridade competente da aeronáutica, foi baseado no Decreto nº 22.626/1933, que assim dispõe no que tange a indenização prefixada em quaisquer contratos, em decorrência do descumprimento de condições por uma das partes.*

Mas não é só. Quando da apresentação de três projetos de lei ao Senado Federal com vistas a mudanças no Código de Defesa do Consumidor, em particular o de nº 281/1013, sugeriram-se mudanças na redação do seu art. 49[5], conforme se verifica da nota de rodapé. Essas mudanças,

[5] *"Art. 49. O consumidor pode desistir da contratação a distância, no prazo de sete dias a contar da aceitação da oferta ou do recebimento ou disponibilidade do produto ou serviço, o que ocorrer por último. § 1º (...) § 2º Por contratação a distância entende-se aquela efetivada fora do estabelecimento, ou sem a presença física simultânea do consumidor e fornecedor, especialmente em domicílio, por telefone, reembolso postal, por meio eletrônico ou similar. § 3º Equipara-se à modalidade de contratação prevista no § 2º deste artigo aquela em que, embora realizada no estabelecimento, o consumidor não teve a prévia oportunidade de conhecer o produto ou serviço, por não se encontrar em exposição ou pela impossibilidade ou dificuldade de acesso a seu conteúdo. § 4º Caso o consumidor exerça o direito de arrependimento, os contratos acessórios de crédito são automaticamente rescindidos, sem qualquer custo para o consumidor; § 5º Sem prejuízo da iniciativa do consumidor, o fornecedor deve comunicar de modo imediato a manifestação do exercício de arrependimento à instituição financeira ou à administradora do cartão de crédito ou similar, a fim de que: I – a transação não seja lançada na fatura do consumidor; II – seja efetivado o estorno do valor, caso a fatura já tenha sido emitida no momento da comunicação; III – caso o preço já tenha sido total ou parcialmente pago, seja lançado o crédito do respectivo valor na fatura imediatamente posterior à comunicação. § 6º Se o fornecedor de produtos ou serviços descumprir o disposto no § 1º ou no § 5º, o valor pago será devolvido em dobro. § 7º O fornecedor deve informar, de forma*

todavia, não foram aceitas pelo relator, senador Ricardo Ferraço, *e muito menos emenda sugerida por outro senador*, Cyro Miranda. O trecho do voto do mencionado relator, aliás, merece o destaque abaixo, a saber:

> *"A Emenda nº 28, proposta pelo senador Cyro Miranda, visava à inclusão de um art. 49-A no Código de Defesa do Consumidor para regulamentar o direito de arrependimento no serviço de transporte aéreo de passageiros. Esse relatório traz norma acerca do tema, mas deixa a critério da ANAC – Agência Nacional da Aviação Civil, a definição das regras do arrependimento. Isso se deve à especificidade da matéria, a qual exige estudos técnicos e econômicos peculiares de tal agência regulatória, a exemplo do que já ocorre mundo afora. A emenda, pois, restou rejeitada".*

4. Do abuso no direito de arrependimento

Conforme dispõe o art. 187 do Código Civil, *"também comete ato ilícito o titular de um direito que, ao exercê-lo, excede manifestamente os limites impostos pelo seu fim econômico ou social, pela boa-fé ou pelos bons costumes"*. Veja-se, a esse respeito, a claríssima lição de Tupinambá Miguel Castro do Nascimento:

> *"O objetivo da lei não foi tornar toda e qualquer negociação, na área das relações de consumo, como possível de desistência. Se fosse isto, estaria se criando a favor do consumidor o direito de usar de bens do fornecedor, durante sete dias, sem nada lhe pagar, e, passando o prazo, ocorreria a devolução com a repetição do que foi pago, com correção monetária. Não há comércio que suporte tal expediente, sem a segurança do negócio e servindo como se fosse uma financeira. Nas vendas* fora *do estabelecimento comercial, ainda se justifica o prazo de reflexão porque o consumidor está comprando o produto sem ver a quantidade, a qualidade e outras circunstâncias importantes relativas à mercadoria. Assim, na venda no próprio estabelecimento do comércio, o* pacta sunt servanda *não se atrasa por qualquer prazo de reflexão".*

clara e ostensiva, os meios adequados, facilitados e eficazes disponíveis para o exercício do direito de arrependimento do consumidor, que devem contemplar, ao menos, o mesmo modo utilizado para a contratação. § 8º O fornecedor deve enviar ao consumidor confirmação individualizada e imediata do recebimento da manifestação de arrependimento. § 9º O descumprimento dos deveres do fornecedor previstos neste artigo e nos artigos da Seção VII do Capítulo V do Título I desta lei enseja a aplicação pelo Poder Judiciário de multa civil em valor adequado à gravidade da conduta e suficiente para inibir novas violações, sem prejuízo das sanções penais e administrativas cabíveis e da indenização por perdas e danos, patrimoniais e morais, ocasionados aos consumidores."

E com ainda maior ênfase:

> *"O período em que o consumidor usou, o prejuízo que causou à empresa que, no prazo, não pode negociar com terceiros, despesas de frete pagas pelo fornecedor, impostos recolhidos relativos à negociação, não podem ser sofridos pelo fornecedor. Seria empobrecimento sem causa, O consumidor deve ressarci-los".*

Alberto Amaral Jr. igualmente faz essa relevante ressalva:

> *"O Código de Defesa do Consumidor optou pela segunda solução, estabelecendo que o consumidor pode desistir do contrato, no prazo de sete dias a contar da data da sua assinatura ou do ato de recebimento do produto ou serviço, sempre que a contratação de produto ou serviço se dê fora do estabelecimento comercial, especialmente por telefone ou a domicílio. O direito de arrependimento não poderá ser exercido quando há prática de atos de utilização da mercadoria que constitui objeto do contrato. O consumidor que abre para ler livro recebido age como se fosse seu verdadeiro proprietário. Sempre que o consumidor se comportar como proprietário da mercadoria recebida exterioriza, ainda que tacitamente, o desejo de não mais se arrepender"*[6]

E, por fim, conforme ainda Cláudia Lima Marques *et alii*[7]:

> *"Exercício do direito. Devolução do produto: Se o contrato nasceu, o consumidor brasileiro que receber o produto do vendedor de porta em porta é mais do que mero possuidor do bem, ou depositário, como no sistema francês – ele é possivelmente o novo* proprietário *do produto, pois a tradução transferiu o domínio. Se ele pretende fazer uso do seu novo direito de arrependimento, no prazo de sete dias, deverá cuidar para que o bem não pereça e não sofra qualquer tipo de desvalorização, devendo evitar usá-lo ou danificá-lo (abrir o pacote, experimentar o* shampoo, *manusear e sujar a enciclopédia etc.). Se o fizer, segundo nos parece, poderá até desistir do vínculo obrigacional, liberando-se das obrigações assumidas (por ex.: pagamento da segunda prestação, recebimento mensal dos fascículos da enciclopédia etc.), mas, como não pode mais devolver o produto nas condições que recebeu (volta ao* status quo*), terá de ressarcir o fornecedor pela perda do produto ou pela desvalorização que o uso causou, tudo com base no princípio do enriquecimento*

[6] *Comentários ao Código de Proteção do Consumidor,* obra coletiva coordenada por Juarez de Oliveira, Ed. Saraiva, SP, 1991, p. 188-189.
[7] Obra citada, p. 605.

ilícito. Nestes termos é a solução do direito alemão, que nos parece adequada ao espírito do CDC, pois pode ser de interesse do consumidor livrar-se do vínculo contratual, mas não é justo que enriqueça sem causa. Assim, com boa-fé resolve-se o vínculo e regula-se a volta à situação anterior, sem que ninguém ganhe com isso".

No caso dos serviços, *a situação seria ainda mais bizarra*, já que o consumidor, embora não tenha conseguido ainda usufruir da passagem adquirida via *internet*, pode simplesmente pretender se locupletar ilicitamente de situação em que, alegando a hipótese do art. 49 do Código do Consumidor, venha a receber a restituição integral do que pagou, adquirindo, na sequência, uma passagem mais em conta, decorrente de eventual promoção realizada pela companhia aérea.

Na realidade, o fato é que o consumidor, ao adquirir um bilhete aéreo fora do estabelecimento comercial, terá acesso as mesmíssimas informações que obteria se tivesse se dirigido a um ponto de venda físico.

Neste sentido, veja-se que os sites hodiernamente utilizados pelas companhias aéreas são bastante elucidativos no que se refere a oferta, indicando todos os voos disponíveis para a data da viagem eleita pelo consumidor e, até mesmo, em alguns casos, para datas próximas àquela inicialmente estabelecida. Sem prejuízo, todos os sites indicam eventuais condições promocionais e elucidam a razão da diferença de valores entre uma tarifa ou outra (por exemplo: possibilidade de adquirir um acento mais confortável ou até uma maior flexibilidade na hipótese de remarcação). Deste modo, e à luz de todo o exposto, o exercício do direito de arrependimento a que alude o art. 49 do Código de Defesa do Consumidor, configura na hipótese de aquisição de bilhetes aéreos fora do estabelecimento físico do fornecedor do serviço um evidente abuso de direito, também reprimido por nosso ordenamento jurídico, consoante já destacado no artigo 187 do Código Civil.

Como já visto, o instituto que se convencionou chamar de "direito de arrependimento" foi criado com o objetivo de resguardar os consumidores em situações de compras em que a falta da análise *in loco* do produto poderia causar uma falsa percepção, viciando a sua própria vontade. Contudo, não é, definitivamente, o que ocorre na hipótese de aquisição de bilhetes aéreos, repita-se, afastando, ao nosso sentir, a aplicação literal do artigo 49 a esta específica modalidade de compra, a qual deverá continuar submetida as disposições constantes da Portaria nº 676, de 13-11-2000, da Aeronáutica.

Conclusões

O direito de arrependimento previsto pelo art. 49 do Código do Consumidor consiste em uma espécie *sui generis* de obrigação mediante condição suspensiva, na medida em que, qualquer produto ou serviço adquirido fora do estabelecimento comercial do fornecedor, por qualquer meio conhecido (p. ex., por telefone, *internet,* reembolso posta, via postal e catálogo etc.) pode ser rejeitado pelo consumidor, ainda que imotivadamente, dentro do prazo improrrogável de 7 dias. Com efeito, embora já haja a existência do contrato de compra e venda, a rigor, sua *eficácia* fica suspensa, até o escoamento do referido prazo, oportunidade em que ele se torna irrevogável, perfeito e acabado.

Por isso mesmo é que, embora ainda suspensa a eficácia do contrato em questão, não é dado ao consumidor o direito de utilizar-se do produto ou do serviço. Se assim agir, *procederá como se fosse seu verdadeiro proprietário. E, consequentemente, sempre que o consumidor se comportar como proprietário da mercadoria recebida exterioriza, ainda que tacitamente, o desejo de não mais se arrepender.*

Ainda como consequência da utilização do produto dentro do prazo de reflexão *poderá até desistir do vínculo obrigacional, liberando-se das obrigações assumidas (por ex.: pagamento da segunda prestação, recebimento mensal dos fascículos da enciclopédia etc.); mas, como não pode mais devolver o produto nas condições que recebeu (volta ao* status quo*), terá de ressarcir o fornecedor pela perda do produto ou pela desvalorização que o uso causou, tudo com base no princípio do enriquecimento ilícito. Nestes termos é a solução do direito alemão, que nos parece adequada ao espírito do CDC, pois pode ser de interesse do consumidor livrar-se do vínculo contratual, mas não é justo que enriqueça sem causa. Assim, com boa-fé resolve-se o vínculo e regula-se a volta à situação anterior, sem que ninguém ganhe com isso.*

Na hipótese de venda de passagens aéreas fora dos guichês das empresas de aviação, a questão fica ainda mais evidente no que tange a eventuais abusos por parte do consumidor, já que, munido de todas as informações possíveis, vem a desistir da aquisição e bilhetes, pouco importando o motivo, e reivindicando a devolução integral do que já tenha pago, causando transtornos e prejuízos de toda a ordem. Ainda assim a questão já é resolvida em portaria expedida pelo órgão competente da aviação no país.

Por último, acrescente-se que a desistência do contrato, prevista pelo art. 49 do Código de Defesa do Consumidor, que pode até ser imotivada – espécie de *denúncia vazia* –, de forma alguma se confunde com a reclamação ou rejeição por vício ou defeito, ainda que se verifique no prazo de reflexão. Se assim ocorreu, é porque o consumidor utilizou o produto e o rejeitou não como exercício do direito de arrependimento, mas como direito ao reparo, substituição ou rescisão nos termos do art. 18 e até do art. 12 do Código de Defesa do Consumidor.

Em casos concretos de exercício do direito de arrependimento, embora exercitado no prazo legal de 7 (sete) dias, e desde que o consumidor tenha utilizado o produto ou se valido do serviço, poderá desistir do contrato, cabendo-lhe, todavia, o ônus de ressarcir ou compensar o fornecedor, porquanto não é justo que venha a experimentar prejuízo em decorrência de verdadeiro *abuso de direito,* a teor do que prevê o art. 187 do Código Civil.

Com efeito, o objetivo da lei não foi tornar toda e qualquer negociação, na área das relações de consumo, como passível de desistência. Se fosse isto, estaria se criando a favor do consumidor o direito de usar de bens do fornecedor, durante sete dias, sem nada lhe pagar, e, passando o prazo, ocorreria a devolução com a repetição do que foi pago, com correção monetária. Não há comércio que suporte tal expediente, sem a segurança do negócio e servindo como se fosse uma financeira. Aliás, um dos maiores prejuízos verificados nos Estados Unidos da América – bilhões de dólares ao ano –, diz respeito à indústria de roupas, em geral. É que, uma boa parcela de *consumidores* que participam de um determinado evento, *adquire* um conjunto de roupas, por exemplo, e já no dia seguinte ao mesmo evento, *devolve-as* às lojas, sem mais nem menos.

O direito de arrependimento não pode é ser exercido quando há prática de atos de utilização da mercadoria que constitui objeto do contrato; por ex.: o consumidor que abre para ler livro recebido age como se fosse seu verdadeiro proprietário. Sempre que o consumidor se comportar como proprietário da mercadoria recebida exterioriza, ainda que tacitamente, o desejo de não mais se arrepender. Desta forma, o período em que o consumidor usou o produto, causou um prejuízo à empresa que, no prazo, não pode negociar com terceiros; despesas de frete pagas pelo fornecedor, impostos recolhidos relativos à negociação, não podem ser sofridos pelo fornecedor. Seria empobrecimento sem causa. O consumidor deve ressarci-los.

Esse ressarcimento se poderá dar, por exemplo, a título de sugestão, mediante *compensação de desconto das quantias já pagas pelo consumidor e a lhe serem restituídas, se saldo houver.* Ou então, aconselha-se que se insira cláusula contratual a esse respeito. No caso das passagens aéreas as hipóteses *retro* focadas na verdade não se aplicariam integralmente. Até porque o próprio sistema disciplinado pelas autoridades da Aeronáutica estabelece as hipóteses efetivas de desistência de viagens, seu adiamento, ou reembolsos, mesmo com o prazo de validade vencido. Conforme estatuído pelo art. 7º do Código do Consumidor, como já visto, essa disciplina indubitavelmente é fonte de direito consumerista, também, e como tal deve ser acolhida e acatada. E, nos casos de adiamento ou desistência de viagens já contratadas, há a possibilidade, certamente, de restituição de quantias já pagas, mas com desconto de uma multa, perfeitamente de acordo com a *lei de usura* (Decreto nº 22.626/1934).

6. Entre a Caducidade e a Relicitação do Contrato de Concessão do Aeroporto de Viracopos (Campinas)

André Furtado de Oliveira
Jéssica Suruagy Amaral Borges

1. Suspensão de liminar ou antecipação de tutela n. 1006104-59.2019.4.01.0000 e contextualização do caso

Trata-se de pedido formulado pela Agência Nacional de Aviação Civil – ANAC dirigido ao Presidente do Tribunal Regional Federal da 01.ª Região, com o intuito de obter a suspensão dos efeitos da medida liminar concedida pelo Juiz de piso na ação proposta por Aeroportos Brasil Viracopos S.A. Em sede de cognição sumária, o Juiz de primeiro Grau determinou que a ANAC não aplicasse (i) as penalidades contratuais referentes a supostos inadimplementos de obrigações financeiras, incluindo a caducidade da concessão; e (ii) a execução ou acionamento das apólices de garantia da execução contratual.

In casu, o cerne da questão refere-se à discussão do contrato de concessão celebrado entre o Poder Concedente (isto é, a ANAC, entidade integrante da Administração Pública Federal indireta) e a Concessionária Aeroportos Brasil Viracopos S.A., pelo prazo de 30 anos, a partir de 11 de julho de 2012, com a finalidade de ampliar, manter e explorar a infraestrutura do complexo aeroportuário internacional de Viracopos em Campinas, no Estado de São Paulo.

Cumpre mencionar que foi previsto cronograma de execução do contrato, cujo instrumento e teor estão disponíveis no sítio eletrônico da ANAC[1]. Ademais, indiscutível que a operação econômica em tela é de grande monta (o valor global do contrato foi estimado em R$ 12.983.951.000,00 – doze bilhões, novecentos e oitenta e três milhões e novecentos cinquenta e um mil reais) e cujas consequências são de inegável relevância econômica e social à população brasileira, pois se trata de serviços de transporte aéreo nacional e internacional de passageiros e cargas, vinculados a outros serviços que decorrem desta atividade.

O projeto do aeroporto de Campinas remonta o ano de 2011, no contexto de a União Federal ter lançado programa de desestatização de aeroportos até então explorados exclusivamente pela Empresa Brasileira de Infraestrutura Aeroportuária – INFRAERO, a saber, os aeroportos de Campinas, Guarulhos e Brasília[2]. Tal programa visava a melhorar a qualidade dos serviços nesses aeroportos e acelerar a execução das obras necessárias ao atendimento da demanda pelo transporte aéreo de passageiros e de cargas, em vista das necessidades de desenvolvimento da infraestrutura no país, em especial diante da realização de grandes eventos, como a Copa do Mundo e os Jogos Olímpicos.[3]

A contratação da concessão do aeroporto de Viracopos foi precedida de leilão conduzido pela ANAC, regido pelo Edital do Leilão nº 2/2011, cujo critério de julgamento foi a oferta do maior valor de outorga fixa.

[1] Disponível em: <https://www.anac.gov.br/assuntos/paginas-tematicas/concessoes/aeroportosconcedidos/campinas/concessao-Viracopos/>. Acesso em 15.10.2019.

[2] Por meio do Decreto Federal nº 7.531/11, os aeroportos internacionais de Brasília, Campinas e Guarulhos foram incluídos no Programa Nacional de Desestatização – PND, tendo sido outorgadas à Agência Nacional de Aviação Civil – ANAC as funções de execução e acompanhamento do processo de concessão dos referidos aeroportos à iniciativa privada, sob supervisão da Secretaria Nacional de Aviação Civil, à qual a ANAC está vinculada. Tendo isso em vista, a ANAC passou a figurar como Poder Concedente nos contratos de concessão dos aeroportos desta rodada de concessões e das posteriores.

[3] Esta iniciativa está alinhada com a Política Nacional de Aviação Civil, instituída por meio do Decreto Federal nº 6.780/09, que elenca como um dos objetivos da PNAC a eficiência das operações da aviação civil e destaca as seguintes ações para tanto (entre outras): promover o crescimento do setor por meio da regulação eficiente do mercado, de estímulos a investimentos privados e do incentivo à concorrência, visando coibir práticas anticoncorrenciais e assegurar a prestação adequada de serviços, a modicidade dos preços e a garantia dos direitos dos usuários e promover a participação da iniciativa privada na construção, operação e exploração de aeroportos, no todo ou em partes.

O consórcio formado pelas empresas TPI – Triunfo Participações e Investimentos S.A., UTC Participações S.A. e EGIS Airport Operation sagrou-se vencedor do leilão[4] para o lote referente ao aeroporto de Campinas, constituindo a sociedade de propósito específico Aeroportos Brasil Viracopos S.A (é dizer, a concessionária)[5], com a qual a ANAC posteriormente firmou o contrato de concessão.

Ocorre que, com o passar dos meses e poucos anos e principalmente com a crise econômica que atingiu seu auge no ano de 2014, tendo algumas dificuldades e vislumbrando omissões do Poder Concedente, a concessionária iniciou uma série de pedidos administrativos para recompor o equilíbrio econômico-financeiro do contrato. Sustentou a operadora do aeroporto, para fundamentar os pedidos de revisão contratual, que o caso fortuito que suscitou o desequilíbrio econômico-financeiro reside na demanda projetada e frustrada do uso do complexo aeroportuário e do transporte aéreo em níveis imprevisíveis, consistente em uma "álea extraordinária", a evidenciar a quebra da *cláusula rebus sic stantibus* (teoria da imprevisão).[6]

Importante mencionar que a base econômica objetiva do negócio consiste, de um lado, no pagamento de outorgas fixas e variáveis pela concessionária ao Poder Concedente no decurso e avanço do contrato[7], e, de outro lado, na previsão da percepção de remuneração e receitas da concessionária[8]. Em prestígio ao contraditório, antes de decidir a respeito da medida cautelar, foi dada oportunidade para a ANAC se manifestar,

[4] O consórcio vencedor presentou oferta de outorga fixa de R$ 3,821 bilhões, representando um ágio de 159,75% sobre o preço mínimo estabelecido no edital.

[5] Além dos membros do consórcio que lhe deu origem, detentor, em conjunto, de 51% do capital votante, a concessionária conta com a participação acionária da Infraero, titular da fatia restante do capital social.

[6] Consoante mais abalizada doutrina, "*Como foi apontado, de acordo com tal princípio, o contrato vincula as partes, que só se libertariam pelo distrato, ou na impossibilidade da prestação provocada por caso fortuito ou de força maior. Tal ideia, entretanto, tem sido reiteradamente infirmada. Com efeito, a partir dos últimos anos do século XIX, apareceu na doutrina uma tendência a reviver a velha cláusula* rebus sic stantibus, *que se foi consolidar através da moderna teoria da imprevisão. Segundo esta concepção não é mister que a prestação se torne impossível para que o devedor se libere do liame contratual. Basta que, através de fatos extraordinários e imprevisíveis, ela se torne excessivamente onerosa para uma das partes.*" RODRIGUES, Silvio. *Direito Civil.* Dos contratos e das declarações unilaterais de vontade. Volume 3. São Paulo: Saraiva, 2004, p. 21.

[7] Conforme estipulado nas cláusulas 2.10 a 2.18 do contrato de concessão.

[8] Nos termos das cláusulas 4.1. a 4.14 do contrato de concessão.

o que o fez prontamente, alegando, no mérito, que, somado aos indícios de superfaturamento apontado pelo Tribunal de Contas da União (TCU), a concessionária não se ateve ao valor de referência indicado pela agência quando da realização do leilão, bem como que os valores pleiteados para fins de recomposição econômico-financeira do contrato estão descolados da realidade. Ainda, a ANAC alega que os pedidos de recomposição têm o fim precípuo de fazer a concessionária esquivar-se do cumprimento das obrigações contratuais. Além disso, ressalta que já indeferiu três dos seis pleitos administrativos da concessionária e que o sobrestamento da caducidade requerido em vista do pedido de relicitação do contrato exige prévia e específica qualificação do empreendimento para a relicitação no âmbito do Programa de Parcerias e Investimentos.[9]

Por sua vez, o juiz da 17ª Vara Federal do TRF-1, vendo plausibilidade jurídica nas razões apresentadas pela concessionária, consistente no desequilíbrio econômico do contrato de concessão e no *periculum in mora*, deferiu a medida cautelar.

Não obstante, o Presidente do Tribunal supramencionado, aduzindo sua competência prevista pelo art. 4º da Lei 8.437/1992, entendeu que é cabível o pedido de suspensão da liminar quando "*caracterizada a ocorrência de grave lesão à ordem, à segurança, à saúde ou à economia públicas, tendo em vista o caráter de excepcionalidade da medida*". E, diante dos elementos

[9] Nesse sentido, vale ressaltar que a Aeroportos Brasil Viracopos S.A. impetrou mandado de segurança, no Superior Tribunal de Justiça (STJ), contra suposta omissão atribuída ao Conselho do Programa de Parcerias e Investimentos (CPPI), representado pelo Presidente da República, ao Ministro dos Transportes e ao Diretor da ANAC. Afirma que não obteve nenhuma resposta conclusiva sobre a relicitação, para que a concessão dos serviços fosse transferida a um novo operador. Porém, o *mandamus* foi extinto sem resolução de mérito já que a matéria de relicitação, embora prevista pela lei 13.448/2017, carece de regulamentação e que a lei não atribuiu ao Ministro do Estado a prática do ato que se imputa omissão nem as demais autoridades apontadas, cabendo ao STJ julgar originariamente mandado de segurança contra ato de Ministro do Estado, consoante disposto no art. 105, I, b, da CF/1988 (STJ, MS 24163 DF 2018/0064788-0, rel. Min. Benedito Gonçalves, DJ 16.04.2018). Posteriormente, a concessionária levou o assunto ao Supremo Tribunal Federal, em que manejou medida cautelar ao Mandado de Segurança, consistente no MC MS 0069778-41.2018.1.00.0000 DF. O pedido de liminar com intuito de provocar a decisão dos órgãos competentes sobre o pedido de relicitação também não chegou a ser apreciado no seu mérito pelo Supremo Tribunal Federal (STF), pois, nas palavras do relator Min. Marco Aurélio, "o pedido liminar confunde-se com o próprio mérito da impetração".

constantes nos autos, permitiu-se identificar grave lesão à ordem pública, no viés da ordem administrativa, na medida em que a decisão judicial proibiu a prática das penalidades administrativas legais decorrentes dos descumprimentos das cláusulas previstas no contrato de concessão, incluindo aí a penalidade de caducidade. Portanto, caberia "devolver" à ANAC os poderes administrativos de plena gestão do contrato em tela.

Fixados os pontos centrais do processo em comento, vale mencionar que, depois do insucesso do pedido de relicitação formulado pela Aeroportos Brasil Viracopos S.A. em 2017, com fundamento na recém editada Lei 13.448/2017[10], a referida concessionária entrou com pedido de recuperação judicial no Tribunal de Justiça de São Paulo em 2018.[11]

A questão estava tramitando, e a assembleia geral de credores foi adiada para 16 de dezembro de 2019. Isso porque a Justiça Federal havia determinado que a ANAC esteja impedida de cobrar, da concessionária, o pagamento das outorgas vencidas e vincendas, até a quitação de suas obrigações contratuais[12]. Ademais, no início de janeiro de 2020, o TRF da 1ª Região suspendeu os efeitos de uma possível cassação da concessão do aeroporto, no processo de caducidade. A decisão derrubou a liminar favorável à agência que mantinha o processo aberto mesmo com o andamento da recuperação judicial do terminal.[13]

[10] A Lei 13.448 foi promulgada em 5 de junho de 2017, resultado da conversão da Medida Provisória 752/2016, estabelecendo diretrizes gerais para prorrogação e relicitação dos contratos de parceria definidos da administração pública, nos setores rodoviário, ferroviário e aeroportuário federal. Nos termos da referida lei, em conjunto com art. 1º, § 2º da Lei 13.334/2016, são contratos de parceria passíveis de relicitação aqueles nos setores rodoviário, ferroviário e aeroportuário federal cujo modelo jurídico corresponda a concessão comum, concessão patrocinada, concessão administrativa, concessão regida por legislação setorial, permissão de serviço público, arrendamento de bem público, concessão de direito real e os outros negócios público-privados que, em função de seu caráter estratégico e de sua complexidade, especificidade, volume de investimentos, longo prazo, riscos ou incertezas envolvidos, adotem estrutura jurídica semelhante. Desse modo, é evidente o cabimento da relicitação ao caso em tela.

[11] Processo nº 1019551-68.2018.8.26.0114, perante a 08.ª Vara Cível do Fórum de Campinas – SP.

12 https://oglobo.globo.com/economia/justica-federal-impede-anac-de-cobrar-outorgas-de-viracopos-23988096. Acesso em 18.10.2019.

[13] https://g1.globo.com/sp/campinas-regiao/noticia/2020/01/07/justica-suspende-efeitos-de-processo-de-cassacao-de-concessao-de-viracopos-aberto-pela-anac.ghtml . Acesso 07.02.2020.

Todavia, no final do mesmo mês (22 de janeiro de 2020), imediatamente o Superior Tribunal de Justiça deferiu efeito suspensivo ao recurso especial para suspender as execuções de multas administrativas e do processo de caducidade da concessão em curso na ANAC. Atualmente, vige o plano de recuperação judicial[14] aprovado pelos credores da concessionária em 14 de fevereiro de 2020, descampando terreno fértil para a relicitação do aeroporto.[15]

2. Caducidade e seu cabimento no caso em análise

A Lei 8.987/1995 estabelece, em seu art. 38, o regime da caducidade enquanto modalidade de extinção contratual e sanção pelo inadimplemento da concessionária. Nesse sentido, o art. 38, § 1º da lei estabelece as hipóteses em que a caducidade é cabível, incluindo o descumprimento de cláusulas contratuais ou disposições legais ou regulamentares concernentes à concessão. Ainda, conforme a legislação, a declaração da caducidade da concessão deverá ser precedida da verificação da inadimplência da concessionária em processo administrativo, assegurado o direito de ampla defesa.

Nos dizeres de Celso Antônio Bandeira de Mello, a caducidade "*é a modalidade de encerramento da concessão, por ato do concedente, antes da conclusão do prazo inicialmente fixado, em razão da inadimplência do concessionário; isto é, por motivo de fato comissivo ou omissivo, doloso ou culposo, imputável ao concessionário e* ***caracterizável como violação grave de suas obrigações.***"[16] (grifamos). Veja-se que o conceito posto abrange como um de seus elementos a "inadimplência do concessionário". Soma-se a esse descumprimento a noção de "violação grave", expressão que cinge o instituto de

[14] Vale mencionar que atualmente tramita projeto de lei geral de concessões (PL 7063/2017), a substituir o regime da Lei 8.987/1995, pelo qual não se aplicarão às concessionárias de serviços públicos os regimes de recuperação judicial e extrajudicial previstos na Lei no 11.101/2005, salvo posteriormente à extinção da concessão (Art. 154). Em todo caso, tal disciplina não retroagirá no presente caso, sendo que o contrato sob análise continuará regido pela Lei 8.987/1995 e, portanto, a concessionária o aeroporto de Campinas permanecerá passível de recuperação judicial.

[15] https://www.mercadoeeventos.com.br/noticias/aviacao/credores-aprovam-plano-de-recuperacao-judicial-de-viracopos/ . Acesso 05.03.2020.

[16] Bandeira de Mello, Celso Antônio. Curso de Direito Administrativo. São Paulo: Malheiros, 2012. p. 765.

todo revestimento especial, a ser utilizado como última opção disposta à Administração Pública. Deflui, então, dessa forma de extinção do contrato, que não se trata de qualquer inadimplemento da concessionária que comportará tal consequência, mas sim daquele considerado grave.

Nesse sentido que a caducidade, segundo obtemperação de Carlos Ari Sundfeld,[17] é uma medida extrema, não obrigatória e nem automática, muito menos necessária. Isto é, deve-se sopesar os ônus e ganhos diante da gravidade do fato imputado à concessionária. Como se não bastasse, ante a margem para discricionariedade administrativa quanto à consequência do inadimplemento implicar a caducidade ou apenas as demais sanções administrativas aplicáveis, razoável ter como perspectiva temporal, uma comparação, segundo a ótica do interesse público, ou um escrutínio das possibilidades e circunstâncias entre passado, presente e futuro, com o fito de se antever como a população e os usuários do serviço em espécie seriam afetados diante das consequências de uma extinção contratual abrupta.

Nas palavras de Carlos Ari Sundfeld, "*a decretação da caducidade é a mais dura das sanções incidentes nas relações entre concedente e concessionária, gerando, ademais, inevitáveis turbulências na prestação de serviços e importante ônus para ambas as partes: para a concessionária, a perda do negócio; para o concedente, o dever de indenizar pelos investimentos em bens reversíveis ainda não amortizados (arts. 36 e 38, §§4º e 5º)*".[18]

Tais considerações fomentam a análise do caso concreto, na medida em que se faz necessário ponderar se os inadimplementos da Aeroportos do Brasil Viracopos seriam ou não suficientes a autorizar a caducidade da concessão do aeroporto internacional de Viracopos. Nesse eito, convém refletir: quais seriam as diretrizes para verificar, tanto no processo administrativo, quanto em processo judicial, o cabimento desta dura sanção? Deveras, fator guia é o interesse público em causa e a proporcionalidade entre o evento e a consequência legal da caducidade, sempre tendo por conta as consequências da potencial paralisação e necessária transição do serviço concedido. Em que pese o fator punitivo da caducidade, Marçal Justen Filho aponta que há, no procedimento, "*forte*

[17] SUNDFELD, Carlos Ari. A caducidade da concessão nem é automática nem é obrigatória. São Paulo: Revista dos Tribunais, 2013. v. 2. p. 3.

[18] Idem.

conotação preventiva, aproximando caducidade da intervenção", já que aquela *"retrata uma estimativa acerca do futuro"*, cabendo *"ao Estado adotar providência para eliminar defeitos e promover serviços mais adequados."*[19]

Especialmente na demanda em análise, é cristalino o surgimento de argumentações em linhas opostas, a evidenciar as condições propostas por cada uma das partes, culminando na escolha mais razoável entre a caducidade ou não do contrato e, ainda, a sua eventual relicitação. Aliás, em recente entrevista, o Ministro dos Transportes, Tarcísio Gomes de Freitas, ao ser questionado sobre quais seriam os planos para "relicitações problemáticas", mencionou o fato de que, nesse caso específico de Viracopos, a concessionária pediu mais tempo para ter uma assembleia de credores, justamente a ver a regra de indenização e tomar o caminho da devolução, sendo que, sob a ótica dele, a decretação de caducidade seria muito pior.[20]

3. Do desequilíbrio econômico-financeiro e do inadimplemento contratual do Poder Concedente e consequências sobre a discussão da caducidade

Conforme se depreende da decisão, o juiz da 17ª Vara Federal do TRF-1 entendeu haver óbice à caducidade do contrato de concessão e à execução da garantia de execução do contrato com base na "exceção do contrato não cumprido", nos termos do art. 78, XV da Lei 8.666/1993[21], pois alegadamente o Poder Concedente descumpriu obrigações contratuais.

O inadimplemento do Poder Concedente residiria na falta de decisão sobre os diversos pedidos de recomposição do equilíbrio econômico-

[19] Justen Filho, Marçal. Concessões de serviços públicos (Comentários às leis nºs 8.987 e 9.074, de 1995). São Paulo: Dialética, 1997, p. 348-349.

[20] "PRIVATIZAÇÕES NÃO VÃO RESOLVER TODOS OS PROBLEMAS, DIZ MINISTRO DA INFRAESTRUTURA" Entrevista realizada por Luis Lima de Madri, in: https://epoca.globo.com/brasil/privatizacoes-nao-vao-resolver-todos-os-problemas-diz-ministro-da-infraestrutura-23994611 . Acesso em 04.10.2019.

[21] Conforme dicção do art. 78, XV da Lei 8.666/1993: "Art. 78. Constituem motivo para rescisão do contrato: (...) XV – o atraso superior a 90 (noventa) dias dos pagamentos devidos pela Administração decorrentes de obras, serviços ou fornecimento, ou parcelas destes, já recebidos ou executados, salvo em caso de calamidade pública, grave perturbação da ordem interna ou guerra, assegurado ao contratado o direito de optar pela suspensão do cumprimento de suas obrigações até que seja normalizada a situação".

-financeiro[22] do contrato formulados pela concessionária[23], ou na sua apreciação fora do lapso temporal disposto no contrato para tanto[24],

[22] Vale fixar um conceito de equilíbrio econômico-financeiro: "(...) o equilíbrio econômico-financeiro estará configurado, sob a óptica das concessões, quando o capital destinado ao investimento for remunerado por uma taxa que não só compense custos financeiros fixos, mas também o custo de oportunidade do capital e os riscos associados ao empreendimento. Daí por que se define equilíbrio econômico financeiro com 'a posição estável do projeto concessionário no que respeita à administração de seus recursos materiais (economia) e ao capital disponível para tanto (finanças)'. Trata-se de um sistema que representa, ao tempo da celebração do contrato, a mais adequada escolha para as partes e que, uma vez fixado, deve ser preservado de modo ativo (...) O referido reequilíbrio demanda ser visto sob a luz do dinamismo de tal espécie contratual: não como a obrigatoriedade de se manter incólumes valores e disposições (o que se dá em contratos administrativos de curto prazo com desembolso do orçamento público), mas como o dever de preservar a justa equivalência entre valores e previsões mutáveis, nos termos contratualmente firmados.". (MOREIRA, Egon Bockmann; GUZELA, Rafaella Peçanha. Contratos administrativos de longo prazo, equilíbrio econômico-financeiro e Taxa Interna de Retorno (TIR), p. 352-341. In: MOREIRA, Egon Bockmann (Coord). Contratos administrativos, equilíbrio econômico-financeiro e a taxa interna de retorno: a lógica das concessões e parcerias público-privadas. Belo Horizonte: Fórum, 2016. P. 79-88).

[23] A concessionária trouxe à baila diversos pleitos endereçados à ANAC e que atualmente são objeto de discussão no âmbito administrativo e judicial, sendo que alguns foram indeferidos e outros permanecem pendentes de decisão da ANAC, a saber: (i) pleito de teca-teca, em que se apresentou pedido de revisão extraordinária do contrato com fundamento na alteração unilateral da estrutura tarifária do contrato de concessão relativamente aos serviços prestados sobre as cargas em regime de trânsito aduaneiro, atribuindo às tarifas teca-teca o valor e a forma de cobrança praticados pela Infraero desde antes da licitação; (ii) pleito de terminal de cargas vivas, indeferido pela ANAC referente à necessidade de reforma para adaptação às normas sanitárias, não exigido à época da licitação; (iii) pleito dos carros contraincêndio relacionado à aquisição de novos carros e de assunção de custos com o treinamento e capacitação por determinação da Resolução 279/2013, que estabeleceu parâmetros muito mais rigorosos a serem observados pela concessionária, o que defende ser responsabilidade do Poder Concedente; (iv) pleito de perdimento, relacionado à omissão da Receita Federal do Brasil em arcar com o pagamento das tarifas de armazenagem e capatazia de carga sob pena de perdimento, de realizar o processo de triagem e destinação dessas cargas, de não disponibilizar número suficiente de fiscais para o desempenho das triagens e de não se encarregar de destruir as cargas e transportar resíduos remanescentes; (v) pleito de não desapropriação que se relaciona ao inadimplemento do Poder Concedente quanto à desapropriação das áreas que compõem o complexo aeroportuário; e (vi) pleito de caso fortuito, associado com a demanda projetada e frustrada e com a crise econômica vivenciada pelo Brasil a partir de 2014, consistente em álea extraordinária.

[24] A concessionária alega que os procedimentos de reequilíbrios tramitam ou tramitaram por mais de 1 (um) ano, enquanto, nos termos da cláusula 6.24 do contrato, o procedimento

bem como em outras obrigações subjacentes aos eventos de desequilíbrio econômico-financeiro. Esclarecemos, de início, que não há que se falar na invocação de "exceção do contrato não cumprido" no caso da Concessão do Aeroporto de Viracopos, uma vez que o seu regime contratual não comporta este expediente.

Diversamente do que dispõe a Lei 8.666/1993, que trata da contratação da aquisição de bens e serviços pela Administração Pública (sem que seja delegada a gestão de um serviço público), a Lei 8.987/1995, que rege a delegação da prestação de serviços públicos por meio de concessão e permissão (a qual disciplina, portanto, o contrato de concessão do aeroporto em questão), não autoriza a paralisação da prestação dos serviços e do cumprimento das obrigações contratuais da concessionária ante inadimplemento do Poder Concedente de qualquer sorte, ao teor do art. 39, parágrafo único, da Lei 8.987/1995:

> "*Art. 39. O contrato de concessão poderá ser rescindido por iniciativa da concessionária, no caso de descumprimento das normas contratuais pelo poder concedente, mediante ação judicial especialmente intentada para esse fim. Parágrafo único. Na hipótese prevista no caput deste artigo,* ***os serviços prestados pela concessionária não poderão ser interrompidos ou paralisados, até a decisão judicial transitada em julgado***" (grifamos).

Vê-se que a Lei 8.987/1995 veda a suspensão da execução dos serviços objeto do contrato em razão do inadimplemento do Poder Concedente, salvo se tal estiver respaldado em decisão judicial transitada em julgado. Embora o pagamento da outorga não corresponda diretamente à prestação dos serviços, este pagamento consiste em uma condição para a exploração do ativo pela concessionária, razão pela qual deve ser englobado no dispositivo acima. Em outras palavras, em se tratando de concessão de serviço público, o direito brasileiro veda a invocação da exceção de contrato não cumprido, salvo mediante provimento judicial específico. Dessa forma, a ausência da análise dos pleitos de reequilíbrio e do cumprimento de outras providências por parte do Poder Concedente não poderiam embasar de forma válida a rescisão pela concessionária e o não cumprimento de suas obrigações contratuais, inclusive o pagamento da outorga.

de recomposição do equilíbrio econômico-financeiro do contrato deve ser concluído em prazo não superior a 90 (noventa) dias.

Em verdade, embora a decisão ora comentada faça alusão à exceção ao contrato não cumprido, o objetivo precípuo da tutela jurisdicional não foi a permanência da inexecução das obrigações contratuais da concessionária, em vista do inadimplemento do Poder Concedente no bojo de rescisão contratual de sua iniciativa (conforme art. 39 da Lei 8.987/1995). Ao revés: buscou-se exatamente evitar extinção do contrato por meio da caducidade com fundamento na inexecução da concessionária, em face da justificativa apresentada relativa ao inadimplemento do Poder Concedente e às condições fáticas.

A caducidade só é cabível quando após a tramitação de um processo administrativo reste cabalmente demonstrado uma das situações previstas no §1º do art. 38 da Lei 8.987/1995, decorrente de falta grave cometida pela concessionária. Dessa forma, considerando o condicionamento da caducidade à culpabilidade da concessionária, vale discutir em que medida o desequilíbrio econômico-financeiro do contrato tem o condão de afastar sua culpabilidade e, por consequência, a possibilidade de aplicação válida da caducidade.

Ademais, a caducidade só seria aplicável em situações extremas. Ainda assim, mesmo que haja culpa da concessionária, o Poder Concedente pode entender que a caducidade é mais maléfica ao interesse público que outros cenários e afastá-la mesmo diante da configuração de hipótese em que seja autorizada.

Entretanto, caso o poder público entenda que a caducidade é medida necessária e justificável, deve-se perquirir se a infração ou evento ensejador da caducidade (no caso concreto, o descumprimento do contrato pela concessionária) são imputáveis à concessionária. Por conseguinte, importa analisar em que medida o desequilíbrio do contrato de concessão e o inadimplemento pela ANAC poderiam servir como argumento para escusar a concessionária da culpa pelo seu inadimplemento quanto ao não pagamento da outorga, para, depois, tornar ilegítima a caducidade.

Como ensina Marçal Justen Filho, a inexecução do contrato, para fins da aplicação da sanção de caducidade, exige a presença de elemento subjetivo[25]. Disso resulta que a pretensão punitiva que vise a aplicar a

[25] "No primeiro caso, intentará demonstrar a imprevisibilidade do evento ou sua inevitabilidade. No primeiro caso, intentará comprovar que o evento foi produzido por forças anômalas e alheias ao universo das atividades relacionadas ao serviço público. No segundo, a questão será a ausência de providências aptas a evitar a ocorrência. Enfim, a culpabilidade

caducidade deve considerar se as condutas infratoras ou eventos listados no art. 38 da Lei 8.987/1995 são previsíveis ou inevitáveis. Destarte, ante a presunção de culpa contida na lei, impõe-se à concessionária a demonstração da imprevisibilidade ou inevitabilidade da conduta infratora ou evento. Nas palavras do autor: "*Não se pode admitir punição ao sujeito que não podia evitar a ocorrência de certo evento danoso. Isso atingiria até o princípio da justiça, além de não trazer nenhum benefício para o Estado. É incompatível com a natureza da caducidade. Afinal, a ocorrência futura de eventos similares não poderá ser afastada, ainda que seja decretada caducidade e outro concessionário assuma os serviços*".[26]

Nesse sentido, o Juiz de primeiro grau entendeu plausível que os eventos de desequilíbrio aventados pela concessionária tenham ensejado a dificuldade de honrar suas obrigações contratuais, não apenas porque reputou evidente a configuração da álea extraordinária em algumas situações discutidas, mas também porque os descumprimentos do contratante[27] impactaram as receitas tarifárias e imobiliárias da operadora do aeroporto de Viracopos, inviabilizando a continuidade da prestação dos serviços. Tendo esse argumento em vista, foi possível sustentar que a culpabilidade da concessionária, que é o cerne do cabimento da caducidade na hipótese de descumprimento contratual pela concessionária, não se verificou.

Porém, a análise escorreita do Juiz de primeiro grau não é plausível. Isso porque não há um nexo causal direto entre os eventos que ensejaram o desequilíbrio econômico-financeiro e o não pagamento da outorga. Isto porque não há como estes eventos impedirem de maneira direta e imediata o pagamento de outorga pela concessionária. Tampouco, em tese, o próprio desequilíbrio econômico-financeiro do contrato conduz necessariamente à impossibilidade de a concessionária honrar suas obrigações financeiras. A depender da saúde financeira da concessionária e da extensão do desequilíbrio, pode restar completamente afastada a

do sujeito por eventos danosos e previsíveis será excluída nas hipóteses de caso fortuito ou força maior" (JUSTEN FILHO, Marçal. *Teoria geral das concessões de serviço público*. São Paulo: Dialética, 2003, p. 595).

[26] Idem.

[27] O voto considerou como as despesas de armazenagem e capatazia da carga abandonada ou apreendida localizada no Terminal de Carga do Aeroporto de Viracopos e à não desapropriação, no prazo estabelecido no contrato, das áreas que compõem o complexo aeroportuário.

relação de causalidade entre o desequilíbrio e a impossibilidade de pagamento de outorga.

É possível aventar, por exemplo, que a materialização de diversos eventos imprevisíveis, somada à frustração da percepção do montante de receitas projetado e/ou o aumento do fluxo de custos e investimentos em magnitudes extraordinárias, é dizer, o desequilíbrio do contrato em patamares anômalos, podem ter um impacto tão severo a ponto de representar o colapso financeiro da concessionária, consistindo em fator impeditivo para o pagamento do valor da outorga. Com efeito, a verificação desta hipótese depende de um estudo financeiro específico que coteje o fluxo de caixa verificado e aquele esperado na época da publicação do edital de licitação.

Desta feita, fica evidente que é preciso identificar em que medida o desequilíbrio contratual e a mora da ANAC em relação aos procedimentos para reequilibrar a equação econômico-financeira foram responsáveis pelos problemas de cunho financeiro da concessionária, que atualmente a impedem de melhorar suas obrigações contratuais tal qual avençado no contrato de concessão.

Ainda que se entenda caracterizada a onerosidade excessiva, a conclusão pela impossibilidade jurídica de caducar o contrato passa pela demonstração dc que os fatos narrados pela concessionária, a saber, o desequilíbrio do contrato e o inadimplemento do Poder Concedente, deram causa à situação em que se tornou impossível o pagamento da outorga.

Os próprios eventos ensejadores do desequilíbrio alegados devem ser averiguados quanto à efetiva ocorrência e extensão. Uma vez que estamos diante de um contrato de longo prazo, é patente a impossibilidade de previsão de diversos fatores quando da elaboração da proposta financeira na licitação e de sua assinatura. Assim, a ocorrência do desequilíbrio contratual é, de certa forma, esperada, frente o amplo dinamismo de uma concessão de serviços públicos. No entanto, ainda que praticamente impossível manter a relação entre o fluxo de receitas e encargos projetados a cada momento, há um núcleo financeiro mínimo do contrato que deve ser preservado.

A quebra da expectativa quanto à manutenção desse núcleo em quadrantes drásticos, a ser devidamente demonstrada por estudos financeiros, não apenas pode por em risco continuidade dos serviços, como também pode inviabilizar o cumprimento das demais obrigações da concessionária, a exemplo do pagamento de outorga. Por essa razão, o reequilíbrio do contrato impõe-se como medida que beneficia não apenas a concessionária em sua esfera de direitos, mas também a própria concessão e os usuários, como pontua Egon Bockmann Moreira: "*Quem 'ganha' ou 'perde' com o desequilíbrio é sempre um dos dois signatários. Porém, nos contratos de longo prazo essa subjetividade não é exata: não se dirige ao poder concedente nem ao concessionário, mas sim à adequada execução das obras e prestação do serviço contratado. Destina-se à preservação do projeto concessionário, tal como estampado no seu regime estatutário e contratual*".[28]

Caso fique demonstrado aumento dos encargos e/ou a redução das receitas em níveis tão substanciais que tenham levado à impossibilidade de pagamento da outorga, fica claro que o desequilíbrio contratual foi responsável pelo inadimplemento contratual pela concessionária. Ao contrário, não caberá a relação de causalidade entre o desequilíbrio existente, caso se mostre, por exemplo, que apesar dele a concessionária possuía higidez suficiente para honrar suas obrigações; ou se outros motivos como questões ordinárias de mercado, somadas a uma gestão deficiente, levaram à ruína financeira da concessionária, sem qualquer relação com o fluxo financeiro do projeto.

Estas discussões estão atualmente sob o crivo do Poder Judiciário, que poderá contar com a dilação probatória e com a contribuição das partes para os esclarecimentos desses aspectos, e, com base neles, assentar entendimentos que sirvam de subsídios e fonte de direito aos administradores diante de situações futuras como a em apreço.

Em todo caso, ainda que verificada a culpabilidade da concessionária no curso do processo, a decisão pela caducidade poderá ser excluída, se assim o Poder Concedente entender mais conveniente e oportuno, tal como autorizado pelo regime da Lei 8.987/1995.

4. Da relicitação como alternativa à caducidade

Outro argumento utilizado pela concessionária para a impugnação do processo de caducidade foi o reiterado requerimento de relicitação da

[28] Moreira, Egon Bockmann. Contratos administrativos de longo prazo: a lógica de seu equilíbrio econômico-financeiro, p. 86. In: Moreira, Egon Bockmann (Coord). Contratos administrativos, equilíbrio econômico-financeiro e a taxa interna de retorno: a lógica das concessões e parcerias público-privadas. Belo Horizonte: Fórum, 2016. P. 79-88.

concessão formulado à ANAC, com fundamento no art. 4, III da Lei 13.448/2017[29]. Ainda que esta alternativa à caducidade escape à lide objeto desta análise, vale considerá-la tendo em vista a sua presença no horizonte da concessão. A concessionária vem instando as autoridades arroladas na Lei 13.448/2017 como responsáveis por deliberar pela qualificação de projetos de relicitação no âmbito do Programa de Parcerias e Investimento – PPI para manifestação quanto à relicitação do Aeroporto de Viracopos[30]. Paralelamente ao início do processo de caducidade, e anteriormente à decisão ora comentada, o debate sobre a relicitação foi levado às cortes superiores por meio do mandado de segurança[31] impetrado pela concessionária, buscando obter a tutela jurisdicional no sentido de impelir uma decisão a respeito da relicitação.

A conexão da eventual relicitação com o processo atual de caducidade é latente, já que o art. 14, § 3º, da Lei 13.448/2017 dispõe que, uma vez prévia e especificamente qualificado o contrato para a relicitação no PPI, "*serão sobrestadas as medidas destinadas a instaurar ou a dar seguimento a processos de caducidade eventualmente em curso contra o contratado*". Dessa forma, a iminente decisão de devolução amigável do ativo do Aeroporto de Viracopos culminará na suspensão dos processos que discutem a extinção do contrato com alegada culpa da concessionária na esfera administrativa e judicial.

Nos termos da Lei 13.448/2017, a relicitação consiste em forma consensual de término antecipado do contrato diante do descumprimento

[29] "Art. 4º Para os fins desta Lei, considera-se: (...) III – relicitação: procedimento que compreende a extinção amigável do contrato de parceria e a celebração de novo ajuste negocial para o empreendimento, em novas condições contratuais e com novos contratados, mediante licitação promovida para esse fim".

[30] O art. 2º da lei dispõe que a relicitação aplica-se apenas a empreendimento público prévia e especificamente qualificado para esse fim no Programa de Parcerias de Investimentos (PPI). O Decreto 9.957/2019, que regulamente a lei, estabelece como condicionamento um procedimento específico para a admissão da relicitação. Nesse sentido, o requerimento de relicitação formulado pelo contratado originário, contendo documentos e informações especificados no decreto, será analisado pela agência reguladora competente, sendo submetido, ainda, ao crivo do Ministério da Infraestrutura e do Conselho do Programa de Parcerias de Investimentos e, por fim, à deliberação do Presidente da República,

[31] O Mandado de Segurança foi autuado no Superior Tribunal de Justiça sob o nº MS 24163 DF 2018/0064788-0 (Publicação DJ 16/04/2018, Relator Min. Benedito Gonçalves). Perante o Supremo Tribunal Federal, foi manejada medida cautelar em Mandado de Segurança, a saber: MC MS 0069778-41.2018.1.00.0000 DF (DJE: 30/04/2018, Relator Min. Marco Aurélio).

das obrigações contratuais pela contratante ou contratado ou da dificuldade do contratado de adimplir as obrigações contratuais ou financeiras assumidas. O contrato de concessão se enquadra na situação que autoriza o processo de relicitação, já que, além de consistir em parceria sob regime de concessão no setor aeroportuário, há, de uma só vez, o descumprimento de obrigações contratuais recíprocas.

Este procedimento, que também encerra uma modalidade de extinção contratual por inadimplemento de uma das partes ou inviabilidade de execução do contrato, pode ser adotado em substituição à caducidade, por meio de acordo entre as partes, que dará cabo ao contrato atual e resultará na realização de nova contratação mediante licitação promovida para este fim. Assim, vislumbra-se, em princípio, a redução do intenso contencioso judicial (e dos custos administrativos decorrentes suportados pelo poder público) que se observa nos processos de caducidade. Tais imbróglios geralmente postergam a resolução do conflito e o equacionamento da prestação dos serviços.

Ainda na fase de requerimento da relicitação, o contratado originário obriga-se, desde logo, a (i) renunciar ao prazo para a correção de falhas e transgressões e para o enquadramento previsto no § 3º do art. 38 da Lei nº 8.987/1995, caso seja posteriormente instaurado ou retomado o processo de caducidade; (ii) declarar formal da intenção de aderir, de maneira irrevogável e irretratável, à relicitação do contrato de parceria, a partir da celebração do termo aditivo; (iii) renunciar expressamente à participação do contratado e de seus acionistas diretos ou indiretos no certame de relicitação ou no futuro contrato de parceria que contemple, integral ou parcialmente, o objeto do contrato de parceria a ser relicitado, observado o disposto no art. 16 da Lei nº 13.448/2017.

A negociação da relicitação é formalizada por termo aditivo ao contrato, que deverá conter as previsões dispostas na lei e no art. 8.º do Decreto 9.957/2019, que regulamenta o procedimento para relicitação dos contratos de parceria nos setores rodoviário, ferroviário e aeroportuário de que trata a Lei nº 13.448/2017. Vale sublinhar que, nos termos do dispositivo, ficará determinada a indenização pelo novo contratado.

Ainda, extrai-se do art. 8.º, XIV, do decreto referido decreto que o aditamento estabelecerá que sua eficácia fica condicionada à comprovação, no prazo de sessenta dias, contado da data de sua assinatura, da inexistência de regime de recuperação judicial, recuperação extrajudicial ou falência da concessionária. Outros dois aspectos fundamentais a constar do termo aditivo que formaliza a relicitação consistem na suspensão das obrigações de investimentos vincendas a partir da celebração do termo aditivo de relicitação e a adoção da arbitragem ou mecanismos privados de resolução de conflitos envolvendo cálculo das indenizações, bem como apuração de haveres e deveres eventualmente relacionados à extinção do contrato. O primeiro ponto é coerente com a inviabilidade de cumprimento do contrato pela contratada e o segundo permite o exercício da consensualidade sobre direitos disponíveis previamente fixados.

Ponto fulcral da regulamentação pelo decreto é a indenização do contratado originário no caso de relicitação. Em que pese o decreto somente versar sobre diretrizes da indenização, relegando o seu cálculo à agência reguladora pertinente, foi evidenciado que, neste ponto, reside uma das principais distinções entre o regime da relicitação e da caducidade.

O decreto prevê que, no caso de relicitação, as indenizações pelos investimentos em bens reversíveis não amortizados ou depreciados vinculados ao contrato serão pagos pelo novo contratado, nos termos e limites previstos no edital da relicitação, consistindo em condição para o início do novo contrato. Com isso, o seu pagamento ocorrerá praticamente de forma concomitante com o encerramento do contrato, ressalvada a possibilidade de discussão posterior em âmbito arbitral e judicial. Outro aspecto inovador é a possibilidade de pagamento de indenização diretamente aos financiadores e garantidores do projeto, medida que pode reforçar a financiabilidade de projetos no setor de infraestrutura como um todo.

Com efeito, por este mecanismo, a indenização do contratado originário consiste uma espécie de outorga para o novo contratado, o que em alguma medida desonera o poder concedente – salvo pelo fato de que tal indenização provavelmente será precificada na proposta econômica do novo contratado no âmbito da nova licitação. A indenização na relicitação é calculada pela agência reguladora e certificada por empresa de auditoria.

Em contraposição, no regime da caducidade, a concessionária também faz jus à indenização pelas parcelas não amortizadas ou depreciadas dos seus investimentos. Porém, o pagamento da indenização é diferido. Se na relicitação o termo que a formaliza já determina a obrigação de pagamento antes da assunção definitiva pelo outro contratado, bem como o seu valor (ressalvada a possibilidade de discussões posteriores), na caducidade, a decisão de extinção por esta modalidade poderá ser tomada independentemente de indenização prévia, a ser calculada no decurso do processo.

Em ambos os casos, no entanto, indenização não abrange os danos e prejuízos, tais como lucros cessantes e danos emergentes, em vista de o término antecipado do contrato ter ocorrido por ato imputável à concessionária. É comum às duas modalidades o encontro de contas que promova o desconto das multas aplicadas no curso do contrato e ainda não quitadas, bem como de outros créditos não tributários.

Tendo em vista que o objetivo precípuo da relicitação é assegurar a continuidade da prestação dos serviços, a Lei 13.448/2017 determina a obrigação do contratante atual de manter a prestação dos serviços até assunção do objeto do contrato pelo novo contratado, sob pena de aplicação de penalidades contratuais, inclusive a potencial desqualificação da relicitação e início do processo de caducidade.

Ao seu turno, uma vez proferida a decisão de caducar o contrato, o Poder Concedente determina a imediata interrupção dos projetos em andamento e retoma para si os serviços ou delega a outrem após processo licitatório. Desnecessário dizer que acaba se impondo ao poder público arcar com alguns custos adicionais, como a transição dos serviços e a mobilização de sua mão de obra e/ou custos administrativos decorrentes.

Conclusões

A par dos processos envolvendo as demais questões relacionadas à recuperação judicial e ao pedido de relicitação, o TRF-1 enfrentou, em sede de liminar, a possibilidade jurídica da extinção do contrato de concessão do aeroporto de Campinas mediante aplicação de sanção de caducidade. Sanção esta que, conforme o regime atribuído pela lei, deve ser aplicada apenas em situações de inadimplemento ou inviabilidade de manutenção do contrato a que a concessionária tenha dado causa.

Por se tratar de medida drástica, deve ser utilizada apenas como resposta a situações graves, respeitado o contraditório e ampla defesa. Entretanto, como se viu, a caducidade não consiste em medida obrigatória nem necessária, de modo que, mesmo diante de situações extremas, caberá um juízo de conveniência e oportunidade do poder público.

Em que pese o evidente inadimplemento da concessionária do aeroporto de Campinas, consistente no não pagamento de outorga, há elementos que apontam para a potencial inviabilidade da decretação de caducidade: a saber, o inadimplemento do Poder Concedente e o alegado severo desequilíbrio econômico contratual. Tais elementos, a depender de subsídios de ordem financeira, podem demonstrar a ausência de culpa da concessionária em relação ao seu descumprimento contratual, de modo que, face ao fato de questões alheias à sua vontade terem dado causa ao seu inadimplemento, não haveria o elemento subjetivo que autorizasse a aplicação da sanção de caducidade pela ANAC.

Independentemente do cabimento ou não da caducidade, a se verificar pela caracterização da culpa da concessionária, incumbirá à ANAC analisar se tal medida se coaduna com o interesse público e se é conveniente em vista das características específicas do caso concreto.

Por fim, com o advento do instituto da relicitação no ordenamento jurídico brasileiro, este surgiu como alternativa à caducidade no que se refere a parcerias maculadas com questões financeiras e/ou em que haja inadimplementos por uma ou ambas as partes, denotando um regime jurídico diverso e com consequências próprias. O presente caso comporta tal alternativa, já que se enquadra nas hipóteses legais em que é permitida a sua adoção.

Toda matéria discutida no processo aponta para a inexorável inviabilidade de manutenção da vigência do contrato de concessão. Uma vez superada a interferência do Poder Judiciário, na qualidade de Poder Concedente e agência reguladora (e no exercício das ambíguas funções de parte do contrato e de autoridade normativa e fiscalizadora), ponderadas as questões acima, a ANAC decidirá sobre a aplicação do regime de relicitação ou caducidade.

Referências

BANDEIRA DE MELLO, Celso Antônio. *Curso de Direito Administrativo*. São Paulo: Malheiros, 2012.

DI PIETRO, Maria Sylvia Zanella. *Parcerias na administração pública: concessão, permissão, franquia, terceirização, parceria público-privada*. 12. ed. rev. atual.. Rio de Janeiro: Forense, 2019.

FREITAS, Rafael Véras de. *As prorrogações e a relicitação previstas na Lei n. 13.448/2017: um novo regime jurídico de negociação para os contratos de longo prazo*. Revista de

Direito Público da Economia – RDPE, Belo Horizonte, ano 15, n. 59, p. 175-199, jul./set. 2017.

GUIMARÃES, Bernardo Strobel; CAGGIANO, Heloísa Conrado. *O que mudou no direito das concessões com a aprovação da MP n. 752: perguntas e respostas.* Revista de Direito Público da Economia – RDPE, Belo Horizonte, ano 15, n. 58, p. 9-22, abr./jun. 2017.

JUSTEN FILHO, Marçal. *Teoria geral das concessões do serviço público.* São Paulo: Dialética, 2003.

__________. Concessões de serviços públicos (Comentários às leis nºs 8.987 e 9.074, de 1995). S. Paulo: Dialética, 1997.

MOREIRA, Egon Bockmann (Coord). Contratos administrativos, equilíbrio econômico-financeiro e a taxa interna de retorno: a lógica das concessões e parcerias público-privadas. Belo Horizonte: Fórum, 2016. P. 79-88).

PEREIRA, Cesar A. Guimarães. *Arbitragem na Lei n. 13.448 e os contratos com a Administração. Pública, nos setores de rodovias, ferrovias e aeroportos.* Revista de arbitragem e mediação. v. 55/2017, p. 111-133, out./dez. 2017.

RODRIGUES, Silvio. *Direito Civil.* Dos contratos e das declarações unilaterais de vontade. Volume 3. São Paulo: Saraiva, 2004, p. 21.

SENNA, Laís Ribeiro de. O novo conceito de (re)licitação. Revista Brasileira de Direito Comercial, n. 17, pp. 94-111, jun.-jul. 2017.

SUNDFELD, Carlos Ari. A caducidade da concessão nem é automática nem é obrigatória. São Paulo: Revista dos Tribunais, 2013. v. 2. p. 345-354.

7. O Setor Privado de Logística e Transporte Diante do "Monopólio Postal": Perspectivas a Partir do Cade e do Caso DETRAN/PR

Luiz Fernando Casagrande Pereira
Caio César Bueno Schinemann

Introdução

"*Se é eficiente, não precisa do monopólio; se precisa, não o merece*". A frase é originariamente atribuída ao militar Castelo Branco, mas foi celebrizada por seu Ministro e precursor do liberalismo brasileiro, o economista Roberto Campos. Ironicamente, esta frase define de forma precisa a situação dos Correios, cujo modelo vigente de monopólio foi estabelecido por dois dos sucessores de Castelo Branco – Costa e Silva e Ernesto Geisel –, por intermédio do Decreto-Lei nº 509/69 e da Lei nº 6.538/78, respectivamente.

Se há algumas décadas seria possível afirmar que a Empresa Brasileira de Correios e Telégrafos era uma empresa sólida, confiável e prestigiada, hoje é possível afirmar com segurança que esse modelo de negócio ruiu. Um Relatório da CGU[1] demonstra que os prejuízos dos Correios somam R$ 5,5 bilhões. Além de caro, o serviço é deficiente: em

[1] Relatório nº 201700921. Disponível em <https://auditoria.cgu.gov.br/download/10370.pdf>.

seis anos, os Correios sofreram um aumento de 1054% nas indenizações decorrentes de perdas e extravios de correspondências, o que representa o pagamento de R$ 226 milhões a consumidores dos serviços[2]. O brasileiro sofre duas vezes: quando subsidia uma estatal deficitária e quando sequer recebe um serviço adequado em contrapartida.

Serviços que não funcionam inevitavelmente enfrentam a fuga de consumidores e clientes. Foi o que aconteceu com a ECT: diversas empresas do setor privado e mesmo entes públicos (Estados, Municípios e suas autarquias e concessionárias) passaram a buscar alternativas. Mais especificamente, passaram a contratar empresas privadas que realizassem serviços de entrega de objetos e mercadorias, como cartões magnéticos, contas de água e luz, guias de pagamento de tributos etc.

Para impedir o avanço de empresas privadas, os Correios passaram a provocar o Poder Judiciário sob a alegação de que prestação de serviços dessa natureza pelos atores privados do setor de transporte e logística violaria seu monopólio estatal. Em alguma medida, os Correios foram bem-sucedidos na estratégia: há diversas as decisões de Tribunais Regionais Federais que deram razão à ECT em prejuízo das empresas do setor privado a partir de uma *visão ampliada* da abrangência do monopólio postal.

Aos poucos, no entanto, esse cenário vem se alterando. É de se dizer com isso que o Poder Judiciário está revendo seus posicionamentos antigos e conferindo ao monopólio postal da ECT a interpretação restritiva que lhe é devida. Em um primeiro momento, em esfera alheia ao Poder Judiciário, foi significativa a atuação do CADE diante da verificada prática de *litigância predatória* pela ECT, do que decorreu a celebração de Termo de Cessação de Conduta (TCC). Na jurisprudência, há uma lenta e gradual alteração de cenário que historicamente se afirmou favorável aos Correios (sempre a partir de uma leitura ampliada do monopólio postal). Recente decisão do Tribunal Regional Federal da 4ª Região (TRF-4), no caso da contratação de empresa privada de logística e transporte pelo DETRAN/PR, é um bom exemplo da viragem de entendimento.

[2] ÉPOCA. Após três anos de prejuízos bilionários, Correios perdem fôlego para sair da crise. Disponível em: <https://epocanegocios.globo.com/Empresa/noticia/2018/03/apos-3-anos-de-prejuizos-bilionarios-correios-perdem-folego-para-sair-da-crise.html>

O texto aqui é dividido em três partes. Primeiro, será analisado o arcabouço jurídico no qual se insere o monopólio estatal da ECT e sua interpretação pelo Supremo Tribunal Federal no julgamento da ADPF 46. Na sequência, será analisada a relação da ECT com o mercado de empresas privadas do setor de logística e transporte a partir do que se caracterizou como *litigância predatória* pelos Correios e suas repercussões diante do CADE. Por fim, como prenúncio de uma *virada jurisprudencial,* será analisada a decisão do TRF-4 no caso do DETRAN/PR e suas repercussões para os atores do setor de logística e transporte.

1. Monopólio postal: o seu (pretenso) regime jurídico e a decisão do Supremo Tribunal Federal na ADPF 46

O conceito de serviço público sempre teve tratamento assimétrico pela doutrina nacional. Não é exagero afirmar que, dentre os principais nomes do direito administrativo brasileiro, cada autor tem um conceito de serviço público para chamar de seu[3]. Na jurisprudência do Supremo Tribunal Federal a situação é ainda pior: o STF não possui uma definição uniforme de serviço público, utilizando o termo de forma atécnica e sem qualquer vinculação a seus próprios precedentes[4].

Como consequência (e, talvez, também causa) dessa incompreensão acerca do que é serviço público, a natureza jurídica do serviço postal é também bastante controversa. Há quem entenda se tratar de serviço público[5], mas há também quem entenda se tratar de atividade econômica em sentido estrito[6]. Em âmbito jurisprudencial, o STF usualmente classifica o serviço postal como sendo serviço público[7], mas assim o faz

[3] A título exemplificativo: Di Pietro, Maria Sylvia Zanella. *Direito administrativo.* 27ª ed., São Paulo: Atlas, 2014, p. 103; Grau, Eros. *A ordem econômica na Constituição de 1988.* 11ª ed., São Paulo: Malheiros, 2006, p. 120-125; Bandeira de Mello, Celso Antônio. *Curso de direito administrativo.* 23ª ed., São Paulo: Malheiros, 2010, p. 186.

[4] Aragão, Alexandre dos Santos. *Direito dos serviços públicos.* 4. ed. Belo Horizonte: Fórum, 2017, p. 24.

[5] Todos os autores mencionados na Nota 3 entendem que o serviço postal é um serviço público.

[6] Barroso, Luís Roberto. Regime constitucional do serviço postal: legitimidade da atuação da iniciativa privada. *Revista de Direito Administrativo,* n. 22, Rio de Janeiro, 2000, p. 180.

[7] A questão foi tratada pelo Supremo Tribunal Federal em especial no Ag. Reg. no Recurso Extraordinário nº 344.975-3/RJ (precedente que entendeu pela impenhorabilidade

com a falta de uniformidade e rigidez conceitual que lhe é característica no tema.

Especificamente quanto ao serviço postal, o constituinte não ajudou a solucionar essas incompreensões. O art. 21, X, da Constituição Federal estabelece que compete à União Federal "*manter o serviço postal e o correio aéreo nacional*". O que a Constituição diz, portanto, é que cabe à União regular e explorar este serviço. O que a Constituição *não diz* é de que forma isso deve ocorrer.

A norma constitucional acerca do serviço postal fala muito pouco. Como identifica Clarissa Ferreira de Melo Mesquita, "*não se extrai claramente do texto constitucional a natureza jurídica do serviço postal e o regime jurídico que lhe é aplicável*", de modo que "*a legislação infraconstitucional tem ampla margem para a normatização do setor*"[8]. Essa é uma premissa fundamental: quando se fala em *regime jurídico* do serviço postal, fala-se de disposições legais, e não constitucionais, as quais estão submetidas a opções políticas do legislador e aferição de adequação à Constituição.

Nesse emaranhado jurídico que conforma o serviço postal, é de destaque talvez o seu fator mais problemático: o *monopólio postal*. De início, é necessário consignar que o monopólio é decorrência de uma opção legal do legislador infraconstitucional, não possuindo fundamento direto na Constituição. Afinal, *serviço postal* não consta dentre os monopólios da União elencados no art. 177 da Constituição, nem é possível extrair previsão dessa natureza daquilo que consta no art. 21, X.

A Constituição não estabelece o monopólio postal no ordenamento jurídico brasileiro. Quem o faz é a Lei nº 6.538/78 (Lei Postal), a partir da conjugação de três de seus dispositivos. No art. 7º, a Lei estabelece as categorias que conformam o *serviço postal* brasileiro, sendo estas os objetos de correspondência (carta, cartão-postal, impresso, cecograma e pequena-encomenda), o serviço postal relativo a valores (remessa de dinheiro, ordens de pagamento e tributos) e serviços postais relativos a encomendas (transporte de objetos).

dos bens da ECT e sua submissão ao regime de precatórios) e Recurso Extraordinário nº 601.392/PR (precedente que fixa os contornos da imunidade tributária da qual a ECT se vale).

[8] Mesquita, Clarissa Ferreira de Melo. *Regime jurídico no setor postal*: desafios contemporâneos e perspectivas para o setor. São Paulo: Saraiva, 2014, p. 82.

Na sequência, o art. 9º da Lei Postal discrimina as atividades que são submetidas ao monopólio postal da União. São estas o recebimento, transporte e entrega, no território nacional, e a expedição, para o exterior, de carta e cartão-postal, correspondência agrupada e fabricação, emissão de selos e de outras fórmulas de franqueamento postal. Na prática, dentre as atividades submetidas ao monopólio postal, a que desperta interesse econômico e jurídico é o transporte e entrega de carta.

O art. 47 da Lei Postal estabelece as definições pelas quais os dispositivos anteriores devem ser interpretados. Para os fins do que aqui importa, é relevante constar que referido dispositivo caracteriza como carta "*objeto de correspondência, com ou sem envoltório, sob a forma de comunicação escrita, de natureza administrativa, social, comercial, ou qualquer outra, que contenha informação de interesse específico do destinatário*" e encomenda como "*objeto com ou sem valor mercantil, para encaminhamento por via postal*".

A legislação de regência dos Correios sempre previu a existência de um monopólio postal, mas este monopólio, em momento algum, abrangeu todas as formas de prestação de serviço postal. O que ocorre é justamente o contrário: das diversas formas existentes de serviço postal previstas no art. 7º da Lei, apenas uma parte minoritária é submetida ao monopólio previsto no art. 9º.

Na verdade, o único serviço postal de relevância econômica submetido ao monopólio é o envio de cartas (art. 9º, I). De outro lado, outra atividade postal de enorme relevância econômica – transporte e entrega de *encomendas* – jamais foi submetida a monopólio, sendo sempre exercitável por particulares em regime de igualdade com os Correios.

A relevância do monopólio postal sobre transporte e entrega de *cartas* possui um viés histórico significativo. Quando publicada a Lei nº 6.538/78, certamente o envio de cartas era muito mais comum do que é hoje (o e-mail surgiu décadas depois). Da mesma forma, não existiam no Brasil tantas empresas privadas de logística e transporte que concorriam com os Correios nos serviços de entrega de encomendas.

É inegável que o conteúdo efetivo do monopólio dos Correios se esvaziou com o passar dos anos. Mas é também inegável que a Lei continuou rigorosamente a mesma – ou seja, o *conteúdo legal* do monopólio postal continuou o mesmo. Ainda assim, os Correios que, na tentativa de conservar para si uma parcela relevante do mercado sob o regime de monopólio, passou a, por meio de uma interpretação ampliativa, incluir o maior número de atividades possíveis no conceito de carta. Tudo virou *carta* aos olhos dos Correios – especialmente porque o art. 47 da Lei Postal é dispositivo de textura aberta. Como explica Eduardo Molan Gaban, considerando *"a imprecisão da Lei postal ao estabelecer um conceito jurídico para "carta", são tênues os limites entre os mercados nos quais a ECT atua em regime de monopólio e em quais deve atuar em concorrência"*[9].

Diante de um cenário de insegurança quanto à abrangência do monopólio postal da ECT, em 2003 a Associação Brasileira das Empresas de Distribuição – ABRAED propôs a ADPF 46 perante o Supremo Tribunal Federal. O que a Associação autora pretendia era a declaração de não-recepção da Lei Postal quanto à fixação de um regime de monopólio postal, tendo em vista as previsões da Constituição Federal de 1988 que privilegiam a livre iniciativa e concorrência (art. 1º, inciso IV, art. 5, inciso XIII, e art. 170, *caput,* inciso IV e parágrafo único).

Alternativamente, a Associação autora pediu ao Supremo Tribunal Federal que dispusesse acerca do conceito legal de *carta* para fins de aferição de alcance do monopólio postal, requerendo que esse conceito fosse restrito

> ao papel escrito, metido em envoltório fechado, selado, que se envia de uma parte a outra, com conteúdo único, para comunicação entre pessoas distantes, contendo assuntos de natureza pessoal e dirigido, produzido por meio intelectual e não mecânico, excluídos expressamente desse conceito as conhecidas correspondências de mala-direta, revistas, jornais e periódicos, encomendas, contas de luz, água e telefone e assemelhados, bem como objetos bancários como talões de cheques, cartões de crédito, etc.

Ao julgar a ADPF 46 em 2009, o STF declarou a recepção da Lei Postal pela Constituição, de modo que permaneceu vigente no direito brasileiro o monopólio postal. No entanto, embora tenha sido provocado, o STF não avançou para definir o conceito de *carta* e sua abrangência enquanto fator de efetiva conformação do monopólio postal afirmado.

[9] GABAN, Eduardo Molan. Monopólio postal no Brasil: afinal, o STF solucionou o que deve ser "carta"? *Revista de Direito Constitucional e Internacional*, vol. 99, jan-fevereiro, 2017.

O pedido alternativo foi expressamente decidido – julgado improcedente por 6 a 4 –, mas as razões para tanto não ficam claras no Acórdão. O voto do Ministro Eros Grau, que liderou a corrente majoritária, se limita a afirmar que "*quanto ao âmbito do serviço postal, está bem desenhado nos artigos 7º e seguintes da Lei n. 6.538/78*". O Ministro Cezar Peluso, um dos que aderiu à corrente majoritária, indicou, em manifestação oral, que o conceito de carta estabelecido pela Lei seria "*antiquado*", mas não se alongou sobre o tema e muito menos fez constar as razões para tanto em seu voto.

Em suma, ao julgar a ADPF 46, o STF somente respondeu à pergunta "*existe um monopólio postal no Brasil sob égide da Constituição Federal de 1988?*", entendendo que sim. A questão "*o que é abrangido pelo monopólio postal existente no Brasil?*", ou, mais especificamente, "*o que é enquadrável como 'carta' para fins de monopólio postal?*" permaneceu em aberto.

Ao contrário do que pressupôs o Ministro Eros Grau, o próprio STF reconheceu, posteriormente, a insuficiência das previsões constantes na Lei Postal para solução das controvérsias atinentes ao monopólio postal da ECT. Isso porque foi reconhecida a repercussão geral do Tema 527, ainda sem decisão, por intermédio do qual se discute, "à luz dos artigos 2º; 21, X; 170 e 175, da Constituição Federal, a possibilidade, ou não, de os entes federados, empresas e entidades públicas ou privadas entregarem guias de arrecadação tributária ou boletos de cobrança aos contribuintes ou consumidores sem o intermédio dos correios". Trata-se, em última análise, da definição dos limites de *carta* – oportunidade que o STF teve, mas não aproveitou, quando do julgamento da ADPF 46 em 2009.

Tendo o STF se limitado a afirmar a existência de um monopólio postal, mas não definindo o alcance desse monopólio – especialmente a abrangência de *carta* –, o cenário continuava juridicamente inseguro. Os únicos elementos que conferiam ao intérprete algum parâmetro para a compreensão da amplitude do monopólio continuaram a ser as disposições legais – as quais, como já dito, são vagas.

A vagueza das disposições legais da Lei Postal, no entanto, não infirma dois critérios hermenêuticos elementares que devem orientar o tema. Primeiro, sendo o monopólio uma exceção ao sistema constitucional, as normas que o fixam devem ser interpretadas restritivamente.

Como afirmou Nelson Eizirik nos momentos iniciais da vigência da Constituição Federal de 1988,

> a intervenção estatal na economia. quando não estiver a serviço do valor liberdade, é excepcional, necessariamente decorrente de dispositivos constitucionais expressos, os quais devem ser objeto de interpretação restritiva, descabendo qualquer aplicação de métodos hermenêuticos analógicos ou que possam importar ampliação da atuação estatal no domínio econômico[10].

Segundo: a existência de *zonas cinzentas* e dúvidas objetivas sobre a incidência de determinada lei em certos campos não são capazes de afastar a incidência da norma sobre suportes fáticos que estão claramente nela contemplados. A interpretação gramatical/literal nem sempre é suficiente para determinar todo o sentido da norma, mas é sempre um ponto de partida possível para sua compreensão[11]. Há objetos postais que evidentemente não são cartas porque simplesmente não se enquadram, nem minimamente, no conceito legal existente. É o caso, por exemplo, de cartões de crédito, talões de cheque e boletos bancários, os quais, de plano, não contemplam o sentido de *comunicação escrita* estabelecida como elemento fundamento de cartas pela Lei.

No entanto, a despeito desses pressupostos hermenêuticos bastante elementares, diante da lacuna interpretativa que o STF deixou ao julgar a ADPF 46, a ECT passou a acionar reiteradamente o Judiciário na tentativa de ampliar o escopo de seu monopólio postal ao máximo possível e eliminar os atores privados do mercado de logística e transporte que atuavam em concorrência. Foi o que se denominou *litigância predatória*.

2. A litigância predatória da ECT: tentativa de extensão do monopólio postal e atuação do CADE na sanção à conduta anticoncorrencial

A ECT historicamente utilizou da máquina judiciária na tentativa de impedir que atores privados do setor de transporte e logística atuassem

[10] Eizirik, Nelson. Monopólio estatal da atividade econômica. *Revista de Direito Administrativo*, vol. 194, Rio de Janeiro, 1993. p. 66.

[11] Ferraz Júnior, Tércio Sampaio. *Introdução ao Estudo do Direito*: técnica, decisão, dominação. 6ª ed., São Paulo: Atlas, 2008, p. 262.

livremente na parcela da atividade que não esteve submetida a monopólio postal. O teor do pedido alternativo veiculado pela ABRAED na ADPF 46, que pretendia excluir do conceito de carta *"revistas, jornais e periódicos, encomendas, contas de luz, água e telefone e assemelhados, bem como objetos bancários como talões de cheques, cartões de crédito"* era justamente uma reação às tentativas dos Correios de incluir o que bem entendessem no escopo de seu monopólio.

No entanto, após o julgamento da ADPF 46, essa estratégia cresceu exponencialmente. Como demonstrou Maria Clara de Azevedo Morgulis em pesquisa empírica, nos três anos que antecederam o julgamento da ADPF 46 (2006, 2007 e 2008), os Correios haviam ajuizado 10 ações na Justiça Federal de São Paulo questionando supostas violações a seu monopólio postal. No ano do julgamento e nos dois que o sucedem (2009, 2010 e 2011), foram 51 processos distribuídos sobre o tema na Justiça Federal de São Paulo[12]. Um aumento de 400%.

O expressivo aumento no ajuizamento de ações sobre o tema a partir do julgamento da ADPF 46 é relacionado com o fundamento jurídico dessas demandas. Os Correios passaram a adotar a decisão do STF como subterfúgio jurídico para convencer os graus ordinários de jurisdição a decidir sempre em seu favor, a partir de uma equivocada interpretação do precedente.

Após o julgamento pelo Supremo Tribunal Federal, o roteiro das ações dos Correios era sempre o mesmo: alegava-se que, ao julgar a ADPF 46 e certificar que o monopólio postal foi recepcionado pela Constituição Federal de 1988, o STF teria estabelecido uma *interpretação ampliativa* deste monopólio, conferindo também o conceito mais amplo possível a *carta*. Essa concepção seria vinculante em sentido forte, por se tratar de decisão proferida em ação de controle concentrado de constitucionalidade. A consequência prática é que, acolhidas as alegações da ECT, estaria abrangido no monopólio postal qualquer atividade que os Correios assim entendessem.

No entanto, as ações dos Correios partiam de premissa juridicamente falsa. O STF afirmou a existência de um monopólio postal, mas jamais abordou especificidades de seu conteúdo como tentava fazer parecer a

12 MORGULIS, Maria Clara de Azevedo. *Monopólio postal e litigância predatória pelos Correios.* Dissertação (Mestrado em Economia) – Fundação Getúlio Vargas, São Paulo, 2015, p. 45.

ECT. Concluir de maneira diversa decorria de interpretação equivocada do precedente firmado na ADPF 46 – o que, é evidente, é favorecido pelas diversas declarações de voto dos Ministros, que não dialogavam entre si e tornaram difícil a extração da *ratio decidendi* do julgado[13].

Foram diversas as ocasiões em que, induzindo o Judiciário em erro, a ECT obteve liminares contra as empresas privadas do setor de logística e transporte. Maria Clara de Azevedo Morgulis, em análise empírica, verificou que, de um universo de 75 ações sobre o tema que tramitaram perante a JFSP, a ECT obteve 36,99% de liminares deferidas, 9,59% de liminares deferidas parcialmente e 53,42% de liminares indeferidas[14].

Muito embora estatisticamente a maior parte dos pedidos liminares dos Correios tenham sido indeferidos, é necessário considerar que, se somadas as liminares deferidas parcial e integralmente, os Correios obtiveram praticamente 50% de êxito. É evidente que isso impacta fortemente no mercado privado de logística e transporte: de uma hora para a outra, por força de decisão liminar com fundamento bastante duvidoso, a empresa privada se via impedida de executar o serviço para o qual se estruturou e realizou investimentos. A insegurança desincentiva o investimento no setor, abrindo caminho para um monopólio *fake* dos Correios.

O mercado privado não assistiu a esta atuação da ECT de maneira impassível. Em 2013, o Sindicato de Empresas de Transporte de Carga de São Paulo propôs a Representação 08700.009588/2013-04 perante o CADE, requerendo a responsabilização dos Correios por *sham litigation* em razão das ações judiciais propostas contra empresas privadas de logística e transporte que tinha por objeto as supostas violações ao monopólio postal da ECT. A conduta descrita na Representação foi a "*tentativa dos Correios de expandir a incidência do monopólio legal para serviços que não estariam nele incluídos (motofrete, entrega de cartões magnéticos e talões de cheque e medição de consumo de água ou luz)*" por intermédio de "*notifi-*

[13] Esse é um problema histórico e institucional do Supremo Tribunal Federal conforme identificado por Virgilio Afonso da Silva. Cf. SILVA, Virgílio Afonso da. O STF e o controle de constitucionalidade: deliberação, diálogo e razão pública. *Revista de Direito Administrativo*, Rio de Janeiro, v. 250, p. 197-227, jan. 2009.

[14] MORGULIS, Maria Clara de Azevedo. *Monopólio postal e litigância predatória pelos Correios...*, p. 47.

cações extrajudiciais a empresas concorrentes e de ações judiciais, que aumentam os custos dos rivais".

Como explica Christopher Klein, *sham litigation*, ou litigância predatória, consiste em "*predatory or fraudulent litigation with anticompetitive effect, that is, the improper use of the courts and other government adjudicative processes against rivals to achieve anticompetitive ends*" [15]. Esse conceito foi recepcionado pelo CADE no caso SEVA Engenharia Eletrônica S.A v. Siemens VDO Automotive Ltda, *leading case* brasileiro sobre o tema. Na definição conferida pelo Conselheiro César Mattos naquele caso, acolhendo a doutrina norte-americana acima referenciada, *sham litigation* consiste em "*conduta consubstanciada no exercício abusivo do direito de petição, com a finalidade de impor prejuízos ao ambiente concorrencial*"[16].

Após longa instrução processual, a partir da Nota Técnica nº 8/2017/CGAA4/SGA1/SG/CADE, a Superintendência-Geral do CADE expressamente recomendou ao Tribunal daquele órgão que sancionasse os Correios por litigância predatória. Para tanto, a Superintendência do CADE se baseou em dois principais métodos de aferição de *sham litigation*.

O primeiro é o *teste PRE*[17]. Com este teste se verifica, do ponto de vista objetivo, se as ações apresentadas perante o Poder Judiciário são desprovidas de base jurídica minimamente razoável e, do ponto de vista subjetivo, se há evidência de que tais ações são propostas com intuito de causar interferências no mercado. Nesse ponto, a Superintendência do CADE discorreu longamente: o fundamento principal das ações dos Correios (suposta *interpretação ampliativa conferida pelo STF na ADPF 46*) simplesmente não existia. Subjetivamente, o número de ações propostas contra os mais variados atores privados do mercado demonstrava ao menos a intenção dos Correios de interferir no mercado – na prática, impedir suas concorrentes de prestarem serviço submetido à livre-concorrência.

O segundo parâmetro é o *teste POSCO*[18]. Aqui o objetivo é verificar se o ajuizamento das ações temerárias, de alguma forma, eleva o custo

[15] KLEIN, Christopher C. *The economics of sham litigation:* theory, cases and policy. Bureau of Economics Staff Report to the Federal Trade Commission, 1989, p. 2.

[16] Processo Administrativo 08012.004484/2005-51, julgado em 18.08.2010.

[17] A alcunha decorre do caso Professional Real Estate Investor (PRE), Inc. v. Columbia Pictures Industries, Inc, julgado pela Suprema Corte dos Estados Unidos em 1993.

[18] Nome decorrente do caso USS-POSCO Industries v. Costa Building & Construction Trade Council, julgado pelo 9º Circuito de Cortes de Apelação em 1994.

dos demais concorrentes e, com isso, gera efeitos anticompetitivos. E a Superintendência do CADE entendeu que sim, considerando os *custos assimétricos de litigar* verificados entre os Correios e as empresas privadas. A ECT é estatal com amplo Departamento Jurídico já formado e com uma série de prerrogativas processuais fazendárias, como submissão de suas condenações ao sistema de precatórios e a concessão de prazo em dobro para suas manifestações no processo, conforme ampla e firme jurisprudência do Supremo Tribunal Federal[19]. O *custo de litigar* nessas condições é muitíssimo menor do que o que recai sobre um particular, o qual terá de arcar com os honorários de advogado privado e não possui qualquer prerrogativa processual.

Aliás, em que pese essa abordagem não tenha sido expressamente tratada pela Superintendência-Geral do CADE, o *custo de litigar* é explicado pela análise econômica do direito de forma perfeitamente aplicável a essa análise. Richard Posner explica que o custo do litígio é composto pelo "custo direto" e pelo "custo de erro". Por *custo direto* (*direct costs*), tem-se os custos imediatos para a propositura de uma ação – como a contratação de um advogado e o pagamento de custas processuais. Se atuar racionalmente, um agente econômico não proporia uma ação cujo *custo direto* é menor do que aquele que se pretende receber[20].

Custos de erro (*cost of erroneous*) são os relacionados à chance de êxito da demanda a partir do arcabouço jurídico no qual esta se insere. Em regra, caso o agente entenda que dificilmente o direito substantivo amparará sua pretensão, também não proporá a ação[21]. No caso dos Correios, nenhum desses *custos* é relevante. Não há risco envolvido: os Correios não recolhem custas processuais; se forem condenados ao pagamento de sucumbência, utilizarão o sistema de precatório; há um amplo corpo de advogados internos; e, em última análise, a dinheiro público que custeia toda essa (gigantesca) estrutura. Com todos esses privilégios, e diante de uma real possibilidade de conquistar ainda mais mercado, é evidente que há amplo estímulo para litigar predatoriamente.

[19] A sistematização das prerrogativas processuais fazendárias afirmadas pelo STF em favor da ECT pode ser encontrada na decisão proferida na ACO 765 QO, Relator(a): Min. MARCO AURÉLIO, Relator(a) p/ Acórdão: Min. EROS GRAU, Tribunal Pleno, julgado em 01/06/2005.

[20] POSNER, Richard A. *Economic analysis of law*. 9th Edition, Wolters Kluwer: New York, 1986, p. 517.

[21] POSNER, Richard A. *Economic analysis of law*..., p. 518.

A partir de todo esse contexto, a Superintendência-Geral do CADE concluiu "*pela configuração de infrações da ordem econômica praticada pela Representada, consistente em abuso do direito de petição, restrição pura à concorrência e tratamento discriminatório*". Os posicionamentos da Superintendência não são vinculantes para o Tribunal do CADE, mas diante da extensão e assertividade da fundamentação da Nota Técnica, é difícil imaginar que essa condenação não ocorreria no caso concreto.

E Correios constataram a prenúncio da decisão desfavorável. Na iminência de uma condenação, os Correios celebraram, em 30/01/2019, Termo de Cessação de Conduta Anticoncorrencial (TCC) com o CADE – instrumentos equivalentes aos Termos de Ajustamento de Conduta (TAC) do Ministério Público. Por essa razão, o processo terminou, formalmente, sem uma condenação. No entanto, materialmente, diante das obrigações imputadas pelo CADE, fica claro que os termos aceitados pela ECT para realização do acordo foram equivalentes a uma condenação.

Foram três as obrigações principais assumidas pelos Correios. Primeiro, criar um *programa de compliance concorrencial*, o qual deveria aprovar o ajuizamento de qualquer ação que discutisse temas atinentes ao monopólio postal dos Correios. Segundo, recolher ao Fundo de Defesa de Direitos Difusos a *contribuição pecuniária* no valor de R$ 21.909.594,81 – o que, na prática, equivale a multa por conduta anticoncorrencial. Terceiro, cessar, imediatamente, a propositura de ações judiciais que questionassem a suposta violação a monopólio postal concernente aos temas afetados pelo Tema 527 de Repercussão Geral do STF, acima mencionado.

Em resumo, tecnicamente, de fato, os Correios não foram condenados pelo CADE por litigância predatória. Materialmente, no entanto, a condenação era certa – tão certa que os Correios optaram por se antecipar e se submeteram a Termo de Cessação de Conduta extremamente gravoso para fugir da condenação.

As análises promovidas pelo CADE no caso dos Correios fornecem elementos absolutamente relevantes para qualquer discussão atinente ao monopólio postal, inclusive as que se dão em âmbito jurisdicional. Primeiro, porque fornecem uma visão macro da atuação econômica dos Correios quanto a seu monopólio, para além da discussão jurídica: as ações judiciais eram um *instrumento de mercado* utilizados pelos Correios na tentativa de ganhar espaço comercial.

Nem toda estratégia desse tipo é ilegítima. Não há, abstratamente, irregularidade na tentativa de excluir concorrente do mercado pela via judicial, desde que o pleito possua fundamento jurídico suficiente para tanto. Esse é o fundamento do teste PRE acima mencionado: para que se verifique *sham litigation*, é necessário que a tese veiculada na ação não seja viável. Pense-se, por exemplo, em eventual discussão judicial atinente ao monopólio da União sobre o petróleo[22]: a abrangência desse monopólio previsto no art. 177 da Constituição Federal é significativa; sendo este violado, é evidente que é possível utilizar do Judiciário para excluir do mercado o agente violador.

No caso concreto, verificou-se a ilicitude anticoncorrencial porque teses jurídicas que amparavam as pretensões da ECT eram insubsistentes e pretendiam tão somente gerar efeitos anticompetitivos. Eis o segundo ponto de relevância da atuação do CADE: ficou estabelecido naquele órgão, por meio de análise minuciosa, que a ADPF 46 não diz o que a ECT sempre quis que tivesse dito. Diante de um Acórdão ambíguo do STF, que gerou os mais diversos tipos de posicionamentos nos graus ordinários de jurisdição, a manifestação de órgão especializado e de enorme prestígio como é o CADE, ainda que alheio à jurisdição, tem o potencial de amparar, ou ao menos persuadir, as próximas decisões do Judiciário sobre o tema.

Mesmo diante da relevância do que se verificou no CADE no concernente a esse tema, duas semanas antes de assinar um Termo de Cessação de Conduta que praticamente equivaleu a assunção de culpa, a ECT ajuizou, perante a Justiça Federal do Paraná, mais uma de suas várias ações questionando a atuação de empresa privada do setor de logística e transporte. No entanto, a resposta jurisdicional nesse caso se deu após a assinatura do TCC, de modo que todo o trâmite do processo administrativo no CADE e seus resultados foram debatidos e considerados na decisão.

3. O 'caso DETRAN/PR' e a afirmação da interpretação restritiva do monopólio estatal

O DETRAN/PR promoveu, em novembro de 2018, licitação[23] para contratar empresa que prestasse "*serviços de recebimento, coleta, transporte e entrega domiciliária de objetos e documentos*". Em síntese, pretendia o DETRAN

[22] Cf. ADI 3273, Relator(a): Min. Carlos Britto, Relator(a) p/ Acórdão: Min. EROS GRAU, Tribunal Pleno, julgado em 16/03/2005

[23] Pregão Eletrônico 156/2018 – DETRAN/PR

colocar em operação seu serviço de entrega de documentos (Carteiras Nacionais de Habilitação, CRLV e afins) por meio de empresa privada.

Realizada a licitação, com adjudicação do objeto, homologação e celebração do contrato, a ECT ajuizou ação anulatória perante a Justiça Federal do Paraná para o fim de obstar a execução do contrato. Alegou-se, é claro, que o objeto contratado pelo DETRAN/PR estaria inserto ao *monopólio postal* dos Correios e, nessa medida, não poderia ser prestado por empresa privada.

Para sustentar essa alegação, a ECT afirmou que (i) os documentos emitidos pelo DETRAN que compunham o objeto da contratação (CNH, CRLV e afins) eram enquadrados no conceito de *carta* da Lei nº 6.538/78 e, nessa medida, seriam submetidos ao monopólio postal da ECT; (ii) o fato de o DETRAN contratar terceiro particular, estranho à sua estrutura, para realizar o serviço corroboraria essa violação ao monopólio postal; (iii) a técnica envolvida na prestação do serviço licitado pelo DETRAN – o *modus operandi* – seria copiado das modalidades de entrega implementadas pela ECT, como *Sedex* e serviço de entrega econômica (PAC); e (iv) o conceito legal de carta, para fins de verificação de incidência de monopólio postal, é o mais amplo possível, o que teria sido certificado pelo STF quando do julgamento da ADPF nº 46.

Um roteiro já muito conhecido. Chama atenção o fato de que, prestes a celebrar um Termo de Cessação de Conduta bastante gravoso, cujas negociações foram iniciadas em maio de 2018 – quase um ano antes do ajuizamento da ação, portanto –, os Correios insistiram em reproduzir os mesmos argumentos que, a essa altura, já haviam sido amplamente desconstruídos pela Superintendência-Geral do CADE na Nota Técnica referenciada.

Mesmo diante de uma probabilíssima condenação por litigância predatória, não havia, nessa ação, nenhum fator que as distinguisse das centenas de ações ajuizadas pelos Correios com o mesmo objeto. O que distingue o caso do DETRAN/PR e o torna objeto de interesse para o estudo proposto é o contexto no qual o processo tramitou – sendo a primeira ação em que se discutiu o tema após a celebração do Termo de Cessão de Conduta – e, a partir disso, solução conferida pelo Judiciário.

O Tribunal Regional da 4ª Região, ao julgar recurso[24] originado da ação proposta pelos Correios, analisou criticamente os fundamentos jurídicos nos quais se baseavam o pedido da ECT e, acertadamente, estabeleceu interpretação restritiva quanto ao monopólio postal existente em favor da ECT e suas relações com o mercado privado de logística e transporte.

A razao de decidir do TRF-4 nessa ocasião pode ser seccionada em três linhas de argumentação principais. Primeiro, em caráter amplo e geral, sem vinculação estrita às especificidades do caso concreto, o TRF-4 reconheceu que, ao julgar a ADPF 46, o STF não se imiscuiu ao *conteúdo* do alcance desse monopólio, mas se limitou a afirmar sua manutenção diante da Constituição Federal de 1988. Na mesma linha do já indicado pela Superintendência-Geral do CADE, o TRF-4 decidiu que, ao contrário do que a ECT sempre sustentou, em uma interpretação absolutamente ampliativa do conteúdo do Acórdão da ADPF 46 – basicamente, *dizendo o que o STF não disse* –, não há posicionamento da Corte Suprema acerca da abrangência do monopólio da ECT, especificamente a partir da conceituação de *carta*, o que deve ser aferido pelo intérprete no caso concreto, a partir das disposições da Lei nº 6.538/78.

Segundo, também em caráter geral e sem análise específica das características concretas do caso em análise, o TRF-4 fixou outra premissa basilar para a compreensão da questão: *monopólios*, seja o da ECT ou qualquer outra existente, são exceções e, nessa medida, devem ser interpretados restritivamente. Afinal, o que a Constituição afirma como norma geral é a livre concorrência (art. 170, IV). Monopólios podem existir, mas em caráter excepcional. E esta excepcionalidade, quando transportada a uma análise jurídica, exige do intérprete a utilização de noções restritivas na aplicação da norma que legitima o monopólio. Justamente o contrário do que historicamente foi realizado pela ECT, que sempre tentou, perante o Judiciário, obter a interpretação mais ampliativa possível de seu monopólio a partir de distorções do que estabelece a Lei nº 6.538/78.

Terceiro, e de forma a analisar as especificidades do caso concreto, o TRF-4 promoveu a análise do objeto do serviço contratado pelo DE-

[24] TRF4. Agravo de instrumento nº 5011081-42.2019.4.04.0000. 4ª Turma. Rel. p/ Acórdão: Des. Ricardo Teixeira do Valle Pereira, julgado em 14/08/2019.

TRAN/PR. Como já mencionado, tratava-se de serviço cuja parcela mais substancial dizia respeito a entrega dos documentos emitidos pelo DETRAN (especialmente CNH e CRLV). A partir da dicção da Lei nº 6.538/78, seria concebível entender que este tipo de objeto estaria incluído nos limites legais do monopólio postal?

O TRF-4 promoveu a exegese dos artigos 7º, 9º e 47 da Lei Postal, já tratados acima. Neste ponto, estabeleceu o TRF-4 que o objeto da licitação do DETRAN/PR se enquadrava ao conceito de *encomendas* e *impressos,* e não *cartas,* uma vez que tinham por objeto tão somente o transporte e entrega de documentos, inexistindo o viés comunicativo e interpessoal ínsito às cartas pela definição legal.

A partir desses três argumentos, concluiu o TRF-4 pela inexistência de monopólio postal que desautorizasse a prestação do serviço por uma empresa privada em prol do DETRAN/PR. Nisso, fixou entendimento extremamente relevante para o mercado privado de logística e transporte por diversas razões – assim como também foi extremamente relevante a análise promovida pelo CADE.

Conclusões: perspectivas para o setor privado de transporte e logística

A atuação dos Correios na tentativa de ampliar seu espaço de monopólio causou severa insegurança jurídica ao setor privado de logística e transporte. Diante da postura agressiva da ECT e dos posicionamentos dissonantes do Judiciário, havia enorme desincentivo à atuação e expansão das empresas privadas na área. Corria-se o risco de, após investimentos milionários, no dia seguinte ao início da operação – ou até mesmo antes –, uma liminar ordenar a imediata paralisação do serviço.

Negar esse caráter expansivo do monopólio postal mediante posicionamentos juridicamente sólidos – como são a decisão do TRF-4 e a Nota Técnica da Superintendência-Geral do CADE – é um primeiro passo para conferir segurança jurídica nesse campo. Correndo o risco de dizer o óbvio, os agentes de mercado "*são estimulados a se dedicarem a atividades mais produtivas quando seus direitos estão bem delineados e seguros, com o ainda efeito desejável de redução do número de litígios*"[25].

[25] Fux, Luiz; Bodart, Bruno. Notas sobre o princípio da motivação e a uniformização da jurisprudência no novo Código de Processo Civil à luz da análise econômica do direito. *Revista de processo,* v. 269, jun./2017, p. 421.

Da decisão do TRF-4, em específico, é verificável outra externalidade bastante positiva ao mercado privado de logística e transporte: o respaldo jurisdicional que foi conferido à utilização de empresa privada por órgão público. Se para o privado a insegurança jurídica já é extremamente nociva, para o agente público – submetido a um regime de improbidade administrativa que se pode reputar bastante grave, à fiscalização dos Tribunais de Contas e todos os demais órgãos de controle –, a falta de certeza jurídica sobre determinado tema é fator de imobilização para atos de gestão.

A licitação do DETRAN/PR objeto da decisão analisada, por exemplo, foi a primeira dessa natureza promovida por um Departamento de Trânsito em todo o país. Diante da resposta positiva do Judiciário, há evidente potencialidade na contratação desses serviços por órgãos públicos. Demanda, com toda certeza, há: de documentação de trânsito a guias de tributos e demais formas de cobrança, os entes estatais são os que mais se utilizam de serviços desta natureza – e, por consequência, os mais afligidos pela ineficiência dos Correios.

Ao que tudo indica, os Correios se aproximam de seu fim. Nas semanas que antecederam a redação desse estudo, o atual Presidente da República e seu Ministro da Economia se manifestaram publicamente em diversas ocasiões indicando que a privatização da empresa e o fim do monopólio postal são pautas prioritárias na agenda do Governo Federal. O processo para tanto, é claro, não é fácil e envolve diversos interesses políticos contrapostos que têm o condão de atrasar indefinidamente a questão. Parece, no entanto, inevitável.

Até lá, e especialmente no julgamento do Tema 527 pelo STF, cabe aos operadores do direito que enfrentarem a questão dar ao monopólio dos Correios o lugar que lhe é devido por lei: restrito e observado a partir de uma ordem constitucional em que a livre concorrência é a regra e o monopólio a exceção.

Referências

ARAGÃO, Alexandre dos Santos. *Direito dos serviços públicos.* 4. ed. Belo Horizonte: Fórum, 2017.

BARROSO, Luís Roberto. Regime constitucional do serviço postal: legitimidade da atuação da iniciativa privada. *Revista de Direito Administrativo*, n. 22, Rio de Janeiro, 2000.

CGU. Relatório nº 201700921. Disponível em <https://auditoria.cgu.gov.br/download/10370.pdf>

Di Pietro, Maria Sylvia Zanella. *Direito administrativo.* 27ª ed., São Paulo: Atlas, 2014.

Eizirik, Nelson. Monopólio estatal da atividade econômica. *Revista de Direito Administrativo,* vol. 194, Rio de Janeiro, 1993.

ÉPOCA. Após três anos de prejuízos bilionários, Correios perdem fôlego para sair da crise. Disponível em: <https://epocanegocios.globo.com/Empresa/noticia/2018/03/apos-3-anos-de-prejuizos-bilionarios-correios-perdem-folego-para-sair-da-crise.html>

Ferraz Júnior, Tércio Sampaio. *Introdução ao Estudo do Direito*: técnica, decisão, dominação. 6ª ed., São Paulo: Atlas, 2008.

Fux, Luiz; Bodart, Bruno. Notas sobre o princípio da motivação e a uniformização da jurisprudência no novo Código de Processo Civil à luz da análise econômica do direito. *Revista de processo,* v. 269, jun./2017.

Gaban, Eduardo Molan. Monopólio postal no Brasil: afinal, o STF solucionou o que deve ser "carta"? *Revista de Direito Constitucional e Internacional,* vol. 99, jan-fevereiro, 2017.

Grau, Eros. *A ordem econômica na Constituição de 1988.* 11ª ed., São Paulo: Malheiros, 2006. Bandeira de Mello, Celso Antônio. *Curso de direito administrativo.* 23ª ed., São Paulo: Malheiros, 2010.

Klein, Christopher C. *The economics of sham litigation:* theory, cases and policy. Bureau of Economics Staff Report to the Federal Trade Commission, 1989.

Mesquita, Clarissa Ferreira de Melo. *Regime jurídico no setor postal*: desafios contemporâneos e perspectivas para o setor. São Paulo: Saraiva, 2014.

Morgulis, Maria Clara de Azevedo. *Monopólio postal e litigância predatória pelos Correios.* Dissertação (Mestrado em Economia) – Fundação Getúlio Vargas, São Paulo, 2015.

Posner, Richard A. *Economic analysis of law.* 9th Edition, Wolters Kluwer: New York, 1986, p. 517.

Silva, Virgílio Afonso da. O STF e o controle de constitucionalidade: deliberação, diálogo e razão pública. *Revista de Direito Administrativo,* Rio de Janeiro, v. 250, p. 197-227, jan. 2009.

8. A Prescrição, a Decadência e o Contrato de Seguro

Ilan Goldberg

Introdução

O Código Civil brasileiro de 1916 gerava alguma dificuldade no tocante à compreensão do que se deveria entender por prescrição e por decadência. Compreendia-se a prescrição a partir de uma perspectiva mais processual do que material, impondo-se àquele que se mantivesse inerte durante o prazo estabelecido em lei a chamada *'perda do direito de ação'*, ao passo que a decadência era analisada a partir de um ponto de vista material, é dizer, a *'perda do próprio direito'*.[1]

A distinção, pragmaticamente, mais atrapalhava do que propriamente ajudava, uma vez que caso se entendesse que o direito de ação, baseado no princípio da inafastabilidade da jurisdição, era concebido como um direito fundamental, constitucionalmente assegurado, o fato de o prazo

[1] Por mais profícua que seja a definição, emanada de Carvalho Santos, a sua compreensão requer leitura muito atenta e, ainda assim, geradora de alguma dúvida: "A prescrição diz respeito à ação e só como consequência atinge o direito. Ou por outra conta: é preciso reconhecer que, embora a prescrição se refira à ação, em regra a extinção da ação e do direito são contemporâneos, porque um direito que se não pode fazer valer é ineficaz." (Carvalho Santos, J. M. de. *Código Civil brasileiro interpretado.* V. III, 12 ed. Rio de Janeiro: Freitas Bastos, 1984. p. 372).

previsto em lei encontrar-se consumado não impediria o exercício desse direito, mas o ceifaria *a posteriori*.[2]

Formulando a questão em outros termos, aquele que deixasse de propor determinada ação judicial no prazo legalmente assinalado teria a sua demanda fulminada pela prescrição ou pela decadência? O que seria objetado: o direito ao exercício da demanda ou o direito material tutelado pela demanda? Dúvidas aparte, ao menos um consenso podia ser observado na doutrina, qual seja, a formulação da prescrição e da decadência como remédios provedores de segurança jurídica, de estabilidade nas relações desenvolvidas, evitando que ações (prescrição) ou direitos (decadência) pudessem ser exercidos *ad aeternum*.[3]

O Código Civil brasileiro de 2002 teve o mérito de distinguir de maneira cientificamente mais elaborada os institutos da prescrição e da decadência quando, ao estabelecer no art. 189 que o lesado tem direito ao exercício de uma pretensão, incorporou à legislação civil a conhecida teoria da *actio nata*, estabelecendo que a pretensão deveria ser exercida a partir do momento em que houvesse uma lesão a direito.[4] Nessa direção,

[2] É o que prevê o art. 5º, inc. XXXV da Constituição da República, a retratar o princípio da inafastabilidade da jurisdição. Art. 5º. Todos são iguais perante a lei, sem distinção de qualquer natureza, garantindo-se aos brasileiros e aos estrangeiros residentes no País a inviolabilidade do direito à vida, à liberdade, à igualdade, à segurança e à propriedade, nos termos seguintes: [...] XXXV – a lei não excluirá da apreciação do Poder Judiciário lesão ou ameaça a direito.

[3] Por todos, Caio Mário da Silva Pereira: "É, então, na paz social, na segurança jurídica que se deve buscar o seu verdadeiro fundamento. O direito exige que o devedor cumpra o obrigado e permite ao sujeito ativo valer-se da sanção contra quem quer que vulnere o seu direito. Mas se ele se mantém inerte, por longo tempo, deixando que se constitua uma situação contrária ao seu direito, permitir que mais tarde reviva o passado é deixar em perpétua incerteza a vida social. Há, pois, um interesse de ordem pública no afastamento das incertezas em torno da existência e eficácia dos direitos, e este interesse justifica o instituto da prescrição, em sentido genérico." (Pereira, Caio Mário da Silva. *Instituições de direito civil*. v. I, 20 ed. Rio de Janeiro: Forense, 2004. p. 684).

[4] "O titular de um direito subjetivo recebe da ordem jurídica o poder de exercê-lo, e normalmente o exerce, sem obstáculo ou oposição de quem quer. Se, entretanto, num dado momento, ocorre a sua violação por outrem, nasce para o titular uma pretensão exigível judicialmente – *Anspruch*. O sujeito não conserva indefinidamente a faculdade de intentar um procedimento judicial defensivo de seu direito. A lei, ao mesmo tempo em que o reconhece, estabelece que a pretensão deve ser exigida em determinado prazo, sob pena de perecer. Pela prescrição, extingue-se a pretensão, nos prazos que a lei estabelece". (Pereira, Caio Mário da Silva. *Ibid*. p. 682).

o termo *a quo* de contagem do prazo prescricional dar-se-ia quando houvesse a lesão, sedimentando, portanto, a ideia de que a prescrição estaria vincada ao exercício de uma pretensão, ou melhor, ao não exercício de uma pretensão a reboque de uma lesão a direito, acarretando a sua extinção.

Quanto à decadência, nada obstante a falta de definição legal,[5] alguns exemplos de sua aplicabilidade revelam que a mesma emana do exercício de um direito potestativo,[6] isto é, uma prerrogativa que, independentemente de qualquer conduta do alter, pode ser exercida. Assim, *e.g.*, o art. 445, ao tratar da perda do direito por parte do adquirente que deixa de reclamar os vícios redibitórios nos prazos assinalados;[7] o art. 501, e o prazo decadencial de um ano para que o comprador proponha a ação respectiva contra o vendedor,[8] ou, ainda, o art. 505, tratando da

[5] A decadência não dispõe de definição no Código Civil brasileiro de 2002. Os artigos 207 a 211 apresentam o seu tratamento legal, dispondo que, "Salvo disposição legal em contrário, não se aplicam à decadência as normas que impedem, suspendem ou interrompem a prescrição", que se lhe aplica o disposto no art. 195 "Os relativamente incapazes e as pessoas jurídicas têm ação contra os seus assistentes ou representantes legais, que derem causa à prescrição, ou não a alegarem oportunamente." e 198, inc. I, no sentido de que a decadência não corre contra os incapazes, além da nulidade à renúncia da decadência fixada em lei, ao dever de o juiz conhecê-la de ofício, também quando estabelecida em lei e, por fim, no concernente à decadência convencional, "a parte a quem aproveita pode alegá-la em qualquer grau de jurisdição, mas o juiz não pode suprir a alegação".

[6] Direito potestativo: "É designação dada à faculdade jurídica, em virtude da qual a pessoa se investe no poder de adquirir direitos, alienar direitos, ou exercer sobre seus direitos toda ação de uso, fruição, alienação ou proteção, que lhe é assegurada pela lei." (Silva, De Plácido e. *Vocabulário jurídico.* Rio de Janeiro: Forense, 1980. p. 542).

[7] Art. 445. O adquirente decai do direito de obter a redibição ou abatimento no preço no prazo de trinta dias se a coisa for móvel, e de um ano se for imóvel, contado da entrega efetiva; se já estava na posse, o prazo conta-se da alienação, reduzido à metade. § 1º Quando o vício, por sua natureza, só puder ser conhecido mais tarde, o prazo contar-se-á do momento em que dele tiver ciência, até o prazo máximo de cento e oitenta dias, em se tratando de bens móveis; e de um ano, para os imóveis. § 2º Tratando-se de venda de animais, os prazos de garantia por vícios ocultos serão os estabelecidos em lei especial, ou, na falta desta, pelos usos locais, aplicando-se o disposto no parágrafo antecedente se não houver regras disciplinando a matéria.

[8] Art. 501. Decai do direito de propor as ações previstas no artigo antecedente o vendedor ou o comprador que não o fizer no prazo de um ano, a contar do registro do título. Parágrafo único. Se houver atraso na imissão de posse no imóvel, atribuível ao alienante, a partir dela fluirá o prazo de decadência.

retrovenda;[9] e, no contrato de transporte de coisas, os prazos decadenciais previstos nos art. 745[10] e 754. As hipóteses mencionadas revelam, conclusivamente, que a inércia provoca a perda do direito respectivo, *rectius*, a decadência, não havendo qualquer convergência com a lesão a qualquer direito – prescrição.

Exemplificando didaticamente as assertivas apresentadas acima quanto aos dois institutos, o atropelamento de Tício por Mévio faz com que o primeiro, a partir de então, passe a ter uma pretensão a ser exercida contra o segundo, justamente porque assim verifica-se a lesão ao seu direito. Com essa moldura fática, nota-se o termo *a quo* para o exercício da pretensão de reparação civil na data da ocorrência do atropelamento.[11]

[9] Art. 505. O vendedor de coisa imóvel pode reservar-se o direito de recobrá-la no prazo máximo de decadência de três anos, restituindo o preço recebido e reembolsando as despesas do comprador, inclusive as que, durante o período de resgate, se efetuaram com a sua autorização escrita, ou para a realização de benfeitorias necessárias.

[10] Art. 745. Em caso de informação inexata ou falsa descrição no documento a que se refere o artigo antecedente, será o transportador indenizado pelo prejuízo que sofrer, devendo a ação respectiva ser ajuizada no prazo de cento e vinte dias, a contar daquele ato, sob pena de decadência.

[11] Para esses fatos, aplica-se o art. 206, § 3º, inc. V, do Código Civil. "Art. 206. Prescreve: [...] § 3º. Em três anos: [...] V – a pretensão de reparação civil." O raciocínio exposto considera um exemplo de responsabilidade extracontratual, mas, naturalmente, também pode-se pensar em lesão a direito em matéria de responsabilidade contratual, isto é, o seu descumprimento unilateral, por exemplo. Para fins de contagem do prazo prescricional, o termo *a quo* será encontrado quando houver a lesão a direito (responsabilidade extracontratual) ou o descumprimento do contrato (responsabilidade contratual). A essa altura, é digno de nota o acórdão proferido pelo Superior Tribunal de Justiça no julgamento dos Embargos de Divergência nº. 1.280.825-RJ, Relatora a e. Min. Nancy Andrighi, que acabou por especificar o prazo de três anos para o exercício de pretensões alusivas à responsabilidade extracontratual e o prazo de dez anos ao exercício de pretensões pertinentes à responsabilidade contratual. "Ementa: [...] 4. O instituto da prescrição tem por finalidade conferir certeza às relações jurídicas, na busca de estabilidade, porquanto não seria possível suportar uma perpétua situação de insegurança. 5. Nas controvérsias relacionadas à responsabilidade contratual, aplica-se a regra geral (art. 205 CC/02) que prevê dez anos de prazo prescricional e, quando se tratar de responsabilidade extracontratual, aplica-se o disposto no art. 206, § 3º, V, do CC/02, com prazo de três anos. 6. Para o efeito da incidência do prazo prescricional, o termo 'reparação civil' não abrange a composição da toda e qualquer consequência negativa, patrimonial ou extrapatrimonial, do descumprimento de um dever jurídico, mas, de modo geral, designa indenização por perdas e danos, estando associada às hipóteses de responsabilidade civil, ou seja, tem por antecedente o ato ilícito. 7. Por observância à lógica e à coerência, o mesmo prazo prescricional de dez anos deve ser aplicado a todas as pretensões do

Com relação à decadência, imagine-se hipótese na qual Tício toma o imóvel de Mévio em locação não residencial, pelo prazo de 5 (cinco) anos. No imóvel, o locatário cumpre todos os requisitos previstos na Lei nº 8.245, de 18.10.1991, designadamente aqueles previstos nos arts. 51 c/c 71, *e.g.*, prova do cumprimento do contrato em curso, de quitação dos impostos, taxas etc., indicação precisa das condições para o período a renovar, indicação do fiador, entre outros, o que lhe gera o direito potestativo ao exercício da ação com vistas à renovação do contrato de locação. Veja-se que o direito de Tício independe da conduta de Mévio que, legalmente, subordina-se à prerrogativa ostentada por aquele.

O locatário que deixa transcorrer *in albis* o prazo à propositura da ação renovatória de locação – no interregno de um ano, no máximo, até seis meses, no mínimo, anteriores à data da finalização do prazo do contrato em vigor (art. 51, § 5º, da Lei de Locações), decairá de seu próprio direito, não havendo que se falar em prescrição simplesmente porque não há lesão a direito de qualquer espécie.[12]

Refletindo a respeito da prescrição e da decadência segundo o olhar do direito das obrigações, entende-se que seria possível pensar na prescrição alinhada a um dever (obrigação), motivado, como se observou, pela lesão a um direito abstratamente considerado (responsabilidades extracontratual e/ou contratual), ao passo que a decadência refere-se à esfera do ônus, cujo descumprimento toca, exclusivamente, naquele que deixa de observá-lo.[13]

credor nas hipóteses de inadimplemento contratual, incluindo o da reparação de perdas e danos por ele causados. [...]".

[12] O dispositivo legal é taxativo: "Art. 51. Nas locações de imóveis destinados ao comércio, o locatário terá direito a renovação do contrato, por igual prazo, desde que, cumulativamente: [...] § 5º Do direito a (sic) renovação decai aquele que não propuser a ação no interregno de um ano, no máximo, até seis meses, no mínimo, anteriores à data da finalização do prazo do contrato em vigor."

[13] A propósito da distinção de ônus e dever, vale-se da lição de Fábio Konder Comparato. (Comparato, Fábio Konder. *O seguro de crédito*. São Paulo: RT, 1968). A origem dessa discussão foi elaborada por Francesco Carnelutti (*Teoria Generale del Diritto*. 1942). Ônus e dever teriam em comum uma "*limitação da esfera de ação daquele a quem incumbem, ou, em outras palavras, no sacrifício de um interesse do seu titular*". A distinção, no entanto, decorreria do sentido desse sacrifício. "*Enquanto no dever o sujeito passivo subordina um interesse próprio a um interesse alheio, no ônus ele apenas subordina um interesse próprio a outro interesse próprio*". (Comparato, Fábio Konder, Ibid. p. 120). Da distinção decorreria que o ônus jamais geraria uma ação específica com vistas ao seu cumprimento (não haveria direito e pretensão), o que ocorreria na

Se uma obrigação (dever) gera uma ação – leia-se, pretensão específica em favor daquele que foi lesado –, a ser proposta contra o causador – prescrição, portanto – este mecanismo não é observado no que concerne ao descumprimento de um ônus que, claramente, prejudica apenas aquele que não o cumpre. Seja permitido construir, assim, que da mesma maneira que, na processualística, o "*ônus da prova cabe a quem alega*", verificando-se prejuízos exclusivamente à parte que não se desincumbe de seu ônus,[14] aquele que deixa transcorrer o prazo decadencial perderá o seu próprio direito. O prejuízo será, portanto, apenas seu.

Em síntese e em termos ainda gerais, a prescrição diz respeito à lesão a um direito, cuja consequência é o nascimento de uma pretensão a ser exercida pelo credor, seja ela de índole extracontratual ou contratual, ao passo que a decadência pertence à órbita distinta, qual seja, a do exercício de um direito potestativo, uma prerrogativa, como se observou.

Feita essa introdução, é hora de aplicá-la às discussões que vêm sendo observadas há algum tempo no concernente ao contrato de seguro.

1. A prescrição no contrato de seguro

A interpretação que se extrai da norma prevista no art. 189 do Código Civil realmente corre no sentido de que a pretensão a ser exercida pelo segurado contra o segurador e vice-versa decorre de uma lesão ao direito, o que, expressamente, consta do próprio diploma legal: "*art. 189. Violado o direito, nasce para o titular a pretensão, a qual se extingue, pela prescrição, nos prazos a que aludem os arts. 205 e 206.*" Mas, nada obstante a clareza do dispositivo, graça viva controvérsia na doutrina e na jurisprudência a respeito do evento que caracterizaria o termo inicial de contagem do prazo.

Apresentando a controvérsia, o termo *a quo* seria identificável por ocasião (i) da ocorrência do sinistro; (ii) da negativa de cobertura

esfera do dever. O descumprimento do ônus geraria sacrifício exclusivo àquele que o descumpre, ao passo que o sacrifício, no dever, tocaria num interesse alheio, lesando-o, disso decorrendo um ato ilícito: "*la pietra di paragone per distinguere tra onere ed obbligo consiste nel vedere se la violazione del precetto possa o non definirsi come atto illecito*" (Carnelutti, Ibid. p. 174).

[14] Código de Processo Civil, art. 373. "O ônus da prova incumbe: I – ao autor, quanto ao fato constitutivo de seu direito; II – ao réu, quanto à existência de fato impeditivo, modificativo ou extintivo do direito do autor. [...]".

formulada pela seguradora;[15] (iii) em seguros de responsabilidade civil, quando do recebimento, pelo segurado, da citação em ação judicial proposta pelo terceiro.[16]

A primeira hipótese – ocorrência do sinistro – inclusive, traz consigo desenvolvimentos mais elaborados, reproduzidos nas súmulas 278 "*O termo inicial do prazo prescricional, na ação de indenização, é a data em que o segurado teve ciência inequívoca da incapacidade laboral*" e 229 "*O pedido do pagamento de indenização à seguradora suspende o prazo de prescrição até que o segurado tenha ciência da decisão*", do Superior Tribunal de Justiça, no sentido de que ocorrência do sinistro operaria como o termo *a quo*; a seguir, mediante a comunicação do sinistro à seguradora, o prazo prescricional ficaria suspenso até que houvesse a conclusão de sua regulação, momento no qual o mesmo voltaria a fluir.

Ainda quanto a esta primeira hipótese, que crava o termo inicial de contagem a partir da ocorrência do sinistro, vale trazer algum esclarecimento a respeito de sua origem e amadurecimento no direito brasileiro. Em matéria de seguros de acidentes pessoais, o sinistro caracteriza-se por alguma espécie de lesão física sofrida pelo segurado que, em não raras situações, será grave, acarretando-lhe perda de capacidade laborativa,

[15] A propósito desses possíveis dois termos iniciais de contagem do prazo prescricional nos seguros em geral, refere-se ao comentário de Ernesto Tzirulnik: "À primeira vista seu nascedouro se daria quando da ocorrência do sinistro. A ocorrência do sinistro estabelece para o segurado o ônus de comunicar o evento à seguradora, conforme já examinado. Surge, igualmente, a obrigação para a seguradora de promover a regulação do sinistro e de prestar reembolso e assistência para evitar ou atenuar os efeitos do sinistro (salvamento). Caso o segurado exerça seu ônus e efetue o aviso do sinistro essas são prestações devidas pela seguradora, atinentes à obrigação de fazer e dar que podem ser inadimplidas antes dela admitir ou recusar o pagamento da indenização, capital ou renda devida. Assim, a cada violação de direito surgirá a respectiva pretensão, sem a qual e respectiva possibilidade de exercício, não há que se falar em prescrição." (Tzirulnik, Ernesto *et. al. O contrato de seguro de acordo com o código civil brasileiro*. 3 ed. São Paulo: Roncarati, 2016. p. 329).

[16] Por força do disposto no art. 206, § 1º, inc. II, letra a), do CC: "a) para o segurado, no caso de seguro de responsabilidade civil, da data em que é citado para responder à ação de indenização proposta pelo terceiro prejudicado, ou da data que a este indeniza, com a anuência do segurador;". Deixa-se, propositadamente, de comentar a parte final da letra a) em razão da obviedade do que é exposto. Uma vez indenizando o terceiro, o segurado terá pretensão de ressarcimento contra a seguradora, contando-se o prazo ânuo a partir de então. É importante que do acordo seja previamente cientificada a seguradora, sob pena de prejudicar o direito ao ressarcimento (Código Civil, art. 787, § 2º).

alguma espécie de deformidade, aleijão etc. É natural intuir que circunstâncias como essas despertam no acidentado/segurado um direito a ser exercido de maneira imediata, a fim de minorar as consequências do mal que lhe acometeu. Por isso, não faz o menor sentido, partindo de uma perspectiva racional, imaginar que o segurado aguardará, sem pressa, para buscar a tutela do direito ao restabelecimento de sua integridade pessoal.[17]

Situações como a ora retratada também são caracterizadas pela realização de laudos médicos pelo Instituto Nacional de Seguridade Social (INSS), atestando a lesão do segurado quase que de maneira concomitante à ocorrência do acidente, não havendo dúvidas, portanto, quanto à extensão das perdas havidas e sua potencial aderência ao contrato de seguro.[18]

As circunstâncias acima querem revelar que, com efeito, realmente parece fazer sentido contar o prazo prescricional a partir da ocorrência do acidente que, como se viu, gerará no segurado a percepção de que o seu direito deverá ser exercido de maneira praticamente automática. Deixando de lado os seguros de acidentes pessoais que, como se viu, trazem em si uma carga fortemente existencial (direitos existenciais dos segurados), passa-se a refletir a respeito da aplicabilidade do raciocínio acima aos seguros de danos, que tutelam interesses legítimos patrimoniais (*e.g.* seguros residenciais, automóveis, incêndio etc).

Com essa finalidade, adote-se o exemplo de Tício que, é precavido e, habitualmente contrata seguros para sua casa, automóvel, bicicleta, joias etc. Após concluir as suas compras em um conhecido *shopping center* da cidade, Tício regressa ao estacionamento para pegar o seu automóvel quando, para sua surpresa, verifica que o mesmo fora furtado. De pronto,

[17] Entende-se que a capacidade laborativa, alguma espécie de deformidade ou aleijão tocam muito mais na esfera dos direitos existenciais da pessoa humana do que em seus direitos patrimoniais. Não se afirma, aqui, que o direito patrimonial seja pouco importante, mas, no cotejo com os direitos existenciais, aqueles vêm, logicamente, em primeiro lugar, o que justifica, inclusive, a referida busca imediata pela sua tutela. A referência ao princípio da dignidade da pessoa humana (Constituição Federal, art. 1º, inc. III) ratifica esta conclusão.

[18] Um esclarecimento relevante: os critérios adotados pela seguridade social não são os mesmos adotados pelo mercado privado de seguros. Não há que confundir seguro social – obrigatório e, nessa direção, com claro viés assistencialista – com os seguros privados, facultativos e submetidos ao arranjo contratual estabelecido pelas partes.

duas comunicações do fato são realizadas: à administração do *shopping center* e à sua seguradora (a seguradora do automóvel).

A administração do *shopping* adota postura odiosa, adiando a solução do problema sem justificativas plausíveis, circunstância que, claramente, qualifica-se como uma lesão ao direito de Tício. Segundo o que determina o art. 189 do Código Civil, a violação é claríssima e, consequentemente, o surgimento da pretensão indenizatória. Com relação à seguradora, como se observou, Tício lhe comunicou o furto no mesmo dia de sua ocorrência, cumprindo, assim, com o disposto no *caput* do art. 771 do Código Civil – o aviso imediato do sinistro –, cujo enunciado normativo reproduz-se a seguir: "*Art. 771. Sob pena de perder o direito à indenização, o segurado participará o sinistro ao segurador, logo que o saiba, e tomará as providências imediatas para minorar-lhe as consequências.*"

Por ocasião do aviso do sinistro à seguradora, Tício já teria, de antemão, uma pretensão a ser exercida ou, àquela altura, ainda não haveria que se falar em lesão ao seu direito? Formular-se-á a reflexão à continuação. Após receber o aviso do sinistro, a seguradora tem a obrigação de regulá-lo, isto é, analisar as circunstâncias fáticas à luz da apólice e, concluir pela existência ou inexistência de cobertura. Trata-se, claramente, de uma consequência decorrente da transferência do risco que caracteriza o sinalagma securitário – paga-se prêmio em troca de obrigação de garantia.[19]

[19] A propósito do nexo sinalagmático que nutre o contrato de seguro, representando pela comutação entre pagamento de prêmio e a obrigação de garantia, nesse sentido é a posição de Judith Martins-Costa quanto ao texto adotado pelo Código Civil de 2002, cujo capítulo XV, dedicado ao contrato de seguro, correspondeu ao substitutivo apresentado por Fábio Konder Comparato à comissão responsável pela elaboração do diploma civil: "O substitutivo redigido por Comparato apresenta um notável apuro técnico: caracteriza-se o contrato de seguro deixando claro que o seu objeto está na prestação de garantia (art. 757), que é a obrigação principal do segurador, enquanto, para o segurado, a prestação principal está no pagamento do prêmio." (MARTINS-COSTA, Judith. *A boa-fé e o seguro no novo código civil brasileiro (virtualidades da boa-fé como regra e como cláusula geral.* In *III Fórum de Direito do Seguro "José Sollero Filho"*. Ibds/EMTS: São Paulo, 2003. p. 63). Vale examinar o escrito pelo próprio Fábio Konder Comparato: "Daí a concepção da obrigação própria do segurador como uma obrigação de garantia, ou dever de prestar segurança (*Sicherheitsleistung*), e a qualificação do contrato de seguro como um contrato de garantia. Pelo contrato de seguro, o segurado obtém, independentemente do sinistro, e pois da indenização, a transferência à seguradora do risco que afeta o seu interesse." (COMPARATO, Fábio Konder. *O seguro de crédito.* São Paulo: RT, 1968. p. 136). Em outra passagem desta mesma obra, Comparato cita outros exemplos

Para o mesmo fato – o furto do veículo – há duas molduras fáticas a observar: 1) a administração do *shopping* adia a solução do problema, causando lesão ao patrimônio de Tício; 2) a seguradora, até então, apenas tomou conhecimento do episódio e, como é sua obrigação, permanece regulando o sinistro.

Aos olhos de Tício, parece não haver dúvida da pretensão a ser exercida contra a administração do *shopping* – o ato ilícito, gerador de responsabilidade contratual – porque ele mantinha o equivalente a um contrato de depósito de seu veículo com o estabelecimento[20] – porém, quanto à seguradora, indaga-se: já haveria pretensão? Se por ocasião da regulação do sinistro, segurado e seguradora ainda não estão em posição de antagonismo, mas de colaboração, a resposta à presente questão quer caminhar à negação.

Uma vez mais, entende-se coerente refletir a respeito dessas molduras sob a ótica do direito das obrigações, mais especificamente, influenciado pelas antigas mas ainda atualíssimas lições de Clóvis Veríssimo do Couto e Silva que, mesmo antes do advento do Código Civil de 2002, já defendia a chamada 'obrigação como processo', isto é, um feixe de deveres entrelaçados por credor e devedor cuja finalidade, prospectivamente, consiste em adimplir a obrigação, e não o contrário.[21]

Couto e Silva ensinava que credor e devedor não deveriam ser vistos como inimigos, mas como partícipes da mesma relação jurídica, imbuídos de missão comum, no sentido de cumpri-la.[22] Se assim é, se Tício, para fins desse exemplo manualístico, comunicou o sinistro à seguradora imediatamente, nada obstante o Código não defina um prazo em

de contratos nos quais haveria obrigações de garantia: "São, por exemplo, obrigações de garantia fora dos contratos de seguro e fiança, a obrigação do contratante com relação aos vícios redibitórios nos contratos comutativos (Cód. Civil, art. 1.101 s.), a obrigação do alienante com relação à evicção nos contratos comutativos, pelos quais se transmite o domínio, posse ou uso (Cód. Civil, arts. 1.107 et seq.), a promessa de fato de terceiro (Cód. Civil, art. 929)." (*Ibid.* p. 101). No Código Civil de 2002, a correspondência aos dispositivos legais citados pelo autor, respectivamente, é: artigos 444, 447 e 439.

20 Embora não represente o tema central do presente artigo, remete-se à súmula nº. 130, do Superior Tribunal de Justiça. "A empresa responde, perante o cliente, pela reparação de dano ou furto de veículo ocorridos em seu estacionamento."

21 Silva, Clóvis Veríssimo do Couto e. *Obrigação como processo.* São Paulo: J. Bushatsky, 1976.

22 Couto e Silva lecionava que "o dever que promana da concreção do princípio da boa-fé é dever de consideração para com o alter". (*Ibid.* p. 33).

dias,[23] o caso indica que ainda não havia pretensão a ser exercida contra a seguradora, e isto até que a mesma concluísse a regulação do sinistro e, conforme fosse, decidisse pela negativa de cobertura.

A partir da negativa Tício teria, efetivamente, pretensão a ser exercida contra a seguradora, decorrente do, na sua visão, descumprimento do contrato. Afirma-se que esta corresponderia à visão do segurado porque, ao sentir da seguradora, havia, hipoteticamente, circunstância capaz de qualificar o fato como risco excluído, por exemplo. Apresentada esta primeira reflexão, passa-se a um segundo cenário no qual o segurado, ao invés de comunicar o sinistro imediatamente à seguradora, leva prazo superior ao ânuo que, como se observou, corresponde à escolha preconizada pelo art. 206, § 1º, inc. II, do Código Civil.

[23] O Código Civil italiano, por exemplo, define que o sinistro deverá ser avisado no prazo de três dias. Excepciona-se a regra nos seguros para o gado, cuja comunicação deverá ser em vinte e quatro horas: *"Art. 1913 Avviso all'assicuratore in caso di sinistro. L'assicurato deve dare avviso del sinistro all'assicuratore o all'agente autorizzato a concludere il contratto, entro tre giorni da quello in cui il sinistro si è verificato o l'assicurato ne ha avuta conoscenza. Non è necessario l'avviso, se l'assicuratore o l'agente autorizzato alla conclusione del contratto interviene entro il detto termine alle operazioni di salvataggio o di constatazione del sinistro. Nelle assicurazioni contro la mortalità del bestiame l'avviso, salvo patto contrario, deve essere dato entro ventiquattro ore."* Na França, o *Code des assurances* estabelece o prazo máximo de 10 dias para aviso de roubo e vinte e, tal como na Itália, vinte e quatro horas para morte do gado: «Article L113-2. L'assuré est obligé: [...] 4º De donner avis à l'assureur, dès qu'il en a eu connaissance et au plus tard dans le délai fixé par le contrat, de tout sinistre de nature à entraîner la garantie de l'assureur. Ce délai ne peut être inférieur à cinq jours ouvrés. Ce délai minimal est ramené à deux jours ouvrés en cas de vol et à vingt-quatre heures en cas de mortalité du bétail. Les délais ci-dessus peuvent être prolongés d'un commun accord entre les parties contractantes. Lorsqu'elle est prévue par une clause du contrat, la déchéance pour déclaration tardive au regard des délais prévus au 3º et au 4º ci-dessus ne peut être opposée à l'assuré que si l'assureur établit que le retard dans la déclaration lui a causé un préjudice. Elle ne peut également être opposée dans tous les cas où le retard est dû à un cas fortuit ou de force majeure.» Na Espanha, a Ley nº 50, de 8.10.1980, em seu art. 16, dispõe que o sinistro deverá ser comunicado pelo segurado em até 7 (sete) dias: "Artículo 16. El tomador del seguro o el asegurado o el beneficiario deberán comunicar al asegurador el acaecimiento del siniestro dentro del plazo máximo de siete días de haberlo conocido, salvo que se haya fijado en la póliza un plazo más amplio. En caso de incumplimiento, el asegurador podrá reclamar los daños y perjuicios causados por la falta de declaración. Este efecto no se producirá si se prueba que el asegurador ha tenido conocimiento del siniestro por otro medio. El tomador del seguro o el asegurado deberá, además, dar al asegurador toda clase de informaciones sobre las circunstancias y consecuencias del siniestro. En caso de violación de este deber, la pérdida del derecho a la indemnización sólo se producirá en el supuesto de que hubiese concurrido dolo o culpa grave."

Ocorrido o furto do veículo em 13.2.2019, imagine-se que Tício seja uma pessoa muito abastada e ocupada e que, em meio às suas atribuições cotidianas, tenha se esquecido de entregar os documentos necessários ao seu advogado, assim deixando transcorrer o prazo prescricional ânuo.

Propositadamente, para esta segunda reflexão adiciona-se um novo elemento, qual seja, o aviso imediato do sinistro que, como se observa, acaba por manter uma nítida zona de interseção com a questão da prescrição, mas que, como explicar-se-á a seguir, com ela não se confunde.

2. O descumprimento do aviso imediato do sinistro: hipótese de prescrição ou decadência?

A doutrina propõe que o aviso imediato do sinistro pelo segurado corresponde a um ônus, não a um dever. E assim o faz porque entende que, ao deixar de avisá-lo, o segurado traz para si próprio um prejuízo, justamente decorrente de sua não recomposição pela seguradora (adote-se, para fins de exemplo, um seguro patrimonial).[24] A seguradora, se não for avisada, não regulará o sinistro ou, adotando-se uma construção ainda melhor, nem mesmo terá conhecido o fato, deixando de constituir reserva, contrair despesas administrativas etc. A inércia do segurado, nessas circunstâncias, apresentaria apenas um prejudicado, qual seja, ele mesmo, que perderá o direito que detém à regulação do sinistro e, verificados os riscos cobertos, condições contratuais e exclusões, o direito ao recebimento da soma segurada.

A partir dessa narrativa, parece viável a construção segundo a qual o aviso tardio do sinistro (ou o seu não aviso) alinha-se ao quanto se afirmou acerca da decadência, e, ao mesmo tempo, distancia-se da prescrição. Ora, ocorrido o sinistro, não há dúvida de que é o próprio segurado que, a partir de então, terá direito à regulação do sinistro, obrigação de fazer que requer, como antecedente lógico-necessário, o seu aviso respectivo. Nessa direção, por tudo quanto se expôs a propósito da deca-

[24] "A ocorrência do sinistro estabelece para o segurado o ônus de comunicar o evento à seguradora." (Tzirulnik, Ernesto. *op. cit.* p. 329). "Ônus é a situação jurídica subjetiva na qual o titular deve adotar certo comportamento em seu próprio interesse". (Schreiber, Anderson. *Manual de direito civil contemporâneo.* São Paulo: Saraiva, 2018. p. 92). A distinção de ônus e dever foi apresentada na nota de rodapé nº. 13.

dência, da mesma maneira que ao locatário colhe o direito à renovação do contrato de locação não residencial, independentemente da conduta do locador, o segurado tem a prerrogativa de avisar o sinistro com vistas à sua regulação. A seguradora, uma vez avisada, terá, como se observou, a obrigação (dever) de regulá-lo.

Ainda valendo-se do exemplo proveniente da lei de locações, o problema decorre, no campo dos seguros, da inexistência de uma tipificação expressa para o não aviso do sinistro como hipótese de decadência. Enquanto o art. 51, § 5º da Lei nº. 8.245, de 18.10.1991, expressamente prevê que: *"§ 5º Do direito a* (sic). *renovação decai aquele que não propuser a ação no interregno de um ano, no máximo, até seis meses, no mínimo, anteriores à data da finalização do prazo do contrato em vigor."*, o art. 771, *caput,* nada menciona, taxativamente, quanto à caracterização da decadência, muito embora traga a mesma consequência, qual seja, a perda do direito: *"Sob pena de perder o direito à indenização, o segurado participará o sinistro ao segurador, logo que o saiba [...]"*.

É comezinho em direito que tanto a prescrição, quanto a decadência, por implicarem em perda de direitos, devem ser interpretadas restritivamente, não sendo possível interpretar de maneira ampliativa.[25] Esta constatação, consequentemente, impediria a construção elaborada no parágrafo anterior, no sentido de que o aviso tardio do sinistro (ou o não aviso) se qualificariam, juridicamente, como hipóteses de decadência, e não de prescrição. Porém, e aqui emerge o papel da doutrina, deve-se propor reflexão prospectiva que, justamente, aplique os institutos corretos às circunstâncias fáticas respectivas.

[25] Justamente por isso, acórdão da 3ª Turma do Superior Tribunal de Justiça, Relatora a Min. Nancy Andrighi, defendeu que pretensões alheias à cobrança da soma segurada não devem sujeitar-se ao prazo prescricional ânuo, mas do trienal (reparação civil art. 206, §3º, inc. V). "Todavia, na hipótese, a pretensão dos recorrentes não é de recebimento da indenização securitária contratada, mas de reparação pelos danos sofridos em decorrência da não renovação do contrato de seguro de vida, após mais de 30 (trinta) anos de renovações automáticas. Verifica-se, assim, que a causa de pedir da indenização é a responsabilidade extracontratual da seguradora, decorrente da alegada abusividade e ilicitude da sua conduta de não renovar o contrato sem justificativa plausível, em prejuízo dos seus consumidores. [...]" (Resp nº. 1.273.311-SP, 3ª T, v.u. DJ 10.10.2013). No entanto, vale esclarecer que a 4ª Turma, para pretensão tal como a informada no caso examinado pela 3ª Turma, orientou-se no sentido de aplicar a prescrição ânua. (REsp 759.221/PB, Rel. Min. Aldir Passarinho Junior, DJe de 18.05.2011).

Se a hipótese é, claramente, de perda de direito por inércia do segurado, que deixa transcorrer o prazo que tutela direito seu, exclusivamente seu, independentemente de qualquer conduta de outrem, o caso é mesmo de decadência, não havendo que se falar em prescrição. Se se permitisse adjetivar o cenário desenhado pela norma extraída do *caput* do art. 771 do CC, nele se enxerga um verdadeiro 'limbo' jurídico, porque presentes os elementos necessários à caracterização da decadência, mas, lamentavelmente, ausente a sua menção expressa.

E esse limbo – palavra aqui empregada mui respeitosamente – gera consequências ruins na medida em que o não aviso do sinistro (ou aviso tardio, a depender da envergadura do atraso) passa a ser visto como hipótese de prescrição, e não de decadência. No exemplo utilizado anteriormente, Tício teria deixado transcorrer prazo superior ao ânuo que, é o quanto basta para, diante de lesão a direito do segurado, acarretar a prescrição extintiva. No entanto, a casuística revela situações nas quais a demora por parte dos segurados é enorme, muitíssimo superior ao prazo de um ano, gerando real perplexidade por parte do intérprete. Ora, como pode o segurado cônscio dos seus direitos não os reclamar a tempo e a hora?

A indagação fica sem resposta mesmo, à medida em que, exemplificativamente, a casuística apresenta atrasos enormes. De fato, é inexplicável. Nada obstante o atraso contundente, nada deve mudar quanto ao raciocínio empregado. Se a seguradora não for avisada, o sinistro não terá sido regulado e, consequentemente, não haverá que se falar em pretensão resistida por parte do segurado. A hipótese será, portanto, de decadência, não de prescrição. Por outro lado, caso o segurado avise o sinistro e a seguradora não o regule, entende-se pelo cabimento de uma tutela específica a fim de esta obrigação seja cumprida.

A "sugestão" aqui apresentada, sabe-se, enfrenta dificuldades de ordem legal porque, como se observou, o Código não tratou de decadência no *caput* do art. 771. Então, que a doutrina ao menos faça a sua parte e busque endereçar a solução adequada para a circunstância fática exibida. A título ilustrativo, por que não relembrar do art. 754 do Código Civil[26] que, no contrato de transporte de coisas, expressamente vincou

[26] Código Civil brasileiro. "Art. 754. As mercadorias devem ser entregues ao destinatário, ou a quem apresentar o conhecimento endossado, devendo aquele que as receber conferi-

a decadência como sanção à inércia daquele que receber as mercadorias – *"as mercadorias devem ser entregues ao destinatário, [...] sob pena de decadência dos direitos"*, e sua inspiração no art. 618 do Código Comercial que, embora cuidasse de perda de direito preenchido por prerrogativa do credor, não apresentava, expressamente, a decadência como sanção.[27]

O enunciado normativo previsto no *caput* do art. 771 do Código Civil, nitidamente, pune a inércia do segurado que não exerce a sua própria prerrogativa por meio de sua perda. A inexistência de menção expressa à decadência potencializa o uso equivocado da prescrição que, como se viu, tutela hipóteses outras, caracterizadas pela lesão a direito e não exercício da pretensão respectiva. Que não se *"comparem maçãs com bananas"* e, incluindo um dado novo ao velho ditado popular, que não se chamem as maçãs de bananas.

3. O termo inicial de contagem do prazo prescricional em seguros de responsabilidade civil. Art. 206, § 1º, inc. II, letra a), do Código Civil

O terceiro ponto que se deseja cobrir no presente artigo remete ao termo inicial de contagem do prazo prescricional nos seguros de responsabilidade civil, objeto da seguinte redação no dispositivo mencionado:

a) para o segurado, no caso de seguro de responsabilidade civil, da data em que é citado para responder à ação de indenização pro-

-las e apresentar as reclamações que tiver, sob pena de decadência dos direitos. Parágrafo único. No caso de perda parcial ou de avaria não perceptível à primeira vista, o destinatário conserva a sua ação contra o transportador, desde que denuncie o dano em dez dias a contar da entrega."

[27] Código Comercial brasileiro (lei nº. 556, de 25.6.1850). "Art. 618. Havendo presunção de que as fazendas foram danificadas, roubadas ou diminuídas, o capitão é obrigado, e o consignatário e quaisquer outros interessados têm direito a requerer que sejam judicialmente visitadas e examinadas, e os danos estimados a bordo antes da descarga, ou dentro em 24 (vinte e quatro) horas depois; e ainda que este procedimento seja requerido pelo capitão não prejudicará os seus meios de defesa. Se as fazendas forem entregues sem o referido exame, os consignatários têm direito de fazer proceder a exame judicial no preciso termo de 48 (quarenta e oito) horas depois da descarga; e passado este prazo não haverá mais lugar a reclamação alguma. Todavia, não sendo a avaria ou diminuição visível por fora, o exame judicial poderá validamente fazer-se dentro de 10 (dez) dias depois que as fazendas passarem às mãos dos consignatários, nos termos do artigo nº 211."

posta pelo terceiro prejudicado, ou da data que a este indeniza, com a anuência do segurador.

Para bem entender a aplicabilidade da regra referida, suponha-se que Tício, o precavido segurado a que se referiu anteriormente, tenha contratado o seguro para o interesse legítimo que recai sobre o seu veículo e, em adição, também tenha contratado a cobertura para responsabilidade civil, cujo interesse legítimo diz respeito, em primeiro lugar, à proteção do patrimônio inteiro do segurado diante da possibilidade de que surjam dívidas de responsabilidade perante terceiros.[28]

Ao dirigir o seu veículo quando retornava à sua residência após um dia de trabalho, Tício se distrai e colide com o veículo de Mévio, que, claramente, não deu causa ao acidente. Os dois controvertem a respeito dos valores devidos a título de reparação e a pendenga acaba chegando ao Poder Judiciário. Cronologicamente, o acidente ocorrera em 13.2.2018, a ação judicial fora proposta pelo terceiro em 13.8.2019 (um ano e seis meses após o acidente) e a citação de Tício para, justamente, responder à ação judicial, ultimara-se em 23.8.2019. Nada obstante o acidente ter ocorrido com enorme antecedência, mais de um ano e meio antes do recebimento da citação, o prazo prescricional, segundo a redação empregada pelo referido dispositivo, apenas começará a correr por ocasião do recebimento da citação.

[28] Joaquín Garrigues define os interesses legítimos em referência como causa próxima e causa remota, ambas relevantes em sede de seguros de responsabilidade civil. "De la definición que hemos formulado se desprende que la función del seguro de responsabilidad consiste en proteger al asegurado contra la responsabilidad civil que puede contraer frente a terceros. Una vez definido el seguro de responsabilidad civil, cabe preguntarse cuál debe ser su encuadramiento en la doctrina en general del seguro. Se trata, en opinión unánime, de un seguro contra daños y por ello lo tratamos dentro de este ramo. (...) Pero es un daño peculiar, diverso de los demás daños que se aseguran en otros tipos de seguro (incendios, transporte, etc.) Es un daño que ofrece una doble característica: Primera, no afectar en un objeto determinado del patrimonio, sino al patrimonio entero, el cual constituye objeto indistinto de responsabilidad personal ilimitada. Segunda, no afectar al patrimonio de un modo directo (como lo afecta, por ejemplo, la acción del fuego). Concurren aquí dos daños: el que se produce directamente en el patrimonio de un tercero por consecuencia de la conducta del tomador del seguro (causa remota): y el que, por consecuencia de aquél, indirectamente recae sobre el patrimonio del asegurado, al nacer para éste la obligación de reparar aquel daño (causa próxima)." (Garrigues, Joaquin. *Contrato de seguro terrestre*. Madrid: Imprenta Aguirre, 1983. p. 428).

O exemplo, tal como construído, gera alguma perplexidade porque em matéria de contrato de seguro há um consenso em torno da necessidade de que os prazos prescricionais devem ser curtos.[29] É que quanto mais o tempo passa, mais difícil se torna a apuração dos fatos, mais onerosa torna-se a constituição e manutenção das reservas, circunstâncias que, evidentemente, forçarão o aumento dos prêmios praticados pelas seguradoras. Todavia, o exemplo gera algum conforto, no sentido de compreender os fatos tais como ocorridos, porque não fora apresentada menção alguma à relação jurídica desenvolvida entre Tício e sua seguradora após a ocorrência da colisão. Assim, para se chegar ao objetivo desejado, adicionar-se-á um novo elemento aos fatos anteriormente narrados.

Ocorrido o acidente em 13.2.2018, Tício, imediatamente, avisa o sinistro à sua seguradora que, por sua vez, inicia a sua regulação. Por uma questão relativa ao perfil do segurado, a seguradora conclui pela inexistência de cobertura e apresenta a sua negativa em 10.3.2018, respeitando o prazo de 30 (trinta) dias estabelecido pelo art. 33, § 1º, da Circular SUSEP nº 256, de 16.6.2004.

Relembrando o exposto no item 1 deste artigo, designadamente à boa inovação trazida pelo Código Civil de 2002 quando, à diferença do Código Civil de 1916, estabeleceu que o prazo prescricional começaria a fluir a partir da lesão a direito que, motivaria o exercício de uma pretensão, demonstrou-se haver boas razões para deduzir que é a negativa da seguradora que deflagra o exercício da pretensão, pelo segurado. Retomando o exemplo, se a seguradora negou a cobertura requerida por

[29] No embate havido no Superior Tribunal de Justiça, cuja conclusão acabou por estabelecer os prazos prescricionais de três anos para responsabilidade extracontratual e de dez anos para responsabilidade contratual (referiu-se à ementa na nota de rodapé nº 11, do presente artigo), o voto proferido pelo Ministro Marco Aurélio Bellizze fez referência à posição de Gustavo Tepedino, que defendia a adoção do prazo trienal às duas espécies de responsabilidade civil, firme no argumento de que não faria o menor sentido alongar os prazos, tal como ocorrera no Código Civil de 1916. "Impõe-se ao credor, como dispõe o art. 206, ajuizar, em três anos, a ação de danos. O prazo decenal, nesse caso, seria nocivo porque permitiria que o ajuizamento da ação, como se dava inúmeras vezes sob a égide do regime vintenário do código de 1916, ocorresse quando as provas já não mais estivessem preservadas. Nesse aspecto, o prazo trienal associado à contemporânea técnica processual da repartição dinâmica do ônus probatório mostram-se convergentes e harmônicos para a promoção do direito de ação. [...] (Tepedino, Gustavo. *Prescrição aplicável à responsabilidade contratual: crônica de uma ilegalidade anunciada*. In. *Editorial. RTDC*, v. 27, 2009).

Tício, a recusa não teria relevância alguma para fins de contagem do prazo prescricional, exclusivamente porque Mévio ainda não teria proposto a demanda contra o segurado? Seria esse o objetivo perseguido pelo legislador?

Com efeito, entende-se que não. Conceitualmente, a responsabilidade civil tem o efeito de tutelar o patrimônio da vítima – patrimônio aqui, observado de maneira ampla, contemplando os ativos material e imaterial – retroagindo ao *status quo ante* à ocorrência do evento danoso. Nesse sentido, quando o terceiro ingressa com a ação de responsabilidade civil contra o segurado, e, somente nesta ocasião, tal circunstância é levada ao conhecimento da seguradora, a mecânica apresentada na letra a) do art. 206, § 1º, inc. II, do Código Civil, tem a sua razão de ser, porque é justamente após o recebimento da citação que o segurado fará valer os seus direitos perante à seguradora.

Se, conforme se demonstrou, logo após a ocorrência do acidente automobilístico o segurado, imediatamente, avisa o sinistro à seguradora que, por sua vez, lhe nega a cobertura postulada, a lesão ao seu direito, na qualidade de segurado, já estará apresentada, deflagrando-se, portanto, o termo inicial de contagem da prescrição para que sua pretensão, contra a seguradora, seja exercida.

Do exposto, visualizam-se duas relações jurídicas distintas, mas que, em seguros de responsabilidade civil, acabam por imbricar-se. Por um lado, e em primeiro lugar, desenvolve-se a relação do segurado com a seguradora. O contrato de seguro de responsabilidade civil é firmado por essas partes. O terceiro, como se vê, é a parte eventualmente beneficiada pela contratação levada a cabo pelo segurado. Por mais que se leiam posicionamentos no sentido de que o seguro de responsabilidade civil funcionaria como uma estipulação em favor de terceiros,[30] é preciso ter em mente, com lucidez, que o direito do terceiro não pode ser mais

[30] Para um exame aprofundado do instituto – estipulação a favor de terceiros – e seu diálogo com o seguro de responsabilidade civil, remete-se ao excelente Penteado, Luciano de Camargo. *Efeitos contratuais perante terceiros*. São Paulo: Quartier Latin. 2007, p. 15. O saudoso professor paulista, embora tenha defendido a inaplicabilidade do instituto ao seguro de responsabilidade civil, apresentou conclusão que parece temperar o seu entendimento, aludindo a uma chamada recorrência sócio-jurisprudencial: "Entretanto, o argumento favorável às seguradoras, de que o terceiro não foi parte, tem algo de racionalidade e, talvez, se bem explorado, permitiria identificar uma 'estipulação a favor de terceiro eventual', que não é regulada pelo Código, mas uma categoria a ser construída pela doutrina a partir da recor-

amplo, denso ou maior do que o direito do segurado. Em uma linha, o direito do terceiro existe porque o contrato de seguro lhe é antecedente.

É pensando na primeira relação jurídica – segurado e seguradora – e na eventual recusa, pela seguradora, que, definitivamente, restará configurada a lesão ao direito do segurado e, assim, iniciado o prazo prescricional. Finalizando este ponto, cumpre considerar, também, que há seguros classificados no 'gênero' responsabilidade civil, mas que, a bem da verdade, oferecem coberturas muitíssimo mais amplas, de maneira que não há como permanecer classificando-os como simplórios seguros de responsabilidade civil.

Tome-se, *e.g.*, o seguro *D&O*. A SUSEP, em sua classificação padronizada, o denomina seguro de responsabilidade para diretores e/ou administradores D&O.[31] Para muito além da cobertura à responsabilidade civil dos administradores, os clausulados comumente disponibilizados no mercado brasileiro e, também, no exterior, oferecem cobertura para responsabilidade trabalhista, tributária, previdenciária, regulatória (multas), além de indisponibilidade de bens, penhora *on line*, despesas emergenciais, despesas com publicidade relacionadas a abalos à imagem dos administradores etc., ou seja, riscos muito mais complexos do que a pura responsabilidade civil.[32]

rência sócio jurisprudencial ou, o que parece mais apurado, um contato aberto a favor de terceiro." (*Ibid.* p. 150).

[31] Circular SUSEP nº 455, de 6.12.2012, anexo.

[32] Há uniformidade na doutrina quanto à classificação do seguro *D&O* como um contrato de seguro multirriscos. Seja permitido referir, no Brasil, ao nosso GOLDBERG, Ilan. O contrato de seguro *D&O*. São Paulo: Thomson Reuters Brasil, 2019. p. 317-321: "Observando a referida ampliação da garantia para perdas e danos sofridos pelo próprio tomador, nota-se que o seguro D&O efetivamente vai além de um típico contrato de seguro de responsabilidade civil. O segundo argumento em prol de sua caracterização mais abrangente decorre da disponibilização de coberturas atípicas que dizem respeito aos próprios segurados, não possuindo relação com perdas e danos causados a terceiros. Vale referir a custos com marketing e publicidade com vistas ao restabelecimento da imagem de administradores, *penhora on line*, indisponibilidade de bens, multas, práticas trabalhistas indevidas, extradição, proteção de imagem pessoal etc.813 Observa-se, claramente, que a tutela nessas circunstâncias se encontra dirigida aos próprios administradores, e não às perdas e danos havidos por terceiros. À luz dessas chamadas coberturas atípicas no âmbito de um seguro nomeado pela SUSEP como um típico seguro de responsabilidade civil para administradores, a doutrina passa a classificá-lo como um seguro multirriscos ou, um seguro de natureza mista, estruturando-se, portanto, com um espectro consideravelmente mais amplo do que um seguro de responsabilidade civil. O terceiro argumento decorre do fato de que o administrador responde

Ora, não havendo que se falar num contrato de seguro puramente vertido à responsabilidade civil, mas, como se observou, num contrato multirriscos, a aplicação da letra b) do art. 206, § 1º, inc. II, parece fazer mais sentido: "*b) quanto aos demais seguros, da ciência do fato gerador da pretensão.*" Concluindo, a negativa de cobertura externada pela seguradora nos seguros de responsabilidade civil não é indiferente para fins de início de contagem do prazo prescricional porque, assim como ocorre nos demais seguros, é ela que caracteriza a lesão ao direito do segurado, isto é, o fato gerador da pretensão, entendimento que se potencializa em contratos de seguro que, para além da tutela da responsabilidade civil, oferecem coberturas muitíssimo mais amplas.

Referências

CARNELUTTI, Francesco. *Teoria Generale del Diritto.* 1942

CARVALHO SANTOS, J. M. de. *Código Civil brasileiro interpretado.* V. III, 12 ed. Rio de Janeiro: Freitas Bastos, 1984.

COMPARATO, Fábio Konder. *O seguro de crédito.* São Paulo: RT, 1968.

GARRIGUES, Joaquín. *Contrato de seguro terrestre.* Madrid: Imprenta Aguirre, 1983.

GOLDBERG, Ilan. O contrato de seguro *D&O*. São Paulo: Thomson Reuters Brasil, 2019.

PENTEADO, Luciano de Camargo. *Efeitos contratuais perante terceiros.* São Paulo: Quartier Latin. 2007.

por dívidas das mais diversas naturezas, passíveis de cobertura pelo contrato. Questões de natureza tributária, consumerista, administrativa/regulatória, trabalhista, antitruste, criminal etc., todas são elegíveis com, ao menos, uma condição estrutural, por assim dizer: que a conduta do administrador seja culposa; se for dolosa, não restará coberta. Diante das variadas espécies de responsabilidade a que o administrador se expõe, seria demasiadamente superficial afirmar que o seguro seria apenas de responsabilidade civil." Em Portugal: RAMOS, Maria Elisabete Gomes Ramos. *O seguro de responsabilidade civil dos administradores: entre a exposição ao risco e a delimitação da cobertura.* Coimbra: Almedina, 2010. p. 307-309: "Aos signos D&O Insurance ou Directors' and Officers' Liability Insurance a literatura europeia não anglo-saxónica faz corresponder a designação seguro de responsabilidade civil dos administradores. Todavia, o D&O Insurance, tal como surge moldado pela indústria seguradora, abrange múltiplas e heterogéneas coberturas. As apólices de seguro de responsabilidade civil dos administradores comercializadas em Portugal cobrem, ainda, outros riscos. Garantem, por exemplo, responsabilidades de administradores, directores e gerentes de entidades externas, custos de investigação, despesas de defesa, despesas de reabilitação de imagem pública. [...] Observa-se que no mercado segurador português as designadas apólices de seguro de responsabilidade civil de administradores e directores cobrem outros riscos além do de se constituir no património do segurado uma obrigação de indemnizar terceiros."

PEREIRA, Caio Mário da Silva. *Instituições de Direito Civil*. v. I. 20ª ed. Rio de Janeiro: Forense, 2004.

RAMOS, Maria Elisabete Gomes Ramos. *O seguro de responsabilidade civil dos administradores: entre a exposição ao risco e a delimitação da cobertura*. Coimbra: Almedina, 2010.

Tepedino, Gustavo. *Prescrição aplicável à responsabilidade contratual: crônica de uma ilegalidade anunciada*. In. *Editorial. RTDC*, v. 27, 2009

SCHREIBER, Anderson. *Manual de direito civil contemporâneo*. São Paulo: Saraiva, 2018. p. 92.

SILVA, Clóvis Veríssimo do Couto e. *Obrigação como processo*. São Paulo: J. Bushatsky, 1976

SILVA, De Plácido e. *Vocabulário jurídico*. Rio de Janeiro: Forense, 1980.

TZIRULNIK, Ernesto *et. al. O contrato de seguro de acordo com o código civil brasileiro*. 3 ed. São Paulo: Roncarati, 2016.

9. A Prescrição da Pretensão ao Pagamento da Indenização e Capital Devidos com Fundamento nos Contratos de Seguro Em Geral

Ernesto Tzirulnik

Neste artigo, como adverte seu título, examina-se a prescrição da pretensão decorrente da recusa da seguradora a pagar indenização ou capital segurado, após a ocorrência do sinistro. Outros direitos e pretensões podem existir com fundamento nos contratos de seguro em geral – por exemplo, o direito de anular o contrato, ou de resolvê-lo, e a pretensão à indenização por violação do dever de boa-fé na inspeção dos riscos ou na regulação dos sinistros, gerando danos diferentes daqueles causados pelo sinistro. São situações distintas da obrigação de pagamento de indenização ou capital segurado fundada no contrato e, por essa razão, excluídas do tratamento deste artigo.

Em linhas gerais, após o sinistro, são três as obrigações da seguradora. A primeira é a obrigação de regular e liquidar o sinistro para apurar a existência e a grandeza do crédito, seja ele devido ao segurado ou ao beneficiário do seguro. A segunda é a obrigação de constituir reserva suficiente para garantir o sinistro em fase de regulação e liquidação. A terceira é a prestação patrimonial pelo sinistro, adimplida mediante pagamento em dinheiro ou, em certos casos, reposição dos interesses assegurados prejudicados.

Para considerar o tema da prescrição da pretensão do segurado relativa a essa última obrigação, o texto se organiza da seguinte forma. Primeiro, apresenta a interpretação a respeito do termo inicial do prazo prescricional que se consolidou na vigência do Código Civil de 1916, e perdura causando confusões até hoje, apesar da mudança de paradigma feita pelo Código Civil de 2002 em matéria de prescrição e decadência. Em seguida, noticia e ressalta a provisão para solvabilidade conhecida como IBNR (*incurred but not reported*), técnica comum da atividade empresarial seguradora ainda desconhecida dos juristas e, portanto, ignorada no processo de interpretação das normas do Código Civil, o que resulta em falsas premissas e conclusões incongruentes. Na sequência, é examinado o artigo 771 do Código Civil, ressaltando a exigência de prejuízo à seguradora, decorrente de eventual demora na comunicação do sinistro, para a redução ou perda do direito à indenização. Por fim, examina-se o artigo 206, §1º, inciso II, do Código Civil. Também são feitas considerações a respeito do termo inicial e da duração do prazo prescricional para o exercício das pretensões do beneficiário. Por fim, seguem breves conclusões.

A polêmica no Código Civil de 1916

Ainda gera polêmicas a identificação do termo inicial do prazo ânuo, previsto no artigo 206, §1º, inciso II, do Código Civil, que disciplina a responsabilidade contratual de pagamento, pela seguradora, diante da realização de risco coberto pelo contrato de seguro (isto é, sinistro). A polêmica persiste embora o assunto seja bem solucionado por excelente doutrina,[1] que identifica o nascimento da pretensão – e, portanto,

[1] Martins-Costa, Judith. Contrato de seguro e contrato de resseguro. Sinistro complexo e cláusula de interdependência. Defeito no fornecimento. Interpretação contratual. [...]. Prescrição e pretensão de direito material. *Revista dos Tribunais*, v. 948, out./2014, pp. 193-246; Theodoro Júnior, Humberto. Contrato de Seguro. Ação do segurado contra o segurador. Prescrição. *Revista dos Tribunais*, v. 924, out./2012, pp. 79-108. Entre outros, ver também Tzirulnik, Ernesto. *Ornitorrinco securitário:* a prescrição da pretensão indenizatória. *IBDS*, jun. 2004. Disponível em: http://www.ibds.com.br/artigos/ornitorrinco-securitario-a-prescricao-da-pretensa-indenizatoria.pdf. Acesso em: 13 mar. 2020; Piza, Paulo. Provisão de Sinistros Ocorridos e Não Avisados, Aviso de Sinistro e Cômputo do Prazo Prescricional da Pretensão do Segurado em Face do Segurador. *Revista Brasileira de Direito Comercial*, n. 3, fev./mar. 2015, pp. 32-51; Goldberg, Ilan. A prescrição no contrato de seguro. *IBDS*.

o início do prazo prescricional – na recusa da seguradora em pagar a indenização ou capital segurado.

Os contratos de seguro garantem interesses contra a realização de riscos de determinado tipo ou classe. Essa atribuição patrimonial de garantia é o objeto principal de todo e qualquer seguro. Uma vez verificado o sinistro, porém, os seguros cumprem outras funções. São indenizatórios dos prejuízos sofridos (dívida de valor) ou conduzem ao pagamento do capital segurado (dívida pecuniária).[2]

O credor desse pagamento pode ser o segurado ou o beneficiário. O que distingue um do outro é a titularidade do interesse assegurado. O titular do interesse – e pode haver cumulação de interessados a títulos diversos – é o segurado; aquele que não é titular de interesse protegido pelo seguro e apenas recebe o crédito em caso de sinistro e ao qual deve ser feito o pagamento em caso de sinistro, é o beneficiário. Assim se pode distinguir, apesar das comuns más-formações dos instrumentos contratuais de seguro, a instituição de beneficiário da estipulação em favor de terceiro e das posições subjetivas decorrentes de eficácias externas.

Em qualquer caso, para que essas prestações sejam devidas, é necessário que o interesse assegurado seja atingido por riscos (incêndio, erro de montagem, vendaval, morte, atingimento de certa idade etc.) abrangidos pelo contrato, havendo a perda de utilidade do bem sobre o qual recai a cessação de lucro etc. Isso, logicamente, observadas as exclusões de interesses, riscos e prejuízos que tenham sido validamente estipuladas.

Saber quando ocorre um sinistro é fácil e imediato se o caso é simples, como o falecimento do segurado ou o dano ocorrido por ocasião de acidente de trânsito. Mas também pode demandar tempo e pesquisa. Por exemplo, o erro de projeto que existe desde o princípio de um empreendimento, mas que somente se manifesta posteriormente, causando danos aos interesses assegurados, de forma difícil de ser percebida e compreendida.

Disponível em: http://www.ibds.com.br/artigos/Aprescricaonocontratodeseguros.pdf. Acesso em 17 mar. 2020.

[2] Os seguros de danos são da primeira espécie, mesmo quando se trata de indenização por valor prefixado ou ajustado em razão da dificuldade de liquidação futura (joias de família, obras de arte etc.). Os seguros de vida são da segunda espécie: a prestação devida pela seguradora, em caso de sinistro, é quantia predeterminada.

A praxe seguradora mundialmente estabelecida é a de não rejeitar o asseguramento para essas ocorrências cuja percepção e aviso são diferidos no tempo. Por essa razão, seguradores e resseguradores mantêm provisões financeiras para o enfrentamento de sinistros já em curso ou ocorridos, mas ainda não avisados, seja por desconhecimento ou por falta de compreensão do segurado ou dos beneficiários a respeito de sua existência para efeitos securitários. São as chamadas provisões IBNR, sigla que vem da expressão inglesa "*incurred but not reported*". É da boa governança, ainda, prever nos contratos de resseguro a previsão de vinculação do ressegurador até a definitiva extinção da responsabilidade da seguradora ressegurada ou "cedente".

À primeira vista, suportar os efeitos patrimoniais de fatos que demoram para ser reportados parece ser algo ameaçador. Isso porque seria fonte de incerteza duradoura, na perspectiva da responsabilidade patrimonial individual. No entanto, no âmbito da atividade seguradora é algo previsível, graças à experiência acumulada, às estatísticas e aos cálculos atuariais.

Poucos juristas atentam para a diferenciada técnica de previsibilidade da empresa seguradora e acabam por pressupor que a falta de célere aviso de sinistro é desídia do segurado ou beneficiário tão altamente lesiva para a seguradora que não lhe resta – à seguradora – senão considerar perdido, pelo segurado, o direito ao recebimento da indenização ou capital.

Essas falsas premissas acabam levando alguns autores a buscar desmedida proteção da seguradora contra a demora nas reclamações de sinistros. A primeira saída, para muitos estudiosos, é a *extinção* da *pretensão* ao recebimento da indenização ou capital segurado. O fundamento de direito positivo que parece conduzi-los a isso é o artigo 771 do Código Civil, tema a que se voltará na sequência [item III].

Os conceitos de *decadência* e *prescrição* acabam, assim, por se misturar.

Tudo tem origem na linguagem do Código Civil de 1916, revogado em 2002. A propósito, a percepção de um procurador da Susep:

> Outro ponto de relevo é referente ao termo inicial da prescrição. *Prima facie*, o art.178, § 6º, II, do CC é claro: contado o prazo do dia em que o interessado tiver conhecimento do fato. Que fato? Por óbvio, o sinistro.
>
> Diante dos casos concretos, ou o segurado queda-se inerte em avisar o sinistro, por desídia, fazendo-o após o decurso de um ano, hipótese em

> que a seguradora pode suscitar com eficiência a prescrição a seu favor ou, mais comum, avisada do sinistro *in tempore*, nega a seguradora o pagamento da indenização após o seu período de exame.
>
> Não sendo recomendável a existência de dois termos iniciais para um único prazo prescricional, o STJ perfilhou a tese de que feita a comunicação (aviso do sinistro), tem-se por suspenso o prazo prescricional enquanto a seguradora não cientificar o segurado dos motivos da recusa ao pagamento da indenização.
>
> É dizer, o prazo inicia-se com o conhecimento do sinistro pelo segurado, suspende-se com o aviso do sinistro e recomeça no dia em que o segurado toma conhecimento da recusa da seguradora em liquidar o sinistro. É a aplicação da condição suspensiva de que trata o art. 170, I, do Digesto Civil. Nesse sentido: REsp. 00807-RS, D.J.,14/12/92; 21547-RS, D.J.,16/8/93; 52236-SP, D.J., 20/3/95; 70367-SP, D.J., 11/12/95.[3]

Embora não distinga a data do sinistro da data de seu conhecimento, o autor mencionado, como tantos outros, assume que, "por óbvio", a pretensão do credor da indenização nasce com a verificação do sinistro.

O Código revogado, no artigo 178, § 6º, II, dizia prescrever em um ano "a ação do segurado contra o segurador e vice-versa, se *o fato que a autoriza* se verificar no país, contado o prazo do dia em que o interessado tiver conhecimento do mesmo fato". (grifo nosso).

A expressão "(o) fato que a autoriza" acabou sendo entendida como a ocorrência do sinistro por boa parte da doutrina civilista e inúmeras decisões judiciais.

Essa crença de que o *dies a quo* do prazo prescricional é "o sinistro", considerada fundamental e indiscutível, não se ajusta à operação seguradora contemporânea, mas certamente fez escola e está aí a gerar litígios e inseguranças.

Ninguém levou em conta, ao longo da vigência do Código revogado, a provisão IBNR, dissociando-se a técnica jurídica da fenomenologia securitária. Como os estudiosos – entre os quais alguns chegaram a negar a validade de seguros de responsabilidade civil aquiliana por considera-

[3] Shih, Frank Larrúbia. A prescrição no contrato de seguro. *Revista de Informação Legislativa*, ano 35, n. 140, out./dez. 1998, p. 299.

rem nulos os seguros de qualquer modo relacionados com o ilícito – poderiam admitir tamanha sofisticação?

Mas esse modo de pensar incomodava diversos juristas, que acabaram temperando a severa solução de ângulos retos com o uso da curvilínea ideia de *actio nata*. Esta ala da doutrina sustentava que o termo inicial para o prazo prescricional ("o fato que a autoriza") somente poderia ser o dia em que a seguradora apresentou ao credor segurado ou beneficiário a *recusa* ao pagamento reclamado.

À falta da contribuição de esclarecimento que a consideração da provisão IBNR poderia promover, o Superior Tribunal de Justiça acabou por oferecer uma solução salomônica, assim descrita pelo autor já citado:

> Não sendo recomendável a existência de dois termos iniciais para um único prazo prescricional [isto é, a data do conhecimento do sinistro e a data da recusa], o STJ perfilhou a tese de que feita a comunicação (aviso do sinistro), tem-se por suspenso o prazo prescricional enquanto a seguradora não cientificar o segurado dos motivos da recusa ao pagamento da indenização.
>
> É dizer, o prazo *inicia-se* com o conhecimento do sinistro pelo segurado, *suspende-se* com o aviso do sinistro e *recomeça* no dia em que o segurado toma conhecimento da recusa da seguradora em liquidar o sinistro. É a aplicação da condição suspensiva de que trata o art. 170, I, do Digesto Civil. Nesse sentido: REsp. 00807-RS, D.J.,14/12/92; 21547-RS, D.J.,16/8/93; 52236-SP, D.J., 20/3/95; 70367-SP, D.J., 11/12/95.[4]

Essa orientação acabou resultando, em 1999, na Súmula n. 229 do Superior Tribunal de Justiça, cujo enunciado é: "O pedido do pagamento de indenização à seguradora suspende o prazo de prescrição até que o segurado tenha ciência da decisão".

Provisões IBNR (*incurred but not reported*)

O provisionamento que as seguradoras fazem para sinistros ainda não avisados pode parecer uma lenda para aqueles que não exercem a profissão da atuária ou não se encarregam da gestão financeira das segu-

[4] Shih, Frank Larrúbia. A prescrição no contrato de seguro. *Revista de Informação Legislativa*, ano 35, n. 140, out./dez. 1998, p. 299.

radoras. Dificilmente as áreas jurídicas dessas sociedades lidam com o assunto e, se chamadas a opinar, o tema será sempre a suficiência ou não das reservas constituídas para os sinistros do contencioso.

É importante, então, desmistificar o assunto que, nas perspectivas da atuária e da contabilidade, faz parte da rotina da atividade empresarial seguradora.

A *International Accounting Standards Committee* (IASB), entidade não governamental dedicada à padronização dos critérios das demonstrações financeiras entre empresas de diferentes países (mais de 120 países, dentre eles o Brasil, aderem a seus *standards*), ao definir as responsabilidades das seguradoras por sinistros ocorridos, inclui, além dos sinistros conhecidos e que se encontram em fase de apuração (regulação e liquidação), os eventos que, embora já tenham ocorrido, ainda não foram avisados.[5]

Na doutrina estrangeira, o aperfeiçoamento da provisão IBNR é tema comumente tratado há meio século.[6] No Brasil, a primeira referência normativa que encontramos é a resolução do Conselho Nacional de Seguros Privados (CNSP) n. 18 de 1998, que institui sua obrigatoriedade para sinistros (ocorridos, mas não reportados), para todos os ramos de seguro em que as seguradoras operarem, por valores escolhidos segundo suas experiências ou de conformidade com os padrões ditados pela Superintendência de Seguros Privados (Susep).[7]

O IBNR ou IBNR Puro, como se referem alguns à provisão para sinistro ainda desconhecido pela seguradora, além de aplicar-se a todos os ramos de seguro, aplica-se a todos os tipos de sinistro, mesmo os grandes sinistros ocorridos no âmbito dos chamados seguros vultosos.[8]

[5] IASB. *International Finance Reporting Standards (IFRS) 17 – Insurance Contracts.* Maio 2017. Cf. Apêndice A, Definição de termos: "Liability for incurred claims: an entity's obligation to investigate and pay valid claims for insured events that have already occurred, *including events that have occurred but for which claims have not been reported*, and other incurred insurance expenses" (grifo nosso).

[6] E.g., Bornhuetter, R. L.; Ferguson, R.E. The Actuary and IBNR. *Proceedings of the Casualty Actuarial Society*, n. 59, 1972; Karlsson, Jan-Erik. The Expected Value of IBNR Claims. *Scandinavian Actuarial Journal*, n. 2, 1976, pp. 108-110.

[7] Atualmente vigora a Resolução CNSP n. 321 de 2015, que nos artigos 4º, 7º e 23, mantém a exigência de IBNR para seguradoras, entidades abertas de previdência suplementar e resseguradoras locais.

[8] "Os grandes sinistros devem ser retirados dos triângulos para não causar distorções nos fatores de desenvolvimento a serem calculados. Havendo uma quantidade suficiente de

As seguradoras, portanto, convivem tecnicamente com os sinistros desconhecidos, ainda que já ocorridos. Convivem, também, com a possibilidade de ocorrências avisadas serem inicialmente consideradas de impacto desprezível e transformarem-se em reclamações indenizatórias vultosas ao longo do procedimento de regulação e liquidação do sinistro[9]. Os instrumentos de que lançam mão são o IBNR (ou IBNR Puro), para os desconhecidos, e o IBNER (*incurred but not enough reported*), ou ajuste de provisões de sinistros a liquidar, para os casos em que o aviso não guarda dimensão próxima ao verdadeiro prejuízo indenizável pelo seguro.[10]

Em sede doutrinária, já tivemos oportunidade de chamar a atenção para essas provisões e seus reflexos na execução dos contratos de seguro:

> Alguns, guiados a partir da letra fria do *caput* do art. 771, creem que as seguradoras devem ser imediatamente avisadas, sob pena de decaimento do direito à indenização, ou que basta ocorrer o sinistro e dele ter conhecimento o segurado ou beneficiário credor da indenização para disparar o prazo prescricional de um ano. A regra conteria uma diabólica extinção de direito sensível sem prazo determinado que se justificaria pelo fato de acharem-se nos pratos da balança a estabilidade da operação da seguradora e a omissão do credor.

grandes sinistros, eles podem ser alocados em um triângulo de *run-off* separado e alguma estimativa pode ser realizada. Se forem poucos – como esperado –, os valores de pagamento, provisão e recuperação relativos aos grandes sinistros devem ser incorporados aos valores dos sinistros finais, considerando que podem ser adicionados sem nenhum ajuste. Neste caso, a premissa utilizada é que os grandes sinistros são raros (não precisando estimar um IBNR extra) e que os valores provisionados são revisados constantemente devido ao impacto que causaram e que ainda podem causar, caso a estimativa esteja incorreta." (Mano, Cristina Cantanhede Amarante; Ferreira, Paulo Pereira. *Aspectos Atuariais e Contábeis das Provisões Técnicas*. Rio de Janeiro: Funenseg, 2009). Vide, também, pp. 187 e ss.

[9] Serviço devido pela seguradora ao segurado destinado a promover a pronta formação de reservas para o sinistro a liquidar e averiguar a existência e a grandeza do crédito do segurado. Também conhecido pela expressão "liquidação do sinistro". Atualmente, com as reduções de custos, as seguradoras reduziram seus departamentos de sinistro e têm-se servido principalmente da terceirização do procedimento para sociedades reguladoras de sinistro.

[10] A respeito, cf. a Resolução n. 5 de 2017 do Instituto Brasileiro de Atuária (IBA), publicada em 15 de agosto de 2017, que "dispõe sobre a criação do Pronunciamento Atuarial CPAO 012 – Provisão de Sinistros Ocorridos e Não Avisados (IBNR) e Ajuste da Provisão de Sinistros a Liquidar (IBNER) – Orientação – Supervisionadas SUSEP".

> Não sucede assim na maravilhosa matemática que sustenta e empresa seguradora e cujo acompanhamento é função precípua dos órgãos de supervisão e controle, como o Conselho Nacional de Seguros Privados (CNSP) e a autarquia federal Superintendência de Seguros Privados (SUSEP).
>
> Os sinistros desorganizam a vida das pessoas e das sociedades. Põem-nas, muitas vezes, em situações de crise que dificultam até mesmo compreenderem, num primeiro momento, o que realmente sucede. Outras vezes, são fatos que passam despercebidos ao longo de um bom tempo até serem compreendidos e passíveis de caracterização diante do negócio securitário.
>
> Por isso a tecnologia seguradora desenvolveu, além das provisões para sinistros avisados em fase de regulação e liquidação (Provisão de Sinistro em Liquidação), provisões destinadas a manter a seguradora com sua capacidade de solver dívidas relacionadas com sinistros que, embora tendo acontecido, ainda não lhe foram comunicados. Estas provisões são mundialmente conhecidas pela sigla IBNR, formada com as letras iniciais de sua denominação na língua inglesa: *incurred but not reported.*[11]

Ao levar em consideração a existência da provisão IBNR, para sinistros pequenos ou grandes, frequentes ou raros, o jurista pode facilmente perceber que é no mínimo bastante exagerada a conclusão de que a falta de pronto aviso do sinistro é, por si só, uma aberração prejudicial à seguradora.

Isso não é verdade, do ponto de vista técnico-atuarial, a menos que a seguradora venha a constituir, por culpa sua ou de terceiros, provisão IBNR insuficiente diante dos tipos ou classes de seguro que celebra e da magnitude dos riscos que subscreve, durante sua operação.[12]

Visto o que sucede na concretude da empresa seguradora, a cujas particularidades os juristas em geral não têm acesso, também é neces-

[11] Tzirulnik, Ernesto; Cavalcanti, Flávio de Queiroz B.; Pimentel, Ayrton. *O contrato de seguro de acordo com o novo código civil brasileiro.* 3. ed rev., atual. e ampl. São Paulo: Roncarati, 2016. p. 135. Ver, também: Piza, Paulo. Provisão de Sinistros Ocorridos e Não Avisados, Aviso de Sinistro e Cômputo do Prazo Prescricional da Pretensão do Segurado em Face do Segurador. *Revista Brasileira de Direito Comercial*, n. 3, fev./mar. 2015, pp. 32-51.

[12] O art. 9º da Circular n. 517/2015 determina que a provisão de IBNR deve ser calculada pela seguradora, segundo sua experiência, oferecendo os critérios mínimos.

sário interpretar a regra do artigo 771 do Código Civil para, então, passarmos às considerações específicas sobre o termo inicial do prazo prescricional da pretensão ao pagamento da indenização ou capital segurado devido pela seguradora, com fundamento nos contratos de seguro em geral.

Doutrina da lesividade e o art. 771 do Código Civil

Diz o artigo 771 do Código Civil: "Sob pena de perder o direito à indenização, o segurado participará o sinistro ao segurador, logo que o saiba, e tomará as providências imediatas para minorar-lhe as consequências."

A leitura do art. 771 deve ser feita com cuidado. À primeira vista, pode parecer que o pronto aviso de sinistro é sempre condição *sine qua non* para o recebimento da indenização ou do capital segurado.

Isso levaria à grave situação na qual, havendo demora, desapareceria o direito creditório do segurado ou do beneficiário, justamente o momento em que mais é necessária a execução do contrato de seguro, mediante a prestação de capital prefixado ou de indenização.

Além da curtíssima prescrição ânua da pretensão (art. 206, §1º, inciso II, do Código Civil), sem equivalente no direito comparado, o direito à contraprestação em razão da ocorrência do sinistro se encontraria ameaçado de extinção ainda mais prematura, caso não fosse imediata a comunicação do sinistro à seguradora, pois ela ocorreria automaticamente, quando o segurado deixasse de avisar o sinistro ao segurador, tão logo conhecedor de sua ocorrência.

Muitos autores dirão que aí se encontra uma regra atípica de decadência com prazo indeterminado,[13] como também havíamos sustentado,[14] ou uma regra com efeito de "índole decadencial", como passamos a sustentar.[15] No entanto, apesar da feição, não se trata propriamente de decadência, como bem sintetizou Paulo Luiz de Toledo Piza:

[13] PETERSEN, Luiza. A prescrição e a decadência no contrato de seguro. *Revista CILA* (Comitê Ibero-Latinoamericano de Aida), n. 3, set./dez. 2015, pp. 98-116.

[14] TZIRULNIK, Ernesto. *Ornitorrinco securitário:* a prescrição da pretensão indenizatória. *IBDS*, jun. 2004. Disponível em: http://www.ibds.com.br/artigos/ornitorrinco-securitario-a-prescricao-da-pretensa-indenizatoria.pdf. Acesso em: 13 mar. 2020.

[15] TZIRULNIK, Ernesto. Em respeito ao Código Civil e ao segurado, STJ deve cancelar Súmula 229. *Consultor Jurídico*, 20 nov. 2019. Disponível em: https://www.conjur.com.br/2019-nov-20/ernesto-tzirulnik-stj-cancelar-sumula-229#:~:text=Em%20respeito%20

Note-se, primeiramente, que não há fixação, nesse dispositivo [art. 771], de um prazo certo. Exige-se apenas o pronto cumprimento de uma obrigação, ou seja, de um dever exigível por outrem. Ora, tratando-se de um *dever* do segurado, e não de um *direito potestativo* que lhe coubesse, não há falar em decadência, como já se teve ocasião de salientar. Comunicar o sinistro é dever do sujeito passivo dessa obrigação (o segurado) para com o sujeito ativo (o segurador). Verifica-se, pois, um vínculo obrigacional, e não meramente um direito potestativo, isto é, uma espécie de faculdade exercitável pelo segurado (ou pelo segurador) a seu mero alvitre.

O fato de o dever de "participar" o sinistro, tal como fixado no citado art. 771, vir atrelado à sanção da perda do direito à indenização, leva, muitas vezes, a que se divise, aí, uma hipótese de decadência. Argumenta-se que ocorrerá uma perda de direito material no caso de não ser prontamente comunicado o sinistro. Ocorre, entretanto, que ao se deixar de fazer uma coisa, segundo o dispositivo, perde-se outra. Não se perde o que se deixa de fazer, isto é, não se perde o próprio direito que se deixou de exercitar, como seria necessário para que se pudesse falar em direito facultativo e, pois, em direito passível de decadência.

Não há, portanto, falar, nesses casos, em autêntica decadência. O dever de comunicar o sinistro é um autêntico dever, insculpido em lei, que, se descumprido, pode acarretar a sanção da perda, pelo segurado, à indenização securitária, se for demonstrado que da tardança do segurado em comunicar o segurador advieram, para este, danos suplementares, atinentes ao universo da relação obrigacional. [...]

O citado art. 771 do Código Civil, enfim, traz uma disposição que conleva uma apreciação de equidade pelo julgador, que em linha de princípio irá privilegiar a consecução da função social do contrato, mesmo diante da demora em submeter ao segurado o aviso de sinistro. Essa demora, como já se anotou, não é essencialmente prejudicial a este, que para garantir a sua solvabilidade nesses casos conta com a provisão de IBNR, que está obrigado a constituir.[16]

ao%20C%C3%B3digo%20Civil,STJ%20deve%20cancelar%20S%C3%BAmula%20229&text=De%20conformidade%20com%20o%20direito,no%20C%C3%B3digo%20Civil%20de%202002.

[16] PIZA, Paulo. Provisão de Sinistros Ocorridos e Não Avisados, Aviso de Sinistro e Cômputo do Prazo Prescricional da Pretensão do Segurado em Face do Segurador. *Revista Brasileira de Direito Comercial*, n. 3, fev./mar. 2015, pp. 32-51/ pp. 44-46.

A necessidade de culpa pela demora do aviso e de prejuízo em desfavor da seguradora, para que ocorra a perda do direito à contraprestação devida ao credor do seguro, é, hoje, conclusão praticamente unânime na doutrina e na jurisprudência, como relata Luiza Moreira Petersen:

> Tem se observado, contudo, uma tendência de mitigação do art. 771; ou, nas palavras de Ernesto Tzirulnik, uma "falta de compreensão do seu significado". Tanto a doutrina como a jurisprudência têm atenuado os efeitos do texto legal, deixando de aplicar – e compreender – o art. 771 como uma regra de decadência, exigindo, como pressuposto de incidência da norma, a prova do dolo, culpa ou má-fé do segurado no ato de expansão do dano.
>
> Grande parte da doutrina entende que "a literalidade do art. 771 não deve ser empregada com a força cogente que parece possuir". Como refere José Augusto Delgado, "neste caso, para se liberar da obrigação de pagar a indenização, o segurador teria o ônus de provar a omissão dolosa ou culposa do segurado e a expansão do dano".
>
> Ademais, de acordo com Adalberto Pasqualotto: o que o art. 771 procura acautelar é a extensão evitável dos danos. É só pela indenização correspondente a essa extensão que o segurado não responde. Assim determina a equidade". "A desoneração do segurador em pagar a indenização na medida da extensão dos danos evitáveis impõe-lhe ônus da prova da omissão injustificada do segurado."
>
> No mesmo sentido tem se posicionado o Superior Tribunal de Justiça [REsp 1137113/SC, Rel. Ministra Nancy Andrighi, Terceira Turma, julgado em 13/03/2012, DJe 22/03/2012].
>
> O comando do art. 1.457 do CC/16, cuja essência foi mantida pelo art. 771 do CC/02, não autoriza a seguradora a recusar o pagamento da indenização pelo simples fato de o segurado não ter comunicado o sinistro. A obrigação de informar a seguradora do sinistro "logo que o saiba" desaparece desde que se torne supérfluo qualquer aviso, pela notoriedade do fato ou quando, pela espécie de seguro, não tenha a seguradora interesse algum em ser avisada imediatamente da ocorrência.
>
> Ademais, é digno de registro que a própria SUSEP (Superintendência de Seguros Privados) já se posicionou a respeito do tema, vedando

"a inclusão de cláusula em contrato de seguro que fixe prazo decadencial para o aviso de sinistro", conforme enunciado no 23 da Instrução SUSEP 19/1999. Tal orientação, muito embora seja anterior ao Código Civil, ainda tem sido observada. Os contratos de seguro, atualmente, não têm contemplado cláusula com previsão de prazo decadencial para o aviso do sinistro ao segurador. As Condições Gerais – seguindo a orientação das circulares da SUSEP – apenas tem destacado a necessidade de comunicação imediata do sinistro, utilizando-se de expressão vaga, tal como o art. 771.[17]

A exigência de demonstração de prejuízo à seguradora, para que haja qualquer afetação pejorativa do direito ao seguro, é enfatizada por praticamente toda a doutrina brasileira, desde o início do século passado até o presente:

> Bem entendido, perde o direito ao seguro, se a Companhia provar que, se recebesse em tempo útil o aviso, poderia ter adotado as providências que evitassem as consequências do sinistro. Se a Companhia, portanto, não faz essa prova, não poderá furtar-se à obrigação de pagar a indenização devida ao seguro, o que se explica, porque se apesar do aviso nada puder fazer a Companhia, não será a falta desse aviso que lhe causará o prejuízo, senão as próprias circunstâncias em que se realizou o sinistro.[18]
>
> --
>
> Conquanto esse dispositivo [art. 771] não faça referência à necessidade de prova do prejuízo decorrente de eventual atraso na comunicação do sinistro por parte do segurado (tal como fazia o CC1916), esta é a solução que se impõe por decorrência do princípio da boa-fé objetiva, a que o segurador – tanto quanto o segurado – está obrigado, por força do disposto no art. 765 do CC.[19]
>
> --

[17] PETERSEN, Luiza. A prescrição e a decadência no contrato de seguro. *Revista CILA* (Comitê Ibero-Latinoamericano de Aida), n. 3, set./dez. 2015, pp. 98-116. p. 120.

[18] SANTOS, J. M. de Carvalho. *Código civil brasileiro interpretado.* 7. ed. Rio de Janeiro: Freitas Bastos, 1958. v. 19. p. 352.

[19] TEPEDINO, Gustavo; BARBOZA, Heloisa Helena; MORAES, Maria Celina Bodin de. *Código civil interpretado conforme a Constituição da República.* Rio de Janeiro: Renovar, 2006. v. 2. p. 580.

> Não seria razoável, afinal, que um lapso do segurado que não ocasionasse qualquer prejuízo ao segurador gerasse automaticamente a perda à indenização. O dispositivo somente poderia ser interpretado dessa forma caso não houvesse diálogo entre o Código Civil e as demais fontes legais e principiológicas do Direito brasileiro. O lapso de uma parte sem prejuízos à outra e que tivesse como consequência a extinção total da contraprestação iria de encontro, ainda quando não aplicável o Código de Defesa do Consumidor, à isonomia básica que se defende pelo contemporâneo Direito Civil Constitucional e que constitui um dos mais universais princípios de direito.[20]

O requisito da abusividade da conduta do segurado – agir de má-fé – atua em detrimento da seguradora mediante a protelação do aviso de sinistro, como também é ressaltado por Humberto Theodoro Junior:

> Se esse for o quadro abusivo construído de má-fé pelo segurado, caberá à seguradora defender-se por meio da exceção de caducidade do direito à indenização (art. 771 do CC/2002) e não pela prescrição da pretensão (art. 206, § 1º, II, *b*, do CC/2002).[21]

O mesmo autor, embora afirme se tratar de prazo decadencial, converge com a doutrina contemporânea a respeito da exigência de prejuízo para a seguradora:

> Em suma, a conclusão a que se chega, na doutrina, é no sentido de que ao art. 771 do CC/2002 deve receber da jurisprudência uma interpretação harmônica com os objetivos do contrato de seguro. A literalidade dos eu conteúdo [perda do direito à indenização] não deve ser empregada com a força cogente que, ao primeiro exame, possui.
>
> Dentro da mesma perspectiva, a comunicação determinada pelo art. 771 do CC/2002, segundo a doutrina e jurisprudência "tem por efeito colocar a seguradora em posição favorável à adoção das medidas que possam evitar ou atenuar os efeitos da realização do risco". Por isso,

[20] TCHAKERIAN, Renato Silviano. *O salvamento e a comunicação do sinistro no direito dos seguros*. Rio de Janeiro: Lumen Juris, 2018. p. 49.

[21] THEODORO JÚNIOR, Humberto. Contrato de Seguro. Ação do segurado contra o segurador. Prescrição. *Revista dos Tribunais*, v. 924, out./2012, pp. 79-108. p. 104.

> "quando a [falta da] pronta comunicação não for prejudicial para a atuação da seguradora, ou inexistirem medidas a serem tomadas de imediato que possam bloquear ou atenuar os efeitos do sinistro, há decisões que consideram irrelevante o descumprimento do ônus (TJRS, ApCiv 194009833, 2ª Câm. Civ., j. 11.08.1994, rel. Des. Vicente Barroco de Vasconcellos)". [22]

O mesmo entendimento que ressalta a necessidade de a omissão decorrer de má-fé, ou culpa extremada que equivalha, se vê em recente acórdão do Superior Tribunal de Justiça:

> ART. 771 DO CC. INTERPRETAÇÃO SISTEMÁTICA. OMISSÃO JUSTIFICADA DO SEGURADO. AMEAÇAS DE MORTE DO CRIMINOSO. BOA-FÉ OBJETIVA. CONFIGURAÇÃO. RECUPERAÇÃO DO BEM. CONSEQUÊNCIAS DANOSAS À SEGURADORA. INEXISTÊNCIA. [...] 3. A pena de perda do direito à indenização securitária inscrita no art. 771 do CC, ao fundamento de que o segurado não participou o sinistro ao segurador logo que teve ciência, deve ser interpretada de forma sistemática com as cláusulas gerais da função social do contrato e de probidade, lealdade e boa-fé previstas nos arts. 113, 421, 422 e 765 do CC, devendo a punição recair primordialmente em posturas de má-fé ou culpa grave, que lesionem legítimos interesses da seguradora. 4. A sanção de perda da indenização securitária não incide de forma automática na hipótese de inexistir pronta notificação do sinistro, visto que deve ser imputada ao segurado uma omissão dolosa, injustificada, que beire a má-fé, ou culpa grave, que prejudique, de forma desproporcional, a atuação da seguradora, que não poderá se beneficiar, concretamente, da redução dos prejuízos indenizáveis com possíveis medidas de salvamento, de preservação e de minimização das consequências. (STJ. REsp n. 1546178/SP. 3ª Turma. Rel. Ministro Ricardo Villas Bôas Cueva, 13.set.2016)

Podemos, então, concluir que a possibilidade de existirem sinistros ocorridos, mas não avisados, é levada em conta pela técnica seguradora mediante a constituição de provisões IBNR, não sendo verdadeira a

[22] Ibid., p. 105.

ideia de que a imediatidade dos avisos é a única forma de a seguradora lidar com os sinistros. Essa presunção é leiga e desafia a realidade das operações de seguro.

Além disso, temos que a perda do direito ao seguro, em caso de demora para a denúncia do sinistro à seguradora, é condicionada à cumulativa existência de má-fé do segurado e de prejuízo relevante para a seguradora, impedindo-a de avaliar as causas e as consequências do sinistro ou de adotar medidas de salvamento, caso tais medidas fossem de fato passíveis de adoção, ao tempo do sinistro, e tenha a seguradora por praxe adotá-las ou orientar a adoção por seus segurados.

Tudo isso leva à conclusão de que o termo inicial do prazo prescricional não pode ser, de modo algum, a ocorrência do sinistro ou o seu conhecimento, pelo credor.

A Súmula n. 229 do STJ, assim, adota termo inicial que não responde a uma exigência do negócio securitário, na sua concretude e no sistema legal incidente.

Vejamos, agora, qual é a solução dada no Código civil de 2002.

Interpretação do artigo 206, §1º, inciso II, do Código Civil

Diferentemente do que previa o Código Civil revogado, que fazia referência a "fato que autoriza [a ação]", ocorrido no Brasil (art. 178, § 6º, inciso II do CC/16) ou no exterior (art. 178, § 7º, inciso V do CC/16), diz o artigo 206, §1º, inciso II, do Código Civil vigente:

> Prescreve, em um ano, a pretensão do segurado contra o segurador, ou a deste contra aquele, contado o prazo:
>
> a) para o segurado, no caso de seguro de responsabilidade civil, da data em que é citado para responder à ação de indenização proposta pelo terceiro prejudicado, ou da data que a este indeniza, com a anuência do segurador;
>
> b) quanto aos demais seguros, da ciência do fato gerador da pretensão.

Embora a hipótese da alínea "a" também mereça mais aprofundado exame, a fim de responder, por exemplo, o que sucede com o pagamento feito sem a anuência da seguradora, examinaremos somente a alínea "b", dado o propósito deste artigo.

A questão central, portanto, nos seguros em geral, massificados ou vultosos, é definir qual o *fato gerador da pretensão* do segurado.

A nova lei continua remetendo o termo inicial ao fato gerador. No entanto, não reenvia ao nascimento do direito do segurado à contraprestação, mas ao fato gerador da pretensão à prestação devida com fundamento no contrato (art. 206, § 1º, II, "b").

Pretensão, na conhecida definição de Pontes de Miranda, "é a posição subjetiva de poder exigir de outrem alguma prestação positiva ou negativa";[23] daí dizer-se que a pretensão é *lançada* em direção a alguém para que dê, faça ou deixe de fazer algo.

Direito e pretensão são coisas inconfundíveis, tanto que há, dentre outros, direitos naturalmente sem pretensão e direitos que já tiveram pretensão, mas a perderam, por prescrição.

No primeiro caso, está-se diante dos direitos potestativos, que não exigem da outra parte prestação alguma, apenas o submetem ao exercício de um direito por declaração de vontade do titular (por exemplo, o direito de anular ou de resolver o contrato) e que estão sujeitos a prazo decadencial. No segundo caso, das obrigações prescritas, o direito existe e, se a dívida é paga, não há que se falar em repetição do indébito, mas ela não pode ser exigida, justamente porque não há mais pretensão, que prescreveu.

A questão central pode, então, ser reformulada em termos mais específicos: em que momento o segurado *pode exigir, da seguradora, o pagamento da indenização ou do capital segurado*?

Não é com o conhecimento do sinistro, cuja denúncia pode retardar por diversas causas, em razão do que as próprias seguradoras constituem provisões que calculam, e que, além disso, após feita a comunicação à seguradora, ainda precisa ser regulado e liquidado.

Uma obrigação não pode ser exigida *antes do tempo* (isto é, antes da conclusão da regulação do sinistro), porque a pretensão ainda não nasceu. Chega a ser pueril a afirmação, comum na doutrina, de que a dívida da seguradora é exigível sempre à vista do sinistro.

Quando o aviso de sinistro é recebido pela seguradora, tem início o procedimento de regulação, que faz parte da fase de execução do contrato

[23] PONTES DE MIRANDA, Francisco Cavalcanti. *Tratado de direito privado:* parte geral. São Paulo: Revista dos Tribunais, 2013. t. 5. p. 533.

de seguro. Sua finalidade é apurar as circunstâncias e causas do evento informado, suas consequências e os prejuízos ocasionados, bem como distinguir, entre os prejuízos, quais se encontram abrigados pelo seguro, liquidando os valores porventura devidos para pagamento ao credor.

A complexidade deste procedimento varia conforme o tipo de seguro e de sinistro, perdurando por semanas, meses ou mesmo anos, e envolvendo pesquisas técnicas diversas, conduzidas pelo regulador do sinistro e peritos assistentes. Nesse cenário, a cooperação do segurado é fundamental, de forma a evitar fragilidades e litígios futuros.[24] Seus atos são praticados no interesse de todos – seguradora, segurado e beneficiário do seguro –, de forma que os documentos gerados são considerados *documentos comuns*.[25]

Somente após finda a regulação do sinistro, a seguradora terá como saber da existência e dimensionar a grandeza de sua dívida; o mesmo ocorre com o segurado e o beneficiário, quanto às suas pretensões.

Com a recusa de pagamento, parcial ou total, surge a pretensão resistida, termo inicial do prazo prescricional, nos termos do artigo 189 do Código Civil. Antes disso, inexistindo pretensão resistida, o desenvolvi-

[24] Sobre regulação de sinistro, ver THEODORO JR., Humberto. A regulação do sinistro no direito atual e no Projeto de Lei n. 3.555, de 2004. *In*: *IV FÓRUM DE DIREITO DO SEGURO JOSÉ SOLLERO FILHO*. São Paulo: IBDS, 2006. pp. 183-216; THEODORO JUNIOR, Humberto. O Contrato de Seguro e a Regulação do Sinistro. *IBDS*. Disponível em: http://www.ibds.com.br/artigos/OContratodeSeguroeaRegulacaodoSinistro.pdf. Acesso em 13 mar. 2020; MARTINS-COSTA, Judith. *A boa-fé no direito privado:* critérios para a sua aplicação. 2. ed. São Paulo: Saraiva, 2018. pp. 377-380; TZIRULNIK, Ernesto. *Estudos de direito do seguro: regulação de sinistro*: ensaio jurídico. Com a colaboração de Alessandro Octaviani. 3. ed. rev. São Paulo: Max Limonad, 2001.

[25] E.g., "Cautelar de exibição de documentos - Seguro Empresarial - Pretendida exibição do relatório de regulação do sinistro – *Documento comum às partes – Interesse de agir que exsurge cristalino – Precedentes desta Corte e do E. Tribunal de Justiça do Estado de Santa Catarina* – [...]." (TJSP. Apelação n. 1023953-11.2016.8.26.0100. 5ª Câmara de Direito Privado. Rel. Des. A. C. Mathias Coltro. 28.jun.2017); "Contrato de seguro. Ação de exibição de documentos ajuizada na vigência do CPC/73. *Pretensão de exibição de documentos atinentes à regulação de sinistro do veículo do autor. Interesse de agir configurado. Documento comum às partes.* Inteligência do artigo 844, II, do CPC/73. [...]." (TJSP. Apelação n. 1005769-94.2014.8.26.0223. 36ª Câmara de Direito Privado. Rel. Des. Maria Cláudia Bedotti. 19.abr.2018). Cf. STJ, sobre definição de *documento comum*: "O conceito de documento comum, previsto no art. 844, II, do CPC/1973, não se limita àquele pertencente a ambas as partes, mas engloba também o documento sobre o qual as partes têm interesse comum. Precedente." (STJ. REsp n. 1.662.355/RJ. 3ª Turma. Rel. Min. Ricardo Villas Bôas Cueva. 11.set.2018).

mento regular de um processo seria impossível por desnecessidade da tutela, isto é, pela falta de interesse de agir.

Sem embargo da alteração legislativa operada em 2002, diversos acórdãos do STJ continuam aplicando a Súmula n. 229, nascida ao tempo do Código de 1916 revogado, utilizando-se, os seus prolatores, de diversas alternativas para escapar à diabólica questão sobre quando se caracterizou o sinistro e quando disso cientificou-se com precisão o segurado.

Esses julgados exigem, para aplicação da Súmula n. 229, a prova incontestável (i) da data em que o segurado teve conhecimento inequívoco do sinistro, apontando a Súmula n. 278 do STJ,[26] a qual nasceu no âmbito dos seguros de incapacidade laboral e da dificuldade em se distinguir a verificação da causa do sinistro e a caracterização final do dano, optando por esta última[27]; (ii) da data em que o segurado efetuou o aviso de sinistro e (iii) da data inequívoca em que o segurado tomou conhecimento da recusa feita pela seguradora.[28]

Esse é o modo de decidir com maior número de decisões.[29] Note-se que não há, nessas decisões, qualquer indicação enunciada sobre quais são os requisitos necessários para se caracterizar a ciência inequívoca

[26] Súmula 278 do STJ: "O termo inicial do prazo prescricional, na ação de indenização, é a data em que o segurado teve ciência inequívoca da incapacidade laboral."

[27] STJ. AgRg no REsp n. 1350595/SP. 4ª Turma. Rel. Min. Marco Buzzi. 03 set. 2015; STJ. AgRg no REsp n. 1475589/MG. 3ª Turma. Rel. Min. Ricardo Villas Bôas Cueva. 18 jun. 2015.

[28] STJ. AgRg no REsp n. 984.864/SP. 3ª Turma. Rel. Ministra Nancy Andrighi. 06 ago. 2009; STJ. AgRg no Ag n. 1097156/SP. 4ª Turma. Rel. Min. Fernando Gonçalves. 06 abr. 2010; STJ. AgRg no Ag n. 1323223/SP. 4ª Turma. Rel. Min. João Otávio de Noronha. 15 fev. 2011; STJ. AgRg no REsp n. 1168872/SP. 3ª Turma. Rel. Min. Paulo de Tarso Sanseverino. 14 fev. 2012; STJ. AgRg no Ag n. 1039146/MG. 3ª Turma. Rel. Min. Ricardo Villas Bôas Cueva. 22 mai. 2012; STJ. AgRg no REsp n. 1424995/SC. 3ª Turma. Rel. Min. Paulo de Tarso Sanseverino. 27 out. 2015; STJ. EDcl no REsp n. 1163239/MG. 4ª Turma. Rel. Min. Raul Araújo. 17 nov. 2015; STJ. AgInt no AREsp n. 338.354/SP. 4ª Turma. Rel. Min. Raul Araújo. 02 fev. 2017.

[29] Há, no entanto, decisões que corretamente identificam que o termo inicial do prazo prescricional, seja do segurado, seja do beneficiário, é o recebimento da recusa da seguradora. E.g., STJ. REsp n. 305.746/MG, 4ª Turma. Rel. Min. Fernando Gonçalves. 26 ago. 2003; STJ. REsp n. 450.290/CE, 4ª Turma. Rel. Min. Aldir Passarinho Junior. 16 set. 2003; STJ. REsp n. 590.489/RJ, 4ª Turma. Rel. Min. Cesar Asfor Rocha. 09 dez. 2003; STJ. REsp n. 655.155/MG, 4ª Turma. Rel. Min. Jorge Scartezzini. 18 ago. 2005; STJ. REsp n. 1176628/RS, 3ª Turma. Rel. Min. Nancy Andrighi. 16 set.2010; STJ. AgRg no AREsp n. 454.736/SP, 3ª Turma. Rel. Min. Sidnei Beneti. 19 ago. 2014; STJ. AgInt no AREsp n. 1173722/SP, 3ª Turma. Rel. Min. Moura Ribeiro. 26 jun. 2018; STJ. AgInt nos EDcl no

sobre o sinistro, nem há discussão sobre o que deve ser considerado como ciência inequívoca da recusa da seguradora – se o simples recebimento de carta negativa ou o conhecimento, pelo segurado, das razões e fatos que fundamentariam a recusa.

Termo inicial e duração do prazo prescricional do beneficiário

Além do prazo prescricional para que o segurado exerça sua pretensão, é preciso examinar a situação do *beneficiário* sob três aspectos: (i) termo inicial para a sua pretensão, (ii) duração do prazo prescricional – isto é, se sua pretensão creditícia exsurgida do sinistro está sujeita a prazo distinto, de cinco (art. 27 do CDC) ou dez anos (art. 205 do Código Civil), conforme se qualifique o contrato de seguro como relação de consumo ou não; e (iii) se, havendo demora, *por parte do segurado*, em comunicar o sinistro à seguradora, isso traz prejuízo ao direito do beneficiário.

Em relação ao termo inicial, enquanto não cientificado do sinistro, da recusa e de seus fundamentos, não terá nascido sua pretensão ou não estará em condição de exercê-la.

Em outras palavras, enquanto o beneficiário do seguro não tiver ciência do sinistro ou da recusa de cobertura e pagamento manifestada pela seguradora, não terá surgido a pretensão e, pois, não terá início o prazo prescricional. É o que vem reiteradamente decidindo o STJ em casos que envolvem seguro de dano direto:

> (...) O termo inicial da prescrição da pretensão do beneficiário do seguro é o momento em que a seguradora é comunicada do evento e se recusa a indenizar. Precedentes. (STJ. AgInt no AREsp n. 1496807/RJ. 3ª Turma. Rel. Ministra. Nancy Andrighi. 16 dez. 2019)
>
> --
>
> (...) A Segunda Seção desta Corte possui orientação assente no sentido de que, quando a ação se baseia na existência de danos contínuos e permanentes ao imóvel, dada a natureza sucessiva e gradual do dano, renovando, dessa forma, a pretensão do beneficiário do seguro – o que impossibilita fixar o termo inicial do prazo prescricional –, considera-se como iniciada a prescrição da pretensão do beneficiário do seguro no

AREsp n. 1000874/RS, 4ª Turma. Rel. Min. Raul Araújo, 01 ago. 2019; STJ. AgInt no AREsp n. 1496807/RJ, 3ª Turma. Rel. Min. Nancy Andrighi. 16 dez. 2019.

momento em que a seguradora é comunicada do evento danoso e se recusa a indenizar. (STJ. AgInt nos EDcl no REsp n. 1816488/CE. 3ª Turma. Rel. Min. Marco Aurélio Bellizze. 21 out. 2019)

--

AGRAVO REGIMENTAL NO AGRAVO REGIMENTAL NO RECURSO ESPECIAL. SISTEMA FINANCEIRO HABITACIONAL. AÇÃO PROPOSTA POR MUTUÁRIO EM FACE DA SEGURADORA. PRESCRIÇÃO ÂNUA. ART. 178, § 6º, II DO CC/16. TERMO INICIAL. DATA DA RECUSA AO PAGAMENTO DA INDENIZAÇÃO PELA SEGURADORA. PRECEDENTES DESTA CORTE. LITISCONSÓRCIO ENTRE A CAIXA ECONÔMICA FEDERAL/CEF E CAIXA SEGURADORA S/A. COMPETÊNCIA DA JUSTIÇA ESTADUAL. RECURSO ESPECIAL REPETITIVO. (...) 3. O marco inicial do prazo prescricional é a data da recusa da seguradora em realizar o pagamento pelos danos ao imóvel de natureza sucessiva e gradual, tendo em vista que sua progressão dá azo a inúmeros sinistros sujeitos à cobertura securitária, que renovam seguidamente a pretensão do beneficiário do seguro. (REsp 1143962/SP, Rel. Ministra Nancy Andrighi, TERCEIRA TURMA, DJe 09/04/2012). 4. No caso dos autos, não se operou a prescrição decretada. Isso, porque a ação de indenização fora ajuizada após apenas 6 (seis) meses da comunicação do sinistro, ainda que desconhecida a data da resposta da seguradora que recusou a indenização pleiteada. 5. Agravo regimental não provido. (AgRg no AgRg no REsp n. 1174776/SP. Min. Luis Felipe Salomão, 4ª Turma. 17 set. 2015)

--

AGRAVO NO RECURSO ESPECIAL. AÇÃO DE INDENIZAÇÃO. SEGURO HABITACIONAL. FUNDAMENTAÇÃO DEFICIENTE. SÚMULA 284/STF. AUSÊNCIA DE PREQUESTIONAMENTO DO TEMA. APLICAÇÃO DAS SÚMULAS 282 E 356/STF. PRAZO PRESCRICIONAL. ÂNUO DANOS CONTÍNUOS E PERMANENTES. INTERPRETAÇÃO DE CLÁUSULAS CONTRATUAIS. INADMISSIBILIDADE. SÚMULA 5/STJ. INOVAÇÃO RECURSAL. VEDADA EM SEDE DE AGRAVO INTERNO. (...) 3. A despeito do entendimento hodierno desta Corte, no sentido de ser o prazo prescricional ânuo, tem-se que, na hipótese dos autos, não ficou comprovado quando ocorreu o sinistro, sendo, portanto, impossível indicar, com precisão o

> termo inicial para contagem da prescrição. 4. Sendo os danos ao imóvel de natureza sucessiva e gradual, sua progressão dá azo a inúmeros sinistros sujeitos à cobertura securitária, renovando seguidamente a pretensão do beneficiário do seguro e, por conseguinte, o marco inicial do prazo prescricional. (...) 7. Agravo interno não provido. (AgInt no REsp n. 1558623/SP, Rel. Ministra Nancy Andrighi, Terceira Turma, julgado em 16/05/2017, DJe 29/05/2017)

Como se vê, diante da dificuldade de compreensão sobre o momento em que se deve considerar ocorrido o sinistro quando os danos sucedem paulatinamente, compreende o STJ que o marco inicial prescricional para os beneficiários deveria ser apenas a data da recusa da seguradora.

Corrobora-se que o nascimento da pretensão – e, portanto, o início do prazo prescricional – não há como ser o momento da ocorrência do sinistro e sim, o conhecimento, pelo titular da pretensão, da recusa da seguradora em pagar a indenização ou capital segurado.

Em relação à extensão do prazo prescricional, não se confundindo a pessoa do segurado com a do beneficiário, a prescrição não será ânua, como, a propósito, caminhou a jurisprudência formada durante a vigência do Código revogado.[30]

O Superior Tribunal Justiça segue aplicando a regra geral subsidiária do Código Civil, de dez anos (art. 205 do Código Civil):

> AGRAVO INTERNO NO AGRAVO INTERNO NO RECURSO ESPECIAL. CIVIL. AÇÃO DE COBRANÇA. SEGURO. PRAZO PRESCRICIONAL. TERCEIRO BENEFICIÁRIO. PRAZO DECENAL. SÚMULA N° 568 DO SUPERIOR TRIBUNAL DE JUSTIÇA.
>
> (...) 2. É firme a orientação do Superior Tribunal Superior no sentido de que o prazo prescricional para o ajuizamento de ação de cobrança de in-

[30] (a) "O terceiro beneficiário de seguro facultativo em grupo, que não se confunde com a figura do segurado, não se sujeita ao prazo prescricional anuo previsto no art. 178, par. 6., II do CC, diante do princípio de que as regras prescricionais devem ser interpretadas restritivamente." (STJ. REsp 151766/MG. 4ª Turma. Rel. Min. Sálvio de Figueiredo Teixeira. 10 fev. 1998); (b) "O terceiro beneficiário do seguro de vida em grupo, que não se confunde com a figura do segurado, não se sujeita ao prazo prescricional ânuo previsto no art. 178, §6º, II, do Código Civil, diante do princípio de que as regras prescricionais devem ser interpretadas restritivamente." (STJ. REsp n. 578.805/MG. 3ª Turma. Rel. Min. Castro Filho. 25.mai.2004).

denização securitária pelo terceiro beneficiário é de 10 (dez) anos, nos termos do art. 205 do Código Civil. Precedentes. (AgInt no AgInt no REsp n. 1700336/SE, Rel. Ministro Ricardo Villas Bôas Cueva, Terceira Turma, julgado em 15/10/2018, DJe 17/10/2018)

A rigor, há duas possibilidades. Quando o beneficiário for assim designado, mas ocupar posição de verdadeiro titular do interesse garantido que sofreu o sinistro, ele será segurado, nos termos do art. 757 do Código Civil, e o prazo será ânuo. Quando ele for mero credor da indenização, por ter com o interesse sinistrado relação diversa da titularidade, como o credor hipotecário tem para com o imóvel objeto da hipoteca, o prazo será de dez anos, nos termos do art. 205 do Código civil.

Por fim, a sanção prevista no art. 771 do Código Civil – "sob pena de perder o direito à indenização, o segurado participará o sinistro ao segurador [...]" – não pode ser estendida ao beneficiário, porque isso também contrariaria a regra hermenêutica de que normas que estabelecem sanções (como a perda de um direito) devem ser interpretadas restritivamente. É salutar a boa política de IBNR para essas situações também.

Conclusões e o Projeto de lei de Contrato de Seguro (PLC 29/2017)

A prescrição das pretensões de seguro fundadas na ocorrência do sinistro, das quais são titulares segurados ou beneficiários, ressalvadas as particularidades dos seguros de responsabilidade civil que não são tratadas neste artigo, estão sujeitas a prazos distintos, mas sempre terão como termo inicial a data em que o credor do capital ou da indenização tiver conhecimento da recusa da seguradora e de seus fundamentos.

A Súmula n. 229 do Superior Tribunal de Justiça não se coaduna com o direito vigente, sendo necessário o seu cancelamento ou modificação.

A prescrição da pretensão do beneficiário atualmente está sujeita ao prazo decenal do art. 205 do Código Civil.

Atualmente, tramita no Congresso Nacional projeto de lei especial sobre o contrato de seguro (PLC[31] 29/2017). A matéria examinada neste artigo é objeto de normas, nesse PLC, que solucionariam praticamente todas as polêmicas hoje existentes.

[31] PLC = Projeto de Lei da Câmara.

Em primeiro lugar, o projeto estabelece que o segurado e os beneficiários devem ser informados diretamente pelos reguladores próprios ou contratados pela seguradora, a quem cabe a regulação e a liquidação dos sinistros, sobretudo o que lhes interessar a respeito dos trabalhos em execução ou já executados.[32] Isso contribui para o melhor conhecimento, pelos credores, a respeito de como se desenvolveu a prestação desses serviços destinados a apurar a existência e a grandeza dos seus créditos.

Em segundo lugar, o projeto dispõe que, ao negar a garantia reclamada pelo interessado, segurado ou beneficiário, seja essa negativa total ou parcial, a seguradora deve compartilhar todos os documentos da regulação e liquidação do sinistro que fundamentem a negativa.[33]

O projeto também exige que, para ser válida, a recusa da cobertura ou do pagamento deve ser expressa e motivada, vedada à seguradora a alteração de fundamento sem que sobrevenha fato novo.[34]

Após regular essas etapas que visam a atribuir transparência e clareza para as situações de conflito de interesses atinentes ao sinistro e ao contrato de seguro, o PLC traz duas regras sobre a prescrição examinada neste artigo. A primeira estabelece que será ânua a prescrição e que o prazo será contado a partir da recepção da recusa expressa e motivada da seguradora.[35] A segunda norma que merece ser mencionada estabelece que será trienal o prazo para o exercício das pretensões dos beneficiários (e terceiros prejudicados) aos pagamentos devidos pelas segu-

[32] Art. 82. Cumpre ao regulador e ao liquidante de sinistro: (...) II – informar aos interessados todo o conteúdo de suas apurações, quando solicitado.

[33] Art. 86. Negada a garantiam no todo ou em parte, a seguradora deverá entregar ao segurado, ou ao beneficiário, os documentos produzidos ou obtidos durante a regulação e a liquidação do sinistro que fundamentem a decisão. Parágrafo único. A segurado não está obrigada a entregar os documentos e demais elementos probatórios que forem considerados confidenciais ou sigilosos pela lei ou que possam causar danos a terceiros, salvo se em razão de decisão judicial ou arbitral proferida em processo no qual esteja garantido o sigilo.

[34] Art. 90, § 4º. A recusa da cobertura ou do pagamento da indenização ou capital reclamado deve ser expressa e motivada, não podendo a seguradora inovar o fundamento posteriormente, salvo quanto depois da recusa vier a tomar o conhecimento de fatos que anteriormente desconhecia.

[35] Art. 124, I, "e". Prescrevem: I – Em um ano, contado o prazo da ciência do respectivo fato gerador: e) a pretensão do segurado para exigir indenização, capital, reserva matemática, prestações vencidas de rendas temporárias ou vitalícias e restituição de prêmio em seu favor, após a recepção da recusa expressa e motivada da seguradora.

radoras, devendo ser contado da ciência do fato gerador da pretensão, portanto, da recusa (no caso do beneficiário) ou do sinistro, no caso do terceiro prejudicado (ou seus beneficiários).[36]

Por fim, além das causas de suspensão previstas no Código Civil, o PLC estabelece que a prescrição das pretensões dos créditos do segurado e do beneficiário será suspensa uma única vez, quando a seguradora receber pedido de reconsideração de sua recusa de pagamento, cessando a suspensão no dia em que o interessado for comunicado da decisão final.[37]

Referências

BRASIL. Congresso. Câmara dos Deputados. Projeto de Lei da Câmara n. 29 de 2017. Dispõe sobre normas de seguro privado; revoga dispositivos da Lei n. 10.406, de 10 de janeiro de 2002 (Código Civil); e dá outras providências. Disponível em: https://legis.senado.leg.br/sdleg-getter/documento?dm=5235535&ts=1594038022701&disposition=inline.

BRASIL. Ministério da Economia. Conselho Nacional de Seguros Privados (CNSP). Resolução n. 321. *Diário Oficial da União* (DOU), 17 jul. 2015.

BRASIL. Ministério da Fazenda. Superintendência de Seguros Privados (Susep). Circular n. 517. *Diário Oficial da União* (DOU), 30 jul. 2015. Disponível em: https://www.in.gov.br/web/dou/-/circular-n-517-de-30-de-julho-de-2015-32393605.

BRASIL. Superior Tribunal de Justiça. AgInt no AgInt no REsp n. 1700336/SE. 3ª Turma. Rel. Ministro Ricardo Villas Bôas Cueva. 15 out. 2018.

BRASIL. Superior Tribunal de Justiça. AgInt no AREsp n. 338.354/SP. 4ª Turma. Rel. Min. Raul Araújo. 02 fev. 2017.

BRASIL. Superior Tribunal de Justiça. AgInt no REsp n. 1558623/SP. 3ª Turma. Rel. Ministra Nancy Andrighi. 16 maio 2017.

BRASIL. Superior Tribunal de Justiça. AgInt no AREsp n. 1173722/SP, 3ª Turma. Rel. Min. Moura Ribeiro. 26 jun. 2018.

BRASIL. Superior Tribunal de Justiça. AgInt no AREsp n. 1496807/RJ. 3ª Turma. Rel. Min. Nancy Andrighi. 16 dez. 2019

[36] Art. 124, II. Prescrevem: II – Em três anos a pretensão dos beneficiários ou terceiros prejudicados para exigir da seguradora indenização, capital, reserva matemática, prestações vencidas de rendas temporárias ou vitalícias, a contar da ciência do fato gerador da pretensão.

[37] Art. 125 e parágrafo único. Além das causas previstas no Código Civil, a prescrição da pretensão relativa ao recebimento de indenização ou capital será suspensa uma única vez quando a seguradora receber pedido de reconsideração da recusa de pagamento. Parágrafo único. Cessa a suspensão no dia em que o interessado for comunicado pela seguradora de sua decisão final.

BRASIL. Superior Tribunal de Justiça. AgInt nos EDcl no AREsp n. 1000874/RS. 4ª Turma. Rel. Min. Raul Araújo, 01 ago. 2019.

BRASIL. Superior Tribunal de Justiça. AgInt nos EDcl no REsp n. 1816488/CE. 3ª Turma. Rel. Min. Marco Aurélio Bellizze. 21 out. 2019.

BRASIL. Superior Tribunal de Justiça. AgRg no AgRg no REsp n. 1174776/SP. 4ª Turma. Min. Luis Felipe Salomão. 17 set. 2015.

BRASIL. Superior Tribunal de Justiça. AgRg no REsp n. 984.864/SP. 3ª Turma. Rel. Ministra Nancy Andrighi. 06 ago. 2009.

BRASIL. Superior Tribunal de Justiça. AgRg no Ag n. 1097156/SP. 4ª Turma. Rel. Min. Fernando Gonçalves. 06 abr. 2010.

BRASIL. Superior Tribunal de Justiça. AgRg no Ag n. 1323223/SP. 4ª Turma. Rel. Min. João Otávio de Noronha. 15 fev. 2011.

BRASIL. Superior Tribunal de Justiça. AgRg no Ag n. 1039146/MG. 3ª Turma. Rel. Min. Ricardo Villas Bôas Cueva. 22 mai. 2012.

BRASIL. Superior Tribunal de Justiça. AgRg no REsp n. 1168872/SP. 3ª Turma. Rel. Min. Paulo de Tarso Sanseverino. 14 fev. 2012.

BRASIL. Superior Tribunal de Justiça. AgRg no AREsp n. 454.736/SP, 3ª Turma. Rel. Min. Sidnei Beneti. 19.ago.2014.

BRASIL. Superior Tribunal de Justiça. AgRg no REsp n. 1424995/SC. 3ª Turma. Rel. Min. Paulo de Tarso Sanseverino. 27 out. 2015.

BRASIL. Superior Tribunal de Justiça. EDcl no REsp n. 1163239/MG. 4ª Turma. Rel. Min. Raul Araújo. 17 nov. 2015.

BRASIL. Superior Tribunal de Justiça. AgRg no REsp n. 1475589/MG. 3ª Turma. Rel. Min. Ricardo Villas Bôas Cueva. 18 jun. 2015.

BRASIL. Superior Tribunal de Justiça. AgRg no REsp n. 1350595/SP. 4ª Turma. Rel. Min. Marco Buzzi. 03 set. 2015.

BRASIL. Superior Tribunal de Justiça. REsp n. 305.746/MG. 4ª Turma. Rel. Min. Fernando Gonçalves. 26 ago. 2003.

BRASIL. Superior Tribunal de Justiça. REsp n. 450.290/CE. 4ª Turma. Rel. Min. Aldir Passarinho Junior. 16 set. 2003.

BRASIL. Superior Tribunal de Justiça. REsp n. 590.489/RJ. 4ª Turma. Rel. Min. Cesar Asfor Rocha. 09 dez. 2003.

BRASIL. Superior Tribunal de Justiça. REsp n. 578.805/MG. 3ª Turma. Rel. Min. Castro Filho. 25 mai. 2004.

BRASIL. Superior Tribunal de Justiça. REsp n. 655.155/MG. 4ª Turma. Rel. Min. Jorge Scartezzini. 18 ago. 2005.

BRASIL. Superior Tribunal de Justiça. REsp n. 1546178/SP. 3ª Turma. Rel. Min Ricardo Villas Bôas Cueva. 13 set. 2016.

BRASIL. Superior Tribunal de Justiça. REsp n. 1.662.355/RJ. 3ª Turma. Rel. Min. Ricardo Villas Bôas Cueva. 11 set. 2018.

BRASIL. Superior Tribunal de Justiça. Súmula n. 229. Revista Eletrônica do STJ. Disponível em: https://ww2.stj.jus.br/docs_internet/revista/eletronica/stj-revista-sumulas-2011_17_capSumula229.pdf.

BRASIL. Superior Tribunal de Justiça. Súmula n. 278. *DJ*. 16 jun. 2003, p. 416.

Bornhuetter, R. L.; Ferguson, R.E. The Actuary and IBNR. *Proceedings of the Casualty Actuarial Society*, n. 59, 1972.

Goldberg, Ilan. A prescrição no contrato de seguro. *IBDS*. Disponível em: http://www.ibds.com.br/artigos/Aprescricaonocontratodeseguros.pdf. Acesso em 17. mar. 2020.

IASB. *International Finance Reporting Standards (IFRS) 17 – Insurance Contracts*. Maio 2017.

INSTITUTO BRASILEIRO DE ATUÁRIA (IBA). Resolução n. 5 de 2017. Disponível em: http://atuarios.org.br/uploads/documentos/RESOLU%C3%87%C3%83O_05_2017%20-%20CPAO%20012%20IBNR%20e%20IBNER.pdf.

Karlsson, Jan-Erik. The Expected Value of IBNR Claims. *Scandinavian Actuarial Journal*, n. 2, 1976, pp. 108-110.

Mano, Cristina Cantanhede Amarante; Ferreira, Paulo Pereira. *Aspectos Atuariais e Contábeis das Provisões Técnicas*. Rio de Janeiro: Funenseg, 2009.

Martins-Costa, Judith. *A boa-fé no direito privado: critérios para a sua aplicação*. 2. ed. São Paulo: Saraiva, 2018. pp. 377-380.

Martins-Costa, Judith. Contrato de seguro e contrato de resseguro. Sinistro complexo e cláusula de interdependência. Defeito no fornecimento. Interpretação contratual. [...]. Prescrição e pretensão de direito material. *Revista dos Tribunais*, v. 948, out./2014, pp. 193-246.

Petersen, Luiza. A prescrição e a decadência no contrato de seguro. Revista CILA (Comité Ibero-Latinoamericano de Aida), n. 3, set./dez. 2015, pp. 98-116.

Piza, Paulo. Provisão de Sinistros Ocorridos e Não Avisados, Aviso de Sinistro e Cômputo do Prazo Prescricional da Pretensão do Segurado em Face do Segurador. *Revista Brasileira de Direito Comercial*, n. 3, fev./mar. 2015, pp. 32-51.

Pontes de Miranda, Francisco Cavalcanti. *Tratado de direito privado*: parte geral. São Paulo: Revista dos Tribunais, 2013. t. 5, p. 533.

SÃO PAULO. Tribunal de Justiça de São Paulo. Apelação n. 1023953-11.2016.8.26.0100. 5ª Câmara de Direito Privado. Rel. Des. A. C. Mathias Coltro. 28 jun. 2017.

SÃO PAULO. Tribunal de Justiça de São Paulo. Apelação n. 1005769-94.2014.8.26.0223. 36ª Câmara de Direito Privado. Rel. Des. Maria Cláudia Bedotti. 19 abr. 2018.

Santos, J. M. de Carvalho. *Código civil brasileiro interpretado*. 7. ed. Rio de Janeiro: Freitas Bastos, 1958. v. 19, p. 352.

Shih, Frank Larrúbia. A prescrição no contrato de seguro. *Revista de Informação Legislativa*, ano 35, n. 140, out./dez. 1998, p. 299.

TCHAKERIAN, Renato Silviano. *O salvamento e a comunicação do sinistro no direito dos seguros*. Rio de Janeiro: Lumen Juris, 2018, p. 49.

TEPEDINO, Gustavo; BARBOZA, Heloisa Helena; MORAES, Maria Celina Bodin de. *Código civil interpretado conforme a Constituição da República*. Rio de Janeiro: Renovar, 2006. v. 2. p. 580.

THEODORO JR., Humberto. A regulação do sinistro no direito atual e no Projeto de Lei n. 3.555, de 2004. *In*: IV FÓRUM DE DIREITO DO SEGURO JOSÉ SOLLERO FILHO. São Paulo: IBDS, 2006. pp. 183-216.

THEODORO JÚNIOR, Humberto. Contrato de Seguro. Ação do segurado contra o segurador. Prescrição. *Revista dos Tribunais*, v. 924, out./2012, pp. 79-108.

THEODORO JÚNIOR, Humberto. O Contrato de Seguro e a Regulação do Sinistro. *IBDS*. Disponível em: http://www.ibds.com.br/artigos/OContratodeSeguroeaRegulacaodoSinistro.pdf. Acesso em 13 mar. 2020.

TZIRULNIK, Ernesto. Em respeito ao Código Civil e ao segurado, STJ deve cancelar Súmula 229. *Consultor Jurídico*, 20 nov. 2019. Disponível em: https://www.conjur.com.br/2019-nov-20/ernesto-tzirulnik-stj-cancelar-sumula-229#:~:text=Em%20respeito%20ao%20C%C3%B3digo%20Civil,STJ%20deve%20cancelar%20S%C3%BAmula%20229&text=De%20conformidade%20com%20o%20direito,no%20C%C3%B3digo%20Civil%20de%202002.

TZIRULNIK, Ernesto. *Estudos de direito do seguro: regulação de sinistro*: ensaio jurídico. Com a colaboração de Alessandro Octaviani. 3. ed. rev. São Paulo: Max Limonad, 2001.

TZIRULNIK, Ernesto. Ornitorrinco securitário: a prescrição da pretensão indenizatória. *IBDS*, jun. 2004. Disponível em: http://www.ibds.com.br/artigos/ornitorrinco-securitario-a-prescricao-da-pretensa-indenizatoria.pdf. Acesso em: 13 mar. 2020.

TZIRULNIK, Ernesto; CAVALCANTI, Flávio de Queiroz B.; PIMENTEL, Ayrton. *O contrato de seguro de acordo com o novo código civil brasileiro*. 3. ed rev., atual. e ampl. São Paulo: Roncarati, 2016.

10. Reflexões Sobre a Súmula Nº 632 do STJ. Início de Incidência da Correção Monetária das Indenizações Cobertas Pelo Contrato de Seguro

Ricardo Bechara Santos

Introdução

O enunciado da Súmula vem assim escrito, *in líteris*: "*Nos contratos de seguro **regidos pelo Código Civil**, a correção monetária sobre **indenização** securitária incide a partir da contratação até o efetivo pagamento*". (grifos nossos)

Não se nega a força de uma Súmula de Tribunal Superior, assim como a de uma lei, esta com poder vinculante, aquela nem sempre, salvo se editada pelo STF na categoria de "*Súmula Vinculante*". Mas nenhuma pessoa física ou jurídica de direito privado ou público, estaria sujeita a multa pela inobservância de uma súmula. Já o poder vinculante de uma lei é não raro sancionador, mormente para o segurador já que sujeito ao dirigismo estatal, pois basta descumprir um ato normativo emanado da SUSEP ou do CNSP para estar sujeito à multa. Aliás, norma da SUSEP estabelece que a correção monetária para o segurador e demais empresas supervisionadas, corre a partir do sinistro/evento e não da contratação. Ambas, no entanto, súmulas e leis, não estão imunes a críticas, interpretações e questionamentos respeitosos, razão pela qual, por amor ao debate, me permito tecer a seguir minhas considerações sobre a novel súmula, não sem rogar as devidas vênias, a começar pelo fato de haver surpreendido o setor de seguros, com impacto nas suas reservas e provisões técnicas, a dano da mutualidade gerida pelo segurador.

A jurisprudência dos tribunais vacilava entre a correção monetária iniciando a partir da data do sinistro, a partir do aviso, a partir do ajuizamento e, raras vezes, até da contratação, neste último caso sob o pressuposto argumento de que se afastando da incidência a contar do sinistro, o valor contratado, seja como capital segurado seja como limite máximo de indenização, seria preservado monetariamente. A decisão geradora da Súmula, de relatoria do Ministro Marco Aurélio Belizze, foi tomada por unanimidade de votos, não de todos, mas dos Ministros que participaram do julgamento.

Os acórdãos relacionados que deram origem à súmula se dividem entre decisões referentes a seguros de pessoa e seguros de dano, neste caso a seguro de RCF-Veículos (EDcl no REsp 765471 RS, EDcl no REsp 1012490 PR, REsp 61061 SP, REsp 176618 PR, REsp 247685 AC, REsp 479687 RS, REsp 702998 PB, REsp 1447262 SC e REsp 1673368 MG), grande parte, no entanto, refletindo decisões antigas, remontadas a uma época em que a inflação no Brasil era galopante, tendo sido editado o Plano Real com vistas a domar seus altos percentuais e, baseando-se neles, sob o argumento de que o segurador corrigia os prêmios desde a contratação, devendo de igual forma o valor da "indenização" retroagir à data da conclusão do contrato. Dá conta disso os seguintes acórdãos precedentes, todos relacionados a processos antigos em que se faz menção ao surto inflacionário e a correção do prêmio pago ao longo da vigência, equidistantes e desconectados, no entanto, da realidade atual: ***1***) REsp nº 479687 - RS, 2002/0164036-6, Decisão de 01/04/2003 - ramo envolvido: Vida em Grupo; ***2***) REsp nº 176618-PR, 1998/0040354-0, Decisão de 18/05/2000, ramo envolvido: Vida em Grupo; ***3***) REsp nº 247685-AC, 2000/0011392-1, Decisão de 25/04/2000 - ramo envolvido: Vida em Grupo, faz referência ao CC de 1916 e a Circulares bem antigas da SUSEP; ***4***) REsp nº 61061-SP, 1995/0007720 - Decisão de 25/08/1997 - ramo envolvido: Responsabilidade civil facultativo de veículos - RCF-V, processo antigo, com LMI em Cruzeiro.

O conjunto de precedentes trazido à colação sem ao que nos parece um critério definido ou apropriado, reforça a tese da interpretação literal, posto que nem sempre os Senhores Ministros se prendem aos acórdãos colacionados para a elaboração de Súmula, mas ao livre convencimento – como pode ter sido o caso – exarando uma decisão independente e autônoma, cristalizada no enunciado da Súmula, valendo ao final sua dicção literal.

Nesse conseguinte, razoável afirmar, *permissa magna vênia,* que a Súmula em comento retrocede aos tempos da indexação, que se justificava naquele já distante período inflacionário agudo. Sendo diversa a realidade presente, parece ser anacrônica a premissa que teria sido adotada para a edição da Súmula. É que passados mais de 25 anos da adoção do Plano Real, por meio da edição da Lei nº 8.880, de 27.05.1994, da Lei nº 9.069, de 29.06.1995, e outras normas complementares, não há como negar o seu sucesso no sentido de conter a inflação, trazida a patamares mínimos, compatíveis com os que vigoram em economias mais desenvolvidas, sabido que o êxito do Plano Real reside, em boa parte, na diretriz então traçada no sentido de restringir-se a aplicação do instituto da correção monetária, mecanismo transmissor da alta dos preços, com dramático poder realimentador. Como salientado pela doutrina[1] "*Em uma inflação estável ou decrescente, dependendo da periodicidade estabelecida para a sua apuração, a correção monetária ou não realimenta a taxa de inflação ou seu efeito é neutro. No caso de uma inflação crescente, o seu poder realimentador é dramático, principalmente em nosso País, em que sua utilização está generalizada na economia, mais do que seria aconselhável.*"

Numa interpretação literal da Súmula, e baseado no princípio de hermenêutica de que os doutos – tais como os ilustres ministros da mais alta corte de justiça infraconstitucional do País – não se utilizam de palavras inadequadas ou inúteis, se ali é dito que somente as "*indenizações*" nos "*contratos regidos pelo Código Civil*" devem sofrer a incidência da correção monetária a contar da contratação, se for o caso, deve ficar de fora – salvo revisão no texto da Súmula para expressamente incluir o "*capital segurado*" –, os seguros de pessoa de cujo conceito não participa o princípio indenitário, pois não há se falar em "indenização" nos seguros de vida e acidentes pessoais, mas sim em "capital segurado", devendo também, sem dúvida alguma, não sofrer a aplicação da Súmula todos

1 NESS Jr., Walter L. A Influência da Correção Monetária no Sistema Financeiro. Rio de Janeiro: IBMEC, 1977, p. 13.

os seguros regidos por lei própria, tais como o seguro saúde, o seguro DPVAT (este que já tem súmula própria do STJ a respeito, qual a de nº 580, segundo a qual *"a correção monetária nas indenizações incide desde a data do evento danoso"*); o seguro de crédito à exportação; os planos de previdência privada; títulos de capitalização; seguro de transporte marítimo; seguro aeronáutico, seguro do SFH, dentre outros. É que, segundo regra simples de hermenêutica, se quisessem mesmo uma abrangência mais ampla, a Súmula teria apenas se referido a *"todos os contratos de seguro"*, sem alusão à regência do Código Civil. De notar também que a Súmula não faz referência à incidência retroativa da correção monetária dos valores previstos no contrato a título de Limite Máximo de Garantia (LMG), ou Limite Máximo de Indenização (LMI), tampouco de valor de franquia. Quanto ao índice de correção a ser utilizado, não sendo ele cogitado pela súmula, nada muda, devendo prevalecer o índice previsto no contrato conforme a Circular SUSEP nº 255/2004 (falaremos dela passos mais adiante), ou aqueles usualmente praticados e adotados pelos tribunais.

De toda forma, vale lembrar o disposto no artigo 781 do CC[2], matriz da natureza indenizatória dos contratos de seguro de dano, não sem anotar que o valor do interesse segurado ali mencionado é fixado consoante o artigo 778 do Código[3], segundo o qual a garantia prometida não pode ultrapassar o valor real do bem no momento da conclusão do contrato, sob pena de o segurado perder o direito ao seguro face à remissão feita ao artigo 766 do Código[4]. Não se olvide de que o seguro de dano é contrato de reposição, não de aquisição.

Se a interpretação fosse no sentido de alcançar também os seguros de pessoa, argua-se apenas para fins de argumentação já que a nosso ver os seguros de pessoa estão fora do raio de ação da Súmula, as sociedades seguradoras que operam no ramo deveriam se precaver com relação aos

[2] "Art. 781. A indenização não pode ultrapassar o valor do interesse segurado no momento do sinistro, e, em hipótese alguma, o limite máximo de garantia fixado na apólice, salvo em caso de mora do segurador".

[3] "Art. 778. Nos seguros de dano, a garantia prometida não pode ultrapassar o valor do interesse segurado no momento da conclusão do contrato, sob pena no disposto no artigo 766, e sem prejuízo da ação penal que no caso couber".

[4] "Art. 766. Se o segurado, por si ou por seu representante, fizer declarações inexatas, ou omitir circunstâncias que possam influir na aceitação da proposta ou na taxa do prêmio, **perderá o direito à garantia**, além de ficar obrigado ao prêmio vencido". (nosso o grifo).

seguros de longo prazo renováveis anualmente sem alteração do número de apólice, considerando o risco de interpretação de que a contratação continuaria unicamente a do início, máxime considerando que seguro costuma ser contrato de trato sucessivo e de execução continuada.

Nesse propósito vale lembrar o disposto do artigo 774 do CC[5]. Note-se que o dispositivo veda a recondução tácita, não a expressa[6]. A cada recondução expressa, portanto, pode-se intercalar uma tácita. **Renovar**[7] é fazer novo contrato, nas mesmas ou em outras condições, renovando-se as vontades. Não renovar ou não reconduzir seguros temporários é direito de ambas as partes, previsto na apólice, por aviso prévio, inconfundível com *rescindir ou cancelar na vigência.* **Só em contratos vitalícios (geralmente seguros de pessoa), por óbvio, inexiste a não recondução ou não renovação, tampouco recondução ou renovação. É temporário o caráter dos seguros** coletivos de pessoa (até porque temporário é o *vínculo com o estipulante*). Não havendo recondução ou renovação, a cobertura se expira.

Quanto aos seguros de automóveis (e outros de vigência anual e novas contratações subsequentes com outros números de apólices) o impacto da súmula não seria tão sentido, até porque a indenização é pautada por critérios próprios de correção, ínsitos na reposição do bem sinistrado pelo valor atual da Tabela FIPE em caso de perda total e, nos casos de perda parcial, pelo critério de reposição por reparação do veículo (CC artigo 776)[8]. Inclusive, temos uma recentíssima decisão do STJ, exarada no RECURSO ESPECIAL Nº 1.546.163 - GO

[5] "Art. 774. A recondução tácita do contrato pelo mesmo prazo, mediante expressa cláusula contratual, não poderá operar mais de uma vez".

[6] **Recondução contratual** (em verbete do Dicionário Jurídico de Maria Helena Dininiz): "Prorrogação contratual nas mesmas condições...." **Expressa:** pressupõe acordo de vontades antes do vencimento do contrato, prolongando-o para além do prazo inicialmente avençado. **Tácita:** protelação negocial deduzida pelo comportamento (silêncio por exemplo) das partes, que continuam no contrato mesmo após o seu término, no caso mais comum pelo não uso do aviso prévio contratual.

[7] **Renovação contratual** (em verbete do Dicionário Jurídico de Maria Helena Dininiz): "restabelecimento de contrato já vencido mediante realização de outro, de regra expressa, contendo ou não as mesmas cláusulas. Não se estende no tempo, havendo novo contrato, que se justapõe ao anterior".

[8] "Art. 776. O segurador é obrigado a pagar em dinheiro o prejuízo resultante do risco assumido, **salvo se convencionada a reposição da coisa**" (o grifo não é do original).

(2014/0270914-7) de relatoria do eminente Ministro Ricardo Villas Bôas Cueva, onde se discutiu a base do valor da FIPE (se da data do sinistro ou do pagamento), concluindo no sentido de que o valor da Tabela FIPE deve ser corrigido a partir da data do sinistro.

Ainda neste tópico introdutório, vale observar que a Súmula contraria norma específica da SUSEP sobre a incidência de correção monetária, no caso a ***Circular nº 255/2004*** a ser transcrita em nota de rodapé no tópico seguinte (*dispõe sobre a atualização de valores relativos às operações de seguro, de previdência complementar aberta e de capitalização, e dá outras providencias*), que adotou como regra a incidência da correção monetária a partir da data da ocorrência do evento, seja nos seguros de dano como nos de pessoa. Como também a legislação vigente. Senão, vejamos.

1. A jurisprudência do STF e do STJ sobre correção monetária em geral e no contrato de seguro e a legislação regente

Vale iniciar este tópico trazendo a lume a jurisprudência do Supremo Tribunal Federal, ainda do tempo em que o Pretório Excelso julgava questões de seguro, no caso revelando como já era o entendimento decisório da Augusta Corte, qual o de que o *"O segurador responde pelo valor dos objetos segurados por ocasião do sinistro e não por ocasião da conclusão do contrato, pois o fim do contrato é proporcionar ao segurado indenização pelos prejuízos provenientes do sinistro sofrido..."*[9]. Isso para de pronto mostrar que desde sempre a data do sinistro há de ser o marco inaugural da apuração do valor da indenização e, conseguintemente, da sua correção monetária.

A Súmula 632 do STJ pegou a todos de surpresa no setor de seguro, já que não se tinha divergências consideráveis na jurisprudência e na doutrina em relação à correção monetária na liquidação de sinistros, convivendo segurados e seguradores pacificamente com a regra de incidência da correção monetária a partir do sinistro e não da data da contratação, até porque sempre foi essa a orientação constante dos atos normativos da SUSEP e CNSP a que o Sistema Nacional de Seguros está submetido. E a novel Súmula contraria frontalmente norma específica da SUSEP sobre a incidência de correção monetária, no caso a já antes citada *circular 255/2004*[10], que adotou como regra a incidência da correção

[9] Recurso Extraordinário nº 8.992, publicado na RF nº 122, página 107.

[10] Circular SUSEP nº 255/2004: Art. 8º. Os valores das obrigações pecuniárias das sociedades seguradoras, das entidades abertas de previdência complementar e das sociedades

monetária a partir da data da ocorrência do evento, seja nos seguros de dano como nos de pessoa. Decerto que a aplicação do critério mais severo de aplicação da correção monetária estabelecido na Súmula em causa, trará impacto indesejável nas reservas e provisões técnicas das sociedades seguradoras, sempre em prejuízo da mutualidade.

Feito este preambulo, oportuno se faz uma breve incursão sobre alguns julgados dos Tribunais Superiores (STJ e STF) e textos legais, aqui trazidos por amostragem, que versam direta ou indiretamente sobre a fluência da correção monetária dos valores devidos por sinistros cobertos por contrato de seguro, conforme segue.

No Julgamento do *AgInt no REsp nº 1.595.113 – MT*, publicado em 17/04/18, vale conferir com a ementa que segue: "(...) RELATOR: MINISTRO MARCO BUZZI AGRAVANTE: COMPANHIA DE SEGUROS ALIANÇA DO BRASIL. AGRAVADO: KAREN MARTINS DE OLIVEIRA. AGRAVADO: BANCO DO BRASIL S/A AGRAVADO: KAREN MARTINS DE OLIVEIRA. **EMENTA:** AGRAVO INTERNO NO RECURSO ESPECIAL – AÇÃO DE COBRANÇA DE SEGURO C/C PEDIDO CONDENATÓRIO – DECISÃO MONOCRÁTICA DANDO PROVIMENTO AO RECLAMO APENAS PARA DETERMINAR QUE OS JUROS MORATÓRIOS INCIDAM A PARTIR DA

de capitalização, em relação aos contratos firmados com os respectivos consumidores, não contempladas nos artigos 4º, 5º, 6º e 7º deste anexo, **sujeitam-se à atualização monetária pela variação positiva do índice estabelecido no plano**, na hipótese de não cumprimento do prazo para o pagamento da respectiva obrigação pecuniária. Parágrafo único. Nenhuma correção será devida, caso o valor da indenização, apurada com base em tabela referencial no ato da contratação, seja equivalente ao valor da reposição do bem na data do seu efetivo pagamento. Art. 9º. Para efeito do disposto no artigo anterior, consideram-se as seguintes datas de exigibilidade: I – para as coberturas de acidentes pessoais, **a data do acidente**; II – para as coberturas de risco nos seguros de pessoas, **a data da ocorrência do evento**, ressalvado o disposto no inciso I; III – para a cobertura de risco por invalidez nos seguros de pessoas, não consequente de acidente, **a data da ocorrência do evento** que será caracterizada pela data indicada na declaração do médico assistente; IV – para a cobertura de risco por morte nos planos previdenciários, **a data do óbito**; V – para a cobertura de risco por invalidez nos planos previdenciários, **a data da ocorrência do evento** que será caracterizada pela data indicada na declaração do médico assistente; VI – para as coberturas de risco nos seguros de pessoas e nos seguros de danos, cuja indenização corresponda ao reembolso de despesas efetuadas, a data do efetivo dispêndio pelo segurado; VII – para os seguros de danos, **a data de ocorrência do evento**, com exceção do disposto no inciso VIII deste artigo; VIII – para o seguro rural, na modalidade agrícola, a data de término da colheita; IX ..." (nossos os grifos).

CITAÇÃO. INSURGÊNCIA DA SEGURADORA. 1. A revisão das conclusões a que chegou o Tribunal de origem, acerca do cabimento da indenização securitária pleiteada, reclama a interpretação de cláusula contratual, bem como a incursão no contexto fático-probatório dos autos, o que é vedado no âmbito do recurso especial, ante o teor dos óbices insertos nas Súmulas 5 e 7 do STJ. 2. A instância de origem, com amparo nos elementos de convicção dos autos, decidiu pela configuração dos requisitos ensejadores da reparação civil, incidindo, na espécie, o óbice da Sumula 7 desta Corte. 3. O pedido de redução do quantum indenizatório encontra, igualmente, óbice na Súmula 7/STJ. 4. Devida a indenização securitária e havendo a negativa da seguradora em efetuar seu pagamento, ***incidente a correção monetária desde esse evento.*** 5. Agravo interno desprovido." (o grifo é nosso).

No julgamento do *Agint. no REsp nº 1.635.330-PR*, publicado em 6-6-17, o acórdão tratou do seguro DPVAT cuja correção é a partir da data do sinistro consoante a *súmula 580* do STJ. Assim como se deu no julgamento do *AREsp nº 1.118.057-RJ*, publicado em 11-12-17.

Vale observar que no *AREsp nº 1.322.027-PR (publ. 4 -10 -18)*, o julgado do STJ não tratou da correção, mas o Acórdão do TJ do PR decidiu pelo termo inicial da correção ***30 dias após o aviso do sinistro*** que é o prazo regulamentar para a seguradora liquidar o sinistro *(o prazo geral de 30 dias para a reparação de veículos sinistrados, contados da data de entrega dos documentos exigidos do segurado, está previsto no art. 33 da Circular Susep nº 256/2004*[11]*, até aí não se configurando, portanto, a mora do segurador ou a*

[11] Circular "256/2004 (Dispõe sobre a estruturação mínima das Condições Contratuais e das Notas Técnicas Atuariais dos Contratos de Seguros de Danos e da outras providencias)... Art. 33. Deverão ser informados os procedimentos para liquidação de sinistros, com especificação dos documentos básicos previstos a serem apresentados para cada tipo de cobertura, facultando-se às sociedades seguradoras, no caso de dúvida fundada e justificável, a solicitação de outros documentos. § 1º Deverá ser estabelecido **prazo para a liquidação dos sinistros, limitado a 30 (trinta)** dias, contados a partir da entrega de todos os documentos básicos previstos no caput deste artigo, ressalvado o disposto no parágrafo 2º deste artigo. § 2º Deverá ser estabelecido que no caso de solicitação de documentação e/ou informação complementar, na forma prevista no caput deste artigo, o prazo de que trata o parágrafo anterior será suspenso, reiniciando sua contagem a partir do dia útil subsequente àquele em que forem completamente atendidas as exigências. § 3º Deverá ser estabelecido que o não pagamento da indenização no prazo previsto nos parágrafos 1º e 2º deste artigo, implicará aplicação de juros de mora a partir desta data, sem prejuízo de sua atualização, nos termos da legislação específica". (grifei).

exigibilidade da dívida). Isso porque a seguradora, por óbvio, não recorreu em relação a este ponto.

A propósito, o eminente Ministro aposentado do STJ, Professor José Augusto Delgado, ao comentar o artigo 772 do CC[12], na obra coordenada pelo pranteado Ministro Sálvio de Figueiredo Teixeira[13], traz à lembrança a ***Lei nº 5.488, de 27/08/1968***[14], que instituiu expressamente a correção monetária nos casos de liquidação de sinistros por contratos de seguro que, em seu artigo 1º, § 1º, estabelece que *a correção monetária será devida a partir do término dos prazos que o segurador dispõe para liquidar o sinistro, outorgando ao CNSP a competência para a fixação desses prazos e estabelecer as condições que se fizerem necessárias à sua aplicação e à execução da lei*. E é como dispõe hoje ditos órgãos legitimados para regular e normatizar as operações das sociedades seguradoras, como se vê das Circulares 255/04 e 256/04 da SUSEP e Resolução 103/04 do CNSP, porém, em favor do segurado, ao retroagir o início da correção monetária à data do sinistro. Não sem lembrar a força de lei desses normativos posto que determinados por lei Federal (DL 73/66).

O recente acórdão, julgado em 5/6/19, cuja ementa segue adiante, revela o teor cogente do artigo 781 do CC, matriz do princípio indenitário, prestigiando a regra de que no seguro de automóvel o critério da Tabela FIPE constitui modo próprio de "correção da indenização", aplicando-se o valor apurado na data do sinistro, até porque se fosse retroativo à data da contratação importaria em estabelecer indenização maior que o efetivo prejuízo causado pelo sinistro, por isso o início da correção

[12] Art. 772. A mora do segurador em pagar o sinistro obriga à atualização monetária da indenização devida segundo índices oficiais regularmente estabelecidos, sem prejuízo dos juros moratórios".

[13] "Comentários ao novo código civil", capítulo "*Das Várias Espécies de Seguro*", Editora Forense, páginas 295 e seguintes.

[14] Lei nº 5.488/68. Art. 1º. A indenização de sinistros por contratos de seguros, de pessoa, bens, e responsabilidades, quando não efetuada nos prazos estabelecidos na forma do § 2º, deste artigo, ficará sujeita à correção monetária, no todo ou em parte não paga. **§ 1º A correção monetária será devida a partir do término dos referidos prazos** e calculada na base dos coeficientes fixados para a correção das Obrigações Reajustáveis do Tesouro Nacional. § 2º O Conselho Monetário Nacional de Seguros Privados fixará os prazos a que se refere este artigo e estabelecerá as condições que se fizerem necessárias à sua aplicação e à execução desta lei. § 3º A incidência da correção monetária sobre o valor da indenização não exonera as entidades seguradoras, cosseguradoras e resseguradoras de outras sanções que, na espécie, lhes forem aplicáveis..." (grifei).

desse valor não pode ser outro que não a data do sinistro, já que aí se fixa o valor do prejuízo conforme, ademais, a *súmula 43 do STJ*[15], cabendo lembrar que os dizeres dessa Súmula 43 do próprio STJ é plenamente aplicável em analogia com a situação tratada na Súmula 632, eis que ambas se referem a indenização, uma decorrente de ato ilícito e a outra de contrato, mas o princípio é o mesmo. Esse critério diferenciado para situações análogas constitui um claro ponto de atrito entre a Súmula 632 e o entendimento sedimentado do próprio Tribunal.

Com efeito, sendo o automóvel bem que se deprecia, quanto mais se retrocede na data da correção, mais se aumenta, artificiosa e artificialmente, o valor do efetivo prejuízo e da indenização, com consequente infração ao princípio indenitário. Este tema é tratado com maior detalhe no tópico seguinte no qual abordamos especificamente o "*princípio indenitário*". Vejamos a ementa acima enunciada:

> *"REsp Nº 1.546.163 – GO. RELATOR: MINISTRO RICARDO VILLAS BÔAS CUEVA.* ***EMENTA:*** *RECURSO ESPECIAL. CIVIL. DIREITO SECURITÁRIO. NEGATIVA DE PRESTAÇÃO JURISDICIONAL. NÃO OCORRÊNCIA. SEGURO DE AUTOMÓVEL. PERDA TOTAL DO VEÍCULO. INDENIZAÇÃO. APURAÇÃO. VALOR MÉDIO DE MERCADO DO BEM. TABELA FIPE. DATA DA LIQUIDAÇÃO DO SINISTRO. ABUSIVIDADE. ADEQUAÇÃO. DIA DO SINISTRO. PRINCÍPIO INDENITÁRIO.* ***1.*** *Cinge-se a controvérsia a saber se a indenização securitária decorrente de contrato de seguro de automóvel deve corresponder, no caso de perda total, ao valor médio de mercado do bem (tabela FIPE) apurado na data do sinistro ou na data do efetivo pagamento (liquidação do sinistro).* ***2.*** *O Código Civil de 2002 adotou, para os seguros de dano, o princípio indenitário, de modo que a indenização securitária deve corresponder ao valor real dos bens perdidos, destruídos ou danificados que o segurado possuía logo antes da ocorrência do sinistro. Isso porque o seguro não é um contrato lucrativo, mas de indenização, devendo ser afastado, por um lado, o enriquecimento injusto do segurado e, por outro, o estado de prejuízo.* ***3.*** *Nos termos do art. 781 do CC, a indenização no contrato de seguro possui alguns parâmetros e limites, não podendo ultrapassar o valor do bem (ou interesse segurado) no momento do sinistro nem podendo exceder o limite máximo da garantia fixado na apólice, salvo mora do segurador. Precedentes.* ***4.*** *É abusiva a*

[15] Súmula 43: Incide correção monetária sobre a dívida por ato ilícito a partir da data do efetivo prejuízo".

cláusula contratual do seguro de automóvel que impõe o cálculo da indenização securitária com base no valor médio de mercado do bem vigente na data de liquidação do sinistro, pois onera desproporcionalmente o segurado, colocando-o em situação de desvantagem exagerada, indo de encontro ao princípio indenitário. Como cediço, os veículos automotores sofrem, com o passar do tempo, depreciação econômica, e quanto maior o lapso entre o sinistro e o dia do efetivo pagamento, menor será a recomposição do patrimônio garantido. ***5.*** *A cláusula do contrato de seguro de automóvel a qual adota, na ocorrência de perda total, o valor médio de mercado do veículo como parâmetro para a apuração da indenização securitária deve observar a tabela vigente na data do sinistro e não a data do efetivo pagamento (liquidação do sinistro).* ***6.*** *Recurso especial provido."*

No mesmo sentido o acórdão exarado no *REsp nº 1.546.163*, também de relatoria do Ministro Ricardo Cueva, julgado em 5/5/2016.

Vale destacar também aqui – já que falaremos deste julgado no tópico seguinte referente ao "*princípio indenitário*" – que o julgamento do REsp nº 1.189.213 - GO (*4ª Turma, de relatoria do ministro Salomão, julgado em 22/02/2011*), em sede de Ação Civil Pública, veio resolver todas as controvérsias antes dela existentes e que geravam para o setor incômoda insegurança jurídica, cuja decisão foi o divisor de águas na consolidação da jurisprudência da Corte, não só para ratificar a validade da Tabela FIPE, como também para estabelecer "*não serem abusivas as cláusulas dos contratos de seguro que prevejam que as seguradoras de veículos, nos casos de perda total ou de furto do bem,* ***indenize o segurado pelo valor de mercado na data do sinistro***". (nosso o grifo).

Oportuno também aqui trazer à colação os julgados do STJ cujas ementas adiante seguem como amostra:

"RECURSO ESPECIAL Nº 1.473.828 - RJ (2014/0066460-0) RELATOR: MINISTRO MOURA RIBEIRO RECORRENTE: SUL AMERICA COMPANHIA NACIONAL DE SEGUROS RECORRIDO: SCOPO ALIMENTOS LTDA. **EMENTA**: PROCESSUAL CIVIL E CIVIL. RECURSO ESPECIAL. AÇÃO DE COBRANÇA. INDENIZAÇÃO. SEGURO EMPRESARIAL. INCÊNDIO. PERDA TOTAL. AUSÊNCIA DOS VÍCIOS ELENCADOS NO ART. 535 DO CPC. INSTÂNCIAS ORDINÁRIAS QUE CONCLUÍRAM QUE O SINISTRO OCASIONOU A PERDA TOTAL DOS BENS SEGURADOS. IMPOSSIBILIDADE

DE ANÁLISE DO PLEITO DE MODIFICAÇÃO DA EXTENSÃO DO DANO. REVOLVIMENTO DO ARCABOUÇO FÁTICO-PROBATÓRIO. INCIDÊNCIA DA SÚMULA Nº 7 DESTA CORTE. INCIDÊNCIA DO CDC AO CASO CONCRETO. RELAÇÃO DE CONSUMO. ***INDENIZAÇÃO QUE DEVE CORRESPONDER AO VALOR DO EFETIVO PREJUÍZO NO MOMENTO DO SINISTRO***. APLICAÇÃO DO ART. 781 DO CC/02. SUCUMBÊNCIA FIXADA. RECURSO PARCIALMENTE PROVIDO. 1. Não há violação do disposto no art. 535 do CPC quando o aresto recorrido adota fundamentação suficiente para dirimir a controvérsia, sendo desnecessária a manifestação expressa sobre todos os argumentos apresentados, até porque o pleito de que os danos suportados pelo segurado foram parciais demanda inevitável revolvimento do arcabouço fático-probatório, o que é vedado em sede de recurso especial nos termos da Súmula nº 7 desta Corte, mormente em face da conclusão judicial de perda total dos bens segurados. 2. A pessoa jurídica que firma contrato de seguro visando à proteção de seu próprio patrimônio é considerada destinatária final dos serviços securitários, incidindo, assim, em seu favor, as normas do Código de Defesa do Consumidor. 3. ***Nos termos do art. 781 do CC/02, a indenização não pode ultrapassar o valor do interesse segurado no momento do sinistro. Ou seja, a quantia atribuída ao bem segurado no momento da contratação é considerada, salvo expressa disposição em sentido contrário, como o valor máximo a ser indenizado ao segurado.*** 4. Levando em consideração o real prejuízo no momento do sinistro ***segundo os valores de mercado dos bens*** (maquinário e imóvel) e os apurados pelos peritos judiciais, deve a indenização ser fixada em R$ 1.364.626,33, ***corrigidos monetariamente desde o evento danoso*** e acrescidos de juros de mora de 1% ao mês, a partir da citação, até o pagamento, nos termos do art. 406 do CC/02. 5. Recurso parcialmente provido." (nossos os grifos).

"RECURSO ESPECIAL Nº 1.483.620 - SC (2014/0245497-6) RELATOR: MINISTRO PAULO DE TARSO SANSEVERINO RECORRENTE: SEGURADORA LÍDER DOS CONSÓRCIOS DO SEGURO DPVAT. RECORRIDO: DINARTE DIAS DOS SANTOS. INTERES: SUPERINTENDÊNCIA DE SEGUROS PRIVADOS - "AMICUS CURIAE" REPR. POR: PROCURADORIA-GERAL FEDERAL INTERESSADA: DEFENSORIA PÚBLICA DA UNIÃO - "AMICUS CURIAE". DEFENSORIA PÚBLICA DA UNIÃO. **EMENTA:** RECURSO ESPECIAL

REPETITIVO. CIVIL. SEGURO DPVAT. INDENIZAÇÃO. ***ATUALIZAÇÃO MONETÁRIA. TERMO 'A QUO'. DATA DO EVENTO DANOSO.*** ART. 543-C DO CPC. 1. Polêmica em torno da forma de atualização monetária das indenizações previstas no art. 3º da Lei 6.194/74, com redação dada pela Medida Provisória n. 340/2006, convertida na Lei 11.482/07, em face da omissão legislativa acerca da incidência de correção monetária. 2. Controvérsia em torno da existência de omissão legislativa ou de silêncio eloquente da lei. 3. Manifestação expressa do STF, ao analisar a ausência de menção ao direito de correção monetária no art. 3º da Lei nº 6.194/74, com a redação da Lei nº 11.482/2007, no sentido da inexistência de inconstitucionalidade por omissão (ADI 4.350/DF). 4. Para os fins do art. 543-C do CPC: ***A incidência de atualização monetária nas indenizações por morte ou invalidez do seguro DPVAT, prevista no § 7º do art. 5º da Lei n. 6194/74, redação dada pela Lei n. 11.482/2007, opera-se desde a data do evento danoso.*** 5. Aplicação da tese ao caso concreto para estabelecer como termo inicial da correção monetária a data do evento danoso. 6. RECURSO ESPECIAL PROVIDO". (também aqui os grifos não são do original).

Além dos acima transcritos permitimo-nos colacionar, igualmente por amostragem, alguns outros julgados do STJ que também falam sobre atualização monetária de forma diversa da nova súmula 632, como seguem:

"EDcl no RECURSO ESPECIAL Nº 254.548 - SP (2000/0033976-8). RELATOR: MINISTRO VASCO DELLA GIUSTINA (DESEMBARGADOR CONVOCADO DO TJ/RS) EMBARGANTE: RUBENS DE ALMEIDA BARBOSA E OUTRO. EMBARGANTE: COMPANHIA DE SEGUROS DO ESTADO DE SÃO PAULO COSESP: OS MESMOS INTERESSADOS: CAIXA BENEFICENTE DOS FUNCIONÁRIOS DO BANCO DO ESTADO DE SÃO PAULO - CABESP. RELATÓRIO. O EXMO. SR. MINISTRO VASCO DELLA GIUSTINA (DESEMBARGADOR CONVOCADO DO TJ/RS) (Relator): Trata-se de dois recursos de embargos de declaração (fls. 519-520 e 524) opostos por COMPANHIA DE SEGUROS DO ESTADO DE SÃO PAULO - COSESP e RUBENS DE ALMEIDA BARBOSA E OUTRO contra acórdão (fls. 505-509), que deu provimento ao recurso especial, com o seguinte dispositivo: Voto, por isso, no sentido de conhecer do recurso especial e de dar-lhe provimento para condenar Cosesp – Companhia de Seguros do Estado de São Paulo S/A ao pagamento do seguro, ***corrigido desde o óbito***, com incidência de juros moratórios, no percentual de 0,5% ao mês até a entrada em vigor do novo Código Civil, a partir de quando os juros serão de 1% ao mês, das custas do processo e dos honorários de advogado fixados em 10% sobre o valor da condenação (fl. 509)." O grifo é proposital.

AgRg no AGRAVO DE INSTRUMENTO Nº 1.375.582 - SP (2010/0224650-1). Julgado em 04 de agosto de 2011. RELATOR: MINISTRO JOÃO OTÁVIO DE NORONHA. AGRAVANTE: MAPFRE SEGUROS – VERA CRUZ VIDA E PREVIDÊNCIA. AGRAVADO: PAULO CÉSAR DE SOUZA. **EMENTA**: AGRAVO REGIMENTAL. CIVIL. CORREÇÃO MONETÁRIA. SÚMULA N. 43/STJ. DISPOSITIVOS CONSTITUCIONAIS. IMPOSSIBILIDADE DE APRECIAÇÃO. 1. Na hipótese de descumprimento de obrigação contratual, ***o termo inicial da correção monetária é a data em que a obrigação deveria ter sido cumprida – Súmula n. 43/STJ***. 2. Não cabe ao Superior Tribunal de Justiça intervir em matéria de competência do STF, ainda que para prequestionar questão constitucional, sob pena de violar a rígida distribuição de competência recursal disposta na Lei Maior. 3. Agravo regimental desprovido. ACÓRDÃO: Vistos, relatados e discutidos os autos em que são partes as acima indicadas, acordam os Ministros da Quarta Turma do Superior Tribunal de Justiça, por unanimidade, negar provimento ao agravo regimental nos termos do voto do Sr. Ministro Relator." (o grifo é nosso).

AgRg no AGRAVO EM RECURSO ESPECIAL Nº 200.514 – RJ (2012/0141865-0), JULGADO EM 28/05/2013. RELATOR: MINISTRO SIDNEI BENETI. AGRAVANTE: WAGNER DE CASTRO PINNA. AGRAVADO: AZUL COMPANHIA DE SEGUROS GERAIS. **EMENTA**: AGRAVO REGIMENTAL NO AGRAVO EM RECURSO ESPECIAL. SEGURO DE VEÍCULO. COBERTURA. INSTALAÇÃO DE KIT GÁS. AGRAVAMENTO DO RISCO DE ROUBO. DANO MORAL. ***TERMO INICIAL DOS JUROS MORATÓRIOS E DA CORREÇÃO MONETÁRIA.*** IMPROVIMENTO. 1. – O acórdão, em consonância com a jurisprudência desta Corte, afastou a obrigação de indenizar por entender, com base nos elementos fático-probatórios dos autos, que a instalação do kit gás no veículo segurado não foi decisivo para a ocorrência do sinistro, sem o qual, o roubo não teria ocorrido. Precedentes. 2. -. Como regra, o descumprimento de contrato, ao não pagar a seguradora o valor do seguro contratado, não enseja reparação a título de dano moral, salvo em situações excepcionais, que transcendam no indivíduo, a esfera psicológica e emocional do mero aborrecimento ou dissabor, próprio das relações humanas, circunstância essa que não se faz presente nos autos. 3. – Nos casos de ilícito contratual os juros de mora são contados da data da citação (art. 406 do Novo Código Civil). Precedentes. 4. – ***"Incide correção monetária sobre dívida por ato ilícito a partir da data do efetivo prejuízo" (Súmula 43/STJ)***. Incidência da Súmula 83/STJ. 5. – Agravo Regimental improvido. ACÓRDÃO: Vistos, relatados e discutidos os autos em que são partes as acima indicadas, acordam os Ministros da Terceira Turma do Superior Tribunal de Justiça, por unanimidade, negar provimento ao agravo regimental, nos termos do voto do Sr. Ministro Relator. Documento: 1238863 – Inteiro Teor do Acórdão – Site certificado – DJe: 13/06/2013 Página 1 de 3. (grifo de nossa autoria)"

Outro ponto que entendemos relevante diz respeito à *Súmula 580 do STJ*[16]. O detalhe está na remissão feita ao parágrafo 7º, do artigo 5º da Lei 6.194/74[17], que remete a regra da atualização aos critérios fixados na regulamentação específica. Por que então nos demais seguros não aplicar também a regulamentação específica de seguro privado? Por essa razão ao editar a Súmula 632 o STJ julgou em desencontro da sua própria orientação sumular (Súmula 580) e, por tabela, de sua já citada Súmula nº 43, segundo a qual, vale repetir, *a correção monetária de indenização decorrente de ato ilícito conta-se da data da caracterização do efetivo prejuízo.*

Oportuno também lembrar, além da regra prevista na antes citada Circular *SUSEP nº 255/04* estabelecendo a fluência da correção monetária a contar da data do sinistro/evento, que existe outra regra pertinente

[16] Súmula 580: *A correção monetária nas indenizações do seguro DPVAT por morte ou invalidez, prevista no parágrafo 7º, artigo 5º da lei 6.194/74 com a redação dada pela lei 11.482/07,* ***incide desde a data do evento danoso***". (grifo nosso).

[17] "§ 7º Os valores correspondentes às indenizações, na hipótese de não cumprimento do prazo para o pagamento da respectiva obrigação pecuniária, sujeitam-se à correção monetária segundo índice oficial regularmente estabelecido e juros moratórios ***com base em critérios fixados na regulamentação específica de seguro privado***". (grifamos)

na *Resolução CNSP nº 103/2004* prevendo, tanto para o seguro de pessoa quanto para o de dano, que "*As contratações com vigência igual ou inferior a um ano não poderão conter cláusula de atualização de valores*". Bem a propósito esta regra decorre da *Lei do Plano Real*, segundo a qual é nulo de pleno direito qualquer estipulação ou ato no sentido de admitir correção monetária com periodicidade inferior a um ano. Senão, vejamos.

A *lei nº 10.192, de 14 de fevereiro de 2001*, que dispõe sobre medidas complementares ao Plano Real e dá outras providências, em pleno vigor, já no pórtico de seu artigo 1º, estabelece que "*as estipulações de pagamento de obrigações pecuniárias exequíveis no território nacional deverão ser feitas em Real, **pelo seu valor nominal***" e, em seu artigo 2º, caput e parágrafos, deixa claro que: "*É admitida estipulação de correção monetária ou de reajuste por índices de preços gerais, setoriais ou que reflitam a variação dos custos de produção ou dos insumos utilizados nos contratos de prazo de duração **igual ou superior a um ano. § 1º É nula de pleno direito qualquer estipulação de reajuste ou correção monetária de periodicidade inferior a um ano**. § 2º Em caso de revisão contratual, o termo inicial do período de correção monetária ou reajuste, ou de nova revisão, será a data em que a anterior revisão tiver ocorrido. § 3º Ressalvado o disposto no § 7º do art. 28 da Lei nº 9.069, de 29 de junho de 1995, e no parágrafo seguinte, **são nulos de pleno direito quaisquer expedientes que, na apuração do índice de reajuste, produzam efeitos financeiros equivalentes aos de reajuste de periodicidade inferior à anual**...*" (grifamos).

Está-se, pois, a ver, *a uma*, que a regra legal é a de que a dívida seja paga pelo seu valor nominal em Real, *a duas*, que a exceção, dede que ajustado entre as partes de um contrato, é a correção monetária por índices de preços gerais, setoriais ou que reflitam a variação dos custos de produção ou dos insumos utilizados nos contratos de prazos de duração igual ou superior a um ano (*caput do artigo 2º supra*). Nada mais razoável, portanto, que nos contratos de seguro, bilateral, oneroso e regido pelo dirigismo estatal, a estipulação contratual se faça de acordo com as regras estabelecidas pela SUSEP e pelo CNSP, cujas normas costumam ter força de lei já que a tanto autorizadas pelo DL 73/66, não sendo diferente em relação à correção monetária, seus índices aplicáveis e o termo inicial de sua fluência (*ver Circular SUSEP 255/03, Resolução CNSP 103/04 e Lei nº 5.488/68*).

A lei do Plano Real, dentre outras, é inegavelmente de força cogente quando estabelece a nulidade de pleno direito de qualquer estipulação de reajuste ou correção monetária com periodicidade inferior a um ano (§§ 1º e 3º do artigo 2º supra). Vale também observar que, em caso de revisão contratual, sempre se observando a periodicidade não inferior a um ano, o termo inicial do período de correção monetária ou reajuste, ou de nova revisão, será a data em que a anterior revisão tiver ocorrido. Isso robustece qualquer observação à Súmula 632 do STJ, no sentido de que, nos contratos plurianuais de renovação anual periódica, a correção deva fluir a partir da última renovação, até porque, como visto no tópico de introdução, *renovar*, expressa ou tacitamente, é fazer novo contrato com iguais ou diferentes condições. Todavia, o só fato de uma possível interpretação da magistratura e de outros intérpretes se fazer com efeito retroativo à primeira contratação, já recomendaria também por isso uma revisão da Súmula 632.

A propósito, sobre o Plano Real e a lei da periodicidade não inferior a um ano da correção monetária, a ementa a seguir resume tudo sobre o posicionamento iterativo da jurisprudência do STJ sobre a eficácia da legislação que ainda rege, de forma cogente, a regra da periodicidade da correção monetária a que surpreendentemente a Súmula 632 negara vigência, ensejando, por isso, a sua revisão, sabido também que o judiciário ao julgar em contrariedade ao que já foi legislado pelo Poder Legislativo, "legisla" com violação ao princípio fundamental da independência dos poderes da República fincado na CF como cláusula pétrea. Vejamos a ementa:

> "Relator(a): Ministro Marco Aurélio Bellizze (1150). Órgão Julgador: T3 – TERCEIRA TURMA. Data do Julgamento: 15/12/2016. Data da Publicação/Fonte: DJe 02/02/2017. **EMENTA:** AGRAVO INTERNO NO RECURSO ESPECIAL. CONTRATO DE COMPRA E VENDA DE IMÓVEL. 1. AUSÊNCIA DE PREQUESTIONAMENTO. 2. CORREÇÃO MONETÁRIA. PERIODICIDADE ANUAL. PRECEDENTES. AGRAVO IMPROVIDO. 1. Não sendo analisada pelo Tribunal de origem a tese delineada nas razões do recurso especial (violação ao art. 15 da Medida Provisória n. 2.223/2001) sob o enfoque das razões da parte recorrente, aplica-se o disposto nas Súmulas 282 e 356 do STF, dada a ausência de prequestionamento. **2. *A jurisprudência deste Tribunal Superior é iterativa no sentido de que "os contratos que têm por objeto obrigação pecuniária firmados após 1º de julho de 1994, ou seja, sob a regência***

***do Plano Real, somente podem ser corrigidos com periodicidade anual*"**. Incidência da Súmula 83/STJ. 3. Agravo interno a que se nega provimento." (grifamos também aqui).

Tal não bastasse, a jurisprudência do STF, representada pelas ementas adiante transcritas como amostra, também é firme em reconhecer o caráter cogente e de ordem pública da legislação do Plano Real e de sua mais absoluta constitucionalidade, inclusive quanto aos critérios e regras ali estabelecidos sobre correção monetária e sua periodicidade mínima anual, também em relação à sua aplicação imediata. Senão vejamos.

> "RE 273602 / RJ - RIO DE JANEIRO RECURSO EXTRAORDINÁRIO Relator: Min. SEPÚLVEDA PERTENCE. Julgamento: 18/02/2003. Órgão Julgador: Primeira Turma. Publicação: DJ 16-05-2003 PP-00110. EMENT. VOL-02110-03 PP-00581. **EMENTA**: I. Recurso extraordinário e recurso especial: inexistência de prejudicialidade: o fato de o STJ haver se pronunciado no julgamento do REsp sobre as questões discutidas no RE não prejudica o seu exame pelo STF, se persiste o interesse da recorrente na reforma da decisão de segundo grau: precedente (RE 194.382 (Corrêa, Pleno, 25.04.01, Inf./STF 225). II. Direito intertemporal: aplicação, aos contratos em curso, de legislação do "***Plano Real***" (M. Pr. 452/94, convertida na L. 9.069/95), ***na parte em que fixou em um ano a periodicidade mínima do reajuste*** trimestral avençado pelas partes em contrato de locação não-residencial: alegação de violação do art. 5º, XXXVI (garantia constitucional do ato jurídico perfeito): procedência. 1. A aplicação imediata do art. 28, caput, da L. 9.069/95 segundo a qual, "***nos contratos celebrados ou convertidos em real com cláusula de correção monetária por índice de preço ou por índice que reflita a variação ponderada dos custos dos insumos utilizados, a periodicidade de aplicação dessas cláusulas será anual***" -, atingiu, retroativamente, no caso, cláusula contratual que previa o reajuste trimestral do valor do aluguel: ofensa ao art. 5º, XXXVI, da Constituição Federal: recurso extraordinário conhecido e provido. 2. Impossibilidade de invocação, na espécie, da jurisprudência do Tribunal que afasta a incidência do art. 5º, XXXVI, porquanto não cuidam os dispositivos, de cuja aplicação se cogita, das hipóteses de alteração do padrão monetário, nem do estabelecimento de critérios para a conversão da moeda. **Decisão**: A Turma conheceu do recurso

extraordinário e lhe deu provimento, nos termos do voto do Relator. Unânime. 1ª. Turma, 18.02.2003". (grifamos).

"RE 211304 / RJ - RIO DE JANEIRO RECURSO EXTRAORDINÁRIO Relator: Min. Marco Aurélio. Relator p/ Acórdão: Min. Teori Zavascki. Julgamento: 29/04/2015. Órgão Julgador: Tribunal Pleno. Publicação: DJe-151. DIVULG. em 31-07-2015 PUBLIC 03-08-2015 EMENT VOL-03992-02 PP-00339. **EMENTA:** CONSTITUCIONAL E ECONÔMICO. SISTEMA MONETÁRIO. PLANO REAL. NORMAS DE TRANSPOSIÇÃO DAS OBRIGAÇÕES MONETÁRIAS ANTERIORES. INCIDÊNCIA IMEDIATA, INCLUSIVE SOBRE CONTRATOS EM CURSO DE EXECUÇÃO. ART. 21 DA MP 542/94. INEXISTÊNCIA DE DIREITO ADQUIRIDO À MANUTENÇÃO DOS TERMOS ORIGINAIS DAS CLÁUSULAS DE CORREÇÃO MONETÁRIA. 1. A aplicação da cláusula constitucional que assegura, em face da lei nova, a preservação do direito adquirido e do ato jurídico perfeito (CF, art. 5º, XXXVI) impõe distinguir duas diferentes espécies de situações jurídicas: (a) as situações jurídicas individuais, que são formadas por ato de vontade (especialmente os contratos), cuja celebração, quando legítima, já lhes outorga a condição de ato jurídico perfeito, inibindo, desde então, a incidência de modificações legislativas supervenientes; e (b) as situações jurídicas institucionais ou estatutárias, que são formadas segundo normas gerais e abstratas, de ***natureza cogente***, em cujo âmbito os direitos somente podem ser considerados adquiridos quando inteiramente formado o suporte fático previsto na lei como necessário à sua incidência. Nessas situações, as normas supervenientes, embora não comportem aplicação retroativa, ***podem ter aplicação imediata***. 2. ***Segundo reiterada jurisprudência do Supremo Tribunal Federal, as normas que tratam do regime monetário – inclusive, portanto, as de correção monetária –, têm natureza institucional e estatutária, insuscetíveis de disposição por ato de vontade, razão pela qual sua incidência é imediata, alcançando as situações jurídicas em curso de formação ou de execução***. É irrelevante, para esse efeito, que a cláusula estatutária esteja reproduzida em ato negocial (contrato), eis que essa não é circunstância juridicamente apta a modificar a sua natureza. 3. As disposições do art. 21 da Lei 9.069/95, resultante da conversão da MP 542/94, formam um dos mais importantes conjuntos de preceitos normativos do ***Plano REAL***, um dos seus pilares essenciais, justamente o que fixa os critérios para a transposição das obrigações monetárias, inclusive contratuais, do antigo para o novo sistema monetário. ***São, portanto, preceitos de ordem pública*** e seu conteúdo, por não ser suscetível de disposição por atos de vontade, têm natureza estatutária, vinculando de forma necessariamente semelhante a todos os destinatários. Dada essa natureza institucional (estatutária), não há inconstitucionalidade na sua aplicação imediata (que não se confunde com aplicação retroativa) para disciplinar as cláusulas de correção monetária de contratos em curso. 4. Recurso extraordinário a que se nega provimento." (os grifos são propositais).

"AI 281096 AgR / SP – SÃO PAULO AG.REG. NO AGRAVO DE INSTRUMENTO Relator(a): Min. Rosa Weber Julgamento: 23/02/2016. Órgão Julgador: Primeira Turma. Publicação: ACÓRDÃO ELETRÔNICO DJe – 045 DIVULG 09-03-2016. PUBLIC. 10-03-2016. **EMENTA.** DIREITO CONSTITUCIONAL E ECONÔMICO. ***SISTEMA MONETÁRIO. PLANO REAL.*** NORMAS DE TRANSPOSIÇÃO DAS OBRIGAÇÕES MONETÁRIAS ANTERIORES. ***INCIDÊNCIA IMEDIATA, INCLUSIVE SOBRE CONTRATOS EM CURSO DE EXECUÇÃO.*** ART. 21 DA MP 542/94. INEXISTÊNCIA DE DIREITO ADQUIRIDO À MANUTENÇÃO DOS TERMOS ORIGINAIS DAS ***CLÁUSULAS DE CORREÇÃO MONETÁRIA.*** CONSONÂNCIA DA DECISÃO RECORRIDA COM A ***JURISPRUDÊNCIA CRISTALIZADA NO SUPREMO TRIBUNAL FEDERAL,*** NO JULGAMENTO DO RE 212.609/SP PELO TRIBUNAL PLENO. RECURSO EXTRAORDINÁRIO QUE NÃO MERECE TRÂNSITO. ACÓRDÃO DO SUPERIOR TRIBUNAL DE JUSTIÇA PUBLICADO EM 07.12.1998. 1. O entendimento adotado pela Corte de origem, nos moldes do assinalado na decisão agravada, não diverge da jurisprudência firmada no âmbito deste Supremo Tribunal Federal pelo Tribunal Pleno no RE 212.609/SP, Relator para acórdão Min. Teori Zavascki, DJe 05.8.2015, no sentido de que "(...) segundo reiterada jurisprudência do Supremo Tribunal Federal, ***as normas que tratam do regime monetário – inclusive, portanto, as de correção monetária –, têm natureza institucional e estatutária,*** insuscetíveis de disposição por ato de vontade, razão pela qual ***sua incidência é imediata, alcançando as situações jurídicas em curso de formação ou de execução.*** É irrelevante, para esse efeito, que a cláusula estatutária esteja reproduzida em ato negocial (contrato), eis que essa não é circunstância juridicamente apta a modificar a sua natureza. 2. As disposições do art. 21 da Lei 9.069/95, resultante da conversão da MP 542/94, formam um dos mais importantes conjuntos de preceitos normativos do Plano REAL, um dos seus pilares essenciais, justamente o que fixa os critérios para a transposição das obrigações monetárias, inclusive contratuais, do antigo para o novo sistema monetário. São, portanto, preceitos de ordem pública e seu conteúdo, por não ser suscetível de disposição por atos de vontade, têm natureza estatutária, vinculando de forma necessariamente semelhante a todos os destinatários. Dada essa natureza institucional (estatutária), não há inconstitucionalidade na sua aplicação imediata (que não se confunde com aplicação retroativa) para disciplinar as cláusulas de correção monetária de contratos em curso." 3. As razões do agravo regimental não se mostram aptas a infirmar os fundamentos que lastrearam a decisão agravada. 3. Agravo regimental conhecido e não provido". (também grifamos).

Posto assim parece-nos que a Súmula 632 do STJ, além de julgar contra jurisprudência da própria Corte, deixou de considerar a legislação e a jurisprudência mais adequada ao tema, valendo observar que, ao estabelecer a correção monetária retrocedente à data da contratação do seguro, desconsidera a determinação legal de que a correção monetária não pode ter periodicidade inferior a um ano – tampouco iniciar-se antes da data do sinistro –, bastando imaginar o seguinte exemplo: *contrato celebrado em 1/1/2019; sinistro ocorrido, digamos, em 15 de janeiro do mesmo ano; recusa da seguradora dentro dos trinta dias contados da data do sinistro. Segurado inconformado ingressa em juízo logrando êxito com sentença transitada em julgado no mesmo ano. É claro que se a correção incidir a partir da contratação, estaria o julgador incorrendo em infringência à lei, posto que inobservada a periodicidade não inferior a um ano. Em qualquer hipótese, mesmo em judicialização duradoura, a correção monetária concedida antes da data do sinistro importaria em concessão de correção com periodicidade menor que um ano, ao menos em relação ao primeiro ano.*

2. O princípio indenitário no contrato de seguro

Em suas palestras sobre o princípio indenitário no contrato de seguro, o Ínclito Ministro aposentado do STJ José Augusto Delgado costumava, em tom didático, fazer a seguinte metáfora: "*se a violação de um preceito legal já pudesse configurar um pecado venial, porém grave, a inobservância de um princípio de direito configuraria um pecado mortal não arrependido*". E lembrava sempre que o *princípio indenitário* que rege fundamentalmente os seguros de dano, tal como esculpido no já citado artigo 781 do Código Civil, não permite, de forma alguma, que o segurado possa receber quantia maior que a do prejuízo causado pelo sinistro.

Aliás, coube a Delgado[18] comentar os artigos 757 a 782 e, ao fazê-lo, em relação ao artigo 781 matriz do princípio indenitário no Código (*obra citada páginas 456/473*), já principia afirmando que "*A indenização a ser recebida pelo segurado, no caso de consumação do risco provocador do sinistro, deve corresponder ao real prejuízo do interesse segurado*", também ali dizendo, com igual maestria, que "*o limite máximo é o da garantia fixada na apólice. Se os prejuízos forem menores do que o limite máximo fixado na apólice, o segurador só está obrigado a pagar o que realmente aconteceu*". Na sequência, à página 464 da obra citada, ao observar não ser diferente nos diversos Códigos Civis do Mundo, no da Itália, no da França dentre outros, pontifica como mantra, primeiro, que "*na verificação do prejuízo, não se pode atribuir à coisa perecida ou danificada um valor superior àquele que tinha ao tempo do sinistro*", segundo, que "*o seguro, relativamente aos bens é um contrato de indenização; a indenização devida pelo segurador ao segurado não pode exceder o montante do valor da coisa segurada no momento do sinistro*".

Assim é que, corrigir o valor do prejuízo para antes da ocorrência do sinistro, constitui, com a máxima vênia, violação ao princípio indenitário. É que a fixação dos valores garantidos pelo contrato de seguro ocorre em duas fases distintas: no primeiro momento, quando da conclusão do contrato, tem-se a aferição do valor do interesse, ou importância segurada; depois, em ocorrendo o sinistro, fixa-se a indenização, vale dizer, faz-se a avaliação do valor dos bens danificados ou dos prejuízos sofridos. Como ensina Pedro Alvim[19], "*A maioria dos seguros de danos não adota o critério de avaliação prévia. Como já dito, a importância segurada não tem outra função que limitar a obrigação do segurador. Representa o teto de sua responsabilidade em caso de sinistro. Por isso mesmo, ao ser celebrado o contrato, é*

[18] Delgado, José. Augusto "Comentários ao novo código civil", coordenada pelo saudoso ministro Sálvio de Figueiredo Teixeira.

[19] Alvim, Pedro. O Seguro e o Novo Código Civil. Rio de Janeiro. Forense 2007, págs. 111-113.

aceita a estimativa que o próprio segurado faz do valor dos seus bens. ***A avaliação efetiva só ocorrerá, se houver sinistro."*** *(Grifou-se).*

A recente Súmula nº 632 do STJ também por isso carece urgentemente de revisão, porque, ao estabelecer que a correção monetária das indenizações cobertas pelos contratos de seguro regidos pelo Código Civil deva retroagir à data da contratação e não à data do sinistro como sempre foi aqui e no mundo, é um convite para que toda a magistratura brasileira, dos mais diferentes rincões, desconsidere um princípio de direito securitário, no caso o *princípio indenitário* que define o caris dos seguros de dano e inadmite indenização maior que o prejuízo apurado na data do sinistro. A Súmula, por conseguinte, também possibilita violação de um preceito legal de força cogente, entrando em testilha com o artigo 781 do Código que, ao contrário da Súmula, estabelece que *a indenização não pode ultrapassar o valor do interesse segurado* ***no momento do sinistro****, e, em* ***hipótese alguma****, o limite máximo da garantia fixado na apólice, salvo em caso de mora do segurador"* (nossos os grifos). É dizer, a uma, que legal e juridicamente a indenização não pode superar o valor real do bem apurado no momento do sinistro; a duas, que *em hipótese alguma*, esse valor pode ultrapassar o Limite Máximo da Garantia (LMG) estabelecido na apólice conforme o já alhures citado artigo 778 e o artigo 760[20] do Código, salvo em caso de mora, hipótese em que a indenização será carregada de juros a contar da citação conforme iterada e sumulada jurisprudência do STJ, e da correção monetária, esta logicamente a contar do sinistro, ou seja, da data do efetivo prejuízo (*a também já citada súmula nº 43 do STJ se aplica perfeitamente ao tema aqui tratado, assim como a igualmente citada Súmula 580, embora se refira esta ao seguro DPVAT*).

Quer isso também dizer que, por força da *cláusula de rateio* prevista no artigo 783 do Código[21], se não houver disposição contratual em contrário, a indenização pode ser menor que o valor do LMG (seguro e prêmio sob medida à disponibilidade econômica e financeira do segurado), porém jamais maior que esse limite ou maior que o valor real do bem

[20] "Art. 760. A apólice ou o bilhete de seguro serão nominativos, à ordem ou ao portador, e mencionarão os riscos assumidos, o início e o fim de sua validade, o limite da garantia e o prêmio devido, e, quando for o caso, o nome do segurado e o do beneficiário". (o grifo não é do original).

[21] "Art. 783. Salvo disposição em contrário, o seguro de um interesse por menos do que valha acarreta a redução proporcional da indenização, no caso de sinistro parcial".

na data do sinistro, uma vez que tal importaria em enriquecimento sem causa do segurado, sabido que o seguro não é contrato de aquisição, mas de reposição. Com efeito, a possibilidade de indenização maior que o prejuízo ou valor de reposição do bem sinistrado, desnatura o contrato de seguro em jogo e aposta, considerando que o sinistro passa a interessar ao segurado, diante de uma expectativa de recebimento de quantia maior do que aquela pela qual o segurado pudesse vender o seu bem, como um automóvel, por exemplo, em regra depreciável ao longo do tempo, já que sua *depreciação gradativa*, muita vez insidiosa, até por falta ou inadequada manutenção, não integra o conceito do risco tampouco é causada pela subtaneidade do sinistro. Da mesma forma a correção monetária aplicada a contar da data da contratação do seguro e não da data do sinistro.

Por tais razões, determinadas apólices de seguro de dano costumam abrigar impositivamente a chamada "*cláusula de depreciação*", fiel à lógica do seguro para que o segurado não receba nem mais nem menos que o valor real do bem na data do sinistro, motivo pelo qual tal cláusula se concilia perfeitamente com o conceito indenitário do seguro de dano, que inadmite possa o segurado especular com o seguro recebendo indenização maior que o prejuízo que experimentou com o sinistro, acontecimento futuro e incerto. Ora, se o bem sinistrado, um imóvel, por exemplo, coberto por seguro de incêndio já se encontrava depreciado pelo uso e idade, ou até mesmo por alguma avaria pré-existente, não pode nem deve o segurado receber indenização sem essa dedução, do contrário estaria recebendo mais do que o prejuízo sofrido. Demais, o segurado, proprietário do imóvel, já se beneficia junto ao Imposto de Renda com tal depreciação. Não considerar a depreciação do bem na data do sinistro para fins indenizatórios seria também indução e fomento à fraude que tanto assola a instituição do seguro, na medida em que o segurado imbuído de má fé vislumbre o recebimento de indenização maior que o efetivo prejuízo, ostentando contra os limites intransponíveis estabelecidos no art. 781 do Código Civil, que realça indelevelmente o caráter indenitário dos seguros de dano ou de coisas, com o qual não se coaduna qualquer possibilidade de alguém poder especular com o seguro, que é de *dano vittando* e não de *lucro capiendo*.

A depreciação, pois, nada mais é, no contexto do seguro incêndio, *vis a vis* o *Valor em Risco*, do que o valor percentual matematicamente calculado (*fórmula de Ross*) que, deduzido do *Valor de Novo* de um determinado bem, conduzirá ao *Valor Atual* desse bem, ou seja, ao valor do mesmo na data de eventual sinistro e que, para cálculo desse percentual utilizam-se os critérios de uso, idade e estado de conservação do bem a ser depreciado.

Com efeito, o *Valor em Risco*, para fins do seguro incêndio, é o valor material, intrínseco de custo de reposição, embora muita vez, ante a falta de elementos para se determinar o custo de reposição, usa-se, na liquidação de sinistros, o valor de custo histórico, reservando-se para os casos de objetos de arte, cuja reposição é de modo geral impossível, o valor de mercado como espécie de valor estimativo.

É sempre oportuno buscar o embasamento do eminente J. J. DE SOUZA MENDES, cujas lições, irrespondíveis, extraídas de sua consagrada obra[22] devem ser incutidas no raciocínio de todos aqueles intérpretes que pretendam, com verdadeira justiça, desatar querelas relacionadas ao tema aqui posto, que a certa altura de seus ensinamentos, assim enfatiza:

> ***"É PRECISO NÃO ESQUECER, JAMAIS, QUE OS BENS DE USO ESTÃO SUJEITOS A DEPRECIAÇÕES,*** *AS QUAIS NA FIXAÇÃO DOS PREJUÍZOS, DEVEM SER LEVADAS EM CONSIDERAÇÃO. INICIALMENTE, A BASE DE CÁLCULO DA INDENIZAÇÃO SERÁ O* ***VALOR DEPRECIADO*** *DOS PREJUÍZOS.* ***PREJUÍZO DEPRECIADO*** *PODE PARECER UMA EXPRESSÃO ABSURDA. SE SE RACIOCINA, PORÉM, EM FUNÇÃO DA PERDA OU DIMINUIÇÃO DE PATRIMÔNIO SOFRIDAS PELO SEGURADO, CHEGA-SE À CONCLUSÃO DE QUE O QUE* ***ELE DE FATO PERDEU FOI UM VALOR MENOR DO QUE O DO CUSTO DE REPOSIÇÃO,*** *POIS SEUS BENS NÃO TINHAM POR FORÇA DO USO, DA IDADE, DO ESTADO EM QUE SE ENCONTRAVAM, ESTE ÚLTIMO VALOR, O QUAL SÓ PODERÁ SER INTEGRALMENTE INDENIZADO, EM FASE POSTERIOR, SE O VALOR DO SEGURO O COMPORTAR..." (nossos os grifos).*

E se nos dermos à tarefa de ultrapassar as fronteiras da doutrina brasileira, verificaremos que esse raciocínio lógico prevalece em todo mundo, como se vê das lições abaixo resumidas, apenas a título de amostragem, extraídas de escólios do festejado jurista argentino e professor ISAAK

[22] "Bases Técnicas do Seguro", páginas 112/113.

HALAPERIN[23], conhecido nas paisagens jurídicas das Américas e da Europa, por isso representando a melhor doutrina:

> *"O SEGURO DE INCÊNDIO OBJETIVA INDENIZAR OS DANOS MATERIAIS CAUSADOS POR FORÇA DE UM FOGO HOSTIL, DIRETA OU INDIRETAMENTE À COISA SOBRE A QUAL VERSA O INTERESSE SEGURADO... OS CRITÉRIOS PARA DETERMINAR OS DANOS E A FORMA DA INDENIZAÇÃO VISAM A* ***APURAÇÃO DO VALOR À ÉPOCA DO SINISTRO****, SALVO QUANDO SE CONVENCIONA A RECONSTRUÇÃO. ISTO PORQUE A REGRA É A DEDUÇÃO DA VETUSTEZ DO BEM. DEVE APRECIAR-SE SEGUNDO O ESTADO DEPOIS DO SINISTRO...".* (os grifos aqui também não são do original).

Logo se vê, também das lições claras de HALPERIN, que a depreciação é elemento natural dentre os critérios da indenização de bens consumidos pelo fogo, até em função da regra segundo a qual a indenização se mede pelo valor apurado na época do sinistro, e não na da contratação.

Oportuno também mencionar que bem compreendeu a matéria o Tribunal de Justiça do Estado do Rio de Janeiro, conforme se vê de decisão tomada por sua Décima Oitava Câmara Cível, em 17/12/2002, na Apelação nº 2002.001.26788, da lavra do ilustre Relator Desembargador JESSÉ TORRES, assim ementada:

> *"SEGURO CONTRA INCÊNDIO. ALTERNATIVA NO CUMPRIMENTO DA OBRIGAÇÃO, À ESCOLHA DO SEGURADO. DIFERENÇA QUE O SEGURADO SÓ FARIA JUS SE, NO PRAZO PACTUADO, DESSE INÍCIO À RECONSTRUÇÃO DO IMÓVEL, O QUE NÃO FEZ. OPTOU POR RECEBER O VALOR CORRESPONDENTE AO PRÉDIO NO ESTADO EM QUE SE ACHAVA* ***ANTES DO SINISTRO****. CLÁUSULA CONTRATUAL VÁLIDA, CUJO INTUITO É O DE IMPEDIR INDENIZAÇÃO POR UM BEM USADO, COMO SE FOSSE NOVO. REFORMA DA SENTENÇA QUE DECLAROU NULA A CLÁUSULA QUE ASSIM ESTIPULAVA, POR ABUSIVA. PROVIMENTO DO RECURSO, POR UNANIMIDADE".* (o grifo não é do original).

[23] *Halperin, Izaak, em "Lições de Seguro", editora Depalma, edição 1997, págs. 76/77.*

Frise-se, uma vez mais, que da mesma forma que indenizar o bem sinistrado sem a depreciação, a retroatividade da correção monetária à data da contratação e não à data do sinistro, importa em desconsiderar o princípio indenitário no seguro de dano.

A súmula 632, pois, com todo respeito, além de gerar insegurança jurídica para o setor de seguro, propicia o encarecimento do contrato em prejuízo da mutualidade.

Não seria demasiado reiterar que, antes do julgamento pelo STJ do REsp nº 1.189.213 - GO (4ª Turma, de relatoria do ministro Salomão, julgado em 22/2011) havia controvérsias judiciais desmedidas com relação ao seguro de automóvel no que tange às então discutidas *"cláusulas de valor de mercado"* do bem segurado versus *"cláusulas de valor determinado"* (*mesmo a despeito de os valores determinados nas apólices operarem como Limite Máximo da Garantia como de outra forma não deveria ser*), aquela em respeito ao princípio indenitário por não permitir enriquecimento ilícito do segurado, esta, em contrafação a tal princípio na medida em que permitia indenização pelo valor de aquisição do bem ou pelo valor da nota fiscal se veículo zero quilômetro, isto é, por valor maior que o prejuízo causado pelo sinistro posto que o veículo ao sair da concessionária já começa a sofrer natural depreciação sem nenhuma participação do segurador, gerando descabidas insatisfações dos segurados e elevando aos píncaros o preço do seguro. O seguro de automóvel, por óbvio, não tem por objeto garantir a manutenção do valor de compra do veículo, mas o de garantir a sua reposição pelo valor apurado na data do sinistro.

Com o referido julgamento de 2011, portanto, em sede de Ação Civil Pública, saindo consagrada a utilização pacificadora da Tabela FIPE, o STJ pôs nos trilhos da segurança jurídica a antes vacilante jurisprudência dos tribunais. Já agora, não seria equívoco supor, ou ao menos lobrigar, que a novel Súmula 632 da Corte ameace tirar novamente dos trilhos da segurança jurídica com o retorno daqueles velhos e vencidos questionamentos que tanto hostilizavam o princípio indenitário que preside os seguros de dano e cujas rusgas tanto mal fez à instituição do seguro e, por conseguinte à mutualidade.

Realmente, a indenização pelo "valor de mercado", apurado com a objetividade referida nos contratos de seguro, não só realiza o *"princípio indenitário"*, como faz com que a fraude seja menos rentável e, pois, menos estimulada. E hoje a adoção da *Tabela FIPE*, inexoravelmente, deixa para traz as dificuldades que antes existiam para se apurar o valor de mercado.

Observe-se ademais, que, além de gestor da mutualidade, o segurador subscreve riscos incertos e futuros para os indivíduos, que para ele segurador são minorados na medida em que se vale da experiência ditada pela lei dos *"grandes números"*. Quaisquer desvios nessa projeção atuarial são indesejáveis tanto para o segurador quanto para a mutualidade, porém factíveis pela própria álea, inclusive em decorrência de fatores sócio econômicos imprevisíveis no País. Dentre os desvios, que devem ser coibidos, estaria o de os participantes da mutualidade virem a ter interesse na ocorrência ou agravamento de sinistros. Lobriga-se que a Súmula 632 do STJ possa estimular julgamentos que incentivem tais desvios.

Tratando-se de seguro facultativo, extremamente sensível a preços, a elevação dos sinistros causa danos muito mais ao consumidor enquanto ente coletivo, que ao gestor da mutualidade, além de conspirar contra os objetivos da massificação do seguro de automóvel, por exemplo. Observe-se ainda, que a massificação e universalização do seguro de automóvel trazem grandes benefícios de preços aos consumidores, uma vez que a escala reduz custos administrativos e torna estatisticamente mais previsíveis os riscos assumidos. Daí a imperiosa importância de se respeitar, rigorosamente, cada cláusula contratual, cada ato normativo pertinente, estabelecidos sem qualquer abusividade posto que embasados na técnica e na ciência do seguro.

Insista-se que nos seguros de automóveis, a indenização é pautada por critérios próprios de correção, ínsitos na reposição do bem sinistrado pelo valor atual da Tabela FIPE apurado na data do sinistro em caso de perda total e, nos casos de perda parcial, pelo critério de reposição por reparação do veículo (*CC artigo 776, já transcrito alhures em nota de rodapé*).

Realmente, é indubitável que o seguro de automóvel se submete às disposições que o Código Civil de 2002 reservou, no seu Capítulo XV, Seção II, para disciplinar os chamados seguros de dano, estes que, por sua vez, não podem nem devem se dissociar do princípio indenitário que, no Brasil e no Mundo, rege, de forma absoluta, todos aqueles seguros em que é inadmissível o pagamento de sinistro por valor que supere o efetivo prejuízo experimentado pelo segurado, prejuízo este representado pelo valor de mercado do bem vigente na data do sinistro e que baliza o interesse legítimo segurável a que alude o at. 757 do

Código Civil[24]. Vale, nesse propósito destacar que a principal peculiaridade que distingue os seguros de dano dos seguros de pessoa é exatamente o *caráter indenitário* dos primeiros. São de dano todos os seguros de natureza patrimonial que não sejam os seguros de vida e de acidentes pessoais definidos na Seção III do novo Código reservada aos seguros de pessoa. São de dano, portanto, todos os seguros de *caráter indenizatório* em que o interesse legítimo do segurado, objeto do contrato, incide sobre um bem apreciável economicamente, pelo qual se indeniza o prejuízo que o segurado efetivamente sofreu na data do sinistro, cujas peculiaridades são, sem discrepâncias, definidas pela doutrina, brasileira e mundial.

Vale mais uma vez trazer à colação escólios de José Augusto Delgado, da mesma obra antes citada, quando, à página 466, preleciona que "*o valor da indenização deve representar, em qualquer hipótese, apenas, a reparação exata do prejuízo experimentado pelo segurado*". E para fechar o comentário ao artigo 781 do CC, o autor assim se manifesta repetindo pela importância do princípio indenitário: "*Observamos que não deve, em nenhuma hipótese, o valor da indenização se afastar do princípio de que ele deve ser igual ao do interesse segurado* ***no momento do sinistro****, sob pena de provocar enriquecimento indevido do segurado e desnaturar-se a finalidade do contrato de seguro*". A expressão *em nenhuma hipótese* afasta a possibilidade de retroagir a correção monetária à data da contratação, pois não mais vivemos sob o drama da hiperinflação que antecedeu o Plano Real, nem, por conseguinte, na era da indexação.

Oportuno também trazer a contribuição do eminente Eduardo Ribeiro, ministro aposentado do STJ, que, do alto de sua reconhecida sabedoria e conhecimento, não deixa margem de dúvidas quanto à importância e alcance do *princípio indenitário* no contrato de seguro. Em palestra proferida na Cidade de Caetés-MG, no Seminário sobre o contrato de seguro, em novembro de 2001, com o tema "*O Princípio Indenitário*", quando o Código de 2002 encontrava-se em período de *vacatio legis*, discorreu amplamente sobre o tema, por isso colhemos aqui

[24] "Art. 757. Pelo contrato de seguro, o segurador se obriga, mediante o pagamento do prêmio, a garantir interesse legítimo do segurado, relativo à pessoa ou a coisa, contra riscos predeterminados".

trechos de sua fala resgatados da gravação da palestra e constantes dos arquivos do Sindicato das Seguradoras no Estado do Rio de Janeiro:

> *"(...) De acordo como o princípio indenitário o seguro não pode dar lucro ao segurado, pois visa repor o bem ao estado imediatamente anterior à ocorrência do sinistro, nos limites pactuados (...).* Põe em evidência que *"as indenizações nos contratos de seguro têm dois limites que operam ao mesmo tempo. Um limite é o valor do prejuízo, não podendo a indenização superá-lo, pois a razão da indenização – em qualquer relação jurídica – é o retorno ao estado anterior... Esse princípio é universal, em todos os tempos e lugares. Maurice Picard enfatiza exatamente isso, que o mais importante princípio do seguro é o indenitário, distinguindo-o da aposta... Não é possível que a pessoa seja patrimonialmente colocada no estado anterior e ainda tenha ganhos... O seguro não pode servir de estímulo ao sinistro, tampouco fazer do sinistro algo desejável... O* ***valor do bem a ser indenizado tem que ser o da data do sinistro****, observados os limites pactuados... E nisto o Novo Código Civil, com vigência programada para 2002, foi muito mais claro que o Código de 1916, não deixando dúvidas o seu artigo 781 (...)."* (grifou-se).

A regra hasteada no Código Civil segundo a qual não se pode segurar uma coisa por mais que valha tampouco receber valor maior que o prejuízo, não é nenhum capricho ou invencionice da lei brasileira, mas regra universal do direito e da ciência do seguro. E assim o é por razões óbvias, irretorquíveis, já que a indenização do seguro tem caráter estritamente reparatório e, como tal, não pode ultrapassar o valor do interesse legítimo sobre a coisa segurada, por isso qualquer excedente constituir-se-á vantagem ilícita e sem causa.

O inexcedível Pedro Alvim[25] já explicava, de há muito, também para deixar estreme de dúvida que o princípio indenitário, que impregna visceralmente os seguros de dano, não admite possa o segurado receber indenização além do efetivo prejuízo por ele experimentado na data do sinistro:

> *"É da maior importância a divisão de seguros de dano e de pessoas. Constituem dois grupos com estruturação técnica diferente. Não coincidem também seus objetivos. Um tem caráter indenitário, o outro não. A peculiaridade de cada grupo*

[25] Apud Santos, Ricardo Bechara, em "Direito de seguro no novo código civil e legislação própria'– 2ª edição revista e ampliada, Forense-Rio, páginas 190/191.

reflete na sua disciplina jurídica. Os seguros de dano são conhecidos como seguros de coisas, denominação que tem sido abandonada pelos autores, porque se refere apenas a algumas espécies de seguros. São seguros de coisa o de incêndio, de transportes, de automóveis etc., mas não se incluem aí os de responsabilidade civil, de garantia, de fidelidade e outros. A expressão "seguros de dano" é mais abrangente e envolve todos eles. Refere-se tanto aos prejuízos materiais como à perda de valores patrimoniais. Há um princípio que domina todos os seguros de dano qualquer que seja sua modalidade de cobertura: ninguém pode lucrar com o evento danoso ou tirar proveito de um sinistro. Deverá receber em dinheiro ou espécie aquilo que perdeu. O pagamento a mais pode servir de estímulo à fraude ou à especulação, por isso a legislação de todos os povos fulmina de nulidade o seguro de valor superior ao do bem. Eis por que se diz que os seguros de dano têm por objetivo uma indenização, isto é uma reparação, compensação ou satisfação de um dano sofrido."

O Eminente ministro e Professor CÉLIO BORJA, em irrepreensível parecer sobre o tema, datado de 07/10/99 (*em Boletim SULAJUR – 17, RJ – outubro/99, páginas 117/140, editado pela Superintendência de Relações Jurídicas da Sul América Seguros*)[26], anota, com seu toque refinado de jurista de escol, que *"essa peculiaridade decorre da organização mutualística da economia do seguro" e, citando o não menos ilustre SILVIO RODRIGUES, explica "a mutualidade como atributo essencial do seguro, vendo na empresa seguradora privada uma intermediária que, recolhendo os prêmios pagos pelos segurados, usa desses recursos, e só deles para pagar as indenizações pelos sinistros ocorridos. De modo que são os próprios segurados que pagam as indenizações devidas."*

Note-se que o prêmio, importância paga pelo segurado, sempre menor que o valor do dano em caso de sinistro, e que consiste na função econômica do risco, é calculado também levando em conta a conhecida depreciação do veículo decretada pela lei da oferta e da procura, no curso da apólice, sendo certo que no momento da contratação a Importância Segurada, hoje na terminologia do CC vigente mais propriamente denominada de Limite de Garantia, que funciona apenas como limite máximo de indenização, coincide com o valor de mercado do bem.

Por falar em tabela FIPE, que veio resolver de uma vez por todas as controvérsias antes dela existentes e que geravam para o setor incômoda

[26] Apud Santos, Ricardo Bechara, em "Direito de seguro no novo código civil e legislação própria'– 2ª edição revista e ampliada, Forense-Rio, páginas 188/193.

insegurança jurídica, decidiu em boa hora o STJ, em sede de Ação Civil Pública, no julgamento do antes mencionado REsp nº 1.189.213 - GO - cuja decisão, vale repisar, foi o divisor de águas na consolidação da jurisprudência da Corte nesse tema - ao estabelecer textualmente *"não serem abusivas as cláusulas dos contratos de seguro que prevejam que as seguradoras de veículos, nos casos de perda total ou de furto do bem,* ***indenize o segurado pelo valor de mercado na data do sinistro***". (nosso o grifo).

Nessa senda, podemos repetir aqui para melhor fixação, dentre outros transcritos no tópico no qual abordamos a jurisprudência e legislação própria sobre o tema, o recente e bem lançado acórdão da lavra do eminente Ministro Ricardo Villas Bôas Cueva exarado do REsp nº 1.546.163 - GO (j. em 5/6/19), que bem compreendeu a aplicação do princípio indenitário, ao decidir, por unanimidade, que o valor da indenização em sinistro de perda total do automóvel segurado, deve corresponder ao valor médio de mercado da tabela FIPE *apurado na data do sinistro* e não na data da sua liquidação, por adequação ao princípio indenitário, com espeque no artigo 781 do CC e considerando a depreciação que os veículos automotores sofrem com o passar do tempo. O Acórdão prestigia a regra de que no seguro de automóvel o critério da Tabela FIPE constitui critério próprio de "correção" da indenização aplicando-se o valor apurado na data do sinistro, até porque se fosse retroativo à data da contratação importaria em estabelecer indenização maior do que o prejuízo causado pelo sinistro, como dito transformando o seguro em jogo e aposta. (*No mesmo sentido o acórdão exarado no REsp nº 1.546.163, também de relatoria do Ministro Ricardo Cueva, julgado em 5/5/2016*).

Há, pois, um fato de grande relevância e que aplacou as controvérsias antes reinantes no setor e que pode estar ameaçado pela Súmula 632 do STJ: a apuração do valor de mercado do automóvel pela UNIVERSIDADE DE SÃO PAULO, por meio da FIPE e de sua conceituada e fidedigna tabela com a qual se pode, precisamente, conhecer o valor do veículo segurado por ano, modelo, marca, região etc., em qualquer momento, inclusive no do sinistro, dando segurança a segurados e seguradoras no pagamento de indenizações de seguros. Tanto assim que o referido valor é também utilizado para outros fins, como por exemplo, o pagamento do IPVA.

O caráter indenizatório dos seguros de dano, e daí esses rigorosos limites estabelecidos pelo legislador como intransponíveis tem, pois, o efeito didático e moralizador de não permitir que o sinistro possa interessar ao segurado. Diferentemente do que ocorre no jogo em que o apostador quer e deseja ardentemente que o evento futuro e incerto aconteça, no seguro o segurado, ao contrário, não pode nem dever desejar o evento futuro e incerto, que é o sinistro. Não sem lembrar de que o *risco* é o sinistro em potência, enquanto o *sinistro* o risco em ato.

Com efeito, a cláusula do contrato de seguro que estipula o valor do prêmio em função do risco delimitado no contrato e na lei não pode, portanto, ser unilateralmente modificada, nem se presume ofensiva do sistema de seguro – muito ao contrário – nem comprometedora do equilíbrio contratual ou excessivamente onerosa para o segurado, até porque resulta da lei e da lógica do seguro, afinal, o princípio indenitário é da essência dos seguros de dano e impõe limites a serem observados. E assim se dá também em relação à estipulação determinada por normas da SUSEP e do CNSP (Circular nº 255/2004 e Resolução nº 103/2004), segundo as quais, repita-se, a correção monetária não pode retroagir à data da contratação, mas no máximo à data do sinistro, tal como se viu no item em que tratamos da Jurisprudência em geral e da legislação própria relacionadas a Sumula 632 do STJ.

Como bem assinalou o também Ministro e Professor, Athos Gusmão Carneiro, em excelente artigo de doutrina sobre a natureza indenizatória do seguro de dano[27], "*é equívoco supor que o prêmio do seguro de dano seja calculado sobre o valor indicado como Limite Máximo de Indenização (LMI) constante da apólice, antes denominado, embora imperfeitamente, de Importância Segurada (IS)*". O valor do prêmio, assinala o Ministro, "*não é calculado tendo em consideração um contrato de seguro, mas sim tendo em vista a lei dos grandes números*".

Em suas notas[28], percebe o Ministro um pressuposto incontroverso, inerente à própria estrutura do contrato de seguro, "*de que a Seguradora constitui um fundo, suprido pelos prêmios a serem pagos pelos segurados, fundo este suficiente para cobrir os sinistros que, tendo em vista cálculos objetivos de probabilidades, devam ocorrer no grupo segurado*". E traz o testemunho doutrinário do mestre Arnold Wald: "*O seguro generalizado importa em diluir*

[27] Revista dos Tribunais (RT-769-novembro/99 – Ano 88 – p. 120-134).

[28] Apud Santos, Ricardo Bechara, em "direito de seguro no nov código civil e legislação própria' – 2ª edição revista e ampliada, Forense-Rio, página 194.

sobre um grande número de pessoas os encargos decorrentes de uma infelicidade individual, socializando assim a responsabilidade, como salientou René Savatier nas suas Métamorphoses économiques *et sociales du droit civil d'aujourd'hui –* 2ª Ed., Paris: Dalloz, 1952, 1ª Série. P. 247 et seq.-"[29].

Com Pedro Alvim arremata que "*Os riscos são aí considerados não isoladamente, mas no seu conjunto, isto é, não se leva em conta a situação de cada segurado, mas a massa de segurados que irá contribuir para a formação do fundo comum*" (artigo citado p. 295).

O caráter intrinsecamente ressarcitório do seguro de dano resulta igualmente do magistério de Pontes de Miranda[30]: "*No seguro de coisas, o que se leva em consideração é o valor do bem, é a diminuição ou perda desse valor, a integridade do patrimônio. Daí a necessidade de se determinar, precisamente, o valor segurável, para que se diga qual o valor segurado, afim de que, no momento do evento danoso, se indenize, dentro do valor segurado, o que sofreu de dano o bem, ou, noutros termos, o que concretamente perdeu o patrimônio*". (grifei).

Dever maior do segurador é o de indenizar "*em adimplemento do contrato, porque contra prestou a segurança*". Todavia, "*o que o segurador presta não pode exceder o dano sofrido pelo beneficiário, seja o contraente, seja outrem*".[31]

Também nesse sentido buscou-se o ensinamento de Sérgio Cavalieri Filho, em seu acatado PROGRAMA DE RESPONSABILIDADE CIVIL[32]: "*Há um princípio que domina todos os seguros de dano, qualquer que seja sua modalidade de cobertura: o segurado não pode lucrar com o evento danoso, não pode tirar proveito de um sinistro. A indenização deve ser necessária apenas para repor o dano sofrido, restabelecer a situação anterior à ocorrência do sinistro*".

E nisso não diverge a doutrina estrangeira, trazendo-se à colação, por amostra, a lição do Professor Amadeu Soler Aleu[33]: "*La suma asegurada tiene por objeto fijar la responsabilidad máximum del asegurador y no crea la presunción de que los bienes asegurado tienen el valor que indica la suma asegurada. La función es estimativa, la de determinar exclusivamente un límite máximo*

[29] Obrigações e Contratos. 9ª ed. São Paulo: Ed. RT, 1990, n. 208.1.

[30] Tratado de direito privado. Rio de Janeiro: Borsoi, 1964, § 4.918. n.1, t. XLV. P. 309.

[31] Ibidem, § 4.925, n. 1, Miranda, Pontes.

[32] Apud Santos, Ricardo Bechara, em "Direito de seguro no novo código civil e legislação própria' – 2ª edição revista e ampliada, forense-rio, página 197.

[33] Aleu, Amadeu Soler. El nuevo contrato de seguro. Buenos Aires: Astrea, 1969.

hasta el cual responde el asegurador, pero no de que los bienes asegurados tienen el valor coincidente con la suma asegurada".

A regra, portanto, somente não se aplicaria, como alude o citado professor, nas hipóteses de vigência de cláusula de valor "*tasado*". Ora, nos casos de seguro facultativo de veículos automotores, o contrato-tipo afasta expressamente a possibilidade de estarmos diante de uma "apólice de seguro estimada" (a apólice de valor *tasado* do direito argentino), modalidade contratual essa na qual é proibido ao segurador qualquer ulterior discussão sobre o valor segurado ou do bem, pois nesses casos "*pré elimina-se qualquer avaliação posterior, qualquer verificação a posteriori porque se fixou, em acordo, o valor do objeto de arte, ou de coleção, ou de pré-história, ou de história, ou o valor estimativo*".[34]

A ressalva supra, todavia, a toda evidência não se aplica aos casos em que incide a cláusula, absolutamente lícita, que estipula que a indenização relativa à perda total do bem tenha por base o seu valor de mercado, ou seja, o seu valor real, hoje apurado pela Tabela FIPE na data do sinistro.

Diante de um contrato de seguro de dano, de indenização, portanto, mister enfatizar que ao segurado não é dado visar qualquer lucro, devendo por isso receber do segurador o valor exato dos bens destruídos, se não realizou um sub seguro, caso em que se submeterá aos efeitos da cláusula de rateio. PEDRO ALVIM, ao comentar o dispositivo que acolhe a cláusula de rateio (NCC, art. 783) quando o Código ainda estava sob a forma de projeto de lei, mas já a salvo de alterações, traz à colação, ensinamentos seus e da doutrina francesa, representada pelo magistério de MICHEL LIARD[35], reafirmando o grande princípio que domina toda a matéria do seguro de dano, segundo o qual a indenização não pode ensejar ao segurado, vítima do sinistro, um enriquecimento, já que o seguro não foi concebido para financiar lucro, mas para repor prejuízo nos limites do contrato, podendo receber indenização menor ou igual ao prejuízo, mas nunca, em hipótese alguma, superior a ele. O princípio indenitário é princípio essencial e tão antigo quanto o próprio seguro, tanto que povoa todas as legislações, aparecendo atualmente como um

[34] Miranda, Pontes, ibidem, § 4.930, nº 5.

[35] Apud Santos, Ricardo Bechara, em "Direito de seguro no novo código civil e legislação própria' – 2ª edição revista e ampliada, Forense-Rio, página 220. (*in* Assurance Maritime et Assurance Terrestre – págs. 117 e 120).

traço fundamental do seguro de dano, este que é uma garantia de conservação, não de aquisição.

Tenha-se em conta, todavia, e daí não se pode tirar razão de TZULRINIK, CAVALCANTI E PIMENTEL[36], quando afirmam que "O art. 778 objetiva assegurar que o contrato não contenha desproporção entre o valor do interesse segurado e o da garantia. Mantém-se o equilíbrio entre as prestaçoes, a comutatividade inerente ao princípio social do contrato e previnem-se desvios ao princípio indenitário..."

Aliás, o princípio indenitário sempre dominou o seguro de dano, mesmo na vigência do Código revogado, embora sem a clareza do atual, a ponto de CLÓVIS BEVILÁQUA[37] haver proclamado que *"Nos seguros de bens materiais a indenização nem sempre corresponde, exatamente, à soma declarada no contrato, porque, não sendo o seguro um contrato lucrativo e, sim, de indenização, cumpre determinar qual o prejuízo que, realmente, sofreu o segurado. A soma declarada na apólice indica o máximo até o qual responde o segurador. É essa operação que se denomina liquidação do prejuízo".*

Daí a necessidade do levantamento dos prejuízos através do processo chamado "*Regulação de Sinistro*", que ocorre mesmo sendo total o sinistro, procedendo-se a um levantamento exatamente porque não se sabe de antemão se o valor dos bens destruídos era menor, igual ou maior que o do limite de garantia: (1) se o valor dos bens for igual ou superior a esse limite, por esse valor a indenização será paga; (2) se menor, a indenização a ser paga será menor que a do limite fixado, eis que, do contrário, o segurado estaria lucrando com o sinistro; (3) se o seguro for insuficiente, o segurado receberá indenização igual ao do limite insuficientemente acordado e menor que o do prejuízo, sofrendo aí os efeitos da *cláusula de rateio*, conforme prevista no art. 783, consoante já esclarecido algures.

Enfim, o segurador responde pelo valor dos bens por ocasião do sinistro e não por ocasião da conclusão do contrato. Ou melhor, como informa a doutrina estrangeira aqui representada por PAUL SUMIEN[38]: "*a indenização variável, a única possível nos seguros de dano, deve corresponder ao valor*

[36] Contrato de Seguro de Acordo com o Novo Código Civil.

[37] Apud Santos, Ricardo Bechara, em "Direito de seguro no novo código civil e legislação própria' – 2ª edição revista e ampliada, Forense-Rio, página 238.

[38] Assurance Terrestres – pág. 88.

corrente do objeto sinistrado no dia e no lugar do sinistro, sem que esta indenização possa constituir um enriquecimento para o segurado".

Desvios do princípio indenitário são inaceitáveis para o bom andamento e até viabilidade da instituição do seguro, pois o segurado percebendo que ganharia mais com o sinistro do que com a venda de seu veículo no mercado de automóveis, iria preferir "vendê-lo" à seguradora. Houve quem mencionasse o seguinte e descabido *slogan* de venda para o seguro de automóvel por Valor Determinado: "*troque seu carro velho por um novo, faça seguro por valor determinado...*"

Na doutrina italiana, o Professor AURÉLIO DONATO CANDIN[39] sublinhou a absoluta necessidade de preservar, em seu rigor, o princípio indenizatório, no caso imprescindível para melhor se compreender o alcance da contratação por valor de mercado e não por valor determinado: "*Il principio indenitário, quidi, previene la degenerazione della funzione del contratto, ipotizzabile nel caso in cui esso, envece di essere strumento di riparazione della lesione di interessi patrimoniali, provochi l'eliminazione dell'interesse dell'assicurato a che la lesione non si verifichi o addirittura il sorgere di un suo interesse al veriricarsi della lesione stessa" (Responsabilitá civil e assicurazione, Milano"*

Na doutrina espanhola, oportuno trazer à citação o magistério do Professor LUIS BENITEZ DE LUGO REYMUNDO[40]: "*El seguro no puede ser nunca una ocasión de beneficio par el asegurado, sino una indemnización de las pérdidas materiales, reales que haja experimentado: por consiguinte, las sumas aseguradas, las primas pagadas y las designaciones y evaluaciones consignadas en la póliza no pueden ser aducidas por el asegurado como prueba o reconocimiento de la existencia y del valor de los objetos asegurados, sea en acto del seguro o en el momento del incendio".*

Cumpre, no entanto, novamente ressaltar que a fixação de um valor "absolutamente determinado", a ser sempre e necessariamente pago no caso de perda total do bem segurado, é excepcional: limita-se geralmente, àqueles casos de bens que não desvalorizam, v.g., quando é objeto de seguro um bem de valor histórico, uma obra de arte etc.

[39] Apud Santos, Ricardo Bechara, em "Direito de seguro no novo código civil e legislação própria' – 2ª edição revista e ampliada, Forense-Rio.

[40] Tratado de seguros, Madrid: Reus, 1955, V. 2, p. 7. Egea, 1993, p. 113 – *Apud Ministro* ATHOS GUSMÃO CARNEIRO *em trabalho sobre o tema publicado na* RT-769-novembro/99 – ANO 88 – p. 120-134.

Como bem advertiu o clássico CARVALHO SANTOS, aliás, escrevendo ao tempo em que o uso do automóvel se limitava a pequeníssima parcela da população: "Cuidando-se de "valor estimado", tal como ocorre no presente, vale a lição de GIANGUIDO SCALFI: "*La cosa deve essere valutata com riferimento al momento in cui si verifica il sinistro. Anche questa regola é espressione del principio indennitario. Verificato il sinistro, l'assicuratore per determinare l'indennitá deve atenersi ad essa. Questo significa che la dichiarazione del valore compiuta dall'assicurato nella fase della stipolazione non puó essere da lui invocata per stabilire l'ammontare della indennitá.*"[41]

Aliás, sempre decidiu o Augusto Supremo Tribunal Federal, cuja decisão vale repetir neste tópico, que: "*O segurador responde pelo valor dos objetos segurados por ocasião do sinistro e não por ocasião da conclusão do contrato, pois o fim do contrato é proporcionar ao segurado indenização pelos prejuízos provenientes do sinistro sofrido...*"[42]

TZULRINIK, CAVALCANTI E PIMENTEL[43], não trepidam em afirmar que "Para evitar o enriquecimento injustificado, desnaturando o contrato de seguro, o art. 781 proíbe a indenização por montante excedente ao valor do interesse segurado, apurado este no momento do sinistro. O desvirtuamento ocorreria em prejuízo da totalidade dos consumidores e, muitas vezes, poderia caracterizar crime (lavagem de dinheiro) ou potencializar crime contra a economia popular – insuficiência de reservas".

Não obstante ser o do momento da conclusão do contrato o valor do interesse segurado que se levou em conta para o cálculo do prêmio, a norma exige que a equivalência entre a indenização e o interesse se estabeleça computando, no máximo, o valor atual deste, isto é, o existente no momento do sinistro, ou melhor, o do momento imediatamente anterior à ocorrência do dano (*ib idem,* Tzulrinik, Ernesto).

Caso imediatamente antes do sinistro o interesse valha menos do que valia no momento da celebração do contrato, não poderá a seguradora senão indenizar o segurado até no máximo aquele primeiro valor" (*ib idem*).

Tudo isso porque *o prêmio não é função única do valor máximo da indenização.* Ademais, assevera o autor logo acima citado, "*a coletividade de segurados não se une, através de contribuições de prêmios para a formação do fundo*

[41] (art. 1.903, 3ª comma.c.c.) ..." (I contratti di assicurazione – L'assicurazione danni. Torino: Utet, 1991, p. 203).

[42] Recurso Extraordinário nº 8.992, publicado na RF nº 122, página 107.

[43] Contrato de Seguro de Acordo com o Novo Código Civil.

comum administrado pela seguradora, para praticar jogo que possa premiar alguns, mas sim, para propiciar garantia em benefício de todos. Essa a função social do seguro", assinalam, na mesma obra, os autores logo acima citados. Também a sua função econômica, dizemos nós.

Reitere-se, com Sérgio Cavalieri (em seu "Programa de Responsabilidade Civil") [44] *"que qualquer pagamento a mais, além de caracterizar enriquecimento ilícito e sem causa, atuaria como estímulo à fraude ou especulação, razão pela qual a legislação de todos os países fulmina de nulidade o seguro de valor superior ao bem... Então, se por alguma circunstância, o valor do bem, no momento do sinistro, for inferior àquele pelo qual foi segurado, a indenização terá por limite o seu valor de mercado, e nada mais (...)"*.

Ao comentar o art. 1.437 do Código revogado, Clóvis[45] já prelecionava afirmando: *"Quem assegura uma coisa por mais do que valha, desnatura o contrato de seguro, e faz presumir a intenção dolosa de lucrar o seguro pelo sacrifício do objeto segurado. A mesma intenção dolosa revela aquele que segura o objeto na sua totalidade, mais de uma vez..."*

Por tudo se vê, com as vênias de praxe e com todo o nosso respeito aos eminentes ministros do STJ, que a sua Súmula 632 vai ao desencontro da melhor jurisprudência da própria Egrégia Corte, bem como da do Augusto Supremo Tribunal Federal, assim como da legislação própria do seguro (Código Civil e atos normativos do CNSP e da SUSEP devidamente autorizados pelo DL 73/66) e a do sistema monetário (Plano Real) do País.

Conclusões

Não é demasiado indicar, para concluir, sob todas as vênias, o grave equívoco com que se reveste a Súmula 632, ao referir-se *"a correção monetária sobre a indenização securitária a contar da contratação"*, pois a indenização coberta pelo contrato de seguro já considera o valor do bem ou dos prejuízos no momento da ocorrência do sinistro, e a legislação vigente contempla esse entendimento, não fazendo sentido que se faça outra operação de atualização monetária para retroagir à data da contratação que, ademais, seria precedente realimentador de inflação, razões

[44] Apud Santos, Ricardo Bechara, em "Direito de seguro no novo código civil e legislação própria' – 2ª edição revista e ampliada, Forense-Rio, página 241.
[45] Livraria Francisco Alves, 10ª edição, 1957. V. 5, p. 153.

pelas quais se faz imperiosa a suspensão da Súmula, ou a correção do seu enunciado, de modo a evitar-se indesejada insegurança jurídica que dela pode decorrer no âmbito do mercado de seguros, inclusive pelo previsível ingresso, na esfera administrativa e judicial, de grande número de pretensões fundadas no seu enunciado, já que pode, pela força de um precedente, embora errado, influenciar Juízes, Tribunais e demais aplicadores de direito, com inegáveis efeitos prejudiciais irreparáveis.

À guisa de exemplo, suponha-se que um imóvel, objeto de seguro incêndio com limite máximo de garantia de R$1,100 milhão, seja contratado em janeiro e tenha sido sinistrado em dezembro; ainda no exemplo, os prejuízos, devidamente apurados por ocasião do sinistro, são fixados em R$1milhão. A prevalecer o enunciado da Súmula, e considerando uma inflação anual de 5%, o valor da indenização seria de R$1.050.000,00, equivalentes ao valor da "indenização" corrigida monetariamente a contar da data da contratação. Decerto haveria um enriquecimento sem causa do segurado no valor de R$50.000,00, em franca contradição à função indenizatória do seguro e podendo mesmo servir de incentivo à fraude.

Recentemente, vale também aqui repisar em sede conclusiva, que disposição da Lei 8.880/94 teve a sua constitucionalidade reconhecida em julgamento do STF que dirimiu, em prol da constitucionalidade do texto legal, a derradeira controvérsia existente sobre o Plano Real. Com efeito, restava por decidir a constitucionalidade do art. 38 da Lei 8.8840/94, o qual dispõe sobre a utilização da Unidade Real de Valor (URV) para o cálculo dos índices de correção monetária e, a esse respeito, o plenário do STF, em recentíssima decisão da ADPF 77 ratificou a validade também desse dispositivo, pela larga maioria de 8 votos a 2. Desse modo, não resta qualquer dúvida de que a jurisprudência do STF considera constitucional a legislação relativa ao Plano Real, inclusive as disposições que vedam reajustes de correção monetária por prazo inferior a um ano.

Com todo respeito que temos ao Poder Judiciário em especial à Mais Alta Corte de Justiça Infraconstitucional do País, que é elevado, penso que a edição da Súmula 632 reflete violação ao princípio constitucional da independência entre os poderes da República, posto que seus editores legislam sobre matéria já licitamente legislada pelo Poder Legislativo competente conforme procuramos demonstrar ao longo deste estudo e, o que é pior, sem declarar ou justificar a inconstitucionalidade dessas leis e atos normativos respectivos ou sequer mencioná-los, passando ao largo inclusive da ***Lei nº 5.488, de 27/08/1968*** que, com toda clareza, instituiu expressamente nos casos de liquidação de sinistros por contratos de seguro que *a correção monetária será devida a partir do término dos prazos que o segurador dispõe para liquidar o sinistro* (ver nota de rodapé nº 15) e, em assim procedendo, a Corte propicia, concedam-me magna vênia, desnecessário desapego ao também princípio constitucional da segurança jurídica.

Referências[46]

Alvim, Pedro (Nrdp 20, 26, 36)
Aleu, Amadeu Soler (Nrdp 34)
Beviláqua, Clóvis (Nrdp 38, 46)
Borja, Célio (Nrdp 27)
Canduin, Aurélio Donato (Nrdp 40)
Carneiro, Athos Gusmão (Nrdp 28)
Cavalieri, Sergio (Nrdp 33, 45)
Delgado, José Augusto (Nrdp 14, 19)
Halperin, Izaak (Nrdp 24)
Liard, Michel (Nrdp 36)
Mendes, JJ de Souza (Nrdp 23)
Miranda, pondes de (Nrdp 31, 32, 35)
Ness Jr, Walter L (Nrdp 2)
Picard, Maurice (Apud Eduardo Ribeiro seminário, novembro de 2001, "*O Princípio Indenitário*")
Reymundo, Luis Benitez de Lugo (Nrdp 41)
Ribeiro, Eduardo Ministro STJ aposentado (seminário, novembro de 2001, "*O Princípio Indenitário*")
Rodrigues, Silvio (Apud Célio Borja, Nrdp 27)
Santos, Carvalho (Nrdp 42)
Santos, Ricardo Bechara (Nrdp 26, 27, 29, 33, 36, 38, 40)
Savatier, René (Nrdp 30)
Scalfi, Gianguido (Nrdp 42)

[46] As referências estão indicadas nas respectivas notas de rodapé (Nrdp) ou nas respectivas páginas da citação.

Sumien, Paul (Nrdp 39)
Teixeira, Sálvio de Figueiredo (Nrdp 14)
Tzulrinik, Cavalcanti e Pimentel (Nrdp 37, 44)
Wald, Arnold (Nrdp 30)

11. Obrigações do Ressegurador

SERGIO RUY BARROSO DE MELLO

Introdução

A análise do conteúdo obrigacional no contrato de resseguro pressupõe o conhecimento das partes intervenientes. Nesse sentido, podemos dizer que as partes principais são o segurador, que assume a forma de "ressegurado", porquanto é a empresa contratante do resseguro, e o ressegurador, que se constitui em forma de sociedade resseguradora capaz de oferecer garantia de resseguro mediante contratos, os quais, durante a sua execução, podem sofrer alterações objetivas e subjetivas, incidindo sobre o risco assumido em resseguro ou sobre os intervenientes no contrato, capazes de gerar direitos e obrigações resultantes da relação contratual reciprocamente estabelecida.

Por meio do contrato de resseguro o ressegurador, mediante retribuição pelo segurador, se obriga a assumir os reflexos econômicos no patrimônio do ressegurado, decorrentes dos sinistros ocorridos e garantidos pelo seguro celebrado pela ressegurada. Nessa definição do negócio jurídico de resseguro logo se vislumbram enunciadas as principais obrigações dos intervenientes: pagar o prêmio de resseguro, retribuição a cargo do tomador do resseguro, e suportar os efeitos econômicos do sinistro na ressegurada, materializando-se no pagamento, pela resseguradora, da prestação convencionada ou da prestação indenizatória: indenização de prejuízos resultantes ou pagamento de valor predefinido.

O resseguro garante os efeitos econômicos do sinistro, este que se configura em elemento incerto no contrato de seguro, portanto, aleatório.

As obrigações dos intervenientes no contrato de resseguro podem resultar de lei ou do próprio contrato. Entre as obrigações resultantes de lei, poucos são os destaques no direito brasileiro, por ser um contrato eminentemente atípico. No entanto, dentre essas obrigações, podemos citar as de probidade e boa-fé estabelecidas no artigo 422[1] do Código Civil Brasileiro, as quais serão adiante analisadas, bem como certos deveres convencionais, designadamente as chamadas obrigações principais e acessórias.

O âmbito obrigacional do resseguro abrange especial momento: aquele representado pela verificação do sinistro, com todas as suas implicações, oriundas das declarações das partes na respectiva concretização do negócio jurídico. Aspecto central do contrato, o sinistro comporta conjunto de dimensões capazes de justificar o seu tratamento extensivo no âmbito das obrigações dos intervenientes no resseguro.

As relações das partes no contrato de resseguro são extremamente amplas, dada a natureza do próprio negócio jurídico, como são exemplos o dever de gestão, o pagamento direto, etc. É necessário, contudo, fazer referência a determinados aspectos dessas relações, para melhor situar o contexto do estudo específico das obrigações surgidas da avença, focando assim nas obrigações assumidas pelo ressegurador, com especial ênfase na fase de execução do contrato, tendo como referência as normas de direito positivo existentes no Brasil.

1. Obrigação principal

As obrigações do ressegurador, oriundas do contrato de resseguro celebrado, subdividem-se em principais e acessórias. Aquelas são inerentes ao próprio instrumento obrigacional e não são passíveis de exclusão ou substituição, sob pena de se mutilar a própria avença negocial. Já as obrigações acessórias surgirão da medida do envolvimento das partes na sua celebração e no aperfeiçoamento das respectivas cláusulas e condições.

1 "Art. 422. Os contratantes são obrigados a guardar, assim na conclusão do contrato, como em sua execução, os princípios de probidade e boa-fé."

1.1 Cobertura do risco ressegurado

A obrigação essencial assumida pelo segurador em todo contrato de seguro se concretiza na cobertura do risco descrito no contrato durante toda a sua vigência, obrigação cujo cumprimento está condicionado pelo evento futuro e incerto do sinistro. Em caso de ocorrência do sinistro, essa obrigação se transformará em dever de indenizar o dano causado pela realização do risco segurado. A prestação fundamental do segurador ou do ressegurador acarreta o dever de efetuar determinada prestação pecuniária no caso de ocorrência do sinistro.

Não se pode conceber, sob essa perspectiva, que a obrigação do segurador, ou a do ressegurador, dependam em sua existência do acontecimento de um evento incerto. Da realização do sinistro previsto no contrato depende o nascimento da obrigação de indenizar, mas a prestação característica de todo contrato de seguro, que se concretiza na obrigação de cobertura do risco segurado, não se subordina ao cumprimento de condição ou termo algum, concede-se durante toda a vida do contrato de seguro, sem estar condicionada à verificação do sinistro. O contrato de seguro se concebe, assim, não como um contrato condicional, mas como um contrato aleatório, sinalagmático e de execução continuada.

De fato, não se pode afirmar que em todos os seguros nos quais não ocorra o sinistro – o que é frequente – o segurador não tenha assumido nem prestado serviço ao segurado. O segurador satisfaz, através do seguro – ou do resseguro – uma necessidade de previsão, que tem valor, tanto jurídico quanto econômico. Precisamente, a função econômico-social do seguro se concretiza na cobertura do risco, causa de constituição do contrato.

Por outro lado, o segurador ou o ressegurador devem encontrar-se em condições de cumprir sua obrigação principal de cobertura do risco, com a obrigação de predispor dos meios técnicos necessários ao pagamento de eventual prestação monetária, a partir do momento em que se aperfeiçoe o contrato de seguro subscrito e não a partir da verificação do sinistro. Afinal, como bem lembra Donati[2], a obrigação do segurador antes de se produzir o sinistro está representada por uma série de deveres administrativos, derivados da normativa de caráter público, não

[2] DONATI, Antígono. *Trattato del Diritto delle Assicurazioni.* v. II. Milão: Giuffrè, 1979, p. 29.

exigível pelo segurado, já que não advém de sua obrigação de pagar o prêmio ao segurador.

O ressegurador deve manter a todo o momento um estado econômico-financeiro que garanta a solvência e a liquidez para fazer frente aos eventuais sinistros. Reveste-se esse aspecto de importância prática no contrato de resseguro, no qual, frequentemente, se estabelece a obrigação do ressegurador de constituir depósito em poder do ressegurado para garantir o cumprimento de suas obrigações, normalmente utilizado para a cobertura de determinadas provisões técnicas.

Para isso, no plano técnico e econômico, não se pode, obviamente, considerar o prêmio como expressão em moeda do valor do risco. O prêmio é a soma que o ressegurador estima necessária e suficiente para criar as bases financeiras adequadas, em princípio, para a comunidade de riscos ressegurados compensar e neutralizar os riscos individuais. O prêmio se apresenta assim como a compensação pela assunção do risco por parte do ressegurador durante o contrato, pela garantia ou tutela que este oferece ao interesse ressegurado, e não da contraprestação da eventual indenização que o ressegurador pode ver-se obrigado a satisfazer ao ressegurado.

Em seus primeiros estudos, Garrigues[3] não o concebia assim, chegando a defender: "*La prima representa la contraprestación del tomador del seguro a la promesa de prestación del asegurador*". Contudo, após examinar mais detidamente o assunto, alterou a sua visão, ao esclarecer que a equivalência em relação à prestação e à contraprestação deve ser buscada entre o conjunto das prestações do segurador e as dos segurados, e não nas prestações de cada contrato isolado[4]. Se aquele sentido referido por Garrigues[5] fosse concebido toda vez que não ocorresse o dano, o ressegurador se enriqueceria indevidamente. Aliás, no próprio artigo 1º da Lei de Contrato de Seguro Espanhola, a qual referido autor faz menção, se estabelece certa correlação entre o pagamento do prêmio e a obrigação de garantia do segurador de cobrir o risco segurado.

[3] Garrigues, Joaquín. *Contrato de Seguro Terrestre*. 2. ed. Madri: Aguirre, 1982, p. 102.

[4] Ibidem, p. 103.

[5] Nesse sentido, cf. Brunetti, A. *Derecho marítimo privado*. t. III (*Las obligaciones*), 2ª parte (*De los siniestros marítimos y de los seguros*), versão espanhola anotada por Gay de Montellá. Barcelona: Barcelona, 1951, p. 433.

No ordenamento jurídico brasileiro, mais precisamente nos artigos 764[6] e 770[7] do Código Civil, estabelece-se essa mesma correlação.

Nos tratados de resseguro de caráter obrigatório para o ressegurador, tem especial relevância a cobertura do risco ressegurado, em particular sobre a política de subscrição do segurador, porquanto seu automatismo lhe permite a contratação de operações de seguro, as quais, caso sejam adequadas ao âmbito de aplicação do tratado, recebem cobertura resseguratrativa desde seu nascimento ou, no caso, desde que o ressegurado decida aplicá-las ao tratado.

1.2 Pagamento da indenização ressecuritária

Mais do que reparar uma dívida, a obrigação do ressegurador, verificado o risco ressegurado, concretiza-se em ressarcir o segurador do dano por este sofrido como consequência da prestação efetuada ao segurado pelo acontecimento da garantia prevista no contrato de seguro, dentro dos limites do contrato de resseguro. Justamente por se tratar de indenização ao patrimônio do ressegurado, é ele o único legitimado a reclamar essa indenização.

O regime a que se submete a realização dessa obrigação de indenizar e, especialmente, seu alcance, vem determinado no contrato de resseguro, podendo se realizar de várias formas distintas, segundo a modalidade de cobertura resseguratativa pactuada entre as partes. No direito brasileiro, isso se explica pela total ausência de norma específica sobre o tema.

1.2.1 Prazo de realização da prestação

O ressegurador estará obrigado a indenizar o seu ressegurado sempre que este, por sua vez, se veja obrigado a indenizar o seu próprio segurado. O nascimento da obrigação do ressegurador depende do surgimento da obrigação de indenizar de seu ressegurado, por isso, a existência de contrato de seguro válido e eficaz, bem como a eventual realização do risco

[6] "Art. 764. Salvo disposição especial, o fato de não se ter verificado o risco, em previsão do qual se faz o seguro, não exime o segurado de pagar o prêmio."

[7] "Art. 770. Salvo disposição em contrário, a diminuição do risco no curso do contrato não acarreta a redução do prêmio estipulado; mas, se a redução do risco for considerável, o segurado poderá exigir a revisão do prêmio, ou a resolução do contrato."

coberto pelo mesmo, constituem pressupostos do nascimento da obrigação do ressegurador.

Sendo essas as circunstâncias que motivam o nascimento da obrigação, convém determinar o momento certo do seu surgimento, como ainda quando é exigível o pagamento da indenização de resseguro ao ressegurador.

Quanto à primeira questão, há discussão sobre se a obrigação nasce no momento da ocorrência do sinistro previsto no seguro principal ou se, ao contrário, nasce quando é realizada a liquidação do dano produzido. Desde logo, a realização do risco coberto pelo seguro não é suficiente para determinar o nascimento da obrigação do segurador e, menos ainda, a do ressegurador, já que se ignora não apenas a quantia da indenização, mas a circunstância essencial relativa à verificação quanto à obrigação do segurador de cumprir sua prestação, uma vez que podem apresentar-se causas de extinção de sua obrigação, tais como: o descumprimento pelo segurado do dever de responder ao questionário, quando há dolo ou culpa grave, nos termos do artigo 765[8], do Código Civil brasileiro; a ocultação maliciosa da agravação do risco, segundo o artigo 768[9], do mesmo Código Civil; a produção do sinistro com anterioridade ao pagamento do prêmio único ou primeiro prêmio; o dolo ou a culpa grave no dever de comunicar o sinistro, segundo dispõe o artigo 771[10], do nosso diploma civil; o sinistro causado por má-fé do segurado, com apoio no artigo 422[11], igualmente do Código Civil; a inexistência de interesse na indenização do dano, ou segundo o artigo 757[12], do Código Civil.

8 "Art. 765. O segurado e o segurador são obrigados a guardar na conclusão e na execução do contrato a mais estrita boa-fé e veracidade, tanto a respeito do objeto como das circunstâncias e declarações a ele concernentes."

9 "Art. 768. O segurado perderá o direito à garantia se agravar intencionalmente o risco objeto do contrato."

10 "Art. 771. Sob pena de perder o direito à indenização, o segurado participará o sinistro ao segurador, logo que o saiba, e tomará as providências imediatas para minorar-lhe as consequências."

11 "Art. 422. Os contratantes são obrigados a guardar, assim na conclusão do contrato como em sua execução, os princípios de probidade e boa-fé."

12 "Art. 757. Pelo contrato de seguro, o segurador se obriga, mediante o pagamento do prêmio, a garantir interesse legítimo do segurado, relativo a pessoa ou a coisa, contra riscos predeterminados."

A obrigação do segurador surgirá mais evidente no momento da realização do sinistro ressegurado, quando se dá o efetivo nascimento da dívida no patrimônio do segurador, em consequência da realização do sinistro coberto por um contrato de seguro válido e eficaz por ele celebrado, ou a superação do índice de sinistralidade previsto como tolerável nos contratos denominados *stop-loss* (excesso de dano).

Referindo-se especificamente à obrigação de cobertura do risco e não propriamente à obrigação de indenizar do ressegurador, podemos dizer que o nascimento da obrigação do ressegurador remonta a um momento anterior, já que, sobretudo nos contratos de resseguro simples, surge ela desde o momento do aperfeiçoamento do próprio negócio jurídico. Já nos "tratados", deve ser feita a distinção para os casos de serem obrigatórios para ambas as partes ou, ao menos, para o ressegurador, em cujo caso a obrigação nascerá desde o momento em que o ressegurado assuma um dos seguros assinalados no "tratado", ou comunique a sua vontade de aplicá-lo ao mesmo; se for facultativo para ambas as partes, fará coincidir o nascimento da obrigação do ressegurador com o momento em que este comunica a sua vontade de aplicar ao "tratado" o seguro apresentado, voluntária ou obrigatoriamente, por seu ressegurado.

Partindo de outra perspectiva, poder-se-ia reconduzir o nascimento da obrigação do ressegurador em caso do sinistro previsto no contrato de seguro de dano, que é obviamente evento incerto, sobretudo no momento da realização do resseguro. Já o sinistro previsto nos seguros de pessoas consiste unicamente em *incertus quando*. Torna-se, justo por isso, obrigação submetida a termo, que surge no momento da conclusão dos contratos de seguro e resseguro.

Dito nascimento de dívida se produz na medida em que, não existindo fatos impeditivos ou exonerativos da responsabilidade do segurador, acham-se determinadas a quantia dos danos e a correspondente responsabilidade deste último.

Não obstante, De Angulo[13] considera que

> *En cuanto al momento en que es exigible la obligación indemnizatoria del reasegurador, a falta de pacto específico y salvo en los reaseguros de exceso de sinistra-*

[13] De Angulo Rodríguez, Luiz. La desnaturalización del reaseguro tradicional. *Anais da Real Academia Sevillana de Legislación y Jurisprudencia*, Sevilha: 1996, vol. I, p. 54 e 55.

> *lidad, debe entenderse que dicha exigibilidad se produce desde que acaece el siniestro cubierto por ella segurador-reasegurado, es decir, desde que en su patrimonio nace la deuda frente a su segurado, que en una primera fase corresponderá a un siniestro declarado pero pendiente de aceptación y liquidación y más tarde pasará a ser deuda líquida y exigible al asegurador, todo ello sin que al reasegurador afecte en principio el hecho de que esa deuda sea pagada, no lo sea, o sea parcialmente.*

Questão distinta é o momento exigível de dita obrigação de pagamento ao ressegurador, cujas soluções serão diversas, segundo o alcance atribuído ao princípio indenizatório no contrato de resseguro.

Se concebermos que o contrato de resseguro, submetido ao princípio indenizatório, constitui um contrato de indenização capaz de cobrir o pagamento efetivamente realizado pelo ressegurado, sua função se limitaria a reparar o dano sofrido pelo segurador-ressegurado, concretizando-se na diminuição efetiva de seu patrimônio como consequência do pagamento realizado por conta do contrato de seguro principal. A obrigação de pagamento do ressegurador não seria, portanto, exigível, senão mediante a apresentação pelo ressegurado da justificativa de haver procedido ao pagamento da indenização ao segurado. Nesse caso, a quitação do segurado legitima o segurador a pretender o reembolso de quanto lhe deve o ressegurador, pois a responsabilidade deste se mede pelo que paga efetivamente o segurador.

Em certas ocasiões é comum ver incluídas estipulações nos tratados de resseguro pelas quais a obrigação de indenizar do ressegurador pressupõe o pagamento pelo ressegurado da indenização correspondente. São as chamadas *cláusulas de reembolso*, como é exemplo a referida por Reinarz[14] em um contrato de resseguro por excesso em que afirma ser o resseguro um contrato para indenizar o ressegurado de acordo com as cláusulas e condições nele contidas em relação aos pagamentos efetuados pelo ressegurado, consequentes de qualquer perda que possa surgir durante a vigência, de acordo com a sua participação original em todos os seguros, sejam diretos ou derivados de um resseguro aceito pelo ressegurado, situados em qualquer parte do mundo em que esteja autorizado a operar, mas limitados no contrato.

[14] Reinarz, R. C. *La gerencia de reaseguro*. Madri: Aranzadi, 1978, p. 229 (trad. por Cosmopolitan Translation Service, Londres, 1969).

A conclusão parece mais acertada se o resseguro for concebido como um contrato de seguro de responsabilidade, apenas para efeito de argumento acadêmico e fundamento ao seu estudo, vale dizer, como um contrato de indenização para cobrir a responsabilidade do ressegurado. Desde o momento em que o ressegurado se torna responsável frente a seu segurado por uma quantidade definitiva resultante da liquidação realizada, segundo as condições da apólice original, o ressegurador passa também a sê-lo frente a seu ressegurado. Logo, conforme a melhor doutrina, desde o momento em que a dívida do segurador é certa, líquida e exigível, o ressegurador estará obrigado a indenizar seu ressegurado, mesmo que este não tenha procedido ao cumprimento de sua obrigação de pagar estabelecida na apólice de seguro[15].

Efetivamente, o ressegurador está obrigado a indenizar seu ressegurado quando este se encontra obrigado frente a seu segurado. Isso não demonstra senão a autonomia de ambos os contratos, já que o ressegurador não pode alegar o descumprimento das obrigações contratuais pelo segurador para liberar-se definitivamente de sua obrigação. De fato, não pode o ressegurador opor a *exceptio non adimpleti contractus* como defesa frente à reclamação de seu ressegurado, porquanto a obrigação de pagamento do ressegurado não provém do contrato de resseguro, mas do contrato de seguro.

A obrigação de o ressegurador indenizar, nessa hipótese, pressupõe a validade e a eficácia de ambos os contratos (seguro e resseguro), desde o momento em que surja a comunicação da ocorrência do sinistro e a liquidação definitiva dos danos, consequentemente se determine a quantia pela qual resulte responsável o segurador e, segundo a modalidade de contrato de resseguro estipulado, se determine a responsabilidade do ressegurador. Afinal, a função de financiamento do resseguro se veria negada ou recortada no caso de se exigir efetivamente o pagamento prévio

[15] Cf. Garrigues, Joaquín. Contrato de Seguro Terrestre. Madri: Aguirre, 1982, p. 476; Broseta Pont, Manuel. El contrato de reaseguro. Madri: Aguilar, 1961, p. 181; Sánchez Calero, Fernando. *El reaseguro en la Ley española de Contrato de Seguro*. Madri: Aranzadi, 2001, p. 113 e 115 e 116; Golding, C. E. *The law and practice of reinsurance*, 5. ed. Londres: Witherby & Co., 1987, p. 23; Torres de Castro, José Fernando. *Comentarios al contrato de reaseguro*. In: AA.VV. *Ensayos sobre seguros en homenaje al doctor J. Efrén Ossa G.* Santa Fe de Bogotá: Javeriana, 1992, p. 536

por parte do ressegurado, como pressuposto da exigibilidade da indenização de resseguro.

A determinação do momento no qual se verifique exigível a indenização do ressegurador tem grande importância econômico-financeira. Por isso, nos contratos de resseguro, é necessário ser especificado não apenas em que momento será exigível a indenização de resseguro, mas também o âmbito de aplicação do contrato em relação ao nascimento e à exigibilidade da obrigação do ressegurador. Por exemplo, não teriam cobertura no resseguro as declarações de sinistros ocorridos antes do início do contrato de resseguro e apresentadas durante o período de sua vigência, mas se operaria a cobertura ressecuritária para as operações de seguro que se celebrassem durante exercício econômico dentro da vigência do resseguro. Também teriam cobertura os sinistros ocorridos durante o mesmo período, independentemente da data de emissão da apólice que cubra o risco gerador do sinistro. Se isso se conecta ao momento em que é exigível a indenização de resseguro, vinculando dita exigibilidade ao requerimento do prévio pagamento por parte do ressegurado, ou melhor, ao nascimento da dívida em seu patrimônio, pode ocorrer que o sinistro ressegurado se apresente em distintos exercícios econômicos, exercícios estes que não têm por que estar cobertos por um mesmo ressegurador.

Em todo caso, a existência e a imputação do sinistro ressegurado hão de ser relacionadas necessariamente com o nascimento da dívida no patrimônio do ressegurado, como consequência de sua responsabilidade derivada do contrato de seguro, salvo se a indenização devida pelo ressegurador for condicionada ao prévio pagamento da indenização a ser paga pelo segurador ao seu segurado, o que pode ser estabelecido contratualmente por meio da *cláusula de reembolso*. O sinistro ressegurado deve ser o nascimento da dívida, e não o pagamento da mesma, já que neste último caso o ressegurado poderia eleger o momento de seu acontecimento, derrogando-se princípios essenciais da ciência do seguro.

O ressegurador, sendo já exigível sua obrigação, há de realizar o pagamento da indenização na forma convencionada no contrato de resseguro. Na generalidade dos contratos de resseguro se inclui cláusula que estabelece verdadeiro pacto de conta corrente entre o ressegurador e o ressegurado, em que se anotará como débito do ressegurador o montante da indenização de resseguro. Isso não exclui a pactuação contratual de outro sistema para o pagamento das indenizações ou, apesar da existência de dita conta, acordo acerca do pagamento de uma só vez, em relação a determinadas indenizações, para atender a gravidade e o vulto econômico do sinistro.

1.3. Antecipação da indenização

No âmbito da obrigação de indenizar, pode o ressegurador pactuar a antecipação, parcial ou total da sua parcela de responsabilidade na indenização. É o que se denomina "*antecipação de recuperação*", em que se obtém crédito antecipado para cumprimento de obrigação futura.

2. Extensão da obrigação do ressegurador

A indenização de resseguro estará limitada não apenas ao "dano" sofrido pelo segurador-ressegurado, mas também ao sistema eleito e aos limites estabelecidos para a cobertura no contrato. Esses sistemas partem da determinação da obrigação do ressegurador, seja em proporção à obrigação do ressegurado ou independentemente desta.

Nos contratos cota-parte, em que ressegurador e ressegurado assumem cotas específicas dos efeitos do risco, o ressegurador cobre o ressegurado, em determinado percentual, pela responsabilidade que lhe gerem os sinistros produzidos em todos os riscos compreendidos na delimitação pactuada, sem levar em consideração a soma segurada. É frequente estabelecer limite máximo para as obrigações do ressegurador, que participará no percentual acordado em todas as apólices adaptadas ao âmbito de aplicação do tratado, até o limite estabelecido, evitando-se assim participação excessiva em riscos de grande quantidade. Esse limite máximo constitui a soma ressegurada.

Nas coberturas de excedente, o ressegurador se obriga a indenizar ao segurador a dívida gerada em seu patrimônio pelos sinistros eventualmente produzidos na totalidade ou parte dos riscos cobertos, cujas somas seguradas ou perdas máximas prováveis (abreviatura inglesa: PML – *probable maximum loss*) excedam dos limites predeterminados. Esse sistema parte do *pleno de conservação*, ou seja, a soma que representa a parte do risco originariamente segurado ou a perda máxima provável do mesmo que o ressegurado poderá garantir com a sua própria cobertura. A volume ressegurado se mede por meio de múltiplos ou submúltiplos do pleno de retenção ou conservação do ressegurado. Um pleno equivale, portanto, à retenção da companhia ressegurada. Logo, se a soma segurada ou a perda máxima estimada, ou melhor, o valor do interesse, não superar o pleno de retenção do ressegurado, não será ressegurável. Caso contrário, se o supera, aplicar-se-á ao tratado de excedente.

A existência de retenção não desvirtua o caráter de acordo a *pro rata* das coberturas de excedente. Esses contratos "distribuem" proporcionalmente, segundo percentuais fixados, tanto as somas seguradas como as perdas máximas prováveis. Mesmo no caso de a proporção variar segundo cada risco segurado, uma vez que se calcula a retenção e a parte a ressegurar, a participação proporcional no risco passa a ser fixa, participando o ressegurador nessa proporção em todas as reclamações e prêmios correspondentes ao negócio ressegurado.

No caso de ocorrer sinistro com perda total – sempre que o valor da soma segurada ou a perda máxima possível supere o pleno de retenção do ressegurado – as participações do ressegurado e do ressegurador se distribuem de modo que coincidam, respectivamente, com o pleno de retenção e o excedente. Mas se o sinistro é parcial, estabelece-se distribuição proporcional àquela pactuada em relação à soma segurada ou às perdas máximas possíveis.

Nos seguros de *excesso de dano* o ressegurador se obriga a indenizar o ressegurado pelo volume de perda experimentado como consequência de sinistros ou de um acúmulo de sinistros derivados de um mesmo evento (resseguro de acúmulos), sempre que ditas perdas superem a quantia prefixada. O conceito relevante nesses contratos não é o risco, mas o sinistro, cobrindo o ressegurador os danos cuja reparação supere determinado valor. Esses contratos não começam a produzir efeitos em relação à operação de seguro, no que tange exclusivamente à cobertura resseguratíva, até que sejam produzidas as reclamações dos danos. O pleno de conservação nesses últimos não se refere às somas seguradas nem às estimativas de perda, mas às perdas efetivas, ao dano, de modo que se ditas perdas são inferiores ao pleno ou à franquia do ressegurado, o ressegurador não se verá obrigado a indenizá-lo; já se os danos superarem o pleno, haverá de indenizá-lo pelo excesso.

Nessa modalidade (*excesso de dano*), o conceito relevante para determinar a responsabilidade do ressegurador é o de *perda líquida final*, assumindo este, dentro dos limites pactuados, aquela parte que exceda da *franquia* ou da *prioridade* aceita pelo ressegurado. A perda líquida definitiva compreende todas as perdas ocasionadas ao segurador pelo pagamento final e efetivo de indenizações, como consequência dos seguros ou resseguros contratados, uma vez deduzidas todas as recuperações e as indenizações a ele correspondentes por conta de outros resseguros eventualmente contratados. Ao montante líquido das indenizações deverão ser somados os gastos suportados pelo ressegurado para a tramitação e regulação do sinistro, assim como os gastos judiciais. Por outro lado, são normalmente estabelecidos limites máximos à responsabilidade do ressegurador, expressos na mesma moeda da franquia, de tal forma que, se o sinistro supera não apenas a capacidade de retenção do ressegurado, mas também a capacidade fixada no contrato de resseguro, o excesso reverterá ao ressegurado.

Por último, nas coberturas *stop-loss* o ressegurador se obriga a indenizar o ressegurado pela perda que lhe advenha do conjunto de sinistros no exercício (ou de um conjunto deles), superando cifra previamente determinada. Quando falamos de "perda", referimo-nos àquela verificada quando a sinistralidade do período relativo ao contrato supera o recebimento de prêmios puros ou de riscos recebidos pelos ramos por ele compreendidos. Assim, o ressegurador responsabiliza-se por qualquer perda sofrida pelo ressegurado se a sinistralidade anual superar o percentual acordado. É comum serem estabelecidos limites à responsabilidade do ressegurador, tanto mediante a fixação de percentuais máximos, complementados também por quantias máximas, pelos quais as perdas adicionais reverterão sobre o ressegurado, como obrigando o ressegurado a ser, por sua vez, corressegurador de uma porção do excesso de sinistralidade.

Nas coberturas de excesso de dano, a indenização do ressegurador cobre não apenas o dano estritamente ocasionado a ele pelo ressegurado, em função do nascimento da dívida, como consequência de sua obrigação de indenizar, mas ainda os gastos ocasionados pela liquidação do sinistro e, em certos casos, os gastos da determinação final da indenização (custos judiciais, etc.). Nas demais coberturas, a contribuição do ressegurador aos mencionados gastos dependerá dos termos do contrato.

Geralmente, nas coberturas proporcionais, estabelece-se o pagamento por parte do ressegurador de comissão ao ressegurado para compensar-lhe os gastos exigidos pela aquisição e pela gestão dos negócios ressegurados. Essa comissão pode estender-se também aos gastos de gestão e liquidação dos sinistros. No entanto, se na determinação do percentual a ser utilizado para o cálculo da mencionada comissão somente se levam em conta os gastos de aquisição e gestão de riscos, há de pactuar-se, nesse caso, de forma independente, que na indenização de resseguro se inclua a participação também proporcional do ressegurador nos gastos produzidos ao ressegurado pela liquidação dos sinistros (gastos de salvamento, diminuição das consequências do sinistro, regulação e apuração dos danos, custos judiciais, etc.).

No tocante aos conceitos a compor a indenização de resseguro, tema relevante é o relativo aos juros moratórios impostos ao segurador-ressegurado, que deverão ser a ele indenizados na quantia correspondente à participação do ressegurador. Realmente, trata-se de matéria a ser regulada no contrato, especialmente se o contrato contém cláusula de controle das liquidações dos sinistros ressegurados e, para as hipóteses em que não se haja previsto nada a respeito, deverá determinar a intenção das partes em atenção à existência de cláusulas como a de *seguir as ações, pagar na forma em que tenha sido pago* ou similares. Não obstante, o critério geral pressupõe a boa-fé e o profissionalismo do ressegurado quanto à gestão e à liquidação do sinistro e a consequente contribuição proporcional do ressegurador aos gastos incorridos nessa tarefa de regulação do sinistro. Ainda quando na maioria dos casos a apreciação da justificação dos gastos seja complicada, devem excluir-se os gastos desnecessários, inoportunos ou desproporcionais.

Em relação à extensão da responsabilidade do ressegurador e, ainda quando é discutida a vigência do princípio indenizatório no contrato de resseguro, este será plenamente aplicável na determinação da quantia da obrigação do ressegurador nas seguintes situações:

- exercício da ação sub-rogatória pelo segurador pela qual o segurado é substituído no uso das ações ou direitos por este possuídos contra os terceiros causadores do sinistro. Nesse caso, a quantidade recuperada pelo ressegurado em relação ao que pagou ou está obrigado a pagar, por dita via da indenização, há de ser descontada da indenização de resseguro ou, se o ressegurador já indenizou ou adiantou, deverá ser devolvida com seus correspondentes juros e correção monetária; e
- liquidação dos danos mediante o sistema de abandono. O ressegurado abandonatário não pode transferir a coisa abandonada ao

ressegurador para exigir-lhe a totalidade da indenização, em virtude da independência de ambos os contratos de seguro e resseguro. No contrato de seguro, o que se abandona é a coisa segurada, e esta não é o objeto do resseguro, mas do patrimônio do ressegurado. Evidentemente, não pode ser abandonada coisa distinta daquela que foi segurada. A solução adequada passa pela avaliação crítica do valor da indenização de resseguro, do valor da coisa abandonada ou da quantidade que o ressegurado haja recuperado mediante a sua venda.

A hipótese em que o alcance do princípio indenizatório tem sido mais discutido é o momento no qual ocorre a declaração de liquidação ou falência do ressegurado, uma vez ocorridos os sinistros. O segurado possuidor de crédito contra seu segurador liquidado cobrará tão somente uma parte (*pro rata*) do mesmo, correspondente à diferença entre o passivo e o ativo do segurador. Questão controvertida é se o ressegurador está obrigado a pagar a seu ressegurado em proporção ao que este haja satisfeito em moeda concursal a seus segurados, aplicando-se estritamente o princípio indenizatório, ou se pagará integralmente a indenização devida à massa ativa da liquidanda, sem levar em consideração o destino da indenização ressecuritária estabelecido no contrato de resseguro. Trata-se de determinar se, em caso de tão somente um segurado receber, por exemplo, parte de seu crédito, o ressegurador pode considerar que o risco por ele assumido será coberto somente por uma soma correspondente à quantidade que tenha recebido do segurador, se não tivesse sido liquidado.

Há setor da doutrina internacional especializada[16], minoritário, que defende ser o ressegurador somente obrigado a participar na proporção das somas efetivamente pagas por seu ressegurado. O argumento principal se fundamenta no fato de que, geralmente, o pagamento da indenização por parte do segurador se produz com anterioridade ao pagamento da indenização de resseguro, pois o valor desta se calcula

[16] Cf. Brunetti Antonio. *Derecho Marítimo privado italiano.* Barcelona: Bosch, 1951. p. 351; Lacort, A. *Cuestiones de derecho mercantil: las relaciones entre asegurador y reaseguradores. El artículo 400 del C. de C.* Madri: RDP, p. 169; Sousselier, R. *Les engagements du réassureur en cas de faillité de la cédante.* Paris: RGAT, 1958, p. 236 a 247

segundo a soma liquidada em razão do contrato de seguro. Todavia, esse método é apenas um dos que são utilizados para determinar o valor da indenização de resseguro, não é o único e nem exclui a possibilidade de ser determinada a quantia respectiva previamente ao pagamento realizado pelo segurador. Ainda assim, alega-se como princípio fundamental de resseguro a impossibilidade do ressegurador suportar dano superior ao suportado pelo ressegurado, invocando-se naturalmente o princípio indenitário.

Isso acontece no Brasil, com fundamento no artigo 100, alínea "b"[17], do Decreto-Lei nº 73/1966, considera-se que o fato do ressegurador pagar integralmente sua prestação à massa da quebra, não contribui para a melhora substancial da situação dos segurados cujas apólices foram resseguradas, porque pelo próprio efeito da liquidação extrajudicial o segurado, possuidor de risco contemplado por contrato ou tratado de resseguro, suportará o rebaixamento de seu crédito igual àquele suportado por qualquer outro segurado. Essa é a razão pela qual a soma paga pelo ressegurador contribuiria para melhorar os créditos de todos os credores, indistintamente.

Esse setor da doutrina defende, enfim, que no caso de pagamento integral por parte do ressegurador se produziria enriquecimento do segurador. Se, devido à quebra do segurador, a indenização se reduz e unicamente satisfaz, com efeitos liberatórios, percentual da mesma, sua responsabilidade se concretizará apenas em dito percentual e a responsabilidade do ressegurador não poderá ser maior que a de seu ressegurado. A partir dessa perspectiva, é indiferente ser concebido o resseguro como contrato de indenização, com o objetivo de cobrir o pagamento efetuado pelo segurador ou para cobrir a sua responsabilidade. Ainda assim, com relação ao privilégio, alguns estudiosos defendem a compatibilidade da extensão da "quitação" com a dívida do ressegurador, por conta de que "*la ley no dice precisamente que aquel privilegio se refiera al crédito en moneda plena y no al crédito en moneda de quiebra*".[18] Obviamente, Brunetti

[17] "Art 100. Dentro de 90 (noventa) dias da cassação para funcionamento, a SUSEP levantará o balanço do ativo e do passivo da Sociedade Seguradora liquidanda e organizará:
a) ...
b) a lista dos credores por dívida de indenização de sinistro, capital garantidor de reservas técnicas ou restituição de prêmios, com a indicação das respectivas importâncias."

[18] Cf. Brunetti, *Derecho marítimo privado*. t. III (*Las obligaciones*), op. cit., 1951, p. 352.

não leva em consideração a impossibilidade da insolvência criar parâmetros para a responsabilidade do segurador em relação ao seu segurado e ao seu ressegurador.

A posição contrária, na qual se defende a obrigação de pagamento integral, é a mantida pela maioria da doutrina[19], em atenção à consideração do resseguro como contrato de indenização da responsabilidade contratual do ressegurado.

Esse posicionamento se justifica, até porque, a quebra do ressegurado não pode eximir o ressegurador de pagar por inteiro a indenização devida, não se derivando para este vantagem alguma da insolvência de seu ressegurado. Afinal, contrato de resseguro é um contrato de seguro pelo qual, em compensação ao prêmio cobrado, o ressegurador se obriga a pagar ao ressegurado, total ou parcialmente, a soma devida pelo segurador em decorrência da verificação do sinistro previsto no contrato de seguro. É contrato vinculado, de forma imediata, ao dano sofrido pelo segurador, mas condicionado, mediatamente, ao dano sofrido pelo segurado, refletindo-se isso no reconhecimento do privilégio especial dos segurados.

A autonomia dos contratos de seguro em relação aos de resseguro impede que possam ser extintas as obrigações apenas pela liberação parcial das responsabilidades deles derivadas. Afinal, o ressegurador recebe prêmios calculados na proporção do importe da eventual indenização a satisfazer em caso de realização do risco. Se o ressegurador paga somente percentual da mesma, produz-se enriquecimento injusto da porção de prêmios correspondentes à parte da indenização não paga, por conta da quebra de seu ressegurado.

[19] Cf., entre outros, Uría. *Reaseguro, quiebra y compensación (Consideraciones acerca de la posición del reasegurador-vida en la quiebra de la entidad cedente).* Madri: RDM, n. 30, 1950, p. 389; Broseta Pont, M., op. cit., p. 40 e 185; De Angulo Rodríguez, L. *Régimen de liquidación de las cuentas de siniestros y provisiones técnicas al término del reaseguro. Transcendencia en los seguros de responsabilidad civil.* In: AA.VV. *Estudios sobre el aseguramiento de la responsabilidad en la grand empresa, p. 540, ob., cit.; idem, La desnaturalización del reaseguro tradicional.* Anais da Real Academia Sevilhana de Legislação e Jurisprudência, v. I., 1994-1996, p. 237 e 238; Ehrenberg, Victor. *El reasseguro.* Madri: Revista de Derecho Privado. p. 150-155; Sánchez Calero, Fernando. *Artículo 78. Posición jurídica Del asegurado y deberes del asegurador-reasegurado.* In: AA.VV. *Ley de Contrato de Seguro.* Madri: Aranzadi, 2001, p. 1.417

A responsabilidade do ressegurador não experimenta modificação alguma pela insolvência de seu ressegurado[20], sendo indiferente o pagamento, parcial ou total eventualmente feito pelo segurador a seu segurado. O objeto do resseguro não é o valor efetivamente pago pelo ressegurado, mas a sua obrigação de pagamento inserida no contrato de seguro. Além disso, não se reduz da indenização securitária a parte do resseguro, porque o segurador é o único responsável pelo valor total da indenização devida ao segurado, mesmo sendo declarada a sua quebra. Logo, se por qualquer motivo, o ressegurador receber a tempo mais prêmios, deverá imputá-los aos créditos que os seus credores têm para com ele. O objetivo da celebração do contrato de resseguro é a obtenção de fundos, para poder fazer frente às eventuais indenizações. Esse objetivo não seria alcançado caso fosse admitido que o ressegurador possa vir a satisfazer somente de forma parcial a sua prestação.

Se relacionarmos o momento do nascimento e a exigibilidade da obrigação do ressegurador com a sua extensão, ficará evidente que as circunstâncias motivadoras de seu nascimento e permissão de sua exigência não variam como consequência da insolvência do ressegurado. Atende-se ao momento do surgimento da obrigação do ressegurador

[20] O art. 1.930 do Código Civil italiano regula expressamente essa questão, estabelecendo que "*in caso di liquidazione coatta amministrativa del riassicurato, il riassicuratore deve pagar integralmente l'indemnità dovuta al riassicurato, salva la compensazione com i premi e gli altri crediti*" (Cf. a respeito, De Gregório, *Le obbligazioni del riassicuratore nel fallimento del riassicurato.* Roma: Giuffrè, 1993, p. 157; Crisafulli e Buscemi. *Sulla genesi dell'art. 1.929 Cod. Civ. In tema di riassicurazione,* Milão, Giuffrè, 1987, p. 461; cf. ainda o que diz Capotosti, s.v. Assicurazione; VI) Riassicurazione. *Enciclopedia giuridica italiana.* Roma, 1988, p. 3, e seguintes; Salandra, *I caratteri giuridici del contratto di riassicurazione e la giurisprudenza della Cassazione.* Roma, in Assicurazioni, I, 1986, p. 318; Vivante, *Degli obblighi del riassicurate nel caso di fallimento e di successivo concordato dell'assicuratore.* Milão: Foro it., 1925, p. 470; Buttaro, *Riassicurazione,* Milão, Dir. XL, 1989, p. 389). No mesmo sentido, e para outros ordenamentos, vide De Mori. *Le contrat de réassurance.* Roma: Societés des Nations, 1936, p. 190; Hagopian, M. *La réassurance.* In: AA.VV. *Traité de Droit des assurances. Enterprises et organismes d'assurance,* Paris, 1981, p. 668; D'Assier de Boisredon. *Les engagements du réassureur en cas de faillite de la cédante.* Paris: RGAT, n. 3, 1960, p. 137 a 153; Herrmansdorfer. *Technick und Bedeutung der Ruckversicherung.* Munique, 1927, p. 286; Bruck, *Das Privatversicherungsrecht,* Berlin, 1930, p. 717; *Mac Gillivray, Mac Gillivray & Parkinton on Insurance Law: relating to all risks other than marine.* 8. ed. Londres: E. Lloyd, 1988, p. 971 a 972. Esses autores afirmam que "*when a insurer reinsures a proportion of the risk and subsequently becomes bankrupt or goes into liquidation, the liability of the reinsurer is to pay the specified proportion of the amount which the original insurer became liable to pay, not of the amount they actually pay as a dividend.*"

para determinar o âmbito de sua responsabilidade, efetuando-se o pagamento ao segurador ou à massa liquidanda em momento posterior, não influente na medida de sua obrigação. Uma vez acordada a liquidação definitiva, tornando-se assim a dívida do ressegurado certa, líquida e exigível, o ressegurador deve pagar o montante total de sua indenização, independentemente de o ressegurado pagar ao segurado, em vista do estado de insolvência e da diminuição de seu ativo pelo passivo acumulado, não lhe permitindo fazer frente à totalidade de sua prestação.

De qualquer modo, é conveniente vermos como, pela simples aplicação dos princípios da quebra, se chega à idêntica solução. O nascimento da dívida do segurador frente a seu segurado determina o pagamento da dívida do ressegurador frente a seu ressegurado. Ambas nascem e se definem anteriormente à declaração da quebra do segurador. Esse é o momento no qual, caso não tenha sido até então exigível a liquidação da empresa, o segurado torna-se de imediato credor da indenização frente à massa liquidanda, inscrevendo-se e habilitando-se em sua totalidade, ao mesmo tempo em que vence e se inscreve no rol de ativos da massa liquidanda o crédito devido pelo ressegurador, o que é feito pelo liquidante independente das operações da massa passiva. Ou seja, os créditos se cobram integralmente e as dívidas se pagam segundo a lei de "quebras", respeitando-se as prioridades, preferências e privilégios legais.

Para efeitos patrimoniais, a quebra do segurador é simplesmente uma circunstância de fato, e não de direito, capaz de permitir a extinção de suas obrigações em moeda concursal, mas não atribui direitos ao ressegurador por ser condição pessoal da liquidanda. O ressegurador não goza de exceção oponível frente ao ressegurado ou a terceiros, apoiando-se na liquidação concursal de sua contraparte, circunstância esta da qual não pode derivar nenhum benefício. Precisamente por constituir a quebra condição pessoal do ressegurado, estranha às circunstâncias objetivas das operações de seguro. Justo por isso, não se deve admitir a redução da obrigação de indenizar do ressegurador, na mesma proporção daquela verificada pelo ressegurado, por invocação do princípio de *seguir a sorte*.

Em todo caso, a insolvência do ressegurado formará parte da denominada *fortuna comercial*, mas não da *fortuna técnica* referida no mencionado princípio. Até porque, a esta última deverão ser reconduzidas todas as condições e circunstâncias de caráter objetivo relativas à operação de seguro, fazendo abstração da pessoa do segurador; por sua vez, a *fortuna comercial* deverá ser considerada em relação a todo o aspecto subjetivo do negócio, justamente aquele capaz de afetar a pessoa do segurador. Afinal, não se pode perder de vista que o ressegurador se obriga a reparar a dívida nascida no patrimônio do ressegurado. Evidentemente, a dívida nasce íntegra em dito patrimônio, sendo uma questão distinta a maneira ou a proporção de sua satisfação, devido ao procedimento concursal.

Como princípio geral, o ressegurador tem obrigação de pagar integralmente a indenização de resseguro, mesmo admitindo pagamento proporcional ao efetuado pelo ressegurado, no caso de ser esta a intenção das partes, expressa claramente no contrato ou "tratado" de resseguro, mediante a estipulação da "cláusula de reembolso". Não admitir essa exceção levaria à nulidade dessas cláusulas, consequência esta que entraria em absoluto confronto com o princípio constitucional da autonomia da vontade contratual a presidir necessariamente esse tipo de negócio jurídico.

3. As cláusulas de seguir a sorte e as ações do ressegurado

Ultimamente, tem sido comum o surgimento de cláusulas nos contratos de resseguro com o objetivo de tratar a obrigação de indenização do ressegurador ao delimitá-la e adequá-la, em sua amplitude e em sua quantia, à obrigação do segurador-ressegurado, com distinto alcance e âmbito de aplicação. Essas cláusulas, denominadas *seguir a sorte* e *seguir as ações*, são verdadeiras manifestações da dependência jurídica do ressegurado em relação ao contrato ou contratos de seguro subjacentes.

a) a cláusula de *seguir a sorte*

No Brasil, como já referido, não há ordenamento jurídico capaz de determinar, de forma obrigatória, o dever do segurador de comunicar ao ressegurador as modificações da soma segurada, do valor do interesse, da garantia contratada e das condições do seguro, modificações essas produzidas dentro da faculdade conferida ao segurador pelo seu poder de gestão das operações de seguro celebradas. No entanto, o contrato de resseguro, dentro dos limites determinados por seu próprio âmbito de cobertura, pela boa-fé e pelo profissionalismo do ressegurado no exercício do mencionado poder, deve adequar-se às alterações experimentadas pelos negócios ressegurados, de forma a oferecer cobertura flexível, imprescindível para a boa marcha do negócio do ressegurado. Isso, de fato, só ocorrerá caso o segurador comunique ao ressegurador, indistintamente, as alterações ocorridas nos contratos de seguro celebrados.

Para evitar problemas relacionados com as alterações nas apólices de seguro não informadas ao ressegurador surgiu o princípio da *sorte compartilhada*, que está estritamente ligado ao dever de colaboração entre as partes, normalmente exigido no próprio contrato de resseguro. Não obstante, inclusive em ausência de menção expressa, o dever de comunicar tem virtualidade e informa esse tipo de contrato, por constituir um dos usos consolidados internacionalmente na prática da indústria resseguradora.

A doutrina internacional é unânime em reconhecer a validade e a importância dessa avença contratual. Pérsico[21], um dos primeiros estudiosos do assunto, já considerava que a cláusula de *seguir a sorte* se converteu em cláusula de estilo. No mesmo sentido, De Angulo[22] assinala ser unicamente possível a limitação do alcance do princípio de *seguir a sorte* mediante cláusulas delimitadoras do âmbito do contrato de resseguro. Achurra-Contreras lecionam que o princípio de *seguir a sorte*, junto com o de máxima boa-fé, tem constituído o alicerce do desenvolvimento da atividade de resseguro em escala mundial. Referindo-se precisamente ao princípio de *seguir a sorte*, afirmam que:

> *Este principio es universalmente reconocido como un elemento de la naturaleza de todo contrato de reaseguro, es decir, de aquéllos que naturalmente se entienden pertenecerle, sin necesidad de estipulación alguna, de modo que, al contrario, para no darle aplicación se requiere un pacto expreso.*[23]

Alguns códigos reconhecem expressamente esse princípio, como é o caso do art. 1.115, do Código de Comércio da Bolívia ("*El reasegurador comparte la suerte del asegurador en el desarrollo del contrato principal dentro de*

[21] Pérsico, C. *Riassicurazione. Novissimo Digesto Italiano*, Turim, T. XV, 1968, p. 147.

[22] De Angulo Rodríguez, L. *Consideraciones preliminares sobre el reasseguro*, In: AA.VV. *Estudios sobre el contrato de reaseguro*. Barcelona: Barcelona, 1989, p. 42 e 43.

[23] Larrain Achurra, Juan; Strauch Contreras, Osvaldo. Las cláusulas de cooperación y de control en los contratos de reaseguro. In: AA.VV. *Ponencias y comunicaciones al V Congreso Iberoamericano de Derecho de Seguros*. t. I. Madri, 1997, p. 166.

las estipulaciones y términos del convenio de reaseguro y las regulaciones legales") e do art. 1.134, do Código de Comércio Colombiano, este último assim redigido: "En virtud del contrato de reaseguro el reasegurador contrae con el asegurador directo las mismas obligaciones que este ha contraído con el tomador o asegurado y comparte análoga suerte en el desarrollo del contrato de seguro, salvo que se compruebe la mala fe del asegurador, en cuyo caso el contrato de reaseguro no surtirá efecto alguno."

Nos contratos de resseguro, a cláusula de *seguir a sorte* costuma apresentar a seguinte redação:

> *A responsabilidade do ressegurador surgirá simultaneamente à da companhia ressegurada e todas as cessões ao ressegurador, em virtude deste convênio, estarão sujeitas aos mesmos riscos, termos, condições, interpretações, operações, exclusões, modificações e alterações correspondentes ao respectivo contrato de seguro emitido pela companhia ressegurada. Por esta cláusula e nas proporções especificadas no contrato, o ressegurador segue a sorte da companhia ressegurada em relação aos riscos que a companhia haja aceitado por meio de apólices de seguro.*

A cláusula de *seguir a sorte* pretendia inicialmente proteger o ressegurado nos casos em que este havia cometido algum erro ou omissão no cumprimento de seu dever de informar a seu ressegurador sobre todas as circunstâncias atinentes aos riscos em geral, às perdas e às reclamações. Mediante essa cláusula, o ressegurador se obriga a cumprir o contrato de resseguro, mesmo não tendo sido comunicado sobre as alterações do seguro principal ou das modificações do risco, sempre e quando a omissão do segurado não implicar má-fé, em cujo caso estaria facultado ao ressegurador o direito de resolver o contrato, segundo se estabelece na maioria desses instrumentos contratuais. Por isso, é frequente encontrar a cláusula de *seguir a sorte* como parte da denominada cláusula de *erros e omissões*.

O propósito da cláusula de *seguir a sorte* é manter proporcional a responsabilidade do segurador e a do ressegurador durante toda a execução do contrato de resseguro, nos moldes estipulados no momento de sua celebração. Pretende-se flexibilizar o contrato dentro das suas condições e propósitos originais. Através do princípio de *seguir a sorte* se evidencia a conexão entre o risco ressegurado e o risco segurado, este como pressuposto do primeiro. O fundamento desse princípio é a comunidade indireta de risco estabelecida entre segurador e ressegurador, segundo a qual o ressegurador participa, nos termos dos limites e quantia fixados no contrato de resseguro, no risco suportado pelo segurador em seu patrimônio, como consequência do seguro por ele contratado.

A virtude dessa estipulação manifesta-se assim nas hipóteses de agravação ou redução do risco segurado, de aumento ou diminuição da soma segurada, de prorrogação ou nulidades de apólices resseguradas, etc., já que por meio da sua inclusão se chega ao resultado de sensibilizar o contrato de resseguro perante esse tipo de variação do seguro principal.

A referida cláusula pretende tornar o ressegurador obrigado ante seu ressegurado, dentro dos limites previstos no contrato de resseguro, nos mesmos termos a que este fica obrigado com relação a seu segurado. Trata-se de adequação da eventual prestação do ressegurador, de modo que toda alteração dos critérios delimitadores da responsabilidade do ressegurado repercuta proporcionalmente na responsabilidade do ressegurador.

Parte da doutrina de apoio ao âmbito de aplicação dessa cláusula distingue entre fortuna técnica e fortuna comercial, considerando que o ressegurador há de *seguir a sorte* do ressegurado quanto à primeira, mas não quanto à segunda[24]. A ideia proposta vai ao encontro da tentativa de se ocultar a consideração de que o princípio de *seguir a sorte* cobre todas as obrigações desenvolvidas no âmbito da relação seguradora, capaz de afetar automaticamente o risco original, sem nenhuma ação por parte do segurador. Esse risco original atinge o ressegurador em virtude do princípio de *seguir a sorte*, e compreende, por um lado, o *risco segurado* no contrato de seguro, que pode ser agravado ou diminuído, com as consequências estabelecidas, entre nós, no artigo 769[25] do Código Civil. Por outro lado, o risco derivado da conclusão desse mesmo contrato também pode ver-se afetado pela conduta do tomador do seguro quanto à eventual fraude no cumprimento de seus deveres e direitos, de modo que o segurador se veja obrigado a indenizar, ainda quando legalmente

[24] Neste sentido, cf. HAGOPIAN, Mikael; LAPARRA, Michel. *La Réassurance. Traité de Droit des Assurances*. Paris: LGDJ, 1992., p. 86-90; e GERATHEWOHL, Klaus. *Reaseguro. Teoría y Práctica*. V.1. Madri: Reaseguros Gil y Carvajal S.A., 1993, p. 520-521.

[25] Art. 769. O segurado é obrigado a comunicar ao segurador, logo que saiba, todo incidente suscetível de agravar consideravelmente o risco coberto, sob pena de perder o direito à garantia, se provar que silenciou de má-fé.

não estivesse obrigado (sinistro premeditado; aumento exagerado nas perdas, etc.), sem possibilidade de demonstrar a fraude.

A respeito, assinala Prölss que:

> *el principio de seguir la suerte de la compañía, según se reconoce generalmente, se refiere de hecho solamente a los riesgos técnicos aceptados por ella segurador bajo la póliza, según se describe anteriormente, y no a riesgos comerciales" e, mais adiante, acrescenta que "el principio de seguir la suerte de la compañía comprende todos los efectos que el riesgo original (hasta donde sea cubierto parcial o totalmente por el reasegurador) automáticamente tiene en el contrato de seguro sin que ella segurador directo tome acción alguna*[26].

Evidentemente, as consequências da aplicação do princípio de *seguir a sorte* não são absolutas, uma vez que esse princípio se acha submetido a alguns limites determinados pela boa-fé, pela própria extensão da cobertura resseguratíva e pela autonomia jurídica existente entre o contrato de seguro e o de resseguro. Como já foi assinalado, o ressegurador não é obrigado a seguir a fortuna comercial do segurador. Há que se situar, por exemplo, o impacto do prêmio de seguro direto. Tampouco pode ser criada obrigação nova não prevista ou excluída por normas do Código Civil, mediante simples interpretação do princípio. Vale dizer, através da cláusula de *seguir a sorte* não se pode pretender que o ressegurador "siga" responsabilidade inexistente; trata-se de "seguir a responsabilidade"[27], e não os pagamentos realizados *ex-gratia*, por exemplo e, aliás, proibidos no Brasil pela Superintendência de Seguros Privados (SUSEP), órgão oficial regulador e fiscalizador do Sistema Nacional de Seguros Privados. Esse princípio também não pode ser invocado para estender a cobertura resseguratíva a riscos excluídos da mesma e cobertos no seguro originário.

Para Efren Ossa[28], o alcance do princípio de *seguir a sorte* está subordinado ao marco contratual, ao âmbito da cobertura e a seus limites,

[26] PRÖLSS, Erich R. El riesgo del reasegurador. *Notícias de reaseguros*, n. 27. Madri, 1959, p. 4 e 6, respectivamente.

[27] Nesse sentido, cf. a cláusula citada por Hoffman: "as formulações mais recentes desta cláusula utilizam o termo 'responsabilidade' e não mais sorte ou fortuna". HOFFMAN. On t*he use and abuse of custom and usage in reinsurance contracts*, Londres, LMCLQ 1-44, 1998, p. 96

[28] EFREN OSSA. *Teoría general del seguro*. t. I (La institución). Bogotá: Javeriana, 1987.

dentro dos quais seria possível perceber que as contingências do seguro original subjacente comprometeriam ineludivelmente à eficiência do resseguro. Se aquele existe, este existe. Se aquele é nulo, este é nulo também. Se aquele obriga o segurador, este obriga o ressegurador. Se uma eventual ação judicial culmina em sentença condenatória para o segurador, arrasta colateralmente o ressegurador, e o mesmo se ocorrer o inverso. Mas tudo isso sem prejuízo do contrato de resseguro e de sua importância como *lei* para as partes.

Significado similar à cláusula de *seguir a sorte* possui a cláusula *to paid as may be paid thereon*, utilizada na grande maioria dos contratos celebrados por entidades pertencentes ao âmbito anglo-saxão, que faz referência à obrigação do ressegurador de pagar "segundo o tenha feito seu ressegurado no contrato de seguro original". A finalidade desse tipo de estipulação é obter equilíbrio entre a responsabilidade do ressegurador e a do segurador, dentro dos limites financeiros estabelecidos no contrato de resseguro.

b) cláusula de *seguir as ações* do ressegurado (*follow the settlements*)

A cláusula de *seguir as ações* do ressegurado, conhecida internacionalmente como *follow the settlements* ou *loss settlements*, deriva-se diretamente do princípio indenizatório, sendo utilizada praticamente desde os primeiros acordos de resseguro. Através da cláusula *loss settlements*, o ressegurador admite ser responsável pelo cumprimento do contrato e garantidor dos pagamentos eventualmente efetuados pelo ressegurado a seu segurado, como consequência da liquidação baseada na apólice original, sem a responsabilidade de este último ter sido estritamente estabelecida.

Quando um ressegurador aceita vincular-se através da cláusula *loss settlements*, está-se obrigando a *seguir as ações* do ressegurado. Não obstante, o dever do ressegurador de indenizar, derivado dessa cláusula, fica condicionado à liquidação efetuada pelo ressegurado de boa-fé. O fato de o segurado original ter atuado fraudulentamente ao reclamar uma indenização não retira do ressegurador a obrigação de indenizar o ressegurado por qualquer pagamento efetuado a seu segurado, sempre e quando se verificar que o ressegurado tenha utilizado todos os meios razoáveis e exigíveis para determinar a existência e o alcance de sua responsabilidade.

Questão não menos importante se dá quando o ressegurador, junto com seu ressegurado, se vê obrigado a suportar o risco da impossibilidade de ressarcir-se posteriormente da indenização paga indevidamente ao segurado. Mesmo assim, quando um ressegurado convenciona amistosamente a liquidação do sinistro com o seu segurado, essa liquidação, baseada em responsabilidade provada ou admitida pelo ressegurado, vincula o ressegurador, na medida em que o contrato de resseguro inclua cláusula *follow the settlements*, e considerando que o ressegurado atuou com boa-fé e diligentemente.

Essa cláusula é similar àquela na qual se prevê que as omissões e os erros eventualmente incorridos pelo ressegurado em sua gestão técnico-comercial não poderão ser invocados pelo ressegurador para denegar a sua responsabilidade em um sinistro. Nesse sentido, afirma-se que o ressegurador, além do risco original, assume através da cláusula *follow the settlements*, o risco proveniente do campo de ação do ressegurado, constituindo ponto essencial desse risco a administração inadequada das operações de seguro resseguradas (políticas de subscrição arriscadas; tarifação mais ajustada; liquidações generosas – pagamentos *ex-gratia* – ; incorreções nas transações de sinistros; recurso excessivo a ações judiciais para opor-se às reclamações dos segurados, etc.). Exceto nas hipóteses de má-fé ou total negligência, as atuações do ressegurado obrigam o ressegurador a cumprir o contrato de resseguro[29].

Em algumas ocasiões, fica difícil distinguir os efeitos práticos da cláusula de *seguir a sorte* daqueles relativos à cláusula de seguir as ações (*follow the settlements*). Não obstante, ainda que às vezes ambas as cláusulas possam cobrir as mesmas circunstâncias, o princípio de *seguir a sorte* faz referência especialmente a que o ressegurador fique vinculado ante qualquer variação na responsabilidade do ressegurado, devido principalmente às vicissitudes sofridas pelo risco segurado, as quais normalmente escapam do poder de gestão do segurador. Ademais, a cláusula *follow the settlements* obriga o ressegurador a assumir as consequências, em sentido amplo, da gestão promovida pelos seguradores, incluídos os gastos incorridos quando decide defender-se judicialmente de uma reclamação; as consignações a que se acha obrigado a efetuar por dispo-

[29] Cf. PRÖLSS, Erich R. op.cit., p. 5 e 6.

sição judicial, etc. Em síntese, a cláusula denominada *seguir as ações* é a verdadeira aplicação da cláusula de *seguir a sorte* à fortuna comercial do ressegurado.

4. Obrigações acessórias

4.1 Pagamento de comissões e participação do ressegurado nos resultados do ressegurador

Nas coberturas de tipo proporcional, quando ressegura um risco, ou uma série deles, o segurador paga como contraprestação o prêmio calculado em percentual, o mesmo aplicado para determinar a medida da cobertura resseguratíva proporcional, vale dizer, a obrigação do ressegurador, seja ao prêmio de tarifa, seja ao prêmio de risco ou ao prêmio puro do seguro direto ressegurado. Lembra Martínez[30] que a "saída" de prêmios como consequência do resseguro contratado não se dá de forma autônoma em relação aos gastos ou custos fixos incorridos pelo segurador na aquisição dos negócios, na gestão dos riscos e na tramitação dos sinistros correspondentes às operações de seguro, unindo os gastos de administração da própria cobertura resseguratíva.

O ressegurador contribui com os mencionados gastos por meio do pagamento de comissões ao ressegurado, segundo sua participação econômica nas operações de seguro. Quando o valor pago pelo ressegurador se calcula de maneira capaz de superar os gastos realmente experimentados pelo segurador, como consequência de seu negócio ressegurado, evidencia-se de novo a função de financiamento apresentada pela técnica resseguradora, obtendo o ressegurado não uma compensação inicial de gastos, mas benefício livre de risco.

O pagamento de comissões e a participação nos resultados positivos do contrato se contemplam unicamente nos resseguros de cobertura proporcional, com maior frequência nos tratados e especialmente naqueles tarifados, levando em consideração os prêmios originais ou de tarifa dos seguros cobertos. Além disso, os percentuais das comissões e as participações são mais elevados nos contratos cota-parte do que nos

30 Maestro Martínez. *Incidencia de los gastos en la tarifación. Previsión y seguro*, n. 68. Madri: Mapfre, 1998, p. 83 a 114,

de excedente de pleno, pelo fato de os resultados dos primeiros serem mais equilibrados, além de, normalmente, o volume dos negócios ressegurados nos resseguros cota-parte ser superior ao de excedente.

Nas coberturas não-proporcionais, nas quais se resseguram as perdas e não os riscos, os gastos de aquisição e a gestão dos riscos não são cobrados dos resseguradores. Isso não significa inexistência de repercussão de gastos sobre o ressegurador, muito menos que não se leve em conta a rentabilidade do tratado para a determinação final do preço da cobertura.

Nas coberturas proporcionais, quando o ressegurador participa economicamente em parte dos riscos ou das somas seguradas, cuja compensação vem determinada, na mesma proporção, pelo prêmio de resseguro, os gastos de aquisição e administração dos negócios ressegurados devem ser compensados independentemente do prêmio, ainda que o sistema utilizado para efetuar esta compensação seja o desconto no importe final do próprio prêmio.

Apesar disso, nas coberturas não-proporcionais, resseguram-se as perdas finais e não os riscos. Mas não seria correto afirmar que os resseguradores não participam de modo algum nos gastos ocasionados pela tramitação dos expedientes de sinistros abrangidos pelo tratado de resseguro. Para determinar a responsabilidade do ressegurador, o conceito relevante na cobertura não-proporcional de excesso de dano é o de *perda pura final*, conhecida como *ultimate net loss*, compreendendo todas as perdas ocasionadas ao segurador pelo pagamento final e efetivo de indenizações consequentes dos seguros ou resseguros contratados, uma vez deduzidas todas as recuperações e as indenizações a ele correspondentes, por conta de outros resseguros eventualmente firmados. Todavia, ao valor original das indenizações devem somar-se os gastos suportados pelo ressegurado para a tramitação do expediente em questão, assim como os gastos judiciais.

Igualmente, a experiência na sinistralidade é levada em consideração para o reajuste final da cobertura não-proporcional. Os conceitos estabelecidos por meio das comissões e a participação do ressegurado nos resultados do contrato nas coberturas proporcionais, exceto os custos de aquisição dos riscos, são absorvidos pelo prêmio de resseguro das não-proporcionais. Isso não exclui de forma categórica a possibilidade de, em um contrato não-proporcional, as partes livremente pactuarem participação nos resultados ou qualquer outra estipulação neste sentido. Apenas em alguns tratados de excesso de dano de cobertura catastrófica é possível encontrar uma cláusula (*no claims bonus*) capaz de prever um reembolso de parte do prêmio pago pelo ressegurado, para o caso de não ser imputado ao tratado nenhum sinistro ao término da cobertura.

Quando o volume de negócio do segurador, como é habitual, é muito grande, resulta complicado determinar a correspondência entre os gastos e cada uma das operações. A determinação dos gastos cobrados ao ressegurador se realiza de maneira global, a partir do volume total de negócio ressegurado.

Levando-se em consideração todos os gastos de produção (principalmente, as comissões dos agentes) e os gerais relativos à administração dos negócios (gestão dos riscos, liquidação dos sinistros, etc.), o percentual dos mesmos a imputar à parte ressegurada resultaria bastante elevado, aumentando excessivamente a margem de lucro obtida pelo ressegurador. Esse inconveniente, que repercute negativamente nos negócios de seguro direto da atividade resseguradora, resolve-se dividindo a contribuição do ressegurador nos gastos de produção e administração dos negócios ressegurados em duas partes. Uma parte fixa, que se calcularia em forma de porcentagem sobre os prêmios dos contratos de seguro, constituindo-se no que se denomina *comissão de resseguro*, e outra variável, a ser determinada em função dos resultados proporcionados ao ressegurador pelo negócio ressegurado, conhecida como *participação nos resultados do ressegurador*, *supercomissão* ou *profit comission*.

Na prática resseguradora é comum a utilização de sistema misto para definir a contribuição do ressegurador nos gastos de comercialização e administração, nos quais incorra o segurador-ressegurado. São as comissões calculadas mediante escala, em que se combina percentual fixo sobre os prêmios (um mínimo) com escala de porcentagem sobre os mesmos, a calcular ao final do exercício, decrescendo segundo aumenta a sinistralidade experimentada. Dentro dos limites especificados, a comissão mantém, portanto, relação direta, ainda que inversa, com a sinistralidade.

O sistema denominado *profit comission*, capaz de supor para o ressegurador resultado livre de riscos, garante-lhe a certeza de que o ressegurado procederá o mais diligentemente possível no aspecto da seleção e da gestão dos negócios segurados e na defesa dos interesses de ambos ante a liquidação dos sinistros, de tal modo que o segurador atue realmente como se não dispusesse de cobertura resseguradora.

Quando se combinam em um único contrato o sistema fixo (comissão de resseguro) com o sistema variável (participação em resultados), deverão coordenar-se, do ponto de vista da subscrição, os percentuais que determinam os respectivos importes, razão pela qual a comissão elevada não poderá estar acompanhada de alta participação nos resultados do contrato e vice-versa[31].

O pagamento de comissões e a participação nos resultados constituem obrigações de natureza contratual, de forma que não surgem tais obrigações para o ressegurador caso não estejam expressamente pactuadas no negócio jurídico de resseguro.

4.1.1 Comissão de resseguro

Não obstante a denominação de "comissão" à contribuição do ressegurador nos gastos de produção e administração dos negócios ressegurados, no resseguro não há atuação em nome nem por conta do outro; o segurador-ressegurado contrata exclusivamente em nome próprio, não vinculando juridicamente o segurado com o ressegurador, porque não exerce função mediadora entre ambos.

Tendo em consideração que não há imputação ao ressegurado de atuação na forma de comissionado, tal e como ocorre no cosseguro, a comissão de resseguro por ele percebida como compensação dos gastos mencionados não é verdadeira e própria comissão na acepção estrita do termo. É totalmente imprópria a designação de "comissão". No resseguro, a figura do terceiro mediador, capaz de gerar a figura jurídica do comissionista, não existe, nem tampouco se produz direito a receber capaz de responder a tal conceito econômico (quando existe mediador entre segurador e ressegurador para o estabelecimento do contrato de resseguro este recebe o nome de "corretor", internacionalmente conhecido como "*broker*", e a remuneração econômica por ele percebida se chama "comissão de corretagem"). Trata-se de extensão ao contrato de resseguro do "contrato de comissão" existente entre o segurador e seu agente produtor que, por comodidade de expressão, se amplia e se conserva

[31] A respeito, cf. Wilmot. *Scale and Profit Commission Carryforwards. Accouting for Limitations and Changing Reinsurers. Assurances*. n. 1. Londres, 1990, p. 53 a 63; Brown-Reed. *Marine Reinsurance*. Londres, 1981, p. 260 a 275; Carter, Robert L. *El reasseguro*. Madri: Mapfre, 1979, p. 124, em particular, os pontos 3.2 (*Cláusulas de comissiones*), nas p. 152 a 158, e 3.3. (*Calculo del beneficio*), nas p. 159 e 160.

para denominar a parte assumida pelo ressegurador e por ele reintegrada como "comissões" para o segurador.

Mesmo premiando-se, através da comissão, a oportunidade de negócio proporcionada pelo segurador ao ressegurador, o ressegurado não exerce função de mediação entre o segurado e o ressegurador, o que se evidencia pela ausência da habitual intervenção de um verdadeiro comissionista, o agente ou corretor de resseguros.

Apesar de o objetivo do pagamento de comissões ser a compensação ao ressegurado pelos gastos de comercialização e gestão ocasionados por cada um dos negócios ressegurados, os quais logicamente variam de um negócio a outro, para tornar a política de gastos do ressegurado independente de seu ressegurador, é comum ser fixado tipo rígido, de forma a determinar a quantia correspondente à comissão, que, como se tem assinalado, em alguns contratos é complementada ou reajustada com participação do segurador nos resultados do ressegurador. O percentual a aplicar aos prêmios de resseguro, para obtenção do montante da comissão cobrada pelo ressegurado, oscila, na prática, entre 20% e 40%, dependendo da oferta e da demanda do mercado de resseguro, embora, no âmbito marítimo, as comissões sejam frequentemente mais baixas em relação ao resseguro terrestre[32].

A determinação do percentual de cálculo da comissão constitui uma das principais e mais problemáticas questões originadas na fase pré-contratual de negociações do resseguro, tanto que dito percentual, para representar o mais aproximadamente possível os gastos do negócio a imputar-se à cobertura resseguratativa, nem sempre se determina com uma simples operação aritmética, capaz de distribuir economicamente os gastos totais incorridos pelo segurador, entre o negócio por ele retido e o ressegurado, pois existe uma série de fatores capazes de romper e interferir diretamente essa relação.

A sinistralidade experimentada pode ser mais elevada nos negócios ressegurados do que nos retidos, e os gastos na parte retida podem ser menores que na parte ressegurada. Isso se evidencia quando, em termos globais, se comparam os gastos do segurador no ramo de atividade em questão, livre de resseguro, e os gastos dos negócios ressegurados

[32] Cf. Wilmot. Scale and Profit Commission Carryforwars. Accouting for Limitations and Changing Reinsurers. *Assurances*. N. 1. Londres, 1990, p. 196.

dentro de dito ramo de seguro. Pense-se, por exemplo, nos tratados proporcionais facultativos para o ressegurado e obrigatórios para o ressegurador, nos quais, ao aplicar-se ao tratado tão somente os riscos selecionados pelo ressegurado, a qualidade dos negócios retidos se configura maior do que a dos ressegurados.

Esses aspectos não autorizam dizer que o ressegurador tenha de pagar comissão mais elevada, pois pode-se levar em consideração a menor rentabilidade a ele proporcionada pelo negócio. Trata-se de reajustar o preço do resseguro mediante comissão, para cuja determinação se parte inicialmente dos gastos de produção e administração mencionados, considerando, posteriormente, de um lado, as circunstâncias técnicas concretas do setor de atividade, a sinistralidade e a modalidade de cobertura e, de outro, as exigências comerciais impostas pela oferta e a demanda no mercado de resseguro.

Em momentos específicos pactuam-se comissões suplementares atendendo a certas circunstâncias pontuais, como, por exemplo, a) as estabelecidas para favorecer a constituição de companhias de seguro, especialmente em países em vias de desenvolvimento, nos quais os custos de aquisição do negócio e os gastos são mais elevados devido ao volume relativamente limitado de operações de seguro compreendidos na carteira dessas entidades[33]; b) a que compensa a renúncia do ressegurado a um intercâmbio recíproco de negócios; ou c) a comissão complementar de retrocessão, quando o ressegurador contrata cobertura sobre o resseguro aceito.

4.1.2 Participação nos resultados

Essa cláusula tem como pretensão fazer com que o ressegurado participe nos resultados proporcionados ao ressegurador pelo conjunto das operações resseguradas, fixando-se a participação do ressegurado em função do saldo resultante, de forma a compensar as perdas de algumas operações com os ganhos de outras. Trata-se de uma redução *a posteriori* do preço do resseguro, condicionada à obtenção de um resultado técnico positivo do contrato. Essa cláusula se manifesta como uma expressão do

[33] Cf. ESTUDO DA SECRETARIA DA UNCTAD. *Problemas de Reaseguro de los países em desarollo*, documento TD/B/C.3/106/Rev. 1, Nações Unidas, Nova York, 1973, p. 17; CARTER, Robert L., op.cit., p. 128.

princípio de comunidade de sorte que preside especialmente aos contratos de resseguro proporcionais.

A "participação nos resultados" tem gerado muitas dúvidas acerca da natureza participativa, não tanto dos contratos de resseguro nos quais aparece, mas da cláusula em questão. O esquema de conta em participação vislumbrado nesse pacto de participação em resultados é o seguinte: o conta-partícipe seria o segurador-ressegurado, e o gestor seria o ressegurador; o pagamento dos prêmios de resseguro seria exatamente o aporte do capital necessário ao início da operação. Mas não se pode assimilar essa cláusula de participação como um contrato de conta em participação pelas seguintes razões:

- em primeiro lugar, porque não há aportação inicial, predeterminada e única – esta é aleatória, ou seja, o aporte de prêmios depende não apenas da contratação de seguros por parte do pretendido partícipe –, mas também da assunção dos mesmos em resseguro pelo gestor;
- em segundo lugar, acha-se ausente toda participação nos resultados adversos e, mesmo sendo expressão da verdade que as perdas são levadas em consideração para a formação das contas e o estabelecimento do resultado sobre os quais há de participar o ressegurado-partícipe, isso não supõe a assunção por este de participação na perda eventual;
- em terceiro lugar, a associação em participação leva à criação de um nexo entre o gestor e o conta-partícipe para realizar operações frente a terceiros. Nessa hipótese, a participação em resultados, na qual toma parte a resseguradora, tem como base os negócios por esta aportados, denotando-se ausência total de obtenção conjunta, por segurador e ressegurador, de resultados derivados de negociação com um terceiro;
- por último, os atos têm sua natureza jurídica caracterizada, independentemente da denominação recebida, essa que não tem o condão de qualificar por si só a natureza dos mesmos.

Ao promover estudo sobre o tratamento fiscal dessas participações em resultados, Latorre Lloréns[34] concluiu que a relação jurídica entre

[34] LATORRE, Lloréns. *Conceptos de técnica aseguradora y legislación fiscal*. In: AA.VV. *Estudios sobre tributación del seguro privado*. Madri: Musini, 1989, p. 952 (Nota n. 27).

ressegurado e ressegurador não é de sociedade nem de contas em participação, mas de resseguro, de seguro em definitivo.

Surgida principalmente como consequência da competição entre os resseguradores por adquirir cotas maiores de mercado, a participação nos resultados se obtém mediante a aplicação de porcentagem aos ganhos obtidos do contrato pelo ressegurador. O percentual de participação varia, evidentemente, em cada contrato, oscilando entre 10% e 30%, segundo a oferta e a demanda existente no setor de resseguro.[35] No entanto, o percentual a aplicar aos resultados correspondentes pode também ser fixado em atenção à sinistralidade experimentada.

Nos próprios contratos são determinados os conceitos que devem ser levados em conta para se chegar a essa margem de resultado ao final de cada exercício econômico, cabendo destacar aqui o conceito denominado *Conta de Resultados*, que segue aproximadamente o esquema habitual das contas de resseguro, mesmo sendo, ambas, independentes.

Quando o contrato ou tratado de resseguro, dividido para fins contábeis em sucessivos períodos, tem duração superior a determinado exercício econômico, surge o problema prático de levar os resultados de um exercício a outro. Em princípio, a participação deve ser fixada sobre os resultados proporcionados pelo contrato ao ressegurador, durante todo seu período de duração, pondo-se isso de manifesto unicamente uma vez, finalizado o contrato e liquidadas todas as contas pendentes. Não seria equitativo para os resseguradores ver reduzido seu resultado nos anos "bons" do tratado, sem ajuste nas perdas nos anos "ruins", razão pela qual deverá ser coordenado com o interesse do ressegurado em se efetuar a liquidação de sua participação nos resultados obtidos pelo ressegurador ao final de cada exercício econômico.

É habitual proceder à liquidação anual da conta de resultados, mesmo com caráter apenas provisório, pagando ao ressegurado a sua participação transitória. O saldo resultante, refletindo perda ou ganho, é levado a seu lugar correspondente na conta do exercício seguinte e assim sucessivamente, até a extinção final das contas de resseguro com a extinção do contrato. Nesse momento, se o resultado apresenta ganho, ajusta-se definitivamente e liquida-se a participação do ressegurado, o qual pode

[35] Cf. Golding C. E. The law and practice os reinsurance. 5. Ed. London: Witherby & Co., 1987, p. 95-96.

ver-se obrigado a devolver parte das indenizações provisórias. Verificando-se, contudo, perda, esta se assume em sua totalidade pelo ressegurador, dado o caráter aleatório do contrato de resseguro.

Também é habitual pactuar que o cálculo e a liquidação da participação do ressegurado se efetuem levando em consideração a média dos resultados a cada três anos, normalmente o ano corrente e os dois anos anteriores[36]. No primeiro ano de abertura da conta de resultados, quita-se a participação correspondente utilizando-se os ganhos desse único ano; no segundo, sobre a metade dos resultados conjuntos desses dois primeiros anos; no terceiro ano, sobre uma terceira parte dos ganhos conjuntos do triênio; nos exercícios seguintes vão se excluindo os resultados obtidos no primeiro ano, sempre considerando o exercício anterior.

5. O dever de bonificação

Dentro do contrato de resseguro é comum ser veiculado capítulo ou cláusula onde se trata especificamente do tema das "bonificações" ou "comissões", como um dever carreado ao ressegurador para compensar o ressegurado dos gastos com comercialização, administração e regulação dos sinistros, sob forma de reembolso, extraídas objetivamente dos prêmios de resseguro.

Nos casos de comissões ou bonificações fixas, estas aparecerão na conta respectiva, quantificada no valor monetário correspondente ao percentual pactuado sobre os prêmios cedidos.

Caso tenha sido contratada comissão dependente da sinistralidade do exercício, apurada nas contas ao final do período, com base na última prestação de contas anual, a resseguradа cobrará do ressegurador comissão provisória (normalmente a comissão mínima da escala estabelecida), para exigir-lhe na última conta a comissão definitiva, segundo a sinistralidade experimentada no ano de competência, para o qual apresentará, adicionalmente, cálculo de regularização de dita comissão, contendo prêmios e sinistros por períodos, incluindo a sinistralidade de exercícios anteriores, caso assim tenha sido pactuado na avença negocial.

Usualmente, as companhias resseguradas que recebem comissão fixa por parte do ressegurador costumam negociar adicionalmente a sua

[36] Cf. a respeito, Brown – Reed, op. cit., p. 288.

participação nos lucros, como compensação ao bom resultado na subscrição do negócio.

6. Constituição de depósitos em garantia

Nos contratos de resseguro é muito frequente encontrar cláusulas que estabelecem a constituição de depósito especial – cuja quantia se calcula ao aplicar-se percentual sobre os prêmios a serem pagos pelo ressegurado ao ressegurador, pela cobertura do risco ressegurado. Esse depósito fica em poder do ressegurado, adstrito à garantia das responsabilidades possivelmente incorridas pelo ressegurador, em razão do pagamento das indenizações devidas. O ressegurador não pode alegar sua existência para o pagamento normal de seus saldos devedores, a não ser no caso de constatação de descumprimento obrigacional pelo segurador; em caso de insolvência do mesmo; ou quando o pagamento da indenização securitária se ache impossibilitado por circunstâncias de força maior (declaração de guerra; controle de divisas, etc.).

A retenção desses fundos para garantir o cumprimento das obrigações do ressegurador traz às entidades resseguradoras consideráveis vantagens, levando à utilização generalizada desta prática.

Dada a ausência no ordenamento jurídico brasileiro sobre resseguro de preceito legal ou regulamentar sobre a exigência de constituição de depósito, a sua realização fica então legada à natureza do contrato celebrado, dentro do princípio da liberdade contratual, ou seja, depende da vontade das partes, as quais poderão incluir cláusula a efeito no contrato, na qual se especificará, ao menos, tudo o que for concernente à sua finalidade, constituição e liberação.

Seria normal se o segurador-ressegurado, sob reserva da comissão de resseguro, transmitisse imediatamente os prêmios correspondentes ao ressegurador, solicitando-lhe reembolso, se ocorrerem os sinistros e à medida que os mesmos sejam reclamados pelos segurados. Não obstante, frequentemente o segurador retém parte dos prêmios de resseguro, motivado por diversas razões. A propósito, aponta Gerathewohl que a prática da constituição de depósitos desvirtua claramente

> *O principio de que el reasegurador tiene derecho a la prima total desde el comienzo de la responsabilidad hasta el próximo vencimiento de la prima anual de la póliza original [...]. Esto, a su vez, se desvía del otro principio de que el reasegurador no*

está obligado a indemnizar al asegurador hasta que este sea obligado a indemnizar a su segurado.[37]

A principal finalidade perseguida pelo segurador é a obtenção da garantia de que o ressegurador cumprirá as obrigações exigidas no contrato. Estes fundos supõem proteção no caso do ressegurador se negar a fazer frente a seus compromissos, ou também frente a eventual situação de pré-insolvência do mesmo, momento no qual o ressegurado poderá ressarcir-se utilizando estes depósitos.

A finalidade desses depósitos se justifica pela obtenção de fundos adicionais capazes de aumentar os próprios recursos do segurador e permitir-lhe maior liquidez monetária. Esses fundos, corretamente aplicados, contribuirão para reduzir, graças aos juros incorporados, o preço da cobertura resseguratíva. Os ressegurados podem perceber inclusive benefício econômico utilizando a eventual taxa de juros paga ao ressegurador por ditos depósitos e o resultado do investimento realizado com os mesmos.

O "resultado" assim obtido constitui uma das críticas que podem ser feitas ao sistema de depósitos devido à "injustiça" do ressegurador não cobrir a totalidade do prêmio a ele correspondente, com a consequente impossibilidade de investi-lo, enquanto o ressegurado investe não apenas seu dinheiro, mas também o de seu ressegurador. A solução há de passar, necessariamente, por um sistema eficaz de ajuste dos juros, baseado em um controle dos investimentos efetuado pela entidade ressegurada.

O mais relevante quanto a esses depósitos, além do fato de que o ressegurado os utilizará para a cobertura da provisão técnica das prestações futuras, é que ficam afetos exclusivamente ao cumprimento das obrigações do ressegurador, ainda que este não possa invocar a existência dos mesmos para cobrir, através de compensação, seus saldos devedores correspondentes a contas trimestrais ou para cumprir suas obrigações. Logo, por sua natureza, o ressegurador não pode dispor desses fundos para a liquidação parcial dos saldos devedores ou para o pagamento à vista dos sinistros.

O "depósito" se estabelece nos contratos de resseguro com o fim de caucionar e de servir como garantia das obrigações do ressegurador.

[37] GERATHEWOHL, Klaus. *Reaseguro. Teoría y Práctica.* v. 2. Madri: Reaseguros Gil y Carvajal S. A., 1993, p. 854.

No entanto, a função pretendida pelas partes para o depósito é simplesmente guardar a coisa depositada, garantindo ao depositante que esta lhe será restituída, com todos os seus acréscimos, tão somente quando o considere oportuno dentro do termo convencionado, não antes, ao menos enquanto não tenha a carga nem os riscos da custódia e conservação da coisa.

A função de custódia própria do depósito não aparece como elemento caracterizador da figura que analisamos. Esses fundos, ou valores, não se entregam *custodiae causa*, senão com finalidade de garantia ou de financiamento do segurador para cobertura de determinadas reservas ou provisões, assemelhando-se mais àquele direito real limitado, com finalidade de garantia, em cuja virtude um bem móvel, propriedade do constituinte do direito, fica afeto ao cumprimento de crédito determinado, transferindo-se sua posse ao credor ou a terceiro, de modo que o primeiro possa instar, em caso de descumprimento do crédito garantido, sua execução forçada, que poderá tramitar mediante procedimento especial, caracterizado por sua agilidade para cobrar-se com preferência sobre o produto obtido.[38]

A causa do contrato de contra garantia é a da própria garantia; já a do depósito é de guarda. Essas figuras têm em comum apenas o aspecto de serem ambas oriundas de contratos nos quais se produz transferência da posse de bens móveis, que deverão ser restituídos. Enquanto no depósito a obrigação restituidora será exigível sob petição do depositante, e o depositário há de estar disposto a restituir o que recebera, obviamente, a obrigação restituidora se condiciona à satisfação do crédito garantido.

Em relação aos efeitos que nos interessam, é necessário distinguir entre garantia regular e garantia irregular, caracterizando-se esta última pela plena transferência da propriedade do objeto da garantia, que deverá recair sobre bem fungível, seja dinheiro ou bens de fácil conversão em dinheiro, devendo o credor restituir outro tanto da mesma espécie e qualidade, em contraprestação à mera transferência possessória própria do negócio regular de garantia, no qual se restitui o mesmo objeto entregue em garantia.

Na garantia irregular, o que foi deixado em garantia passa a ser propriedade do credor, e, por conta de sua fungibilidade, confunde-se ine-

[38] Cf. CRUZ, Moreno. *La prenda irregular*. Madri: Aranzadi, 1995, p. 51

vitavelmente em seu patrimônio. O credor pode dispor dessa garantia não apenas por essa confusão, mas também por presunção de vontade fundada na conveniência para ambos interessados de um investimento ou emprego benéfico do mesmo. A transmissão da propriedade permite satisfazer outras finalidades secundárias, razão pela qual se produz aumento no patrimônio do credor garantido.

Para que os bens fungíveis sejam objeto de garantia, regular ou irregular, isto é, capaz de transmitir ou não em propriedade ao credor garantido, a capacidade de transmissão depende da vontade das partes, tanto que tais bens fungíveis também são suscetíveis de identificação (número e série de valores, etc.). Não obstante, presume-se que quando o bem entregue em garantia consiste em dinheiro se tratará de garantia irregular; ao contrário, se consiste em valores, presume-se a sua infungibilidade; quando houver modo de proceder à sua identificação se tratará dc um bem regular.

É importante precisar que, devido à transmissão da propriedade de quem deixou em garantia, a garantia irregular não constitui direito real sobre coisa alheia, e sim direito real de propriedade, com o simultâneo nascimento do direito de crédito de quem deixou em garantia a devolução de outro tanto do mesmo.

Se no dircito real de garantia a propriedade do bem penhorado segue pertencendo ao constituinte, desaparecida a função de garantia, este tem direito a reclamar sua restituição (ação reivindicatória), enquanto no contrato de garantia irregular, ao transmitir-se a propriedade do penhorado, finalizada a função de garantia, o direito do constituinte consiste em ser restituído um crédito, restituição esta submetida ao risco de insolvência do credor garantido, no caso, do segurador.

12. O Agravamento do Risco por Embriaguez ao Volante no Contrato de Seguro Automóvel e a Evolução da Jurisprudência no Superior Tribunal de Justiça

Luís Antônio Giampaulo Sarro
Mariana Kaludin Sarro
Roberto Angotti Junior

Introdução

Segundo relatório da Organização Mundial de Saúde (OMS), publicado em 19.10.2015, apenas em 2013 mais de 41 mil pessoas perderam a vida nas estradas e ruas brasileiras e desde 2009 o número de acidentes de trânsito no país deu um salto de 19 para 23,4 por 100 mil habitantes, o maior registro na América do Sul. O referido relatório registrou, ainda, que os acidentes de trânsito são uma das principais causas de morte no mundo, vitimando 1,25 milhão de pessoas por ano, acumulando óbitos principalmente em países pobres.

O trânsito gera em todo o mundo, anualmente, cerca de 1,3 milhões de vítimas fatais. Só no Brasil, ocupante do nada honroso quinto lugar do ranking[1], são aproximadamente 35 mil vítimas por ano[2]. Embora não

[1] As informações foram extraídas de http://www.senado.gov.br/noticias/Jornal/emdiscussao/motos/saude/estudo-da-organizacao-mundial-da-saude-oms-sobre-mortes-por-acidentes-de-transito-em-178-paises-e-base-para-decada-de-acoes-para-seguranca.aspx. Acesso aos 30/07/2014.

[2] As informações foram extraídas de http://www2.camara.leg.br/camaranoticias/noticias/147450.html. Acesso aos 22/07/2014.

haja estatísticas seguras neste sentido, é indubitável que a embriaguez ao volante contribui de maneira significativa para essa triste realidade.

As seguradoras têm feito sua parte: além de preverem contratualmente a exclusão da garantia segurada no caso de danos causados por condutores embriagados, tem justamente recusado tais indenizações no momento da regulação do sinistro. Mas a triste realidade das mortes no trânsito não tem sensibilizado parte do Judiciário quanto à premente necessidade de desestimular essa grave conduta[3].

Com efeito, o Superior Tribunal de Justiça frequentemente vinha reformando decisões dos tribunais estaduais, condenando as seguradoras a arcarem com vultosas indenizações sob o argumento de duvidosa juridicidade de que o art. 768 do Código Civil só cuidaria de excluir a garantia securitária quando se tratasse de conduta agravadora do risco imputável ao próprio segurado.

Com efeito, apesar da gravidade do assunto, a jurisprudência do Superior Tribunal de Justiça, desde a vigência do Código Civil de 1916, em tema ligado a contrato de seguro de automóvel e agravamento de risco por embriaguez ao volante, vinha sendo no sentido de limitar a responsabilidade do segurado até o momento da entrega das chaves ao condutor do veículo que provocou o sinistro, considerando este como terceiro mesmo na hipótese de constar da apólice de seguro como principal condutor do veículo segurado.

Mas, a partir da decisão proferida por sua Terceira Turma no REsp 1.485.717-SP (20140116431-2), julgado em 22.11.2016 e publicado no DJe de 14.12.2016, que acolheu por votação unânime o voto do Ministro Relator Ricardo Villas Bôas Cueva, a Corte Infraconstitucional deu o primeiro passo para modificar o entendimento jurisprudencial até então consolidado.

Diante desse novo entendimento, a Terceira Turma do STJ passou a considerar o principal condutor do veículo (familiares, empregados e prepostos do segurado) para fins de agravamento do risco e firmou, a partir da constatação de que o condutor, no momento do acidente, encontrava-se embriagado, a presunção *juris tantum* (presunção relativa, que admite prova em sentido contrário) de agravamento do risco, a

[3] Angélica L. Carlini denunciava essa situação já no ano de 2006 no artigo *Condutas abusivas. A embriaguez de motorista e as cláusulas restritivas nos contratos de seguro de automóvel, passim.*

possibilitar a perda do direito à garantia, na forma prevista pelo artigo 768 do CC, invertendo, desta forma, o ônus da prova ao segurado, incumbindo-lhe demonstrar que o infortúnio ocorreria independentemente do estado de embriaguez (como culpa do outro motorista, falha do próprio automóvel, imperfeições na pista, animal na estrada, entre outros).

Posteriormente a tão importante decisão proferida pela Terceira Turma do Superior Tribunal de Justiça, a Quarta Turma rapidamente alinhou-se ao mesmo novo entendimento sobre a referida matéria, consolidando-se, assim, uma significante evolução da jurisprudência da Corte Infraconstitucional.

Neste breve comentário, destacaremos a mudança da orientação jurisprudencial do Superior Tribunal de Justiça, os fundamentos das decisões proferidas, bem como nossos apontamentos acerca da matéria.

1. O Entendimento Anterior Jurisprudencial no Superior Tribunal de Justiça

O entendimento jurisprudencial de que o principal condutor do veículo, perfilado ou não na apólice, é terceiro estranho à relação contratual, e, portanto, sua conduta não caracterizaria o agravamento de risco capaz de causar a perda do direito à indenização pelo segurado, não é novo.

A título de exemplo, cumpre trazer à baila o voto do Ministro Ruy Rosado quando relator do Recurso Especial 180411/RS, julgado em 23/09/1998:

> *"Tenho que os paradigamas deram ao disposto no art. 1.454 do CCivil a interpretação mais adequada, como já foi mais de uma vez afirmado neste Tribunal: "Contrato de Seguro. A perda do seguro, em virtude do agravamento dos riscos, exige procedimento imputável ao próprio segurado. Isso não se verifica se ocorreu acidente em decorrência de comportamento culposo do terceiro, a quem permitiu a utilização do bem segurado, de acordo com as finalidades que lhe eram próprias" (REsp n.64.144-MG, Terceira Turma, rel. em Min. Eduardo Ribeiro, DJ 07.04.97). "Contrato de seguro (veículo). Abstenção de aumentar os riscos segundo o acórdão local, 'não se estende ao segurado a culpa ou dolo de terceiro, não se podendo transferir para este último um comportamento alheio, devendo por isso mesmo, a seguradora cumprir o pactuado'. Caso em que se negou vigência ao art. 1.454 do Código Civil, que supõe mau procedimento do segurado, e não de terceiro. 2. Falta de prévio questionamento dos arts. 1.511 e 1.518, parágrafo único, do*

Código Civil. 3. Recurso especial não conhecido" (REsp n. 46.070-GO, Terceira Turma, rel. em Min. Nilson Naves, DJ 05.08.96).3. Na verdade, a regra do art. 1.454 do CCivil prevê a perda do seguro apenas para o caso de o segurado adotar conduta imprópria, aumentado o risco e, assim, prejudicando o equilíbrio do contrato. Se a empresa segurada adotou procedimento adequado às circunstâncias e próprio de suas atividades, entregando a direção do veículo a um seu preposto habilitado àquela função, não criou de modo direto e suficiente uma situação de maior risco. O fato de o preposto agir com culpa, de maior ou menor gravidade, não é bastante para a extinção do contrato porque isso significaria, ao revés, indevida eliminação de risco normal e próprio da atividade exercida pela segurada, o que deve ter sido levado em conta quando da contratação do seguro".

Em 21/09/1999, a Quarta Turma, ao julgar em recurso especial, uma ação na qual postulava o recorrente o recebimento, além de danos morais, do valor do seguro de veículo que contratou com a seguradora, em razão da recusa desta em indenizá-lo pelos danos decorrentes de acidente envolvendo seu automóvel e outros seis veículos, causado por seu filho, que dirigia embriagado, assim proferiu seu convencimento:

DIREITO CIVIL. SEGURO. ACIDENTE DE TRÂNSITO. EMBRIAGUEZ. AGRAVAMENTO DO RISCO. INOCORRÊNCIA. AUSÊNCIA DE CONDUTA DIRETA E CULPOSA DO PRÓPRIO SEGURADO. ART. 1.454, CÓDIGO CIVIL. PRECEDENTES. RESTABELECIMENTO DA SENTENÇA. RECURSO PARCIALMENTE PROVIDO. – Na linha da orientação firmada por este Tribunal, a culpa exclusiva do condutor do veículo segurado na ocorrência de acidente de trânsito, por dirigir embriagado, não é causa de perda do direito ao seguro, por não configurar agravamento do risco, previsto no art. 1.454 do Código Civil, que deve ser imputado à conduta direta do próprio segurado. (REsp 223.119/MG, Rel. Ministro Sálvio De Figueiredo Teixeira, QUARTA TURMA, julgado em 21/09/1999, DJ 25/10/1999, p. 94)

Poucos dias depois, a Quarta Turma julgou caso semelhante e assim ementou:

CIVIL. SEGURO. ACIDENTE DE VEÍCULO. DANOS PESSOAIS CAUSADOS A TERCEIRO. CONDUÇÃO DO AUTOMÓVEL POR PREPOSTO EM ESTADO DE EMBRIAGUEZ. NÃO CONFIGURAÇÃO DE AUMENTO DO RISCO PELA EMPRESA SEGURADA. COBERTURA

> *SECURITÁRIA DEVIDA. CC, ART. 1.454. I. Para a configuração da hipótese de exclusão da cobertura securitária prevista no art. 1.454 da lei substantiva civil, exige-se que a contratante do seguro tenha diretamente agido de forma a aumentar o risco, o que não ocorre quando, inobstante a embriaguez do preposto condutor do veículo, cuidava-se, segundo a instância ordinária, soberana no exame dos fatos, de pessoa habilitada, tida como responsável, e o estado mórbido foi considerado meramente ocasional, em decorrência de excesso em festividade natalina. II. Devido, assim, o pagamento, pela seguradora, da indenização a terceiro pelos danos pessoais causados em decorrência da colisão. III. Recurso especial conhecido, mas improvido. (REsp 79.533/MG, Rel. Ministro Aldir Passarinho Junior, QUARTA TURMA, julgado em 21/10/1999, DJ 06/12/1999, p. 93)*

Curioso verificar que no caso supracitado, a Corte Especial faz constar na ementa do julgado a expressão "festividade natalina". Isso porque, entendeu que, por um lado, era incontroverso que o condutor do veículo causador do dano estava alcoolizado, mas de outro, convenceu-se que não se cuidava de embriaguez habitual, mas ocasional, destacando, ainda, que o automóvel era dirigido por um executivo da empresa, tudo a afastar a configuração do dolo, como a própria culpa direta da segurada, que confiou a viatura a pessoa habilitada, madura e responsável.

Em linha semelhante de raciocínio, um dos precedentes mais citados é ementado nos seguintes termos:

> *Seguro. Responsabilidade pelo agravamento do risco. Interpretação do art. 1.454 do Código Civil. Precedente da Corte. 1. Já decidiu a Corte que a "culpa exclusiva de preposto na ocorrência de acidente de trânsito, por dirigir embriagado, não é causa de perda do direito ao seguro, por não configurar agravamento do risco, previsto no art. 1.454 do Código Civil, que deve ser imputado à conduta direta do próprio segurado". 2. Recurso especial conhecido e provido. (STJ – REsp: 231995 RS 1999/0085910-3, Relator: Ministro Carlos Alberto Menezes Direito, Data de Julgamento: 15/09/2000, T3 – TERCEIRA TURMA, Data de Publicação: DJ 06/11/2000 p. 200 JBCC vol. 186 p. 97 RT vol. 786 p. 241)*

No mesmo sentido, colaciona-se outro precedente, já sob a égide do novo Código Civil:

> *DIREITO CIVIL. SEGURO. ACIDENTE DE TRÂNSITO. TERCEIRO CONDUTOR.*

EMBRIAGUEZ. AGRAVAMENTO DO RISCO. Firme o entendimento desta Corte de que o agravamento do risco ensejador da perda do direito ao seguro deve ser imputado à conduta direta da própria segurada. Recurso especial conhecido e provido. (REsp 578.290/PR, Rel. Ministro Cesar Asfor Rocha, *QUARTA TURMA, julgado em 09/12/2003, DJ 14/06/2004, p. 236)*

Posteriormente, o Superior Tribunal de Justiça passou a analisar a questão da responsabilidade do segurado que entrega o veículo a terceiro condutor, produzindo o seguinte entendimento, a saber:

RECURSO ESPECIAL - AÇÃO DE COBRANÇA - SEGURO DE AUTOMÓVEL - SUJEIÇÃO À LEI CONSUMERISTA - EMBRIAGUEZ DE TERCEIRO CONDUTOR (FILHO DO SEGURADO) COMO CAUSA DETERMINANTE DO SINISTRO - FATO NÃO IMPUTÁVEL À CONDUTA DO SEGURADO - EXCLUSÃO DA COBERTURA - IMPOSSIBILIDADE - RECURSO CONHECIDO E PROVIDO. I - A perda do direito à indenização deve ter como causa a conduta direta do segurado que importe num agravamento, por culpa ou dolo, do risco objeto do contrato; II - A presunção de que o contratante-segurado tem por obrigação não permitir que o veículo-segurado seja conduzido por pessoa em estado de embriaguez é válida e esgota-se, efetivamente, até a entrega do veículo a terceiro;III - Inexiste nos autos qualquer menção de que, na oportunidade em que o segurado entregou o veículo ao seu filho, este já se encontraria em estado de embriaguez, caso em que se poderia, com razão, cogitar em agravamento direto do risco por parte do segurado. Aliás, considerando que o contrato de seguro sujeita-se ao Código de Defesa do Consumidor, o ônus da prova acerca de tal demonstração incumbiria a Seguradora, que, como visto, nada produziu nesse sentido;

IV - Recurso Especial conhecido e provido. (REsp 1097758/MG, Rel. Ministro Massami Uyeda, *TERCEIRA TURMA, julgado em 10/02/2009, DJe 27/02/2009)*

E, mais recentemente, a Quarta Turma afastou a culpa *in eligendo* do segurado, pois entendeu que não há como afirmar que, no momento do empréstimo do carro, o terceiro se encontrava embriagado, conforme se depreende da ementa abaixo colacionada:

CIVIL E PROCESSUAL CIVIL. AGRAVO REGIMENTAL. AGRAVO DE INSTRUMENTO. ACIDENTE DE TRÂNSITO. AÇÃO DE COBRANÇA.

> *CONTRATO DE SEGURO. EMBRIAGUEZ DE TERCEIRO CONDUTOR. FATO NÃO IMPUTÁVEL À CONDUTA DO SEGURADO. AGRAVAMENTO DO RISCO NÃO CONFIGURADO. ALEGAÇÃO DE OMISSÃO DE INFORMAÇÕES. REEXAME DO CONTRATO E DE PROVAS. IMPOSSIBILIDADE. SÚMULAS 5 E 7/STJ. RECURSO NÃO PROVIDO. 1. A teor da jurisprudência deste Tribunal, a exclusão da cobertura do seguro por embriaguez dá-se tão-somente quando o segurado contribuiu diretamente para o agravamento do risco previsto no contrato. 2. Não consta do acórdão recorrido informação no sentido de que, no momento do empréstimo do carro, o terceiro se encontrava em estado de embriaguez, o que poderia levar a culpa in eligendo. 3. Rever a alegação de que o segurado omitiu informações acerca da utilização do veículo, quando da contratação do seguro, implicaria necessariamente o reexame do contrato e das provas dos autos, procedimento vedado no âmbito desta Corte pelos enunciados sumulares 5 e 7 da Súmula do STJ.4. Agravo regimental a que se nega provimento.*
>
> *(AgRg no Ag 1352310/ES, Rel. Ministra Maria Isabel Gallotti, QUARTA TURMA, julgado em 20/02/2014, DJe 07/03/2014)*

Em conclusão, segundo a jurisprudência anterior do Superior Tribunal de Justiça, a culpa exclusiva de terceiro na ocorrência de acidente de trânsito, por dirigir embriagado, não era causa da perda do direito à indenização, por não configurar agravamento do risco imputável à conduta do próprio segurado.

Contudo, tal posicionamento jurisprudencial merecia revisão, como de fato ocorreu e será demonstrado na sequência deste trabalho.

2. O principal condutor não é terceiro

Como passaremos a expor, a jurisprudência anterior do Superior Tribunal de Justiça vinha partindo de uma premissa falsa no sentido de que o principal condutor (filho, empregado, etc.) era terceiro em relação ao segurado e, em razão de tal premissa, concluía sempre em seus julgados que o agravamento do risco causado por embriaguez ao volante deveria estar relacionado exclusivamente a ele e não a terceiros.

Passamos, então, a expor que, em verdade, o principal condutor não é terceiro, o que está em consonância com o atual novo entendimento da Corte Infraconstitucional.

2.1. O risco e seu agravamento: as regras dos artigos 768 e 769 do Código Civil.

O risco é elemento essencial do contrato de seguro. Sem a previsibilidade de um evento futuro e incerto, ou de data incerta, passível de causar prejuízo a interesse legítimo do segurado, não há que se falar em contrato de seguro. Podemos dizer que o risco é verdadeira *causa* do contrato de seguro. E mais: é de acordo com a avaliação do risco envolvido, com base nas informações prestadas pelo proponente, que o segurador calcula o preço do seguro. Neste sentido, vale recorrer novamente à lição de Pedro Alvim[4]:

> *"A contribuição de cada segurado é proporcional ao risco que está correndo sua pessoa ou seu patrimônio. O prêmio que paga varia de acordo com a periculosidade do risco. Eis por que deverá assinalar na proposta do seguro, todas as circunstâncias que possam caracterizar a natureza do risco, sob pena de perder o direito à indenização."*

Tais considerações nos servirão mais adiante também para justificar nossa posição em relação à questão do chamado "principal condutor" no seguro de automóveis. Por ora, cumpre reter que é com base no risco envolvido, declarado na proposta, que há a estipulação do prêmio.

O segurado paga o prêmio (preço do risco) e o segurador administra os recursos e o plano de seguro que aprovou junto à SUSEP – Superintendência de Seguros Privados. Ocorrido o sinistro, procede a um levantamento dos recursos do fundo securitário pertencente a toda a comunidade de seguros, com vistas a honrar as garantias contratadas. Assim, sempre que de um lado houver o interesse de um segurado pleiteando a indenização, há, do outro, o interesse da comunidade de segurados que honestamente integralizaram o fundo.

Ou seja, a boa gestão do fundo formado pela contribuição da massa de segurados implica em excluir os riscos não cobertos pela previsão técnica atuarial. A inclusão de eventos não previstos contratualmente vai provocar um desequilíbrio ao fundo, em prejuízo de todos os segurados, provocando, em última análise, a elevação do preço do seguro (prêmio). Daí porque a necessidade de particularização e/ou limitação dos riscos cobertos desde o antigo art. 1460 do Código Civil.

4 *Ibid*, p. 54.

Daí porque também o art. 757 do mesmo Código Civil indica a necessidade de que os riscos cobertos estejam perfeitamente predeterminados na apólice. Aumentado (arts. 768 e 769 do Código Civil) ou diminuído consideravelmente o risco (art. 770 do Código Civil), o contrato de seguros deve ser revisto, adequando-se o prêmio estabelecido para mais ou para menos, a depender do caso. O sucesso da atividade securitária, de natureza absolutamente indispensável nos dias de hoje, sabidamente depende do equilíbrio dessa sensível equação.

A hipótese mais comum de alteração do risco em relação ao momento da contratação é o chamado "agravamento do risco", ou seja, o aumento do estado original de risco em prejuízo da seguradora. Examinemos primeiramente a hipótese do art. 769 do Código Civil.

Segundo o referido dispositivo, o segurado é obrigado a comunicar imediatamente ao segurador todo incidente suscetível de agravar consideravelmente o risco coberto, a fim de que aquele possa cobrar a diferença do prêmio ou mesmo decidir por uma eventual resolução do contrato, com a devolução do prêmio. Sendo provado que o segurado silenciou de má-fé acerca do agravamento do risco, este poderá até mesmo perder a garantia contratada.

Do teor do referido artigo percebe-se, claramente, que trata o dispositivo do agravamento do risco por conduta imputável a terceiro. O exemplo mais comum utilizado pela doutrina é o da loja de inflamáveis que abre ao lado de um comércio segurado. O titular deste estabelecimento tem a obrigação de comunicar a seguradora, que poderá resolver o contrato ou cobrar a diferença do prêmio, mesmo tratando-se de fato absolutamente alheio à sua vontade. É esse, e somente esse, o agravamento de risco em razão de conduta de terceiro previsto pelo Código Civil.

Por outro lado, o art. 768 do Código Civil trata do agravamento do risco por conduta imputável ao próprio segurado: *"O segurado perderá o direito à garantia se agravar intencionalmente o risco objeto do contrato".* Para utilizar um exemplo aproximado, seria o caso de o próprio comerciante segurado passar a trabalhar com inflamáveis. Neste caso o agravamento do risco não é totalmente alheio à sua vontade, sendo, no mais das vezes, mesmo decorrente dela.

Vejamos agora, por outro lado, a letra do art. 762 do Código Civil: *"Nulo será o contrato para garantia de risco proveniente de ato doloso* ***do segu-***

rado, do beneficiário, ou de representante de um ou de outro". (grifo nosso). E o que é o "representante", em sentido comum, senão aquele que age no lugar do representado? E o que filho e empregado fazem se não conduzir o veículo no lugar do segurado?

Dito isso, entendemos que o art. 768 do Código Civil deve ser conjugado com o art. 762 do mesmo diploma, este último conferindo nulidade ao contrato de seguros para garantia de risco proveniente de ato doloso do segurado, do beneficiário ou do "representante" de ambos.

Com efeito, ambos consagram o chamado "princípio do absenteísmo", que tinha previsão expressa no art. 1.454 do Código Civil de 1916 e impunha ao segurado abster-se de tudo quanto pudesse aumentar os riscos do contrato. A máxima que costuma se usar em relação ao princípio do absenteísmo é: deve o segurado se portar, em relação ao interesse segurado, como se seguro não haja.

Agora, pensemos: qual dispositivo melhor se adequa à situação daquele que cede o carro ao filho/empregado que vem a conduzi-lo embriagado e causa um acidente? A regra do art. 769 do Código Civil, que trata do agravamento do risco por conta de terceiro sem qualquer interferência do segurado, ou a do art. 768 c/c art. 762, que informa que o segurado, beneficiário e também seus "representantes" devem abster-se de qualquer ato que possa vir a aumentar os riscos do contrato? Para responder essa pergunta, precisamos ir um pouco mais adiante.

2.2. Agravamento do risco: dolo, dolo eventual e culpa grave[5]

Lançadas tais premissas, percebe-se que, nunca teve qualquer sentido estabelecer-se cobertura securitária de ato doloso, na medida em que a ocorrência do sinistro ficaria ao livre alvedrio do segurado. Ainda sob a égide do vetusto código de 1916, já esclarecia Pontes de Miranda[6]:

> *Diz o Código Civil, art. 1.454:"Enquanto vigorar o contrato, o segurado abster-se-á de tudo quando possa aumentar os riscos ou seja contrário aos têrmos do estipulado, sob pena de perder o direito ao seguro". A pena é justificada pelo fato de*

[5] Sobre o assunto, em linha diversa, mas chegando a conclusões semelhantes às alcançadas neste capítulo, veja-se o já referido artigo de Angélica L. Carlini: *Condutas abusivas. A embriaguez de motorista e as cláusulas restritivas nos contratos de seguro de automóveis, passim.*

[6] *Tratado de Direito Privado,* Tomo XLV, p. 329.

ter sido o próprio interessado quem transforma in peius a situação do fato, que foi apreciada pelo segurador ao ter de aceitar a oferta do contrato de seguro.

Da mesma forma Carvalho Santos[7]:

> *O Código é bem claro e categórico: o segurado abster-se-á de tudo quanto possa aumentar os riscos, isto é, da prática de qualquer ato ou fato que importe modificação agravante do estado de perigo previsto ao tempo da estipulação. O que se justifica, precisamente porque, de outra forma, estaria destruída a equivalência objetiva da prestação, que deveria subsistir pelo prazo integral da duração do contrato, não se tornando nunca que possa estar no arbítrio de uma parte contratante agravar a situação da outra.*

O fato é que contrato de seguro para cobrir ato doloso é uma verdadeira teratologia jurídica, já que excluída estaria a aleatoriedade e a incerteza que é da sua essência.

Lembrando que o dolo pode ser direto, quando há intenção de produzir o resultado, ou eventual, quando se assume o risco de produzir o resultado, cumpre perguntar: Aquele que dirige embriagado não estaria assumindo o risco de causar um acidente de trânsito? Se na esfera penal, no caso de um homicídio de trânsito, responder isso afirmativamente talvez seja um pouco exagerado, em termos de reparação civil, parece-nos bastante razoável.

Mas ainda que não pretendamos ir tão longe. Inegável que a direção de veículo automotor sob a influência de álcool é conduta de extrema gravidade. Não valeria aqui o velho adágio: "A culpa grave ao dolo se equipara"? Entendemos que sim.

Para nós, uma conduta de alta gravidade, como a direção de veículo automotor sob forte influência de álcool, inegavelmente atrai a incidência do art. 762 do Código Civil.

Nesse sentido, parece-nos que o legislador argentino andou melhor. A "*Ley de Seguros*" nº 17.418, de 30 de agosto de 1967[8], estabeleceu expressamente, em seu art. 114, a equiparação da culpa grave ao dolo, no que concerne à exclusão da indenização no seguro de Responsabilidade Civil:

[7] *Código Civil Brasileiro,* p.341.

[8] Disponível em http://www.infoleg.gob.ar/infolegInternet/anexos/35000-39999/39520/norma.htm. Acesso aos 30/07/2014.

> *Dolo o culpa grave*
>
> *Art. 114. El asegurado no tiene derecho a ser indemnizado cuando provoque dolosamente o por culpa grave el hecho del que nace su responsabilidad.*

Vale ressaltar que, em brevíssima e superficial pesquisa, pudemos notar que naquele país, a discussão acerca da culpa grave, diz respeito à vigência ou não da orientação traçada através do chamado *"Fallo Plenário 'Mustafá VS. Nuñez'"*, em que ficou estabelecido que *"La culpa grave del asegurado, es oponible a La víctima de um accidente de trânsito"*[9]. Ou seja, a questão em debate é se as Companhias Seguradoras podem opor o pagamento de indenização a vítimas de trânsito quando seu segurado incorra em culpa grave. Bem se vê, pelo teor da controvérsia que, quanto aos danos sofridos pelo próprio segurado, discussão não há: a culpa grave exclui a possibilidade de indenização, por expressa disposição do referido art. 114 da *"Ley nº 17.418/67"*.

A equiparação da culpa grave ao dolo em matéria de seguros parece contar com o peso da doutrina de Pedro Alvim[10]: *"A negligência, a imprudência e a imperícia não anulam o contrato de seguro, a menos que a gravidade do ato resvale para o dolo"*.

Essa, aliás, a orientação da Superintendência de Seguros Privados – SUSEP, órgão governamental de regulação, que assim estabeleceu em seu glossário oficial[11]:

> ***CULPA GRAVE:*** *Trata-se de conceito não existente no Código Civil, mas que é por vezes utilizado nos tribunais civis. A culpa grave se aproxima do dolo, sendo motivo para a perda de direito por parte do Segurado. Devido ao seu caráter jurídico especial, a culpa grave somente pode ser estabelecida por sentença de corte civil.*

Como se vê, a regulamentação securitária remeteu a questão do reconhecimento da culpa grave ao Judiciário, concedendo-lhe uma bela oportunidade para fazer justiça no caso concreto.

[9] Waldo Augusto Roberto Sobrino, *La 'Culpa Grave' y su oponibilidad a la víctima de un Accidente de Tránsito (sigue vigente el Fallo Plenario 'Mustafá c/Nuñez' ?), passim.*

[10] *O Contrato de Seguro e o Novo Código Civil*, p. 34.

[11] Disponível em http://www.susep.gov.br/menu/informacoes-ao-publico/glossario. Acesso aos 22/07/2014.

2.3. O seguro de automóveis e as noções de "segurado" e "principal condutor"

Visto genericamente o tratamento do agravamento do risco no Direito do Seguro, cumpre agora balizar especificamente as partes no chamado "seguro de automóveis". Além da seguradora, temos o proponente, o segurado e o beneficiário. "Proponente" do contrato de seguros é o titular do interesse legítimo segurável relativo a pessoa ou coisa. Já o "segurado" é a pessoa física ou jurídica sobre quem recai o risco, podendo ser, ou não, o proponente do seguro. "Beneficiário" é a pessoa física ou jurídica em favor de quem se institui a garantia: indenização no caso de seguro de danos, o pagamento de um capital no caso de seguros de pessoas.

A par de tais noções, surge outra de capital importância: o principal condutor. "Principal Condutor" é aquela pessoa que mais tempo permanece na condução do veículo segurado, podendo ser ou não o segurado.

Para ficar mais claro, coloquemos um exemplo. Imaginemos um empresário que mantém uma frota de caminhões e emprega dezenas de motoristas. Obviamente, embora o patrão apareça na proposta/apólice como proponente, segurado e beneficiário, deverão ser declarados como principais condutores os referidos motoristas profissionais.

Tal exemplo deixa claro, que a figura do principal condutor foi criada com vistas a possibilitar a adequada mensuração do risco. Claro que, no seguro de automóveis, o proprietário do veículo, por ser o titular do interesse segurável, é o segurado e o beneficiário do seguro. Como essa situação poderia levar a distorções, para a efetiva aferição do risco envolvido na condução de veículo automotor, foi criada a figura do "principal condutor", já que para tanto não basta conhecer o proprietário do veículo. É preciso saber quem efetivamente o conduz.

Em suma, a identificação do principal condutor é essencial para a adequação do prêmio ao risco. Estatisticamente é sabido que o risco que envolve a direção de veículo automotor por um rapaz de 19 anos é substancialmente maior do que aquele envolvido na direção por uma jovem senhora de 45 anos. Segundo dados do DNIT – Departamento Nacional de Infraestrutura e Transporte[12], no ano de 2011, o número de acidentes

[12] Disponível em http://www.dnit.gov.br/rodovias/operacoes-rodoviarias/estatisticas-de-acidentes/quadro-0302-numero-de-condutores-envolvidos-por-sexo-e-idade-do-condutor-ano-de-2011.pdf. Acesso aos 22/07/2014.

envolvendo homens de 18 até 25 anos foi de 39.729. Já o de mulheres de 40 a 50 anos foi de 5.194.

Isso nos leva à inarredável conclusão de que "principal condutor" não é terceiro, sendo parte essencial do contrato analisado, pois somente com a sua identificação é passível a mensuração do risco que, como vimos é da essência do contrato de seguros.

Por outro lado, algumas cláusulas contratuais, como a que prevê o agravamento do risco, só adquirem sentido quando se sabe de fato quem é o principal condutor. Na maior parte do tempo é ele quem é capaz de agravar o risco. Muitas vezes é só ele quem é capaz de agravar o risco.

Perceba-se que as decisões que somente admitem a exclusão da indenização quando a embriaguez ao volante se dá pelo próprio segurado, podem conduzir ao absurdo. Basta pensar no exemplo acima. Em tais casos, jamais haveria exclusão de cobertura por embriaguez ao volante, já que o segurado (proprietário) sequer conduz o veículo, tornando-se a cláusula contratual nesse sentido letra morta.

E por mais que a questão pareça absolutamente elementar, o fato é que o STJ assim não vinha entendendo. Não conseguimos vislumbrar um argumento em favor de tais decisões, levando-nos a concluir que, na verdade, os casos assim julgados desconsideravam essa peculiaridade relativa a quem era o principal condutor declarado na apólice, simplesmente repetindo os precedentes no sentido de que a exoneração do dever da seguradora do pagamento da indenização somente ocorrerá se o agravamento do risco puder ser imputado à conduta direta do próprio segurado.

3. A alteração de entendimento da Terceira Turma do Superior Tribunal de Justiça e sua proposta de mudança de orientação jurisprudencial da Corte Infraconstitucional

Todavia, a Terceira Turma do Superior Tribunal de Justiça passou a alterar o seu entendimento acerca da matéria a partir do julgamento do REsp 1.485.717-SP, no qual propôs que a Corte Infraconstitucional altera-se a sua orientação jurisprudencial, em aresto cuja ementa ora se transcreve:

> "REsp 1.485.717-SP (2014/0116431-2)
> Relator: Min. Ricardo Villas Bôas Cueva

Recorrente: Transgolgatto Transportes Ltda.
Recorridos: IRB Instituto de Resseguros do Brasil S.A. e Generali do Brasil Companhia Nacional de Seguros S.A.

Ementa oficial: RECURSO ESPECIAL. CIVIL. SEGURO DE AUTOMÓVEL. EMBRIAGUEZ AO VOLANTE. TERCEIRO CONDUTOR (PREPOSTO). AGRAVAMENTO DO RISCO. EFEITOS DO ÁLCOOL NO ORGANISMO HUMANO. CAUSA DIRETA OU INDIRETA DO SINISTRO. PERDA DA GARANTIA SECURITÁRIA. CULPA GRAVE DA EMPRESA SEGURADA. CULPA *IN ELIGENDO* E CULPA *IN VIGILANDO*. PRINCÍPIO DO ABSENTEÍSMO. BOA-FÉ OBJETIVA E FUNÇÃO SOCIAL DO CONTRATO DE SEGURO.

1. Cinge-se a controvérsia a definir se é devida indenização securitária decorrente de contrato de seguro de automóvel quando o causador do sinistro foi terceiro condutor (preposto da empresa segurada) que estava em estado de embriaguez.

2. Consoante o art. 768 do Código Civil, "o segurado perderá o direito à garantia se agravar intencionalmente o risco objeto do contrato". Logo, somente uma conduta imputada ao segurado, que, por dolo ou culpa grave, incremente o risco contratado, dá azo à perda da indenização securitária.

3. A configuração do risco agravado não se dá somente quando o próprio segurado se encontra alcoolizado na direção do veículo, mas abrange também os condutores principais (familiares, empregados e prepostos). O agravamento intencional de que trata o art. 768 do CC envolve tanto o dolo quanto a culpa grave do segurado, que tem o dever de vigilância (culpa *in vigilando*) e o dever de escolha adequada daquele a quem confia a prática do ato (culpa *in eligendo*).

4. A direção do veículo por um condutor alcoolizado já representa agravamento essencial do risco avençado, sendo lícita a cláusula do contrato de seguro de automóvel que preveja, nessa situação, a exclusão da cobertura securitária. A bebida alcoólica é capaz de alterar as condições físicas e psíquicas do motorista, que, combalido por sua influência, acaba por aumentar a probabilidade de produção de acidentes e danos no trânsito. Comprovação científica e estatística.

5. O seguro de automóvel não pode servir de estímulo para a assunção de riscos imoderados que, muitas vezes, beiram o abuso de direito, a

exemplo da embriaguez ao volante. A função social desse tipo contratual torna-o instrumento de valorização da segurança viária, colocando-o em posição de harmonia com as leis penais e administrativas que criaram ilícitos justamente para proteger a incolumidade pública no trânsito.

6. O segurado deve se portar como se não houvesse seguro em relação ao interesse segurado (princípio do absenteísmo), isto é, deve abster-se de tudo que possa incrementar, de forma desarrazoada, o risco contratual, sobretudo se confiar o automóvel a outrem, sob pena de haver, no Direito Securitário, salvo-conduto para terceiros que queiram dirigir embriagados, o que feriria a função social do contrato de seguro, por estimular comportamentos danosos à sociedade.

7. Sob o prisma da boa-fé, é possível concluir que o segurado, quando ingere bebida alcoólica e assume a direção do veículo ou empresta-o a alguém desidioso, que irá, por exemplo, embriagar-se (culpa *in eligendo* ou *in vigilando*), frustra a justa expectativa das partes contratantes na execução do seguro, pois rompe-se com os deveres anexos do contrato, como os de fidelidade e de cooperação.

8. Constatado que o condutor do veículo estava sob influência do álcool (causa direta ou indireta) quando se envolveu em acidente de trânsito – fato esse que compete à seguradora comprovar –, há presunção relativa de que o risco da sinistralidade foi agravado, a ensejar a aplicação da pena do art. 768 do CC. Por outro lado, a indenização securitária deverá ser paga se o segurado demonstrar que o infortúnio ocorreria independentemente do estado de embriaguez (como culpa do outro motorista, falha do próprio automóvel, imperfeições na pista, animal na estrada, entre outros).

9. Recurso especial não provido."

(STJ – REsp 1.485.717 – SP – 3ª T. – j. 22.11.2016 – v.u. – rel. Min. Ricardo Villas Bôas Cueva – DJe 14.12.2016 – Área do Direito: Civil e Seguro)

Em seu voto no REsp 1.485.717-SP, o Relator, Ministro Ricardo Villas Bôas Cueva, ao explanar sobre o seguro automóvel, a embriaguez ao volante e o agravamento do risco, menciona que a jurisprudência do Superior Tribunal de Justiça, formada desde a vigência do Código Civil de 1916, era no sentido de que, para afastar o direito à garantia securitária, não basta constatar-se que o condutor apenas ingeriu substância alcoólica quando sucedido o sinistro, devendo ser demonstrado que o agravamento do risco se deu (i) porque o segurado estava em estado de ebriedade, e essa condição foi causa determinante para a ocorrência do sinistro, ou, ainda, (ii) porque permitiu que o veículo segurado fosse conduzido por pessoa embriagada, ressalvando, nesta última hipótese, contudo, que a responsabilidade do segurado esgota-se tão só com a entrega das chaves ao terceiro.

E, para comprovar a jurisprudência consolidada até então, transcreveu as ementas dos precedentes contidos nas decisões proferidas no AgRg no AREsps n. 214.877/SP, Rel. Min. João Otávio de Noronha, Terceira Turma, Dje 17.8.2016; REsp n. 1.071.144/SP, Rel. Ministra Maria Isabel Gallotti, Quarta Turma, Dje 12.12.2014; REsp n. 231.995/RS, Rel. Min. Carlos Alberto Menezes Direito, Terceira Turma, DJ de 6.11.2000; e EDcl no REsp N. 995.861/SP, Rel. Min. Fernando Gonçalves, Quarta Turma, Dje 31.8.2009.

Todavia, antes de expor os fundamentos da decisão, afirmou o Ministro Relator que "*o tema merece nova reflexão pelo Superior Tribunal de Justiça, considerando-se, principalmente, a interação que deve haver entre os princípios do Direito Securitário e o novo Direito Civil.*"

E justifica a sua proposta de revisão, afirmando que:

> "Enfim, seja pela presunção de agravação do risco no contrato de seguro de automóvel, seja pela incidência da boa-fé objetiva conjugada com a função social do contrato, **propõe-se a revisão do entendimento desta Terceira Turma sobre a questão**, para que a perda da garantia securitária se dê quando tão só demonstrado que o condutor estava sob os efeitos do álcool durante a dinâmica do acidente de trânsito, não importando se a direção estava sob a responsabilidade do próprio segurado (ato doloso) ou de terceiro a quem ele confiou (culpa grave), ainda mais se este for preposto ou integrante da entidade familiar, salvo prova em contrário de que o sinistro ocorreria sem a influência do estado de embriaguez."

3.1. Os fundamentos da decisão proferida pela Terceira Turma do Superior Tribunal de Justiça

Passemos, então, a indicar os fundamentos da decisão adotada pela Terceira Turma do Superior Tribunal de Justiça para negar provimento, por votação unânime, ao Recurso Especial nº 1.485.717-SP (2014/0116431-2), ao examinar a controvérsia quanto ao pedido de indenização securitária decorrente de contrato de seguro de automóvel quando o causador do sinistro foi terceiro condutor (preposto da empresa segurada), que estava em estado de embriaguez.

A decisão adotada pela Terceira Turma da Corte Superior teve como um dos fundamentos a norma contida no artigo 768 do Código Civil, segundo a qual "o segurado perderá o direito à garantia se agravar intencionalmente o risco objeto do contrato", mas considerou que somente uma conduta imputada ao segurado, que, por dolo ou culpa grave, incremente o risco contratado, dá azo à perda da indenização securitária.

O voto condutor, acolhido pela Terceira Turma, contudo, seguindo orientação de doutrina especializada, propôs a revisão do entendimento consolidado na jurisprudência do STJ, sob o argumento de que a configuração do risco agravado não se dá somente quando o próprio segurado se encontra alcoolizado na direção do veículo, mas abrange também os condutores principais (familiares, empregados e prepostos).

Além disto, considerou que o agravamento intencional de que trata o art. 768 do CC envolve tanto o dolo quanto a culpa grave do segurado, que tem o dever de vigilância (culpa *in vigilando*) e o dever de escolha adequada daquele a quem confia a prática do ato (culpa *in eligendo*).

E, levando em conta a comprovação científica e estatística de que a bebida alcoólica é capaz de alterar as condições físicas e psíquicas do motorista, que, combalido por sua influência, acaba por aumentar a probabilidade de produção de acidentes e danos no trânsito, declarou a Turma Julgadora ser lícita a cláusula do contrato de seguro de automóvel que preveja, nessa situação, a exclusão da cobertura securitária, sob a justificativa de que a direção do veículo por um condutor alcoolizado já representa agravamento essencial do risco avençado.

Outro fundamento utilizado pela analisada decisão foi a função social do contrato de seguro, como instrumento de valorização da segurança viária, colocando-o em posição de harmonia com as leis penais e administrativas que criaram ilícitos justamente para proteger a incolumidade pública no trânsito, de tal sorte que não pode o seguro de automóvel servir de estímulo para a assunção de riscos imoderados que, muitas vezes, beiram o abuso de direito, a exemplo da embriaguez ao volante.

Iluminou também a comentada decisão o princípio do absenteísmo, segundo o qual o segurado deve se portar como se não houvesse seguro em relação ao interesse segurado, isto é, deve abster-se de tudo que possa incrementar, de forma desarrazoada, o risco contratual, sobretudo se confiar o automóvel a outrem, sob pena de haver, no Direito Securitário, salvo-conduto para terceiros que queiram dirigir embriagados, o que feriria a função social do contrato de seguro, por estimular comportamentos danosos à sociedade.

E conclui, sob o prisma do princípio da boa-fé, que o segurado, quando ingere bebida alcoólica e assume a direção do veículo ou empresta-o a alguém desidioso, que irá, por exemplo, embriagar-se (culpa *in eligendo* ou *in vigilando*), frustra a justa expectativa das partes contratantes na execução do seguro, pois rompe-se com os deveres anexos do contrato, como os de fidelidade e de cooperação.

Por fim, ressaltou a existência de presunção relativa (*juris tantum* – que admite prova em contrário) de que o risco da sinistralidade foi agravado, a ensejar a aplicação da pena do artigo 768 do Código Civil, quando constatado que o condutor do veículo estava sob influência do álcool (causa direta ou indireta) e, nesta condição, envolveu-se em acidente de trânsito, fato esse que compete à seguradora comprovar.

Com tal importante decisão, o Superior Tribunal de Justiça, por sua Terceira Turma, inverteu o ônus da prova quando comprovado pela seguradora que o condutor do veículo segurado encontrava-se embriagado no momento em que ocorreu o acidente de trânsito, incumbindo ao segurado a demonstração de que o infortúnio ocorreria independentemente do estado de embriaguez (como culpa do outro motorista, falha do próprio automóvel, imperfeições na pista, animal na estrada, entre outros), situação em que, se fizer tal prova, a indenização securitária deverá ser paga pela seguradora.

3.2. Os princípios do direito securitário e doutrina aplicados na decisão da Terceira Turma do STJ

O voto do Relator, que negou provimento ao recurso especial e foi acolhido por unanimidade pela Terceira Turma, examinou adequadamente os elementos essenciais do contrato de seguro e os princípios que regem o Direito Securitário, ao destacar que "o **contrato de seguro** é baseado no risco, na mutualidade e na boa-fé, que constituem seus elementos essenciais. O **risco** relaciona-se com os fatos e as situações da vida real que causam probabilidade de dano e com as características pessoais de cada um, aferidas comumente no perfil do segurador. A **mutualidade**, por sua vez, é oriunda da solidariedade econômica entre os segurados, em que é formada uma poupança coletiva ou um fundo, apto a cobrir os prejuízos que possam advir dos sinistros. Em outras palavras, é a distribuição dos custos do risco comum (socialização das perdas). Ademais, *a contribuição de cada um será proporcional à gravidade do risco a que está sujeito, obtida por meio de dados estatísticos e cálculos atuariais*. Por último, a **boa-fé** é a veracidade, a lealdade, de ambas as partes, que devem agir reciprocamente isentas de dolo ou engano. E, no seguro, a boa-fé assume maior relevo, pois tanto o risco quanto o mutualismo são dependentes das afirmações das próprias partes contratantes."

E conclui: "Logo, verifica-se que a seguradora, utilizando-se das informações prestadas pelo segurado, como na cláusula de perfil, chega *a um valor de prêmio conforme o risco garantido e a classe tarifária enquadrada, de modo que qualquer risco não previsto no contrato ou o seu incremento intencional desequilibra o seguro economicamente*, dado que não foi incluído no cálculo atuarial nem na mutualidade contratual (base econômica do seguro)."

Ainda, para construir o novo posicionamento jurisprudencial, reportou-se o voto condutor a abalizada doutrina especializada, que merece aqui ser reproduzida, por sua importância na correta compreensão dos princípios que regem o Direito Securitário.

No que tange ao agravamento do risco, menciona-se que, nesse contexto, "(...) *é necessário diferenciar a intenção de agravar o risco da prática intencional de ato que leva despercebidamente a essa agravação. Neste último caso, a solução dependerá da gravidade ou intensidade dos efeitos gravosos do comportamento. Comportando-se o segurado de maneira que a realização do risco ou o aumento da intensidade dos seus efeitos se torne previsível, é de se aplicar a regra da caducidade*". (Tzirulnik, E., Cavalcanti, F. Q. B. e Pimentel A. *O Contrato de Seguro: de acordo com Novo Código Civil Brasileiro*, São Paulo: Editora Revista dos Tribunais, 2003, pág. 81).

Quanto aos efeitos do consumo alcoólico por condutor de veículo, transcreve-se que "*é certo que todo consumo de álcool é feito com o deliberado propósito de submeter-se a seus efeitos, ciente (o motorista), inclusive, de que isto alterará a sua própria capacidade de conduzir veículos automotores, distanciando-se da aptidão que tem o ‹homem comum›, a qual justamente fora utilizada pelo segurador para mensurar riscos e fixar os prêmios*" (Fernandes, Marcus Frederico B., e Cunha, Lucas Renault. Supressão de cobertura securitária x motorista sob influência de álcool. *In: Aspectos Jurídicos dos Contratos de Seguro.* Carlini, Angélica e Saraiva Neto, Pery (org.), Porto Alegre: Editora Livraria do Advogado, 2013, pág. 16).

Ao concluir que a direção do veículo por um condutor alcoolizado já representa agravamento essencial do risco avençado, bem como pela licitude da cláusula do contrato de seguro de automóvel que preveja, nessa situação, a exclusão da cobertura securitária, cita lição de Sérgio Cavalieri Filho:

> "*(...)Diretamente relacionada com o agravamento do risco está a questão da embriaguez. Ninguém ignora que o álcool e os tóxicos passaram a ser problema extremamente grave no mundo todo, principalmente no Brasil. Mais da metade dos acidentes de trânsito, mormente os fatais, é provocada por motoristas embriagados ou drogados. Os índices de mortalidade no trânsito em nosso País são maiores, até do que os de acidentes de trabalho. É uma catástrofe pior do que a de algumas guerras, pelo número de vítimas que deixa, sem se falar nos bilhões de prejuízos econômicos.*
>
> *Não obstante os respeitáveis entendimentos em contrário, estou convencido de que álcool e a droga ao volante podem dar causa à exclusão de cobertura da apólice de seguro, porque agravam insuportavelmente os riscos do segurador. O seguro jamais seria realizado se o segurador, desde logo, se declarasse viciado. O problema para o segurador é a dificuldade de obtenção da prova, mormente quando se trata de drogas, quer pela falta de fiscalização, quer pela imprecisão e deficiência dos equipamentos utilizados, quer, ainda, pela recusa do agente delituoso em se submeter ao exame pertinente.*
>
> *Não cabe, em meu entender, o argumento de que se trata de conduta culposa, e não intencional, para livrar o segurado da pena de perda de seguro. Culposo pode ser o acidente que ele venha causar, por vezes se avizinhando do dolo eventual, dada sua gravidade; a ação de dirigir embriagado ou drogado, todavia, é sempre voluntária, consciente, intencional, configuradora, por si só, de ilícito penal.(...)*
>
> *Por último, a cláusula contratual excluindo a cobertura do seguro no caso de embriaguez não é abusiva, pelo contrário, legítima, mas, como toda cláusula limitativa do direito do consumidor, deverá constar de forma clara e com destaque*

no contrato, nos moldes do art. 54, § 4º do CDC (REsp nº 1.219.406)" (CAVALIERI FILHO, Sérgio. *Programa de Responsabilidade Civil*, 10ª ed., São Paulo: Atlas, 2012, págs. 488/489).

O voto condutor cita, ainda, CALVERT, ao afirmar que o seguro de automóvel não pode servir de estímulo para a assunção de riscos imoderados que, muitas vezes, beiram o abuso de direito, a exemplo da embriaguez ao volante e que a função social desse tipo contratual torna-o instrumento de valorização da segurança viária, colocando-o em posição de harmonia com as leis penais e administrativas que criaram ilícitos justamente para proteger a incolumidade pública no trânsito:

> *"(...) Em razão do imenso risco para terceiros e para o próprio condutor, dirigir sob a influência de álcool ou qualquer outra substância psicoativa que determine a dependência, é infração administrativa gravíssima segundo o Código de Trânsito Brasileiro e crime que prevê pena de detenção de 6 (seis) meses a 3 (três) anos, de acordo com o mesmo diploma"* (CALVERT, Eduardo. *Contratos de seguro, mutualismo, solidariedade e boa-fé. In*: Cadernos Jurídicos, ano 16, n. 39M Hab,-Mar. 2015, pág. 181).

Sobre a presunção relativa do agravamento do risco, que afirma não afrontar regras processuais nem consumeristas sobre o *onus probandi* de cada parte, e os deveres de fidelidade e de cooperação, o voto do Relator menciona FITERMAN:

> *"... a ingestão de álcool, seguida da condução de um veículo, faz nascer em desfavor do segurado uma presunção judicial de agravamento do risco, determinando que ele estabeleça a contraprova no sentido oposto, sob pena de perda do direito à indenização securitária".* (FITERMAN, Mauro. *A ingestão de álcool e a condução de veículos no contrato de seguro de veículos, In*: Revista dos Tribunais, vol. 104, n. 954, Abr. 2015, pág. 168).
>
> "(...) *não basta ao segurado pagar o prêmio securitário. Ele há de agir em consonância com o dever de lealdade e cooperação, conduzindo o veículo sem a ingestão de álcool, ação que, por si só, pressupõe o agravamento do risco. Impera, nesse tocante, concretizar o princípio da sustentabilidade em sua dimensão ética, a fim de que o individualismo dê espaço ao solidarismo, de modo que não se admita interpetração que garanta que alguém possa egoisticamente se sobrepor aos demais".* (ob. citada, págs. 163/164).

Por fim, o Ministro Ricardo Villas Bôas Cueva transcreve outras duas doutrinas, para fundamentar a conclusão final de que a configuração do risco agravado não se dá somente quando o próprio segurado se encontra alcoolizado na direção do veículo, mas abrange também os condutores principais (familiares, empregados e prepostos), ressaltando que o principal condutor do veículo, se não for o próprio segurado, equipara-se a ele:

> "(...) *não fosse assim e admitido o entendimento acima exposto, bastaria ao proprietário do veículo nunca conduzi-lo, fazendo sempre uso do subterfúgio de registrar o bem em nome de terceiro, de esposa, de filhos, pois se imunizaria frente às consequências contratuais do mau uso que vier a fazer do bem.*
>
> *Seria como que um salvo-conduto para que se conduzisse o veículo sob influência de álcool, impregnando o contrato de seguro com uma exegese frontalmente contrária à função social mencionada no art. 421 do CC e à boa-fé preconizada no art. 422 do mesmo diploma legal.* (...)
>
> *Ao se entender que o dispositivo do art. 768 do CC deve ser interpretado literalmente e que a disposição contratual acerca da inexistência de cobertura por condução de veículo sob influência de álcool destina-se unicamente ao próprio segurado, se está emprestando ao contrato de seguro de veículos automotores uma exegese, a nosso ver, contrária à sua função social e com efeitos nefastos a toda a sociedade".* (FERNANDES, Marcus Frederico B. *Seguro de Automóvel – perda de direito decorrente de condução por terceiro sob efeito de álcool. In: Direito de Seguros.* MIRAGEM, Bruno e CARLINI, Angélica (org.), São Paulo: Editora Revista dos Tribunais, 2014, pág. 459).
>
> "Aplica-se, desse modo, "*o 'princípio do absenteísmo' que emana da conjugação das regras dos arts. 762 e 768 do Código Civil, quanto à vedação de qualquer conduta agravadora do risco também por filhos e empregados do segurado, mormente quando estes encontram-se indicados como 'principais condutores'.*" (ANGOTTI JÚNIOR, Roberto e SARRO, Mariana Kaludin. *Agravamento do risco segurado por embriaguez ao volante: principal condutor não é terceiro. In: Aspectos Jurídicos dos Contratos de Seguro.* CARLINI, Angélica e SARAIVA NETO, Pery (org.), Ano IV, Porto Alegre: Editora Livraria do Advogado, 2016, pág. 133).

4. A consolidação do novo entendimento pela Segunda Seção do Superior Tribunal de Justiça

A Quarta Turma do Superior Tribunal de Justiça alinhou-se rapidamente ao novo entendimento da Terceira Turma, o que levou à inadmissão dos embargos de divergência interposto contra a decisão proferida pela Terceira Turma.

Com efeito, em decisão monocrática proferida em 20.11.2018 (DJe 23.11.2018) nos Embargos de Divergência em REsp nº 1.485.717-SP (2014/0116431-2), a Rel. Ministra Maria Isabel Gallotti não conheceu dos embargos de divergência por considerar não demonstrada a divergência suscitada, nos moldes estabelecidos pelo artigo 266-C do Regimento Interno do Superior Tribunal, c/c artigo 1.043, § 4º, do novo Código de Processo Civil.

Como fundamento de sua decisão, justificou que, "à luz da jurisprudência recentemente consolidada por ambas as Turmas que compõem a Segunda Seção desta Corte, a configuração do risco agravado, à luz do disposto no artigo 768 do Código Civil, não se dá somente quando o próprio segurado se encontra embriagado na direção do veículo, mas abrange também os condutores principais, mormente ao se considerar que o segurado tem o dever de vigilância e o dever de escolha adequada daquele a quem confia a prática do ato."

Para comprovação do novo entendimento das duas Turmas do STJ, fez a nobre Relatora menção aos seguintes arestos: AgInt no AREsp 1.213.417/SC, Rel. Ministro Antonio Carlos Ferreira, Quarta Turma, julgado em 21/6/2018, DJe 29/6/2018; AgInt no REsp 1.711.361/SP, Rel. Ministro Lázaro Guimarães (desembargador convocado do TRF-5ª Região), Quarta Turma, julgado em 3/5/2018, DJe 9/5/2018; e AgInt no REsp 1.632.921/MG, Rel. Ministro Moura Ribeiro, Terceira Turma, julgado em 27/5/2017, DJe 8/8/2017.

E, para consolidar a nova orientação jurisprudencial, a Segunda Seção do Superior Tribunal de Justiça, ao julgar o AgInt no Embargos de Divergência em REsp 1.711.361-SP (2017/0299119-0), em 21.08.2019, decidiu negar provimento ao recurso, nos termos do voto da Relatora Ministra Nancy Andrighi, o qual manteve a decisão agravada que indeferiu os embargos de divergência em face da existência de jurisprudência consolidada de ambas as Turmas da 2ª Seção, no sentido de que a configuração do risco agravado não se dá somente quando o próprio segurado se encontra alcoolizado na direção do veículo, abrangendo também os condutores principais (familiares, empregados e prepostos).

Em seu voto, destacou a Ministra Relatora que, a despeito da argumentação desenvolvida pela agravante, verifica-se que os arestos colacionados são anteriores a 29/6/2018, data em que publicado o acórdão da 4ª Turma que consolidou o entendimento da 2ª Seção, tendo, ainda, mencionado os seguintes julgados: AgInt no AREsp 1.349.829/SP, Quarta Turma, julgado em 25/6/2019, DJe 28/06/2019; AgInt no AgInt no REsp 1.631.270/PR, Quarta Turma, julgado em 27/11/2018, DJe 07/12/2018; AgInt no AREsp 1.183.003/MS, Quarta Turma, julgado em 19/06/2018, DJe 01/08/2018; e REsp 1.485.717/SP, Terceira Turma, julgado em 22/11/2016, DJe 14/12/2016.

Aplicou-se, portanto, a Súmula 168 do STJ, que enuncia: "Não cabem embargos de divergência, quando a jurisprudência do tribunal se firmou no sentido do acórdão embargado."

Conclusões

Quanto a controvérsia sobre a indenização securitária decorrente de contrato de seguro de automóvel quando o causador do sinistro foi terceiro condutor (preposto da empresa segurada) que estava em estado de embriaguez, a jurisprudência consolidada pelo Superior Tribunal de Justiça, desde o CC de 1916, relatada no artigo *Agravamento do risco segurado por embriaguez ao volante: Principal condutor não é terceiro*" (ob. citada, págs. 134 a 137) e também demonstrada pelo v. Acórdão proferido pela Terceira Turma do STJ no REsp 1.485.717-SP (20140116431-2), vinha, até então, sendo no sentido de que a culpa exclusiva de terceiro na ocorrência de acidente de trânsito, por dirigir embriagado, não é causa de perda do direito à indenização, por não configurar agravamento do risco imputável à conduta do próprio segurado.

Vale dizer, ao interpretar a norma segundo a qual "o segurado perderá o direito à garantia se agravar intencionalmente o risco objeto do contrato" (art. 768 do CC/2002 e art. 1.454 do CC/1916), entendia a Corte Superior de Justiça que somente uma conduta imputada diretamente pelo segurado, que incremente o risco contratado, dava azo à perda da indenização securitária.

Tal interpretação restritiva da norma não dava harmonia ao sistema jurídico, como um todo, pois, por meio do seguro de automóvel, estimulava-se a assunção de riscos imoderados pela mutualidade (nas palavras do relator, "oriunda da solidariedade econômica entre os segurados, em que é formada uma poupança coletiva ou um fundo, apto a cobrir os prejuízos que possam advir dos sinistros"), representada no contrato de seguro pela seguradora, dando indevida proteção a abusos de direito por parte dos principais condutores do veículo segurado, como no caso da embriaguez ao volante, quando não conduzido por quem firmou diretamente o contrato (o segurado).

Faltava, portanto, harmonia entre as leis penais e administrativas e as normas e princípios que regem o contrato de seguro, para dar a este, de forma adequada, a sua efetiva função social, como instrumento de valorização da segurança viária, na proteção da incolumidade pública no trânsito.

O princípio da boa-fé contratual impõe ao segurado o dever de fidelidade e de cooperação no sentido de evitar o agravamento do risco contratado, abstendo-se de conduzir ou de entregar a condução do veículo a alguém desidioso que poderia vir a ingerir bebida alcoólica ou outra qualquer substância entorpecente e em seguida assumir a direção do veículo segurado.

Assim, o STJ não dava bom tratamento a essa importante questão social e foi necessário muito tempo para que houvesse o indispensável aprimoramento de sua jurisprudência.

Porém, os fundamentos da decisão proferida no REsp n.1.485.717-SP (2014-0116431-2), de relatoria do Ministro Ricardo Villas Bôas Cueva, respaldados em substanciosa doutrina especializada em Direito de Seguros, conduziram, de forma brilhante e unânime, para que os Ministros da Terceira Turma do STJ alterassem, finalmente, tal entendimento, passando a considerar que a configuração do risco agravado não se dá somente quando o próprio segurado se encontra alcoolizado na direção do veículo, mas abrange também os condutores principais (familiares, empregados e prepostos).

Com isto, firmou-se, corretamente, o entendimento de que o agravamento intencional de que trata o art. 768 do CC envolve tanto o dolo quanto a culpa grave do segurado, que tem o dever de vigilância (culpa *in vigilando*) e o dever de escolha adequada daquele a quem confia a prática do ato (culpa *in eligendo*).

Mais do que isto, merece aplausos ainda o comentado v. Aresto ao estabelecer que a direção do veículo por um condutor alcoolizado já representa agravamento essencial do risco avençado, sendo lícita a cláusula do contrato de seguro de automóvel que preveja, nessa situação, a exclusão da cobertura securitária.

Desta forma, com tal novo posicionamento da Corte Superior, uma vez constatado que o condutor do veículo estava sob influência do álcool (causa direta ou indireta) quando se envolveu em acidente de trânsito – fato esse que compete à seguradora comprovar –, firma-se presunção relativa de que o risco da sinistralidade foi agravado, a ensejar a aplicação da pena do art. 768 do CC, invertendo, assim, o ônus da prova (muitas vezes considerada "diabólica") ao incumbir ao segurado a prova de que o infortúnio ocorreria independentemente do estado de embriaguez (como culpa do outro motorista, falha do próprio automóvel, imperfeições na pista, animal na estrada, entre outros).

Melhor do que isto, tão logo houve a alteração da jurisprudência por parte da Terceira Turma, a Quarta Turma do STJ em seguida a ela aderiu, consolidando-se, assim, o novo entendimento no âmbito da Segunda Seção do Superior Tribunal de Justiça.

Em suma, a nova jurisprudência da Corte Infraconstitucional dá bom tratamento, e com melhor técnica, aos princípios gerais que regem o Direito Securitário e aos elementos essenciais do contrato de seguro, dentre os quais o risco, que exige a previsibilidade de um evento futuro e incerto, ou de data incerta, passível de causar prejuízo a interesse legítimo do segurado, pois é por meio de sua delimitação que, com base em cálculos atuariais, se estabelece o valor do prêmio a ser pago à seguradora para que ela o assuma (o risco) em lugar do segurado.

É certo que a seguradora, ao estabelecer o valor do prêmio para assumir os riscos do segurado, leva ela em conta, essencialmente, quem é o condutor principal do veículo segurado, vale dizer, a pessoa indicada no contrato para conduzi-lo em maior tempo, podendo não ser o próprio segurado.

E se o principal condutor (familiar, empregado ou preposto) é considerado para fins de fixação do valor do prêmio, não pode ele ficar de fora do dever de abstenção, impondo que se porte sempre, enquanto na condução do veículo segurado, como se não houvesse seguro em relação ao interesse segurado (princípio do absenteísmo).

Da mesma forma, por coerência, para fins de caracterização de agravamento de risco (artigos 768 e 769 do CC), não poderia o condutor principal ser considerado como terceiro, como vinha sendo pela jurisprudência até então consolidada pelo STJ, de forma a exonerar o segurado de qualquer responsabilidade a partir da entrega da chave ao condutor.

Referências

Alvim, Pedro, apud Martins, João Marcos de Brito. Direito de Seguro. Responsabilidade Civil das Seguradoras. 2a. Edição. Rio de Janeiro. Editora Forense Universitária. Ano 2004.

Alvim, Pedro, *O Contrato de Seguros e o Novo Código Civil.* Organização e compilação de Elizabety Alves, Bonfioli. Rio de Janeiro: Forense, 2007.

Angotti Júnior, Roberto e Sarro, Mariana Kaludin. *Agravamento do risco segurado por embriaguez ao volante: principal condutor não é terceiro. In: Aspectos Jurídicos dos Contratos de Seguro.* Carlini, Angélica e Saraiva Neto, Pery (org.), Ano IV, Porto Alegre: Editora Livraria do Advogado, 2016.

Carlini, Angélica L. *Condutas abusivas. A embriaguez de motorista e as cláusulas restritivas nos contratos de seguro de automóvel.* Cadernos de Seguros nº 138. Rio de Janeiro: Escola Nacional de Seguros, 2006.

Fernandes, Marcus Frederico B. *Seguro de Automóvel – perda de direito decorrente de condução por terceiro sob efeito de álcool. In: Direito de Seguros.* Miragem, Bruno e Carlini, Angélica (org.), São Paulo: Editora Revista dos Tribunais, 2014.

Ferraz Júnior, Tércio Sampaio. *Introdução do estudo do direito.* 4ª Ed, São Paulo: Atlas, 2 Fernandes, Marcus Frederico B., e Cunha, Lucas Renault. *Supressão de cobertura securitária x motorista sob influência de álcool. In: Aspectos Jurídicos dos Contratos de Seguro.* Carlini, Angélica e Saraiva Neto, Pery (org.), Porto Alegre: Editora Livraria do Advogado, 2013).

Fiterman, Mauro. *A ingestão de álcool e a condução de veículos no contrato de seguro de veículos, In*: Revista dos Tribunais, vol. 104, n. 954, Abr. 2015.

Funenseg. Direito do Seguro. Assessoria Técnica de Aluizio José Bastos Barbosa Junior. 15. Ed. Rio de Janeiro: Funenseg, 2013.

Grau, Eros Roberto. *Ensaio e Discurso sobre a interpretação/aplicação do direito.* 3. ed. São Paulo: Malheiros Ed., 2005.

Hart, H.L.A. *O conceito de Direito.* São Paulo, Martins Fontes, 2012.

Kelsen, Hans. *Teoria Pura do Direito.* Tradução de J. Cretella Jr. e Agnes Cretella. São Paulo: Revista dos Tribunais, 2006.

Miranda, Pontes de. *Tratado de Direito Privado.* Tomos XLV e XLVI – Atualizado por Alcides Tomasetti Junior e Rafael Domingos Faiardo Vanzella – São Paulo: Editora revista dos Tribunais, 2012.

SANTOS, João Manoel de Carvalho. *Código Civil Brasileiro Interpretado*. Rio de Janeiro: Freitas Bastos, 1956.

SARRO, Luís Antônio Giampaulo. Jurisprudência comentada. STJ -REsp 1.485.717 - SP - 3ª T. - j. 22.11.2016 - v.u. - rel. Min. Ricardo Villas Bôas Cueva - DJe 14.12.2016 - Revista dos Tribunais - Ano 106 - Julho de 2017 - Vol. 981/523-546.

SARRO, Luís Antônio Giampaulo. *A embriaguez ao volante no contrato de seguro automóvel e a evolução da jurisprudência do Superior Tribunal de Justiça*. Revista Jurídica de Seguro da CNseg número 7 - Novembro/2017, págs. 248/263, organizada por Maria da Glória Faria.

SEVERINO, Antonio Joaquim. *Metodologia do Trabalho Científico*. 22. ed. São Paulo: Cortez Ed., 2002.

SOBRINO, *Waldo* Augusto Roberto; *La 'Culpa Grave' y su oponibilidad a la víctima de un Accidente de Tránsito (sigue vigente el Fallo Plenario 'Mustafá c/Nuñez'?)*, publicado en el Diario "La Ley", página 1, de fecha 1º de Agosto de 1997.

Tzirulnik, E., CAVALCANTE, F. Q. B. e PIMENTEL A. *O Contrato de Seguro: de acordo com o Novo Código Civil Brasileiro*. São Paulo: Editora Revista dos Tribunais, 2003

VENOSA, Sílvio de Salvo. *Direito civil: contratos em espécie*. São Paulo: Atlas, 2003.

13. Infraestrutura, Transporte e Seguro: Doutrina e Jurisprudência.

Securitização dos Riscos da Infraestrutura – Seguro Garantia, Seguro de Riscos de Engenharia, Seguro de Riscos Operacionais, Seguros de Responsabilidade Civil Geral: *Início e Fim das Garantias das Apólices*

Walter A. Polido

Introdução

As concessões de projetos de infraestrutura, em alinhamento pelo Governo, terão o condão de transformar o país num canteiro de obras de larga escala e que perdurará por longo período, criando oportunidades para vários setores, até mesmo inimagináveis no momento atual. Estagnadas e especialmente durante a última década, as grandes obras voltaram ao cenário e movimentam também o *mercado de seguros* em face dos diferentes instrumentos de garantias que o setor é chamado a prover, oferecendo estabilidade econômica a todos os envolvidos.

O seguro e suas variações, integram este cenário de desenvolvimento, criando oportunidades de negócios para todos os agentes do mercado. As grandes obras sempre tiveram a propriedade de alavancar o mercado securitário, na medida em que oferecem vasta gama de aplicação de seguros, começando pelos de Garantia, depois o de Riscos de Engenharia, Transportes, Riscos Operacionais, Responsabilidade Civil, Ambiental;

os três últimos já na fase de operações das instalações construídas ou daquelas existentes. Possibilidades ocorrem e convergem para a provisão da oferta de garantias para os mais diferentes interesses seguráveis. Com o avanço tecnológico, a engenharia empregada na elaboração dos programas de coberturas securitárias passou por reformulações e o mercado de seguros brasileiro deve se adaptar de modo a atender os padrões e os modelos exigidos, os quais já não são os mesmos utilizados em décadas passadas, mormente quando ainda prevalecia o monopólio do resseguro no país, quebrado pela Lei Complementar nº 126/2007. Essa revolução, representada pela retomada das grandes obras de infraestrutura, coloca em evidência a capacidade que o mercado de seguros deverá demonstrar para absorver os novos modelos de *programas de coberturas* exigíveis em face dos riscos que ressurgem, com volume bilionário de cifras. Estimulando o mercado nacional a alcançar, *necessariamente*, o patamar da pós-modernidade e a abandonar velhas práticas puramente domésticas, o desafio está presente e deve ser enfrentado. O cipoal regulatório, assim como o ordenamento jurídico em face das privatizações, concessões e parcerias público-privadas também avançaram, se comparados ao cenário encontrado nos anos 1990, quando a onda liberalizante teve início no país e anos depois foi novamente sufocada. O momento é outro, os interesses seguráveis também sofreram alterações e o olhar sobre a necessidade do seguro deixou de ser uma providência periférica, tomada de última hora e sem muita importância em relação ao teor dos contratos de seguros avençados, os denominados *"termos e condições"* das apólices. O seguro, nessa nova onda de retomada das grandes obras, faz parte da engenharia financeira dos diferentes projetos e o mercado de seguros deverá responder a esta demanda, de forma extremamente profissional e eficaz.

Toda mudança traz com ela consequências e certamente o valor atribuído ao seguro, que antes era mínimo, agora está na ordem do dia, movimentando todos os agentes envolvidos para o desenvolvimento dos melhores modelos, das bases contratuais efetivamente técnicas, transparentes e úteis aos usuários – *os segurados*. Sob essa ótica, *o seguro tem de ser útil*[1] para quem o contrata. Simples, mas irretocável essa determinação, a

[1] Calmeiro, Ana Serra. *Das Cláusulas Abusivas no Contrato de Seguro*. Coimbra: Almedina, 2014, p. 49.

qual enseja toda a teoria moderna acerca dos seguros e de sua funcionalidade. O contrato de seguro deve ser adimplido pelo Segurador, *sendo o principal modo de satisfazer o interesse do credor de determinada relação obrigacional, exaurindo-lhe a pretensão*[2]. Adimplir, no sentido de cumprir a obrigação avençada, a qual está centrada, neste contrato típico, na *garantia imediata* do *interesse* segurado, antes mesmo do ato da indenização, sendo que este se materializa apenas em sobrevindo o sinistro. A *prestação* da Seguradora, portanto, reside no oferecimento *da garantia* do risco de forma *mediata* ao Segurado, mediante a *contraprestação* deste, representada pelo pagamento do prêmio da apólice. O seguro, como tal, é *consensual* e *comutativo*. A álea repousa tão somente no elemento *risco*, sem arrastar o contrato de seguro para a classificação dos aleatórios e como se o contrato tivesse apenas a função de indenizar o sinistro, uma vez ocorrido o evento predeterminado e garantido pela apólice. A teoria da comutatividade se mostra muito mais plausível em face da funcionalidade do contrato de seguro, sendo que este prescinde da ocorrência do sinistro para se mostrar efetivo a quem o adquire. Compra-se *garantia imediata* para interesses diversos, certamente não esperando o sinistro acontecer para dar efetividade ao contrato de seguro. O *sinistro*, por sua vez, constitui o elemento menos desejado nessa relação e não teria sentido algum essa retórica, se ele fosse apresentado como elemento configurador e necessário no contrato de seguro. Para Tzirulnik, *"o novo dispositivo (art. 757)*[3]*, além de afastar o conceito de indenização como elemento essencial do contrato, como figurava no antecessor (art. 1.432), e salientar o conceito de interesse, acolhe uma visão moderna na qual os elementos* garantia *e* empresarialidade *compatibilizam a textura legal com a realidade econômica e técnica intrínsecas ao negócio jurídico do seguro: a comutação entre prêmios e garantia, e a imperiosa massificação de sua operação"*[4]. Uma vez desconstruída a aleatoriedade na visão global do seguro e este nada se assemelhando à aposta ou ao jogo de azar, a comutatividade emerge dessa relação contratual típica, diante das prestações *recíprocas e imediatas* que exsurgem da celebração: *pagamento do prêmio* pelo Segurado e a *garantia imediata dos riscos* pela Seguradora. Esta, oferece *tranquilidade, indenidade, segurança, estabilidade econômico-*

[2] GOMES, Orlando. *Obrigações*. 8ª ed. Rio de Janeiro: Forense, 1986, p. 107.

[3] Do Código Civil brasileiro.

[4] TZIRULNIK, Ernesto. CAVALCANTI, Flávio de Queiroz B. PIMENTEL, Ayrton. *O Contrato de Seguro de acordo com o Código Civil Brasileiro*. 3ª ed. São Paulo: Roncarati, 2016, p. 43.

-financeira e *confiança* (fidúcia) para o Segurado que transferiu parte dos seus riscos a ela. A *confiança*, nesta seara contratual, constitui elemento essencial, na medida em que ela se transforma em *"vetor de solução de conflitos"*[5], impondo comportamentos para ambas as partes. Nessa linha doutrinária, Carneiro da Frada determina: *"desconexionada dos pressupostos da indemnização por não cumprimento imputável ao devedor, a reparação do dano de confiança é susceptível de ocorrer em outras situações de perturbação do programa contratual, como as de frustação do fim da prestação ou, então, do seu atingimento por modo diferente do cumprimento"*[6]. Martins-Costa colmata a doutrina aqui expressa e, distinguindo confiança de boa-fé, estabelece que *"da inter-relação entre boa-fé, confiança, autonomia privada e autorresponsabilidade decorrem às partes deveres anexos de cooperação, em vista do fim do contrato, para possibilitar o adimplemento satisfativo da prestação; decorrem, também, deveres informativos; deveres de coerência comportamental e deveres de proteção ("deveres laterais"), para que, do contrato, não resultem danos injustos à contraparte"*[7].

Apresentados alguns dos elementos introdutórios acerca da natureza jurídica do contrato de seguro na contemporaneidade, os quais se situam muito além daquela mera indicação feita pelo Código Napoleão (de 1804), exemplificando o seguro entre os contratos aleatórios, cuja classificação não prosperou diante da doutrina mais refinada e especializada, necessário investigar quais são os tipos de seguros que se relacionam diretamente com os projetos de infraestrutura, sendo este o tema central deste texto. O assunto é vasto, na medida em que os projetos podem se relacionar com diversas atividades, cada qual com suas especificidades: Energia (hidráulica, eólica, solar, petróleo e gás); Transportes unitários ou integrados (rodovias, hidrovias, ferrovias, metrô, aeroportos, rodoviárias, pontes, túneis, portos e terminais); Utilidades públicas (saneamento básico, água, aterros sanitários, reutilização e reciclagem de resíduos sólidos, telecomunicação – novas redes 5G, banda larga,

[5] Andrade Júnior, Luiz Carlos Vilas Boas. *Responsabilidade Civil e Proteção Jurídica da Confiança: a tutela da confiança como vetor de solução de conflitos na responsabilidade civil.* Curitiba: Juruá, 2016, p. 168.

[6] Frada, Manuel António de Castro Portugal Carneiro da. *Teoria da Confiança e Responsabilidade Civil.* Coimbra: Almedina, 2016, p. 669.

[7] Martins-Costa, Judith. *A Boa-Fé no Direito Privado: critérios para a sua aplicação.* São Paulo: Marcial Pons, 2015, p. 273.

torres e antenas conectando veículos autônomos e robôs em fábricas, estádios, autódromos, entrepostos hortifrutigranjeiros); Segurança pública (presídios); Atrações turísticas (exploração de parques e monumentos naturais – grutas, cachoeiras, etc., florestas e áreas protegidas, zoológicos). Merece destaque o fato de que a indústria 4.0 depende da modernização da infraestrutura brasileira, em todos os seus aspectos e notadamente em relação às ferramentas e sistemas de transmissão de dados, de modo a conectarem os produtores com os seus consumidores.

Neste estudo, necessário conhecer quais são os seguros que podem (devem) ser contratos, quer por determinação do Estado (concedente), quer por iniciativa das empresas concessionárias (privadas). Na mesma linha de análise, qual a abrangência de cobertura de cada tipo de seguro e, mais precisamente, *quando inicia e quando termina* efetivamente as responsabilidades garantidas em cada uma das apólices, na medida em que poderá(deverá) ocorrer a contratação de vários contratos de seguros, um seguido do outro e até mesmo concomitantemente, dependendo dos riscos a serem garantidos. Esta investigação, sobre o início e o término das coberturas, não é, de forma alguma, supérflua e tampouco irrelevante, na medida em que o tema tem originado vários conflitos no mercado de seguros brasileiro e até mesmo em sede judicial.

1. Interesses Seguráveis

Em razão das diferentes atividades que envolvem os projetos de infraestrutura, necessário também sinalizar, didaticamente, quais são os possíveis interesses sujeitos à proteção dos seguros, para os diferentes agentes que se relacionam transversalmente:

(a) Para o setor público na condição de Poder Concedente – manutenção dos bens dados em concessão e respectivas ampliações ao longo do ciclo de vida dos contratos, assim como a oferta contínua e efetiva dos serviços e utilidades à população, desonerando o poder público da obrigação em face dos direitos dos cidadãos. A intervenção das Seguradoras privadas pode proporcionar ao Estado, ainda, não só a entrega dos projetos e dos serviços, como também a manutenção deles, com supervisão profissional.

(b) Para os investidores – proteção efetiva do capital empregado em face das obrigações contratuais exigidas pelo Estado. Em se tratando de investidor estrangeiro há para ele os riscos políticos inerentes, com especial exposição se comparados aos nacionais.

(c) Para os Concessionários – garantia da entrega do projeto dentro do prazo, com suporte para eventuais contingências. Garantia da prestação dos serviços correspondentes e proteção dos bens e instalações contra eventos externos, inclusive as perdas financeiras decorrentes. Indenidade patrimonial em face de infortúnios que podem ocorrer, quer pelos fenômenos da natureza, quer pela ação do homem, ocasionando danos aos bens e (ou) a terceiros usuários e não usuários dos serviços. De forma mais ampla, os Concessionários-empresários estão expostos a um sem número de riscos que tangenciam as atividades empreendidas, além dos já mencionados: riscos referentes aos produtos fornecidos por outrem; responsabilidade civil de diretores, administradores e conselheiros na gestão do negócio; responsabilidade civil profissional de fornecedores; responsabilidade civil na condição de empregador; *cyber risks*[8]; proteção de dados pessoais; riscos de

[8] Com a evolução tecnológica, os riscos cibernéticos, classificados na esfera mundial na condição de "mega riscos" (mega-risks), têm especial potencial de causar perdas e danos significativos nos sistemas de infraestrutura. "Aprofundando no conhecimento sobre este tipo de riscos, se conclui que o caráter global das ciberameaças a infraestruturas críticas se deve ao possível efeito dominó que presumivelmente provocam estes danos. Este efeito em cadeia poderia interromper o funcionamento de todos os sistemas dependentes da infraestrutura danificada (o sistema de distribuição de água e energia, o sistema bancário e financeiro, ou o sistema de gestão de emergências)." *in:* Muñoz, Jesús Jimeno. *La Responsabilidad Civil en el Ámbito de los Ciberriesgos.* Madrid: Fundación Mapfre, 2017, p. 51. "Diante dessa situação emblemática do século XXI, também a indústria mundial de seguros tem se movimentado na busca de ofertas de produtos específicos e que possam minorar as perdas decorrentes. Do mesmo modo, tem sido difundido nos mercados internacionais desenvolvidos a prática de os riscos serem acobertados individualmente através de cada ramo de seguro, sem a necessidade de as empresas contratarem apólices específicas contra os riscos cibernéticos. Este critério, certamente se apresenta de maneira muito mais razoável, notadamente em apólices de seguros do tipo *"all risks"*, sendo que os ataques cibernéticos e suas possíveis consequências podem se apresentar perfeitamente garantidos dentro do respectivo escopo de cobertura de cada apólice ou ramo de seguro". *in:* Polido, Walter A. *Programa de Seguros de Riscos Ambientais no Brasil: estágio de desenvolvimento atual.* 4ª ed. Rio de Janeiro: ENS, 2019, p. 315.

variações climáticas *(weather risk)*[9] ou seguros paramétricos; riscos ambientais[10], entre outros.

(d) Para os Prestadores de Serviços vários – possível garantia contra perdas e danos ocasionados durante a prestação dos serviços para os Concessionários, na condição de cossegurados nas apólices. Essa possibilidade, contudo, vem sendo reduzida a cada dia no país, na medida em que as empresas têm exigido a contratação de seguros pelas empresas por elas contratadas, numa espécie de horizontalização, cujo procedimento constitui o padrão nos países desenvolvidos, sendo que o Brasil passou a adotá-lo com maior intensidade.

Indicados de forma resumida, praticamente todos esses riscos podem ser transferidos pelos Concessionários às Seguradoras, de forma individualizada ou em cosseguro (várias seguradoras pulverizando as responsabilidades pelos riscos assumidos entre elas), com o correspondente resseguro (de forma proporcional ou não-proporcional, parcela de responsabilidades pelos riscos cedida pela Seguradora a outra(s) empresa(s), mediante contrato específico e atípico, chamado de resseguro)[11]. Importante, destacar, desde logo, que o ressegurador não

[9] Seguro de Variações de Condições Climáticas – Este tipo especial de seguro garante as perdas financeiras de um determinado segurado por conta de um evento climático predeterminado na apólice, assim como seca, neve, temperatura, vento, visibilidade, nebulosidade, luz solar ou chuva e todos eles com índices objetivamente conhecidos. O seguro é estabelecido, portanto, com base em dados científicos coletados e trabalhados por centro especializado, o qual será designado na apólice. Ponto crucial nesse tipo de seguro é o período de cobertura determinado no contrato de seguro, de comum acordo entre as partes celebrantes. Ocorrendo variação climática nesse período e se esta repercutir em perdas financeiras quanto ao desempenho da atividade empresarial do segurado, o seguro será acionado e garantirá a indenização devida. As aplicações para esse tipo são variadas: usinas geradoras de energia (termoelétricas, hidroelétricas, eólicas, solares); riscos agrícolas; grandes eventos; construção de obras de grande porte; etc. *in:* Polido, Walter A. *Programa de Seguros de Riscos Ambientais no Brasil: estágio de desenvolvimento atual.* 4ª ed. Rio de Janeiro: ENS, 2019, p. 85.

[10] Polido, Walter A. Contrato de Seguro: a efetividade do seguro ambiental na composição de danos que afetam direitos difusos. *in: Revista de Direito Ambiental n. 45.* janeiro-março 2007. São Paulo: RT e, com atualização, publicado na *Revista do Tribunal Regional Federal da Primeira Região. v. 28. n. 11/12.* novembro-dezembro 2016, p. 52-71.

[11] Polido, Walter A. Villas Bôas, Regina Vera. O contrato atípico de resseguro e as discussões contemporâneas sobre a sua natureza jurídica, fontes jurídicas que o fundamentam e

responde diretamente pela parcela ressegurada perante o segurado, conforme a práxis internacional, também recepcionada pela Lei Complementar nº 126/2007, art. 14[12].

Nesta seara dos riscos de infraestrutura e da nova onda de desenvolvimento pela qual o Brasil atravessa, com reais benefícios projetados para a sociedade, necessário destacar que também o mercado de seguros nacional deverá se aprimorar, ultrapassando o atual patamar tecnológico no qual se encontra. A demanda acentuada por garantias securitárias para novos riscos e com quantias vultosas não poderá ser acolhida pelos termos e condições atualmente praticadas no país, ainda com defasagem tecnológica, se comparadas a outros mercados de países desenvolvidos. Em Seguros de Riscos de Engenharia, por exemplo, o mercado brasileiro atua praticamente da mesma forma, com raras exceções, quando foram implantadas as bases de coberturas e de subscrição nos anos 1970 através do então monopolista Instituto de Resseguros do Brasil – IRB, em razão da construção da hidroelétrica de Itaipu-Binacional. Não persiste nenhuma justificativa para o mercado de seguros ter permanecido sem promover atualização nessa área, notadamente nos clausulados de coberturas. O monopólio do resseguro foi quebrado pela Lei Complementar nº 126 de 15.01.2007, sendo que todos os grandes Resseguradores internacionais se registraram para atuar no país e aqui operam, as Seguradoras de origem estrangeira conhecem perfeitamente as bases técnicas do segmento através de suas matrizes, os Empresários (segurados) são obrigados pela legislação local a contratar os seus seguros no Brasil. Essas premissas não justificam, de forma alguma, a manutenção do estágio atual neste e nos demais ramos de seguros. Em razão do quadro atual, inclusive, a *judicialização* tem se acentuado no país em relação aos seguros e, certamente, não cabe ao Poder Judiciário modificar as bases de atuação do setor[13].

função social exercida: garantia do efetivo equilíbrio do mercado segurador e do resseguro. *in: Revista de Direito Privado – RDPriv n. 61*– Ano 16 – janeiro-março 2015, p. 193-230 – São Paulo: RT.

[12] LC 126/2007, de 15.01.2007 – Art. 14. Os resseguradores e os seus retrocessionários não responderão diretamente perante o segurado, participante, beneficiário ou assistido pelo montante assumido em resseguro e em retrocessão, ficando as cedentes que emitirem o contrato integralmente responsáveis por indenizá-los.

[13] Ver: Declaração de Direitos de Liberdade Econômica: as novas regras se aplicam ao Mercado de Seguros regulado? Quando terão início as mudanças? O que esperar de 2020? *in:*

2. Diferentes tipos de Seguros para a Infraestrutura

Para os projetos de infraestrutura, considerando-se o processo de concessão desde o início, vários tipos de apólices convergem para a oferta das diferentes garantias e de modo a preencherem o círculo dos riscos em face das exigências requeridas pelo Poder Concedente. Há, inclusive, uma linha do tempo *(timeline)* que deve ser considerada para a arquitetura do *programa de seguros*, de modo a ser compatível com todas as fases das atividades. Este trabalho, inclusive, deve ser realizado por equipe de profissionais altamente qualificada e com comprovada especialização em todos os tipos de riscos e seguros inerentes. Corretores de Seguros devem possuir *expertise*, sob toda prova, para a realização deste trabalho. Diferentes interesses e todos eles representando consideráveis e vultosas cifras estarão sobre a mesa de negociações e em exposição por período de tempo prolongado, não podendo haver surpresas em razão de inconsistências contratuais, uma vez sobrevindo sinistros, sendo que eles de fato acontecem. Não há espaço para amadorismo nessa seara. Inclusive, importante pontuar, a doutrina mais refinada acerca da atuação do Corretor de Seguros na contemporaneidade, propugna pela prestação de serviços de forma a buscar a cobertura mais adequada, com *obrigações de resultado* próprias do contrato de empreitada, ... de execução continuada que não se esgota na proposta de cobertura[14].

2.1. Principais tipos de seguros

Dentro do vasto rol de possibilidades, alguns tipos de seguros se destacam:

- **Seguros Garantia**
Garantia de Licitação – *Bid Bond*
Garantia de Entrega – *Performance Bond*
Garantia de Financiamento – *Completion Bond*

- **Seguros de Responsabilidade Civil**
Riscos Operacionais
RC do Empregador
RC Produtos e Operações Completadas
RC Circulação de Veículos

www.editoraroncarati.com.br – Colunistas – Walter A. Polido – 15.01.2020 – Último acesso em 10.02.2020.| Barragens: *quais os riscos garantidos pelos seguros contratados?* [Parte 1] – *in*: www.editoraroncarati.com.br – Colunistas – Walter Polido, 2017 – Último acesso em 10.02.2020 e na *Revista do Tribunal Regional Federal da Primeira Região, v. 30 n. 1/2* – janeiro/fevereiro, 2018, p. 45-62.

[14] Almeida, J. C. Moitinho. *Contrato de Seguro. Estudos.* Coimbra: Coimbra, 2009, p. 159.

- **Seguros de Riscos de Engenharia**

Obras Civis em Construção
Instalações e Montagens
Quebra da Máquinas

- **Seguros de Propriedades**

Riscos Operacionais – danos patrimoniais em sentido amplo (*"all risks"*)
Riscos Nomeados
Seguros de Transportes – diferentes modais

- **Seguros Ambientais específicos**

Riscos Industriais
Riscos de Infraestrutura

- **Seguro dos Riscos de Gestão de Administradores**

Seguro de Responsabilidade Civil de Diretores e Administradores – *D&O*

- **Seguro de Mudanças do Clima *(weather risks)***
- **Seguro para *Cyber Risks***
- **Seguros de Pessoas**

Acidentes Pessoais e Vida
Saúde
Interrupção Temporária do Trabalho

- **Outros**

2.2. Fontes jurídicas e normativas da obrigatoriedade da contratação dos seguros de infraestrutura

Necessário registrar, desde logo, que a competência original e privativa para determinar a obrigatoriedade de seguros no Brasil é do Congresso Nacional, conforme o disposto na Constituição Federal, artigo 22, inciso VII e parágrafo único. Desse modo, exige-se, minimamente, uma lei federal para legitimar qualquer compulsoriedade neste sentido. O Decreto-Lei nº 73/66, traz no seu artigo 20 os seguros considerados de contratação obrigatória no Brasil.

Vários instrumentos legislativos não federais e também infralegais, por sua vez, determinam a obrigatoriedade da contratação de seguros no país, nem todos eles, todavia, com eficácia comprovada quanto à fiscalização do cumprimento da determinação.

No tocante à infraestrutura, tema objeto da análise empreendida neste texto, alguns normativos podem ser destacados, os quais tratam do tema no país. Dentre eles, a Resolução nº 4.624, de 05.03.2015, da Agência Nacional de Transportes Terrestres – ANTT, do Ministério dos Transportes, Portos e Aviação Civil, a qual regulamenta a contratação e manutenção de seguros pelas Concessionárias de Prestação de Serviços de Transportes Ferroviários de Cargas, associados à Exploração da Infraestrutura. A Deliberação nº 87, de 26.04.2017, da Diretoria Colegiada da mesma ANTT, determina conceitos de gestão de riscos. O PL 1.292/95, que trata de mudanças na Lei de Licitações, já aprovado na

Câmara e aguardando a apreciação do Senado, prevê normas específicas sobre o Seguro Garantia, especialmente quanto ao percentual de garantia em face do valor inicial do contrato[15]. Verdadeiramente, são questões que deveriam permanecer sob o alvedrio das partes celebrantes, sem qualquer *tabelamento* legal, cujo procedimento mais atrapalha do que auxilia no desenvolvimento dos seguros no país. Conveniente trazer nesta discussão pontual a opinião crítica de Francisco Celis, do Chile, no seguinte sentido: *"quanto maiores são as porcentagens que devem ser garantidas nos contratos, maior o desenvolvimento do mercado. Nessa matéria, a América Latina mostra pobreza"*[16]. De todo modo, independentemente do valor segurado, a participação de uma Seguradora na execução do projeto de obra pública, confere a esta maior expectativa de bom resultado, na medida em que ela integrará firmemente a relação e na condição de garantidora da execução e da entrega da obra no prazo. Com este objetivo ela exercerá, durante a execução do projeto, todo o controle possível e representado pela anuência como interveniente no contrato. Terá, ainda, acesso ao canteiro de obras e às auditorias técnicas e contábeis, além da prerrogativa para solicitar esclarecimentos do responsável técnico pela obra ou do fornecedor, entre outras medidas.

As diferentes atividades envolvidas com infraestrutura e suas respectivas entidades reguladoras ou de classe, acabam se envolvendo com a normatização a respeito da contratação de seguros, lamentavelmente nem sempre bem assessoradas tecnicamente para a elaboração das respectivas instruções.

2.3. Seguros Garantia – Riscos de Engenharia – Riscos de Propriedades – Responsabilidade Civil – início e fim das garantias fornecidas pelas respectivas apólices

Aparentemente um elemento de fácil controle e identificação, o início e o fim do contrato de seguro, apesar de as apólices designarem explici-

[15] Art. 96. Nas contratações de obras, serviços e fornecimentos, a garantia poderá ser de: I – até 10% do valor do contrato, nas licitações cujos valores estimados sejam de até R$ 100 milhões de reais; II – até 20% – superiores a R$ 100 milhões. Art. 97 – obras e serviços de engenharia de grande vulto, poderá ser exigida a prestação de garantia, na modalidade seguro-garantia, com percentual equivalente a até 30% do valor inicial do contrato.

[16] Celis, Francisco Artigas. Dos Seguros de Crédito e Garantia no Direito Comparado Latino-Americano. *in*: *Anais do II Fórum de Direito do Seguro do IBDS – "José Sollero Filho"*, São Paulo: IBDS-Roncarati, 2002, p. 296.

tamente a data do início e a data do término da cobertura, nem sempre se mostra pacífico e promove, em determinadas circunstâncias pontuais, alguns desdobramentos. O assunto tem gerado conflitos e por este motivo deu-se a escolha do tema para este texto, verdadeiro corte epistemológico em face de tantas outras possibilidades de abordagens que seriam viáveis em matéria tão extensa como a de seguros. As diferentes interpretações acerca do início e fim das coberturas das apólices têm levado os conflitos às Cortes de Justiça, judicializando as questões, razão maior para analisar e debater o tema em sede doutrinária e de modo mesmo a promover a possível pacificação, tão necessária para a fruição normal dos contratos e das relações securitárias no país.

2.3.1. Seguro Garantia

O Seguro Garantia do Licitante - *Bid Bond* - oferece cobertura para as despesas que o segurado poderá incorrer na hipótese de o licitante ganhador se recusar a assinar o contrato, obrigando-o a realizar nova licitação ou assumir o preço oferecido pelo licitante imediatamente anterior ao ganhador. No Seguro de Garantia para Construção, Fornecimento ou Prestação de Serviços - *Performance Bond*, a garantia da apólice recai sobre a execução e entrega da obra e (ou) do serviço avençado. Ainda pode existir uma terceira garantia a favor da instituição que esteja financiando o projeto - *Completion Bond*. Neste caso, o Tomador é a concessionária e o Segurado o banco (BNDES, por exemplo), sendo que a cobertura se refere à implementação do projeto (muito comum nos de energia), já na sua fase operacional e de modo a garantir a receita para amortizar o financiamento.

(a) Escopo da cobertura: nos termos da Circular Susep nº 477, de 30.09.2013, artigo 4º, define-se[17] "Seguro Garantia: Segurado - Setor

[17] Relevante e necessário destacar que a partir da promulgação da Lei nº 13.874, de 20.09.2019, Declaração de Direitos de Liberdade Econômica, o mercado de seguros nacional readquiriu a prerrogativa para estabelecer as bases contratuais pertinentes a cada ramo de seguro, o que antes passava por processo extremamente conducente pela Superintendência de Seguros Privados - Susep, baseada nas disposições contidas no vetusto Decreto-Lei nº 73/1966, art. 36, "c". Desse modo, as Seguradoras podem e devem resolver as questões contratuais que existiam até a edição da referida lei, saneando todos os problemas. Ver: "Declaração de Direitos de Liberdade Econômica: as novas regras se aplicam ao Mercado de Seguros regulado? Quando terão início as mudanças? O que esperar de 2020?" *in:*

Público – o seguro que objetiva garantir o fiel cumprimento das obrigações assumidas pelo tomador perante o segurado em razão de participação em licitação, em contrato principal pertinente a obras, serviços, inclusive de publicidade, compras, concessões ou permissões no âmbito dos Poderes da União, Estados, do Distrito Federal e dos Municípios, ou ainda as obrigações assumidas em função de: I – processos administrativos; II – processos judiciais, inclusive execuções fiscais; III – parcelamentos administrativos de créditos fiscais, inscritos ou não em dívida ativa; IV – regulamentos administrativos". O parágrafo único do art. 4º, complementa com o seguinte: "encontram-se também garantidos por este seguro os valores devidos ao segurado, tais como multas e indenizações, oriundos do inadimplemento das obrigações assumidas pelo tomador, previstos em legislação específica, para cada caso". Neste tipo de seguro, o Segurado é a Administração Pública ou o Poder Concedente, sendo que o devedor das obrigações assumidas perante o segurado é o Tomador. A Seguradora é a *garante* que triangulariza a operação através da apólice do Seguro Garantia.

(b) Prazo de vigência da cobertura oferecida pela apólice: o mesmo prazo estabelecido no contrato principal, o qual está vinculado à apólice. O contrato de seguro deve conter dispositivos claros sobre a comunicação e registro da eventual "expectativa de sinistro" e também para oficializar o "aviso do sinistro" efetivamente caracterizado. A *expectativa* se refere a fato que pode causar prejuízo ao segurado, sendo que o *sinistro* se caracterizará com a comprovada inadimplência do tomador em relação às obrigações avençadas. A caracterização de uma e outra situação tem gerado muitos conflitos no mercado.

(c) Situações conflituosas: no *Bid Bond* é mais improvável que ocorram conflitos, salvo quando não ficarem claros na apólice o objeto e os limites efetivos da cobertura oferecida. Exemplo: já ocorreu problema pelo fato de o Segurado prever multa no edital de licitação em razão da desistência de qualquer licitante em determinada fase do processo, o qual previa várias etapas. Reclamado o sinistro em relação a determi-

www.editoraroncarati.com.br – Colunistas – Walter Polido – 15 de janeiro de 2020. Último acesso em 10.02.2020.

nados participantes que deixaram o processo no caminho, a Seguradora recusou o pagamento por entender que a cobertura ofertada pela apólice não contemplava a referida parcela de risco, isoladamente. A subscrição e o estabelecimento dos termos e condições de cada apólice constituem procedimentos importantes e requerem a indicação pontual das eventuais especificidades de cada caso, objetivamente. A Seguradora é a profissional do seguro e cabe a ela conhecer a sua atividade, *completamente*, elaborando os contratos de seguros de maneira transparente e objetiva, *não padronizados*, assim como está determinado na ordem consumerista e mesmo no Código Civil, nas relações paritárias; o disposto nos arts. 112, 113, 422 e 423 do CC traduzem perfeitamente este entendimento. O não cumprimento gera, inclusive, responsabilidade civil para o segurador em favor dos segurados. No Seguro *Performance Bond*, por sua vez, as questões conflituosas acontecem e se multiplicam, na medida em que os Segurados acabam comunicando quaisquer fatos às Seguradoras como medida de precaução e sob a condição de "expectativa de sinistro", muitas vezes temendo a incidência da prescrição ou da perda de direito. Usualmente, as Seguradoras preveem no texto da apólice, conforme a determinação[18] contida na Circular Susep nº 477, de 30.09.2013, cláusula específica para as notificações de Expectativas de Sinistros e cláusula para o Aviso de Sinistro efetivo.

(d) Análise: a existência dos dois momentos específicos na Apólice – notificação da "expectativa de sinistro" e o "aviso de sinistro", conforme indicado *retro*, tem gerado mais conflito do que solução. Dependendo do caso, pode acontecer de o prazo de vigência da apólice esgotar e as partes – Tomador e Segurado – não terem chegado a qualquer acordo sobre o contrato.

As questões se multiplicam sobre este tema. Não raras vezes, o Tomador de concessão pública, além do Seguro Garantia empreendido por conta da concessão da qual ele foi adjudicado, contrata outras empresas para a execução das obras/serviços e realiza Seguro Garantia com cada uma delas, sendo que nessa hipótese ele se torna o Segurado e as referidas empresas contratadas as Tomadoras. Esses múltiplos seguros não se relacionam diretamente, mas as avenças objeto das garantias se comuni-

[18] Ver nota 17.

cam, muitas vezes uma dependendo da outra na linha do tempo; o atraso e (ou) o inadimplemento de uma, pode repercutir na execução da(s) outra(s) em cadeia. A gestão dessa peculiar situação, repise-se, bastante comum de acontecer, corre por conta e risco do Tomador da apólice principal, sendo que nas subcontratações ele aparece na condição de Segurado. Importante relembrar que o Tomador tem a prerrogativa de escolher o Corretor de Seguros e a Seguradora, sendo que é ele quem paga o prêmio da apólice. O Segurado, portanto, não é o cliente direto da Seguradora, cabendo a ele, no entanto, apresentar as tais expectativas de sinistros e o aviso do sinistro efetivo, sob pena de perder o direito à indenização se não cumprir essa exigência, prontamente. Constata-se, uma vez sobrevindo situações conflituosas, que o Segurado pode ficar desprotegido no tocante à assessoria técnico-jurídica profissional, uma vez que o Corretor de Seguros não se relaciona, obrigatoriamente, com ele. Ou o Tomador contrata serviços próprios especializados ou assume a gestão dos conflitos, sendo que essa situação tem repercutido, quase sempre, na multiplicação de notificações de "expectativas de sinistros" – em face não só do temor da perda de direito, como também em razão de problemas conceituais existentes nas apólices, cuja redação determina, com vagueza, a obrigação de notificar *"qualquer inadimplência"* do Tomador à Seguradora. As normas da Susep exigem esta formatação e as Seguradoras simplesmente atendem. O Segurado, por sua vez, apesar de a Seguradora não ter sido escolhida por ele, deve se submeter às interpretações que ela fizer sobre cada situação concreta e em relação às providências que ela entender cabível tomar ou não, sendo que todo o ônus recairá sobre ele. A gestão, ou mais precisamente a ausência de gestão profissional nessa triangulação, tem gerado conflitos de toda a ordem. As Seguradoras que operam com Seguros Garantia deveriam dispor de mecanismos de gestão e de modo a facilitarem a resolução das diversas situações que fatalmente ocorrem, sendo que nem sempre este procedimento é observado. Ações judiciais têm se multiplicado nessa área e o Judiciário, muitas vezes, tem se transformado justamente numa espécie de *gestor de conflitos*, sendo que as matérias em demanda, com teor de cunho administrativo, poderiam ter sido solucionadas mediante a disposição de um Comitê de Gestão de Conflitos para as partes interessadas, promovido pela Seguradora. *"Além de uma análise ainda mais acurada do tocante ao risco, a seguradora deverá contar com uma equipe de engenheiros especia-*

lizados, própria ou terceirizada, capazes de fazer um acompanhamento ostensivo das obras, avaliando os cronogramas físicos e financeiros, bem como adotando medidas efetivas e constantes, com a finalidade de mitigar riscos, minimizar perdas, bem como otimizar, ao máximo, a retomada das obras e/ou serviços em caso de sinistros"[19]. Não há dúvida, também, de que a Mediação e a Arbitragem, com cláusula cheia prevista nas apólices, constituiriam meios alternativos para a resolução da maioria dos conflitos que acometem os Seguros Garantia, com presteza e especialização, além do fato de que poderiam propiciar o desafogamento da justiça estatal. O Comitê de Gestão de Conflitos, citado *retro*, deveria equalizar, também, possíveis questões inter-relacionadas, assim como na hipótese de o Tomador que subcontratou e se tornou Segurado em face das empresas que ele escolheu. Quando ele precisasse tomar determinada medida mitigadora, mormente de natureza onerosa, recorreria ao Comitê, sendo que a medida poderia evitar a materialização de um sinistro efetivo e não só na apólice individualizada que ele obrigou a subcontratada firmar, mas também e, principalmente, em relação à apólice primordial, a da concessão que ele contratou por determinação do Poder Concedente.

Há, no âmbito do Seguro Garantia, até mesmo questão relacionada à natureza jurídica do contrato e a ponto de descaracterizar determinada situação contida no Código Civil, assim como as "despesas de contenção e salvamento de sinistros", conforme preceituadas nos artigos 771, § único e 779. Na medida em que as *despesas de contenção* estão situadas na Seção II, Do Seguro de Dano, no Capítulo XV do CC, conforme o disposto no art. 779, determinadas Seguradoras nacionais excluem, taxativamente, a cobertura para este tipo de situação e sob a alegação de que o Seguro Garantia não é um Seguro de Dano. Essa discussão, contudo, se o Garantia é seguro ou fiança, constitui algo já superado pela doutrina há muito tempo. Comparato tratou deste tema alhures e apresentou doutrina emblemática a respeito, irretocável até hoje: *"o contratante da garantia não é o credor, mas sim o devedor. A companhia seguradora intervém ao lado deste face ao credor"*[20]. Poletto colmatou o entendimento

[19] Melo, Roque de Holanda. Seguro Garantia e a necessidade de aumento dos percentuais de garantias para contratos públicos. *In: Revista Jurídica de Seguros nº 7.* Rio de Janeiro: CNSeg, 2017, p. 135.

[20] Comparato, Fábio Konder. *O Seguro de Crédito.* São Paulo: RT, 1968, p. 99.

afirmando que *"em detrimento das fontes do direito, sejam nacionais ou estrangeiras, entende-se que a relação jurídica do Seguro Garantia visa externar uma garantia, possui forma de operação de seguro, uma vez que estão presentes alguns dos elementos comuns à instituição"*[21]. Exsurge, diante dessa doutrina, a obrigação de as Seguradoras observarem, *estritamente*, as normas previstas no Capítulo XV do CC, sem exceção. Aos Corretores de Seguros, conforme o disposto no art. 723 do CC, com destaque para o parágrafo único, a obrigação de buscarem o melhor produto de seguro no mercado para os Tomadores, verificando possíveis restrições que não se coadunem com a realidade e os negócios a serem avençados. Determinada medida de contenção de sinistro pode representar a diferença entre a materialização efetiva ou não do sinistro no tocante à inadimplência do contrato principal e, certamente, esta situação não deveria estar taxativamente excluída do alcance da apólice, de pronto. O risco do seguro *compreenderá ...*, na dicção do artigo 779 do CC, também aquelas despesas empreendidas para evitar o sinistro diante de fato relevante e não constitui prerrogativa da Seguradora aceitar ou não a norma cogente, imperativa.

São situações de ordem prática e que retratam um cenário complexo, mas com mecanismos exequíveis para a solução delas, cuja ausência na promoção e no atendimento pronto, têm gerado as indesejadas e sempre onerosas ações judiciais. Na preleção da colombiana Rebeca Díaz, acertadamente, *"o que se entende por sinistro no seguro de cumprimento é uma série de trâmites, documentos e procedimentos jurídicos mais do que a materialização real do risco segurado, portanto, os termos de prescrição e caducidade das ações são um total emaranhado de elaborações jurídicas, mais que o reconhecimento fático de um prejuízo sofrido por um contratante"*[22].

Para finalizar essa explanação simplificada do tema, tem ocorrido também a situação de o Segurado do setor público que avisa a Seguradora do sinistro ou da mera expectativa e, concomitantemente, inclui o Tomador no CADIN[23], gerando toda a sorte de consequências, inclusive

[21] POLETTO, Gladimir Adriani. *O Seguro Garantia em busca de sua natureza jurídica.* Rio de Janeiro: Funenseg, 2003, p. 83.

[22] DÍAZ, Rebeca Herrera. El seguro de cumplimiento en Colombia y su deber ser. *in*: *Estudios sobre Derecho de Seguros.* SOTOMONTE S. Saúl. CORREDOR, Tatiana Gaona. Editores. Bogotá: Universidad Externado de Colombia, 2018, p. 165.

[23] CADIN – Cadastro Informativo dos Créditos não Quitados do Setor Público

em relação ao processo administrativo e (ou) à petição de *exceção de pré-executividade*, visando a suspensão dos efeitos dessa medida drástica, em curto espaço de tempo. Os grandes projetos de concessão que estão em andamento no país precisam dispor de regras e de procedimentos mais objetivos, céleres e eficazes, de modo também a justificarem a contratação dos Seguros Garantia como condição efetiva de tranquilidade e segurança econômico-financeira para as partes celebrantes.

2.3.2. Seguro Riscos de Engenharia

(a) Escopo da cobertura: conforme a Circular Susep nº 540, de 14.10.2016, "entende-se por cobertura básica de obras civis em construção e/ou instalações e montagens aquela que garante o interesse legítimo do segurado contra acidentes, de origem súbita e imprevista, com exceção dos riscos excluídos especificados na apólice, que resultem em prejuízos materiais tantos às obras expressamente descritas na apólice e aos materiais a serem utilizados na construção, durante o período da obra, como também às máquinas, equipamentos, estruturas metálicas e a outros bens instalados e/ou montados de forma permanente, durante a fase de instalação e/ou montagem destes bens".

(b) Prazo de vigência da cobertura oferecida pela apólice: a cobertura para Obras Civis em Construção[24] inicia-se após a descarga do material segurado no canteiro da obra especificado na apólice, respeitando-se o inicio de vigência nela estipulado, e cessa concomitantemente ao término de vigência da apólice, ou durante a sua vigência assim que se verifique a primeira das seguintes hipóteses: I – a obra civil tenha sido aceita, mesmo que provisoriamente, pelo proprietário da obra, ainda que de forma parcial; II – a obra civil e/ou os equipamentos previstos no art. 1º sejam colocados em uso ou operação, ainda que de forma parcial ou em apoio à execução do projeto segurado; III – tenha sido efetuada a transmissão de propriedade do objeto segurado; IV – termine, de qualquer modo, a responsabilidade do segurado sobre o objeto segurado; V – assim que o prazo se esgote, definido no cronograma de eventos submetido à seguradora, pertinente ao conjunto de atividades envolvendo o objeto segurado.

[24] Ver nota 17.

A cobertura de Instalações e Montagens[25] inicia-se logo após a descarga dos bens no local da instalação/montagem, especificado na apólice, respeitando-se o início de vigência nela estipulado, e cessa concomitantemente ao término de vigência da apólice, ou durante a sua vigência assim que se verifique a primeira das seguintes hipóteses, garantido, ainda, o período relativo aos testes de funcionamento: I – o objeto da instalação e montagem e/ou as obras civis previstas no art. 1º tenham sido aceitos, mesmo que provisoriamente, pelo proprietário da obra, ainda que de forma parcial; II – o objeto da instalação e montagem seja colocado em uso ou operação, ainda que de forma parcial ou em apoio à execução do projeto segurado; III – tenha sido efetuada a transmissão de propriedade do objeto segurado; IV – termine, de qualquer modo, a responsabilidade do segurado sobre o objeto segurado; V – assim que o prazo se esgote, definido no cronograma de eventos submetido à seguradora, pertinente ao conjunto de atividades envolvendo o objeto segurado. O período relativo aos testes de funcionamento deverá ser fixado na apólice e ser englobado em seu prazo de vigência. O prazo mínimo para o período de testes é de 15 dias. Poderá ser prevista cobertura adicional que amplie o prazo de cobertura para o período de testes.

(c) Situações conflituosas: os sinistros que acometem as apólices de Riscos de Engenharia usualmente são complexos e envolvem quantias vultosas em relação aos danos patrimoniais reclamados. As grandes obras movimentam o mercado de seguros direto, assim como os resseguradores internacionais em face dos valores envolvidos. Comumente relacionados a sinistros com aspectos técnicos intrincados e dentro de especificidades inerentes a cada tipo de obra e (ou) maquinário envolvido, nos mercados de seguros dos países desenvolvidos os desacertos são submetidos à Arbitragem, diferentemente do que ocorre no Brasil, cujo mercado ainda é avesso a este mecanismo alternativo para a solução de conflitos. Na nova onda de concessões na qual o país se situa e considerando-se ainda que a legislação acerca da arbitragem evoluiu também para o setor público, muito provavelmente o cenário antes encontrado no mercado nacional poderá ser modificado neste aspecto, sendo que as partes poderão eleger o procedimento arbitral com maior grau de importância.

[25] Ver nota 17.

Dentre as diferentes situações conflituosas que poderiam ser abordadas neste texto, foram eleitas algumas apenas e de modo a serem comentadas e ficarem dentro do limite de espaço deste capítulo: (i) a questão da incidência ou não da teoria do *dano progressivo* na apólice de Riscos de Engenharia; (ii) a obrigação de a Seguradora vistoriar e acompanhar a evolução do projeto em execução; (iii) a abrangência contida no termo "interesse segurado". Extremamente dificultoso sumarizar os temas, embora imperioso por conta da limitação de espaço para o texto, todos eles se mostram bastante complexos.

(d) Análise: (i) buscando não perder a clareza, apesar da necessária redação resumida, a teoria que embasa o *dano progressivo* tem como núcleo a constatação de que o *fato gerador* se dá *durante* o prazo de vigência da apólice, mas os seus efeitos somente se manifestam *após* a extinção do contrato de seguro, portanto, eles são revelados fora do prazo de vigência da apólice. O dano progressivo se alinha à ideia de *vício oculto* e, no Seguro Riscos de Engenharia, aos denominados *vícios estruturais de construção*. Embora não diretamente relacionado ao seguro de Riscos de Engenharia, no Recurso Especial nº 1.717.112-RN (Recorrente: José Garcia Sobrinho e outros; Recorrido: Federal de Seguros S.A.), do Superior Tribunal de Justiça, houve substancial exposição do tema em razão da análise e decisão proferida sobre determinada ação envolvendo o Seguro Habitacional. Os imóveis, anos após a quitação do financiamento, apresentaram problemas estruturais, os quais foram reclamados sob a alegação de que havia ameaça de desmoronamento. Evocado o Enunciado 14 do Conselho de Justiça Federal, no voto-vista do ministro Paulo de Tarso Sanseverino, no mesmo julgamento do mencionado REsp, o *princípio da actio nata* sustentou em grande parte a decisão do magistrado, o qual deu provimento ao recurso nos termos do voto da relatora: *"Enunciado 14 [art. 189] – 1) O início do prazo prescricional ocorre com o surgimento da pretensão, que decorre da exigibilidade do direito subjetivo; 2) O art. 189 diz respeito a casos em que a pretensão nasce imediatamente após a violação do direito absoluto ou da obrigação de não fazer"*. Impende a seguinte observação a respeito do caso julgado, sem olvidar as doutas considerações e justificativas encontradas nos votos dos ministros do STJ, de que o seguro pelo simples fato de possuir caráter social ou relevante interesse social, assim como pode ser estabelecido no caso em apreço relativo ao Seguro Habitacional, não significa, necessariamente, que os termos e condições da apólice podem ser relativizados a ponto de se tornarem nulos, assim como ocorreu na referida decisão. Sem pretender entrar no mérito sobre o fato de as condições contratuais da apólice estarem ou não redigidas em conformidade com a clareza necessária e, aceitando desde logo, que se de fato não estivessem esta situação configuraria elemento suficiente para a responsabilização da Seguradora, quer de ordem consumerista, quer civilista, imperioso estabelecer e reconhecer os limites do contrato de seguro. O Seguro Habitacional, de fato, não foi e não está estruturado para suportar a garantia automática dos chamados danos progressivos, supervenientes à entrega da obra. Ele não foi, inclusive, precificado com base nesta perspectiva de cobertura. Então, a interpretação *a fortiori* não foi adequada neste caso, com a vênia devida, mesmo porque há seguro específico que poderia garantir este tipo de risco, o chamado Seguro Decenal[26], muito comum nos países de língua francesa, mas não no Brasil. Nessa mesma linha, pretender que todo e qualquer tipo de seguro garanta os "danos progressivos", não representa algo exequível sob a ótica da boa técnica que subjaz ao seguro, cuja linha condutora está voltada para a predeterminação dos riscos cobertos, estatisticamente apreciados, quantificados e precificados. *De lege lata*, o Código Civil, precisamente o disposto no artigo 757, não acolhe este tipo de extensão automática, na medida em que ele prevê a garantia do interesse legítimo do segurado contra riscos *predeterminados*. Por outro lado, *de lege ferenda*, o disposto no art. 73 do PLC nº 29/2017[27], uma vez mantido com este teor e promulgado em lei, terá o condão de modificar completamente o entendimento aqui expresso, criando um novo olhar

[26] *Decennial Insurance* ou *Latent Defects Insurance* – o nome deriva do fato de as legislações dos países determinarem o prazo de dez anos para a garantia da obra e não cinco como são no Brasil, conforme o art. 618, do Código Civil. A apólice concede cobertura por dez anos, não rescindível, relativa a danos sofridos pela construção decorrentes de defeitos latentes, assim considerados as falhas de desenho ou projeto, bem como os defeitos de materiais de construção, os quais não puderam ser descobertos até o prazo de conclusão da obra, tendo sido entregue ao seu proprietário. *in*: Polido, Walter A. *Seguros de Responsabilidade Civil: manual prático e teórico*. Curitiba: Juruá, 2013, p. 817.

[27] Art. 73. A Seguradora responde, nos termos da lei e do contrato, pelos efeitos do sinistro ocorrido ou cuja ocorrência tiver início na vigência do contrato, ainda que se manifestem ou perdurem após o término desta. [Projeto de Lei da Câmara nº 29/ 2017, dispõe sobre normas de seguro privado]

sobre a técnica dos seguros no Brasil e que deverá refletir, necessariamente, na precificação dos seguros e podendo colocar o mercado nacional num patamar assimétrico em face dos demais países, na medida em que desconhece-se a prescrição desse mesmo tipo de entendimento e norma nos ordenamentos de seguros estrangeiros. As operações de resseguro, por sua vez, são de índole internacional, sendo que as práticas e os conceitos aplicáveis aos seguros, apesar de multiformes, têm um gene comum, de modo a não criarem barreiras nas relações diante de eventuais idiossincrasias sobre situações que são comuns a todos. O fato de o mercado de seguros nacional não ter alcançado ainda o grau máximo de desenvolvimento e excelência nos serviços prestados, não significa afirmar que regras devem ser criadas ou aplicadas de modo a preencherem as lacunas e impondo responsabilidades desmedidas às Seguradoras, a qualquer preço, em detrimento das boas práticas que podem e devem ser alcançadas. Os danos progressivos, portanto, constituem matéria de difícil solução e não devem, por isso, ser objeto de enquadramento sistêmico e sem o acompanhamento da técnica atuarial subjacente e necessária, em todos os tipos de seguros. No Seguro de Riscos de Engenharia a discussão desse tema é de relevante importância, na medida em que ela reflete a problemática aqui resumida: *o anacronismo das bases contratuais ainda praticadas na quase totalidade dos casos pelo mercado de seguros nacional, em desalinho com os procedimentos internacionais.* Grande parte da situação em conflito pode ser resolvida mediante a atualização dos procedimentos e isso deverá ser enfrentado pelo mercado diante do incremento das concessões, as quais repercutirão em muitos negócios para o segmento de engenharia. Neste aspecto tão específico, não será o Judiciário quem poderá apresentar a solução para os problemas e nem mesmo o Legislativo. A solução repousa no próprio mercado de seguros, *exclusivamente,* sendo que todos os *players* conhecem a exata medida das mudanças que eles devem empreender, urgentemente.

O REsp 1.739.071-SP – DJe 03/05/2019 (Recorrente: Cia. De Habitação Popular de Bauru; Recorrido: Celso Todescato. Agravante: Caixa Seguradora S.A.), trata do mesmo tema, enfatizando na decisão: *"no caso de vícios construtivos, o fato gerador da pretensão (e termo inicial do prazo prescricional) é o momento da ciência inequívoca dos danos à estrutura do imóvel, os quais, em regra, ocorrem de maneira progressiva/sucessiva/gradual, dando azo a inúmeros sinistros que, seguidamente, renovam a pretensão do beneficiário do seguro. Desse modo, considera-se deflagrado o prazo prescricional apenas no momento em que, comunicado o fato à seguradora, esta se recusa a indenizar"*. Na decisão proferida através do Pedido de Tutela Provisória nº 1.657-MT – DJe 27/08.2018 (Requerente: São Tadeu Energética S.A.; Requerido: Royal & SunAlliance Seguros S.A.), importante destacar o entendimento a seguir, extremamente relevante no estudo do tema prazo de cobertura da apólice Riscos de Engenharia: *"estando expresso na Apólice de Seguro de Riscos Engenharia que uma das coberturas especiais se referia aos danos decorrentes de erro de projeto (e não o projeto em si), para fins de identificação da vigência da apólice deve ser considerada a data em que foram verificados os danos, e não o momento de elaboração do projeto viciado. Se a vigência da apólice (inclusive o endosso de prorrogação) já havia expirado quando ocorreu o evento danoso, não é devida indenização securitária, sobretudo se não demonstrada a existência de nova prorrogação, expressa ou tácita, tampouco o pagamento do prêmio correspondente"*. Em sede prescricional e ainda no tocante à pretensão de indenização por prejuízos decorrentes de vícios do imóvel, necessário conhecer e examinar o REsp 1.721.694/SP, DJe 05/09/2019.

Os Seguros de Riscos de Engenharia seguem padrões estruturais estabelecidos internacionalmente, não sendo exclusividade do Brasil a comercialização deste importante instrumento de garantia e tampouco pode ser incentivada a criação de mecanismos que não correspondam à práxis mundial. Na prática subjacente ao ramo, o início e o término de cobertura são estabelecidos com base nos projetos em execução, considerando-se, também, que este ramo é composto, na grande maioria dos casos, por riscos não renováveis, salvo em relação ao Seguro Quebra de Máquinas. Ainda que o seguro tenha por objetivo tornar o segurado indene, ou seja, permitir que ele não absorva as consequências financeiras negativas em razão dos danos materiais cobertos e supervenientes durante a execução das obras e (ou) das instalações ou montagens e também com o *"principal interesse dirigido à continuação e término das obras"*[28], há limites nesses conceitos e não haveria como ser diferente no seguro. Para Tzirulnik, *"uma falha no serviço de classificação de material feito durante as sondagens poderá ensejar a ruptura da obra, depois de anos, durante a fase de testes, e mesmo depois, durante o chamado período de manutenção e garantia"*[29].

[28] SCHNABEL, Willfried. *Introducción al Seguro de Obras Civiles [CAR] nº 3*. Colônia-Alemanha: Publicaciones de da Kölnische Rück, 1985-1989, p. 5.

[29] TZIRULNIK, Ernesto. *Seguro de Riscos de Engenharia: instrumento de desenvolvimento*. São Paulo: Roncarati, 2015, p. 160.

As Seguradoras conhecem, analisam, delimitam e precificam os riscos a elas ofertados, estabelecendo *termos e condições* para cada apólice emitida e, conforme a prática internacional, nenhum tipo de contrato de seguro de Riscos de Engenharia apresentaria conceito ilimitado e de modo a garantir possíveis reclamações *futuras* com perspectiva temporal indefinida. Nenhum ramo de seguro, inclusive, opera desta forma e mesmo aqueles voltados essencialmente para o fenômeno da *latência prolongada – long-term exposure*[30], assim como os de responsabilidade civil e os seguros ambientais, apresentam mecanismos limitadores da responsabilidade da Seguradora, *temporais* (prescrição em apólices à base de ocorrência; prazo suplementar para reclamações de terceiros contra o segurado, para apólices à base de reclamações – *claims made*), além de *valor* ou *quantidade* (limite máximo de responsabilidade para sinistros em série). A concessão de garantias *"unlimited"*, ainda que relacionadas ao tempo e não a valor, são obstaculizadas pelas bases constitutivas dos seguros nos mercados internacionais e não poderia ser diferente também no Brasil, sob a regência das mesmas justificativas técnicas e atuariais.

Quadro-resumo dos Seguros de Riscos de Engenharia:

I – Seguro de Obras Civis em Construção (OCC)	**Observações**
(a) Danos acontecidos e conhecidos/reclamados até a entrega da obra (b) Cobertura Adicional de Extensão de Garantia *(Extended Maintenance Cover)* – usualmente de até mais 24 meses de prazo, contados da emissão do PAQC (*Provisional Acceptance Certificate* – Certificado de Aceitação Provisória)	**I** – Nos países com mercados de seguros maduros, a estrutura da apólice para OCC usualmente é oferecida e contratada com as duas situações previstas na coluna ao lado: (a) e (b). Através deste modelo e procedimento de subscrição, a questão dos "danos gradativos" se relativiza consideravelmente. No Brasil, por sua vez, a Cobertura Adicional (b) não é comercializada de forma sistemática, razão pela qual a questão se sobressai muito mais.

[30] Período temporal entre o fato gerador e o aparecimento efetivo do dano.

II – Seguro de Instalação ou Montagem (a) Danos acontecidos e conhecidos/reclamados até a entrega do trabalho (b) Cobertura Adicional de Testes – prazo de duração/cobertura convencionado em meses	Importante destacar, neste tópico, que as eventuais consequências do erro de projeto e também de defeito de material, entre outros ocorridos durante a fase de construção da obra, poderão se materializar até o final do prazo da cobertura (b). **II** – Os mercados internacionais e o brasileiro utilizam praticamente os mesmos procedimentos quanto à determinação do início e fim das coberturas oferecidas por este seguro.
III – Seguro de Quebra (ou Ruptura) de Máquinas (a) Danos acontecidos e reclamados durante a vigência da apólice	**III** – Esta modalidade faz parte do ramo Riscos de Engenharia nos mercados internacionais. No Brasil, quando ela é oferecida e com multiformes modelos – *mais ou menos abrangentes*, fica alocada no ramo Seguros de Propriedades e sob a condição de Cobertura Adicional. Necessário ressaltar que esta cobertura prevê, nos riscos cobertos, também a garantia de indenização dos prejuízos provenientes de erro de projeto ou de defeito de material. Diante desse conceito de cobertura, a questão dos danos progressivos, no Seguro Quebra de Máquinas, fica praticamente neutralizada.

O mercado de seguros brasileiro precisa se atualizar em relação à oferta de coberturas do ramo Riscos de Engenharia, buscando se equiparar ao padrão encontrado nos países desenvolvidos. Para os novos riscos de concessões que se avizinham, as bases atualmente comercializadas, na sua grande maioria, não se mostram adequadas e também em face da evolução jurisprudencial encontrada, a qual não acolherá os conceitos estanques encontrados nos clausulados vigentes.

(ii) No REsp 1.791.564-SP – DJe 27/02/2019 (Recorrente: Bradesco Seguros S.A.; Recorrido: Gersino Batista de Souza), também em pauta os vícios de construção no Seguro Habitacional, destaca-se o seguinte:

"o autor pagou pelo seguro e não participou da construção, sendo que a seguradora incumbida de verificar, realizar exames prévios da obra e sua execução, para a correção de eventuais defeitos comprometedores da sua solidez e segurança ficou inerte. Assim, devida a indenização securitária no presente caso...". **Comentário:** desnecessária qualquer narrativa extensiva ao quanto foi decidido. Não há dúvida de que há obrigação da Seguradora em vistoriar e acompanhar a execução dos projetos que envolvem a construção civil, sob pena de, não o fazendo, assumir riscos que poderiam ser evitados. Em sede dos Seguros de Riscos de Engenharia essa obrigação é igualmente necessária, sendo incontroversa.

(iii) Através do REsp 1.613.589-SP – DJe 18/12/2017 (Recorrente: UTC Engenharia S.A.; Recorridos: SATMA Sul América Participações S.A. e IRB-Brasil Resseguros S.A.), importantes e relevantes conceitos acerca da apólice do Seguro de Riscos de Engenharia podem ser extraídos: *"o termo em inglês traduzido como "Propriedade Segurada" teria, como seu equivalente no ordenamento jurídico brasileiro, o termo "Interesse segurado". No entanto, não é obrigatório que, nos contratos de seguro contra danos, em todas as hipóteses, o "interesse segurado" deve abranger bens tangíveis e intangíveis ou que a "Propriedade Segurada" deva, necessariamente, também cobrir aqueles interesses não corpóreos, a despeito do que estiver disposto na apólice. A noção de interesse segurado pode ser ampliada para que o contrato de seguro possa desempenhar corretamente sua função nas mais diferentes situações. Contudo, não obriga que todos os contratos de seguro, ao mencionar interesse segurado, passem a cobrir além daquilo que o instrumento contratual expressamente previu"*. **Comentário:** este tema enseja um capítulo inteiro. De forma resumida, temos que o objeto do seguro, na contemporaneidade, recai sobre o *interesse* que o individuo tem sobre a coisa, mas não determina que este entendimento não comporte limites. A operação de seguro, em qualquer parte do mundo, traz com ela princípios norteadores e a delimitação dos riscos garantidos pela apólice é um deles. *"O segurador calcula, assim, o montante 'atuarial" do prêmio, correspondente à esperança de perda do risco coberto..."*[31]. Não há como ser diferente e a operação se respalda na estatística dos números, previsíveis. As apólices contêm riscos cobertos e riscos excluídos, sendo que "o interesse segurado não interfere nesse

[31] CHIAPPORI, Pierre-André. *Risco e Seguro*. Lisboa: Instituto Piaget, 1997, p. 60.

dispositivo, alargando ou diminuindo a sua abrangência, pois que não é esta a inteligência, a utilidade que se tem sobre a expressão contida no CC/2002"[32]. A questão objeto da decisão contida no REsp 1.613.589-SP passa por outras vertentes, igualmente importantes, mais precisamente na nomenclatura técnico-jurídica empregada nos contratos de seguros, nem sempre conforme ao pensamento atual do Direito, na medida em que determinados termos e respectivos conceitos foram construídos em outra época, muitas vezes voltados ao patrimonialismo e ao individualismo da vontade contratual amplamente apreciados no final do século XIX e trazidos para o Código Civil de 1916, fonte de inspiração para grande parte do material técnico e da doutrina produzidos no mercado de seguros brasileiro.

Para finalizar este tópico dos Seguros de Riscos de Engenharia, mais três pontos precisam ser destacados: (i) como premissa para a análise de qualquer conflito que se apresente, necessário observar quais foram as bases de coberturas solicitadas pelo proponente do seguro e as coberturas efetivamente oferecidas pela Seguradora. Com base nessa verificação, importante situar se porventura o objeto da demanda, em princípio, poderia ter sido resolvido no âmbito de coberturas que embora tenham sido oferecidas pela Seguradora, deixaram de ser contratadas pelo Segurado; (ii) parte representativa dos conflitos que surgem neste ramo poderia ser perfeitamente solucionada através da Arbitragem, até porque ficam circunscritas à discussão da causa do dano, sendo que a busca desse elemento-base se relaciona à técnica de engenharia; (iii) assim como já foi indicado para o Seguro Garantia, é urgente a necessidade de as Seguradoras nacionais criarem serviços de vistorias e acompanhamentos de obras para os Seguros de Riscos de Engenharia, cuja medida de gestão tem a prerrogativa de evitar muitas das situações que acabam gerando conflitos futuros.

2.3.3. Seguro de Propriedades

(a) Escopo da cobertura: o seguro para os interesses referentes aos bens e (ou) as instalações nas quais e através das quais o empresário desenvolve as suas atividades, pode e deve ser contratado com o maior leque possível de coberturas e, preferencialmente, através do modelo

[32] Polido, Walter A. *Contrato de Seguro: novos paradigmas*. São Paulo: Roncarati, 2010, p. 111.

"all risks" (todos os riscos), o qual determina que estarão garantidos todos os riscos, exceto aqueles expressamente excluídos na apólice. Este seguro é conhecido por Riscos Operacionais. Outro modelo, menos indicado para riscos complexos, é o de Riscos Nomeados, cuja estrutura é bem mais clássica e conservadora, sendo que a apólice nomina os riscos cobertos, taxativamente. Não estando previsto nominalmente na apólice, o risco não estará coberto em nenhuma hipótese. O primeiro modelo é menos utilizado no Brasil, sendo que os Riscos Nomeados prevalecem e acabam criando conflitos que seriam desnecessários, na medida em que a apólice contempla um emaranhado de condições gerais, condições especiais e condições particulares, cujo cipoal está longe de transmitir objetividade e transparência absoluta ao contrato de seguro. Os riscos de infraestrutura representados por rodovias, ferrovias, empresas de gás, entre outros não conseguem ser devidamente contemplados através desse modelo conservador, sendo que os Corretores de Seguros e mesmo os grupos empresariais devem exigir a aplicação sistemática do modelo Riscos Operacionais, cuja simplificação do clausulado transmite, inclusive, maior segurança jurídica aos segurados.

(b) Prazo de vigência da cobertura oferecida pela apólice: usualmente o prazo de cobertura é de um ano, renovável. Para a cobertura de Lucros Cessantes e (ou) de Lucros Esperados, usualmente adicional ao seguro de propriedades, a apólice estipula um prazo indenitário (em meses), que será considerado uma vez sobrevindo sinistro de danos materiais cobertos pela apólice, repercutindo em lucros cessantes para o segurado naquele determinado período.

(c) Situações conflituosas: na área dos seguros de propriedades, a incidência de problemas quanto ao início e fim de cada apólice e de modo a enquadrar os sinistros reclamados não apresenta situações relevantes e nem mesmo haveria motivo para tanto. A materialização dos riscos cobertos nos seguros de propriedades (incêndio, raio, explosão, vendaval, colapso, desmoronamento, inundação, vazamento, deterioração, contaminação, outros de causa externa) se mostra de forma muito mais evidente e pronta, tão logo ocorre o evento garantido pela apólice. Portanto, em relação a este tipo de seguro, as questões que criam conflitos estão muito mais relacionadas aos aspectos pré-contratuais e informacionais sobre os riscos, assim como durante a execução do contrato de seguro em relação a eventuais modificações que podem gerar agravamento dos riscos, manifestamente diante da omissão do Segurado e (ou) do Corretor de Seguros.

2.3.4. Seguro de Responsabilidade Civil

(a) Escopo da cobertura: o Seguro de RC para Empresas Concessionárias de Serviços de Interesse Público oferece garantia de indenidade ao Segurado em face da obrigação que for atribuída a ele de indenizar terceiros que sofrerem danos patrimoniais e danos pessoais em razão das atividades empresariais por ele realizadas.

(b) Prazo de vigência da cobertura oferecida pela apólice: usualmente, as apólices são contratadas na base de ocorrências, ou seja, elas garantem os sinistros ocorridos e reclamados *durante* a sua vigência, embora eles também possam ser reclamados futuramente conforme os prazos prescricionais legais previstos no ordenamento. As apólices RC são comumente emitidas com o prazo anual de cobertura.

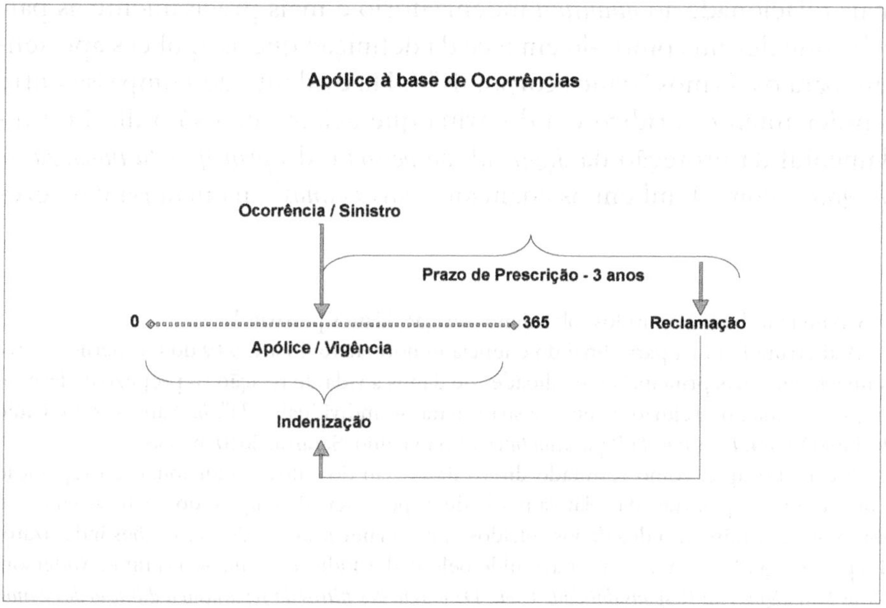

Fonte: Polido, Walter A. *Seguros de Responsabilidade Civil – manual prático e teórico.* Curitiba: Juruá, 2013, p. 431.

(c) Situações conflituosas: basicamente inexistem problemas relacionados aos prazos de reclamações dos sinistros, salvo naquelas hipóteses nas quais o Segurado deixou de cumprir a obrigação de informar, tão logo tomou conhecimento da ocorrência de qualquer fato que pudesse gerar responsabilidade futura para a Seguradora. Em determinadas atividades concessionadas, rodovias por exemplo, a incidência de fatos que podem gerar responsabilidade civil ao segurado costuma ser volumosa e, por este motivo, o controle ou propriamente a gestão do fluxo de informações a ser apresentado à Seguradora, grande parte sequer gerando um sinistro futuro efetivamente caracterizado pela cobertura da apólice, precisa estar alinhada objetivamente na apólice, de modo a não gerar conflitos entre as partes. Em determinadas situações pontuais de riscos dentro de uma apólice de Seguro RC, assim como em RC Empregador, cuja cobertura garante a indenização prevista na Constituição Federal, art. 7º, XXVIII - em razão de culpa do empregador, pode ocorrer de a lesão corporal se tornar evidenciada apenas algum tempo depois do acidente sofrido pelo empregado, sendo que a cobertura estará mantida, uma vez comprovado o fato gerador ocorrido durante a vigência da apólice. As questões jurídicas que se apresentam nessa área está muito mais relacionada ao *quantum* indenizatório e mais precisamente às parcelas que devem compô-lo em face da definição que as apólices apresentam para os termos "danos corporais"[33]. Há evidente descompasso entre o ordenamento jurídico e a doutrina que aclama não só o direito fundamental da proteção da *dignidade da pessoa* e do *princípio da indenização integral*[34], como também os chamados *novos danos*[35], na maioria das vezes

[33] Seriam mais bem garantidos sob a denominação "danos pessoais".

[34] "A abertura feita na parte final do enunciado normativo do art. 949 do CC permite o reconhecimento das principais modalidades de danos à vida de relação (o prejuízo de lazer; o prejuízo sexual; o prejuízo juvenil) e sua reparação individualizada". *in*: Sanseverino, Paulo de Tarso Vieira. *Princípio da Reparação Integral*. São Paulo: Saraiva, 2010, p. 338.

[35] "É evidente que, como resultado direto da erosão dos filtros tradicionais da reparação – ou, em outras palavras, da relativa perda de importância da culpa e do nexo causal como óbices ao ressarcimento dos danos sofridos –, um maior número de pretensões indenizatórias passou, gradativamente, a ser acolhido pelo Poder Judiciário". *in*: Schreiber, Anderson. *Novos Paradigmas da Responsabilidade Civil. Da erosão dos filtros da reparação à diluição dos danos.* 6ª ed. São Paulo: Atlas, 2015, p. 83. | Borges, Gustavo. Maia, Maurílio Casas. (orgs.) *Novos danos na pós-modernidade*. Belo Horizonte: D'Plácido, 2020.

preteridos[36], mesmo em sede judicial, quando da composição da indenização devida: dano existencial, dano psíquico, prejuízo ao projeto de vida[37], dano sexual, dano futuro[38], etc.[39] *"A vida humana é inestimável"*, na lição de Porter[40]. No repositório jurisprudencial nacional, não tem sido raro os magistrados acolherem teses anacrônicas, assim como a do *"enriquecimento sem causa ou ilícito"* diminuindo, consideravelmente, o *quantum* indenizatório das vítimas e com base também na última remuneração recebida e como se a pessoa pudesse, de fato, ser apreciada *apenas* sob o viés laboral. *"A avaliação do dano corporal começou por ser uma ferramenta do Direito do Trabalho que conheceu grande desenvolvimento com o progresso industrial"*[41]. A concepção do homem, mais precisamente da pessoa sob o viés *patrimonialista* e *liberal*, não pode mais encontrar respaldo jurisprudencial, doutrinário e legal no Brasil, na forma acentuada como ocorre. Para finalizar, os clausulados utilizados atualmente pelo mercado de seguros nacional para os riscos de RC Concessões e provenientes da padronização efetivada pela Circular Susep-437/2012, são arcaicos e extremamente desajustados aos efetivos interesses seguráveis e precisam, portanto, passar por processo de revisão integral, cabendo a cada

[36] Sobre a *pessoa temporal*, Sessarego ensina com maestria e refinada doutrina: *"no podemos definirla de antemano, ni de una vez y para siempre, en cuanto es un constante proyectar. El pasado sólo la condiciona, como un trampolín para lanzarse desde el presente hacia el futuro". in*: Sessarego, Carlos Fernández. *Derecho y Persona*. 5ª ed. Buenos Aires: Astrea, 2015, p. 31.

[37] "Necessária a modificação da difusão doutrinária, até então modestíssima no Brasil, da terminologia dos "danos à pessoa" como categoria maior e primordial para o regime jurídico dos danos compensáveis". *in*: Portugal, Carlos Giovani Pinto. *Responsabilidade Civil por Dano ao Projeto de Vida*. Curitiba: Juruá, 2016, p. 119.

[38] Bastante difundido na União Europeia e também nos EUA em razão da indenização de danos pessoais decorrentes de acidentes de veículos, acidentes do trabalho e outras situações, representado pelas despesas decorrentes do agravamento da lesão sofrida pela vítima e impondo novos tipos de tratamento médico-hospitalar, alteração da medicação, troca de próteses e afins.

[39] Contrato de Seguro de Responsabilidade Civil Empregador e a Lei nº 13.467, de 13.07.2017 (reforma trabalhista). O *"quantum debeatur"* referente aos Danos Corporais (Pessoais) e os procedimentos utilizados no Mercado Segurador Nacional – *ensaio conceitual e crítico*. Polido, Walter A. *in: Revista de Direito Privado n. 91*. Ano 19. julho 2018, São Paulo – RT, p. 101-164.

[40] Porter, Eduardo. *O Preço de Todas as Coisas. Por que pagamos o que pagamos*. Rio de Janeiro: Objetiva, 2011, p. 44.

[41] Gaspar, Cátia Marisa. Ramalho, Maria Manuela. *A Valoração do Dano Corporal*. Coimbra: Almedina, 2012, p. 7.

Seguradora interessada no setor, elaborar os respectivos, sem a ingerência do Estado, assim como preconiza a Lei nº 13.874/2019 (da liberdade econômica)[42].

Conclusões

A limitação de espaço não permitiu tratar de todos os temas inerentes a este texto de maneira exaustiva. Outras situações pertinentes às datas de início e fim dos contratos de seguros têm movimentado o mercado de seguros nacional, assim como no Seguro D&O. Este, com volume acentuado de demandas judiciais em face de impropriedades e (ou) vaguezas conceituais encontradas nos clausulados, se envolve com situações de coberturas relativas às despesas de defesa dos diretores segurados diante de situações que resvalam no dolo, mas sem que tenha havido sentença condenatória. Além disso, as apólices que deveriam ser à base de reclamações pura, acabam misturando conceitos provenientes de outros segmentos de seguros de riscos profissionais, assim como o de *Medical Malpractice*[43], cujo modelo é híbrido de reclamações mais notificações de fatos, e que não se adequa perfeitamente ao seguro D&O[44].

Há, também, a questão do *risco ambiental*, mal alocado no contexto de uma apólice clássica do Seguro de Responsabilidade Civil, a qual não consegue acolher a grandiosidade inerente ao conceito de meio ambiente. Atualmente, o risco já dispõe de cobertura através de ramo específico e apólice isolada, com real abrangência para as exposições encontradas, inclusive com cobertura efetiva não só para terceiros, mas também para danos ecológicos que evolvem direitos difusos, além de garantir o próprio segurado em relação às despesas com a limpeza dos locais de sua propriedade que foram afetados por uma condição de

[42] Seguro de Responsabilidade Civil de Empresas Concessionárias de Serviços de Interesse Público (energia elétrica, gás, saneamento básico, telecomunicações, ferrovias, estradas e pontes) – *Estágio atual dos clausulados nacionais – in:* www.editoraroncarati.com.br – Colunistas – Walter Polido. Último acesso em 10.02.2020.

[43] Seguro de RC Profissional, com cobertura para as consequências de erros e omissões das práticas do pessoal da saúde.

[44] Apólice de Reclamações com Notificações – conceito e aplicação. *Os triggers das apólices RC, E&O, D&O e Ambiental* – www.editoraroncarati.com.br – Colunistas – Walter A. Polido. Último acesso em 10.02.2020.

poluição ambiental[45]. Nessa seara dos riscos ambientais pode ser contratada, ainda, a apólice do Seguro Garantia em relação ao Termo de Ajustamento de Conduta – TAC, na hipótese de o Tomador ser obrigado a descontaminar área já contaminada[46].

A nova onda de privatizações e concessões na qual o Brasil se situa, pode representar ao mercado de seguros um movimento expressivo de avanço tecnológico e de desenvolvimento, se ele for aproveitado como deve. Dificilmente o mercado poderá permanecer alheio ao movimento, na medida em que as exigências por garantias representadas pelos diferentes seguros, incluindo a capacidade de resseguro, serão requeridas e não poderão ser recepcionadas pelos padrões atuais de atuação. Os modelos de apólices, *necessariamente*, deverão ser reformulados. O movimento, tudo faz crer, não respeitará a burocracia estagnante, sequer a procrastinação no atendimento pronto. Oportunidade ímpar para o mercado de seguros amadurecer, profissionalizando-se de fato, rumo ao desenvolvimento já encontrado em outros países e que passaram por movimentos semelhantes em outras épocas. Sem isso, prosperará o aparecimento de outros tipos de reivindicações, assim como o *da abertura integral do mercado*, de modo a permitir que as empresas contratem os seus seguros em outros países, atingindo plenamente o atendimento dos seus interesses seguráveis. O mercado de seguros nacional não pode, portanto, ignorar a onda pós-modernizadora na qual o Brasil já se encontra.

Referências

Almeida, J. C. Moitinho. *Contrato de Seguro. Estudos*. Coimbra: Coimbra, 2009.

Andrade Júnior, Luiz Carlos Vilas Boas. *Responsabilidade Civil e Proteção Jurídica da Confiança: a tutela da confiança como vetor de solução de conflitos na responsabilidade civil*. Curitiba: Juruá, 2016.

Borges, Gustavo. Maia, Maurílio Casas. (orgs) *Novos danos na pós-modernidade*. Belo Horizonte: D'Plácido, 2020.

[45] Polido, Walter. *Programa de Seguros de Riscos Ambientais no Brasil: estágio de desenvolvimento atual*. 4ª ed. Rio de Janeiro: ENS, 2019.

[46] Seguro Garantia para o TAC e Seguro Garantia para Dano Ambiental. *in*: Polido, Walter. *Programa de Seguros de Riscos Ambientais no Brasil: estágio de desenvolvimento atual*. Op. cit., p. 221-239.

Calmeiro, Ana Serra. *Das Cláusulas Abusivas no Contrato de Seguro*. Coimbra: Almedina, 2014.

Celis, Francisco Artigas. Dos Seguros de Crédito e Garantia no Direito Comparado Latino-Americano. *in: Anais do II Fórum de Direito do Seguro do IBDS – "José Sollero Filho"*, São Paulo: IBDS-Roncarati, 2002.

Chiappori, Pierre-André. *Risco e Seguro*. Lisboa: Instituto Piaget, 1997.

Díaz, Rebeca Herrera. El seguro de cumplimiento en Colombia y su deber ser. *in: Estudios sobre Derecho de Seguros*. Sotomonte S. Saúl. Corredor, Tatiana Gaona. Editores. Bogotá: Universidad Externado de Colombia, 2018

Frada, Manuel António de Castro Portugal Carneiro da. *Teoria da Confiança e Responsabilidade Civil*. Coimbra: Almedina, 2016.

Gaspar, Cátia Marisa. Ramalho, Maria Manuela. *A Valoração do Dano Corporal*. Coimbra: Almedina, 2012.

Gomes, Orlando. *Obrigações*. 8ª ed. Rio de Janeiro: Forense, 1986.

Martins-Costa, Judith. *A Boa-Fé no Direito Privado: critérios para a sua aplicação*. São Paulo: Marcial Pons, 2015.

Melo, Roque de Holanda. Seguro Garantia e a necessidade de aumento dos percentuais de garantias para contratos públicos. *in: Revista Jurídica de Seguros nº 7*. Rio de Janeiro: CNSeg, 2017.

Muñoz, Jesús Jimeno. *La Responsabilidad Civil en el Ámbito de los Ciberriesgos*. Madrid: Fundación Mapfre, 2017.

Poletto, Gladimir Adriani. *O Seguro Garantia em busca de sua natureza jurídica*. Rio de Janeiro: Funenseg, 2003.

Polido, Walter A. Contrato de Seguro de Responsabilidade Civil Empregador e a Lei nº 13.467, de 13.07.2017 (reforma trabalhista). O *"quantum debeatur"* referente aos Danos Corporais (Pessoais) e os procedimentos utilizados no Mercado Segurador Nacional – *ensaio conceitual e crítico. in: Revista de Direito Privado n. 91*. Ano 19. julho 2018, São Paulo – RT, p. 101-164.

Polido, Walter A. Contrato de Seguro: a efetividade do seguro ambiental na composição de danos que afetam direitos difusos. *in: Revista de Direito Ambiental n. 45*. janeiro-março 2007. São Paulo: RT e, com atualização, publicado na *Revista do Tribunal Regional Federal da Primeira Região. v. 28. n. 11/12. novembro-dezembro 2016*.

Polido, Walter A. *Contrato de Seguro: novos paradigmas*. São Paulo: Roncarati, 2010.

Polido, Walter A. *Programa de Seguros de Riscos Ambientais no Brasil: estágio de desenvolvimento atual*. 4ª ed. Rio de Janeiro: ENS, 2019.

Polido, Walter A. *Seguros de Responsabilidade Civil: manual prático e teórico*. Curitiba: Juruá, 2013.

Polido, Walter A. Villas Bôas, Regina Vera. O contrato atípico de resseguro e as discussões contemporâneas sobre a sua natureza jurídica, fontes jurídicas que o fundamentam e função social exercida: garantia do efetivo equilíbrio do mercado segurador e do resseguro. *in: Revista de Direito Privado – RDPriv n. 61-* Ano 16 – janeiro-março 2015, p. 193-230 – São Paulo: RT.

POLIDO, Walter. Barragens: *quais os riscos garantidos pelos seguros contratados?* [Parte 1] – *In*: Revista do Tribunal Regional Federal da Primeira Região, v. 30 n. 1/2 – janeiro/fevereiro, 2018, p. 45-62.

Porter, Eduardo. *O Preço de Todas as Coisas. Por que pagamos o que pagamos.* Rio de Janeiro: Objetiva, 2011.

PORTUGAL, Carlos Giovani Pinto. *Responsabilidade Civil por Dano ao Projeto de Vida.* Curitiba: Juruá, 2016.

SANSEVERINO, Paulo de Tarso Vieira. *Princípio da Reparação Integral.* São Paulo: Saraiva, 2010.

SCHNABEL, Willfried. *Introducción al Seguro de Obras Civiles [CAR] nº 3.* Colônia-Alemanha: Publicaciones de da Kölnische Rück, 1985-1989.

SCHREIBER, Anderson. *Novos Paradigmas da Responsabilidade Civil. Da erosão dos filtros da reparação à diluição dos danos.* 6ª ed. São Paulo: Atlas, 2015.

SESSAREGO, Carlos Fernández. *Derecho y Persona.* 5ª ed. Buenos Aires: Astrea, 2015.

TZIRULNIK, Ernesto. CAVALCANTI, Flávio de Queiroz B. PIMENTEL, Ayrton. *O Contrato de Seguro de acordo com o Código Civil Brasileiro.* 3ª ed. São Paulo: Roncarati, 2016.

TZIRULNIK, Ernesto. *Seguro de Riscos de Engenharia: instrumento de desenvolvimento.* São Paulo: Roncarati, 2015.

14. O Projeto Para a Nova Lei de Licitações e o Seguro Garantia Para Obras de Grande Vulto

André Tavares

Introdução

Ante o advento da Lei nº 8.666/93, o seguro garantia difundiu-se como o principal meio de seguridade a garantir contratos e obrigações contraídas por particulares perante a Administração Pública. Nos últimos anos, contudo, o Brasil experimentou uma crise sem precedentes nos mais diversos setores da economia, notadamente na área de infraestrutura.[1] Essa realidade significou o descumprimento de compromissos assumidos por um sem-número de atores do cenário econômico nacional.

[1] "O Brasil teve uma década perdida no quesito **infraestrutura,** mas um ganho de três posições nesse pilar do ranking de competitividade do Fórum Econômico Mundial, verificada do ano passado para cá, mostra uma possível reversão de cenário.
A conclusão é do projeto Infra2038, que avalia anualmente as condições do país na área, e tem como meta que o Brasil figure entre os 20 melhores do mundo no pilar infraestrutura até 2038 – o que exige um salto de 58 posições.
Para isso, seria necessário aumentar o estoque de infraestrutura do Brasil de 36% para 51,9% do Produto Interno Bruto (PIB), o que exigiria investimentos na ordem de 3,55% do PIB ao ano ao longo das próximas duas décadas.". Disponível em: https://exame.abril.com.br/economia/apos-decada-perdida-para-infraestrutura-brasil-ensaia-retorno-a-corrida/

"Para manter e modernizar portos, aeroportos e rodovias, o Brasil precisa de R$ 162 bilhões a mais do que investe atualmente – o que significa mais que dobrar o valor atual.

Mesmo diante da galopante sinistralidade do produto, não se podiam esperar ou facilmente prever alguns dos problemas que o seguro garantia apresentaria no momento em que acionado para assegurar o cumprimento das obrigações a ele relacionadas. A feição eminentemente financeira desse instrumento fidejussório – convergente à sua finalidade indenitária –, muitas das vezes, tornou dificultosas as liquidações dos débitos e o recebimento, pela Administração Pública, dos valores objeto das garantias contratadas para as obras públicas e serviços prestados mediante a celebração de contratos administrativos.

No campo das alterações legislativas, polarizam-se as opiniões acerca do melhor modelo a ser adotado. Parcela dos especialistas defende a manutenção do produto com poucas mudanças, relativamente às características as quais se encontra hoje estruturado – retendo-se, por exemplo, maior percentual de risco pelo mercado segurador (propondo-se o percentual de até 30% sobre o montante total do legítimo interesse garantido).

O conceito que deverá prevalecer, especificamente para garantir a execução das obras de grande vulto, aproxima-se do modelo norte-americano do *surety*. Isso significa que o segurador fiscalizará e intervirá na obra, retomando-a em caso de inadimplemento do construtor, responsabilizando-se pelo término da empreitada, especialmente quando o objeto garantido se referir às chamadas contratações de segurados públicos (Circular SUSEP 477/13, Ramo nº 0075, Modalidade II).

Atualmente, discute-se a proposta segundo a qual a retomada e a entrega da obra sinistrada, pelo segurador, impor-se-ão preferenciais, inclusive, ao pagamento em dinheiro da indenização estipulada na apólice. Ressalte-se que essa será uma alteração drástica ao formato hoje comumente praticado pelo mercado segurador.

Neste ano, os investimentos públicos e privados em projetos de infraestrutura devem representar 1,87% do Produto Interno Bruto (ou R$ 133 bilhões). O ideal, no entanto, é que esse percentual subisse a 4,15% do PIB (R$ 295 bilhões), indica um levantamento da consultoria Inter.B.
Os cálculos da consultoria consideram uma estimativa de PIB de R$ 7,12 trilhões em 2019 (em 2018, o PIB ficou em R$ 6,8 trilhões em valores nominais). Segundo a pesquisa, apenas se os aportes superarem o patamar de 4% do PIB durante os próximos 20 anos, o país terá condições de garantir a manutenção e a ampliação da infraestrutura.". Disponível em: https://g1.globo.com/economia/noticia/2019/09/17/investimento-em-infraestrutura-no-brasil-precisa-mais-que-dobrar-aponta-estudo.ghtml

Sem sombra de dúvida, o debate mostra-se relevante e urgente. De certo modo, o desenvolvimento da política de infraestrutura brasileira atrela-se à necessidade de uma garantia eficaz à sua plena consecução. O caminho trilhado pelo legislador cresce em importância no que se refere à escolha do meio de seguridade adequado a garantir as obras de grande vulto. Existem vantagens e desvantagens na preponderância de qualquer das estruturas técnico-jurídicas em exame. Não se negue que a indefinição do legislador quanto ao modelo de garantia a ser futuramente utilizado pela Administração Pública nos contratos de substanciosa monta e complexidade contribui à estagnação do segmento.

1. Garantia a Contratos Públicos

Como se sabe, os contratos administrativos apresentam diversas peculiaridades que fogem à disciplina geral dos contratos, materializadas em normas cogentes ou dispositivas, e definidas, em grande parte, no Código Civil brasileiro. Por isso, essas regras encontram tratamento em preceitos especiais de direito público e, de forma sistematizada, pela Lei nº 8.666, de 21 de junho de 1993.

Entre outros aspectos específicos do conjunto normativo pertinente, pode-se mencionar a existência, nos contratos administrativos, de cláusulas que conferem à Administração Pública poderes em detrimento de sua contraparte particular. Tais cláusulas são denominadas cláusulas exorbitantes.[2]

No entanto, muito embora se reconheça que a Administração Pública tem inúmeras prerrogativas em desfavor dos particulares, a aplicação das aludidas regras contratuais – dentre elas a execução das garantias eventualmente prestadas –[3] dependerá, necessariamente, de um processo

[2] Nas palavras do professor Lucas Rocha Furtado "[u]*ma vez firmado o acordo, em nome da supremacia do interesse público são conferidas à Administração Pública prerrogativas que lhe colocam em patamar diferenciado, de superioridade em face do particular que com ela contrata. Essa supremacia irá manifestar-se por meio de determinadas cláusulas contratuais denominadas 'cláusulas exorbitantes'. Essa terminologia decorre do simples fato de que elas conferem poderes exorbitantes à Administração contratante em face do particular contratado*" (Furtado, Lucas Rocha, *Curso de Direito Administrativo*, 3ª ed., revisada, ampliada e atualizada, Belo Horizonte: Fórum, 2012 – grifou-se)

[3] Lei nº 8.987/1995:

"Art. 23. São cláusulas essenciais do contrato de concessão as relativas:

(...)

administrativo com vistas à apuração de sua efetiva ocorrência (CF. art. 5º, LV c/c Lei nº 9.784/99).[4]

Parágrafo único. Os contratos relativos à concessão de serviço público precedido da execução de obra pública deverão, adicionalmente:
(...)
II – exigir garantia do fiel cumprimento, pela concessionária, das obrigações relativas às obras vinculadas à concessão"

[4] "ADMINISTRATIVO. EXECUÇÃO DE GARANTIA CONTRATUAL. PROCESSO ADEQUADO. TUTELA DE CONHECIMENTO PRÉVIA PARA AFERIR-SE O AN DEBEATUR E O QUANTUM DEBEATUR. EXCEÇÃO DE PRÉ-EXECUTIVIDADE. O SEGURO-GARANTIA PRESTADO POR OCASIÃO DA LICITAÇÃO NÃO É TÍTULO EXECUTIVO EXTRAJUDICIAL.
1. É assente que a 'lei enuncia em numerus clausus os títulos extrajudiciais constantes da relação do artigo 585 do CPC. A enumeração exaustiva decorre do fato de que os mencionados títulos autorizam a prática de atos de soberania e de enérgica invasão na esfera jurídico-patrimonial do devedor, razão pela qual não podem os particulares produzirem, de acordo com a vontade individual, uma fonte de atos autoritário-judiciais' (Luiz Fux, *in* Curso de Direito Processual Civil, Forense, 2001)
2. Tratando-se de apólice de seguro-garantia a Companhia Seguradora 'obriga-se a completar à sua custa a obra, o serviço ou o fornecimento, de acordo com as especificações do contrato, ou a pagar à Administração o necessário para que esta transfira a terceiros a conclusão ou a realize diretamente. O que o performance bond garante é a integral execução do contrato segurado, pelos meios e modos que as circunstâncias exigirem, quer pela realização substitutiva, in specie, pela seguradora, quer pelo pagamento do custo restante à Administração, para que esta recontrate ou conclua por seus próprios órgãos o que o contratado originário deixou inacabado.' (Hely Lopes Meirelles, in "Licitação e Contrato Administrativo p. 210/211)
3. Isto porque 'verificada a rescisão, a Administração tem o dever de definir o montante das perdas e danos sofridas. Para tanto, deverá promover procedimento administrativo, respeitando os princípios já referidos e detalhados do contraditório e da ampla defesa. Uma vez apurado o valor da dívida, seu montante deverá ser exigido do particular que poderá pagar espontaneamente ou não. (...) Quando se tratar da Administração Direta e de autarquia, incidirá o regime jurídico da Lei n.º 6.830. O crédito será caracterizável como fazendário e sua exigência poderá fazer-se através de processo de execução. Mas será necessário o cumprimento dos requisitos legais ali previstos. O título executivo será a certidão de dívida ativa, e não a decisão administrativa que rescindiu o contrato. Quando se tratar das outras entidades da Administração Indireta, o regime jurídico será o comum. A entidade deverá, por isso, promover processo de conhecimento, através do qual obterá título executivo. Apenas após deter o título executivo é que poderá desencadear a execução. (...)' (Marçal Justen Filho, in "Comentários à Lei de Licitações e Contratos Administrativos", p. 557/558)
4. Consectariamente, a exegese do art. 80, inciso III, da Lei n. 8.666/93 implica concluir que a expressão 'execução da garantia contratual' significa sua 'efetivação', via exigibilidade judicial cognitiva. Deveras, a natureza de título executivo não se infere, mas, antes, se afere dos

Quanto a isso, a doutrina entende, de forma remansosa, que "[a] aplicação de penalidades contratuais, garantidos defesa prévia e o procedimento legal (Constituição Federal, art. 5º, LV), é medida autoexecutória de que se vale a Administração quando verifica a inadimplência do contratado na realização do objeto do contrato, no atendimento dos prazos ou no cumprimento de qualquer outra obrigação a seu cargo" (MEIRELLES, Hely Lopes, *Licitação e Contrato Administrativo*, 12ª ed., São Paulo: Malheiros, 1999, p. 209).

A Lei nº 8.666/93, quando tratou especificamente da rescisão dos contratos públicos por culpa do particular, previu as respectivas consequências, nas hipóteses em que tal rescisão decorra de ato unilateral da Administração. Com efeito, o art. 80 do diploma estabelece o seguinte:

> "Art. 80. A rescisão de que trata o inciso I do artigo anterior acarreta as seguintes conseqüências, sem prejuízo das sanções previstas nesta Lei:
> I – assunção imediata do objeto do contrato, no estado e local em que se encontrar, por ato próprio da Administração;
> II – ocupação e utilização do local, instalações, equipamentos, material e pessoal empregados na execução do contrato, necessários à sua continuidade, na forma do inciso V do art. 58 desta Lei;
> III – execução da garantia contratual, para ressarcimento da Administração, e dos valores das multas e indenizações a ela devidos;
> IV – retenção dos créditos decorrentes do contrato até o limite dos prejuízos causados à Administração."

O inciso III do aludido comando normativo diferencia a pena de execução da garantia contratual – indicando que ela deverá ocorrer "para

termos inequívocos da lei, máxime porque, as referidas cártulas são fontes de atos de soberania estatal, como sói ser o processo autoritário-judicial de execução.
5. Excepcionalmente, constando da garantia, a quantia líquida e certa devida, admite-se a sua executividade, fato inocorrente in casu.
6. Outrossim, os limites desses atos de autoridade, consubstanciados em meios de coerção e sub-rogação dependem da extensão do crédito, sua certeza, liquidez e exigibilidade. Consequentemente, perdas e danos não são passíveis de execução sem antes serem fixados o an debeatur e o quantum debeatur, à luz dos cânones do due process of law.
7. Decisão assentada em jurisprudência e doutrina processual e administrativa dominantes.
8. Recurso especial parcialmente conhecido e, nesta parte, provido." (REsp. nº 476.450/RJ, 1ª Turma, Rel. Min. LUIZ FUX, j. 18.11.03, DJ 19.12.03, p. 329)

ressarcimento da Administração" – dos valores devidos a título de multa ou outros tipos de indenização. Ressalte-se, por oportuno, que a lei distingue claramente as figuras jurídicas de "multa" e "indenização", de modo que, para a aplicação de penalidade ao administrado, em ambos os casos, faz-se necessária a observância a processo administrativo válido e regular:

> "O sancionamento ao particular dependerá, então, da comprovação da existência de uma infração eivada de reprovabilidade, cuja ponderação traduzir-se-á na imposição da sanção adequada. A atividade de identificação da ilicitude e da ponderação da sanção adequada deverá traduzir-se num processo administrativo, conduzido sob a mais perfeita imparcialidade." (Justen Filho, Marçal, *Comentários à Lei de Licitações e Contratos Administrativos*, 15ª ed., São Paulo: Dialética, 2012, p. 1.018)

Outrossim, a Lei nº 8.666/93, em diversos de seus dispositivos, discorreu acerca dos poderes conferidos à Administração Pública, merecendo destaque, para a presente análise, as regras contidas em seus arts. 56 e 58.[5]

O art. 56 da Lei nº 8666/93 prevê que "... a critério da autoridade competente, em cada caso, e desde que prevista no instrumento convocatório, poderá ser exigida prestação de garantia nas contratações de obras, serviços e compras",[6] sendo que o §1º da regra declara que o particular poderá optar, dentre os tipos de garantia elencados na norma, pelo seguro garantia, ao passo que o art. 58 estabelece, no seu inciso IV,

[5] Lei nº 11.079/2004:
"Art. 5º As cláusulas dos contratos de parceria público-privada atenderão ao disposto no art. 23 da Lei nº 8.987, de 13 de fevereiro de 1995, no que couber, devendo também prever:
(...)
VIII – a prestação, pelo parceiro privado, de garantias de execução suficientes e compatíveis com os ônus e riscos envolvidos, observados os limites dos §§ 3º e 5º do art. 56 da Lei nº 8.666, de 21 de junho de 1993, e, no que se refere às concessões patrocinadas, o disposto no inciso XV do art. 18 da Lei nº 8.987, de 13 de fevereiro de 1995; (...)".

[6] "CONTRATO ADMINISTRATIVO – Seguro-garantia contratado pela executora das obras – Garantia que abarca todas as obrigações assumidas pela garantida em cada contrato que celebrou com a Administração – Art. 56, § 1º, II, da Lei 8.666/93 – Recurso da seguradora não provido." (Apel.Cív. 453.220-5/1-00, 10ª Câmara de Dir. Público, Des. Reinaldo Miluzzi, j. 22.6.09).

a prerrogativa da Administração Pública de "... aplicar sanções motivadas pela inexecução total ou parcial do ajuste":

> "O seguro-garantia consiste em contrato firmado entre o particular contratado e instituição seguradora, pelo qual esta última compromete-se a arcar com o risco de eventos danosos, relativos à inexecução da prestação devido à Administração Pública. Constará como beneficiária a pessoa integrante da Administração, cabendo ao particular o pagamento do prêmio do seguro. Por ocasião da elaboração da Lei nº 8666, houve grande discussão em torno do seguro-garantia. A figura estava prevista no Dec.-lei nº 2.300, mas não apresentava maior relevância prática. No contexto da redação da Lei nº 8.666, porém, o seguro-garantia poderia produzir reflexos muito sensíveis e graves. Daí o veto presidencial à sua adoção. Como dito acima, a Lei nº 8.883, ao modificar o §1º do art. 56, retornou à sistemática do Dec.-lei nº 2.300. O seguro-garantia passou a ter grande relevo, na medida em que seu custo passou a ser menor do que o das demais modalidades previstas no elenco do art. 56.
> (...)
> 5) A garantia para Contratações de Grande Vulto
> Admite-se que a garantia seja exigida em montante de até 10 por cento sobre o valor do contrato em situações especiais, nas quais as peculiaridades do contrato produzirem uma ampliação do risco de insucesso. A exigência de garantia proporcionalmente mais elevado deverá constar do texto do edital, após ser aprovada pela autoridade competente, fundamentada em manifestação técnica. Portanto, deve haver comprovação não apenas lógica da ampliação do risco. A Lei impõe a demonstração com dados cientifico objetivos das causas que acarretam a exigência da ampliação da garantia". (Justen Filho, Marçal, *Comentários à Lei de Licitações e Contratos Administrativos*, 10ª ed., São Paulo: Dialética, 2004, p. 489)

Ou seja, se por um lado, a Administração Pública pode exigir a prestação de uma garantia pelo licitante vencedor, por outro, ela pode aplicar sanções em virtude do inadimplemento total ou parcial do contrato.[7] Assim, "... tratando-se de apólice de seguro garantia, a companhia segu-

[7] Lei nº 11.079/2004:
"Art. 8º As obrigações pecuniárias contraídas pela Administração Pública em contrato de parceria público-privada poderão ser garantidas mediante:

radora obriga-se a completar à sua custa a obra, o serviço ou o fornecimento, de acordo com as especificações do contrato, ou pagar à Administração o necessário para que esta transfira a terceiros a conclusão ou a realize diretamente. O que o *performance bond* garante é a integral execução do contrato segurado, por meios e modos que as circunstâncias exigirem, quer pela realização substitutiva, *in specie*, pela seguradora, quer pelo pagamento do custo restante à Administração, para que esta recontrate ou conclua os próprios órgãos o que o contratado originário deixou inacabado" (MEIRELLES, Hely Lopes, *Licitação e contrato administrativo*, São Paulo: Malheiros, 2009, p. 210/211).

Ressalte-se, no contexto, que o seguro garantia nos contratos de grande vulto, celebrados com a Administração Pública (Ramo SUSEP nº 0775), estrutura-se necessariamente em infra-seguro, considerando-se que a lei determina que o custo global da empreitada será garantido em até 10%.[8]

Interpretando-se conjuntamente as regras até então referidas, pode-se afirmar que, além de ser necessário um procedimento administrativo prévio para a imposição de sanções em desfavor do particular, a execução das garantias contratadas ocorrerá, na forma da lei, com vistas ao "ressarcimento da Administração", tornando-se imprescindível, via de consequência, que sejam apurados os respectivos valores passíveis de ressarcimento, impedindo-se o enriquecimento sem causa da Administração Pública.

I – vinculação de receitas, observado o disposto no inciso IV do art. 167 da Constituição Federal;
II – instituição ou utilização de fundos especiais previstos em lei;
III – contratação de seguro-garantia com as companhias seguradoras que não sejam controladas pelo Poder Público;
IV – garantia prestada por organismos internacionais ou instituições financeiras que não sejam controladas pelo Poder Público;
V – garantias prestadas por fundo garantidor ou empresa estatal criada para essa finalidade;
VI – outros mecanismos admitidos em lei.
Parágrafo único. (VETADO). (Incluído pela Lei nº 13.043, de 2014) Vigência".

[8] Art. 56, §3º, da Lei nº 8.666/93: *"Para obras, serviços e fornecimentos de grande vulto envolvendo alta complexidade técnica e riscos financeiros consideráveis, demonstrados através de parecer tecnicamente aprovado pela autoridade competente, o limite de garantia previsto no parágrafo anterior poderá ser elevado para até dez por cento do valor do contrato."*

2. Seguro garantia no Brasil

A doutrina especializada conceitua que "... o seguro garantia de obrigações contratuais equipara-se a um operação eminentemente creditícia, exerce a função do crédito, uma vez que o negócio de base é feito unicamente porque se supõe que o risco econômico representado pelo devedor foi avaliado e aceito por uma companhia de seguros" (Buranello, Renato Macedo, *Do contrato de seguros: o seguro garantia de obrigações contratuais*, São Paulo: Quarter Latin, 2006).

No Brasil, a matriz técnica do seguro garantia vincula-se, inexoravelmente, ao negócio jurídico de seguro (Código Civil, art. 757 e ss.). Na medida em que subsumido à natureza jurídica de seguro, o seguro garantia se enquadra na categoria de seguro de dano. Esse reconhecimento afigura-se essencial. Observar-se-á, em qualquer modalidade de seguro garantia, o princípio indenitário (Código Civil, art. 781). Segundo esse princípio, o recebimento da verba indenizatória condiciona-se ao deslinde do procedimento de regulação e de liquidação de sinistro. Como em um contrato de seguro típico, portanto, a indenização somente será paga quando definida a cobertura e apurado o prejuízo.

A doutrina acerca dessa espécie de seguro "... cataloga la indemnización como de 'resarcimiento' para el assegurado o de 'penalidad' para el tomador de la obligación incumplida. El seguro de caución, según prescribe el legislador, há de cobrir 'los danos patromoniales sofridos'" (Grau, Juan Bataller; Chiner, Nuria Lotorre e Iglesia, Jesús Olavarría, *Derecho de los Seguros Privados*, Madrid: Marcial Pons, 2007, p. 253).

No plano eminentemente operacional, o seguro garantia, no Brasil, estabelece-se sob a forma de primeiro risco absoluto (Circular SUSEP nº 477/13, art. 9º). Essa modalidade subscreve o pagamento da totalidade da importância segurada (IS) quando a liquidação do evento coberto resultar em soma equivalente ou superior ao teto indenizatório. Em sinistros de monta inferior, o segurado será plenamente indenizado; ambas as hipóteses acarretam na extinção do contrato de seguro.

Frise-se que o segurador, nos termos da lei e das normas infralegais que regulam a sua atividade, pode se desonerar do seu dever de recompor o prejuízo do segurado mediante o pagamento da indenização em dinheiro ou por meio de reposição da coisa (Código Civil, art. 252 c/c art. 776 c/c Circular SUSEP nº 477/2013, Ramo 0775, Modalidade II, art. 13). O adimplemento do segurador, consubstanciado em obrigação de natureza alternativa, possibilita-lhe exercer a preferência pela retomada do legítimo interesse garantido, de forma executória aproximada ao *surety*; concluir-se-ão as obras por terceiro escolhido pelo segurador. A reposição da coisa – hoje contemplada na lei civil – afigura-se, na verdade, modo impróprio de *step-in*.

Em muitos ordenamentos jurídicos, incluído o brasileiro, o seguro garantia coliga-se ao instrumento contratual que se dispõe a garantir. Nesse sentido, "... os contratos, embora mantenham a individualidade, encontram-se ligados, mercê da vontade das partes, por um nexo funcional que se reflecte sobre a sua disciplina. Essa dependência configura-se de várias formas" (COSTA, Mario Júlio de Almeida, *Direito das Obrigações*, 12ª ed., Coimbra: Almedina, 2013, p. 378).

A funcionalidade mantida entre os contratos coligados, de caráter primordial, reflete-se em diversas espécies de garantias fidejussórias. No caso do seguro garantia, materializa-se no clausulado da apólice, impondo à garantia do seguro o destino que advier ao contrato principal[9]. Configurado o inadimplemento culposo do tomador, torna-se exigível a indenização. Afastada a responsabilidade do tomador, conclui-se por inviável a pretensão de recebimento da garantia pelo segurado.

3. Regramento

Constata-se que seguro garantia foi amplamente disseminado no ambiente público, de modo a garantir uma enorme gama de contratos administrativos e de obras públicas, inclusive as de grande vulto:

[9] "COMPETÊNCIA INTERNACIONAL. CONTRATO DE CONVERSÃO DE NAVIO PETROLEIRO EM UNIDADE FLUTUANTE. GARANTIA REPRESENTADA POR 'PERFOMANCE BOND' EMITIDO POR EMPRESAS ESTRANGEIRAS. CARÁTER ACESSÓRIO DESTE ÚLTIMO. JURISDIÇÃO DO TRIBUNAL BRASILEIRO EM FACE DA DENOMINADA COMPETÊNCIA CONCORRENTE (ART. 88, INC. II, DO CPC).

– O 'Performance bond' emitido pelas empresas garantidoras é acessório em relação ao contrato de execução de serviços para a adaptação de navio petroleiro em unidade flutuante de tratamento, armazenamento e escoamento de óleo e gás.

– Caso em que empresas as garantes se sujeitam à jurisdição brasileira, nos termos do disposto no art. 88, inc. II, do CPC, pois no Brasil é que deveria ser cumprida a obrigação principal. Competência internacional concorrente da autoridade judiciária brasileira, que não é suscetível de ser arredada pela vontade das partes.

(...)

Recurso especial não conhecido, prejudicada a medida cautelar." (REsp. nº 251.438/RJ, 4ª Turma, Rel. Min. BARROS MONTEIRO, DJ 02.10.00)

> "Atualmente, o seguro-garantia vem merecendo grande preferência por parte dos licitantes. A razão é evidente. O custo do seguro-garantia pode ser incorporado ao preço cobrado da Administração. Já as demais garantias cogitadas pela Lei não podem ser direta e imediatamente "precificadas". Logo, o custo econômico do seguro-garantia é reembolsado ao licitante, o que não ocorreu com as demais formas de garantias previstas." (JUSTEN FILHO, MARÇAL, *Comentários à Lei de Licitações e Contratos Administrativos*, 10ª ed., São Paulo: Dialética, 2004, p. 102)

Saliente-se que a própria Lei nº 8.666/93 previu que a execução das garantias pela Administração Pública, nos casos de rescisão motivada, tem como escopo o seu ressarcimento, em obediência à lógica do princípio indenitário. Como visto, o art. 80 desse diploma legal determinou que a rescisão motivada pode acarretar, dentre outras sanções, "... a execução da garantia contratual, para ressarcimento da Administração, e dos valores das multas e indenizações a ela devidos"[10].

Fez-se necessária, assim, a edição de um regramento específico, de índole infralegal, a regulamentar eficientemente as disposições da Lei nº 8.666/93 e a consolidar algumas diretrizes mínimas para a contratação de apólices de seguro garantia, eis que previstas, de forma genérica, no texto da lei. Essas regras, emanadas da Superintendência de Seguros Privados – SUSEP, introduziram-se por meio de condições padronizadas às apólices de seguro.

No plano regulamentar, vigora, atualmente, a Circular SUSEP nº 477, de 30 de setembro de 2013. A normatização do produto remonta a orientações anteriores da autarquia, como a Circular SUSEP nº 232, de 03 de junho de 2003. Antes dela – com alguma similaridade – foi publicada a Circular SUSEP nº 214, de 09 de dezembro de 2002; ambas fazendo constar as informações mínimas que deveriam figurar na apólice, nas condições gerais e especiais de seguro garantia. A Circular SUSEP nº 004/97 aprovou os modelos de texto de apólice, condições da garantia e tarifa para o seguro-garantia. Por sua vez, a Circular SUSEP

[10] Registre-se que o inciso IV do art. 80 da Lei nº 8.666/93, ao prever a sanção de retenção dos créditos decorrentes do contrato, também se vale do critério dos prejuízos causados como parâmetro para a aplicação da penalidade: "IV – retenção dos créditos decorrentes do contrato até o limite dos prejuízos causados à Administração".

nº 008/92 estabeleceu as condições gerais, especiais e disposições tarifárias para os seguros garantia de deveres contratuais.

Especificamente ao seguro garantia executante-construtor (*performance bond*), a SUSEP editou, em um primeiro momento, a Circular SUSEP nº 232, de 03 de junho de 2003,[11] que tratou, em suas Condições Especiais, do SEGURO-GARANTIA DO CONSTRUTOR, DO FORNECEDOR E DO PRESTADOR DE SERVIÇOS. O objeto da apólice de seguro garantia *performance bond*, segundo o (revogado) normativo, é o seguinte:

> "1. OBJETO
> Este seguro garante a indenização, até o valor da garantia fixado na apólice, pelos prejuízos decorrentes do inadimplemento das obrigações assumidas pelo tomador, em contrato de construção, fornecimento ou prestação de serviços, firmado entre ele e o segurado, e coberto pela apólice."

A SUSEP, anos mais tarde, no intuito de aperfeiçoar diversas das regras advindas do regime regulamentar anterior, como exposto, emitiu a Circular nº 477, de 30 de setembro de 2013, que dispôs sobre os seguros-garantia nos setores público e privado. A alteração significativa ao referido ato normativo – relevante a esta análise – consiste na nova definição de prejuízo como medida para o pagamento da indenização. A cláusula da 2.I da Modalidade II, Ramo 0775, define o seguinte:

> I– Prejuízo: perda pecuniária comprovada, excedente aos valores originários previstos para a execução do objeto do contrato principal, causada pelo inadimplemento do tomador, excluindo-se qualquer prejuízo decorrente de outro ramo de seguro, tais como responsabilidade civil, lucros cessantes.

Com toda a certeza, uma das preocupações da autarquia consistiu em esclarecer no clausulado das condições padronizadas o caráter estritamente indenitário das apólices de seguro garantia *performance bond*,

[11] A Circular SUSEP nº 232/2003 "*divulga as informações mínimas que deverão estar contidas na apólice, nas condições gerais e nas condições especiais para os contratos de seguro-garantia e dá outras disposições.*"

contemplando, porém, a reposição da coisa mediante a continuidade, por meio de terceiros, da obra objeto da garantia.

Confira-se, especificamente, o art. 13 da aludida Circular:

> "Art. 13 A seguradora indenizará o segurado, mediante acordo entre as partes, segundo uma das formas abaixo:
>
> I– realizando, por meio de terceiros, o objeto do contrato principal, de forma a lhe dar continuidade, sob a sua integral responsabilidade; e/ou
>
> II– indenizando, mediante pagamento em dinheiro, os prejuízos e/ou multas causados pela inadimplência do tomador, cobertos pela apólice.
>
> §1º No caso de rescisão do contrato principal, todos os saldos de créditos do tomador no contrato principal serão utilizados na amortização do prejuízo e/ou da multa objeto da reclamação do sinistro, sem prejuízo do pagamento da indenização no prazo devido.
>
> §2º Caso a indenização já tenha sido paga quando da conclusão da apuração dos saldos de créditos do tomador no contrato principal, o segurado obriga-se a devolver à seguradora qualquer excesso que lhe tenha sido pago." (grifou-se)

Do modo em que estão padronizadas as apólice de seguro garantia no Brasil, a definição que consta no inciso VI do art. 6º da Lei nº 8.666/93, no sentido de que o seguro-garantia corresponde ao "... seguro que garante o fiel cumprimento das obrigações assumidas por empresas em licitações e contratos", não deve ser entendida no sentido de que a simples caracterização do sinistro obriga o segurador a indenizar o segurado nos limites máximos de garantia definidos da apólice, ou, então, a executar, por conta própria, as obrigações inadimplidas pelo tomador.

Afirme-se, pois, que os seguros garantia *performance bond* atualmente comercializados no Brasil, do modo em que formatados e compreendidos, impõem ao segurado a demonstração suficiente dos prejuízos sofridos para que a indenização correspondente possa ser paga, mesmo em se tratando de ente integrante da Administração Pública. Essa realidade, que obedece uma diretriz de justa recomposição patrimonial, não se altera caso o segurador, ao dar cumprimento à prestação a que se obrigou, opte por prosseguir com as obras, contratando terceiros para executá-las.

Como se vê, a SUSEP fez constar das apólices disponíveis para o *performance bond* que o segurador indenizará o segurado público pelos prejuízos decorrentes do inadimplemento do tomador do seguro. Pela leitura das condições padronizadas, verifica-se que os prejuízos suportados pelo segurado serão indenizados até o limite máximo da garantia fixado na apólice. Isso significa que, como regra geral, "[a] indenização mede-se pela extensão do dano" (Código Civil, art. 944).

4. Garantia *on first demand*

Comumente, o seguro garantia contém nexo funcional relativamente à obrigação a que se coliga, sujeitando-se às características, modalidades e requisitos de validade do negócio jurídico subjacente. Contudo, o seguro garantia pode estabelecer-se na modalidade "a primeiro requerimento". Nesse sentido, "[o] contrato de garantia autônoma tem sido aceita, em obediência ao princípio da liberdade contratual (art. 405.º), como uma garantia on first demand, isto é, como uma promessa feita por um terceiro (entidade bancária) de que pagará a contraprestação devida pelo destinatário de certa mercadoria, logo que o expedidor prove, em determinados termos, a expedição dessa mercadoria" (Varela, J. de Matos Antunes, *Das Obrigações em Geral*, vol. I, 10ª ed., Coimbra: Almedina, 2013. p. 278 – destacado no original).[12]

Esclareça-se que, nos termos da legislação vigente, o seguro garantia no Brasil não cria obrigações "à primeira solicitação" ou "*on first demand*". Como oportunamente se verá, os projetos de lei que tratam da matéria indicam tendência diversa.

Com efeito, a doutrina portuguesa mostra-se profícua em exemplos de garantia que dispensem tanto a apuração da culpa do agente causador do dano quanto a apuração do prejuízo. Alude à garantia "*on first demand*" – ainda atípica no ordenamento jurídico brasileiro –, segundo a qual "... corresponde a uma situação jurídica por força da qual o garante, ao ser interpelado pelo credor, terá de pagar a quantia garantida sem discussão; isto é, sem poder invocar qualquer excepção. Como costuma

[12] "O seguro-caução é uma modalidade de seguro financeiro – e, mesmo, de seguro de crédito – pelo qual o segurador se obriga a indemnizar o segurado pelos danos patrimoniais sofridos, em caso de falta de cumprimento ou de mora do tomador, em obrigações cujo cumprimento possa ser assegurado por garantia pessoal.
Estamos, de facto, perante uma garantia muito semelhante à bancária: mas prestada por um segurador. Depende da apólice o saber-se se é autônoma e se funciona à primeira solicitação." (Cordeiro, Menezes, *Direito de Seguros*, Coimbra: Almedina, 2013, p. 780)

afirmar-se na gíria bancária, o carácter autónomo do funcionamento dessa garantia significa: 'pediu, pagou'; o garante não pode contestar o pagamento que lhe foi exigido" (MARTINEZ, Pedro Romano, "Garantias Bancárias" *in Estudos em Homenagem ao Professor Doutor INOCÊNCIO GALVÃO TELLES*, vol. II, Coimbra: Almedina, 2002, p. 265).

A proposta do legislador consistente no PL 1292/1995 pretende alterar esse modelo, determinando a retomada da obra ou o pagamento integral da IS, independentemente da apuração de culpa do tomador ou de prejuízo em montante inferior ao teto do limite de indenização estipulado na apólice de seguro. Em linhas gerais, a prevalência dessa ideia equivaleria ao rompimento do vínculo entre as causas de inexecução do contrato principal e o acionamento da garantia.

5. *Suretyship*: breves considerações

Os sistemas jurídicos comparados desenvolveram meios distintos de seguridade, cada qual adequado à realidade de suas demandas. Os países que adotam a *common law* prestigiam, há mais de um século, o modelo do *suretyship*. O *suretyship* contempla, prioristicamente, duas modalidades de garantia: (a) o *performance bond*; e (b) o *payment bond*. Esses meios de seguridade revelaram-se, com o passar do tempo, úteis e adequados aos fins a que se destinam, em especial quando entendidos sob a lógica da *common law* e instrumentalizados sob uma rígida política protecionista de estado mínimo.

O *surety* foi testado, de forma incipiente, com o advento do *Heard Act*, publicado em 1894. Esse estatuto legal foi revogado pelo *Miller Act*, positivado no sistema jurídico norte-americano em 1935. O *Miller Act*, que ainda se encontra em vigor, obriga a utilização do *surety* em obras promovidas pelo Governo Federal, desde que orçadas em montante superior a US$ 100.000,00 (cem mil dólares norte-americanos). O tipo contratual incorporou-se definitivamente à legislação daquele país, passando a constar no texto do US Code, sob o título 40, seções 3131 a 3134.[13]

[13] "... a intenção do legislador americano foi a de garantir que os projetos federais fossem executados na forma e no tempo previstos, evitando, assim, a possibilidade de inadimplência contratual. No entanto, se o contratado não cumprisse com as suas obrigações, as corporações de sureties o substituiriam e efetivariam o contrato para com o contratante, ou a este pagariam a importância decorrente do inadimplemento ocorrido". (POLETTO, Gladimir A.,

O *performance bond* consiste na mais importante modalidade de *surety*. O referido meio de seguridade garante a conclusão da obra, caso o executante da obra reste inadimplente quanto ao dever assumido junto ao contratante do projeto. Configurado, então, o inadimplemento culposo do executor da obra, o emissor (garante) do *performance bond* obriga-se, alternativamente, a contratar um terceiro para terminar a obra por sua conta e risco; a concluir a execução do projeto por conta própria; a indenizar o credor da obrigação, apurando-se, globalmente, os prejuízos suportados; ou a arcar com o sobrecusto necessário ao término do projeto, ainda que por intermédio de um terceiro por ele contratado. O *payment bond*, por sua vez, assegura o inadimplemento decorrente de outras fontes obrigacionais acessórias à obra (*i. e.* obrigações contratuais e legais subjacentes e/ou exsurgidas de vínculo trabalhista).

Por mais que a legislação brasileira possibilite seja reposto o interesse legítimo, em solução remotamente aproximada ao *surety*, sob o enfoque jurídico, não se tratam, ambos os institutos, da forma similar de garantia; diferem quanto aos limites indenitários – notadamente ante a inovação do conceito de prejuízo estabelecida na cláusula 2.I da Modalidade II, Ramo 0775, da Circular SUSEP 477/13 – e quanto ao alcance da responsabilidade do garantidor, no que se refere à execução da obra pública; à subrogação legal, e a todos os consectários decorrentes do processo de retomada.

A escolha desse meio de seguridade pelo legislador brasileiro importa em significativo rompimento das estruturas jurídico-operacionais albergadas pela legislação e comercializadas pelo mercado segurador do nosso país. O correto entendimento e o melhor uso desse complexo instrumento negocial, que se tornará de observância obrigatória e imperativa, se e quando concluído o processo legislativo, desafiarão os destinatários da novel proposta normativa – não importando se entes públicos (incluída a autarquia que fiscaliza o mercado segurador) ou sociedades privadas.

"O Seguro-garantia: Em busca de sua natureza jurídica" Rio de Janeiro: FUNENSEG, 2003, p. 16)

6. PL Nº 1292/1995

Os projetos de lei que promovem a alteração dos dispositivos da Lei nº 8.666/93 contêm, em sua quase-totalidade, regras atinentes ao seguro garantia, consagrando esse meio de seguridade como a garantia preferencial das obras públicas de grande vulto. Algumas de cunho mais conservador – por exemplo, a que consta do PLS nº 559/2013, de relatoria do Deputado Fernando Bezerra Coelho – propugnam o incremento do percentual de retenção de risco do segurador de até 10% para até 30% da totalidade do interesse segurável (o último substitutivo do PLS 559/2013, de 09.11.16, inseriu a regra no art. 89, II, §4º, sendo que, originalmente, figurou no texto no art. 96, II, §2º).

Outras, de caráter mais vanguardista – também a título exemplificativo, confiram-se os termos do PLS nº 247/2016, de relatoria do Deputado Cássio Cunha Lima –, sugerem a revisita absoluta do produto, inaugurando a obrigatoriedade, por parte do segurador, de fiscalizar e retomar as obras, em caso de mora ou inadimplemento do contratante público/tomador do seguro, em até 100% (ou seja, a totalidade) do montante da garantia contratada.

Dentre a gama de projetos de lei que discorrem sobre a matéria, o que possui trâmite mais avançado é o PL nº 1292/1995.[14] Advindo do PLS nº 163/1995, de autoria do Senador Lauro Campos, o PL nº 1292/1995 inova, principalmente, no que se refere à conversão do seguro garantia em instrumento de *step-in*[15] pelo segurador[16], em modelo

[14] "Depois de crescer 5,8% no acumulado de janeiro a outubro, o Seguro Garantia já é a grande aposta do setor de seguros para 2019. A modalidade crescerá quase o dobro que o previsto para o setor como um todo: 3,1%. Isso se explica pela tramitação do PL 1292/95, também conhecido como Projeto da Nova Lei de Licitações. Para Roque Melo, presidente da Comissão de Riscos de Crédito e Garantia da FenSeg, os números atualizados dão um horizonte positivo para além deste ano. "A perspectiva de uma economia mais forte e, por consequência, a retomada de investimentos em infraestrutura, aliados aos avanços do PL animam ainda mais o mercado que confia em um 2019 ainda melhor". Disponível em http://fenseg.org.br/noticias/seguro-garantia-grandes-obras.html

[15] "O step-in right é uma técnica contratual, oriunda dos países de origem anglo-saxônica, que possibilita a intervenção dos financiadores na sociedade financiada quando a atual gestão ameaçar o sucesso do projeto ou a sua capacidade de honrar o financiamento contratado. A cláusula de step-in autoriza a assunção pelo financiador do controle direto da sociedade que se encontra em situação de inadimplemento no âmbito do contrato de financiamento. Por meio da assunção do controle, o financiador exercerá pessoalmente o direito de voto na assembléia geral da sociedade, em substituição ao acionista original, podendo, inclusive,

bastante similar ao *surety* (art. 101), distanciando-se, portanto, da natureza indenitária dos seguros de dano, até então, inerente ao seguro garantia *performance bond*:

> "Art. 98. Nas contratações de obras e serviços de engenharia de grande vulto, poderá ser exigida a prestação de garantia, na modalidade seguro-garantia, com cláusula de retomada prevista no art. 101 desta Lei, em percentual equivalente a até 30% (trinta por cento) do valor inicial do contrato."

-.-.-.-.-.

destituir a administração empossada e eleger outros membros de sua confiança. O objetivo último do step-in é sanear o inadimplemento e/ou crise financeira incorrida pela sociedade, salvaguardando o crédito do financiador, ou mesmo preparando a sociedade para a sua venda em uma futura excussão das garantias. Por óbvio, o instrumento deve ser utilizado somente em situações extremas, de grave inadimplemento, tendo em vista a intensidade da medida e as responsabilidades que pode suscitar ao financiador." (Enei, José Virgílio Lopes e Vieira, Antonio Paulo Kubli, *Step in Right no Direito Brasileiro*, Revista TN Petróleo, edição nº 91, 2013, p. 180/181)

16 "O seguro garantia está entre as modalidades que contribuirão para aumentar a taxa de penetração do seguro e, ao mesmo tempo, ajudará governos a reduzir as despesas com obras públicas inacabadas, como a relicitação. Estas foram as mensagens deixadas pela superintendente da Superintendência de Seguros Privados (Susep), Solange Paiva Vieira, ao participar de evento promovido pelo BNDES, nesta quinta-feira, 25. Para ela, após a aprovação do projeto de lei que amplia a presença do seguro em obras de infraestrutura – sua votação no Congresso deverá ocorrer dentro de dois meses, pelas contas da superintendente-, as companhias poderão assumir a conclusão de obras inacabadas (ato chamado de "step in" em inglês). Entretanto, para alcançar este estado de arte, incluindo-se o step in, o seguro garantia dependerá também da remoção de amarras regulatórias para ter crescente protagonismo. "Hoje, se a obra tem garantia, a seguradora prefere pagar a indenização e aí o setor público tem que relicitar", afirmou.
A superintendente lembrou que a prática de conclusão de obras inacabadas por seguradoras é largamente usada nos Estados Unidos, e o fato de o PL ampliar o valor máximo da obra a ser segurado, dos atuais 5% a 10% para 30%- é o caminho para tornar o mercado brasileiro mais proativo na infraestrutura. As seguradoras, entretanto, terão de ampliar seu expertise em obras, reconhece, assinalando também que o preço do seguro tende a aumentar. Em razão disso, ela defende mecanismos para evitar concentração de mercado, já que pode haver maiores dificuldades de participação de construtoras de menor porte nas licitações de obras.
A utilização do seguro, entre outros benefícios, dará celeridade às obras públicas, já que elas não vão mais precisar ser relicitadas em caso de paralisação.
O novo marco legal para o seguro de garantia de obras integra as 22 medidas das "Propostas do Setor Segurador para 2019/2022" preparadas pela CNseg". Disponível em http://cnseg.org.br/noticias/seguro-torna-se-selo-para-conclusao-de-obras.html.

> "Art. 101. Na contratação de obras e serviços de engenharia, o edital poderá exigir a prestação da garantia na modalidade seguro-garantia e prever a obrigação de a seguradora, em caso de inadimplemento pelo contratado, assumir a execução e concluir o objeto do contrato, hipótese em que:
> I – a seguradora deverá firmar o contrato, inclusive os aditivos, como interveniente anuente, e poderá: a) ter livre acesso às instalações em que for executado o contrato principal; b) acompanhar a execução do contrato principal; c) ter acesso a auditoria técnica e contábil; d) requerer esclarecimentos ao responsável técnico pela obra ou pelo fornecimento;
> II – a emissão de empenho em nome da seguradora, ou a quem ela indicar para a conclusão do contrato, será autorizada desde que demonstrada sua regularidade fiscal;
> III – a seguradora poderá subcontratar a conclusão do contrato, total ou parcialmente.
> Parágrafo único. Na hipótese de inadimplemento do contratado, serão observadas as seguintes disposições: I - caso a seguradora execute e conclua o objeto do contrato, estará isenta da obrigação de pagar a importância segurada indicada na apólice; II– caso a seguradora não assuma a execução do contrato, pagará a integralidade da importância segurada indicada na apólice."

Essa realidade foi percebida pela doutrina especializada,[17] que, a respeito, emitiu a seguinte opinião:

> "Em regra, o projeto continua a prever que a exigência de garantia contratual é uma opção do gestor público (art. 94). Se decidir pela exigência, caberá ao contratado escolher entre as opções de caução em dinheiro ou em títulos da dívida pública, seguro-garantia ou fiança bancária (§ 1º do art. 94).
> Nesse campo, a grande novidade está no art. 100 do PL nº 1.292/1995 e consiste na possibilidade de o edital exigir como garantia de contratos de obras e serviços de engenharia seguro-garantia, estabelecendo que, em caso de inadimplemento contratual, caberá à seguradora concluir

[17] Oliveira, Rafael Sérgio de, Os 10 tópicos mais relevantes do Projeto da Nova Lei de Licitação e Contrato. Disponível em: http://www.licitacaoecontrato.com.br/lecComenta_detalhe.html

> o objeto contratado. Essa é uma prática internacionalmente conhecida como step in right, cujo sentido é o de impor ao segurador a assunção da obrigação de entrega da obra ou serviço no caso de o contratado falhar. É uma relevante inovação, na medida em que é difícil licitar obra e serviço de engenharia com execução incompleta. Entretanto, trata-se de ferramenta que, com certeza, representará um custo considerável para a contratação, motivo pelo qual deve ser utilizada apenas nos casos em que o risco de inadimplemento seja significativo ou represente dificuldades para a continuação do objeto contratual."

Além do aumento do percentual de retenção de risco para até 30% do valor global do projeto – *rectius*, do interesse legítimo segurado – (art. 98), outra importante mudança é a de que, caso o segurador prefira o pagamento em dinheiro à retomada da obra, a garantia aproximar-se-á de um formato "a primeiro requerimento". A importância segurada deverá ser paga, independentemente da apuração do prejuízo, no valor máximo previsto na apólice (art. 101, parágrafo único, II). O procedimento de regulação de sinistro, de caráter bifásico e condicional – composto (a) do enquadramento do evento reclamado às hipóteses de cobertura; e (b) da respectiva liquidação do dano coberto (Circular SUSEP nº 477/2013, Ramo 0775, Condições Gerais, arts. 7º e 8º) – reduzir-se-á a uma fase investigativa preliminar única; não terá mais pertinência, no *perfomance bond* de obras de grande vulto, a prática de atos conducentes à liquidação do dano, relativizando-se o princípio indenitário.

A solução vislumbrada pelo legislador do PL nº 1292/1995 acarreta uma necessária reflexão, notadamente quanto à natureza jurídica e ao alcance do novo meio de seguridade inaugurado pelo texto proposto. O *perfomance bond* permanece sendo um seguro, mas com características próprias existentes apenas nessa subespécie de garantia.

O caráter eminentemente financeiro do seguro garantia cede à obrigação primária da retomada. A alternatividade entre o pagamento da indenização em dinheiro e a reposição da coisa mitiga-se. O legislador no PL nº 1292/1995 pretende instituir a cultura da retomada nas obras de vulto, impingindo ao segurador pesado ônus caso opte por desonerar-se de sua obrigação indenizando o ente público em dinheiro. Então, em virtude dessa escolha legislativa, o seguro esvazia-se de sua faceta indenitária e desvincula-se, de certa maneira, da causa de inadimplemento do contrato principal, assemelhando-se a uma garantia "a primeiro requerimento".

As substanciais modificações no seguro *performance bond* como meio de seguridade erigido à garantia preferencial das obras de grande vulto e na *função* que o impele a gerar efeitos na fonte negocial – inegável o interesse público e desenvolvimentista que o positivou no ordenamento jurídico pátrio – desafiarão a Administração Pública, o mercado segurador e a SUSEP. Os atores envolvidos devem preocupar-se em conferir eficiência ao novo formato de seguro sem cometer excessos, o que o tornaria disfuncional e ineficaz como instrumento de auxílio à retomada do crescimento econômico e do desenvolvimento do país.

Conclusões

Mesmo diante da galopante sinistralidade do produto, não se podiam esperar ou facilmente prever alguns dos problemas que o seguro garantia apresentaria no momento em que acionado para assegurar o cumprimento das obrigações a ele relacionadas. A feição eminentemente financeira desse instrumento fidejussório – convergente à sua finalidade indenitária –, muitas das vezes, tornou dificultosa a liquidações dos débitos e o recebimento, pela Administração Pública, dos valores objeto das garantias contratadas para as obras públicas e serviços prestados mediante a celebração de contratos administrativos.

O segurador, nos termos da lei e das normas infralegais que regulam a sua atividade, pode se desonerar do seu dever de recompor o prejuízo do segurado mediante o pagamento da indenização em dinheiro ou por meio de reposição da coisa (Código Civil, art. 252 c/c art. 776 c/c Circular SUSEP nº 477/2013, Ramo 0775, Modalidade II, art. 13). O adimplemento do segurador, consubstanciado em obrigação de natureza alternativa, possibilita-lhe exercer a preferência pela retomada do legítimo interesse garantido, de forma executória aproximada ao *surety*; concluir-se-ão as obras por terceiro escolhido pelo segurador. A reposição da coisa – hoje contemplada na lei civil – afigura-se, na verdade, modo impróprio de *step-in*.

Interpretando-se conjuntamente os dispositivos da Lei nº 8.666/93, pode-se afirmar que, além de ser necessário um procedimento administrativo prévio para a imposição de sanções em desfavor do particular, a execução das garantias contratadas ocorrerá, na forma da lei, com vistas ao "ressarcimento da Administração", tornando-se imprescindível, via de consequência, que sejam apurados os respectivos valores passíveis de ressarcimento, vedando-se o enriquecimento sem cauda da Administração Pública. É dessa forma que o sistema de execução de garantias a contratos públicos se organiza e se predispõe a gerar efeitos.

Por isso, os seguros garantia *performance bond* atualmente comercializados no Brasil, do modo em que formatados e compreendidos, impõem ao segurado a demonstração suficiente dos prejuízos sofridos para que a indenização correspondente possa ser paga, mesmo em se tratando de ente da Administração Pública. Essa realidade, de estrita recomposição patrimonial, não se altera caso o segurador, ao dar cumprimento à prestação que se obrigou, opte por prosseguir com as obras, contratando terceiros para executá-las.

Nesse sentido, a SUSEP fez constar das apólices disponíveis para o *performance bond* que o segurador indenizará o segurado público pelos prejuízos decorrentes do inadimplemento do tomador do seguro. Pela leitura das condições padronizadas, verifica-se que os prejuízos suportados pelo segurado serão indenizados até o limite máximo da garantia fixado na apólice. Isso significa que, como regra geral, "[a] indenização mede-se pela extensão do dano" (Código Civil, art. 944).

A eventual escolha do *surety* pelo legislador brasileiro importa em significativo rompimento das estruturas jurídico-operacionais albergadas pela legislação e comercializadas pelo mercado segurador do nosso país. O correto entendimento e o melhor uso desse complexo instrumento negocial, que se tornará de observância obrigatória e imperativa, se e quando concluído o processo legislativo, desafiarão os destinatários da novel proposta normativa – não importando se entes públicos (incluída a autarquia que fiscaliza o mercado segurador) ou sociedades privadas.

A solução vislumbrada pelo legislador do PL nº 1292/1995 acarreta uma necessária reflexão, notadamente quanto à natureza jurídica e ao alcance do novo meio de seguridade inaugurado pelo texto proposto. O *perfomance bond* permanece sendo um seguro, mas com características próprias existentes apenas nessa subespécie de garantia. O caráter eminentemente financeiro do seguro garantia cede à obrigação primária da retomada. A alternatividade entre o pagamento da indenização em dinheiro e a reposição da coisa mitiga-se. O legislador PL nº 1292/1995 pretende instituir a cultura da retomada nas obras de vulto, impingindo ao segurador pesado ônus caso opte por desonerar-se de sua obrigação indenizando o ente público em dinheiro. Então, em virtude dessa escolha legislativa, o seguro esvazia-se de sua faceta indenitária e desvincula-se, de certa maneira, da causa de inadimplemento do contrato principal, assemelhando-se a uma garantia "a primeiro requerimento".

As substanciais modificações no seguro *performance bond* como meio de seguridade erigido à garantia preferencial das obras de grande vulto e na *função* que o impele a gerar efeitos na fonte negocial – inegável o interesse público e desenvolvimentista que o positivou no ordenamento jurídico pátrio – desafiarão a Administração Pública, o mercado segurador e a SUSEP. Os atores envolvidos devem preocupar-se em conferir eficiência ao novo formato de seguro sem cometer excessos, o que o tornaria disfuncional e ineficaz como instrumento de auxílio à retomada do crescimento econômico e do desenvolvimento do país.

Referências

BURANELLO, Renato Macedo. *Do contrato de seguros: o seguro garantia de obrigações contratuais*, São Paulo: Quarter Latin, 2006.

CORDEIRO, Menezes. *Direito de Seguros*, Coimbra: Almedina, 2013.

COSTA, Mario Júlio De Almeida. *Direito das Obrigações*, 12ª ed., Coimbra: Almedina, 2013.

ENEI, José Virgílio Lopes e VIEIRA, Antonio Paulo Kubli. *Step in Right no Direito Brasileiro*, Revista TN Petróleo, edição nº 91, 2013.

FURTADO, Lucas Rocha. *Curso de Direito Administrativo*, 3ª ed., revisada, ampliada e atualizada, Belo Horizonte: Fórum, 2012.

GRAU, Juan Bataller, CHINER, Nuria Lotorre e IGLESIA, Jesús Olavarría. *Derecho de los Seguros Privados*, Madrid: Marcial Pons, 2007.

JUSTEN FILHO, Marçal. *Comentários à Lei de Licitações e Contratos Administrativos*, 15ª ed., São Paulo: Dialética, 2012.

____________. *Comentários à Lei de Licitações e Contratos Administrativos*, 10ª ed., São Paulo: Dialética, 2004.

LOPES, José Virgilio. *Project Finance: financiamento com foco em empreendimentos*. São Paulo: Saraiva, 2007.

MARTINES, Pedro Romano. "Garantias Bancárias" *in Estudos em Homenagem ao Professor Doutor INOCÊNCIO GALVÃO TELLES*, vol. II, Coimbra: Almedina, 2002

MEIRELLES, Hely Lopes. *Licitação e contrato administrativo*, São Paulo: Malheiros, 2009.

Poletto, Gladimir A. "O Seguro-garantia: Em busca de sua natureza jurídica" Rio de Janeiro: FUNENSEG, 2003

Varela, J. de Matos Antunes. *Das Obrigações em Geral*, vol. I, 10ª ed., Coimbra: Almedina, 2013.

Jurisprudência

REsp. nº 251.438/RJ, 4ª Turma, Rel. Min. Barros Monteiro, DJ 02.10.00

REsp. nº 476.450/RJ, 1ª Turma, Rel. Min. Luiz Fux, j. 18.11.03, DJ 19.12.03, p. 329

Apel.Cív. 453.220-5/1-00, 10ª Câmara de Dir. Público, Des. Reinaldo Miluzzi, j. 22.6.09

Sites consultados

Oliveira, Rafael Sérgio de. Os 10 tópicos mais relevantes do Projeto da Nova Lei de Licitação e Contrato. Disponível em:

http://www.licitacaoecontrato.com.br/lecComenta_detalhe.html

https://exame.abril.com.br/economia/apos-decada-perdida-para-infraestrutura-brasil-ensaia-retorno-a-corrida/

https://g1.globo.com/economia/noticia/2019/09/17/investimento-em-infraestrutura-no-brasil-precisa-mais-que-dobrar-aponta-estudo.ghtml

http://www.planalto.gov.br/ccivil_03/_Ato2004-2006/2004/Lei/L11079.htm

http://www.planalto.gov.br/ccivil_03/leis/l8987cons.htm

http://fenseg.org.br/noticias/seguro-garantia-grandes-obras.html

http://cnseg.org.br/noticias/seguro-torna-se-selo-para-conclusao-de-obras.html.

15. As Principais Alterações do Sistema Processual Civil Introduzidas Pelo CPC/2015 Sob a Ótica do Contrato de Seguro

CLÁUDIO APARECIDO RIBAS DA SILVA
LUÍS ANTÔNIO GIAMPAULO SARRO
MARIA DA GLÓRIA FARIA

Introdução

Passados quatro anos de vigência, o CPC/2015 (Lei nº 13.105/2015) já sofreu alterações introduzidas pelas Leis nºs 13.256/2016, 13.363/2016, 13.465/2017, 13.793/2019 e 13.894/2019.

Durante do processo legislativo, o seu projeto de lei recebeu, como demonstraremos mais adiante, importantes contribuições dadas pelo Grupo Nacional de Trabalho de Processo Civil da Seção Brasileira da Associação Internacional de Direito de Seguro – AIDA Brasil.

Na primeira parte, este trabalho se dedica a explanar um pouco sobre as atividades acadêmicas da AIDA Brasil e as contribuições para o aprimoramento do nosso Diploma Processual Civil.

Na sequência, sob a ótica dos temas que envolvem questões sobre contrato de seguro, serão examinados o instituto da intervenção de terceiro, com foco no *amicus curiae*, os institutos do Incidente de Resolução de Demandas Repetitivas – IRDR e do Incidente de Assunção de Competência – IAC e, por fim, os Recursos Repetitivos que com a criação do microssistema de precedentes no CPC/2015 passou a ter maior protagonismo na orientação da aplicação do Direito de modo uniforme e coerente.

1. Da Associação Internacional de Direito de Seguro – AIDA

A ASSOCIAÇÃO INTERNACIONAL DE DIREITO DO SEGURO[1] é uma instituição de cunho científico, sem fins lucrativos, fundada em 28 de abril de 1960, em Luxemburgo. É mundialmente conhecida como Aida, as iniciais de seu nome em francês, Association Internationale de Droit des Assurances. Os dezesseis Membros Fundadores nomearam um Comitê Diretivo provisório e dois coPresidentes, os Professores Antigono Donati, da Itália, e Hans Möller, da Alemanha, a quem, respectivamente, foi atribuída a tarefa de incentivar a criação de seções nacionais da Aida no mundo latino e no mundo anglosaxão e germânico.

Hoje em dia a Aida está presente em 73 países, sendo integrada por profissionais do direito de seguro dentre advogados, professores universitários, juízes, Ministros de Estado e estudantes de direito. A Aida tem também como membros os chefes de departamentos jurídicos das principais companhias de seguros e resseguros nos países onde possui seção.

A Aida internacional, cuja sede fica em Londres, é dirigida por uma Diretoria composta por um Presidente, três VicePresidentes, um Secretário Geral e um Tesoureiro, eleitos a cada quatro anos, no seu Congresso Mundial. Acima da Diretoria funciona o Conselho Mundial, órgão deliberativo máximo, composto por 25 Conselheiros, indicados pelas Seções Nacionais.

Cada país membro possui sua própria estrutura organizacional, geralmente em moldes semelhantes ao da Aida Internacional.

As Seções Nacionais da Aida espalharamse pelos continentes africano, americano, asiático e europeu. Além do intercâmbio científico e de experiências que se processa a nível nacional, as Seções da Aida encontramse periodicamente (a cada 4 anos) em congressos mundiais. O primeiro realizouse na Itália (1962), seguindose Hamburgo (1966), Paris (1970), Lausane (1974), Madrid (1978), Londres (1982), Budapest (1986), Copenhaguen (1990), Sydney (1994), Marrocos (1998), Nova

[1] www.aida.org.br

York (2002), Buenos Aires (2006), Paris (2010). Em 2014, novamente em Roma, na Itália, e em 2018 no Rio de Janeiro – Brasil.

Os estatutos da Aida autorizam as Seções Nacionais, juntamente com os congressos mundiais, a organizar conferências regionais ou transnacionais. Nesta linha, já foram realizados congressos reunindo as Seções da América Central, da América do Sul e a nível panamericano e iberolatinoamericano.

Os países iberolatinoamericanos organizaram um Comitê permanente denominado Comitê IberoLatinoAmericano de Direito de Seguro – CILA, cuja função é congregar as Seções Nacionais da região, facilitando o seu desenvolvimento e estimulando o intercâmbio de informações e experiências.

O Comité IberoLatinoamericano de Aida – CILA, único em seu gênero na Associação Internacional de Direito de Seguros, foi criado no ano dc 1962, por ocasião da realização do memorável I Congresso Mundial de Direito de Seguros celebrado em Roma, por iniciativa de um seleto grupo de acadêmicos e de membros das Seções Nacionais da Aida da Espanha, Portugal e de diferentes Seções Latinoamericanas, com o fim de fortalecer os vínculos existentes entre as distintas Seções Iberoamericanas, assim como de reunir esforços em prol do estudo e da divulgação do Direito dc Seguros e de suas matérias afins.

O Conselho Presidencial da Aida criou vários Grupos de Trabalho com o propósito de conduzir pesquisas em campos específicos do direito de seguro e matérias correlatas. Toda a atividade de estudo e pesquisa em direito comparado de seguros é conduzida pelos Grupos Internacionais de Trabalho, criados levandose em consideração os campos específicos da legislação de seguros e afins, os quais são compostos por até 3 (três) membros de cada Seção Nacional e estão divididos nos seguintes temas: Accumulation of Claims and Subrogation (Acúmulo de Sinistros e sub-rogação); Civil Liability Insurance (Seguro de Responsabilidade Civil); Climate Change (Alterações Climáticas); Consumer Protection and Dispute Resolution (Proteção do Consumidor e Resolução de Litígios); Credit Insurance and Surety (Seguro de Crédito e Garantia); Distribution of Insurance Products (Distribuição de Produtos de Seguro); Marine Insurance (Seguro Marítimo); Motor Insurance (Seguro Automóvel); New Technologies, Prevention & Insurance (Novas Tecnologias, Prevenção e Seguro);, Personal Insurance and Pensions (Seguro

Pessoal e Pensões); Reinsurance (Resseguro); e State Supervision of Insurance (Supervisão Estatal de Seguros).

A Aida Brasil, para o desenvolvimento dos estudos científicos do instituto do Direito de Seguro, constituiu os seguintes Grupos Nacionais de Trabalho – GNTs: Saúde Suplementar; Automóvel; Resseguro; Seguro de Pessoas-Vida; Previdência Complementar Aberta e Fechada; Transporte; Direito Regulatório e Compliance; Responsabilidade Civil; Seguro de Crédito e Garantia; Processo Civil; Proteção ao Seguro; Meio Ambiente, Mudanças Climáticas e Sustentabilidade; Relações de Consumo; Solução de Conflitos, Seguro de Linhas Financeiras e Novas Tecnologias.

Ao lado dos Grupos Nacionais de Trabalho, foram constituídos também pela Aida Brasil os Grupos Regionais de Trabalho de Minas Gerais/ Centro-Oeste, Regional Sul e a Comissão do Jovem Advogado.

2. Das Contribuições da AINDA Brasil para o aprimoramento do Novo Código de Processo Civil

O Grupo Nacional de Trabalho de Processo Civil e Seguro da AIDA Brasil, a partir do momento em que o Anteprojeto de Novo Código de Processo Civil foi apresentado à Sociedade brasileira pela Comissão de Juristas, instituiu Subgrupos de Trabalho para o estudo e acompanhamento de todas as propostas apresentadas tanto pelos Juristas que compuseram as citadas Comissões, quanto pelas 220 Emendas oferecidas pelos Senadores Federais.

Assim que o Senado Federal aprovou o Substitutivo e o encaminhou à Câmara dos Deputados, os Subgrupos de Trabalho do GNT de Processo Civil e Seguro elaboraram um resumo das principais modificações nele contidas, que deu origem ao livro Novo CPC – resumo geral do substitutivo aprovado pelo Senado Federal, publicado pela MP Editora, São Paulo, 2012, que foi entregue aos magistrados (juízes e desembargadores) daquela comarca e a todos os participantes do VI Congresso Brasileiro de Direito de Seguro e Previdência da AIDA Brasil, realizado no mês de março/2012 em Recife, em parceria com a Escola Superior da Magistratura Pernambucana.

Em consequência do resultado dos estudos desenvolvidos por seu Grupo Nacional de Trabalho de Processo Civil e Seguro, a AIDA Brasil apresentou ao Deputado Paulo Teixeira, antes ainda dele substituir o Relator-Geral do Projeto de Lei de Novo Código de Processo Civil, quatro propostas de Emendas ao Projeto de Lei de Novo Código de Processo Civil, as quais foram formalmente propostas pelo Deputado Paes Landim, mantendo, na íntegra, os textos elaborados pelo referido grupo de trabalho, e receberam voto de aprovação pelos Relatores-Parciais e Relator-Geral do Projeto de Lei de Novo Código de Processo Civil.

A partir do contato dos membros do GNT de Processo Civil com os professores que integraram as comissões de apoio aos relatores gerais (Fredie Didier Júnior, Paulo Henrique dos Santos Lucon e Luiz Henrique Volpe Camargo), novas sugestões de aprimoramento da redação do novo CPC foram encaminhadas, de maneira informal por mensagens eletrônicas, muitas das quais foram acolhidas.

Destacamos abaixo quatro propostas cujas respectivas emendas foram efetivamente aprovadas.

3.1 Do Princípio da Causalidade no CPC/2015

A primeira delas foi a Emenda Aditiva nº 74/2011, contendo proposta de inserção do Princípio da Causalidade no Diploma Processual Civil.

Constituída a primeira Comissão de Juristas pelo Senado Federal, presidida pelo Min. Luiz Fux, então do Superior Tribunal de Justiça (hoje Ministro do Supremo Tribunal Federal), tendo como relatora a Professora Teresa Arruda Alvim Wambier, foram realizadas várias audiências públicas nos principais Estados brasileiros, antes ainda da apresentação da primeira proposta de redação do novo CPC.

Na audiência pública realizada em São Paulo, foram entregues pelo Presidente do GNT de Processo Civil e Seguro em mãos da relatora várias propostas de aprimoramento do Novo Código de Processo Civil, dentre as quais a de expressa previsão do princípio da causalidade. Como a proposta foi apresentada uma semana antes da entrega do Anteprojeto ao Senado Federal, o PLS nº 166/2010 não contemplou o princípio da causalidade, que foi posteriormente inserido, ainda que de forma mais restrita, no Substitutivo aprovado pelo Senado Federal, que passou a estabelecer no § 6 º do art. 87 (posteriormente § 10 do art. 85) que "Nos casos de perda do objeto os honorários serão devidos por quem deu causa ao processo".

Posterior à entrega do Anteprojeto ao Presidente do Senado, que deu origem ao PLS nº 166/2010, o GNT de Processo Civil e Seguro apresentou, então, proposta que resultou na Emenda Aditiva nº 74/2011, com o objetivo de inserir um parágrafo no artigo 87 (posteriormente renumerado para art. 85) do PL nº 8.046/2010, com a seguinte redação: "Poderá o juiz deixar de condenar o vencido no pagamento das despesas processuais e dos honorários advocatícios, quando verificar que ele não deu causa à ação judicial, ou até mesmo impor ao vencedor da ação os ônus sucumbenciais, quando, não tendo o vencido oferecido resistência, constatar que a lide poderia ter sido resolvida extrajudicialmente".

Apesar da aprovação da referida emenda, o princípio da causalidade passou a ter expressa previsão no sistema processual civil, de forma mais restrita, no § 10 do artigo 85 do CPC/15, que estabelece que "Nos casos de perda do objeto, os honorários serão devidos por quem deu causa ao processo".

Com tal dispositivo, corrigiu-se uma séria distorção de nosso sistema processual civil, que viera a permitir o ingresso de um significativo número de ações sem que ocorresse resistência à pretensão, com a exclusiva finalidade de se obter a condenação no pagamento de honorários advocatícios.

Com efeito, a referida distorção ficou bem caracterizada na notícia veiculada pela Associação dos Advogados de São Paulo, em seu boletim eletrônico AASP, que apontou que, somente em março de 2011 foram ajuizados, no Brasil, 14.550 processos tendo por objeto a cobrança de indenização do seguro obrigatório de automóvel (DPVAT), dos quais em 6.951 não houve, sequer, pedido administrativo da indenização à Seguradora Líder.

Infelizmente, por razões que não cabe aqui serem analisadas, nem sempre os advogados cumprem com o seu dever ético e muitas vezes o Judiciário é demandado desnecessariamente, o que tem contribuindo, enormemente, para a judicialização dos conflitos.

Fez parte de nossas propostas que o CPC contivesse a previsão expressa do princípio da causalidade, ainda que sua aplicação já viesse ocorrendo por orientação da doutrina e jurisprudência.

Na doutrina, podemos citar inicialmente Orlando Venâncio dos Santos Filho[2], Helena Najjar Abdo[3], Yussef Cahali[4], que mencionam

[2] *O ônus do pagamento dos honorários advocatícios e o princípio da causalidade.* Revista Forense 343/31-39.

[3] *O (Equivocadamente) Denominado "Ônus da Sucumbência"No Processo Civil*: Revista de Processo, v. 140, pp. 37-53, outubro/2006.

[4] *Honorários advocatícios.* 3. ed. São Paulo: Revista dos Tribunais, 1997.

Chiovenda, Liebman[5], Carnelutti[6], Piero Pajardi, Pedro Madalena[7], Beatriz Pereira Silva, etc.

Quanto a jurisprudência, merece destaque o enunciado da Súmula 303 pela Corte Especial do STJ, em sessão de 03.11.2004 (DJ 22.11.2004, p. 411), com a aplicação plena do princípio da causalidade: "Em embargos de terceiro, quem deu causa à constrição indevida deve arcar com os honorários advocatícios".

A partir de então, a jurisprudência passou a prestigiar, com maior frequência, como orientador da fixação da sucumbência, o princípio da causalidade, um dos fundamentos da exposição de motivos da Emenda 74/2011[8].

No que tange a prescrição intercorrente em execuções suspensas por inexistência de bens, regulamentada nos artigos 921, §§ 4º e 5º, 924, inciso V, e 1.056 do CPC/2015, com base na aplicação do princípio da causalidade, "tivemos a oportunidade de sustentar a não responsabilidade do credor exequente pelo pagamento de honorários advocatícios nesta hipótese"[9], tese que prevaleceu em recente decisão do Superior Tribunal de Justiça, como se vê do seguinte aresto:

> "STJ – Recurso Especial 1.769.201/SP – 4ª T. – j. 12.03.2019 – v.u. – rel. Min. Maria Isabel Gallotti – Dje 20.03.2019 – Áreas do Direito: Processual; Civil.
> HONORÁRIOS DE ADVOGADO – Sucumbência – Pagamento da verba, ainda que declarada a prescrição intercorrente – Inadmissibilidade – Incidência do princípio da causalidade em desfavor ao executado, eis que ele dá causa ao pedido executório ao não cumprir a obrigação espontaneamente – Credor, ademais, que não pode arcar com ônus, sendo ainda mais prejudicado, em razão da falta de cooperação do devedor." (RT 1007/445-481)[10]

[5] *Manuale Di Diritto Civile,* volume I, ª Giuffre, Milão, 1980, página 166-197.

[6] *Sistema de Diritto Processuale Civile.* Pádua: CEDAM. 1936. v. 1. p. 436.

[7] *Embargos de Terceiro: sucumbência: inexistência de culpa do credor.* Revista dos Tribunais, n. 517, nov. 1978.

[8] De autoria de Luís Antônio Giampaulo Sarro, presidente do GNT de Processo Civil da AIDA BRASIL.

[9] SARRO, Luís Antônio Giampaulo. *Do princípio da causalidade e a prescrição intercorrente no novo Código de Processo Civil.* RePro 288/93-125.

[10] SARRO, Luís Antônio Giampaulo. Jurisprudência comentada. REsp 1.769.201/SP – RT 1007/445-481.

Como visto, o princípio da causalidade, anteriormente, prestigiado pela doutrina e jurisprudência, passou, a partir da promulgação da Lei 13.105/2015, a ser um dos pilares do CPC/2015, que o adotou de forma expressa.

3.2 Do contrato de seguro como título executivo extrajudicial

A Emenda Modificativa nº 77/2011, resultado de vários estudos e trabalhos[11], que foram objeto de debates durante o IV Congresso Brasileiro de Direito de Seguro e Previdência da AIDA Brasil, realizado em março/2010, em Porto Alegre, em parceria com a Escola Superior da Magistratura do Rio Grande do Sul, foi aprovada pelos Relatores Parcial e Geral, o que determinou a previsão do contrato de seguro de vida como título executivo extrajudicial apenas em caso de morte.

José Miguel Garcia Medina[12] é bem claro ao afirmar que:

> "O inc. VI do art. 784 do CPC/2015 considera título executivo o contrato de seguro, em caso de morte (isso é, de verificação de sinistro, apenas neste caso). Não se considera título executivo o contrato de seguro de acidentes pessoais de que resulte incapacidade. Nesse caso, a indenização poderá ser cobrada em ação condenatória, pelo procedimento comum (o art. 10 da Lei 6.194/1974m que dispõe sobre seguro obrigatório de danos pessoais causados por veículos automotores de via terrestre, ou por sua carga, a pessoas transportadas ou não, estabelece que, nas causas referentes a danos pessoais que regula, "observar-se-á o procedimento sumaríssimo do Código de Processo Civil"; como o CPC/2015 não prevê o procedimento sumário, antes referido nos arts. 275 ss do CPC/1973, dever-se-á adotar, no caso, o procedimento comum, cf. art. 1.049, parágrafo único, do CPC/2015; semelhantemente, em relação ao contrato de seguro de automóveis, cf. STJ, REsp 1.416.786/PR, 3ª T., j. 02.12.2014, rel. Min. Ricardo Villas Bôas Cueva). Em se tratando de execução do

[11] O primeiro estudo sobre o seguro de vida como título executivo extrajudicial foi realizado em reunião conjunta do Grupo Nacional de Trabalho – Processo Civil e Seguro, na ocasião presidido pelo Dr. Márcio Alexandre Malfatti, e o Grupo Nacional de Trabalho de Seguro de Pessoas, presidido pelo Dr. Aírton Pimentel, com a participação de seu membro, Dr. Adílson José Campoy.

[12] *Novo Código de Processo Civil Comentado,* 3ª ed., 2ª tiragem. São Paulo: Revista dos Tribunais, 2015, págs. 1057 e 1058.

prêmio devido pelo segurado à seguradora, o título executivo é estabelecido no art. 27 do Dec.-lei 73/1966 ("serão processadas pela forma executiva as ações de cobrança dos prêmios dos contratos de seguro", cf. STJ, REsp 743.125/MG, 3ª T., j. 15.12.2005, rel. Min. Humberto Gomes de Barros)."

Sobre o tema, é importante destacar a lição de ADÍLSON JOSÉ CAMPOY[13]:

> Em 2006 houve alteração do Código de Processo Civil quanto aos títulos executivos, dentre outras modificações – Lei 11.832/2006 –, quando os contratos de seguro de acidentes pessoais deixaram de ser considerados título executivo, pelo que apenas o contrato de seguro de vida seguia como título.
>
> Era, segundo nosso convencimento, um acerto legislativo ao reconhecer que o contrato de seguro de vida e o de acidentes pessoais tinham diferenças que impediam que se os considerassem como iguais.
>
> Veja-se que, em 2006, já vigia o Código Civil atual que, diferenciando igualmente os contratos, admite o estabelecimento de carência apenas quanto ao seguro de vida para o caso de morte – artigo 797 –, distinguindo claramente, embora não expressamente, os dois contratos.
>
> A alteração legislativa de 2006, todavia, não terminou com a celeuma acerca do contrato de seguro como título executivo.
>
> Isto porque, em nosso país, é comum que um seguro de vida seja comercializado com coberturas denominadas *adicionais*, como as de morte acidental e invalidez por acidente, o suficiente para que surgisse a interpretação de que essas coberturas, por estarem vinculadas a um seguro de vida, constituíam também títulos executivos.
>
> Por evidente que essa interpretação trazia de volta o que estabelecia o Código de Processo Civil antes da alteração realizada em 2006. Claramente houve uma alteração na legislação, desconsiderada, todavia, por essa linha de entendimento.

[13] Comentários ao inciso VI do artigo 784 do CPC *in* Código de Processo Civil Anotado e Comentado, coordenação de Luís Antônio Giampaulo Sarro, Luiz Henrique Volpe Camargo e Paulo Henrique dos Santos Lucon. São Paulo: Ed. Rideel, 2020, pág.

> Como já dizia Fábio Konder Comparato em 1973 – Revista de Direito Mercantil nº 10, Revista dos Tribunais, p. 125 –, o seguro era – parece ser ainda – terra ignota entre nós.
>
> E, diga-se, caminhávamos para que a interpretação acima criticada continuasse a existir, dado que o projeto do atual Código de Processo Civil previa como título executivo extrajudicial o contrato de seguro de vida.
>
> Mas, surge então a ação da AIDA – Associação Internacional de Direito de Seguro –, através do seu atuante Grupo Nacional de Trabalho – Processo Civil e Seguro, que ensejou uma Emenda Modificativa de autoria do Deputado Paes Landim nos exatos termos da proposta por esse grupo formulada.
>
> A proposta estabelecia que o contrato de seguro de vida, apenas para o caso de morte, fosse considerado título executivo extrajudicial. Veja-se: apenas seguro de vida – não de acidentes pessoais – e apenas para o caso de morte, a afastar a interpretação acima criticada, impedindo que coberturas denominadas *adicionais* ao seguro de vida pudessem vir a ser consideradas como títulos executivos.
>
> E é assim que dispõe o atual Código de Processo Civil (art. 784): é título executivo *exclusivamente* o contrato de seguro de vida em caso de morte.
>
> Que não se queira afirmar que a hipótese de morte acidental constituiria também título executivo: primeiro porque não se trata de seguro de vida, mas seguro de acidentes pessoais, ainda quando contratado como cláusula adicional do seguro de vida; segundo porque, para a hipótese, não há o requisito da certeza, como acima se afirmou, exigência para o nascimento de uma obrigação que constitua título executivo."

Foi aprimorada, assim, a definição do contrato de seguro de vida como título executivo extrajudicial, pois somente para o evento morte, independentemente da produção de qualquer outra prova, apresenta ele os requisitos da liquidez, certeza e exigibilidade.

3.3 Da Sucessividade Restrita da Denunciação à Lide

Uma terceira contribuição ao aprimoramento do Projeto de Lei de Novo CPC foi a Emenda Modificativa nº 76/2011, cuja aprovação pelos Relatores Parcial e Geral, permitiu a correção de impropriedade lógica contida em um dos dispositivos do instituto da Denunciação a Lide (que no

Projeto de Lei do Senado nº 76/2011 teve a sua denominação alterada para Chamamento em Garantia e no Substitutivo aprovado pelo Senado passou a ser Denunciação em Garantia, voltando, no Substitutivo da Câmara, à denominação Denunciação a Lide) e passou a permitir que o denunciado a lide apresente pelo menos uma denunciação (antes proibida), possibilitando, assim, que as Seguradoras denunciem à lide o ressegurador.

O tema "Da Denunciação em Garantia" foi debatido pelo Grupo Nacional de Trabalho de Processo Civil e Seguro durante o V Congresso Brasileiro de Direito de Seguros e Previdência – da Seção Brasileira da Associação Internacional de Direito de Seguro – AIDA Brasil, realizado nos dias 31-3 a 2-4-2011, em Belo Horizonte, em parceria com a Escola Superior da Magistratura do Estado de Minas Gerais, oportunidade em que se registrou, apenas na reunião de trabalho do referido grupo, a presença de 57 (cinquenta e sete) pessoas, dentre Magistrados e Advogados.

Com a aprovação da Emenda Modificativa 76/2011, o art. 314 (posteriormente renumerado para art. 125) do Projeto de Lei de Novo CPC, que continha parágrafo único com a determinação de que "Serão exercidos em ação autônoma eventuais direitos regressivos do denunciado contra antecessores na cadeia dominial ou responsáveis em indenizá-lo ou, ainda, nos casos em que a denunciação for indeferida.", passou a prever em § 2º do art. 125 que "Admite-se uma única denunciação sucessiva, promovida pelo denunciado, contra seu antecessor imediato na cadeia dominial ou quem seja responsável por indenizá-lo, não podendo o denunciado sucessivo promover nova denunciação, hipótese em que eventual direito de regresso será exercido por ação autônoma".

Na fase de consolidação dos textos dos Substitutivos do Senado e da Câmara dos Deputados, o Relator-Geral, Senador Vital do Rêgo, optou pela redação original, proibitiva da sucessividade da denunciação. Porém, no Parecer nº 1.099, de 2014-PLEN, em adendo ao Parecer nº 956, de 2014, lançou voto no sentido da aprovação do destaque apresentado pelo Senador Aloysio Nunes Ferreira, por provocação do GNT de Processo Civil e Seguro da AIDA Brasil, com o apoio da CNSeg, restabelecendo o § 2º do art. 125 do SCD, que admite uma única denunciação sucessiva da lide.

Vale ressaltar, que desde a entrada em vigência do CPC/2015 não se observou dificuldade na adoção da sucessividade restrita no sentido de se permitir ao menos uma denunciação sucessiva ao ingresso do terceiro, criada assim que foi, a possibilidade do ingresso do eventual ressegurador, vedado na redação do texto anterior[14].

3.4 Da Regulação da Avaria Grossa

Dentre os procedimentos especiais, o CPC/15 passou a dispor também sobre a regulação da avaria grossa (artigos 707 a 711), que é toda e qualquer despesa ou dano extraordinário decorrente de um ato intencional ou voluntário, sendo que a despesa visa a segurança do navio e de suas cargas, em uma situação de perigo real e iminente, com o intuito de evitar um mal maior à expedição marítima. Nessa avaria, as despesas são divididas proporcionalmente entre os proprietários das cargas embarcadas e navio.

A importante contribuição dada pelo Grupo Nacional de Trabalho de Processo Civil da AIDA Brasil ao Projeto de Lei de Novo CPC ocorreu pelo envio, por mensagem eletrônica, a três dos Juristas que integraram a Comissão de Apoio ao Relator-Geral (Professores Fredie Didier Jr., Luiz Henrique Volpe Camargo e Paulo Henrique dos Santos Lucon), de conclusão dos debates havidos durante o VII Congresso Brasileiro de Direito de Seguro e Previdência, realizado nos dias 8 e 9-3-2013, em Florianópolis, em parceria com a Escola Superior da Magistratura do Estado de Santa Catarina, acerca do art. 722 do Projeto de Lei de Novo CPC, relativo ao tema "Da Regulação da Avaria Grossa", que continha previsão de que "Quando não houver consenso acerca da nomeação de um regulador de avarias, o juiz de direito da comarca do primeiro porto onde o navio houver chegado, provocado por qualquer parte interessada, nomeará um dentre aqueles de notório conhecimento, inscritos no quadro de Reguladores de Avaria Grossa da Superintendência de Seguros Privados – Susep, fixando desde logo seus honorários."

A conclusão a que chegou o GNT de Processo Civil da AIDA Brasil e foi levada a debate durante o VII Congresso Nacional da AIDA Brasil, realizado em parceria com a Escola Superior da Magistratura do Estado de Santa Catarina, foi no sentido de que a disposição original previa

[14] A respeito do ingresso do ressegurador e do cossegurador na lide, veja artigo de Bárbara Bassani de Souza e Luís Antônio Giampaulo Sarro, membros do GNT de Processo Civil da AIDA Brasil, que integra o livro *Aspectos Jurídicos do Contrato de Seguro* – Ano IV pg. 175

indevidamente que o juiz nomearia um regulador de avaria grossa dos quadros da Superintendência de Seguros Privados – SUSEP.

Encaminhada informalmente por mensagem eletrônica, a crítica do GNT de Processo Civil foi acolhida pela Comissão de Apoio ao Relator-Geral na Câmara dos Deputados. Assim o artigo 722 passou a ter a seguinte redação:

> "Quando inexistir consenso acerca da nomeação de um regulador de avarias, o juiz de direito da comarca do primeiro porto onde o navio houver chegado, provocado por qualquer parte interessada, nomeará um de notório conhecimento".

Sobre o tema, é importante registrar as conclusões de Bárbara Bassani de Souza[15]:

> "A partir da breve análise realizada, foi possível constatar que, apesar de antigo, o instituto das avarias ainda é de extrema importância para o transporte marítimo. A avaria grossa tem maior relevância do que a avaria particular, pois é suportada pelas partes envolvidas, sendo imprescindível a sua regulação. Certo é que a maioria dos contratos prevê a utilização das regras de York e Antuérpia para fixação das contribuições de cada um dos envolvidos. Contudo, ainda existem contratos antigos nos quais são utilizadas as regras do Código Comercial. Independentemente das regras de direito material utilizadas na esfera extrajudicial, o fato é que quando há litígio, as partes precisam se valer da via judicial. Nesse contexto, em que pese o procedimento judicial de regulação da avaria grossa ter caído em desuso ante a quase totalidade dos casos serem resolvidos extrajudicialmente, conforme se infere do número escasso de julgados acerca da matéria, é positiva a inserção do procedimento especial da regulação de avaria grossa no Substitutivo da Câmara, de forma a regulamentar a questão. Todavia, a atualização pretendida nos estudos que ensejaram a retomada do procedimento de regulação de avaria grossa no Código de Processo Civil revela-se tímida, como se nota por uma simples leitura dos arts. 707 a 711 do novo diploma em comparação aos arts. 765 a 768 do CPC/1939."

[15] *Da Regulação de Avaria Grossa no Novo CPC, in Novo Código de Processo Civil – Principais Alterações do Sistema Processual Civil* – 2ª edição, revista, atualizada e ampliada, coordenada por Luís Antônio Giampaulo Sarro. São Paulo: Ed. Rideel, 2016, pág. 367.

Trata-se, de qualquer forma, de um instituto de pouca utilização prática no campo processual.

4. Intervenção de Terceiro

Além da sucessividade restrita da denunciação à lide, o CPC/2015 trouxe alterações em relação ao instituto da Intervenção de Terceiros com a eliminação da nomeação à autoria e o deslocamento da oposição para a parte dos procedimentos especiais (artigos 682 a 686), ao lado dos embargos de terceiro (artigos 674 a 681).

Foram mantidos a assistência, simples e litisconsorcial (artigos 119 a 124), e o chamamento ao processo (artigos 130 a 137).

O incidente de desconsideração da personalidade jurídica (artigos 133 a 136) passou a integrar o instituto da intervenção de terceiros. Destaca-se a importância dessa alteração em virtude da sua utilidade nos casos em que a seguradora, por sub-rogação, exerce o direito de regresso contra o causador do dano, admitida que é a desconsideração inversa da personalidade jurídica e o cabimento no processo de conhecimento, em cumprimento de sentença e na execução de título extrajudicial.

Sobre o tema, vale examinar o artigo *Da Intervenção de terceiros no Novo Código de Processo Civil*[16] do livro *Aspectos Jurídicos dos Contratos de Seguro* – Ano IV, de autoria de Antônio Teixeira, Cláudio Aparecido Ribas da Silva, Luís Antônio Giampaulo Sarro e Luiz Antônio de Aguiar Miranda, membros do GNT de Processo Civil da AIDA Brasil.

4.1 Do Instituto *Amicus Curiae*

Passou a integrar, também, as modalidades de intervenção de terceiros a figura do *Amicus Curiae* (artigo 138), que, expressamente, permite a órgãos técnicos e entidades especializadas dos diversos setores regulados ou não, ingressar no feito para fornecer elementos técnicos relevantes para a solução do litígio.

Dos conceitos extraídos da doutrina, selecionamos a definiç*ão de amicus curiae* de Alexandre Freitas Câmara por sua clareza e completude[17]:

[16] Obra coordenada por Angélica Carlini e Pery Saraiva Neto. Porto Alegre: Livraria dos Advogados, 2016, páginas 149.

[17] CÂMARA, Alexandre Freitas, O Novo Processo Civil Brasileiro, editora atlas, edição 2015, p. 106.

> *"O amicus curiae é um terceiro que ingressa no processo para fornecer subsídios ao órgão jurisdicional para o julgamento da causa. Pode ser pessoa natural ou jurídica, e até mesmo um órgão ou entidade sem personalidade jurídica (art.138). Exige a Lei, para que possa intervir como amicus curiae, que esteja presente a representatividade adequada, isto é, deve o amicus curiae ser alguém capaz de representar, de forma adequada, o interesse que busca ver protegido no processo (FPPC, enunciado 128: "A representatividade adequada exigida do amicus curiae não pressupõe a concordância unânime daqueles que a representa").*

Presente a desejada imparcialidade do *amicus curiae,* este não pode ostentar ou manifestar interesse jurídico direto por conexidade ou dependência da relação jurídica deduzida no processo, o que acarretaria caracterização própria à intervenção na qualidade de assistente.

Neste sentido a doutrina de Cássio Scarpinella Bueno[18] para a distinção entre o interesse jurídico e o interesse institucional:

> *"O 'interesse jurídico' não pode ser confundido (em verdade, reduzido) ao interesse jurídico que anima as demais intervenções de terceiro no que é expresso o caput do art. 119 ao tratar da assistência. Fossem realidades coincidentes e, certamente, não haveria necessidade de zero CPC de 2015 – e antes dele, algumas leis esparsas, a jurisprudência e a doutrina – disciplinar expressamente o amicus curiae.*
>
> *O "interesse institucional", por isso mesmo, deve ser entendido de forma ampla, a qualificar quem pretende ostentar o status de amicus curiae em perspectiva metaindividual, apta a realizar interesses que não lhe são próprios nem exclusivos como pessoa ou como entidade. São, por definição, interesses que pertencem a um grupo (determinado ou indeterminado) de pessoas e que, por isso mesmo, precisam ser considerados no proferimento de específicas decisões; o amicus curiae, esta é a verdade, representa-os em juízo como adequado portador deles que é."*

Diferentemente do Ministério Público que desempenha o papel de fiscal da ordem jurídica, o interesse do *amicus curiae* em que uma das partes saia vencedora é de natureza institucional e representativa de determinado seguimento da sociedade, portanto, legítimo. Vide as ocasiões em que a Confederação Nacional de Seguros (CNSeg) foi admitida em Juízo, nessa qualidade.

[18] SCARPINELLA Bueno, Cássio em Manual de Direito Processual Civil, volume único, editora Saraiva, edição 2015, p. 161.

Tal interesse se sobrepõe às questões debatidas pelas partes em torno do objeto imediato do processo. Cássio Scarpinella Bueno defende que[19]

> *"O 'interesse institucional' não pode ser confundido (em verdade reduzido) ao interesse jurídico que anima as demais intervenções de terceiros no que é expresso o caput do art.119 ao tratar da assistência. ...*
>
> *O interesse institucional, por isso mesmo, deve ser compreendido de forma ampla, a qualificar quem pretende ostentar o status de amicus curiae em perspectiva metaindividual, apta a realizar interesses que não lhe sejam próprios nem exclusivos como pessoa ou como entidade. São, por definição, interesses que pertencem a grupo (determinado ou indeterminado) de pessoas e que, por isso mesmo, precisam ser considerados no proferimento de especificas decisões".*

O instituto do *amicus curiae*, ainda que assim, não explicitamente, denominado, já era preconizado em outros diplomas legais:

> *"Este instituto encontra-se presente em nossa legislação desde a Lei Federal nº 6.385/1976, que cuida da Comissão de Valores Mobiliários, bem como na Lei Federal nº 9.868/1999, que trata do processo e julgamento da Ação Direta de Inconstitucionalidade e a Ação Declaratória de Constitucionalidade perante o Supremo Tribunal Federal, que, no § 2º do art. 7º, estabelece que "O relator, considerando a relevância da matéria e a representatividade dos postulantes, poderá, por despacho irrecorrível, admitir, observado o prazo fixado no parágrafo anterior, a manifestação de outros órgãos ou entidades."*[20]

A intervenção do *Amicus Curiae,* em tese, poderá ser efetivada em qualquer momento do processo. O juiz ou o relator, considerando a relevância da matéria, a especificidade do tema objeto da demanda ou a repercussão social da controvérsia, poderá, por decisão irrecorrível, de ofício ou a requerimento das partes ou de quem pretenda manifestarse, solicitar ou admitir a manifestação de pessoa natural ou jurídica, órgão ou entidade especializada, com representatividade adequada, no prazo de quinze dias da sua intimação, sem que tal venha implicar em alte-

[19] Op.cit. p. 161.

[20] SILVA, Cláudio Aparecido Ribas, *Novo Código de Processo Civil, Principais Alterações do Sistema Processual Civil,* 2ª edição, revista, atualizada e ampliada, coordenação de SARRO, Luís Antônio Giampaulo, editora Ridel, edição 2016, p. 34.

ração de competência, conforme consta do Capítulo V – DO AMICUS CURIAE, do artigo 138 e seus três parágrafos.

> *Art. 138. [...]*
>
> *§ 1º A intervenção de que trata o caput não implica alteração da competência nem autoriza a interposição de recursos, ressalvada a oposição de embargos de declaração e a hipótese do § 3º.*
>
> *§ 2º Caberá ao juiz ou ao relator, na decisão que solicitar ou admitir a intervenção, definir os poderes do amicus curiae.*
>
> *§ 3º O amicus curiae pode recorrer da decisão que julgar o incidente de resolução de demandas repetitivas.*

Eduardo Talamini[21] esclarece as razões que acarretam a proibição de interposição de recurso pelo *amicus curiae* e suas exceções.

> *"Em regra, o amicus curiae não detém legitimidade para interpor recursos no processo de que participa. Tal limitação explica-se pela natureza de sua intervenção: não assume, nem subsidiariamente, os poderes processuais inerentes às partes."*
>
> *"Há duas exceções explícitas: (a) pode sempre interpor embargos declaratórios, o que se justifica pela função meramente integrativa e esclarecedora deste recurso; (b) pode recorrer dos julgamentos de recursos de demandas repetitivas, o que se explica pela especial condição do amicus curiae nessas hipóteses em que seu interesse assume um papel relevante, ainda que não exclusivo.".*

Quanto a decisão que defere a intervenção do *amicus curiae,* ela é irrecorrível a teor do caput do artigo 138[22]. No entanto, a decisão que indefere seu ingresso, seja modalidade de intervenção espontânea ou provocada poderá ser atacada por meio de recurso de agravo de instrumento.[23]

[21] Op.cit. p. 445.

[22] Art. 138. O Juiz ou o relator, considerando a relevância da matéria, a especificidade do tema objeto da demanda ou a repercussão social da controvérsia, poderá, **por decisão irrecorrível**, de ofício ou a requerimento das partes ou de quem pretenda manifestar-se, solicitar ou admitir a participação de pessoa natural ou jurídica, órgão ou entidade especializada, com representatividade adequada, no prazo de 15(quinze) dias de sua intimação.

[23] Art.1015. Cabe agravo de instrumento contra decisões interlocutórias que versarem sobre: IX – admissão ou inadmissão de intervenção de terceiros.

Ao ser admitida a inclusão do *amicus curiae* na lide, deve o juiz ou relator do processo, estabelecer ou definir quais serão seus poderes processuais.

5. Do Incidente de Resolução de Demandas Repetitivas-IRDR

Dentre as alterações mais relevantes, encontra-se a instituição no Sistema Processual Civil brasileiro do Incidente de Resolução de Demandas Repetitivas.

Trata-se de ferramenta processual capaz de prover maior isonomia e rapidez à tramitação e à decisão de grande volume de processos que contemplam teses repetitivas.

Cabral[24], Viafore[25], Lévy[26] e Verbic[27], esclarecem que o instituto foi inspirado no *Musterverfahren* do direito alemão, com técnicas similares ao *Group Litigation Order* do direito inglês e com algumas técnicas análogas ao *Multidistrict-Litigation* do direito norte americano.

Luiz Henrique Volpe Camargo[28] observa que, apesar de todas as técnicas já existentes no sistema processual brasileiro para garantir a isonomia perante a lei, com grande frequência, casos iguais recebem respostas judiciárias díspares, em tempo diferenciado e que nem mesmo a existência do microssistema da tutela coletiva, com a previsão de cabimento da ação civil coletiva para a tutela de direitos individuais homogêneos, tem se mostrado eficaz para evitar o tratamento diferenciado para casos iguais e a multiplicação de processos.

[24] Cabral, Antonio do Passo. O novo procedimento-modelo (musterverfahren) Alemão: uma alternativa às ações coletivas. Revista de Processo, São Paulo: RT, v. 147, maio, 2007, p. 123-145.

[25] Viafore, Daniele. As semelhanças e as diferenças entre o procedimento – modelo alemão musterverfahren e a proposta de um "incidente de resolução de demandas repetitivas" no PL 8.046/2010. Revista de Processo, São Paulo: RT, nº 217, março, 2013, p. 257-308.

[26] Lévy, Daniel de Andrade. O incidente de resolução de demanda repetitiva no anteprojeto do Novo Código de Processo Civil – exame à luz da *Group Litigation Order* britânica. Revista de Processo, São Paulo: RT, nº 196, ano 36, jun., 2011, p. 165-206.

[27] Verbic, Francisco. El incidente de resolución de demandas repetitivas em El prueto de nuevo Código Procesual Civil. Revista de Informação Legislativa, Brasília: Senado Federal, v. 190 – tomo I, abril-junho, 2011, p. a89-202.

[28] Jurista que integrou as Comissões de Juristas de Apoio aos Relatores Gerais do Projeto de Lei 13.105/2015 que deu origem ao de Novo CPC,

Infelizmente, o que se tem verificado na aplicação do IRDR é uma vulgarização do instituto pelos Tribunais quanto a seleção de casos tidos por repetitivos, sem a observância dos critérios objetivos estabelecidos pelo artigo do CPC: a necessidade de um número elevado de matéria repetitivas com possibilidade de prejuízo à denominada isonomia e à segurança jurídica.

Pesquisa do CNJ revela excessivo número de incidentes em andamento com a determinação de suspensão de ações judiciais em curso, além de certa demora na consolidação das teses. Em outras palavras, a admissão do incidente sem muita preocupação com o julgamento célere da formação do precedente, mas somente com o efeito de suspender as ações em andamento.

O mesmo Conselho Nacional de Justiça fornece conceito irretocável do referido instituto:[29]

> "Demandas Repetitivas são processos nos quais a mesma questão de direito se reproduz de modo que a sua solução pelos Tribunais Superiores ou pelos próprios Tribunais locais pode ser replicada para todos de modo a garantir que essas causas tenham a mesma solução, ganhando-se, assim, celeridade, isonomia e segurança jurídica no tratamento de questões com grande repercussão social. Por meio da formação de precedentes judiciais obrigatórios, os Tribunais fixam o entendimento acerca de determinada matéria jurídica reduzindo significativamente a quantidade de recursos que chegam às instâncias superiores. As decisões proferidas segundo a técnica de geração de precedentes em demandas repetitivas são de observância obrigatória pelos Tribunais e juízos inferiores de acordo com o artigo 927 do Código de Processo Civil de 2015".

Registre-se aqui, que se trata, de qualquer forma, de um instituto novo de ampla aplicação no sistema processual civil desde o início de vigência do novo CPC.

6. Do Incidente de Assunção de Competência – IAC

[29] www.cnj.jus.br

O Incidente de Assunção de Competência - IAC - já se encontrava previsto no § 1º do artigo 555 do CPC/73, introduzido pela Lei n. 10.352/2001, que, assim dispunha:

> "Art. 555. No julgamento de apelação ou de agravo, a decisão será tomada, na câmara ou turma pelo voto de 3 (três) juízes,
>
> § 1º Ocorrendo relevante questão de direito, que faça conveniente prevenir ou compor divergência entre câmaras ou turmas do tribunal, poderá o relator propor seja o recurso julgado pelo órgão colegiado que o regimento indicar; reconhecendo o interesse público na assunção de competência, esse órgão colegiado julgará o recurso." (incluído pela Lei 10.352/2001)

Por sua vez, o CPC/2015 veio estabelecer de forma explícita, exemplificativa e abrangente que:

> "Art. 947 É admissível a assunção de competência quando o julgamento de recurso, de remessa necessária ou de processo de competência originária envolver relevante questão de direito com grande repercussão social, sem repetição em múltiplos processos.
>
> § 1º Ocorrendo a hipótese de assunção de competência, o relator proporá, de ofício ou a requerimento da parte, do Ministério Público ou Defensoria Pública, que seja o recurso, a remessa necessária ou o processo de competência originária julgado pelo órgão colegiado que o regimento indicar.
>
> § 2º O órgão colegiado julgará o recurso, a remessa necessária ou o processo de competência originária se reconhecer interesse público na assunção de competência.
>
> § 3º O acórdão proferido em assunção de competência vinculará todos os juízes e órgãos fracionários, exceto se houver revisão de tese[30].
>
> § 4º Aplica-se o dispositivo neste artigo quando ocorrer relevante questão de direito a respeito da qual seja conveniente a prevenção ou a composição de divergência entre câmaras ou turmas do tribunal".

[30] Sarro, Luís Antônio Giampaulo. *Novo Código de Processo Civil – Principais Alterações do Sistema Processual Civil.* 2a Ed. São Paulo. Ed. Rideel, 2016, p. 168.

O IAC integra o microssistema de formação de precedentes vinculantes para garantia da isonomia e segurança jurídica. Decidir com base em precedentes é uma forma de assegurar o respeito a uma série de princípios formadores do modelo constitucional do processo brasileiro.

Vale assinalar que o Superior Tribunal de Justiça – STJ vem se utilizando do Incidente de Assunção de Competência – IAC para uniformizar a sua jurisprudência, como verifica-se nos exemplos abaixo que trataram da prescrição:

> – IAC no RECURSO ESPECIAL n. 1.303.374-ES (2012/0007542-1), admitido em 14.06.2017, envolvendo a tese "Contrato de Seguro facultativo: ser ou não anual o prazo de prescrição em todas as pretensões que envolvam segurado e segurador, não apenas as indenizatórias.
>
> – IAC no RECURSO ESPECIAL n. 1.604.412-SC (2016/0125154-1), admitido em 08.02.2017, tendo como tese o "Cabimento, ou não, da prescriçao intercorrente nos processos anteriores ao atual CPC; imprescindibilidade de intimação e de oportunidade prévia para o credor dar andamento ao processo".

No que diz respeito ao segundo IAC, acima mencionado, de relatoria do Ministro Marco Aurélio Bellizze, julgado pela Segunda Seção do STJ em 27.06.2018, com acórdão publicado em 22.08.2018 e, nele foram firmadas as seguintes teses:

> 1.1. Incide a prescrição intercorrente, nas causas regidas pelo CPC/73, quando o exequente permanece inerte por prazo superior ao de prescrição do direito material vindicado, conforme interpretação extraída do art. 202, parágrafo único, do Código Civil de 2002.
>
> 1.2. O termo inicial do prazo prescricional, na vigência do CPC/1973, conta-se do fim do prazo judicial de suspensão do processo ou, inexistindo prazo fixado, do transcurso de 1 (um) ano (aplicação analógica do art. 40, § 2º, da Lei 6.830/1980).
>
> 1.3. O termo inicial do art. 1.056 do CPC/2015 tem incidência apenas nas hipóteses em que o processo se encontrava suspenso na data da entrada em vigor da novel lei processual, uma vez que não se pode extrair interpretação que viabilize o reinício ou a reabertura de prazo prescricional ocorridos na vigência do revogado CPC/1973 (aplicação irretroativa da norma processual).

1.4. O contraditório é princípio que deve ser respeitado em todas as manifestações do Poder Judiciário, que deve zelar pela sua observância, inclusive nas hipóteses de declaração de ofício da prescrição intercorrente, devendo o credor ser previamente intimado para opor algum fato impeditivo à incidência da prescrição.

Pesquisa recente, acerca de novas teses em Incidente de Assunção de Competência, revela a admissão de outra tese jurídica, ainda não submetida a julgamento pelo plenário, a saber:

> 'IAC 5 – Ementa: INCIDENTE DE ASSUNÇÃO DE COMPETÊNCIA. RECURSO ESPECIAL. PROCESSUAL CIVIL. PLANO DE SAÚDE COLETIVO EMPRESARIAL. DIREITO DE MANUTENÇÃO. EX-EMPREGADA APOSENTADA. DECLINAÇÃO DA COMPETÊNCIA PARA JUSTIÇA DO TRABALHO PELO TRIBUNAL "A QUO"."

A definição de tese em IAC, forma precedente judicial, de observação obrigatória, como determina o artigo 927 do CPC/2015:

> "Art. 927. Os juízes e os tribunais observarão: [...]
>
> III – os acórdãos em incidente de assunção de competência ou de resolução de demandas repetitivas e em julgamento de recursos extraordinário e especial repetitivo."

Aliás, em sintonia, determina o § 3º do artigo 947 do mesmo diploma processual que o acórdão proferido em assunção de competência vinculará todos os juízes e órgãos fracionários.

Em igual sentido regra o artigo 985 e seus dois incisos, em relação às decisões proferidas em IRDR, inclusive para os casos futuros que versarem sobre idêntica questão de direito e que venham a tramitar no território de competência do tribunal, salvo revisão na forma do art. 986.

7. Recursos especiais e extraordinários repetitivos

Com o mesmo objetivo dos precedentes com efeito vinculativos, os recursos especiais e extraordinários repetitivos, não só foram mantidos no novo Código de Processo Civil como também foram aprimorados.

A uniformidade do entendimento na interpretação do direito em tais situações ocorre quando da verificação de excesso de recursos especiais e extraordinários que envolvam o mesmo tema de direito. O objetivo do procedimento, além da uniformização da interpretação do direito, do respeito à isonomia e à igualdade de tratamento é diminuir o fluxo de recursos nos tribunais superiores por meio da edição de precedente em tais temas, com caráter vinculativo, i.é. de aplicação obrigatória nas teses relacionadas e admitidas.

O Código de Processo de 1973 já previa o instituto, porém foi diante do *animus* da legislação nova em privilegiar a aplicação de precedentes, que veio a ocorrer notável evolução da utilização dos procedimentos previstos nos artigos 1036 a 1041 do Código de 2015.

Conforme o artigo 1.036 do CPC/2015, em situações que for detectada a existência de múltiplos recursos com fundamento em idêntica controvérsia, o mérito da questão debatida deve ser julgado de modo a seleção de um ou dois casos com a determinação de suspensão de todos os demais recursos que tratem da mesma matéria.

Cabe ao presidente ou vice-presidente no tribunal de origem selecionar dois ou mais recursos que melhor representem a questão de direito repetitiva e encaminhá-los ao Superior Tribunal de Justiça para afetação, devendo os demais recursos sobre a mesma matéria ter a tramitação suspensa. Após o julgamento e publicação da decisão colegiada sobre o tema repetitivo a mesma solução será aplicada aos demais processos que estiverem suspensos na origem.

Trata-se assim de mais um mecanismo que visa criar precedente vinculante em padrão decisório que deve ser seguido pelas instâncias precedentes aos Tribunais Superiores, na constatação de existência de múltiplos recursos especiais e extraordinários com mesma matéria de direito.

Alexandre Freitas Câmara esclarece a sistemática em torno de como é o procedimento de eleição dos casos tidos como repetitivos, cuja deliberação tanto poderá ser do presidente ou vice-presidente do Tribunal Estadual, como também pelo relator sorteado no STJ:[31]

> "Pode também acontecer de os recursos especiais e extraordinários (sobre uma mesma questão de direito) começarem a chegar em grande número ao STJ ou STF, sem que tenha havido qualquer decisão do

[31] Camara, Alexandre Freitas, *O Novo Processo Civil Brasileiro*, editora atlas, edição 2015, pg. 549.

Presidente ou Vice-Presidente de tribunal recorrido selecionando recursos representativos da controvérsia. Pois neste caso incumbira ao relator, no STF ou no STJ, selecionar dois ou mais recursos representativos da controvérsia para julgamento da questão de direito (art. 1036, parágrafo 5º)".

No âmbito do STJ, foi constatada a existência dos seguintes temas já julgados e com teses aprovadas, cuja leitura é suficiente para revelar as situações de sua aplicabilidade:

Tema 471

Tese Jurídica: Descabe ação do terceiro prejudicado ajuizada direta e exclusivamente em face da Seguradora do apontado causador do dano. No seguro de responsabilidade civil facultativo a obrigação da Seguradora de ressarcir danos sofridos por terceiros pressupõe a responsabilidade civil do segurado, a qual, de regra, não poderá ser reconhecida em demanda na qual este não interveio, sob pena de vulneração do devido processo legal e da ampla defesa".

Tema 610

Tese Jurídica: "Na vigência dos contratos de plano ou de seguro de assistência à saúde, a pretensão condenatória decorrente da declaração de nulidade de cláusula de reajuste nele prevista prescreve em 20 anos (art. 177 do CC/1916) ou em 3 anos (art. 206, § 3º, IV, do CC/2002), observada a regra de transição do art. 2.028 do CC/2002".

Tema: 729

Tese Jurídica: "Não cabe confundir as "sociedades corretoras de seguros" com as "sociedades corretoras de valores mobiliários" (regidas pela Resolução BACEN n. 1.655/89) ou com os "agentes autônomos de seguros privados" (representantes das seguradoras por contrato de agência). As "sociedades corretoras de seguros" estão fora do rol de entidades constantes do art. 22, §1º, da Lei n. 8.212/91".

Tema 952

Tese Jurídica: "O reajuste de mensalidade de plano de saúde individual ou familiar fundado na mudança de faixa etária do beneficiário é válido desde que (i) haja previsão contratual, (ii) sejam observadas as normas expedidas pelos órgãos governamentais reguladores e (iii) não sejam aplicados percentuais desarrazoados ou aleatórios que, concretamente e sem base atuarial idônea, onerem excessivamente o consumidor ou discriminem o idoso".

Tema 989

Tese Jurídica: "Nos planos de saúde coletivos custeados exclusivamente pelo empregador não há direito de permanência do ex-empregado aposentado ou demitido sem justa causa como beneficiário, salvo disposição contrária expressa prevista em contrato ou em acordo/convenção coletiva de trabalho, não caracterizando contribuição o pagamento apenas de coparticipação, tampouco se enquadrando como salário indireto".

Essas são, pois, as teses jurídicas aprovadas em regime de recursos repetitivos que mais nos interessam para o âmbito desse breve trabalho.

8. Da Atuação Processual do Mercado de Seguro

O CPC/2015, ao recepcionar comandos adicionados ao código anterior pelas Leis nº 11.418/2006 e nº 11.672/2008 que regulamentaram, respectivamente, a implementação e a sistemática dos recursos repetitivos no Supremo Tribunal Federal e no Superior Tribunal de Justiça, veio reforçar o intuito de redução do acúmulo de ações em todas as instâncias. Vale ressaltar mais uma vez, que foi a partir do novo código que o papel dos precedentes foi fortalecido e ampliada significativamente a observância pelos juízes e tribunais brasileiros dos precedentes e enunciados de força vinculante. O comando do art. 927 do CPC/2015 é claro ao determinar que *os Tribunais devem uniformizar sua jurisprudência, mantendo-a estável, íntegra e coerente.*

Diante dessa orientação quanto à necessidade de os juízes seguirem alguns dos entendimentos d*os tribunais superiores,* ainda que não de maneira mecânica e muito menos automática, a consolidação de precedentes veio tornar cada vez mais crucial, que os órgãos jurisdicionais onde tramitam ações capazes de gerar entendimentos de largo alcance e forte impacto nas operações e negócio das empresas, recebam a melhor e mais técnica informação possível sobre a matéria a ser julgada.

Este o papel do *amicus curiae,* fornecer ao órgão jurisdicional que julgará a causa os subsídios sobre o interesse que deseja ver tutelado, expor as informações que possam ajudar no entendimento de características dos processos e operações internas, que muitas vezes contêm aspectos que sem sua intervenção, poderão passar desapercebidos, assim como circunstâncias serem ignoradas, e meandros regulatórios não considerados.

A atividade do seguro é ainda pouco conhecida quanto a sua técnica e passível de sofrer interpretações descoladas da sua realidade e necessidades para preservar seu desenvolvimento e, muitas vezes, até mesmo, sua continuidade e existência. Assim, o ingresso da Confederação Nacional das Empresas de Seguros Gerais, Previdência Privada e Vida, Saúde Suplementar e Capitalização – CNseg – na qualidade de *amicus curiae,* fornecendo elementos esclarecedores que possam levar à obtenção de um resultado favorável ao interesse que representa, reverte-se, pois, de suma importância.

Ao longo dos últimos 4 anos, a CNseg solicitou seu ingresso como *amicus curiae* em 72 Ações Civis Públicas ajuizadas pela SUSEP em face de Associações de Proteção Veicular, tendo sido deferidos 26 dos pedidos. Ainda não foram apreciados 41 pedidos. Das acima referidas ações, 17 já foram em Tribunais Regionais e uma ação no STJ, tendo sido todas elas julgadas com decisões favoráveis a SUSEP. Vale acrescentar que a CNseg, por meio de sua Superintendência Jurídica, monitora mais 73 processos que tramitam em Juízos de 1º e 2º graus, aguardando o momento adequado para a solicitação de ingresso como *amicus curiae.*

As acima mencionadas Associações de Proteção Veicular oferecem um pseudoseguro, um produto similar ao seguro auto para proprietários de automóveis e caminhões que, entretanto, não atende aos requisitos do Decreto-Lei 73/66 nem possui a autorização do órgão fiscalizador para ser comercializado. O *eufemismo* utilizado para sua venda *esconde a prática de uma infração administrativa e mesmo penal (Lei 7.492/86, art.16), em prejuízo aos consumidores, que se vêm sem garantias, e da regular organização da sociedade como um todo.*[32]

A longo desse mesmo período, a Federação Nacional de Saúde Suplementar – FENASAÚDE ingressou como *amicus curiae* em 14 processos, ações ou recursos, que tratam de temas como: Retroatividade do Esta-

[32] Luiz Tavares, no editorial da Revista Jurídica de Seguros nº 11.

tuto do Idoso, Direito de Manutenção em Plano de Saúde para Aposentados e Demitidos, Plano Referência, Ressarcimento ao SUS, ISS, Medicamentos sem registro na ANVISA, Comercialização de Planos Individuais, Procedimentos Extra-Rol, Índice de Reajuste de Planos Individuais e Familiares.

Referentes à questão da embriaguez, a CNseg participa em dois recursos em trâmite no STJ, que tratam de casos de sinistro de seguro auto.

Por fim, quanto ao ramo de Vida e Previdência são 8 os processos no STJ que contam com a atuação da Federação Nacional de Vida e Previdência – FenaPrevi – como *amicus curiae*, sobre os temas Exercício Irregular, Reajuste de Faixa Etária, Invalidez Parcial, Dever de Informação do Estipulante, Índice de Reajuste Aplicável aos Benefícios de Previdência Completar Operados por Entidades Abertas.

Conclusões

Como visto, importantes foram as contribuições do Grupo Nacional de Trabalho de Processo Civil da Seção Brasileira da Associação Internacional de Direito de Seguro – AIDA Brasil em relação ao aprimoramento das disposições do novo CPC, durante a sua tramitação legislativa, notadamente sob a ótica dos institutos de maior aplicação às questões que envolvem o contrato de seguro.

E, nesses quatro anos de vigência do CPC/2015, os institutos do Incidente de Resolução de Demandas Repetitivas – IRDR, do Incidente de Assunção de Competência – IAC e dos Recursos Repetitivos tiveram significativa e importante aplicação em processos e ações, tendo o mercado de seguro se destacado na atuação em defesa dos interesses do setor que representa por meio de suas numerosas intervenções como *Amicus Curiae*, para levar aos tribunais brasileiros os aspectos técnicos relevantes que envolvem o contrato e as operações de seguro, indispensáveis para que as decisões judiciais vinculantes possam ser proferidas da forma mais adequada e equilibrada possível.

Sem pretensão de esgotar o tema, acreditamos que foram aqui trazidos os principais aspectos a serem destacados quanto aos quatro anos de vigência do novo CPC, não só, mas, principalmente, no que diz respeito ao setor de seguros, à atuação processual do mercado de seguros e à jurisprudência gerada pelos tribunais brasileiros.

Referências

ABDO, Helena Najjar. *O (Equivocadamente) Denominado "Ônus da Sucumbência" No Processo Civil*: Revista de Processo, v. 140, pp. 37-53, outubro/2006.

BUENO, Cássio Scarpinella. *Curso Sistematizado de Direito Processual Civil*, volume 1, 9ª ed. São Paulo: Saraiva, 2019.

_______. *Manual de Direito Processual Civil*, volume único, editora Saraiva, edição 2015.

CABRAL, Antonio do Passo. O novo procedimento-modelo (musterverfahren) Alemão: uma alternativa às ações coletivas. Revista de Processo, São Paulo: RT, v. 147, maio, 2007.

CAHALI, Yussef Said. *Honorários advocatícios*. 3. ed. São Paulo: ed. RT, 1997.

CAMARA, Alexandre Freitas, *O Novo Processo Civil Brasileiro*, editora atlas, edição 2015.

CAMPOY, Adílson José. Comentários ao inciso VI do artigo 784 do CPC *in* Código de Processo Civil Anotado e Comentado, coordenação de Luís Antônio Giampaulo Sarro, Luiz Henrique Volpe Camargo e Paulo Henrique dos Santos Lucon. São Paulo: Ed. Rideel, 2020.

CARNELUTTI, Francesco. *Sistema de Diritto Processuale Civile*. Pádua: CEDAM. 1936. v. 1.

CHIOVENDA, Giuseppe. *Instituição de Direito Processual Civil*. Tradução de J. Guimarães Menegale. 2a. ed. São Paulo: Saraiva, 1965, v. 3.

GRASSO, Eduardo. *Della responsabilità delle parti: comentário del Codice di Procedura Civile*. Direito da Enrico Allorrio. Turim: UTET, v. 1, t. 2. 1973.

LÉVY, Daniel de Andrade. O incidente de resolução de demanda repetitiva no anteprojeto do Novo Código de Processo Civil – exame à luz da *Group Litigation Order* britânica. Revista de Processo, São Paulo: RT, nº 196, ano 36, jun., 2011.

LIEBMAN, Enrico Tullio. *Manuale Di Diritto Civile*, volume I, Giuffre, Milão, 1980.

MADALENA, Pedro. *Embargos de Terceiro: sucumbência: inexistência de culpa do credor*. Revista dos Tribunais, n. 517, nov. 1978.

MEDINA, José Miguel Garcia. *Novo Código de Processo Civil Comentado*, 3ª ed., 2ª tiragem. São Paulo: Revista dos Tribunais, 2015.

PAJARDI, Piero. *La responsabilità per le spese e i danni del processo*. Milão: Giuffrè, 1959.

SANTOS FILHO, Orlando Venâncio. *O ônus do pagamento dos honorários advocatícios e o princípio da causalidade*: Revista Forense 343/31-39, Rio de Janeiro: Forense.

SARRO, Luís Antônio Giampaulo; MALFATTI, Márcio Alexandre. *As Contribuições da AIDA Brasil para o aprimoramento do Projeto de Lei de novo Código de Processo Civil, in Aspectos Jurídicos dos CONTRATOS DE SEGURO* – coordenação de Angélica Carlini e Pery Saraiva Neto. Porto Alegre: Livraria dos Advogados, 2013.

SARRO, Luís Antônio Giampaulo, na obra por ele coordenada *Novo Código de Processo Civil – Principais Alterações do Sistema Processual Civil* – 2ª edição, revista, atualizada e ampliada. São Paulo: Ed. Rideel, 2016.

______. *Do Princípio da Causalidade no Novo Código de Processo Civil, in NOVO CPC – Análise Doutrinária sobre o novo direito processual brasileiro* – volume 1 – coordenação Alexandre Ávalo Santana e José de Andrade Neto. Campo Grande: Editora Contemplar, 2016.

______. *Dos princípios e os honorários advocatícios no novo CPC.* In HONORÁRIOS ADVOCATÍCIOS. Coordenação de Marcus Vinicius Furtado Coêlho e Luiz Henrique Volpe Camargo, da Coleção GRANDES TEMAS DO NOVO CPC, coordenação geral de Fredie Didier Jr. Salvador: Editora JusPODIVM, 2ª edição, revista e atualizada.

______. *Do princípio da causalidade e a prescrição intercorrente no novo Código de Processo Civil.* RePro 288/93-125.

______. *O Novo CPC e o seu impacto no mercado de seguros.* Revista Jurídica de Seguros nº 3 da CNseg – novembro de 2015, organizada por Maria da Glória Faria.

______. *Jurisprudência Comentada – Acórdão proferido pelo STJ – REsp 1.769.201/SP* (RT 1007/445-481).

______. *Incidente de Resolução de Demandas Repetitivas – IRDR.* Revista Jurídica de Seguros nº 5 da CNseg – novembro de 2016, organizada por Maria da Glória Faria.

______. *Alguns dos Princípios do Novo Código de Processo Civil.* Revista Jurídica de Seguros nº 10 da CNseg– maio de 2019, organizada por Maria da Glória Faria.

SILVA, Beatriz Pereira da; MACHADO, Gislene. *Observância do princípio da causalidade na condenação da Fazenda Públicas em honorários advocatícios. Jus Navigandi,* Teresina, ano 14, n. 2203, 13 jul. 2009.

SILVA, Cláudio Aparecido Ribas. *Novo Código de Processo Civil – Principais Alterações do Sistema Processual Civil,* 2ª edição, revista, atualizada e ampliada – coordenação de Luis Antonio Giampaulo Sarro. São Paulo: Editora Ridel, 2016.

SOUZA, Bárbara Bassani; SARRO, Luís Antônio Giampaulo. *Ingresso do ressegurador e do cossegurador na lide – in Aspectos Jurídicos do Contrato de Seguro – Ano IV* – coordenação de Angélica Carlini e Pery Saraiva Neto. Porto Alegre: Livraria dos Advogados, 2016.

SOUZA, Bárbara Bassani. *Da Regulação de Avaria Grossa no Novo CPC, in Novo Código de Processo Civil – Principais Alterações do Sistema Processual Civil* – 2ª edição, revista, atualizada e ampliada, coordenada por Luís Antônio Giampaulo Sarro. São Paulo: Ed. Rideel, 2016.

TALAMINI, Eduardo, Teresa Arruda Alvim Wambier, Bruno Dantas (Coordenadores) Breves Comentários ao Código de Processo Civil, 2ª tiragem, editora RT, Do *Amicus Curae.*

TEIXEIRA, Antônio; SILVA, Cláudio Aparecido Ribas; SARRO, Luís Antônio Giampaulo; MIRANDA, Luiz Antônio de Aguiar. *Da intervenção de terceiros no Novo Código de Processo Civil – in Aspectos Jurídicos do Contrato de Seguro – Ano IV* – coordenação de Angélica Carlini e Pery Saraiva Neto. Porto Alegre: Livraria dos Advogados, 2016.

VERBIC, Francisco. El incidente de resolución de demandas repetitivas em El prueto de nuevo Código Procesal Civil. Revista de Informação Legislativa, Brasília: Senado Federal, v. 190 – tomo I, abril-junho, 2011.

VIAFORE, Daniele. As semelhanças e as diferenças entre o procedimento – modelo alemão musterverfahren e a proposta de um "incidente de resolução de demandas repetitivas" no PL 8.046/2010. Revista de Processo, São Paulo: RT, nº 217, março, 2013.

VOLPE, Luiz Henrique Camargo. O Incidente de Resolução de Demandas Repetitivas no Projeto de Novo CPC; a comparação entre a versão do Senado Federal e a da Câmara dos Deputados, em Novas Tendências do Processo Civil. Salvador: Editora *Jus*Podivm, 2014.

16. Noções Fundamentais da Regulação de Sinistros

PEDRO IVO SILVA MELLO

1. Natureza jurídica do procedimento de regulação de sinistros

Rubén S. Stiglitz define sinistro como "... *la realización del riesgo tal como há sido precisado en el acuerdo de voluntades*"[1]. E é exatamente quando da realização do risco predeterminado na apólice, que o contrato de seguro adentra em sua fase mais crítica: a regulação do sinistro.

Poucos são os autores brasileiros, contudo, que se dedicaram à pesquisa e estudo do chamado procedimento de regulação e liquidação de sinistros[2]. Não por falta de capacidade ou dedicação ao estudo do contrato de seguro – haja vista o privilégio de termos diversos civilistas brasileiros que se dedicaram ao direito dos seguros com profundidade –, mas, talvez, por priorizarem o exame das fases de formação do negócio jurídico e nas consequências de seu inadimplemento.

Portanto, raros são aqueles que discorreram sobre a execução do contrato de seguro, em especial sobre sua forma natural de extinção, qual seja, pelo adimplemento da prestação a que se obrigou o segurador,

[1] "*El siniestro*". Buenos Aires: Astrea, 1980, p. 22.

[2] "É uma auto-crítica de quem se propõe, ao menos sob o perfil do direito, ensaiar pela primeira vez no país a respeito do epicentro da execução da obrigação indenizatória a cargo do segurador, a regulação do sinistro". Ernesto Tzirulnik, "*Regulação de Sinistro*", São Paulo: Max Limonad, 2001, p. 22.

após a devida regulação do sinistro e liquidação dos prejuízos advindos dos riscos garantidos.

A regulação de sinistros, assim, inicia-se em momento contratual no qual as partes já estão estabelecidas, o interesse legítimo declarado pelo segurado e o risco aceito pelo segurador. Inicia-se a regulação do sinistro, então, quando o contrato de seguro é considerado existente, válido e eficaz.

A fragilidade da regulação, entretanto, é ínsita ao momento em que nasce o dever de sua realização, pois surge com o sinistro o dever do segurador de prestar a garantia pela qual se obrigou perante o titular do interesse segurável. Este, por outro lado, encontra-se em posição, via de regra, vulnerável, sofrendo prejuízos financeiros ou imateriais indesejados.

A expectativa de direitos e obrigações que nascem a partir da ocorrência do sinistro dão início a essa peculiar e sensível fase do contrato de seguro, através da qual o segurador deverá iniciar o exame relativo à possibilidade de subsunção do fato ou risco pré-determinado (potencialmente gerador do direito à indenização) à norma vigente e às previsões contratuais estabelecidas, a fim de prestar, ou não, a garantia contratada[3]. O regulador de sinistros, por sua vez, será nomeado pelo segurador para desempenhar tal função, de modo a atender os interesses, tanto do segurador, como do segurado.

A regulação de sinistro reside, justamente, em percorrer essa fase de apuração: examinar a causa do sinistro, suas consequências e os prejuízos daí decorrentes, a fim de concluir pela possibilidade de enquadrá-los nos riscos garantidos ou, em caso negativo, afastá-los, justificadamente. É a regulação de sinistros, de forma sucinta, o procedimento através do qual o segurador instrumentaliza e materializa, mediante a adoção de medidas técnicas e jurídicas executadas pelo regulador, a obrigação de garantia assumida no contrato.

Na lição de Judith Martins-Costa, depreende-se que o procedimento de regulação é parte integrante da prestação de garantia assumida pelo segurador, gerando, ainda, deveres de conduta ao segurado e até aos

[3] "Assim é que na atividade de *regulação de sinistro* compreende, antes de mais nada, o cotejo do fato ou evento noticiado com o risco assegurado e demais estipulações contratuais. Se o resultado da operação for positivo, isto é, houver identidade, ainda que parcial, entre o fato e o risco garantido pelo segurador, então haverá sinistro". Ernesto Tzirulnik, Ob. cit., p. 80-81.

resseguradores – conquanto estes últimos não possuam, via de regra, relação contratual direta com o credor da garantia:

> *"A regulação do sinistro é execução do contrato. Apenas quando finda a regulação e a liquidação se dá o adimplemento satisfatório, fim de toda relação obrigacional. Se inadimplida a prestação, pela recusa injustificada ao pagamento da indenização ajustada, nasce então ao segurado pretensão indenizatória.*
> *Essa ideia deve ser bem marcada: o que caracteriza a fase da regulação é, portanto, o fato de consistir em fase da execução dos deveres a das obrigações gerados pelo contrato de seguro. E, como sabemos, é na fase da execução da relação obrigacional que os deveres decorrentes da boa-fé – a chamada boa-fé* in executivis *– encontram a sua plenitude. Essa é a fase delicada, pois a regulação do sinistro configura procedimento administrativo de interesse comum do segurado e do segurador, consistindo em parte integrante da prestação devida pelo segurador ao titular da pretensão indenizatória.*
> *(...). Na fase da regulação de sinistro há geração de deveres jurídicos para o segurado, seguradora, resseguradora e regulador do sinistro."*[4]

Markham, Quinley e Thompson, em obra fundamental sobre o tema, vão além e esclarecem que a função da regulação é a própria prestação indenizatória *("deliver the promise to pay")*, buscando meios de garantir a cobertura para o risco transferido ao segurador. Em suas palavras, "*... the claim representative's chief task is to seek and find coverage, not to seek and find coverage controversied or to deny or dispute claims*"[5].

Portanto, o procedimento de regulação e liquidação de sinistros é prestação de serviço integrante do dever contratual do segurador perante o segurado, com o escopo de confirmar a existência e conteúdo da garantia contratada e, por consequência, cumprir a prestação obrigacional assumida, caso devida.

Nesse ponto, uma vez constatado dever de cobertura do risco, a prestação assumida pelo segurador deve ser adimplida em benefício do titular do interesse segurado de forma célere, em observância ao princípio da boa-fé objetiva e de forma a proteger os interesses transindividuais decorrentes da relação securitária[6].

[4] Judith Martins-Costa. "Boa-Fé e Regulação do Sinistro", apud "VII Fórum de Direito do Seguro José Sollero Filho" São Paulo: Roncarati, 2018. p. 205.
[5] "*The claims environment*", Pensilvania: Insurance Institute of America, 1993, p. 13.
[6] Ob. cit., p. 93-94.

O procedimento de regulação de sinistros se dá, portanto, no interesse comum do segurado e do segurador. Segundo Carlos Barbosa Bessa, em obra pioneira sobre o estudo do tema nos seguros de incêndio, a regulação tem, em síntese, a finalidade de esclarecer e liquidar o conteúdo da obrigação indenizatória decorrente do dever de prestação de garantia assumido pelo segurador:

> *"Regulação de sinistro, a que se dá também, comumente, o nome de liquidação, aplicável ao conjunto, é o processo de apuração dos prejuízos sofridos pelo segurado e de todos os demais elementos que influem no cálculo da indenização e no direito do segurado a essa mesma indenização. Da regulação, e portanto, de sua perfeição e do cuidado com que esteja sendo processada, depende a boa ou a má liquidação do sinistro. É de todo interesse, pois, tanto para os seguradores como para os segurados, que a esta fase básica da liquidação de sinistros seja dispensada a maior atenção e que ela se processe rigorosamente de acordo com os princípios legais e os dispositivos do contrato de seguro."*[7]

Nas palavras de Ernesto Tzirulnik, o significado do termo "regulação", como meio de confrontação e comparação dos fatos ocorridos frente aos riscos garantidos, já explicita a função do procedimento e sua importância para a boa execução do contrato de seguro:

> *"Dentre os diversos significados lexicais não especializados da palavra regulação se encontram as ações de confrontar e comparar, apropriadas à ideia de regulação de sinistro. Isto porque os passos procedimentais que serão dados pelo agente da regulação caracterizam-se fundamentalmente pelo exercício da comparação. O fato avisado será comparado com a realidade. Em seguida é processado o confronto entre o fato ocorrido e o risco assegurado. Este passo contém o cotejo causa e efeito. A comparação entre o dano e o interesse segurado permitirá conhecer o prejuízo; a deste com a garantia contratada, revelará o prejuízo indenizável e daí por diante."*[8]

A tarefa, entretanto, não é simples. Os reguladores de sinistros devem perpassar por diversos campos das ciências humanas, abrangendo variados conhecimentos técnicos (a depender na natureza do risco

[7] "*Manual de Liquidação do Sinistro – Incêndio*", Rio de Janeiro: Biblioteca da FENASEG, s.d., p. 2.

[8] Ob. cit., p. 83.

garantido) e jurídicos (por meio do cotejo de normas infralegais, legais e até mesmo práticas consuetudinárias).

2. Funções essenciais

Nesse contexto, inicia-se particular relação obrigacional, através da qual o regulador passa a prestar serviços específicos de regulação e liquidação de sinistro para os quais é usualmente escolhido e contratado pelo segurador. Mas, por outro lado, o regulador de sinistros também é titular de deveres perante o segurado, pois o procedimento de regulação é meio de cumprimento das obrigações do segurador.

Os serviços de regulação e liquidação de sinistros são, ao mesmo tempo, instrumento de cumprimento da obrigação de garantia assumida pelo segurador e obrigação específica do próprio regulador, acessória ao contrato de seguro. Mais uma vez, Ernesto Tzirulnik arremata: "*A regulação será instrumento para o cumprimento e, simultaneamente, parte integrante do cumprimento*"[9].

A natureza jurídica de tais serviços de regulação é ainda intrigante pelo fato de possuir múltiplos destinatários. Quando não executada diretamente pelo segurador através de quadros próprios, sua função é usualmente delegada a profissionais especializados[10] – admitida, raramente, a indicação do regulador em conjunto com o segurado.

Não obstante, pode-se dizer que o regulador presta serviços também ao segurado, já que sua atuação é realizada no interesse comum de ambas as partes contratantes. Sua remuneração, aliás, é indiretamente paga pelo segurado, pois, incluída na taxa de prêmio. A regulação, em sua destinação final, é instrumento de adimplemento da obrigação de garantia assumida pelo segurador em benefício do segurado.

Ernesto Tzirulnik, a esse respeito, discorre sobre os fundamentos pelos quais a regulação deva ser feita no interesse do titular do interesse segurado, partindo da reconstrução dos fatos geradores do sinistro para

[9] Ob. cit., p. 35.

[10] "Regulador de Sinistro: Termo utilizado pelo Segurador para definir pessoa especializada em determinado(s) ramo(s) de seguro, pertencente ou não ao seu quadro funcional, que realiza ou efetua apuração dos prejuízos realmente sofridos pelo Segurado, demonstrados mediante Relatório de Regulação, num determinado sinistro, para fins de liberação, ou não, de pagamento de indenização." Alexandre Del Fiori, "*Dicionário de Seguros*". São Paulo: EMTS, 1996, p. 137.

sobre eles se aplicar a técnica contratual securitária, concluindo-se pela verificação da existência de cobertura:

> *"Dados os passos reconstrutivos da verdade quanto aos fatos (verdade fática), a regulação ainda deve fazer incidir a técnica contratual securitária (verdade contratual), interpretando o contrato de forma a compreender em que medida os fatos apurados (causas, manifestações e efeitos) fazem ou não incidir a garantia. Esse trabalho complexo, ao contrário de ser destinado ao segurador, é feito no interesse comum do consumidor, já que formará o conteúdo da obrigação indenizatória da qual este é credor."*[11]

A perspectiva da regulação de sinistros como serviço destinado também ao segurado pode parecer, num primeiro momento, peculiar, na medida em que, por regra, as investigações dos fatos para confirmação de cobertura se desenvolvem sob orientação do segurador, a quem o regulador se reporta e por quem é contratado. Não obstante, essa dinâmica contratual não afasta o dever de absoluta lisura, imparcialidade e independência do regulador de sinistros, sendo ele pertencente aos quadros de funcionários do segurador ou por este contratado.

A função do regulador se desenvolve como *longa manus* do segurador, com o propósito específico de aferir a cobertura técnica do sinistro e liquidar os prejuízos com acuidade e perfeição, para que se indenize o prejuízo na exata medida de sua extensão. A observância do princípio indenitário e da obrigação outorgada ao segurador, gestor do fundo mutual, de zelar pelas verbas de prêmios pagos pelos segurados e por ele administradas, são o norte da atividade do regulador de sinistros, cujas conclusões orientarão o segurador em como fazer uso desses recursos. Nesse sentido, acentua Humberto Theodoro Júnior:

> *"Como os recursos utilizáveis para promover a indenização integram o sistema da mutualidade, mantido pelo fundo comum formado por todo o grupo de segurados, incumbe ao gestor desse fundo, agir com rigor para que apenas os sinistros realmente encontrados nas condições e limites do seguro sejam ressarcidos. Qualquer fraude ou desvio nessas reparações pode comprometer ou ameaçar os interesses coletivos ou transindividuais presentes no fundo administrado pelo segurador. Para exigir a indenização, por isso, não basta para o segurado, a ocorrência do*

[11] Ob. cit., p. 111.

dano. É preciso que o sinistro seja averiguado e analisado pelo segurador, de modo que a indenização somente ocorra depois que este esteja convicto de que realmente o dano atingiu o bem segurado e se deu na conformidade com os termos e condições da cobertura securitária. Entre a participação do sinistro e o pagamento da indenização terá de acontecer um procedimento destinado a definir o cabimento, ou não, da reparação ao segurado. A esse procedimento, que não é contencioso, nem se passa em juízo, dá-se o nome de "regulação do sinistro"."[12]

Também por essa razão deve o regulador orientar o segurador acerca de possíveis fraudes ou mesmo inexistência de cobertura técnica, nos limites e termos da apólice contratada. Aliás, deve o regulador atuar com isenção, apontando o dever de prestação da garantia sempre que devida, ainda que o segurador enverede por interpretações técnicas e jurídicas equivocadas a respeito dos fatos e garantias contratadas.

A função do regulador se dá, de fato, no interesse comum de segurado e segurador, pois também é interesse do segurador liberar-se de sua obrigação de garantia nos casos em que esta seja devida. O regulador é o fiel da balança do contrato de seguro, exercendo a função de conferência da cobertura técnica e quantificação dos prejuízos indenizáveis ao titular do interesse segurado.

Rubén S. Stiglitz vai além e sustenta que o serviço de regulação até mesmo substitui o segurado na tarefa de demonstrar o dano, cabendo ao regulador o fazê-lo:

> *"(...) ordinariamente* éste *realiza la pertinente inspección por encargo de la empresa aseguradora lo que efetivamente exime al asegurado de la demostración de la entidade del daño."*[13]

Ainda examinando o entendimento de Rubén S. Stiglitz, esclarece Ernesto Tzirulnik, que dentre as tarefas da atividade regulatória, é fundamental o estudo do risco segurado, mediante sua individualização e delimitação:

[12] *"O Contrato de Seguro e a Regulação de Sinistro"*, p. 7-8, disponível em http://www.ibds.com.br/artigos/OContratodeSeguroeaRegulacaodoSinistro.pdf – acesso em 20.09.2018.

[13] *"Derecho de Seguros"*, Vol. II. Buenos Aires: Abeledo-Perrot, 1997, p. 435-439.

> *"Seguindo critério de Rubén S. Stiglitz, a individualização do risco assegurado se dá através da pesquisa sobre o interesse assegurado e a natureza do evento coberto. A delimitação é obtida mediante a pesquisa a respeito da conduta do segurado (delimitação subjetiva), dos eventos que por sua potencialidade danosa são em princípio inasseguráveis (delimitação objetiva), da relação de causalidade, do tempo de cobertura e das condições especiais de subsistência da garantia comprometida (como, por exemplo, o pagamento do prêmio vencido antes do sinistro, adoção de medidas preventivas estabelecidas antes da realização do risco ou adoção de medidas adequadas para o estancamento dos prejuízos após o sinistro etc.)."*[14]

Nesse mesmo sentido, James J. Markham traz sintética relação das difíceis funções do regulador, dentre elas a de identificar dúvidas de cobertura e tomar providências para evitar pagamentos indevidos. Elenca o autor, contudo, como sendo a primeira função em importância, a tarefa destinada a prover assistência ao segurado com o escopo de garantir que perdas cobertas sejam prontamente pagas[15].

Isaac Halperin[16], fazendo interessante e pertinente comparação entre as funções do regulador de sinistros e do corretor de seguros, é também preciso ao afirmar que a regulação de sinistro se configura prestação de serviço igualmente em favor do segurado, apesar da delicada posição jurídica do regulador na relação obrigacional, pois, conquanto representante do segurador, possui dever de isenção, veracidade e de agir no interesse de ambas as partes:

> *"Cuanto se expresó sobre la impotancia del intermediário em la comercialización puede extenderse al perito y al liquidador, por la transcedencia de su intervención em la determinación del daño indemnizable: su inconducta o la complacência com*

[14] Ob. cit., p. 81.

[15] "The scope of the adjuster's duties following assignment of a loss are many and varied. The adjuster's primary task is to provide assistance and service to the insured so that covered claims are paid promptly. However, the adjuster must also recognize potential coverage questions and take steps to avoid a waiver. In addition, the adjuster must handle and investigate the claim in a timely and proper manner, keeping in mind his or her Good Faith duties and the legal implications of a failure to adjust the claim according to industry standards". James J. Markham, *Property Loss Adjusting*", Vol. I, Pensilvânia: Insurance Institute of America 1990, p. 205-206.

[16] "Seguros – Exposición Crítica de Las Leyes 17.418 y 20.091". Buenos Aires: Depalma, 1983, vol. I, p. 219.

los interesses del assegurador que lo emplea com frecuencia, contribuyen em forma notable al desperstigio de la instituición, porque el assegurado se siente defraudado al no lograr injustamente el resarcimiento que se le debe no obstante haber pagado por él."

A tarefa de regulação e liquidação de sinistros, portanto, além de multidisciplinar, é também multipartes e, como visto, meta-obrigacional, visto ser uma obrigação assumida por conta e ordem do segurador e em favor do segurado, como meio para adimplemento de outra obrigação assumida por aquele, a de prestar garantia ao risco transferido.

3. Funções secundárias

No amplo escopo de funções do regulador de sinistros, como se disse, diretamente vinculado à natureza do risco concretizado e modalidade da apólice contratada, denotam-se tarefas específicas (ou secundárias) que, ordinariamente, são por ele também executadas.

Carlos Barbosa Bessa elenca de maneira quase exauriente essas outras inúmeras obrigações oriundas do múnus assumido pelo "inspetor de sinistros", em sua denominação, atestando o caráter multidisciplinar antes relatado:

"A atividade do inspetor de sinistros é, na verdade, complexa, porque suas atribuições não estão limitadas à determinação dos prejuízos havidos e à sua avaliação, o que, em muitos casos, já não seria tarefa simples.

Incumbe-lhe, ainda, uma série de providencias e verificações, de modo a permitir a mais perfeita execução possível do contrato, por exemplo: 1. Tratar do aproveitamento dos salvados, cuidando, conforme as circunstancias, de sua transferência para outros locais, beneficiamento, avaliação, venda a terceiros, tudo enfim que possa restringir os prejuízos, em benefício das duas partes interessadas; 2. Estudar a cobertura, verificando se os bens danificados ou destruídos estão incluídos no seguro; 3. Verificar a origem dos prejuízos ocorridos, para determinar se foram diretamente causados pelos riscos cobertos ou se estão entre os prejuízos indenizáveis admitidos pelo contrato; 4. Determinar o valor total dos bens cobertos pelo seguro (levantamento dos valores em risco), pois esse valor influirá também no cálculo da indenização: se for maior do que a importância segurada, haverá participação do segurado nos prejuízos; se for menor, em caso de provada má-fé, o pagamento da indenização poderá ser negado; 5. Informar-se e informar sobre a causa do sinistro e se houve dolo, crime ou culpa grave. (...) 6. Verificar se havia qualidade do segurado para contratar o seguro e se houve infração contratual. Essa verificação é necessária porque: a) de acordo com a lei, não tendo quem contrata o seguro interesse real e legítimo na contratação dos bens segurados, é nulo o contrato e b) há infrações ao contrato que invalidam o direito do segurado à indenização e outras que podem produzir sua redução; 7. Verificar se há impedimento ou limitações ao recebimento da indenização pelo segurado. É necessário estudar as possíveis transferências de propriedade (causa mortis ou por força de lei) e se há ônus sobre os bens segurados; 8. Estudar a possibilidade de ressarcimento. As seguradoras, por força de cláusula contratual, ficam, após o pagamento da indenização, sub-rogadas nos direitos do segurado, podendo, eventualmente, reaver de terceiros, aos quais seja imputável responsabilidade na ocorrência do sinistro, o valor da indenização paga. 9. Empregar toda a diligência no sentido de evitar maiores danos para o segurado e seguradores. Há prejuízos, alguns não indenizáveis pelo seguro-incêndio (lucros cessantes e outros), que em muito poderão ser minorados pela presteza com que se houver o inspetor."[17]

E essas, repita-se, apenas para os riscos de incêndio. Trata-se, sem dúvida, de prestação de serviço *altamente complexa*, para a qual poucos profissionais possuem formação ampla e profunda o suficiente para cumpri-la de forma adequada e satisfatória. São demandados conhecimentos técnicos do risco segurado, da modalidade de apólice contratada, de princípios gerais do direito dos seguros, tanto de natureza regulamentar, como da legislação civil e de práticas consuetudinárias (fortemente incidentes sobre as relações securitárias), além de regras específicas da apólice contratada.

Ainda Carlos Barbosa Bessa elenca uma série de características pessoais, técnicas e de formação geral em ciências humanas que se exigem do regulador, cujo domínio é fundamental à função de "(...) quem, defendendo os interesses de uma parte, não deve prejudicar os da outra".[18]

James J. Markham, por sua vez, reforça a vasta gama de conhecimento e tarefas específicas exigíveis na atividade de regulação de sinistros, reforçando a necessidade de experiência técnica, bases gerais de ciências jurídicas e dos contratos de seguro, responsabilidade civil, avaliação

[17] Ob. cit., p. 6 e ss.
[18] Ob. cit., p. 4-5.

de bens materiais, ciências contábeis para apuração de lucros cessantes, investigação científica de fraudes, dentre outras:

> *"Anyone who has chosen property claims adjusting as a career soon discovers that it is a complex, highly technical field. As a result, the property adjuster must have a broad base of knowledge: he or she must know the general law applicable to insurance, contracts, and torts; the adjuster must also be knowledgeable in the areas of building estimating, personal property valuation, accounting, and investigation, and must understand how to utilize experts in these areas. In addition, all adjusters must be familiar with the unfair claim practice statues and the general law. This range of knowledge is applied in various contexts, but it is particularly important to the adjuster because the rights and duties of the insured and insurer are protected and enforced by the adjuster through various important claims handling practices."*[19]

Sem prejuízo, o mesmo autor destaca que o regulador deve estar familiarizado com as leis e normas regulamentares aplicáveis à atividade, especialmente diante de práticas possivelmente violadoras da boa-fé nas reclamações de sinistros, haja vista a repercussão da sua função para o segurador em caso de danos causados ao segurado pela má regulação[20].

Noutro aspecto funcional, a regulação desenvolve relevante papel, não apenas para fins de adimplemento do dever de garantia, mas também para efeitos futuros da relação jurídica das partes contratantes, bem como para incrementar a experiência do segurador em eventos e riscos outros. De forma geral, revela-se fonte de conhecimento da atividade securitária, por se apresentar como mecanismo de diminuição da assimetria de informações entre segurador e segurado, com a adição de experiências mútuas.

Novamente Markham, Quinley e Thompson destacam, nesse sentido, a forma pela qual a regulação de sinistros pode subsidiar o segurador com dados para recomendações preventivas e instituição de medidas de contenção e salvamento em favor do segurado, bem como estabele-

[19] Ob. cit., p. 163.

[20] "The adjuster must be very familiar with the laws and regulations dealing with good Faith and unfair claims practices, or he or she risks exposing the insurance company to liability for civil damages and other penalties" Ob. cit., p. 206.

cimento de reservas técnicas, rejeição de riscos futuros ou alteração de clausulados cuja redação se demonstre insatisfatória.[21]

Por fim, talvez seja tarefa das mais importantes atribuídas ao regulador a busca pela identificação de fraudes, contra as quais severas medidas cíveis e criminais devem ser adotadas pelo segurador, sob risco de absoluto descrédito das boas práticas no mercado.

Nesse aspecto em particular, não se pode perder de vista, entretanto, que a regulação de sinistros deve transcorrer no interesse do segurado, como parte da prestação obrigacional devida pelo segurador. Exerce o regulador imprescindível atividade de instrução probatória, não somente no interesse do segurado, mas do próprio segurador, permitindo que este cumpra, com segurança, os deveres contratuais assumidos. Tal importante função, contudo, não permite ao regulador presumir a fraude ou a má-fé, e muito menos atuar de modo a desonerar o segurador de suas obrigações, quando devido o cumprimento.

Tão grave quanto as fraudes para o mercado de seguros, é a busca de motivos distantes da boa técnica para justificar o não pagamento de indenizações por riscos regularmente garantidos. O patente desequilíbrio que sofre o mercado brasileiro de seguros, tendo, por um lado, um alto índice de suspeitas de fraudes[22] e, de outro, a altíssima judicialização do setor securitário, denota, não apenas a cultura da litigiosidade, mas,

[21] "The loss control department conducts on-site inspections and provides underwriters with a thorough assessment of a risk. The property, the operation, and the management's attitude towards safety and loss control are evaluated. Loss control representatives then make recommendations for preventing losses and for reducing the severity of the losses. Underwriters use loss control information to decide whether to accept application or, in the case of an existing account, to cancel or to renew subject to compliance with loss control recommendations. (...) The claims function is responsible for establishing 'loss reserves', which directly affect underwriting results. (...) The challenge for the claim function is to set reserves accurately and consistently'. Information on specific losses is also valuable to underwriters. Losses provide specific information about a risk the underwriter had previously decided to accept. Loss information may uncover characteristics of the property, operations, or activities not readily apparent at the time of the insurance application. This feedback from losses enables the underwriter to renew, to cancel the account, or to renew, subject to corrective measures". Ob. cit., p. 6-7.

[22] Nesse sentido, é digno de consulta relatório no ano de 2017, preparado "*Sistema de Quantificação de Fraudes (SQF)*" da CNSEG, com dados atualizados sobre sinistros fraudulentos ou com suspeita de fraudes – http://cnseg.org.br/cnseg/publicacoes/sistema-de-quantificacao-da-fraude/ – acesso em 21.09.2018.

longe de dúvidas, a inadequada troca de informações claras, precisas, técnicas e de fácil compreensão aos segurados no âmbito das regulações de sinistros, sejam os de pequena monta como aqueles atinentes a grandes riscos.

Também por parte dos segurados, é impositivo o dever de prestar informações necessárias à verificação de cobertura pelo regulador, assim como atualizá-lo acerca de fatos relevantes, surgidos no curso da regulação, que possam afetar a análise do *an* e do *quantum debeatur*.

É dizer, o amadurecimento do mercado segurador brasileiro, com a inclusão de boas práticas na regulação de sinistros, atribuindo aos reguladores a mais completa responsabilidade pela função que exercem, será diretamente proporcional à redução da litigiosidade nas relações securitárias.

Noutra vertente, é crucial que a regulação de sinistros funcione como facilitadora da comunicação entre as partes do contrato de seguro, o qual, de fato, possui clausulados e terminologia técnica quase incompreensíveis para o homem-médio. Por isso, deve a atividade de regulação exercer o papel de intermediadora desses interesses e tradutora do intrincado imbróglio técnico-jurídico que se origina com o sinistro.

Também por esse fundamento é que se demonstra ser a regulação de sinistros atividade, de fato, prestada precipuamente em favor dos interesses do segurado, usualmente hipossuficiente na relação. A má regulação não é somente aquela que apura cobertura quando não deveria confirma-la e vice-versa, ou aquela que liquida de forma tecnicamente equivocada os prejuízos indenizáveis, bem como deixa de buscar formas consensuais de solução para potenciais conflitos, mas, principalmente, aquela que deixa de esclarecer, em linguagem facilmente compreensível para o segurado, os fundamentos de suas conclusões técnicas e jurídicas.

Assim, depreende-se que a atividade de regulação e liquidação de sinistros possui função essencial à boa execução e ao correto adimplemento do contrato de seguro, permitindo que a obrigação de garantia assumida pelo segurador seja prestada, sempre que devida, de forma eficiente, célere e precisa, em observância aos interesses comuns do segurador e do titular do interesse segurado.

4. Regulador-mediador

Há, entretanto, outra função fundamental à atividade de regulação e liquidação de sinistros, pouco explorada na experiência regulatória brasileira – salvo iniciativas de cunho estritamente pessoal, pelas características particulares do regulador nomeado –, conquanto estudada e relatada de forma ampla pela doutrina estrangeira especializada, sobre a qual os autores nacionais têm fundamentado seus estudos.

O regulador de sinistros, com efeito, tem também o papel de *mediar e compor os interesses do segurador e do titular da garantia securitária.* Isso porque sua posição no vínculo obrigacional existente entre as partes do contrato de seguro lhe permite (*rectius*: obriga a) atuar de forma isenta e veraz, com o objetivo de garantir que a prestação securitária seja entregue nos limites legais e contratuais pactuados entre as partes, em absoluta conformidade com a obrigação indenizatória efetivamente devida.

Tem o regulador, portanto, o dever de atuar como *conciliador dos interesses* que, naturalmente, podem se tornar opostos quando da ocorrência do sinistro. Carlos Barbosa Bessa delineia mais essa peculiar função do regulador de sinistros:

> *"Embora ligado ao segurador, o inspetor de sinistros deve ser de tal forma isento em seu trabalho que, na verdade, funcione como um intermediário entre aquele e o segurado. Sua missão é a de apurar todos os elementos necessários para permitir a efetivação do compromisso contratual do segurador de indenizar o segurado pelos prejuízos sofridos em consequência da realização do risco, respeitadas todas as condições do contrato de seguro."*[23]

Também Robert Prahal cita a função conciliatória e mediadora que se deve perquirir no procedimento de regulação de sinistros, esclarecendo que a "Regulação de um sinistro significa o processo de apurar o montante dos prejuízos indenizáveis e chegar a um acordo com a pessoa que sofreu os prejuízos"[24].

Victor Hoz de Vila Bacarreza estabelece no próprio conceito de regulação o objetivo de obtenção de resultado consensual na apuração:

> *"Se conoce como tal al procedimiento que se siegue em ramos generales de seguro, para determinar el monto del daño sufrido por el objeto assegurado. (...) La liqui-*

[23] Ob. cit., p. 3-4.

[24] *"Introdução a sinistros"*, Rio de Janeiro. Tradução da Fundação Escola Nacional de Seguros, 1997, p. 70.

dación del siniestro se cumple generalmente mediante acuerdo entre assegurado y assegurador"[25].

Markham, Quinley e Thompson, novamente, elaboram precisa explanação sobre as fases que se desenvolvem e se entremeiam no procedimento de regulação, culminando, idealmente, com o objetivo perseguido de consentimento recíproco ao resultado da apuração administrativa dirigida pelo regulador, perpassando, de forma ainda mais específica (caso necessário), por *métodos alternativos de resolução de disputas*. Somente em último caso, segundo os autores, deve-se desistir da mediação de interesses para se estabelecer o litígio, sem, contudo, interromper as negociações, mesmo após este ser instaurado:

> *"Following are four tasks the claim representative must accomplish: 1. Investigation; 2. Evaluation of coverage, liability, and damages; 3. Negotiation or alternative dispute resolution (ADR) to achieve settlement; 4. If necessary, litigation management. (...) These tasks overlap. For example, an evaluation of coverage, liability, and damages is essential to knowing what to investigate. Likewise, negotiations may begin during the investigative stage, and liability and damages must be evaluated during negotiations and litigations. Good claim representatives will continue to negotiate throughout litigation. Sometimes an essential investigation can only be obtained through litigations. (...) The claim representative should always try to reach agreement with the insured or the claimant. (...) If a dispute remains despite the parties best efforts to resolve a claim, the disagreement may have to be settled in court. Because litigation is a very costly and time-consuming process, it should be used only as a last resort".*[26]

Portanto, a tarefa do regulador de sinistros ultrapassa os aspectos puramente técnicos de identificação da causa do sinistro – tais como: confirmação de cobertura sobre o risco assumido pela apólice; identificação da natureza e enquadramento dos prejuízos indenizáveis junto às

[25] *"Dicionario de Seguros"*, Córdoba: Marcos Lerner, 1986, p. 139-140. Em igual sentido, C. Bennet define: "Adjustment: 1. The process of dealing with a claim starting with its investigation and concluding with its settlement or disposal. The work can be carried out by an insurer's own claims staff or by a loss adjuster". *"Dictionary of insurance"*, Londres: Financial Times Management, 1992, p. 11.

[26] Ob. cit., p. 9.

coberturas contratadas; apuração do causador dos danos para verificação de eventual direito de regresso do segurador; quantificação e liquidação dos prejuízos indenizáveis, dentre outras de natureza instrutória acerca do evento ao segurador e ao segurado. Mais do que todas essas funções, o regulador tem o *dever de compor os interesses* em disputa, *mediando* entre segurado e segurador a *aceitação recíproca das conclusões técnicas* por ele encontradas durante o procedimento de regulação do sinistro.

Antigono Donati leciona que tal compreensão da atividade de regulação de sinistros é natural, excetuando-se os recursos litigiosos apenas para as hipóteses em que as partes não encontrem solução consensual:

> *"A tenor de los elementos y critérios antes expuestos la determinación de la cuantía de la prestación generalmente se establece de común acuerdo entre las partes, com o sin prévio peritaje (...) a falta de acuerdo, las partes recurren a vía judicial o bien ya em el contrato o después del siniestro, establecen el procedimento pericial."*[27]

Assim, cumprida a etapa técnica ou mesmo – não de forma pouco usual – em paralelo a ela, deve ainda o regulador compreender, debater e, se possível, mediar os interesses do segurado e do segurador. Como prestador de serviços no interesse comum de ambas as partes, o regulador tem o *dever de adotar todos os meios e técnicas possíveis para negociação e mediação de eventuais conflitos*, de modo a encerrar o procedimento de apuração da cobertura e liquidação dos danos de forma consensual e benéfica para ambas as partes.

É responsabilidade do regulador *atuar para compor os interesses* usualmente contrapostos que se estabelecem após a ocorrência do sinistro, como se denota das palavras de Humberto Theodoro Júnior:

> *"O regulador atua, na verdade como um elo entre o segurador e o segurado, buscando dar ao procedimento regulatório um caráter consensual, pois o ideal é que se obtenha um acordo entre as partes acerca da indenização a que efetivamente faça jus o segurado"*[28].

E, mesmo no caso de insucesso inicial dessa tarefa, com a deflagração de litígio entre as partes, deve o regulador permanecer atuante para

[27] "Los Seguros Privados – Manual de Derecho". Barcelona: Bosch., 1960, p. 294.
[28] Ob. cit., p. 10.

compor o caso. Muitas vezes é através da instrução probatória contenciosa que as partes investem mais significativamente em recursos e meios para apuração dos fatos controversos relativos ao sinistro. Logo, de posse de tais possíveis novas e mais acuradas informações, sejam elas de natureza técnica ou jurídica, deve o regulador retomar sua tarefa de composição e mediação de interesses. Sua tarefa, pode-se dizer, só termina quando encerrada a divergência estabelecida entre as partes.

Afinal, a função precípua do regulador é assegurar o cumprimento do contrato, seja através da confirmação da cobertura, instruindo o segurador nesse sentido, ou mesmo mediante orientação e convencimento do segurado acerca dos fundamentos pelos quais o mesmo pode estar enveredando por terreno pantanoso, exercendo pretensão litigiosa sobre evento carente de cobertura técnica ou mesmo por perquirir montante de indenização incompatível com as garantias contratadas.

Entretanto, não é essa a atuação que se constata na prática regulatória brasileira. Raras as exceções, não se costuma buscar com tal ênfase a solução conciliatória nos procedimentos de regulação de sinistros. Tem-se se tornado prática habitual, inclusive, nomear-se advogados como reguladores de sinistros que envolvem cobertura de responsabilidade civil, muito embora tal mesmo profissional também atue como patrono da seguradora em litígios relativos a outros sinistros, quando não, futuramente, como advogado da seguradora em disputa relacionada ao mesmo evento cuja cobertura foi por ele mesmo negada na qualidade de regulador. Tal prática, a toda evidência, afasta ou, no mínimo, coloca em dúvida a posição de neutralidade que deveria nortear a atuação do regulador.

Na ampla maioria dos casos, especialmente nas hipóteses em que há a desnecessidade de visita ao local sinistrado ou na regulação de riscos relativos a bens móveis, o segurado sequer toma conhecimento de quem é o profissional nomeado pelo segurador para apurar a causa e prejuízos indenizáveis do sinistro sofrido. Usualmente, o regulador relaciona-se exclusivamente com o segurador, entregando-lhe o relatório final de regulação com suas conclusões acerca da cobertura e *quantum* indenizatório, se for o caso, sem que o segurado tenha sido ouvido e sem lhe franquear acesso aos documentos produzidos durante a regulação.

Não seria audacioso afirmar que, por vezes, o regulador realiza o ajustamento do sinistro de forma a atender aos interesses de momento do segurador, e não oposto. De fato, tamanho o vínculo de dependência econômica dos reguladores perante os seguradores, é presumível que, para alguns maus profissionais, haja descumprimento dos deveres de isenção técnica e busca pelo cumprimento da garantia do risco transferido ao segurador.

O relatório de regulação, como se disse, em regra sequer é entregue ao segurado, mesmo nos grandes sinistros. Por consequência, há verdadeiro desinteresse – ou mesmo impedimento – para que tal escopo conciliatório seja, ao menos, tentado[29]. A "cultura" da regulação de sinistros no Brasil, nesse particular, deixa muito a desejar quando comparada às práticas de outras economias, nas quais a atividade securitária é mais amadurecida.

Nesse particular, permite-se breve digressão do tema, para se refletir sobre possíveis formas de se buscar retomar o rumo da função conciliatória nas regulações de sinistros. Foi recentemente promulgada a Lei nº 13.140, de 26 de junho de 2015, que dispõe sobre a mediação entre particulares como meio de solução de controvérsias. Seu artigo 1º, parágrafo único, estabelece como conceito de mediação "(...) a atividade técnica exercida por terceiro imparcial sem poder decisório, que, escolhido ou aceito pelas partes, as auxilia e estimula a identificar ou desenvolver soluções consensuais para a controvérsia".

O breve exame do conceito legal, sem pretender aprofundar o tema, permite constatar a presença dos seguintes elementos centrais na atividade de mediação: *(i)* atividade técnica; *(ii)* exercida por terceiro imparcial e sem poder decisório; *(iii)* escolhido ou aceito pelas partes; *(iv)* e que as auxilia e estimula a identificar ou desenvolver soluções consensuais para uma controvérsia.

O regulador de sinistros se adequa precisamente e essa função. Até porque exerce tarefa eminentemente técnica, para cujo cumprimento deve atuar de forma imparcial, com o escopo de apurar, sem poder decisório – pois atribuído à seguradora –, ser ou não devida a garantia securitária contratada.

[29] Naturalmente, na hipótese do seguro de pessoas, tal função conciliatória não pode admitir diminuição da indenização devida em caso de ocorrência do risco garantido, na medida em que a disciplina legal dessa modalidade de seguro veda qualquer tipo de acordo nesse sentido, nos termos do artigo 795 do Código Civil: "Art. 795. É nula, no seguro de pessoa, qualquer transação para pagamento reduzido do capital segurado".

Para tal fim, deve ser aceito pelas partes, ainda que tacitamente (pois usualmente, o segurado não escolhe o regulador, mas, sem dúvidas, poderia lhe opor causas justificadas de impedimento, suspeição[30] ou incapacidade técnica para atuação). E, como visto, tem o regulador o dever de auxiliar e estimular as partes a chegarem a um consenso sobre o resultado da regulação, mesmo que pontos controversos surjam no decorrer do procedimento, de modo a evitar litígios.

Não por coincidência as características da atividade de regulação de sinistros e de mediação de litígios possuem tamanha semelhança. De fato, o regulador de sinistros deve atuar como conciliador de interesses, tal como o mediador (cuja função é apenas mais focada que a do regulador de sinistros para o fim de composição de disputas).

Também a ampla maioria dos princípios norteadores da mediação[31] se conciliam com aqueles aplicáveis à regulação de sinistros: imparcialidade, isonomia, busca do consenso, confidencialidade e, destaque-se, *boa-fé*. Logo, pode-se dizer que a função de mediador está contida naquelas exercidas pelo regulador de sinistros.

Não seria demais afirmar, aliás, que o procedimento de regulação de sinistros é perfeitamente compatível com o denominado "*procedimento de mediação extrajudicial*", previsto nos artigos 21 e seguintes da Lei de Mediação. Afinal, nos termos do artigo 42 da referida norma, "*Aplica-se esta Lei, no que couber, às outras formas consensuais de resolução de conflitos (...)*".

Logo, não haveria óbices à realização de uma *regulação de sinistros mediada*, na qual o regulador, nomeado em conjunto pelas partes ou expressamente aceito por ambas, atuaria de forma isenta e técnica (para verificação de cobertura sobre o sinistro reclamado), com objetivo de *mediar os interesses* das partes.

Num procedimento de *regulação de sinistros mediada*, como aqui proposto, o regulador atuaria de forma a confirmar eventual cobertura

[30] "Art. 5º Aplicam-se ao mediador as mesmas hipóteses legais de impedimento e suspeição do juiz. Parágrafo único. A pessoa designada para atuar como mediador tem o dever de revelar às partes, antes da aceitação da função, qualquer fato ou circunstância que possa suscitar dúvida justificada em relação à sua imparcialidade para mediar o conflito, oportunidade em que poderá ser recusado por qualquer delas."

[31] "Art. 2º A mediação será orientada pelos seguintes princípios: I – imparcialidade do mediador; II – isonomia entre as partes; III – oralidade; IV – informalidade; V – autonomia da vontade das partes; VI – busca do consenso; VII – confidencialidade; VIII – boa-fé."

técnica e, caso evidenciadas controvérsias sobre o dever de garantia e sua extensão, poderia iniciar sua tarefa de "*regulador-mediador*" visando contribuir para a solução da disputa através de mediação. A depender da técnica de composição a ser utilizada (facilitativa ou avaliativa, dentre outras[32]), propor-se-ia soluções consensuais ou direções para que as partes, por si próprias, concluíssem pelas vantagens da autocomposição, frente aos possíveis reveses e riscos inerentes aos litígios (judiciais ou arbitrais).

Independentemente da forma, a preocupação que deve dirigir a atuação do regulador de sinistros é a busca pelo adimplemento do contrato através de soluções consensuais, sendo certo que a medição, seja como função do regulador ou procedimento propriamente dito, é mecanismo eficaz para atingir tal objetivo.

5. Boa-fé objetiva na regulação de sinistros

No estudo contemporâneo do direito civil tornou-se incontestável o papel atribuído à boa-fé objetiva no âmbito das relações jurídicas privadas patrimoniais. O Código Civil, em seu artigo 422, positivou o princípio, estabelecendo que "*os contratantes são obrigados a guardar, assim na conclusão do contrato, como em sua execução os princípios de probidade e boa-fé*".

Especificamente no contrato de seguros, o artigo 765 do Código Civil positivou a chamada máxima boa-fé (*uberrima bona fides*), ao estipular que "*O segurado e o segurador são obrigados a guardar na conclusão e na execução do contrato, a mais estrita boa-fé e veracidade, tanto a respeito do objeto como das circunstâncias e declarações a ele concernentes*".

O princípio da boa-fé objetiva, em sua acepção de cláusula geral dos negócios jurídicos, nasce como instrumento de relativização dos dogmas de interpretação contratual, em meio ao contexto de revisão da antiga teria geral dos contratos, fortemente influenciada pelas codificações oitocentistas, principalmente pelo *Code Napoleon* – no qual o fundamento

[32] Sobre os métodos ou estilos de mediação, digno de leitura interessante artigo de Diego Faleck, no qual traz reflexões sobre características de cada uma dessas formas de solução consensual – https://www.mediandoporai.com/single-post/2018/09/14/Qual-%C3%A9-o-seu-estilo-de-media%C3%A7%C3%A3o-empresarial-Diretrizes-para-perplexos?message_id=00a61469-5275-4c77-88b0-bf36dd699904 – acesso em 24.09.2018. Do mesmo autor, vale a menção ao recém lançado "*Manual de design de sistemas de disputas – criação de estratégias e processos eficazes para tratar conflitos*" (Lumen Iuris, 2018).

da força obrigatória dos contratos se encontrava na aplicação irrestrita do princípio da autonomia da vontade das partes.

Tem-se, então, drástica alteração do referencial de observação das relações obrigacionais, que deixam de ser analisadas como relações entre partes opostas, passando a ser consideradas como relações entre parceiros, que visam a um objetivo comum: o adimplemento da obrigação.

Destaca-se, nesse ponto, a expressão trazida na obra de Judith Martins-Costa, no sentido de que a boa-fé objetiva se manifesta como "*topos subversivo*"[33], que revoluciona a visão tradicional dos contratos, servindo de cânone interpretativo das relações privadas e fazendo com que os negócios jurídicos sejam utilizados como forma de privilegiar o equilíbrio das prestações e a justiça contratual.

O princípio, assim, ultrapassa a função de preencher lacunas deixadas nos negócios jurídicos, tornando-se, ainda, elemento norteador para a hermenêutica contratual, de modo a orientar a busca pela melhor interpretação e adequação aos novos padrões de conduta, de forma a atender os ideais da justiça e da solidariedade social, assim como buscar a plena incidência dos princípios fundamentais da Constituição (dignidade da pessoa humana, livre iniciativa, solidariedade e igualdade).

Por isso, a boa-fé objetiva passa a ser fonte de obrigações, impondo atitudes aos contratantes ligadas a tais imperativos axiológicos, servindo como modo de enquadramento constitucional das relações obrigacionais.

Com essa mudança de perspectiva, não apenas a prestação principal passa a ser digna de tutela, mas, com escopo de proteger também o devedor, passa-se a observar a relação obrigacional como fonte de outras prestações, cuja análise faz-se necessária para que não sejam criados obstáculos ao adimplemento da obrigação central.

A obrigação passa a ser vista de forma complexa, pois não se limita à existência de apenas uma prestação central, com um débito e um crédito, mas sim, como fonte de diversos deveres, para ambos os contratantes, os quais, durante o desenvolvimento da relação obrigacional, devem atuar de forma a obter o adimplemento.

Nesse contexto, a cláusula geral da boa-fé objetiva assume *tríplice função*: (a) função interpretativa dos contratos; (b) função restritiva do

[33] Judith Martins-Costa. "*A boa-fé no direito privado: critérios para a sua aplicação*", 2ª ed. São Paulo: Saraiva Educação, 2018, p. 409.

exercício abusivo de direitos contratuais; e (c) função integrativa, criadora de deveres anexos (laterais)[34] à prestação principal, todas positivadas no Código Civil, em seus artigos 113, 422 e 187.

Especificamente os deveres anexos da boa-fé funcionam, em síntese, como forma de vincular as partes a um atuar voltado à plena satisfação da obrigação e obtenção do adimplemento completo da prestação. Credor e devedor, como se disse, deixam de ser considerados agentes antagônicos e passam a ser vistos como colaboradores do negócio jurídico, com um fim comum, consubstanciado no cumprimento da obrigação assumida, satisfazendo os interesses de ambas as partes.[35]

Os deveres anexos da boa-fé objetiva atuam como forma de proteção ao correto desenvolvimento da relação obrigacional, protegendo os contratantes e seu patrimônio e auxiliando na obtenção do adimplemento da prestação central.

Assim, a relação obrigacional não pode ser vista como fonte de apenas uma e principal prestação. Ao contrário, dela, decorrem obrigações outras, laterais, originando ao credor e ao devedor créditos múltiplos, diversos da obrigação principal, embora a ela conectados.

Sua inobservância acarreta inadimplemento contratual, por ocorrência da chamada *violação positiva do contrato*, a qual obriga as partes, além do adimplemento da obrigação principal, a observem os deveres anexos da boa-fé objetiva, como os de lealdade, cooperação e informação, tão caros e necessários no âmbito da regulação de sinistros.

O inadimplemento por violação positiva do contrato decorre, então, não da falta de prestação da obrigação principal, mas, sim, (a) de cumprimento defeituoso da prestação principal; (b) de não cumprimento de prestações secundárias; e (c) de violação de deveres anexos da boa-fé objetiva.

[34] Menezes Cordeiro, no estudo dos deveres acessórios de conduta, afirma que se pode conseguir "(...) uma panorâmica satisfatória com recurso à tripartição entre deveres de protecção, de esclarecimento e de lealdade, devidamente adaptados". António Manuel da Rocha e Menezes Cordeiro, "*Da Boa Fé no Direito Civil*", Vol. I, Coimbra: editora Livraria Almedina, 1984, p. 604.

[35] No Brasil, deve-se a Clóvis do Couto e Silva o pioneirismo no estudo do tema, segundo o qual, "A obrigação é um processo, vale dizer, dirige-se ao adimplemento, para satisfazer o interesse do credor. A relação jurídica, como um todo, é um sistema de processos". "*A obrigação como processo*", Rio de Janeiro: Editora FGV, 2006, p. 167.

O princípio da boa-fé objetiva, portanto, atua de forma elementar nos contratos de seguro, em todas as suas fases e derivações, incluindo-se no procedimento de regulação de sinistros. Humberto Theodoro Júnior, em artigo dedicado ao tema, destaca a especial influência do princípio no âmbito das relações securitárias, haja vista o carácter mutual, e os interesses sociais e financeiros advindos desse negócio jurídico:

> *"É em razão da sistemática e finalidade do contrato de seguro que, a seu respeito, se valoriza, ainda mais, a observância do princípio da boa-fé e dos deveres que dele dimanam. Suas repercussões vão muito além dos interesses individuais das partes contratantes, refletindo sobre grandes grupos sociais, e pondo em jogo relevantes valores econômicos."*[36]

Judith Martins Costa chega a elevar os deveres laterais de correção, lealdade e probidade decorrentes da boa-fé objetiva, quando inseridos no contexto da regulação de sinistro, a patamar além daquele de meras obrigações acessórias. Em suas palavras, nos contratos que possuam obrigação de garantia (como é o caso do contrato de seguros), a atuação qualificada do devedor da prestação obrigacional é nuclear, *i.e.*, torna-se parte elementar e finalística daquele negócio jurídico:

> *"Pelo contrário, a adstrição a agir qualitativamente (com correção, lealdade, probidade) em proveito alheio está no núcleo finalístico de todos os contratos que contêm "obrigação de garantia", pois é de sua finalidade garantir o interesse alheio. A garantia não é subsidiária, não está anexa a uma prestação principal: é a própria prestação principal.*
>
> *A relevância do elemento fiduciário, aglutinador da boa-fé objetiva e da boa-fé subjetiva, marca as características da fase de seu desenvolvimento e execução no contrato de seguro, as quais incluem – uma vez ocorrido o sinistro – a sua regulação e a liquidação."*[37]

O princípio da boa-fé objetiva, assim, atua no contrato de seguro através de sua tríplice função. Mas, em particular no âmbito da regulação de sinistros, é sua *função integrativa*, criadora de deveres anexos (laterais), a que ganha maior relevo.

[36] Ob. cit., p. 5-7.

[37] Judith Martins-Costa. "Boa-Fé e Regulação do Sinistro", apud "VII Fórum de Direito do Seguro José Sollero Filho" São Paulo: Roncarati, 2018. p. 204.

Esclarece Humberto Theodoro Júnior que o fundo mutual deve ser gerido pelo segurado de forma responsável, pois em sua liquidez se assenta a garantia de adimplemento das obrigações assumidas pelo segurador em favor dos titulares dos interesses segurados. Tal característica coletiva do fundo de capitais gerido pelo segurador denota o forte cunho social do contrato de seguros, do qual decorrem as obrigações de absoluto rigor e observância ao princípio da boa-fé pelos contratantes. Liberalidades com o capital segurado, portanto, são inadmissíveis. Fraudes, de igual maneira, quando detectadas, devem ser exaustivamente investigadas e repreendidas. A tarefa do segurador se reveste de funções múltiplas, não se limitando ao pagamento de indenizações por riscos cobertos, mas também ao controle e zelo do fundo mutual, para garantir que somente prejuízos decorrentes de riscos efetivamente assumidos sejam indenizados, nos limites e condições estabelecidos na apólice[38].

Nesse contexto, como se viu nos capítulos anteriores, a regulação de sinistros se desenvolve em sentido idêntico, no *interesse comum de ambas as partes*, com o fim precípuo de *assegurar o adimplemento da obrigação de garantia* assumida pelo segurador. Atua o regulador como instrumento de equilíbrio das prestações contratuais devidas por ambos, segurador e segurado. A regulação é instrumento para o cumprimento da obrigação de garantia assumida pelo segurador e, ao mesmo tempo, obrigação específica, acessória ao contrato de seguro.

Judith Martins-Costa, em sua celebrada obra "*A Boa-fé no Direito Privado*", dedicou laborioso estudo para enfrentar a forma como a boa-fé objetiva e seus deveres laterais atuam especificamente sobre a regulação de sinistros, destacando a função e natureza jurídica da regulação de sinistros, partes envolvidas e deveres do regulador:

> *"Desenvolvendo-se a obrigação como um processo, em vista do adimplemento, a fase de execução abarca, naturalmente, a regulação do sinistro. Essa é uma fase delicada, em que a boa-fé atua com especialíssima intensidade, pois a regulação do sinistro configura procedimento investigativo de interesse comum do segurado e do segurador, consistindo em parte integrante da prestação devida pelo segurador ao titular da pretensão indenizatória. As partes do procedimento de regulação – o segurador e o segurado (ou o titular do interesse segurado) – devem ter uma «participação leal». O regulador desempenha o papel de «elo de ligação» entre os*

[38] Ob. cit., p. 5-7.

figurantes e, embora funcionalmente subordinado à seguradora, ou por ela contratado, deve ter isenção técnica em seu mister, pois seu trabalho não se destina a quem o contrata, mas ao interesse comum coenvolto no procedimento, chegando-se mesmo a aludir a um «caráter arbitral» do serviço que presta. Sob pena de violar a boa-fé, o regulador deve buscar solução amigável e não recair em procrastinação, devendo ser «de tal forma isento em seu trabalho que, na verdade, funcione como um intermediário». Por isso, para além da imparcialidade que deve pautar o exercício de sua atividade, deverá chegar às suas conclusões fundamentalmente, como informação precisa e completa."[39]

Digno de nota o destaque conferido pela autora ao dever do regulador de atuar sob as diretrizes da boa-fé objetiva, como fonte obrigacional inerente à regulação de sinistros, eis que fase contratual na qual devem as partes atuar para consecução do cumprimento do contrato.

Ademais, destaca a autora que, em decorrência da importância que a boa-fé objetiva assume nesse contexto, nascem para o regulador do sinistro deveres específicos, quais sejam: (i) dever de isenção/imparcialidade, (ii) dever de veracidade e (iii) dever informativo[40].

O dever de isenção relaciona-se ao que a própria autora define como caráter arbitral do regulador, não podendo ele pender para quaisquer dos lados para resolver a disputa – o que, em nossa singela percepção, se assemelharia mais ao caráter mediador do regulador, como descrito no capítulo anterior. A esse dever se acrescenta a obrigação mister de nunca mentir ou omitir aspectos técnicos quando prestando informações às partes. E, por fim, o dever de sempre enviar dados e esclarecer eventuais questionamentos dos envolvidos, a fim de que se mitigue a assimetria de informações.

Também no sistema jurídico da *Commom Law*, como destaca James J. Markham[41], o dever do segurador em atuar segundo a boa-fé é cogen-

[39] Ob. cit., p. 346-347.

[40] Judith Martins-Costa. "Boa-Fé e Regulação do Sinistro", apud "VII Fórum de Direito do Seguro José Sollero Filho" São Paulo: Roncarati, 2018. p. 205.

[41] "The insurer's breach of duties generally falls within four areas: inadequate investigation, unreasonable delay in payment, unreasonable compromise, and withholding payment of undisputed portions of the claim. Inadequate Investigation. An insurer cannot reasonably and in good Faith deny payment to an insured without thoroughly investigating the facts of the case. This means that the adjuster and insurer must conduct a fair and unbiased investigation, giving as much consideration to the insured's rights under the policy as

te. Em seu estudo, o autor enumera as consequências da inobservância ao princípio, em especial no âmbito da regulação de sinistros, na qual seu descumprimento costuma se materializar através de investigações inadequadas, atrasos injustificados de pagamento, tentativas forçadas de acordos não razoáveis e retenções de pagamentos de valores incontroversos de prejuízos indenizáveis, acarretando, inclusive, danos extracontratuais por comportamento ilícito.

Como se vê, portanto, o princípio da boa-fé objetiva e seus deveres anexos de conduta atuam como fonte normativa do procedimento de regulação de sinistros, obrigando as partes a proceder de forma cooperativa, informativa e leal, com o objetivo mútuo de assegurar o adimplemento da prestação obrigacional principal, correspondente à prestação de garantia securitária do risco materializado.

6. Casos concretos

As discussões litigiosas que envolvem a regulação de sinistros, via de regra, são postuladas contra o segurador, ainda que o inadimplemento da prestação de garantia tenha como causa a má atuação do regulador nomeado. No Brasil, alguns precedentes jurisprudenciais tratam da ineficiência ou demora da regulação como causa de agravamento dos prejuízos garantidos[42] ou da inexistência da obrigação do segurado em se submeter à regulação do sinistro para postulação da pretensão indenizatória em Juízo[43], assim como da discussão acerca da ilegitimidade

to their own. If an insurer bases its denial on an unsupportable interpretation of the policy in respect to the applicable facts, the insurer will be exposed to extracontractual damages for bad denial. Unreasonable Delay in payment. An insurer pay covered claims within a reasonable time after the insured has fully complied with policy conditions. An unreasonable delay in paying the claim can expose de insurer to extracontractual damages. Most policies and many state laws specify the time period in which the insurer must make payment or deny liability. Unreasonable Compromise. An insurer must not force an insured to accept a compromise settlement by alleging fraud or by threatening legal action, or other dire consequences, without proper justification." Ob. cit., p. 205-206.

[42] TJ-RS – Recurso Cível: 71003743671 RS, Relator: Vivian Cristina Angonese Spengler, Data de Julgamento: 24/10/2012, Segunda Turma Recursal Cível, Data de Publicação: Diário da Justiça do dia 30/10/2012; TJ-RS – Recurso Cível: 71003539665 RS, Relator: Adriana da Silva Ribeiro, Data de Julgamento: 28/06/2012, Terceira Turma Recursal Cível, Data de Publicação: Diário da Justiça do dia 02/07/2012.

[43] STJ – AREsp: 1073874 MS 2017/0064749-5, Relator: Ministro Paulo De Tarso Sanseverino, Data de Publicação: DJ 11/10/2017.

passiva do regulador para responder pelo pagamento da garantia securitária em conjunto com a seguradora[44].

Tais casos, entretanto, não parecem abordar o principal aspecto que se examina neste trabalho, relativo ao exame dos princípios e funções da regulação de sinistros. Nesse sentido, o estudo de casos estrangeiros, em jurisdições com maior maturidade do mercado segurador, revela-se importante fonte de pesquisa para análise da atividade de regulação de sinistros e consequências de seu inadimplemento.

Por isso, sem a pretensão de examinar de forma profunda as regras de direito material daqueles sistemas jurídicos, passa-se a analisar alguns casos cujos fatos se adequam à proposta deste trabalho, cotejando-os com os deveres e princípios aplicáveis ao procedimento de regulação de sinistros no direito brasileiro.

Em setembro de 2015, os autores *Moun Keodalah* e *Aung Keodalah* propuseram ação perante a Corte do Estado de Washington contra a seguradora *Allstate Insurance Company* e as pessoas naturais *Tracey Smith* e *John Doe Smith,* a primeira reguladora de sinistro nomeada pelas seguradoras[45].

Os autores se envolveram em acidente automobilístico, que resultou no óbito de um motociclista. A apólice contratada pelos autores garantia sua responsabilidade civil perante terceiro, bem como cobertura

[44] TJSP; Agravo de Instrumento 2200648-40.2015.8.26.0000; Relator (a): Cristina Zucchi; Órgão Julgador: 34ª Câmara de Direito Privado; Foro de Ribeirão Pires - 1ª Vara Cível; Data do Julgamento: 14/12/2015; Data de Registro: 16/12/2015; TJ-SP - APL: 10001590820168260246 SP 1000159-08.2016.8.26.0246, Relator: Maria Lúcia Pizzotti, Data de Julgamento: 15/03/2017, 30ª Câmara de Direito Privado, Data de Publicação: 16/03/2017; TJSP; Apelação 9174971-93.2009.8.26.0000; Relator (a): Renato Sartorelli; Órgão Julgador: 26ª Câmara de Direito Privado; Foro de Itapetininga - 1ª. Vara Cível; Data do Julgamento: 18/01/2011; Data de Registro: 21/01/2011; TJSP; Apelação 0049320-27.2007.8.26.0114; Relator (a): Alexandre Coelho; Órgão Julgador: 8ª Câmara de Direito Privado; Foro de Campinas - 8ª. Vara Cível; Data do Julgamento: 09/12/2015; Data de Registro: 11/12/2015 ; TJSP; Apelação 0000430-22.2009.8.26.0297; Relator (a): Gilson Delgado Miranda; Órgão Julgador: 28ª Câmara de Direito Privado; Foro de Jales - 4ª Vara; Data do Julgamento: 20/10/2015; Data de Registro: 28/10/2015; Apelação Cível Nº 70039049903, Sexta Câmara Cível, Tribunal de Justiça do RS, Relator: Sylvio José Costa da Silva Tavares, Julgado em 25/09/2014).

[45] Keodalah et. al. v. Allstate Insurance Co. et. al., case number 75731-8-I in the Court of Appeals for the State of Washington, Division 1- https://caselaw.findlaw.com/wa-court-of-appeals/1892547.html#footnote_3 – acesso em 21.09.2018

denominada "*uninsured/underinsured motorist (UM/UIM) coverage*". Tal cobertura seria acionada na hipótese de o segurado ser vítima de acidente causado por terceiro e este terceiro não possuir seguro de responsabilidade civil (ou possuir apólice com cobertura insuficiente). Ou seja, a cobertura "*uninsured/underinsured*" funcionaria em favor do segurado, caso este seja a vítima, na hipótese de o causador do acidente não possuir seguro próprio de responsabilidade civil – ou possua, mas com cobertura insuficiente.

As investigações da autoridade policial competente e da perícia técnica contratada pela seguradora constataram que a segurada, condutora do veículo, estava parada no semáforo no momento do acidente e que não estava falando ao telefone. Concluiu-se, ainda, que o acidente foi causado pela própria vítima (motociclista), o qual trafegava em velocidade superior à permitida e de maneira imprópria.

O motociclista, entretanto, não possuía seguro de responsabilidade civil, razão pela qual os autores pretenderam acionar a referida cobertura "*uninsured motorist*" de sua própria apólice, para pagamento do limite máximo de indenização prevista, no valor de USD 25,000.00.

A seguradora, entretanto, recusou o pedido, oferecendo acordo de baixo valor, sob o fundamento de que o segurado teria tido participação relevante na ocorrência do acidente, recusando-se, ainda, a esclarecer os fundamentos de suas conclusões.

O segurado, então, propôs ação contra a seguradora, a qual nomeou a reguladora de sinistros *Tracey Smith* para representá-la na ação, especificamente no que diz respeito à parte técnica dos fundamentos da negativa da cobertura. A reguladora, então, declarou em juízo que a segurada teria sido responsável pelo acidente, apesar das investigações realizadas pela própria seguradora e pela autoridade policial terem tido conclusões em sentido oposto. Mais adiante, entretanto, a reguladora voltou atrás, admitindo que a segurada não havia praticado os atos que causaram o acidente.

Apesar de nova oferta de acordo feita pela seguradora, recusada pela segurada, o caso foi julgado, tendo o júri entendido que o motociclista fora integralmente responsável pelo acidente, condenando a seguradora ao pagamento de USD 108,868.20 pelos danos corporais, perdas salariais e despesas médicas incorridas pela segurada.

Em razão do comportamento violado da boa-fé durante o julgamento, os segurados propuseram nova ação, dessa vez contra a seguradora e contra a reguladora do sinistro, por violação à "*Insurance Fair Conduct Act – IFCA*" (que contém normas de conduta na regulação de sinistros) e a normas norte-americanas de defesa do consumidor *("Consumer Protection Act – CPA")*.

Após rejeição do pleito em primeira instância pela responsabilização civil da reguladora, a Corte de Apelação do Estado de Washington, decidiu que os reguladores de sinistro podem ser responsabilizados individualmente por má-fé (ou transgressões à boa-fé) e às leis de direito do consumidor. Em sua fundamentação, a Corte afirmou que o *"Revised Code of Washington – RCW"* impõe o *dever de boa-fé a todas as partes envolvidas no contrato de seguro*, incluindo o segurador e seus representantes.

A Corte deu especial ênfase ao fato de o contrato de seguros possuir *interesse público*, obrigando a todos que dele sejam parte a atuar em boa-fé, abstendo-se de artifícios e práticas desonestas, de modo a preservar a integridade do seguro.[46]

Citando outros precedentes daquele Estado, a Corte decidiu que o regulador de sinistros, seja pessoa natural ou jurídica, pode ser responsabilizado pela quebra do dever de atuar segundo os ditames da boa-fé.[47]

De forma similar ao que se sustenta neste trabalho, a Corte ainda afirmou que a reguladora do sinistro tinha o dever de atuar em boa-fé não somente em relação a seu contratante – a seguradora –, mas também em relação ao segurado. E, por fim, a Corte entendeu ter havido violação ao *Consumer Protection Act – CPA*, ainda que não houvesse relação contratual direta entre a segurada e a reguladora de sinistros:" *We hold that an individual employee insurance adjuster can be liable for bad faith and a violation of the CPA*"[48].

[46] "The business of insurance is one affected by the public interest, requiring that all persons be actuated by good faith, abstain from deception, and practice honesty and equity in all insurance matters. Upon the insurer, the insured, their providers, and their representatives rests the duty of preserving inviolate the integrity of insurance." https://caselaw.findlaw.com/wa-court-of-appeals/1892547.html#footnote_3 – acesso em 21.09.2018

[47] "The code's broad definition of "person" includes both individuals and corporations and does not make any distinction between the duties they owe. Nothing in the statute limits the duty of good faith to corporate insurance adjusters or relieves individual insurance adjusters from this duty. The duty of good faith applies equally to individuals and corporations acting as insurance adjusters." https://caselaw.findlaw.com/wa-court-of-appeals/1892547.html#footnote_3 – acesso em 21.09.2018

[48] https://caselaw.findlaw.com/wa-court-of-appeals/1892547.html#footnote_3 – acesso em 21.09.2018.

Com efeito, o dever de atuar segundo o princípio da boa-fé é regra basilar no contrato de seguro, em todos os sistemas jurídicos, vinculando diretamente também o regulador de sinistros, na qualidade de representante do segurador, que atua também no interesse do segurado.

Em caso semelhante[49], a Corte da Califórnia confirmou a possibilidade de responsabilização pessoal do regulador de sinistros, na qualidade de representante do segurador, por prestar informações equivocadas ao segurado acerca das garantias contratadas, na medida em que em a relação contratual na qual o segurado se encontra depende da atuação de boa-fé do segurador e seus representantes:

> *"It is, rather, a relationship often characterized by unequal bargaining power [citation] in which the insured must depend on the good faith and performance of the insurer [citations]. This characteristic has led the courts to impose 'special and heightened' duties."*

No Texas, outro caso envolvendo quebra do dever de boa-fé pelo regulador de sinistros culminou com sua responsabilização pelos danos sofridos pelo segurado[50].

A *Galveston Bay Biodiesel, L.P.* ajuizou ação contra as seguradoras *ACE American Insurance Company* e *Liberty Mutual Insurance Company* pelo não pagamento de indenização decorrente de danos causados pelo furacão *Ike*. Além delas, foram também acionadas a empresa *Starr Technical Risks Agency*, contratada pelas seguradoras para regular o sinistro, e seu funcionário.

Logo após o desastre, o segurado solicitou o pagamento de indenização por danos físicos a bens materiais, interrupção de negócios e despesas extras. As seguradoras informaram que as apólices continham sublimite anual de USD 15,000,000 para todas as despesas e danos associados ao evento, valor que corresponderia ao total devido ao segurado.

[49] Michael Bock et al., v. Craig Hansen, case number A136567 (Napa County Super. Ct. No. 2657438) – Court of Appeal of the State of California, First Appellate District, Division Two – https://www.courtlistener.com/opinion/2659379/bock-v-hansen/ – acesso em 21.09.2018

[50] *Galveston Bay Biodiesel, L.P. v. Ace American Insurance Co., Civil Action No. G-10-132 in Texas Southern District Court* – http://insuranceclaimsbadfaith.typepad.com/files/free-public-access-download-galveston-bay-biodiesel-l.p.-v.-ace-american-insurance-co.-s.d.-tex.-case-no.-10.132-opinion-filed-june-11-2010.pdf – acesso em 21.09.2018

Insatisfeito com o resultado da regulação, o autor propôs ação contra seguradores e reguladores, sustentando que o Código de Seguro de Texas *("Texas Insurance Code")* prevê a possibilidade de ações de cobrança também contra os últimos, por práticas comerciais desleais. Segundo narrou, os reguladores do sinistro (*Starr* e *Milligan*) praticaram os seguintes atos ilícitos: *(i)* falha na tentativa de efetuar, em boa-fé, um acordo célere, justo e equilibrado com o segurado; *(ii)* falha no fornecimento célere de explicação razoável com base nas apólices, em relação aos fatos ou leis aplicáveis, para a rejeição de suas demandas; e *(iii)* deturpação na interpretação das cláusulas da apólice relacionadas às coberturas pretendidas.

Em sua defesa, os reguladores sustentaram que não poderiam ser individualmente responsabilizados por atos cometidos durante seu trabalho como reguladores de sinistros, argumento rebatido pelo autor, sob o fundamento de que os reguladores incidiram em práticas contratuais desleais, autônomas e distintas do pleito relativo à indenização securitária.

A Corte texana, citando diversos precedentes jurisprudenciais[51], acolheu o entendimento dos autores, decidindo que a alegação de práticas desleais e a atuação de má-fé dos reguladores de sinistros não se

[51] "The Fifth Circuit [has established] that in order to [recover] against an adjuster, the plaintiff must demonstrate ... that the employee, as an individual, committed the violation that caused the harm." (unreported opinion) (citing Hornbuckle v. State Farm Lloyds, 385 F.3d 538, 545 (5th Cir. 2004); see also Mayorga v. Gov't Employees Ins. Co. (Geico), No. C09-339, 2010 WL 300350, at *3 (S.D. Tex. Jan. 20, 2010). ("Plaintiff alleges that [the individual defendant] 'fail[ed] to conduct a reasonable investigation of Plaintiff's claims and fail[ed] to effect prompt resolution of Plaintiff's claim.' Employees that fail to properly adjust insurance claims are liable under Section 541." (citations omitted)); Cornman v. State Farm Lloyds, No. H 01-3266, 2001 WL 34098622, at*4 (S.D. Tex. Nov. 19, 2001) (unreported opinion) (recognizing that an individual can be liable under the TIC even if all of their pertinent actions were taken within the scope of their employment with an insurance company). Under the (here applicable) Rule 12(b)(6) standard, the plaintiff only needs to allege that Starr and Milligan personally took some action that violated the Insurance Code, as opposed to acting in an individual capacity, as argued by the defendants. See Oppenheimer v. Prudential Sec., Inc., 94 F.3d 189, 194 (5th Cir. 1996) (In a Rule 12(b)(6) analysis, "the plaintiff's complaint is to be construed in a light most favorable to the plaintiff, and the allegations contained therein are to be taken as true."). The Court finds that this standard is satisfied. (...)" – http://insuranceclaimsbadfaith.typepad.com/files/free-public-access-download-galveston-bay-biodiesel-l.p.-v.-ace-american-insurance-co.-s.d.-tex.-case-no.-10.132-opinion-filed-june-11-2010.pdf – acesso em 21.09.2018

confunde com os atos ilícitos imputados aos seguradores, sendo certo que os reguladores são responsáveis por suas próprias condutas, quando violadoras da lei e da boa-fé:

> *"The plaintiff has asserted unfair settlement practices violations. These claims are statutory bad faith claims and are distinct from common law fraud claims that are asserted. Moreover, insurance adjusters are liable for their own conduct where it violates the Insurance Code. See Gasch v. Hartford Accident & Indemnity Co., 491 F.3d 278, 282 (5th Cir. 2007). Therefore, the defendants' FRCP Rule 9(b) contention, even if meritorious, fails to dispose of the plaintiff's motion to remand."* [52]

Portanto, verifica-se que os tribunais norte-americanos entendem ser possível a imputação de responsabilidade ao regulador de sinistros pela prática de atos ilícitos. Veja-se que os precedentes cuidam do dever de reparação por danos causados ao segurado, em razão de quebra da boa-fé, como fonte autônoma, absolutamente distinta do dever de prestação da garantia securitária, imputável somente ao segurador.

Os julgados trazidos como exemplos demonstram ainda que, numa perspectiva das regras e princípios incidentes sobre os negócios jurídicos no direito brasileiro, a atividade da regulação de sinistros deve ser tutelada pelo princípio da boa-fé objetiva e seus deveres anexos de conduta. Às partes do contrato de seguro devem ser exigidos os deveres de lealdade, cooperação e informação, no escopo comum de garantir o adimplemento da prestação principal (garantia securitária), sob pena de violação positiva do contrato.

7. Projeto de Lei da Câmara nº 29, de 2017

Historicamente, as atividades de regulação de sinistros no Brasil foram inicialmente delegadas ao Instituto de Resseguros do Brasil – IRB, por força do artigo 44, inciso I, alínea G, do Decreto-lei nº 73/66, cujo teor estabelecia competir a então resseguradora monopolista *"proceder à liquidação de sinistros, de conformidade com os critérios traçados pelas normas de*

[52] *Galveston Bay Biodiesel, L.P. v. Ace American Insurance Co., Civil Action No. G-10-132 in Texas Southern District Court* – http://insuranceclaimsbadfaith.typepad.com/files/free-public-access-download-galveston-bay-biodiesel-l.p.-v.-ace-american-insurance-co.-s.d.-tex.-case-no.-10.132-opinion-filed-june-11-2010.pdf – acesso em 21.09.2018

cada ramo de seguro". Com a abertura do mercado de resseguros e fim do monopólio do IRB, tal atribuição foi-lhe formalmente excluída, revogando-se tal previsão normativa na Lei Complementar 126/2017.

O Decreto-lei 73/66 estabelecia, ainda, algumas regras para regulação e liquidação dos sinistros, destacando-se o artigo 65, segundo o qual, *"Nos casos de liquidação de sinistros, as normas e decisões do IRB obrigam as Sociedades Seguradoras"*. Nesse contexto, o IRB passou a editar dezenas de normas relativas à regulação de sinistros[53], as quais, em seguida, passaram a ser editadas também Superintendência de Seguros Privados - SUSEP e pelo o Conselho Nacional de Seguros Privados - CNSP, quando da promulgação da Lei 9.932/1999.

Atualmente, o Conselho Nacional de Seguros Privados - CNSP possui algumas normas que dispõem sobre regras de regulação de sinistros para alguns ramos de seguros, como no caso do seguro DPVAT, no que diz respeito à documentação exigida, prazo e outros aspectos formais[54].

Nenhuma das normas citadas, entretanto, abordava os aspectos obrigacionais, principiológicos ou estabelecia regras materiais sobre a atividade de regulação de sinistros. O Código Civil de 2002, de igual forma, foi silente a esse respeito, conquanto a regulação de sinistros faça parte da atividade securitária e se constitua meio para adimplemento da obrigação de garantia do segurador.

[53] Tais como a Circular PRESI-020 (INCEN-06), de 18.08.91, relativa à regulação de sinistros de incêndio, a Circular PRESI-017 (RURAL-02 e ANIMS-01), de 13.05.92, que dispunha sobre honorários em regulação de sinistros nos ramos animais, penhor rural e riscos rurais, Circular PRESI-002 (GERAL-003), de 01.02.99, relativa às normas para utilização e remuneração dos serviços técnicos de peritos em regulação de sinistros, Circular PRESI-003 (GERAL-007), de 01.04.2004, relativa às normas para utilização e remuneração dos serviços técnicos de peritos m regulação de sinistros, Circular PRESI-004 (Riscos de Propriedade-001), de 15.04.2004, relativa ao cadastramento de empresas para prestação de serviços de regulação de sinistros de riscos de propriedade, Circular PRESI-009 (GERAL-010), de 21.06.2004, relativa a honorários de regulação de sinistros, Circular PRESI 029 (Geral 012), de 08.09.1998, relativa às normas para utilização e remuneração dos serviços técnicos de peritos em regulação de sinistros, dentre outras - https://www.editoraroncarati.com.br/v2/phocadownload/Manual_do_IRB/vol1/files/manual_resseguros_do_irb_vol-1.pdf - acesso em 21.09.2018

[54] Resolução CNSP nº 332/2015 - http://www2.susep.gov.br/bibliotecaweb/docOriginal.aspx?tipo=2&codigo=36999 - acesso em 21.09.2018

Diante de tal omissão legislativa, o Projeto de Lei da Câmara nº 29, de 2017[55], que dispõe sobre normas de seguro privado – hoje, sob a Relatoria do Senador Armando Monteiro (PE) –, trouxe bem-vinda inovação, estabelecendo, em capítulo próprio, normas materiais e procedimentais relativas à regulação e à liquidação de sinistros.

Naturalmente, não se pretende neste trabalho exaurir o estudo das alterações pretendidas pelo projeto de lei no regime jurídico das regulações de sinistros, mas destacar a sua relevância e louvar a iniciativa – não obstante esteja o projeto sendo duramente criticado por parte da doutrina e do mercado de seguros acerca de parte de suas disposições, inclusive no que diz respeito ao capítulo da regulação de sinistros, ora analisado –, através da qual se pretende normatizar princípios e deveres importantes atribuíveis à atividade securitária, antes somente abordados em âmbito doutrinário e jurisprudencial.

O artigo 77 inicia a normatização da atividade conceituando a natureza jurídica da regulação de sinistros (prestação de serviços) e seu escopo (identificação das causas e efeitos do fato gerador da cobertura, bem como quantificação dos valores devidos pelo segurador):

> "*A reclamação de pagamento por sinistro feita pelo segurado, beneficiário ou terceiro prejudicado determinará a prestação dos serviços de regulação e liquidação que têm por objetivo identificar as causas e os efeitos do fato avisado pelo interessado e quantificar em dinheiro os valores devidos pela seguradora, salvo quando convencionada reposição em espécie.*"

A norma em aprovação estabelece, ainda, a competência exclusiva do segurador para realizar a regulação e a liquidação (art. 78); regras para execução desse serviço, incluindo-se os deveres de instituição de provisões técnicas, prazos para efetuar o pagamento de adiantamentos de quantias incontroversas (art. 79); obrigações do regulador e liquidantes em comunicar o segurador a respeito das quantias apuradas, para pronto pagamento ao segurado, sob pena de responderem solidariamente ao segurador pelos efeitos da mora (art. 80); e vedação à remuneração aos profissionais reguladores com base ne economia proporcionada ao segurador, de modo a garantir sua isenção e independência (art. 81).

[55] http://legis.senado.leg.br/sdleg-getter/documento?dm=5231568&disposition=inline – acesso em 24.09.2018.

O artigo 82, de forma ainda mais inovadora, estabelece aos reguladores e liquidantes os deveres de probidade, celeridade, informação do conteúdo das apurações e de empregar profissionais especializados, sempre que necessário. No aspecto hermenêutico, o artigo 83 estabelece regra segundo a qual, em caso de dúvida sobre critérios e fórmulas destinados à apuração do valor da indenização, "*serão adotados aqueles que forem mais favoráveis ao segurado ou ao beneficiário, vedado o enriquecimento sem causa*".

Noutra perspectiva, o artigo 84 pretende encerrar ampla discussão que se estabelece há décadas na prática da regulação de sinistros, estabelecendo que "*O relatório de regulação e liquidação do sinistro é documento comum às partes*". Mais do que isso, obriga o segurador a entregar ao segurado ou ao beneficiário, sempre que negada a cobertura (ainda que parcialmente), "*os documentos produzidos ou obtidos durante a regulação e liquidação do sinistro que fundamentem a decisão*" (art. 86). É evidente, nesse aspecto, a normatização dos deveres anexos de informação, colaboração e lealdade, corolários do princípio de boa-fé objetiva.

Bruno Miragem, em artigo que aborda as mudanças previstas no projeto de lei, destaca que essas regras, mais do que conferir transparência ao procedimento de regulação de sinistro, servem para consolidar os elementos probatórios que serão utilizados pelo juízo para formar seu convencimento numa eventual pretensão judicial.

> "*A importância destas regras se percebe, para além de um dever de transparência entre as partes, também para viabilizar, no caso de inconformidade do segurado com a conclusão do segurador, a possibilidade de avaliar o eventual exercício de pretensão em juízo, com todos os elementos necessários à formação de seu convencimento.*"[56]

Em contrapartida, o projeto institui regras de comportamento rígidas ao segurado e ao beneficiário, para quem é vedado "*... promover modificações no local do sinistro, destruir ou alterar elementos a esses relacionados*", denotando a preocupação do legislador em garantir a observância

[56] Bruno Miragem. "Os Direitos do Segurado e os Deveres do Segurador no Direito Brasileiro Atual e no Projeto de Lei do Contrato de Seguro (PLC 29/2017): Exame Crítico", apud "VII Fórum de Direito do Seguro" São Paulo: Roncarati, 2018. p. 263.

desses deveres anexos de maneira equilibrada entre as partes, alcançando também aos titulares do interesse segurado.

Seu descumprimento culposo pelo segurado acarreta na obrigação de arcar com as despesas que forem acrescidas pelo segurador para conclusão do procedimento de regulação e liquidação do sinistro. Se doloso o ato de alteração ou destruição do local sinistrado, fica o segurador exonerado da obrigação de garantia (art. 85, §§1º e 2º), o que demonstra correta rigidez com a observância absoluta da boa-fé na relação securitária.

Dentre outras regras procedimentais, o artigo 89 materializa o dever de celeridade, inerente à regulação de sinistros, estabelecendo o prazo de trinta dias, a contar do aviso de sinistro, acompanhado dos elementos que o segurado dispuser sobre o fato e daqueles previstos na apólice, para o segurador recusar a cobertura, sob pena de *decadência* de tal direito.

Resguarda-se, porém, prazo de noventa dias para a seguradora executar e concluir o procedimento de regulação (art. 90), salvo no caso de seguros mais simples, enumerados no §1º do mesmo artigo, para os quais se estabelece o mesmo prazo de trinta dias. Ainda nesse particular, suspende-se o prazo para o término da regulação sempre que a seguradora apresentar solicitação de elementos necessários à decisão da cobertura, até que o segurado ou beneficiário apresente as informações solicitadas. Novamente, os deveres de cooperação e informação ganham destaque na norma.

Também de forma inovadora, o projeto positiva, no §4º do artigo 90, a chamada "*Teoria dos Atos Próprios*", também derivada do princípio da boa-fé objetiva e sintetizada no aforismo "*nemo potest venire contra factum proprium*":

> "*A recusa da cobertura ou do pagamento da indenização ou capital reclamado deve ser expressa e motivada, não podendo a seguradora inovar o fundamento posteriormente, salvo quando depois da recusa vier a tomar conhecimento de fatos que anteriormente desconhecia*"[57].

[57] Na lição de Humberto Theodoro Júnior, no âmbito da regulação de sinistros, o princípio da vedação ao comportamento contraditório se consolida como regra elementar, o que demonstra o acerto do texto do projeto: "*Aplicando-se a teoria dos atos próprios ao seguro, resulta que segurado e segurador ficam vinculados às declarações e informações prestadas durante o procedimento de regulação do sinistro, bem como a todas atitudes e comportamentos de significado jurídico então adotados. Não lhes sendo lícito inovar em seus posicionamentos em juízo, os eventos protagonizados diretamente*

Por fim, e também positivando entendimento jurisprudencial já consolidado, o artigo 92 estabelece que a mora do segurador o obrigará à correção monetária, juros legais e responsabilidade por eventuais perdas e danos sofridas pelo titular do interesse segurado. Inova o projeto, porém, ao estabelecer que tal ato ilícito implicará em multa de 3% sobre o montante devido, como medida de penalização ao segurador que descumprir suas obrigações contratuais e legais.

Conclusões

De tudo que se expôs, pode-se concluir ser o procedimento de regulação e liquidação de sinistros relevante instrumento para garantir o adimplemento da obrigação de garantia assumida no contrato de seguros. A regulação de sinistros, conquanto procedimento de natureza administrativa, desenvolvida por conta e orientação do segurador, é atividade realizada no interesse comum de ambas as partes.

Nesse sentido, ganha relevante papel, dentre as tarefas do regulador, a função conciliatória, impondo o dever de mediação dos interesses do segurado e segurador, de modo a se evitar litígios e garantir a integridade e a valorização do instituto do seguro, em especial diante de relevante função social e econômica que tal negócio jurídico desempenha.

Reveste-se a regulação de sinistros, ainda, de princípios norteadores e interpretativos dos negócios jurídicos em geral, seja como prestação acessória ao contrato de seguros, ou mesmo em razão de suas obrigações autônomas, imputáveis ao profissional regulador de sinistros.

Particularmente, o princípio da boa-fé objetiva, que no contrato de seguro ganha relevância potencializada, envolve substancialmente o procedimento de regulação de sinistros. E no escopo da tríplice função da boa-fé objetiva, destaca-se no âmbito da regulação de sinistros a sua função integrativa, criadora de deveres anexos (laterais) de conduta às partes envolvidas, como os de cooperação, lealdade e informação, essenciais à atividade regulatória.

Advêm desses critérios interpretativo e integrativo oriundos da boa-fé objetiva os deveres atribuíveis às partes que atuam na regulação de sinistros, impondo aos segurados, seguradores e reguladores *standards*

pelas partes no procedimento pré-processual transformam-se em importantes elementos para a instrução da causa em juízo." Ob. cit., p. 21.

de conduta, pautados pelos deveres laterais, os quais, caso violados, geram o dever de reparação ou mesmo de perda da garantia contratada, no caso dos segurados.

Nesse particular, verifica-se que, especialmente na experiência internacional, é comum a atribuição de responsabilidade civil aos reguladores de sinistros por danos causados ao segurado em razão da prática de atos violadores da boa-fé, gerando o direito à sua reparação específica, autônomo e sem prejuízo ao direito relativo à prestação da garantia securitária.

Por fim, verifica-se no cenário brasileiro iniciativas louváveis de cunho legislativo, em especial através do Projeto de Lei da Câmara nº 29, de 2017, que pretendem positivar os princípios e deveres aplicáveis à regulação de sinistros e às partes nela atuantes, estabelecendo regras específicas de execução do procedimento e direitos que, até então, somente vinham sendo tratados no campo doutrinário e jurisprudencial.

Em suma, o estudo dos aspectos obrigacionais e principiológicos do procedimento de regulação e liquidação de sinistros poderá colaborar com o amadurecimento da prática securitária em nosso sistema jurídico, favorecendo o ambiente de negócios e o crescimento do mercado de seguros privados. Tudo isso com o objetivo precípuo de outorgar maior segurança jurídica, no que diz respeito às regras e aos princípios aplicáveis a tal procedimento, no momento em que a execução do contrato de seguro se apresenta em seu estado mais crítico.

Referências

Bennet, C. "*Dictionary of insurance*", Londres: Financial Times Management, 1992

Bessa, Carlos Barbosa. "*Manual de Liquidação do Sinistro – Incêndio*", Rio de Janeiro: Biblioteca da FENASEG, s.d.

Couto e Silva, Clóvis do. "*A obrigação como processo*", Rio de Janeiro: Editora FGV, 2006

Del Fiori, Alexandre. "*Dicionário de Seguros*", São Paulo: EMTS, 1996

Donati, Antigono. "*Los Seguros Privados – Manual de Derecho*". Barcelona: Bosch., 1960

Faleck, Diego. "*Qual é o seu estilo de mediação empresarial?: Diretrizes para perplexos*", disponível em https://www.mediandoporai.com/single-post/2018/09/14/Qual-%C3%A9-o-seu-estilo-de-media%C3%A7%C3%A3o-empresarial-Diretrizes-para-perplexos?message_id=00a61469-5275-4c77-88b0-bf36dd699904 – acesso em 24.09.2018

Halperin, Isaac. "*Seguros – Exposición Crítica de Las Leyes 17.418 y 20.091*". Buenos Aires: Depalma, 1983

Hoz de Vila Bacarreza, Victor. "*Dicionario de Seguros*", Córdoba: Marcos Lerner, 1986

J. Markham, James. "*Property Loss Adjusting*", Pensilvânia: Insurance Institute of America 1990

Markham, James J. Quinley, Kevin M. Thompson, Layne S. "*The claims environment*", Pensilvania: Insurance Institute of America, 1993

Martins-Costa, Judith. "*A boa-fé no direito privado: critérios para a sua aplicação*", 2ª ed. São Paulo: Saraiva Educação, 2018

Martins-Costa, Judith. "*Boa-Fé e Regulação do Sinistro*", apud "*VII Fórum de Direito do Seguro José Sollero Filho*" São Paulo: Roncarati, 2018

Miragem, Bruno. "*Os Direitos do Segurado e os Deveres do Segurador no Direito Brasileiro Atual e no Projeto de Lei do Contrato de Seguro (PLC 29/2017): Exame Crítico*", apud "*VII Fórum de Direito do Seguro*" São Paulo: Roncarati, 2018

Prahal, Robert Prahal. "*Introdução a sinistros*", Rio de Janeiro: Tradução da Fundação Escola Nacional de Seguros, 1997

Rocha e Menezes Cordeiro, António Manuel da. "*Da Boa Fé no Direito Civil*", Vol. I, Coimbra: editora Livraria Almedina, 1984

S. Stiglitz, Rubén. "*Derecho de Seguros*", Buenos Aires: Abeledo-Perrot, 1997

_______________. "*El siniestro*", Buenos Aires: Astrea, 1980

Theodoro Júnior, Humberto. "*O Contrato de Seguro e a Regulação de Sinistro*", disponível em http://www.ibds.com.br/artigos/OContratodeSeguroeaRegulacaodoSinistro.pdf – acesso em 20.09.2018.

Tzirulnik, Ernesto. "*Regulação de Sinistro*", São Paulo: Max Limonad, 2001

Casos analisados:

Keodalah et. al. v. Allstate Insurance Co. et. al., case number 75731-8-I in the Court of Appeals for the State of Washington, Division 1, disponível em https://caselaw.findlaw.com/wa-court-of-appeals/1892547.html#footnote_3 – acesso em 21.09.2018

Michael Bock et al., v. Craig Hansen, case number A136567 (Napa County Super. Ct. No. 2657438) – Court of Appeal of the State of California, First Appellate District, Division Two, disponível em https://www.courtlistener.com/opinion/2659379/bock-v-hansen/ – acesso em 21.09.2018

Galveston Bay Biodiesel, L.P. v. Ace American Insurance Co., Civil Action No. G-10-132 in Texas Southern District Court, disponível em http://insuranceclaimsbadfaith.typepad.com/files/free-public-access-download-galveston-bay-biodiesel-l.p.-v.-ace-american-insurance-co.-s.d.-tex.-case-no.-10.132-opinion-filed-june-11-2010.pdf – acesso em 21.09.2018

17. COVID-19 e o Seguro

Carlos Henrique Abrão

Introdução

A crise sanitária que se abateu sobre o planeta coloca toda a perspectiva econômica, somada à esfera jurídica, num constante repensar a respeito da viabilidade do modelo e das incertezas do futuro. Notadamente, a imprevisibilidade da impermanente vida humana fez com que surgisse o contrato de seguro e as especificações mais correlatadas à necessidade de uma sociedade em constante transformação, porém, com a eclosão de um problema de saúde, ligado ao vírus internacionalmente deslocado para todos os continentes, a questão fundamental a saber é se teremos novas arestas contratuais de seguro diante de fatores relevantes em sintonia com uma pandemia inescapável e, até certo ponto, inelutável aos olhos da cura e do tratamento, cuja ciência ainda não tem resultado eficiente para cura.

Foi a partir da Segunda Guerra Mundial que o contrato de seguro praticamente deitou raízes e encontrou sólida formação em meio à pobreza e verdadeiros planos econômicos para reerguer a Europa destruída e infestada de moléstias; na contemporaneidade que se nos apresenta, a cobertura dispõe de instrumento possível do meio eletrônico e com facilidades de contratação, sendo o órgão regulador a SUSEP.

Na quadra da história, a crise atinge mais diretamente profissionais liberais, dentistas, advogados, psicólogos e pessoas que dependem, para sobreviver, dos rendimentos provenientes do esforço do próprio trabalho. Na circunstância descrita, portanto, se os anos 90 foram de ampla prosperidade e com o fim da pobreza, como ponderou Jeffrey Sachs, o começo do ano de 2020, decorridos, pois, 3 décadas, deve ser encarado, nada mais, nada menos, como da peste que dinamitou a economia e trouxe consequências enormes para o tecido social, expondo miséria ao lado do desemprego, em harmonia com as dificuldades de Países emergentes se recuperarem à míngua de recursos escassos para o tratamento preventivo de moléstias, falta de leitos e circunstâncias peculiares a estes Países.

Feita a breve exposição, poderíamos, tempos atrás, dizer sim que o Mundo é Plano, na feliz expressão de Thomas L. Friedman, porém, a terra conflui para o salvamento da população que nela habita, e por isso indagamos quais serão os novos rumos do contrato de seguro após a pandemia. Significa dizer que o infectado que não puder trabalhar, dentro ou fora da classe de risco, terá direito a alguma indenização, os que não puderem trabalhar também receberão auxílios, os que falecerem, terão direito os seus herdeiros à cobertura, e quais perspectivas a indústria seguradora tomará para tornar menos traumática a realidade e oferecer condições encaminhadas aos interesses da sociedade indefesa?

A propalada exuberância da década de 90, identificada pelo Nobel de economia, Joseph E. Stiglitz, contrasta com um mundo divisado de grandes alterações em poucos meses, fruto de um vírus que se alastrou e deixou sequelas profundas, não apenas na saúde da população, mas, essencialmente, nos agentes públicos e nas sociedades empresariais.

1. A mudança de paradigma do seguro

Muitas empresas, ao lado do seu objeto social, passaram a ter olhos centrados nos graves problemas da sociedade, assim, uma multiplicação de esforços gerou a construção de plantas industriais, fabricação de produtos, fornecimento de máscaras e todas as espécies para minimizar o alastramento do potente vírus e preservar ao máximo a saúde.

Reflexo imediato é que a sociedade, por mais que pretenda, não será a mesma, e o seguro, antevisto como meio de equacionar a situação financeira, passará por grandes transformações. Não mais teremos concausas isoladas ou parâmetros de fortuito ou força maior; no século passado, milhões de pessoas morreram por força da gripe espanhola, e todo o complexo ritmo da tecnologia, ciência e pesquisa não foram capazes de diagnosticar um microrganismo de efeitos perversos e deletérios.

O seguro terá que alastrar seu campo e focar em situações que abalam interesses coletivos e difusos e sair da capa individual ou subjetiva, não se trata de propor uma espécie de seguro social, mas de oferecer aos interessados coberturas para determinadas oportunidades excepcionais nas quais ele não pôde trabalhar, atender ou realizar cirurgias devido ao fechamento plural determinado pelo órgão de governo.

A grande indagação, no entanto, é de como funcionará este tipo de contrato e sua capilaridade em termos de cobertura. No cenário definido, a cobertura envolve a impossibilidade de o profissional trabalhar por algum motivo, não, porém, a real situação de paralisação provocada por fator externo e por tempo indeterminado. Repousa aqui, por evidente, aquilo que Eros Roberto Grau definiu como a precisão dos conceitos e normas jurídicas, já que a apólice deverá conter precisas regras, a demonstrar que o segurado está incluído na sua formatação dentro do prisma de visão de uma relação de consumo.

Desta forma, exemplificativamente, se um determinado profissional quebra um braço, uma perna e não pode praticar sua atividade, há como contratar um seguro que o indenize pelos dias parados, ao menos para que possa pagar as contas e os boletos recebidos ao longo do mês. Entretanto, no caso de uma pandemia, que é um verdadeiro estado de guerra que abala bilhões de pessoas mundo afora, como contextualizar um tipo de cobertura para que numa apólice, coletiva ou mesmo individual, se tenha um nível razoável e definido atrelado à indenizabilidade, sendo certo que a seguradora, via de regra, não poderá ingressar com regresso para cobrar aquilo que desembolsou em reembolso.

Acreditamos, assim, que as seguradoras doravante terão um protótipo, extraído das lições da pandemia, a gerar maior certeza e diminuir gastos e prejuízos, porquanto a massa de segurados é pequena em termos daqueles alvo de sinistro e pleitos de indenização, de tal forma que o amanhã trará o desafio de descobrirmos quais aspectos mais relevantes servirão de pano de fundo para mudanças substanciais não apenas no comportamento individual, da sociedade ou das seguradoras.

É lógico e evidente que se o cidadão quebrar o isolamento e for infectado, larga e definitivamente colaborou para aumento da sinistralidade e, com isso, deu margem à ruptura do preceito da boa-fé, a qual anima o contrato, em total desrespeito para a lesividade existente, como bem acentuava o professor, inolvidável mestre Joaquin Garrigues, posto que ao contratar, ambos os lados estabelecem, de forma solene e bilateral, as margens de segurança dentro da apólice e os mecanismos da cobertura.

2. Comorbidade e impacto na cobertura

Há um estudo científico claro e bastante preciso no sentido de que pessoas portadoras de comorbidade podem ter maior facilidade de contrair a moléstia e dificuldade para respectiva recuperação. De tal sorte que diabéticos, com pressão alta e outra sintomatologia, além, é claro, do risco pela idade, todos esses grupos são de maior perigo, e a dúvida que estamos a dissolver diz respeito à repercussão dentro do contrato de seguro.

Primeiro é preciso identificar a causa, e também a concausa, do sinistro, se houve lesão incapacitante ou deflagrou-se o óbito a fim de que se meça, com certa obviedade e com grão de sal, os limites da indenização. Ao contratar, a seguradora, pura e simplesmente, ajusta pelo preço da apólice, e até na franquia, os limites desenhados de sua atividade, não podendo, pois, puramente recusar. Segundo, os pacientes com doenças pré-existentes deveriam estar no rol de previsibilidade da seguradora, haja vista que se contratou e não realizou exame algum, deixou de exercer sua atividade com a primazia necessária ao resultado esperado.

É ininvocável, portanto, a doença antecedente se a seguradora não teve o comportamento de realizar exames ou ao menos questionar para comprovar o estado clínico geral do paciente coberto pelo seguro. A situação gera complexidade pois que o verdadeiro estado de guerra até impede autópsias e emissão de certidão de óbito, devendo as seguradoras garimpar na regulação do sinistro o que realmente aconteceu com a pessoa que veio a óbito.

Ao Estado compete tratar da saúde, conforme cânone constitucional, mas como o Estado é incompetente e não tem capacidade econômico-financeira, a indagação a ser feita é se o estipulante da premissa não deveria ser o próprio Estado, já que não tem leitos de UTI ou respiradores suficientes para combater a pandemia.

Terceiro, e não menos importante, os infectados e aqueles que vierem à óbito não se classificam unicamente pela faixa etária, assim, trabalhadores dos mais diversos ramos apenas têm condições de se manter com dignidade humana mediante o trabalho, desde um motorista, pequeno comerciante, prestador de serviços etc., cabendo à seguradora estipular o que é possível dentro dos limites da cobertura.

Passemos a materializar de forma concreta a situação: um profissional que ao final do mês recebe dez mil reais e ficou impossibilitado de trabalhar pelo fechamento determinado pelo Estado, a empresa de seguro, em razão de um fato do príncipe poderá estipular uma remuneração em torno de até 50% a fim de que o beneficiário não passe maiores dificuldades ou se submeta ao estado de miserabilidade, o que já definiria um cidadão a menos para receber a verba de R$ 600,00, destinada pelas mãos do Governo Federal.

3. Flexibilização do contrato de seguro

As crises sociais são desafios pontuais, e muitas vezes plurais, para que as empresas de seguro enxerguem novos horizontes fora do balizamento puramente de bitola estreita do mundo contemporâneo. Tratadistas franceses de ponta, no passado, já definiam tais circunstâncias como modelos comportamentais de mudanças substanciais. Definem M. Picard e A. Besson que o contrato de seguro reflete o aspecto econômico de uma remuneração diante de um determinado risco. É bem verdade que o seguro tem em mente a preservação do patrimônio, casa, móveis, aparelhos elétricos e eletrônicos, mas quando o fator é a própria vida, ganha contornos e diretrizes polivalentes, pois que todos sabemos a vida humana é a única que não comporta precificação.

Com o surgimento do elemento eletrônico, os contratos de seguro não são definitivamente herméticos e ortodoxos, porém, cabe às empresas de seguro alargar o leque de cobertura e permitir que o segurado tenha ganho em escala na hipótese de uma conjuntura coletiva que leve em conta a impossibilidade de trabalho, gerando um grau de desemprego elevado, com problemas de exclusão social num ritmo alucinante.

Não se pode, porém, dar toda a credibilidade ao segurado e quebrar o que consta do contrato, a propalada cláusula *pacta sunt servanda*, que agora será definida como pandemia *sunt servanda*, posto que os efeitos irradiados devem ser disciplinados sob o prisma econômico e, notadamente, jurídico.

É impossível o comportamento de avestruz em razão de fatos graves e que a humanidade ainda não aprendeu, o crescimento de Países do primeiro mundo e o carro chefe dos EUA, sendo ladeado dos chineses, todos estes ingredientes provocaram anomalias e uma dependência que será alterada pós-pandemia, mas novos vírus e bactérias poderão surgir, provocando quarentena intermitente e banalização das seguidas paradas para a sobrevivência da espécie humana.

Notadamente os contratos que regem pandemias terão que ser feitos com base em cosseguro ou mesmo resseguro, não importa o conteúdo, extensão ou risco, se de forma individual ou coletiva, admitamos que numa determinada empresa com 500 empregados diretos e 2.000 mil indiretos ocorra, fruto do vírus, uma paralisação de 60 dias, queda da produção, do fornecimento, implicando em perdas significativas, o controlador poderia estabelecer uma apólice de cobertura coletiva a fim de que, em situações desta natureza, houvesse uma cobertura pela média, assim, se paga de 3 a 10 salários mínimos, e conforme o prêmio estipulado, nenhum dos trabalhadores sofreria os efeitos da paralisação, já que seriam cobertos pelo seguro de 3 a 5 salários mínimos durante os dois meses nos quais a empresa desligou suas máquinas em termos de conservação da saúde e atendimento ao risco desenhado pelo Governo.

Referidas pactuações seriam verdadeiros contratos de proteção social e amparo na hipótese de se evitar desemprego em massa, a fim de proporcionar ao menos uma renda mínima que satisfaça as obrigações essenciais da classe trabalhadora e de eventuais prestadores de serviços. O fato de não trazer a consequência do desemprego é fundamental, associado ao pagamento do momento de paralisação, a seguradora teria dez dias para efetuar os depósitos nas contas dos empregados, e pelo período da suspensão da atividade profissional, observado o teto limite previsto na própria cobertura.

4. Ética empresarial e seguro

O Brasil é uma Nação sem poupança interna e total insegurança quanto ao futuro da sociedade, sem planejamento ou equilíbrio das contas públicas, porém, a função empresarial é notadamente social e ética. As empresas não são destinadas apenas ao balanço de lucros e lucros, mas sim o que define a atividade empresarial é a redução do desequilíbrio e maior inclusão social possível.

Deveras, um pacto de cobertura na hipótese de impedimento da atividade empresarial sinaliza um risco menor e uma variante maior no requisito de solucionar o impasse a nível de seguro.

Ensinam Ferrell e Fraedrich que a ética empresarial será o grande vetor de transformação do século XXI; não adianta discutirmos apenas modelos de robótica de inteligência artificial e qualquer mecanismo transformador se não houver o justo equilíbrio de forças com o atendimento do social. O Brasil hoje contempla sua força econômica lastreada em 95% de pequenas e microempresas, as quais tem entre 5 e 50 empregados e não dispõem de capital de giro, com alto grau de endividamento, donde o seguro representa o amanhã e em todos os sentidos, já que sua finalidade é de prever o que a inteligência humana ainda não conseguiu conquistar, muito menos a ciência, a cura de todas as moléstias e patologias.

O cenário disponibiliza rica messe de argumentos e sugestões encaminhando para a hipótese de proteção coletiva, dentro da esfera social, assim, na conjuntura de bens e serviços, muito pouco se pensa em relação ao homem, mas em ter o seguro da casa, do carro, de uma máquina da empresa, contra furto, roubo, incêndio e até no compasso do produtor rural.

E se no campo a atividade tem um grau menor de engessamento, exceto em grandes setores do agro, também plenamente possível reverter o quadro e disponibilizar cobertura, já que durante o interregno as vendas serão menores, fruto de uma produção alicerçada na quarentena e sobrevivência da população de menor renda.

O Estado *Welfare State* progressivamente se tornou mínimo e carente de recursos financeiros em razão do descalabro das contas públicas e total miopia de constatar o social como realidade mais benfazeja de uma Nação desenvolvida. Não cabe ao Estado distribuir migalhas ou benefícios sociais sequer à altura da dignidade humana, mas sim compatibilizar distribuição de renda e menor concentração em mãos de grupos econômicos.

Num País de exuberantes desigualdade sociais, apenas o seguro de conotação coletiva e difusa teria condão de separar o joio do trigo e implementar políticas de combate ao desemprego com a amplitude das empresas seguradoras, as quais concentram bilhões nas suas movimentações ao longo dos anos e têm muitas condições de mudar as regras do jogo com identificação das necessidades mais prementes da população.

Na visão de Ernesto Tzirulnik e outros (O Contrato de Seguro de Acordo com o Código Civil Brasileiro, 3ª Edição, Roncarati Editora, São

Paulo, 2016), o contrato de seguro necessita de uma legislação prudencial que vá ao encontro dos interesses em disputa, com clareza e transparência suficientes à elevação do número de cobertura e implementação do microsseguro em todos os setores da sociedade brasileira.

Forte neste aspecto, que a pandemia lance a semente de um novo amanhã no campo securitário e proporcione o alargamento da visão e coberturas ao alcance dos que mais são sacrificados pelas crises nas filas desesperadoras de benefícios sociais de valores indignos.

5. Síntese geral do tema

Num *vol d'oiseau*, em rápidas pinceladas, tentamos demonstrar que a realidade da pandemia nos coloca no jogo de alargar o seguro e sua fonte de participação da população, e não apenas atrair interesses pessoais e subjetivos daqueles que podem pagar a cobertura e esticar o cobertor em momentos de insegurança promovidos pela crise.

A lucidez evita a cegueira deliberada e implementa uma fonte segura de novos modelos de cobertura, já que o Brasil é um País que pouco se vale do instituto e muitas vezes de forma unilateral no tipo de adesão, sem o discernimento do consumidor, talvez agora, no iluminismo da pandemia, os reconstrutores da sociedade elucidem a prática do seguro e suas diretrizes mais profundas de tutela protetiva do tecido social.

Os informes obtidos nos dão subsídios que as empresas seguradoras não estão recusando pagar indenizações de pessoas que vieram a óbito pelo Covid 19, porém, uma realidade parcial do problema, já que os sobreviventes terão sérias vicissitudes para aparar as arestas e soerguer o rescaldo do que definitivamente nos foi legado.

A transformação radical de um sério momento de crise precipita discussões mais profundas e conjunturais de como os trilhões de dólares hospedados em grandes fundos poderão ritmar uma sociedade mais protegida e com simetria adequada ao justo crescimento e equilibrado desenvolvimento.

Em tempos de pandemia e assimetria, oxalá a lição seja aprendida de forma rápida, a fim de que o mecanismo do seguro consubstancie a mais valorosa ferramenta de revermos as incertezas do presente, de não aprendermos as lições do passado e termos um guia seguro para o futuro, vislumbrando, assim, grandes poupanças sociais de cobertura, as quais se destinem não apenas aos cidadãos profissionais liberais, mas sobretudo às camadas mais distantes que fazem do trabalho a jornada de luta pela defesa da vida.

Referências

Tzirulnik e outros – *O contrato de seguro de acordo com o código civil brasileiro*, 3 ed., Roncaratti editora, SP, 2016.
Sachs, Jeffrey – *O fim da pobreza* – Companhia das Letras, SP, 2005.
Friedman, Thomas L. – O *mundo é plano* – Objetiva, RJ, 2005.
Stiglitz, Joseph – *Os exuberantes anos 90* – Companhia das Letras, SP, 2003.
Ferrell, Fraedrich – *Ética empresarial* – Houghton Mifflin, RJ, 2000.
Grau, Eros – *Direito, conceitos e normas jurídicas* – RT, SP, 1988.
Garrigues, Joaquin – *Contrato de seguro terrestre* – Madrid, 1973.
Picard, M. e Besson, A – *Le contrat d'assurance*, 4 ed. LGDJ – Paris, 1975.

18. Princípios Regentes do Dever de Averbação de Cargas nos Seguro de Responsabilidade Civil do Transportador Rodoviário de Cargas: Posicionamento Do Superior Tribunal de Justiça e Análise Comparativa nos Tribunais de Justiça de São Paulo e do Rio Grande do Sul

PERY SARAIVA NETO
JORDANA MEDEIROS DE BORBA

Introdução

Nos contratos de seguro de responsabilidade civil do transportador de cargas, com apólices em aberto, também denominado seguro de risco decorrido, faz-se necessária a averbação posterior da carga/risco perante o segurador, para emissão e cobrança do respectivo prêmio. Desta forma, sempre que o transportador recebe mercadorias a serem transportadas, deve realizar a averbação de todas elas, discriminando-as de forma minuciosa e em sua totalidade. Tal funcionamento justifica-se pelo fato de ser impraticável a emissão de apólices para cada despacho, visto que as empresas de transportes fazem diariamente sucessivos embarques que necessitam de cobertura rápida de seguro.

Tal prática nada mais é do que a adequação do instituto dos seguros à dinâmica do risco da atividade de transporte, que funciona com peculiaridades, imprevisibilidade de transportes futuros, depende de contratação, quantidade e tipo de cargas, condição do tempo, estado de conservação e segurança das vias, acuidade e perícia do motorista, os quais são fatores indispensáveis para o sucesso e obtenção do contrato de transporte.

O presente estudo visa analisar uma questão que, embora não seja nova, e em que pese haver significativo número de julgados dando interpretação condizente ao seguro com apólices em aberto, bem compreendendo sua funcionalidade, merece o devido aprofundamento e reflexão, por diversas razões.

Num primeiro momento, verifica-se que a funcionalidade e interpretação do contrato de seguro de transporte, com apólices em aberto, não está totalmente pacificada perante os órgãos jurisdicionais. Veja-se, por exemplo, o caso resolvido pelo Superior Tribunal de Justiça, ora analisado, em que o julgador de primeiro grau havia dado decisão contrária àquela posteriormente adotada pela Corte Estadual e do próprio Superior Tribunal de Justiça. Portanto, necessária a reflexão sobre a adequação do insituto e da técnica dos seguros e dinamicidade do risco no qual está sendo aplicado.

Além disso, em que pese tenham se passado mais de 5 (cinco) anos da decisão proferida pelo Superior Tribunalo de Justiça, percebe-se que a jurisprudência das Cortes Estaduais ainda são deficitárias ao adentar no tema, o que torna necessária e a análise comparativa entre julgados do Tribunal de Justiça de São Paulo e do Tribunal de Justiça do Rio Grande do Sul.

Por fim, importante este estudo pois merece aprofundamento a interpretação e aplicabilidade do princípio da globalidade e da boa-fé, objetiva e subjetiva, dada pelo Tribunal Superior, e sua incidência na relação jurídica em voga.

1. Contrato de seguro: conceito e elementos relevantes

O contrato de seguro é o contrato pelo qual uma das partes, dita segurador, obriga-se para com outra, dita segurado, mediante o recebimento de uma contraprestação, a garantir-lhe interesse legítimo, contra riscos delimitados no contrato.

É condição para o contrato de seguro que o interesse legítimo esteja sob risco determinado no contrato de seguro. O interesse deve estar claro, assim como os riscos cobertos pelo seguro. Conforme expressa previsão legal, no Código Civil, no artigo 757: "pelo contrato de seguro, o segurador se obriga, mediante o pagamento do prêmio, a garantir interesse legítimo do segurado, relativo a pessoa ou a coisa, contra riscos predeterminados". A própria dicção legal traz elementos importantes do contrato, a saber: segurador e segurado, prêmio, garantia, interesse legítimo e riscos predeterminados.

O Código Civil em vigor imprimiu nova base conceitual para o contrato de seguro, distanciando-o da ideia de indenização e bilateralidade estrita, própria da noção tradicional, e aproximando-se da visão moderna de garantia.[1] O conceito de garantia é o elemento nuclear para a compreensão da natureza jurídica e dos efeitos do contrato de seguro. A positivação conjugada de garantia e interesse e o abandono do critério único da indenização como elemento essencial do contrato é a principal e substancial alteração legislativa do novo Código Civil em relação ao contrato de seguro.[2]

Tzirulnik, Cavalcanti e Pimentel salientam que a comutatividade do contrato tem por base justamente o reconhecimento de que a prestação do segurador não se restringe ao pagamento de eventual indenização, mas, antes de tudo, consiste no fornecimento da garantia, que é devida durante toda a vigência do pacto. A comutação ocorre entre prêmio (prestação) e garantia (contraprestação) e não entre prêmio e indenização.[3] Isso evidencia o caráter comutativo e não aleatório de tal espécie contratual.[4]

[1] Tzirulnik, Ernesto; Cavalcanti, Flávio de Queiroz B.; Pimentel, Ayrton. **O contrato de seguro**: de acordo com o novo código civil brasileiro. São Paulo: Revista dos Tribunais, 2003, p. 21.

[2] Tzirulnik, Ernesto; Cavalcanti, Flávio de Queiroz B.; Pimentel, Ayrton. **O contrato de seguro**: de acordo com o novo código civil brasileiro. São Paulo: Revista dos Tribunais, 2003, p. 22.

[3] Tzirulnik, Ernesto; Cavalcanti, Flávio de Queiroz B.; Pimentel, Ayrton. **O contrato de seguro**: de acordo com o novo código civil brasileiro. São Paulo: Revista dos Tribunais, 2003, p. 22.

[4] Em sentido contrário, apontando a aleatoriedade como característica do contrato de seguro, ver Pasqualotto, Adalberto. **Garantias no Direito das Obrigações**: um ensaio de sistematização. Tese (Doutorado em Direito) – Faculdade de Direito, Universidade Federal do Rio

Outro elemento importante do seguro é a solidariedade, chamada tecnicamente de mutualismo. Sobre o princípio da mutualidade, importante a lição de Tzirulnik, Cavalcanti e Pimentel, de que

> (...) na verdade a operação de seguro implica a organização de uma mutualidade, ou o agrupamento de um número mínimo de pessoas submetidas aos mesmos riscos, cuja ocorrência e tratamento são suscetíveis de tratamento atuarial, ou previsão estatística segundo a lei dos grandes números, o que permite a repartição proporcional das perdas globais, resultante dos sinistros, entre os seus componentes. A atividade do segurador consiste justamente na organização dessa mutualidade, segundo a exigência técnica de compensação do conjunto de sinistros previsíveis pela soma total de contribuições pagas pelos segurados.[5]

Prepondera no seguro, portanto, a natureza solidária. Trata-se de um negócio jurídico que se assenta no princípio da solidariedade entre seus participantes, sob a batuta de um administrador, que é o segurador.

Mais um elemento essencial à relação securitária é a exigência de boa-fé entre seus participantes. A boa-fé, que constitui princípio geral dos contratos (art. 422 do Código Civil), é ressaltada nos contratos de seguro como condição e elemento fundamental (art. 765 do Código Civil)[6], tendo em vista que a sinceridade e a verdade constituem a base primeira da declaração de vontade que o origina. É a partir das declarações dos segurados que as bases contratuais são fixadas (estipulação do valor do prêmio e taxa atuarial da apólice). Sobre a boa-fé no contrato de seguro, anota Andrade:

> Com a adoção deste preceito, expressa-se a importância do princípio da boa fé para o contrato de seguro, decorrente da relevância dos deveres

Grande do Sul. Porto Alegre, 2005 e ANDRADE, Fábio Siebeneichler de. O desenvolvimento do contrato de seguro no direito civil brasileiro atual. **Revista de Derecho Privado**. Bogotá: Universidad Externado de Colombia, n. 28, enero-junio, 2015, p. 203-236.

[5] TZIRULNIK, Ernesto; CAVALCANTI, Flávio de Queiroz B.; PIMENTEL, Ayrton. **O contrato de seguro**: de acordo com o novo código civil brasileiro. São Paulo: Revista dos Tribunais, 2003, p. 23.

[6] Art. 765. O segurado e o segurador são obrigados a guardar na conclusão e na execução do contrato, a mais estrita boa-fé e veracidade, tanto a respeito do objeto como das circunstâncias e declarações a ele concernentes.

– como o de informação – a serem atendidos pelas partes na sua relação contratual. Precisamente por este fundamento que se considera o contrato de seguro como o vínculo de boa fé por excelência, como anteriormente ressaltado.

O fundamento para a determinação do dever de informar decorre da própria estrutura do contrato de seguro: ele visa à garantia contra um risco, que decorre de dados preexistentes das próprias partes. Para que o vínculo possua um equilíbrio, cumpre então que se atente à realidade do que se declara no contrato.[7]

Cumpre assinalar, por outro lado, que o contrato de seguro é um instrumento complexo, no sentido de que se forma da união de diversos elementos contratuais. Comumente se confunde contrato de seguro com apólice, embora a apólice seja apenas um dos instrumentos que compõem o complexo contratual de um seguro e, no rigor da lei, seja apenas uma das formas de provar a existência do contrato. A apólice, em termos práticos, pode significar apenas um resumo do conjunto contratual, ou, ainda, a forma como se particulariza o contrato de seguro. Martinez pensa a apólice como a forma composta e complexa do contrato de seguro, afirmando:

> A apólice, ao reduzir a escrito o contrato de seguro, refletirá o seu conteúdo, sendo frequente que a apólice de seguro se encontre dividida em três partes: *condições gerais, condições especiais e condições particulares,* que respeitam àquele tomador do seguro. As condições gerais da apólice correspondem às cláusulas que definem basicamente o tipo de seguro acordado. [...] As condições especiais concretizam as cláusulas gerais, delimitando o tipo de seguro, nomeadamente excluindo certos aspectos do risco assumido pela seguradora. [...] Nas condições particulares incluem-se as cláusulas identificadoras do tomador do seguro especificamente ajustado.[8]

[7] ANDRADE, Fábio Siebeneichler de. O desenvolvimento do contrato de seguro no direito civil brasileiro atual. **Revista de Derecho Privado**. Bogotá: Universidad Externado de Colombia, n. 28, enero-junio, 2015, p. 222-223.

[8] MARTINEZ, Pedro Romano. **Direito dos Seguros**: apontamentos. S. João do Estoril: Principia, 2006, p. 82. No que se refere à identificação do tomador do seguro, além de elementos tais como nome e domicílio ou o objeto do seguro (descrição do risco), devem constar

Um instrumento complementar necessário é o documento com as Condições Gerais do Seguro, onde estará prevista a maioria das regras que regerão o contrato. Trata-se de documento regulado, sujeito a aprovação pelo órgão de controle da atividade securitária, merecendo detalhada compreensão.

Por fim, cumpre fazer referência ao prêmio, que, segundo Luccas Filho, "é o preço, isto é, o valor pago pelo segurado ao segurador para que este assuma o risco".[9] Prêmio, portanto, é a prestação paga pelo segurado ao segurador para que esse assuma um risco daquele. É a "importância paga pelo segurado, ou estipulante, à seguradora, em troca da transferência do risco contratado. Em princípio, o prêmio resulta da aplicação de uma porcentagem (taxa) à importância segurada".[10]

A formação do prêmio, no entanto, não é de técnica simples. Há um longo e complexo percurso a ser percorrido até a formação do prêmio comercial, esse que é, de fato, o preço de um seguro, o valor que a seguradora cobra do segurado para assumir seus riscos. Com efeito, sobre o prêmio básico (estabelecido com referência a algum tipo de experiência do risco), há carregamentos que envolvem, por exemplo, o valor esperado do sinistro, as despesas de comercialização que serão pagas, as despesas administrativas esperadas, o lucro a ser atingido, os impostos, as despesas esperadas com a cessão do risco (cosseguro e/ou resseguro), o resultado financeiro esperado e a oscilação do risco. Como adverte Luccas Filho, é necessária "uma eficiente gestão das despesas administrativas para não ficarem comprometidas as operações da seguradora, uma vez que o dimensionamento dos gastos é fundamental para a fixação do preço final do seguro".[11]

também "dados que deverão ser prestados pelo segurado para se incluírem nas condições particulares".

[9] Luccas Filho, Olívio. **Seguros**: fundamentos, formação de preço, provisões e funções biométricas. São Paulo: Atlas, 2011, p. 9.

[10] IRB – Brasil Re. **Dicionário de seguros**: vocabulário conceituado de seguros. Rio de Janeiro: Funenseg, 2011, p. 165.

[11] Luccas Filho, Olívio. **Seguros**: fundamentos, formação de preço, provisões e funções biométricas. São Paulo: Atlas, 2011, p.10.

2. Princípios norteadores do contrato de seguro de responsabilidade civil do transportador rodoviário de cargas (RCTR-C)

Antes de adentrar no atual posicionamento do Superior Tribunal de Justiça em relação ao tema proposto neste artigo, bem como na análise dos decorrentes julgados realizados pelos Tribunais de Justiça dos Estados de São Paulo e Rio Grande do Sul, pertinente o estudo sobre os princípios regentes do contrato de seguro de responsabilidade civil do transportador rodoviário de cargas.

2.1 Princípio da boa-fé

O princípio da boa-fé está compreendido já nas disposições gerais dos contratos, mais especificamente no artigo 422 do Código Civil, o qual dispõe que os contratantes são obrigados a guardar e agir com boa-fé tanto na conclusão como na execução do contrato. Tal princípio deve ser resguardado, inclusive, na fase de tratativas negociais ou contrato preliminar.

O princípio da boa-fé é princípios basilar das relações contratuais e no particular do contrato de seguro recebe tratamento em sua especificidade no artigo 765 do Código Civil, que qualifica a estrita boa-fé, além do dever de veracidade.

No contrato de seguro, principalmente, a boa-fé constitui um dos seus elementos nucleares, estando presente em todas as suas disposições, uma vez que impõe às partes o dever de veracidade e lealdade.[12]

Neste sentido, o artigo 765 do Código Civil dispõe que o segurado e o segurador são obrigados a guardar no contrato a mais estrita boa-fé e veracidade quanto ao objeto, circunstâncias e declarações. Vale frisar, novamente, que nessa exigência está contida a obrigação recíproca de lealdade e veracidade das partes, desde a formação até a resolução do pacto.

Deve-se analisar tal contrato como relação jurídica ampla, onde a obrigação tende a ser compreendida como uma série de deveres não apenas de prestação, mas também de conduta. O mandamento de conduta, além de englobar todos os participantes da relação contratual, estabelece entre eles um elo de cooperação, no intuito de alcançar o

[12] Teixeira, Antonio Carlos. **Contrato de seguro, danos, risco e meio ambiente**. Rio de Janeiro: Funenseg, 2004, p. 11.

objetivo final visado por todos. Assim, o princípio da boa-fé tem por escopo contrubuir para a determinação da obrigação de cada parte, delimitando o que é e como deve ser prestada a obrigação, bem como fixando o limite da prestação.[13]

Para a doutrina, três são as formas de boa-fé: subjetiva, objetiva e hermenêutica.

A boa-fé subjetiva é aquela que se manifesta internamente. Relaciona-se à índole do pensamento das pessoas, manifestando-se de acordo com a moral interior do homem, suas experiências de vida e valores frente às escolhas que faz.

A boa-fé objetiva manifesta-se externamente, por meio de atos concretos, declarações de vontade e comportamentos, levando-se em consideração a obrigação de boa conduta.[14]

Já pela perspectiva da hermenêutica a boa-fé decorre do entendimento formado pela doutrina e jurisprudência com relação à intenção das partes no momento de celebrar ou executar o contrato.[15] Ainda com relação a esta, a boa-fé serve como via de realização da valoração pretendida pelo legislador, preenchendo lacunas verificadas no texto contratual, por meio de princípios jurídicos materiais e axiomas constatados no sistema legal, possibilitando ao juiz uma atividade criadora e integrativa, destinada a complementar vaguezas existentes nos contratos.

Percebe-se, então, que a boa-fé atua como criadora de deveres jurídicos ao impor obrigações laterais ou acessórias de conduta.

A limitação ao exercício de direitos subjetivos acarreta a sistematização ao recurso da boa-fé objetiva, caminho que se insere na tendência atual que busca especificar os casos de aplicação da mesma, tornando o princípio menos fluido e de acentuado caráter técnico.

Diferentemente do que acontecia no passado, o contrato não é mais perspectivado unicamente pelo dogma da autonomia da vontade. Considera-se que é informado pela função social que lhe é atribuída pelo ordenamento jurídico, seja o pacto de direito público ou privado.

13 Silva, Clóvis do Couto e. **A obrigação como processo**. Rio de Janeiro: FGV, 2006.

14 Gravina, Maurício Salomoni. **Princípios jurídicos do contrato de seguro**. Rio de Janeiro: Funenseg, 2015, p. 61.

15 Delgado, José Augusto. **Comentários ao novo Código Civil, volume XI**: das várias espécies de contrato do seguro. Rio de Janeiro: Forense, 2007, p. 195.

Sob esta ótica, apresenta-se a boa-fé como norma que não admite condutas que contrariem o preceito de agirem com lealdade e correção, pois só assim se estará a atingir a função social que lhe é cometida.

Assim, objetivar a boa-fé no curso da contratação, ou, em outras palavras, agir com boa-fé, significa lisura e probidade na esfera íntima e cooperação na exteriorização. Lealdade e honestidade, efetiva e permanente entre as partes contratantes, para que nesta junção de boas e concretas intenções caminhem lado a lado, auxiliando e cedendo, quando preciso, para que a finalidade do contrato seja alcançada. Evita-se, por consequência, que uma das partes sofra prejuízos ou desvios dos propósitos firmados durante o caminho.

Na etapa pré-contratual significa não se valer da fragilidade do outro para obter vantagens com estipulações de cláusulas desproporcionais, impossibilitando, embora seja tentador, o locupletamento ilícito ou indevido, eis que isso acarretaria prejuízo à outra parte.

Quando da execução, deve-se ponderar acerca de fatores externos que porventura possam dificultar ou inviabilizar a contraprestação. Deve-se levar em conta, porém, que a conduta que não estiver de acordo com o contrato não é, necessariamente, reflexo da vontade ou má vontade da outra parte, mas decorrência de obstáculos. Sendo assim, superar estes obstáculos é ônus de ambos, já que caminham juntos na busca da realização das vontades manifestadas nos contratos.

Significa, igualmente, agir conforme o ordenamento, ou mais, conforme o Direito, pois se há limitações positivadas, sendo o outro conhecedor ou não delas, o atrelamento é obrigatório, uma vez que é obrigação de todos, a qualquer tempo e em qualquer situação, obediência à lei.

Há que se considerar ainda que mesmo que o contrato finde com a resolução, seja por adimplemento seja por inadimplemento, seus efeitos e reflexos podem perdurar no tempo. Logo, a vinculação prossegue e a boa-fé, como não poderia deixar de ser, também.

Sendo assim, agir com boa-fé é ter como premissa a lealdade, a probidade, a cooperação, a transparência, a informação e a honestidade para com o parceiro contratual.

Em matéria contratual, o princípio da boa-fé objetiva tem o intuito de tornar o contrato equilibrado. Ou seja, não se admite aquele contrato em que há imposição demasiada de prestações para uma das partes e de menos para outra, visto que viola a boa-fé objetiva, a qual não é compatível com contrato injusto, desequilibrado.[16]

Logo, nota-se que a boa-fé do Código Civil é de caráter objetivo, uma vez que exige das partes atitudes, comportamentos de lealdade, afastando-se, assim, da mera boa-fé subjetiva, a qual corresponde à ignorância ou não conhecimento de uma determinada situação.

Em suma, o princípio da boa-fé, norteador dos contratos de seguro, é um dos princípios que sustentam este tipo contratual. Tal princípio, portanto,

> (...) obriga as partes a atuarem com a máxima honestidade na interpretação dos termos do contrato e na determinação do significado dos compromissos assumidos. O segurado se obriga a descrever com clareza e precisão a natureza do risco que deseja cobrir, assim como ser verdadeiro em todas as declarações posteriores, relativas a possíveis alterações do risco ou à ocorrência de sinistro. O segurador, por seu lado, é obrigado a dar informações exatas sobre o contrato e a redigir o seu conteúdo de forma clara para que o segurado possa compreender os compromissos assumidos por ambas as partes. A boa-fé determina, igualmente, que o segurador evite o uso de fórmulas ou interpretações que limitem sua responsabilidade perante o segurado.[17]

O contrato de seguro, como já visto, é o pacto pelo qual o segurador se obriga, mediante o pagamento de prêmio, a ressarcir o segurado, dentro do limite que se convencionou, o qual está subordinado ao princípio da boa-fé, pois a ausência desta é uma das formas mais graves de ilicitude.[18] Sendo assim, a boa-fé atua no contrato como um indicativo de validade de interesse e do consentimento contratual, tendo como funções a proteção e a penalização do comportamento das partes em caso de falsidade, lesão ou onerosidade.

[16] Delgado, José Augusto. **Comentários ao novo Código Civil, volume XI**: das várias espécies de contrato do seguro. Rio de Janeiro: Forense, 2007, p. 197.

[17] IRB – Brasil Re. **Dicionário de seguros: vocabulário conceituado de seguros**. 3. ed. rev. e amp. Antonio Lober Ferreira de Souza [et al]; técnico de documentação Teresinha Castello Ribeiro. Rio de Janeiro: Funenseg, 2011, p. 29.

[18] Delgado, José Augusto. **Comentários ao novo Código Civil, volume XI**: das várias espécies de contrato do seguro. Rio de Janeiro: Forense, 2007, p. 201.

2.2 Técnica securitária e dinamicidade na sua forma de contratação e aceitação de riscos

Partindo da premissa de que os contratos sustentam-se na boa-fé, deve haver cooperação entre as partes contratantes. Assim, se o segurador oferece ao segurado, no caso o transportador, a facilidade de averbação posterior, ou seja, de indicar minuciosamente os embarques apenas no momento da sua ocorrência, devendo pagar o prêmio somente posteriormente, nada mais justo e necessário que o segurado haja na mais estrita boa-fé.

Tal benefício facilita o próprio negócio do transportador, e viabiliza o seguro, sendo obrigação dele bem utilizar desta facilidade e vantagem disponibilizada pelo segurador. Isto porque, conforme dito no tópico anterior, a boa-fé pressupõe um elo de cooperação, onde ambas as partes devem agir com lealdade, veracidade, probidade, transparência, informação e honestidade, uma vez que caminham juntos na busca da realização das vontades manifestadas no contrato.

Desta forma, o transportador tem o dever de indicar corretamente todos os seus embarques, evitando o impacto no prêmio. Não o fazendo, é capaz de fragilizar o fundo mútuo, causando o desequilibrio que é inaceitável ao contrato de seguro.

2.3 Princípio da globalidade

No ramo de Transportes de Cargas é comum o recurso à apólice aberta, sendo conhecida também como apólice de averbação, onde o segurado averba os embarques, de forma preestabelecida à seguradora, conforme estes vão acontecendo no decorrer da vigência da apólice.[19]

Isto porque o transportador faz diariamente sucessivos embarques, os quais necessitam de cobertura rápida de seguro, sendo que a emissão de uma apólice específica para cada despacho seria algo impraticável. Assim, há emissão de uma apólice com valor máximo determinado, o qual será utilizado por meio de averbação, estando esta sujeita às cláusulas da apólice. Ou seja, na apólice[20] ficam as condições permanentes

[19] IRB – Brasil Re. **Dicionário de seguros: vocabulário conceituado de seguros**. 3. ed. rev. e amp. Antonio Lober Ferreira de Souza [et al]; técnico de documentação Teresinha Castello Ribeiro. Rio de Janeiro: Funenseg, 2011, p. 19.

[20] A referência aqui feita à Apólice tem acepção ampla, englobando a totalidade dos instrumentos que formam o contrato de seguro, tais como proposta, condições gerais, particulares e especiais, e a própria apólice.

e comuns a todos os embarques, e nas averbações ficam registrados os elementos variáveis de cada um deles.[21]

A averbação deve ocorrer sobre a totalidade dos embarques. A obrigação do transportador está condicionada ao princípio da globalidade, o qual determina que o contrato deve abranger todos os embarques realizados pelo segurado durante o período em que lhe é concedida a garantia. Ou seja, deve haver averbação de todos os embarques, sem exceção.

O segurado não tem a opção de escolher averbar apenas os embarques que lhe interessam, uma vez que estaria impactando sobremaneira o fundo mútuo constituído pelos prêmios pagos por todo o grupo segurado, tornando-o insuficiente ou deficitário. Estaria, assim, em desacordo com o princípio da globalidade que lhe é inerente, e também com o princípio do mutualismo.

Como é sabido, o mutualismo é o alicerce do seguro, pois pressupõe a contribuição de várias pessoas para a formação de um fundo comum, o qual suportará o pagamento dos sinistros. O princípio do mutualismo é, evidentemente, a necessária cooperação da coletividade de segurados com o intuito de formar um fundo comum, pois sem ele o seguro não haveria de existir.[22]

Tal princípio possibilita a divisão social dos riscos, passando a ser suportados por uma coletividade com o intuito de proteção à ocorrência de um determinado sinistro. Esta proteção está relacionada à recomposição do patrimônio afetado pela concretização do sinistro.[23]

Nas palavras de Alvim[24], o contrato de seguro é uma operação isolada, a qual ocorre entre segurador e segurado. Contudo, a multiplicação desses contratos, os quais garantem o mesmo tipo de risco e para muitas pessoas, constitui sua base técnica. Essas pessoas contribuem mutuamente, formando o fundo comum, que servirá como uma espécie de poupança, da qual sairão os recursos para o pagamento dos sinistros. Assim, o segurador funciona apenas como gerente do negócio, recebendo o prêmio de todos e pagando as indenizações devidas.

[21] Alvim, Pedro. **O contrato de seguro**. 3. ed. Rio de Janeiro: Forense, 2001, p. 157.

[22] Shih, Frank Larrúbia. **Os princípios do direito securitário**. Rio de Janeiro: Funenseg, 2002. p. 13.

[23] Teixeira, Antonio Carlos. **Contrato de seguro, danos, risco e meio ambiente**. Rio de Janeiro: Funenseg, 2004. p. 19.

[24] Alvim, Pedro. **O contrato de seguro**. 3. ed. Rio de Janeiro: Forense, 2001. p. 59.

Destarte, nota-se que se o segurado averbar apenas os embarques que lhe interessam, haverá forte influência sobre o valor do prêmio, que será mais baixo, e, consequentemente, haverá impacto ao fundo comum, devido a um desequilíbrio econômico-atuarial, ensejador de prejuízos, ferindo, sobremaneira, os princípios da boa-fé e do mutualismo.

3. Peculiaridades das apólices abertas e do seguro de responsabilidade civil do transportador rodoviário de cargas

Diante do exposto até o momento, importante especificar a modalidade de apólice aberta nos contratos de seguro do transportador rodoviário de carga.

Como sabido, o seguro de transporte e o seguro de responsabilidade civil do transportador são distintos. O seguro de transporte é realizado contra danos e garante as perdas e danos materiais de bens enquanto transportados, sendo direito do proprietário das mercadorias avariadas o recebimento de indenização pela ocorrência do sinistro. Já o seguro de responsabilidade civil do transportador é aquele que garante o reembolso dos valores despendidos aos proprietários da carga por tê-la entregue em desconformidade com o que recebeu.

Quando a operação é isolada, o proponente deverá fazer um seguro avulso, com apólice fechada, ficando a critério do contratante assegurar alguns ou todos os bens, uma vez que a carga será especificada à seguradora antes do início do risco. Contudo, no caso de movimento contínuo de cargas, a referida operação não é interessante, podendo inclusive se tornar inviável. Assim, diante da dinâmica, competitividade e flexibilidade das regras do mercado, criou-se a cláusula de averbação, que nada mais é do que uma apólice em aberto, sendo emitida uma única apólice especificando de forma genérica os riscos cobertos, sem detalhar as características de cada embarque, o que somente é feito futuramente, por meio da averbação. A averbação nada mais é do que a anotação feita na apólice ou informada ao segurador, por meio da qual se concretiza a responsabilidade do segurador.[25] Isto é, na apólice ficam as condições

[25] No seguro Transportes, averbação é a declaração das coisas postas em risco, com todos os esclarecimentos relativos ao embarque e viagem e especificação a marca, quantidade, espécie e valor as mercadorias em risco. IRB – Brasil Re. **Dicionário de seguros: vocabulário conceituado de seguros**. 3. ed. rev. e amp. Antonio Lober Ferreira de Souza *et al*; técnico de documentação Teresinha Castello Ribeiro. Rio de Janeiro: Funenseg, 2011.

permanentes e comuns a todos os embarques e nas averbações ficam registrados os elementos variáveis de cada embarque.

Deste modo, por força do princípio da globalidade, a totalidade dos transportes e dos bens e mercadorias que o transportador receber deverão, necessariamente, ser averbados, não podendo haver exceção. Vale dizer que o princípio da globalidade traduz-se na obrigação que o transportador tem de averbar perante o segurador/apólice todas as operações realizadas durante o período em que lhe é concedida a garantia do seguro.

No caso dos transportadores terrestres, normalmente não há conhecimento por parte destes de quando serão chamados a recolher mercadorias, tampouco a espécie, o valor e o local do destino. Assim, a cláusula de averbação do seguro de responsabilidade civil do transportador rodoviário de carga prevê que a averbação com os detalhes necessários à caracterização do risco deve ser feita após a emissão dos conhecimentos ou manifestos da carga. É por meio dos pedidos de averbação recebidos que a seguradora extrai a conta mensal de prêmio, encaminhado-a ao segurado para pagamento.[26]

O Superior Tribunal de Justiça, conforme será visto em tópico específico, tem reconhecido que a averbação do transporte/carga na sua totalidade, nos contratos de seguro com apólice aberta, é necessária para que a seguradora tenha conhecimento do risco ao qual se obriga antes do sinistro.

Sendo assim, o transportador rodoviário tem o dever de informar à seguradora todos dos bens e mercadorias transportados, do contrário implicará na perda do direito à indenização securitária, com base na não observância do princípio da globalidade e evidente quebra substancial do contrato de seguro. O transportador só não perderá o direito à indenização se for devidamente comprovado que a sua omissão se deu por mero lapso, evidenciando a boa-fé.

Com isso, percebe-se que o transportador não pode escolher qual embarque ou bem transportado deve ser averbado, pois se averbar somente os que lhe interessarem, o equilíbrio econômico-atuarial do

[26] Não se desconhece a existência dos mecanismos hoje existentes para funcionalidade das apólices abertas, contudo, para os fins deste trabalho, cinge-se a apreciar o que foi debatido nos julgados estudados.

contrato restará prejudicado, ensejando a desvirtuação do instituto e inviabilizando a concessão da garantia pelo segurador. Tal procedimento impactaria consideravelmente, inclusive, no mútuo constituído pelos prêmios pagos por todo o grupo segurado, tornando-o insuficiente ou deficitário. Caso seja desejo do transportador eleger e delimitar quais transportes e cargas deseja segurar, deverá pactuar, portanto, um seguro avulso, de apólice fechada.

4. Análise jurisprudencial

4.1 Ementa da decisão do superior tribunal de justiça que pacificou o entendimento sobre o dever de declaração/averbação da totalidade das cargas nas apólices abertas do seguro contratado pelo transportador rodoviário

> RECURSO ESPECIAL. CIVIL. DIREITO SECURITÁRIO. VIOLAÇÃO DO ART. 535 DO CPC. NÃO OCORRÊNCIA. SEGURO DE RESPONSABILIDADE CIVIL DO TRANSPORTADOR RODOVIÁRIO DE CARGAS. APÓLICE EM ABERTO. DEFICIÊNCIA DE AVERBAÇÕES DE MERCADORIAS. PRÁTICA REITERADA. PRINCÍPIO DA GLOBALIDADE. INOBSERVÂNCIA. DESCUMPRIMENTO DE OBRIGAÇÃO CONTRATUAL. DESEQUILÍBRIO CONTRATUAL. AUSÊNCIA DE BOA-FÉ. PERDA DA GARANTIA SECURITÁRIA.
>
> 1. Ação de cobrança fundada em Seguro de Responsabilidade Civil do Transportador Rodoviário de Cargas (RCTR-C), de apólice aberta, visando o recebimento de indenização securitária decorrente de sinistro: o veículo transportador sofreu incêndio de causa ignorada, ocasionando avarias à mercadoria transportada.
>
> 2. No seguro de apólice aberta, em que há cláusula de averbação, como todos os embarques futuros já estão, desde logo, protegidos pelas condições contratuais durante certo período de tempo, a totalidade dos transportes e dos bens e mercadorias que o transportador receber deverá, necessariamente, ser averbada, sem exceção (princípio da globalidade).
>
> 3. Para o seguro de responsabilidade civil do transportador rodoviário de carga, em virtude de os transportadores terrestres não saberem quando serão chamados a recolher as mercadorias, tampouco o valor e o local

de destino, a entrega da averbação com os detalhes necessários à caracterização do risco é feita no dia seguinte à emissão dos conhecimentos ou manifestos de carga. Com base nos pedidos de averbação recebidos, geralmente em cada mês de vigência do seguro, a seguradora extrai a conta mensal de prêmio, encaminhando-a ao segurado para o respectivo pagamento.

4. É válida a cláusula permitindo a entrega de averbações após o início dos riscos, no caso de seguro de responsabilidade civil do transportador, desde que averbados todos os embarques; a não averbação de todos os embarques isenta de responsabilidade a seguradora, dada a não observância do princípio da globalidade, essencial para manter hígida a equação matemática que dá suporte ao negócio jurídico entabulado. Exceção deve ser feita se, comprovadamente, a omissão do transportador se der por mero lapso, a evidenciar a boa-fé.

5. O dever de comunicar todos os embarques tem a finalidade de evitar que o segurado averbe apenas aqueles que lhe interessem (notadamente eventos em que ocorreram prejuízos), porquanto a livre seleção dos riscos a critério do transportador, com exclusão das averbações dos embarques de pequeno risco, tornaria insuficiente ou deficitário o fundo mútuo constituído pelos prêmios pagos por todo o grupo segurado. Seriam averbações de sinistros ao invés de averbações de embarques.

6. A empresa transportadora que reiteradamente não faz averbações integrais dos embarques realizados, não cumprindo o princípio da globalidade ou a obrigação contratual, perde o direito à garantia securitária, sobretudo se não forem meros lapsos, a configurar boa-fé, mas sonegações capazes de interferir no equilíbrio do contrato e no cálculo dos prêmios.

7. Recurso especial não provido.

4.2 Breve descrição dos fatos e das questões jurídicas abordadas

No julgamento do Recurso Especial 1.318.021, cuja ementa foi reproduzida acima, ocorrido em 03 de fevereiro de 2015, a Terceira Turma do Superior Tribunal de Justiça[27] analisou, sob a relatoria do Ministro

[27] Composição da Terceira Turma, na época do julgamento: Min. Marco Aurélio Bellizze, Min. Moura Ribeiro, Min. João Otávio de Noronha, Min. Paulo Tarso Sanseverino e Min. Ricardo Villas Bôas Cueva (Presidente).

Ricardo Villas Bôas Cueva, questão relacionada à apólice aberta nos seguros de Responsabilidade Civil do Transportador Rodoviário de Cargas (RCTR-C). A empresa transportadora ingressou com ação de cobrança fundada em Seguro de Responsabilidade Civil do Transportador Rodoviário de Cargas (RCTR-C), de apólice aberta, em face de companhia seguradora, visando o recebimento de indenização securitária decorrente do sinistro que ocorreu com seu veículo transportador, que sofreu incêndio de causa ignorada, ocasionando avarias à mercadoria transportada, pertencente a terceiros.

Interessante ressaltar, neste caso, que no primeiro grau houve julgamento de procedência do pedido, ao entendimento de que as averbações das mercadorias (carga/transporte) relativas ao sinistro reclamado foram devidamente averbadas, mesmo que a empresa não tenha cumprido com a obrigação de averbar a totalidade das cargas de todos os transportes realizados no período de vigência do seguro.

Na especificidade do caso, porém, a empresa transportadora por reiteradas ocasiões não procedeu com as averbações integrais dos embarques realizados, estando em desacordo com o princípio da globalidade e com suas obrigações contratuais. Por meio de prova pericial foi comprovado que não foram meros lapsos, os quais poderiam caracterizar boa-fé, pois em todos os meses ocorreram averbações a menor do que as mercadorias realmente transportadas. Tais sonegações são capazes de interferir no equilíbrio do contrato e no cálculo do prêmio, não havendo possibilidade de direito à garantia securitária.

Foi à luz destes argumentos que o segurador, inconformado com a decisão de primeiro grau, interpôs recurso de apelação, o qual restou provido pelo Tribunal de Justiça do Rio Grande do Sul, julgando improcedente a demanda, sob a fundamentação de que no seguro de transporte, contratado por meio de apólice em aberto, exige-se a averbação de todos os embarques, pois, caso contrário, não haveria direito ao recebimento da indenização em caso de sinistro.

Em sede de recurso especial a recorrente, empresa transportadora, aduziu que a deficiência da averbação de alguns embarques no seguro de responsabilidade civil do transportador rodoviário de cargas não é suficiente, por si só, para acarretar na perda do direito à indenização securitária, devendo haver comprovação de má-fé da empresa transportadora.

Além disso, arguiu ser devida a garantia securitária desde que provada a averbação do manifesto sinistrado, uma vez que a cláusula contratual que exime a seguradora de responsabilidade pelas falhas ocorridas em averbações de embarques anteriores é abusiva.

Ocorre que a insurgência do recorrente não era razoável, como visto, uma vez que não há possibilidade do segurado averbar apenas o que lhe interessa, selecionando os riscos a seu critério, com exclusão das averbações dos embarques de pequeno risco.

4.3 Enfrentamento do tema pelo Tribunal de Justiça do estado do Rio Grande do Sul

O princípio da boa-fé, de suma importância para as relações jurídicas e, principalmente para o contrato de seguro de responsabilidade civil do transportador rodoviário de cargas, sempre nortearam as decisões do Tribunal de Justiça do Rio Grande do Sul.

Até mesmo o princípio do globalismo já se fez presente, muito antes da decisão acima analisada, do Superior Tribunal de Justiça. Veja-se, por exemplo, a ementa do acórdão proferido em 30/06/1999, pela Sexta Câmara Cível do Tribunal de Justiça do Rio Grande do Sul, que firmou entendimento pela impossibilidade do segurado averbar apenas as cargas e transportes que lhe interessam e selecionar os riscos a seu critério:

> CIVIL. SEGURO DE TRANSPORTE – RESPONSABILIDADE CIVIL DO TRANSPORTADOR RODOVIÁRIO DE CARGAS, RCTRC. AVERBAÇÃO DE MERCADORIA TRANSPORTADA E SINISTRADA. NEGATIVA DA SEGURADORA EM CONFERIR COBERTURA SOB O ARGUMENTO DE FALTA DE AVERBAÇÃO DA CARGA. PROVA. PRELIMINAR DE CARÊNCIA DA AÇÃO, POR NÃO DESEMBOLSADO AINDA O VALOR DA CARGA SINISTRADA. SUA REJEIÇÃO.
>
> 1. Não se constitui em pressuposto para a exigência do valor do seguro a prévia diminuição do patrimônio do segurado, quando o seguro e contratado exatamente com a finalidade de evitar o desfalque ou a diminuição do patrimônio do segurado. Ocorrido o sinistro, incumbe a seguradora dar a devida cobertura, a não ser causa excludente de sua responsabilidade ocorra, embora não tenha, ainda, o segurado ressarcido o prejuízo de terceiros, proprietários da carga sinistrada.

> 2. Alegando, a seguradora, como razão de não pagar o seguro contratado, a não averbação da carga sinistrada, incumbe-lhe fazer prova adequada e convincente de que tal providencia não fora tomada pelo transportador. Não o conseguindo, terá que arcar com a cobertura, ante o principio da boa-fé que rege as relações humanas, inclusive os contratos de seguro.
>
> 3. Ação de cobrança de seguro julgada procedente em instância inicial. Desprovimento dos apelos da ré – SAOEX – e do denunciado da lide – IRB – com rejeição da preliminar de carência de ação.[28]

Percebe-se, neste caso, que, muito embora o órgão julgador tenha negado provimento às apelações da seguradora e o do litisconsorte, o debate gira em torno da responsabilidade da seguradora quanto ao pagamento da cobertura (indenização); da comprovação da boa-fé do segurado na relação travada entre as partes; bem como da efetiva comunicação da totalidade das cargas transportadas, averbações estas que totalizavam e repercutiam nos valores dos prêmios recebidos pela seguradora.

Apesar das alegações de que o segurado sonegava averbações, verificou-se por meio das provas carreadas nos autos que tais comunicações eram regularmente realizadas. Além disso, a suposta má-fé do segurado não foi comprovada pela seguradora, ônus este que lhe competia, o que culminou na rejeição do apelo. Colhe-se do teor do julgado:

> Insiste, a primeira apelante, que a autora obrava desrespeitando o princípio da boa-fé, eis que estaria fazendo transportes sem a devida comunicação, para efeito de redução do valor do seguro. Ou seja, segundo a apelante, a autora sonegava averbações.
>
> Bem claro deixou a sentença que tal não ocorria. Ao contrário, as comunicações ou averbações necessárias eram regularmente feitas.
>
> De qualquer forma, a respeito do tópico há que ser lembrado, ou relembrado, que, nas relações jurídicas, a boa-fé se presume. Ao contrário, a má-fé que as possa viciar há que ser provada por quem de sua ocorrência possa sair beneficiado.

[28] TJRS. Apelação Cível nº 599225992. Sexta Câmara Cível. Relator Des. Osvaldo Stefanello. Julgado em 30/06/1999.

> E a ora apelante não se desincumbiu do ônus de provar a má-fé da autora objetivando extrair bônus ilícitos. A prova, já referido e reiterado, não é favorável à antítese que as rés opõem à tese da autora.

Em que pese o julgado acima retratado, proferido há mais de vinte anos, ter feito alusão aos princípios pacificados em 2015 pelo Superior Tribunal de Justiça, o que se percebe é que a jurisprudência do Tribunal de Justiça do Rio Grande do Sul, embora muitas vezes mencione o dever do transportador de averbar a totalidade das mercadorias, é deficitária, pois não chega a definir essa obrigação como princípio da globalidade e sequer questiona a responsabilidade do segurador para além das cargas sinistradas.

O que se percebe é que mesmo após o julgamento do Recurso Especial 1.318.021, pelo Superior Tribunal de Justiça, careciam decisões que analisassem a questão com profundidade; escassos são os entendimentos que discutem a isenção da responsabilidade do segurador diante da flagrante inobservância do princípio da globalidade, ainda que efetuada a comunicação do embarque da carga sinistrada.

Possível concluir que tal situação decorria do fato de inexistirem casos semelhantes àquele da decisão do Superior Tribunal de Justiça inicialmente analisada, já que as questões restringiam-se ao objeto e ao valor sinistrado, à existência ou não da averbação anterior ao sinistro, e à responsabilidade do segurador ao pagamento da cobertura ou do transportador da carga ao pagamento do prêmio. Confira-se:

> APELAÇÃO CÍVEL. SEGUROS. SEGURO FACULTATIVO DE RESPONSABILIDADE CIVIL DO TRANSPORTADOR RODOVIÁRIO. AUSÊNCIA DE AVERBAÇÃO DE CARGAS. DESCUMPRIMENTO DAS EXIGÊNCIAS CONSTANTES NA APÓLICE. [...] 2. O objetivo principal do seguro é a cobertura do risco contratado, ou seja, o evento futuro e incerto que poderá gerar o dever de indenizar por parte do segurador, devendo prevalecer o elemento essencial do contrato sob a visão do princípio da boa-fé, nos termos do artigo 422 e 423 do Código Civil. 3. Uma vez ausente comprovação de que houve a averbação da carga sinistrada, mostra-se justificada a recusa da seguradora em pagar a indenização perseguida. 4. Cláusula redigida com destaque e clareza.

Agravamento do risco evidenciado. 5. Verba honorária recursal devida, nos termos do art. 85, § 11, do CPC. APELAÇÃO DESPROVIDA.[29]

APELAÇÃO CÍVEL. TRANSPORTE DE COISAS. AÇÃO INDENIZATÓRIA. ROUBOS DE CARGAS TRANSPORTADAS. NEGATIVA DE COBERTURA PELA SEGURADORA. RESPONSABILIDADE DA TRANSPORTADORA PELA NÃO OBSERVÂNCIA DE CLÁUSULA QUE A OBRIGAVA A MANTER SEGURO APTO À COBERTURA POR ROUBO DE CARGA. SENTENÇA CITRA PETITA. CAUSA DE PEDIR NÃO ANALISADA. DEMANDA PROCEDENTE. GRATUIDADE JUDICIÁRIA. DEFERIMENTO. DENUNCIAÇÃO DA LIDE IMPROCEDENTE. GRATUIDADE DA JUSTIÇA. [...] MÉRITO. Procede o pedido indenizatório formulado pela autora, pois a transportadora descumpriu obrigação contratualmente assumida, de manter contrato de seguro apto ao ressarcimento de danos decorrentes de roubo. Na hipótese, a negativa de cobertura por parte da seguradora foi legítima, pois o segurado (transportadora) não efetuou a averbação dos embarques das cargas roubadas, descumprindo previsão contratual para garantia do risco, perdendo o direito a tanto. Demanda procedente. Denunciação à lide improcedente. Inviável a condenação de outra seguradora com a qual a ré teria contratado o seguro da carga por não integrar a relação processual. APELO DA AUTORA PROVIDO. APELAÇÃO DA RÉ PARCIALMENTE PROVIDA. UNÂNIME.[30]

APELAÇÃO CÍVEL. SEGUROS. TRANSPORTE DE CARGA. AÇÃO DE COBRANÇA SECURITÁRIA. REJEITADA PREFACIAL DE AUSÊNCIA DE IMPUGNAÇÃO ESPECÍFICA DA DECISÃO. ROUBO DE CARGA. DESCUMPRIMENTO DA CLÁUSULA CONTRATUAL DE AVERBAÇÃO DA MERCADORIA. NEGATIVA DE COBERTURA SECURITÁRIA LEGÍTIMA. INDENIZAÇÃO INDEVIDA. SUCUMBÊNCIA REDISTRIBUÍDA. [...] 3. No presente caso, após a consubstanciação do sinistro – roubo de carga -, houve a negativa da seguradora de pagamento da indenização securitária. Cinge-se, portanto, a controvérsia acerca do dever da seguradora ré de indenizar a segurada, tendo

[29] TJRS. Apelação Cível 70072692213. Quinta Câmara Cível. Relatora Des. Isabel Dias Almeida. Julgado em 26/04/2017.

[30] TJRS. Apelação Cível 70080784804. Décima Segunda Câmara Cível. Relator Des. Pedro Luiz Pozza. Julgado em 18/07/2019.

> sido alegado pela requerida que a parte autora não faz jus à indenização securitária, por não ter sido averbado o embarque da mercadoria sinistrada. 4. Atendo-se ao negócio pactuado entre as partes, o dever da seguradora de proceder pelo pagamento da indenização securitária visada no presente caso estava linearmente condicionado à averbação da carga antes da saída do veículo transportador, mediante apresentação de "cópia do conhecimento rodoviário ou documento fiscal equivalente podendo a comunicação ser feita por meio de transmissão eletrônica. 5. O conjunto probatório indica que a comunicação do embarque da carga deveria ter sido realizada antes da ocorrência do sinistro, restando, por conseguinte, inobservados, por parte da segurada, os procedimentos necessários quanto à averbação. 6. Disposição contratual que estende os efeitos da cobertura da apólice aos percursos urbanos e suburbanos de coletas e entregas de bens ou mercadorias que não dispõe sobre a prescindibilidade de averbação das mercadorias. 7. Assim, tendo em vista que a parte autora possuía pleno conhecimento das condições do contrato, não há como se imputar à seguradora ré o dever de pagar a respectiva indenização securitária, mormente à luz do que dispõe o art. 476 do Código Civil. 8. A negativa de cobertura por parte da seguradora se mostrou, portanto, legítima, em virtude do descumprimento contratual da parte autora. 9. Sucumbência redistribuída. APELAÇÃO PROVIDA.[31]

4.4 Enfrentamento do Tema pelo Tribunal de Justiça do Estado de São Paulo

Diferentemente do Tribunal de Justiça do Rio Grande do Sul, verifica-se uma maior amplitude e abrangência do tema na jurisprudência do Tribunal de Justiça de São Paulo. A responsabilidade do segurador, o aviso prévio das cargas transportadas e a ocorrência do sinistro ocupam um papel central nas decisões. Vejamos:

> Contrato de seguro de transporte de mercadorias – Carga roubada – Recusa de pagamento da indenização, pela seguradora, em razão de descumprimento de cláusula contratual – Necessidade de aviso prévio em caso de transporte de carga em valor acima do permitido – Não ocorrência: – A seguradora não pode ser obrigada a efetuar o pagamento da

[31] TJRS. Apelação Cível 70083480244. Quinta Câmara Cível. Relator Des. Lusmary Fatima Turelly da Silva. Julgado em 15/04/2020.

indenização prevista em contrato de seguro de transporte de mercadorias, quando houve descumprimento de cláusula contratual que determinava aviso prévio em caso de transporte de carga em valor acima do permitido por parte do segurado. RECURSO PROVIDO.[32]

AÇÃO DE COBRANÇA DE COBERTURA SECURITÁRIA. TRANSPORTE DE CARGA. TRANSPORTADORA NARRA QUE ENQUANTO O MOTORISTA AGUARDAVA A EMISSÃO DAS NOTAS FISCAIS COM A MERCADORIA EMBARCADA, O CAMINHÃO TERIA SE DESGOVERNADO SOZINHO OCASIONANDO O ACIDENTE. SEGURADORA NEGOU O PAGAMENTO DO SEGURO SOB A ALEGAÇÃO DE QUE O EMBARQUE NÃO TERIA SIDO PREVIAMENTE AVERBADO CONFORME CLÁUSULA CONTRATUAL EXPRESSA. TRANSPORTADORA QUE SUSTENTA TER REALIZADO A AVERBAÇÃO UM MÊS APÓS O SINISTRO EM RAZÃO DAS INTERCORRÊNCIAS VERIFICADAS. ALEGAÇÃO DE CERCEAMENTO DE DEFESA INCONSISTENTE. ARGUMENTAÇÃO INSUFICIENTE PARA JUSTIFICAR A INDENIZAÇÃO PLEITEADA. SENTENÇA QUE DEVE SER MANTIDA. RECURSO IMPROVIDO.[33]

AÇÃO REGRESSIVA PROPOSTA POR SEGURADORA CONTRA TRANSPORTADORA DE CARGA – Cobertura do sinistro pela seguradora que sub-roga-se nos direitos da empresa segurada contra o autor do dano (arts. 349 e 786 do CC e Súmula 188 do STF) – Tombamento do caminhão e perda da carga transportada – Relatório de sinistro convincente e elaborado por empresa imparcial que atesta o nexo causal e a perda total da carga – Prova documental e declaração do motorista que evidenciam que ele perdeu o controle do veículo, saiu da pista e tombou – Caracterização de conduta culposa do motorista do caminhão, nas modalidades imprudência e imperícia, que exclui a aplicação da cláusula "DDR" (Dispensa de direito de regresso) – Sinistro que não se qualifica como fortuito externo – Responsabilidade do transportador pelas perdas ou danos causados a bens de terceiros que lhe tenham sido entregues para o transporte (arts. 749 e 750 do CC) – Apelante que também

[32] TJSP. Apelação Cível 1103968-93.2018.8.26.0100. Relator Des. Nelson Jorge Júnior. 13ª Câmara de Direito Privado. Julgado em 08/04/2020.

[33] TJSP. Apelação Cível 1005208-14.2018.8.26.0358. Relator Des. Alberto Gosson. 22ª Câmara de Direito Privado. Julgado em 06/02/2020.

> é beneficiária do seguro de transporte rodoviário de carga (RCTR-C), mas que não tem direito ao pagamento da indenização securitária porque ela não procedeu à averbação de todos os embarques de mercadorias antes da saída do veículo transportador, nos termos da apólice – Precedente do STJ – Correção monetária e juros de mora que incidem a partir do efetivo desembolso (AgRg no REsp 1249909-RS) – Recurso desprovido, com majoração dos honorários advocatícios, devidos pela apelante ao patrono da apelada, de 10% para 15% sobre o valor da condenação (art. 85, § 11, do NCPC).[34]

Além dos assuntos acima abordados, o Tribunal de Justiça de São Paulo inclusive já se posicionou em completo alinhamento à decisão do Superior Tribunal de Justiça em recentes decisões. No julgado abaixo transcrito, a negativa de pagamento da cobertura pelo segurador ao transportador se mostrou errônea, porquanto comprovada que a falta de averbação de parte diminuta da carga foi ocasionada por mero lapso. Veja-se:

> Apelação – Seguro de transporte de carga – Ação de cobrança de indenização – Sentença de acolhimento do pedido – Irresignação improcedente, no que merece ser conhecida. Prova evidenciando que a falta de averbação de parte diminuta da carga embarcada se deveu a lapso e, portanto, justificando a não incidência da cláusula de exclusão da cobertura na hipótese de não averbação da integralidade da carga embarcada. Precedente do STJ. Sem relevo a circunstância de a transportadora ter realizado o pagamento de indenização à contratante do transporte, sem o conhecimento e anuência da seguradora, porquanto isso se deu após a negativa de cobertura e pelo exato valor da carga roubada. Recurso não comportando apreciação na parte em que inova indevidamente, para reclamar a dedução do que seria devido pela autora a título de franquia. Conheceram apenas em parte da apelação e, nessa parte, negaram provimento ao recurso.[35]

[34] TJSP. Apelação Cível 1118466-34.2017.8.26.0100. Relator Des. Mendes Pereira. 15ª Câmara de Direito Privado. Julgado em 28/01/2020.

[35] TJSP. Apelação Cível 1130163-18.2018.8.26.0100. Relator Des. Ricardo Pessoa de Mello Belli. 19ª Câmara de Direito Privado. Julgado em 10/10/2019.

A 19ª Câmara de Direito Privado do Tribunal de Justiça de São Paulo manteve a decisão de primeiro grau que aplicou o entendimento da Corte Superior para fudamentá-la. Extrai-se do teor da sentença discutida na ementa acima:

> De fato o Colendo Superior Tribunal de Justiça já proferiu entendimento no sentido de ser possível a exclusão da garantia securitária quando não realizada as averbações de todos os embarques, a fim de se evitar que o segurado averbe apenas aqueles em que houve sinistro, porém, tal isenção é mitigada quando evidenciada a boa-fé do segurado.

Denota-se que o Tribunal de Justiça de São Paulo está à frente do Tribunal Gaúcho nessa questão, uma vez que já adotou o entendimento do Superior Tribunal de Justiça, obrigando o segurador a indenizar o transportador em caso de sinistro quando este cumpre com o princípio da globalidade e procede a averbação da totalidade das mercadorias, ainda que ocorra mero lapso na comunicação de algumas. Isso porque, comprovado o simples esquecimento na averbação, por parte do transportador que sempre agiu com honestidade e boa-fé, a isenção da obrigação do segurador deve ser mitigada.

Além disso, o Tribunal de Justiça de São Paulo igualmente já se manifestou nos casos em que há reiterada falta de averbação das mercadorias pelo transportador, ainda que o embarque sinistrado tenha sido comunicado. Para tanto, aplicou o princípio da globalidade. Vejamos:

> Indenização securitária – Seguro Facultativo de Transporte Rodoviário de Cargas – Sentença que julgou improcedente a denunciação – Cláusula expressa acerca da necessidade de averbação de todos os embarques – Ausência de abusividade – Não aplicação do Código de Defesa do Consumidor -Aplicação do princípio da globalidade – Influência sobre a aceitação do risco e o valor do prêmio – Reiterada falta de averbação dos embarques, ainda que o embarque sinistrado tenha sido averbado – Perda do direito à garantia – Recurso não provido.[36]

Referida decisão é a que mais se adéqua àquela proferida pelo Superior Tribunal de Justiça. A 11ª Câmara de Direito Privado do Tribunal

[36] TJSP. Apelação Cível 1007115-41.2018.8.26.0320. Relator Des. Marco Fábio Morsello. 11ª Câmara de Direito Privado. Julgado em 04/07/2019.

Paulista manteve a sentença e expressou a necessidade do transportador averbar a totalidade das cargas para ter direito à indenização. No caso, embora a carga sinistrada tivesse sido comunicada à seguradora, evidenciou-se que o segurado reiteradamente deixou de averbar embarques, o que ocasionou na perda do direito à garantia securitária. Do teor do acórdão se extrai:

> No tocante ao inconformismo do apelante em relação à negativa de cobertura do sinistro relativo à perda das mercadorias ora em discussão, tendo em vista que houve a prévia averbação e aceite da seguradora (fl. 72), este também não merece acolhida. Isso porque, conforme expressamente previsto no contrato entabulado entre as partes, era necessário que o segurado averbasse todos os embarques por ele realizados, e não apenas aqueles em que entendesse haver maior risco de ocorrência do sinistro. Tal necessidade decorre da própria essência das relações securitárias, em que o valor do prêmio deve se basear na probabilidade de ocorrência do sinistro, o que deve ser aferido caso a caso. [...] Note-se que, no presente caso, conforme documentos trazidos pela própria apelante aos autos, não houve averbação de diversos embarques, o que pode ser constatado pelas "falhas numéricas" constantes da tabela "Relatório de Averbações com falha numérica" (fls. 179/196), com percentual de documentos faltantes superior a 50% (fl. 196). [...] Sendo assim, muito embora seja incontroverso nos autos que a apelante efetuou a averbação do embarque da mercadoria sinistrada, a recusa da seguradora mostrou-se legítima, tendo em vista o descumprimento das supracitadas cláusulas contratuais que dispunham, de forma clara e em destaque, acerca da necessidade de averbação de todas as mercadorias, e não apenas de parte delas.

Em razão da sua expressiva densidade demográfica e, consequentemente, das incontáveis relações jurídicas travadas dia a dia, o Tribunal Paulista teve a oportunidade de solucionar casos semelhantes ao do julgado do Superior Tribunal de Justiça, diferentemente do Rio Grande do Sul. Aliás, muito bem posicionado em seus acórdãos, alinhando-se ao entendimento que norteou o presente estudo: é dever do transportador rodoviário de cargas, nas apólices abertas do seguro de responsabilidade civil, declarar/averbar a totalidade dos embarques para recebimento da indenização securitária, excetuando-se, apenas, quando comprovada a boa-fé do segurado.

Conclusões

Nos seguros de responsabilidade civil do transportador rodoviário de cargas, em respeito ao princípio da boa-fé e da globalidade, o que se espera é que a carga seja totalmente averbada ao contrato de seguro e enviada à seguradora. Contudo, nem sempre isto acontece. E, para a resolução do conflito, é preciso verificar se houve ou não a má-fé do transportador segurado.

Alguns contratantes fazem um controle paralelo daquilo que foi embarcado e daquilo que foi segurado, no intuito de sonegar prêmios de seguros. Ou seja, acabam comunicando apenas o embarque das mercadorias que lhe convêm, e não a sua totalidade, diminuindo, assim, o prêmio a ser pago no final do mês. Porém, com a ocorrência do sinistro, as cargas se tornam objetos de averbações indevidas, agravando ainda mais a fraude que já vinha sendo feita desde o momento da não averbação total.

Devido ao desrespeito de todos os princípios aqui mencionados, ou seja, globalidade, mutualidade e boa-fé, o segurado perde o direito à cobertura securitária, uma vez que, devido à fraude, há interferência no equilíbrio do contrato e no cálculo dos prêmios, o que tornaria insuficiente ou deficitário o fundo mútuo, que é constituído pelos prêmios pagos por todo o grupo segurado.

Foi exatamente o que ocorreu no entendimento proferido pelo Superior Tribunal de Justiça, no qual o segurado comprovada e reiteradamente agiu de má-fé, com o objetivo de reduzir o valor do prêmio e, assim, contribuindo para o desequilíbrio do contrato.

A decisão proferida pela Corte Superior firmou o entendimento de que o transportador segurado não faz jus ao direito à garantia securitária, uma vez que não foram meros lapsos, capazes de configurar a boa-fé, mas sim uma conduta fraudulenta reiterada, onde houve sonegações capazes de acarretar no desequilíbrio contratual e do fundo mútuo.

As análises jurisprudenciais demonstraram que no Tribunal Gaucho ainda não há casos julgados alinhados à jurisprudência da Corte Superior, apesar de aplicar em suas decisões os princípios basilares das relações contratuais veementemente discutidos neste estudo. Já o Tribunal Paulista, cuja jurisdição atinge região com maior número de relações jurídicas formalizadas dia a dia no país, mantém entendimento alinhado à decisão do Superior Tribunal de Justiça em casos semelhantes.

Referências

ALVIM, Pedro. *O contrato de seguro*. 3. ed. Rio de Janeiro: Forense, 2001.

ANDRADE, Fábio Siebeneichler de. O desenvolvimento do contrato de seguro no direito civil brasileiro atual. *Revista de Derecho Privado*. Bogotá: Universidad Externado de Colombia, n. 28, enero-junio, 2015.

CNSeg. *Revista Jurídica de Seguros*. Nº 1. Rio de Janeiro: CNSeg, 2014.

_____. *Revista Jurídica de Seguros*. Nº 2. Rio de Janeiro: CNSeg, 2015.

_____. *Revista Jurídica de Seguros*. Nº 3. Rio de Janeiro: CNSeg, 2015.

DELGADO, José Augusto. *Comentários ao novo Código Civil, volume XI*: das várias espécies de contrato do seguro. Rio de Janeiro: Forense, 2007.

FERNANDES, José Scarance. Seguros de transporte terrestres e de responsabilidade civil do transportador rodoviário. In: *Contratos de Seguro* – Anais do Encontro dos Tribunais de Alçada. Curitiba: Juruá, 1990.

GRAVINA, Maurício Salomoni. *Princípios jurídicos do contrato de seguro*. Rio de Janeiro: Funenseg, 2015.

IRB – Brasil Re. *Dicionário de seguros: vocabulário conceituado de seguros*. 3. ed. rev. e amp. Antonio Lober Ferreira de Souza *et al*; técnico de documentação Teresinha Castello Ribeiro. Rio de Janeiro: Funenseg, 2011.

LUCCAS FILHO, Olívio. *Seguros*: fundamentos, formação de preço, provisões e funções biométricas. São Paulo: Atlas, 2011.

MARTINEZ, Pedro Romano. *Direito dos Seguros*: apontamentos. S. João do Estoril: Principia, 2006.

PASQUALOTTO, Adalberto. *Garantias no Direito das Obrigações*: um ensaio de sistematização. Tese (Doutorado em Direito) – Faculdade de Direito, Universidade Federal do Rio Grande do Sul. Porto Alegre, 2005.

SARAIVA NETO, Pery; CARLINI, Angélica (Orgs.). *Aspectos jurídicos dos contratos de seguro*. Porto Alegre: Livraria do Advogado, 2013.

______. *Aspectos jurídicos dos contratos de seguro: ano II*. Porto Alegre: Livraria do Advogado, 2014.

______. *Aspectos jurídicos dos contratos de seguro: ano III*. Porto Alegre: Livraria do Advogado, 2015.

______. *Aspectos jurídicos dos contratos de seguro: ano IV*. Porto Alegre: Livraria do Advogado, 2016.

SHIH, Frank Larrúbia. *Os princípios do direito securitário*. Rio de Janeiro: Funenseg, 2002.

SILVA, Clóvis do Couto e. *A obrigação como processo*. Rio de Janeiro: FGV, 2006.

SOLLERO, Marcos Portella. Seguros de transporte terrestre e de responsabilidade civil do transportador: cláusula de averbação. In: *Contratos de seguro* – Anais do Encontro dos Tribunais de Alçada. Curitiba: Juruá, 1990.

TEIXEIRA, Antonio Carlos. *Contrato de seguro, danos, risco e meio ambiente.* Rio de Janeiro: Funenseg, 2004.

TZIRULNIK, Ernesto; CAVALCANTI, Flávio de Queiroz B.; PIMENTEL, Ayrton. *O contrato de seguro*: de acordo com o novo código civil brasileiro. São Paulo: Revista dos Tribunais, 2003.

19. A Aplicação do Seguro Garantia – Performance Bond – Em Parcerias Público-Privada

Olivar Vitale

Introdução

A construção civil é atividade complexa. São inúmeros os fatores e riscos incorridos para a conclusão de uma obra de grande porte. Sua realização depende de recursos financeiros, elaboração prévia de projeto, contratação de mão-de-obra e compra de matéria-prima. Deve-se, ainda, observar as exigências legais, a necessidade de obtenção de licenças e as limitações urbanísticas e ambientais.

Contratos de construção são ajustes que têm por objetivo a execução de obra certa e determinada pelo construtor-empreiteiro, mediante as condições convencionadas com quem a encomendou, geralmente o proprietário do terreno.

Pressupõem o cumprimento de diversas obrigações ajustadas e fundamentadas no ordenamento jurídico. Nos contratos são pactuados preços, prazos, dentre outras obrigações, como por exemplo, a previsão de pagamento do preço vinculado ao desempenho e eficiência na realização da obra.

Muitos cuidados devem ser tomados para garantir a conclusão da obra, desde a idealização do projeto, aquisição do imóvel, contratação de insumos e dos prestadores de serviço, à execução e término da construção.

Tendo em vista seus diversos riscos, internos e externos, tais como, de *performance*, relacionados aos impactos gerados no cronograma físico financeiro da obra, é comum a contratação de apólice de seguro garantia.

Esse tipo de seguro é regulamentado pelo Sistema Nacional de Seguros Privados, instituído pelo Decreto-Lei nº 73/1966, por meio da Circular nº 477/2013, expedida pela Superintendência de Seguros Privados ("SUSEP"), que dispõe sobre o seguro garantia nos setores privado e público. Nos contratos com a Administração Pública, o seguro garantia está disposto na Lei nº 8.666/1993[1].

Nessa esteira o seguro garantia, como propriamente diz sua nomenclatura, objetiva garantir o fiel cumprimento das obrigações assumidas pelo tomador perante o segurado no contrato principal.

Nos contratos com a administração pública a consecução da obra e operação e gestão de um empreendimento é muitas vezes celebrada por meio de parceria público-privada ("PPP"). São contratos de concessão firmados entre a administração pública e a iniciativa privada, regidos pela Lei nº 11.079/2004[2] ("Lei das PPPs"), destinados à fruição direta ou indireta pela coletividade de determinado empreendimento, em que sua estruturação, financiamento, execução, conservação e operação é de responsabilidade da iniciativa privada durante todo o prazo estipulado para a parceria.

Nesse ponto, pretende-se nesse arrazoado explorar a aplicação do seguro de *performance bond* nos contratos que envolvem a execução de obra pública, nos moldes da parceria público-privada.

1. Os riscos de *performance* na realização da obra

A construção de uma obra percorre várias etapas, sendo necessários meses, até anos, entre a elaboração do projeto à sua concretização. E dada sua complexidade é fundamental que se estipule cronograma físico financeiro a fim de evitar os múltiplos riscos do insucesso da obra, dentre os quais estão a má gestão, falta de qualidade dos materiais e da mão-de-

[1] A Lei nº 8.666 de 21 de junho de 1993, conhecida como "Lei de licitações", em seu preâmbulo "regulamenta o art. 37, inciso XXI, da Constituição Federal, institui normas para licitações e contratos da Administração Pública e dá outras providências."

[2] A Lei nº 11.079 de 30 de setembro de 2004 "institui normas gerais para licitação e contratação de parceria público-privada no âmbito da administração pública."

-obra, imprevistos e prejuízos em razão de questões climáticas, ausência de recursos financeiros, dentre outros.

Incertezas permeiam a consecução da construção, dificuldades e obstáculos certamente serão encontrados, e tratando-se de grandes construções como hospitais, condomínios, *shopping centers*, escolas, ou de obras públicas de infraestrutura, viadutos, aeroportos, metrôs etc. os entraves são ainda maiores.

Nesse contexto, a execução do projeto de construção deve ser precedida de instrumento, que regrado pelos arts. 610 a 626 do Código Civil e, na hipótese em que o objeto é a incorporação imobiliária, pela Lei nº 4.591/1964, dispõe sobre a forma e direitos e obrigações das partes na empreitada.

Vale ressaltar que o contrato de empreitada poderá ser ajustado tão somente para a construção da obra ou em conjunto com o fornecimento de materiais. Nesse sentido, a lei regula as responsabilidades contraídas para cada situação.

Seu regramento permite, ainda, o estabelecimento da forma de pagamento pela empreitada. É possível que o pagamento se dê na proporção da obra executada, por fase concluída ou quando for de natureza das que se determinam por medida[3]. Seja como for, o contrato de empreitada deverá prever o preço ajustado, os prazos, bem assim a forma e os critérios para categorização e identificação dos riscos do projeto.

Dessa maneira, qualquer que seja o risco incorrido, se materializado, acarreta impactos diretos no cronograma físico e financeiro da obra e compromete sua *performance*.

Ressalte-se que os riscos podem ser próprios ou sistêmicos. Os riscos próprios estão relacionados ao bem imóvel objeto da construção em si e envolvem fatores técnicos da construção, geológico, ambiental, operacional, patrimonial e de responsabilidade. De modo diverso, o risco sistêmico ou conjuntural diz respeito às possíveis variações nos sistemas econômicos, político e social, nele estão incluídos os aspectos legais e regulatórios[4].

[3] BRASIL. Código Civil de 2002: "Art. 614. Se a obra constar de partes distintas, ou for de natureza das que se determinam por medida, o empreiteiro terá direito a que também se verifique por medida, ou segundo as partes em que se dividir, podendo exigir o pagamento na proporção da obra executada."

[4] Schalch, Débora. O seguro garantia – *performance bond* – na realização de obras de construção civil. In: Operações Imobiliárias – Estruturação e Tributação. Coord. Faria, Renato Vilela e Castro, Leonardo Freitas de Moraes. São Paulo: Ed. Saraiva, 2016. pg. 368.

Não raras as vezes são encontradas obstruções geológicas ou impedimentos ambientais no terreno ao longo da fundação que acarretam atrasos e afetam o cronograma físico-financeiro da obra. Outrossim, a ausência de recursos financeiros e o atraso na entrega de materiais podem paralisar a obra, alterando, igualmente, os prazos previamente ajustados.

Tudo isso impacta na produtividade da obra. Se seu desempenho for deficitário, ocasionará paralisações, atrasos, aumento de custos e muitas vezes, inviabilizará sua entrega. Além disso, durante a execução do projeto, o cronograma inicial poderá ser alterado em função de equívocos de estimativas traçadas na fase de planejamento de modo a colidir com o prazo de conclusão da construção.

Em apertada síntese, os riscos estão intrinsecamente associados ao desempenho e eficiência durante a execução da empreitada contratada, denominados de riscos de *performance*, são identificados em qualquer das etapas da obra e sua manifestação pode ser determinante para a conclusão da obra.

2. Seguro garantia vinculado à *performance* da construção

Como visto anteriormente, o objeto precípuo do contrato de construção, o principal, é a execução e conclusão de obra. Nele as partes contratantes, quem o encomenda e o construtor, ajustam preços, prazos, fornecimento de material e mão-de-obra, além de outras condições específicas para a realização da obra.

Para garantir o fiel cumprimento das obrigações estipuladas no contrato principal, tais como o cronograma de prazos de entrega, é comum a exigência de seguro garantia. Esse é, pois, instrumento acessório ajustado entre tomador e a seguradora, perante o segurado.

O seguro garantia regulamentado pela Circular SUSEP nº477/2013 abrange as diversas modalidades conforme as obrigações do contrato principal mas sua principal característica é a de assegurar ao contratante do contrato principal (segurado) o cumprimento da obrigação pelo contratado (tomador), seja para dar continuidade à obrigação ou para indeniza-lo. Na construção civil é exigido pelo dono da obra ao construtor para resguardá-lo do risco pelo descumprimento de obrigação relacionada à construção.

Por sua vez, o seguro garantia de execução ou *performance bond* é a modalidade de seguro garantia que visa a cobrir os prejuízos resultantes da inexecução de construção, fornecimento ou prestação de serviços. Está elencado entre os anexos da Circular SUSEP nº 477/2013 e pode ser contratado para os setores público e privado.

O tomador é, portanto, o construtor que firma apólice de seguro com a seguradora para o pagamento de indenização em caso de sinistro ao segurado, dono da obra que será beneficiário, na hipótese de inadimplemento das obrigações do tomador cobertas pelo seguro.

Na ocorrência do sinistro, a seguradora indenizará o segurado, conforme acordado entre as partes, (i) executando a obra, por meio de terceiros, sob sua integral responsabilidade e/ou (ii) indenizando-o, mediante pagamento em pecúnia, os prejuízos e/ou multas causados pela inadimplência do tomador, cobertos pela apólice[5].

O *performance bond* vincula-se à execução do objeto do projeto de construção, podendo ser utilizado tanto no contrato principal como nos subcontratos firmados pelo construtor, nos casos em que a empresa contratada é responsável pela construção, fornecimento ou prestação de serviços. Assim é associado à *performance* para o cumprimento do cronograma estipulado.

3. O *performance bond* relacionado à execução de obra pública nos contratos de parceria público-privada

Tratando-se de seguro garantia de execução no setor público a Circular SUSEP nº 477/2013, no art. 6º, *caput* e §1º, define como o tomador como o "devedor das obrigações por ele assumidas perante o segurado", o segurado é "a Administração Pública ou o Poder Concedente". Entende-se por contrato principal "todo e qualquer ajuste entre órgãos ou entidades da Administração Pública (segurado) e particulares (tomadores), em que haja um acordo de vontades para a formação de vínculo e a estipulação de obrigações recíprocas, seja qual for a denominação utilizada".

A Lei nº 8.666/1993 ("lei de licitações") autoriza a utilização do seguro garantia e o conceitua, em seu art. 6º, VI, como o "seguro que

[5] BRASIL. Circular SUSEP nº 477 de 30 de setembro de 2013. "Art. 13 A seguradora indenizará o segurado, mediante acordo entre as partes, segundo uma das formas abaixo: I – realizando, por meio de terceiros, o objeto do contrato principal, de forma a lhe dar continuidade, sob a sua integral responsabilidade; e/ou II – indenizando, mediante pagamento em dinheiro, os prejuízos e/ou multas causados pela inadimplência do tomador, cobertos pela apólice."

garante o fiel cumprimento das obrigações assumidas por empresas em licitações e contratos".

A lei determina, ainda, que os contratos públicos deverão necessariamente prever as garantias para assegurar sua plena execução, quando exigidas e a critério do Poder Público poderá exigir prestação de garantia nas contratações de obras, serviços e compras. Nesse caso, o contratado terá a faculdade de optar (i) por caução em dinheiro ou em títulos da dívida pública, (ii) seguro garantia ou (iii) fiança bancária.[6]

Dentre os contratos administrativos existentes no ordenamento jurídico, a parceria público-privada ("PPP") está prevista na Lei nº 11.079/2004 e se dá por ajuste firmado entre os órgãos da administração pública direta dos Poderes Executivo e Legislativo, fundos especiais, autarquias, fundações e empresas públicas sociedades de economia mista e demais entidades controladas direta ou indiretamente pela União, Estados, Distrito Federal e Municípios e a iniciativa privada. Aplica-se, subsidiariamente, a Lei nº 8.987/1995 e a Lei nº 8.666/1993, quando expressamente determinado.

Seu objeto é a contratação de serviços ou obras públicas sob o regime da concessão previsto na Constituição Federal, art. 175[7], e na Lei nº 8.987/1995 e que necessariamente envolvam contraprestação pecuniária do parceiro público ao parceiro privado. Assim a PPP, diferente-

[6] BRASIL. Lei nº 8.666 de 21 de junho de 1993: "Art. 56. § 1º Caberá ao contratado optar por uma das seguintes modalidades de garantia:
I – caução em dinheiro ou em títulos da dívida pública, devendo estes ter sido emitidos sob a forma escritural, mediante registro em sistema centralizado de liquidação e de custódia autorizado pelo Banco Central do Brasil e avaliados pelos seus valores econômicos, conforme definido pelo Ministério da Fazenda;
II – seguro-garantia;
III – fiança bancária."

[7] BRASIL. Constituição Federal de 1988: "Art. 175. Incumbe ao Poder Público, na forma da lei, diretamente ou sob regime de concessão ou permissão, sempre através de licitação, a prestação de serviços públicos.
Parágrafo único. A lei disporá sobre:
I – o regime das empresas concessionárias e permissionárias de serviços públicos, o caráter especial de seu contrato e de sua prorrogação, bem como as condições de caducidade, fiscalização e rescisão da concessão ou permissão;
II – os direitos dos usuários;
III – política tarifária;
IV – a obrigação de manter serviço adequado."

mente das demais modalidades de concessão, tem natureza contratual[8] dada pela própria redação do art. 2º, *caput*, da Lei das PPPs[9].

A parceria se inicia com a constituição de sociedade de propósito específico ("SPE") que será responsável por implantar e gerir o objeto da parceria, nos termos da lei. Assim, a atividade exercida pelo particular nessa modalidade de concessão é mais abrangente e efetiva, por sua participação nas decisões contratuais durante todas as fases de execução do objeto contratual, com atribuições no projeto e não somente o executor do projeto previamente estruturado pelo Poder Público.

Nos termos da referida lei, a formalização da PPP poderá ocorrer por concessão administrativa, cuja usuária final dos serviços contratados é a administração pública, mesmo quando envolverem execução de obra e instalação de bens, ou por concessão patrocinada, em que há cobrança de contraprestação pecuniária do parceiro público ao parceiro privado adicionalmente à tarifa cobrada dos usuários.

A Lei nº 11.709/2004 proíbe a celebração de contrato de PPP que tenha como objeto único o fornecimento de mão-de-obra, o fornecimento e instalação de equipamentos ou a execução de obra pública[10]. Contudo, essa modalidade de parceria pode ser precedida de construção, reforma, ou manutenção de infraestrutura pública, como é o caso de rodovias, hospitais, estádios de futebol, ferrovias etc.

Com efeito, a parceria examinada no presente arrazoado atrai investidores na medida em que há controle de gastos e tem sido cada vez mais utilizada no âmbito da administração pública dos Poderes Executivos, especialmente pelos Estados e Municípios. Desde o início da década de 2010, quando a economia brasileira avançava em ritmo acelerado e o PIB registrou alto índice de crescimento[11], as PPPs se tornaram mais celebradas.

[8] Disponível em: https://enciclopediajuridica.pucsp.br/verbete/32/edicao-1/parcerias-publico-privadas:-conceito. Acesso em 22.10.2019.

[9] BRASIL. Lei nº 11.079 de 30 de dezembro de 2004. "Art. 2º Parceria público-privada é o contrato administrativo de concessão, na modalidade patrocinada ou administrativa."

[10] BRASIL. Lei nº 11.079 de 30 de dezembro de 2004. "Art. 2º. § 4º É vedada a celebração de contrato de parceria público-privada: (...) III – que tenha como objeto único o fornecimento de mão-de-obra, o fornecimento e instalação de equipamentos ou a execução de obra pública."

[11] Disponível em: <https://www.bbc.com/portuguese/noticias/2011/03/110303_pib_2010_rp>. Acesso em 18.10.2019.

A era em que vivemos é caracterizada pela mobilidade e informação, e exige modernização dos equipamentos públicos. Melhorias relacionadas à infraestrutura da cidade, do Estado e do território nacional, que envolvem execução de obra para construção ou reforma.

O setor de transporte, a exemplo disso, firmou sua primeira parceria público-privada no Brasil em 2006 para expansão da rede metroviária do Estado de São Paulo, a da Linha 4 do Metrô ("linha amarela")[12], entretanto objeto da concessão envolveu a operação, manutenção e fornecimento e instalação de bens, mas não a construção. Posteriormente o modelo foi replicado em outras linhas e por outros Estados.

O Estado da Bahia[13], após mais de uma década de paralisações, mudanças de projeto e de contrato, greves, suspeita de superfaturamento, indefinições judiciais e problemas relacionados às responsabilidades, finalmente iniciou, em 2014, a construção da primeira linha do sistema metroviário de Salvador, por meio de PPP, que em quatro anos já havia concluído quase 100% de sua implantação.

Importante citar, para fins de expor os riscos envolvidos durante a execução de obra, experiências que não tiveram êxito, como é o caso da Linha 6 do Metrô de São Paulo ("linha laranja"). A construção foi suspensa devido à conclusão de apenas 15% da obra em três anos pela concessionária responsável pela construção e operação da linha e a falta de recursos financeiros decorrentes de empréstimos, em razão da investigação das empresas que formam a concessionária na operação lava-jato[14].

Ademais, outras parcerias público-privada foram firmadas em estádios de futebol para a realização da copa do mundo de 2014.

Importante destacar a primeira parceria nesses moldes no setor da habitação. O Estado de São Paulo, no ano de 2015, assinou contrato de PPP com a empresa Canopus Holding S.A. para a implantação de unidades habitacionais de interesse social, habitação de mercado popular e

[12] Disponível em: <http://www.saopaulo.sp.gov.br/ultimas-noticias/governo-de-sao-paulo-assina-a-primeira-ppp-do-pais/>. Acesso em 18.10.2019.

[13] Disponível em: <http://www.ccrmetrobahia.com.br/media/2183/dfp-2017.pdf>. Acesso em 18.10.2019.

[14] Disponível em: <https://www.cnt.org.br/agencia-cnt/metros-sao-paulo-salvador-modelos-ppps-bem-sucedidos>. Acesso em 18.10.2019.

prestação de serviços correlatos, nos termos do Edital de Concorrência Internacional nº 001/2014[15].

A parceria que tem por finalidade a revitalização da região central do município de São Paulo se iniciou com a constituição da SPE denominada de PPP Habitacional SP Lote 1 S/A e após quatro anos já possui algumas etapas concluídas[16].

Nessa direção seguiu o município de São Paulo, que assinou neste ano de 2019 seu primeiro contrato de PPP para construção de unidades habitacionais na cidade[17].

No que tange à execução de uma obra pública, observa-se que o objeto envolvido é complexo e com larga dimensão. Nesse sentido o contrato deverá conter os dados relativos à obra, caracterizados pelos elementos do projeto básico, bem assim as garantias exigidas para essa fase, adequadas a cada caso e limitadas ao valor da obra[18].

Outrossim, nos termos do art. 5°, VIII, da Lei das PPPs, deverá prever a prestação de garantias de execução suficientes e compatíveis com os ônus e riscos envolvidos, pelo parceiro privado.

Esse é o maior divisor das contratações públicas em geral e a PPP, pois nesta última o legislador cuidou de criar um sistema mais equitativo e diferenciado, de reciprocidade de garantias. Ao parceiro público, pelos eventuais prejuízos causados pelo parceiro privado, e ao privado, que visa a resguardá-lo financeiramente.

Nesse sentido, tendo em vista a amplitude do objeto do contrato da parceria público-privada, que contempla desde a exploração de serviços públicos à prestação de serviços administrativos, isto é, a construção e manutenção de centros administrativos, verifica-se que o elemento

[15] Disponível em: <http://www.parcerias.sp.gov.br/Parcerias/Documento/Download?codigo=2252>. Acesso em 28.10.2019.

[16] Disponível em: <https://economia.estadao.com.br/noticias/geral,parceria-da-novo-visual-a-area-no-centro,70002987736>. Acesso em 28.10.2019.

[17] Disponível em: <http://www.capital.sp.gov.br/noticia/prefeitura-autoriza-contratacao-dos-vencedores-da-primeira-ppp-da-habitacao-da-cidade-de-sao-paulo>. Acesso em 28.10.2019.

[18] BRASIL. Lei nº 8.987 de 13 de fevereiro de 1995. "Art. 18. (...) XV – nos casos de concessão de serviços públicos precedida da execução de obra pública, os dados relativos à obra, dentre os quais os elementos do projeto básico que permitam sua plena caracterização, bem assim as garantias exigidas para essa parte específica do contrato, adequadas a cada caso e limitadas ao valor da obra;".

central de sua caracterização está na forma de remuneração do particular a partir de contraprestações totais ou parciais do Estado.

O instrumento da PPP deverá observar a repartição objetiva de riscos entre as partes a fim de diminuir as incertezas quanto aos riscos assumidos pelo parceiro privado. Sua vantagem precípua é, portanto, a vinculação da remuneração do particular ao seu desempenho[19].

Na parceria com o Poder Público o contratado poderá optar pela modalidade de garantia a ser utilizada na obra. A opção pelo seguro garantia de execução, em detrimento da caução ou fiança-bancária, traz maior transparência ao cumprimento da execução do projeto construtivo em função de sua *performance*.

É o caso da referida PPP da Habitação do Estado de São Paulo. O edital estabelece dispositivos sobre medidas para recomposição do equilíbrio econômico-financeiro do contrato. Além disso prevê os riscos destinados ao parceiro privado e ao parceiro público.

Dentre os riscos assumidos pelo parceiro privado estão o atraso no cumprimento do cronograma de implantação, erros, omissões ou alterações de projetos, irregularidades ambientais identificadas após a transferência da posse, prejuízos e danos decorrentes de erros na execução das obras, atrasos decorrentes de não obtenção de licenças, autorizações e alvarás exigidas para a construção etc.

Ao parceiro público os riscos são: o prazo superior ao estabelecido no instrumento para disponibilização dos imóveis; atrasos ou inviabilidade da implantação em razão de descoberta de sítios arqueológicos; irregularidades ambientais identificadas anteriormente à celebração do contrato de parceria; decisão impeditiva administrativa, arbitral ou judicial de fatos não imputável às partes; atrasos na implantação em razão de interferências não constantes em pesquisa realizada pelo parceiro privado; exigências condicionantes, contrapartidas ou de compensações por autoridades competentes, para obtenção ou cumprimento de autorizações, licenças ou alvarás; atrasos, restrição ou inexecução das obrigações do parceiro privado causados pela demora ou omissão do Poder Público Federal, Estadual ou Municipal.

[19] Disponível em: <https://www.migalhas.com.br/arquivos/2016/1/art20160107-01.pdf>. Acesso em 24.10.2019.

O contrato de parceria prevê a execução de obras em cumprimento aos cronogramas previstos em anexo do instrumento, bem como determina a apresentação prévia do plano de seguro, compatível com o cronograma[20].

Observa-se com isso maior equidade na relação contratual na medida em que o desempenho e eficiência são medidos a partir do cronograma físico financeiro da obra e o controle do resultado ficará a cargo da seguradora.

Essa prática atenua os riscos a ambas as partes contratantes, especialmente no que tange ao cumprimento dos prazos fixados, seja para garantir à administração pública a concretização da obra, ou à garantia do pagamento da contraprestação ao executor do projeto, conforme seu desempenho.

Conclusões

Para satisfação de obrigação contraída no contrato de construção é importante identificar os riscos incorridos durante a execução do projeto. A elaboração do cronograma físico e financeiro de uma obra auxilia na redução de custos, gestão e no cumprimento dos prazos. O desempenho pode ser medido, por fase ou unidade de medida, diminuindo riscos e incertezas.

Tratando-se de obra pública, o contrato de parceria público-privada prevê essa ferramenta ao estabelecer como contraprestação o pagamento vinculado à *performance* da obra pelo parceiro público.

Como garantia para o fiel cumprimento do objeto principal do contrato, ou seja, da execução da obra associada ao pagamento de contraprestação a lei permite a utilização do seguro *performance bond*.

Essa alternativa de garantia é bem vista em razão de que a execução do projeto será fiscalizada pela seguradora e em caso de sua inexecução, por opção do contratado (tomador), a seguradora se sub-rogará nas suas responsabilidades, podendo contratar terceiro para finalizar a obra.

Dessa maneira, o cumprimento do contrato de seguro *performance bond* aplicável à execução de obras públicas permite avaliar de forma efetiva a rotina da construção. Os riscos e imprevistos são identificados com

[20] Disponível em: <https://www.habitacao.sp.gov.br/ppp/Arquivos/ContratoAssinado/ContratoAssinado.pdf>. Acesso em 28.10.2019.

maior celeridade possibilitando a diminuição de impactos e assegurando o bom desempenho da obra. É, portanto, ferramenta que busca maior equidade e transparência na concretização da obra.

Referências

MEIRELLES, Hely Lopes. *Direito de Construir*. 9ª ed. atual. São Paulo: Ed. Malheiros, 2005.

SCHALCH, Débora. O seguro garantia – *performance bond* – na realização de obras de construção civil. In: *Operações Imobiliárias* – Estruturação e Tributação. Coord. FARIA, Renato Vilela e CASTRO, Leonardo Freitas de Moraes. São Paulo: Ed. Saraiva, 2016.

20. O Contrato de Arrendamento de Aeronaves na Recuperação Judicial

Marcelo Vieira Von Adamek

CONTRATO DE ARRENDAMENTO DE AERONAVES E SUAS PARTES - RECUPERAÇÃO JUDICIAL DE EMPRESA AÉREA - DISCIPLINA ESPECIAL - REGRAS DA PRÓPRIA LEI N.º 11.101/2005 A EXCEPCIONAR REGRAS GERAIS - ANTINOMIA INEXISTENTE - APLICAÇÃO DE CRITÉRIOS CRONOLÓGICO E DE ESPECIALIDADE (LINDB, ART. 2º, §§ 1º E 2º) - REGRAS ESPECIAIS PREVISTAS, ADEMAIS, NA CONVENÇÃO DA CIDADE DO CABO, DA QUAL O BRASIL É PARTE - REGULAR INCORPORAÇÃO DO TRATADO - EFICÁCIA NO ÂMBITO INTERNO COMO LEI ORDINÁRIA - PRINCÍPIO DA PRESERVAÇÃO DA EMPRESA - VALORES A SEREM CONCORRENTEMENTE PROTEGIDOS - TUTELA DO CRÉDITO E DA HIGIDEZ DO MERCADO - PRECEDENTES DO TJSP - IMPERIOSA REFORMA DAS DECISÕES AGRAVADAS.

Por meio de suas ilustres advogadas, Dra. Renata Duarte Iezzi, sócia do escritório "Basch & Rameh Advogados Associados", e Dra. Gláucia Mara Coelho sócia do escritório "Machado, Meyer, Sendacz e Opice

Advogados", as Consulentes CONSTITUTION AIRCRAFT IRELAND ("Aircastle"), ACG ACQUISITION LLC ("ACG"), VERMILLION AVIATION (TWO) LIMITED ("MCAP"), CELESTIAL AVIATION TRADING 4 LIMITED ("Celestial 4"), CELESTIAL AVIATION TRADING 26 LIMITED ("Celestial 26"), CELESTIAL AVIATION TRADING 55 LIMITED ("Celestial 55"), WILMINGTON TRUST SP SERVICES (DUBLIN) LIMITED ("Wilmington") e PK AIRFINANCE SARL ("PK"), solicitam o nosso parecer sobre a disciplina dos contratos de arrendamento de aeronaves no âmbito do processo de recuperação judicial de companhia aérea, à luz do direito brasileiro, a ser apresentado nos autos dos recursos de agravo de instrumento interpostos pelas Consulentes perante a 2ª Câmara Reservada de Direito Empresarial do Tribunal de Justiça do Estado de São Paulo (procs. nºs 2017633-29. 2019.8.26.0000, 2017433-22.2019.8.26.0000, 2018188-46.2019.8.26.0000 e 2018126-06.2019.8.26.0000) em face de decisões proferidas pelo MM. Juiz de Direito da 1ª Vara de Falências e Recuperações Judiciais do Foro Central da Comarca de São Paulo nos autos da recuperação judicial de Oceanair Linhas Aéreas S/A ("Oceanair") e de AVB Holding S/A ("AVB") (processo nº 1088068-70.2018.8.26.0100). Para tanto, apresentam a seguinte consulta:

CONSULTA

"**I. – Os fatos**: síntese da causa e das decisões de primeira instância.

1. Em 10 de dezembro de 2018, a Oceanair e sua controladora AVB requereram o processamento de sua recuperação judicial, bem como o deferimento de tutela provisória, apontando a existência de ações de reintegração de posse nas quais haviam sido deferidas liminares para retomada de aeronaves arrendadas diante do inadimplemento dos aluguéis.

2. Por meio da primeira decisão agravada de fls. 3.284/3.292, proferida em 11 de dezembro de 2018, o MM. Juízo concedeu parcialmente a tutela provisória e determinou, inicialmente, a suspensão de quaisquer ações de reintegração de posse já ajuizadas e que viessem a ser ajuizadas em face da Oceanair para a retomada de aeronaves e/ou motores.

3. A Consulente Aircastle requereu a reconsideração da decisão de fls. 3.284/3.292, sustentando que a proteção prevista no artigo 49, § 3º da Lei nº 11.196/2005 ('LRF') para os bens essenciais às atividades da recuperanda é expressamente excepcionada pelo artigo 199, §§ 1º e 2º da LRF, que preceitua a impossibilidade de qualquer suspensão do exercício de direitos dos arrendadores derivados de contratos de arrendamento de aeronaves. Referidas arrendadoras ainda suscitaram em seu pedido de reconsideração a aplicabilidade ao caso do Decreto nº 8.008/13, que promulgou a Convenção da Cidade do Cabo ('Convenção da Cidade do Cabo' ou 'CTC"), o Protocolo à Convenção sobre Garantias Internacionais Incidentes sobre Equipamentos Móveis Relativo a Questões Específicas ao Equipamento Aeronáutico ('Protocolo'), o ato final da Conferência Diplomática para a Adoção da Convenção da Cidade do Cabo e do Protocolo, bem como as declarações feitas pelo Brasil ao aderir a essas normas, todos firmados na Cidade do Cabo, em 16 de novembro de 2001, e seus artigo. 13, 1 (b), e artigo IX, 1, artigo X, parágrafo 6 (a), artigo XI e artigo XIII, parágrafo 3, todos estes do Protocolo à Convenção.

4. Em 13 de dezembro de 2018, foi deferido o processamento da Recuperação Judicial das Recuperandas através da segunda decisão agravada de fls. 4.417/4.428 que também reconsiderou 'parcialmente a decisão de fls. 3284/3292, fazendo-o para consignar que valerá pelo prazo de 30 dias a suspensão das ações de reintegração na posse que tramitam perante os Juízos da 5ª, 12ª e 31ª Varas Cíveis do Foro Central da Comarca da Capital contra as ora requerentes, bem como de futuras ações que visem à apreensão ou à prática de demais atos de constrição de aeronaves e/ou motores nela determinada, não se aplicando às aeronaves que já estejam eventualmente na posse de companhias arrendadoras', designando, ainda, audiência em 14 de janeiro de 2019, com as Recuperandas, a Administradora Judicial e todos os arrendadores de aeronaves.

5. A Oceanair apresentou a petição de fls. 4.444/4.450, reiterando requerimentos de tutela provisória que ainda não haviam sido apreciados e, ato contínuo, o MM. Juízo proferiu a terceira decisão agravada de fls. 5.740/5.750, por meio da qual, dentre outras providências, determinou que a ANAC 'não autorize alterações, desregistros e novos registros por eventuais credores de aeronaves arrendadas às Recuperandas' pelo mesmo prazo de 30 (trinta) dias já determinado na segunda decisão agravada de fls. 4.417/4.428.

6. No dia 14 de janeiro de 2019, foi realizada a audiência e, 'não tendo sido possível a composição entre as partes', houve a prorrogação da suspensão das ações de reintegração de posse de aeronaves até o dia 1° de fevereiro de 2019, tendo os arrendadores no ato expressamente 'reservado todos os seus direitos previstos na Convenção da Cidade do Cabo' (fls. 11.604/11.608).

7. Em 16 de janeiro de 2019, a Oceanair opôs Embargos de Declaração em face da decisão de fls. 11.604/11.608, alegando omissão e requerendo que 'passe a constar no Termo de Audiência de fls. 11.604/11.607 que a ANAC deve se abster de dar prosseguimento aos pedidos de alteração e desregistro já solicitados por eventuais credores de aeronaves arrendadas às Recuperandas ou, até mesmo, autorizar novos procedimentos administrativos durante o novo prazo de suspensão determinado por este MM. Juízo'.

8. Por meio da decisão de fls. 11.952/11.953, os Embargos de Declaração opostos pela Oceanair foram acolhidos, com o esclarecimento de que 'nenhuma medida de reintegração de posse ou administrativa de qualquer natureza poderá ser adotada pelos credores até 01/02/2019, que tenham por escopo a retomada de aeronaves ou o impedimento de sua operação pela recuperanda, nos termos das decisões anteriores e da ata de audiência do dia 14/01/2019". Às fls. 11.952, também restou consignado que "ressalvam as partes que não estão abdicando de direitos'.

9. Durante a semana que antecedeu a semana do dia 1º de fevereiro de 2019 e também na mesma semana, diversos arrendadores, incluindo as Consulentes, protocolaram petições para (*i*) informar que, embora a Oceanair tivesse atendido o quanto prometido na audiência de 14 de janeiro de 2019 e apresentado proposta de acordo às Consulentes, não foi possível obter uma composição, tendo sido motivadamente recusada a proposta de acordo apresentada pela Oceanair, em caráter definitivo e irreversível; e, assim, (*ii*) requerer a prolação de decisão judicial declarando o término do período de suspensão, para assegurar o imediato exercício, pelas Consulentes, dos seus direitos previstos no artigo 199, *caput* e §§ 1º e 2º da LRF e nas disposições contidas no Decreto nº 8.008/13.

10. Ao término do mesmo dia 1° de fevereiro de 2019, as Recuperandas apresentaram petição requerendo: (*i*) a juntada da primeira minuta do plano de recuperação judicial ('Plano'); (*ii*) a designação de assembleia geral de credores ('AGC') na primeira quinzena de abril; e (*iii*) a prorrogação do período de suspensão até a realização da AGC (fls. 14.525/14.670), anexando aos autos, ainda, parecer de ilustre Professor de Direito Comercial da USP (fls. 14.544/14.571).

11. Em resposta aos requerimentos apresentados pelas Recuperandas, o MM. Juízo proferiu a quarta e última decisão agravada de fls. 14.755/14.764, prorrogando o período de suspensão até a AGC a ser realizada na primeira quinzena de abril, não apenas em relação às ações de reintegração de posse das aeronaves arrendadas à Oceanair, mas também no que tange aos pedidos de cancelamento de registro de aeronaves em tramitação perante a Agência Nacional de Aviação Civil ('ANAC') visando à apreensão ou à prática de atos de constrição de aeronaves e/ou motores que estejam na posse das Recuperandas.

12. Não bastasse isso, embora a quarta e última decisão agravada de fls. 14.755/14.764 tenha expressamente reconhecido em relação aos arrendadores de aeronaves que 'não há qualquer dúvida, a despeito da extraconcursalidade dos créditos de tais credores', foi determinado, de forma contraditória, que os arrendadores de aeronaves tomem parte na deliberação do Plano na AGC que ocorrerá na primeira quinzena de abril, uma vez que 'a composição de tal passivo, visto seu impacto direto nos bens de capital da companhia necessários a seu funcionamento, é medida essencial para o sucesso do plano de recuperação apresentado neste processo', de maneira que 'desta deliberação, embora seus créditos não estejam sujeitos aos efeitos da recuperação judicial, também participarão as companhias arrendadoras, visto que não há possibilidade de atividade sem tais bens'. Tal questão foi brevemente enfrentada pelo primeiro Desembargador Relator designado ao caso, Dr. Grava Brazil, onde ele bem observou que a presença das Consulentes à AGC, considerando a natureza extraconcursal de seus créditos, é facultativa, visto que não submetem ao Plano que será apreciado pelos credores concursais.

13. Inconformadas, as Consulentes interpuseram os Agravos de Instrumento em fevereiro de 2019 em face das decisões agravadas de fls. 3.284/3.292, 4.417/4.428, 5.740/5.750 e 14.755/14.764 que, em seu entendimento, ao deferirem parcialmente os pedidos de tutela provisória formulados pelas Consulentes, violaram (*i*) os artigos 199, *caput* e §§ 1º, 2º e 3º e 49, §3º da LRF; (*ii*) os artigos 13, 1 (b), I, § 2º (i), X § 6º (a), IX, §1º (a), XI, 2(b), 5(a), 7, 9 e XIII da Convenção da Cidade do Cabo e do Protocolo; e (*iii*) os artigos 421 e 473 do Código Civil.

II. – Os fatos: o objeto dos agravos interpostos pelas Consulentes.

14. No âmbito dos Agravos de Instrumento, as Consulentes pleitearam a antecipação de tutela recursal para que seja: (*i*) reconhecida a ilegalidade das decisões agravadas e assegurado o imediato restabelecimento dos direitos das Consulentes de promover a reintegração de posse das suas aeronaves e o cancelamento dos registros de suas matrículas perante a ANAC; e, adicionalmente, (*ii*) reconhecido e assegurado o direito das Consulentes de, em razão da inequívoca natureza extraconcursal de seus créditos (***ii.a***) não participarem da AGC; (***ii.b***) não serem compelidas a se submeter às condições previstas no Plano das Recuperandas; e (***ii.c***) não serem obrigadas a manter, contra a sua vontade, os Contratos de Arrendamento celebrados com a Oceanair e inclusive já rescindidos pelas Consulentes ainda em 2018.

15. Ao final, as Consulentes requereram integral provimento dos Agravos de Instrumento, com a confirmação da antecipação de tutela recursal e a reforma das decisões agravadas.

16. Eis, pois, os fatos relevantes".

III. – Os quesitos da consulta.

17. Expostos assim os fatos relevantes para a causa, as Consulentes formulam os seguintes quesitos:

> (*1°*) – As decisões agravadas de fls. 3.284/3.292, 4.417/4.428, 5.740/5.750 e 14.755/14.764 que determinam a suspensão das medidas relacionadas à reintegração de posse de aeronaves e equipamentos utilizados pela Oceanair na prestação de serviços de transporte aéreo e das medidas administrativas relacionadas ao cancelamento das matrículas das aeronaves violam o artigo 199, *caput* e §§ 1º, 2º e 3º da LRF? E violam o CTC?
>
> (*2°*) – Existe antinomia entre o *caput* e os §§1º, 2º e 3º do artigo 199 da LRF? E entre o artigo 199 e os artigos 2º e 49, §3º da LRF? Na hipótese de se admitir a existência de suposta antinomia, ela deveria ser extirpada no caso concreto em consonância com quais critérios? O artigo 199 da LRF afasta a incidência, na hipótese específica de recuperação judicial de companhia aérea e de créditos extraconcursais decorrentes de contratos de arrendamento de aeronaves, do quanto disposto no artigo 49, §3º da LRF?
>
> (*3°*) – O artigo 199 da LRF teve a sua aplicação e constitucionalidade reconhecida pela jurisprudência?

(*4*°) – As disposições da Convenção da Cidade do Cabo foram incorporadas ao ordenamento jurídico brasileiro através do Decreto 8.008/2013? Tais disposições são aplicáveis ao caso concreto? Elas se compatibilizam com o quanto disposto no artigo 199 da LRF? Há algum impedimento à sua aplicação estabelecido pelo ordenamento jurídico brasileiro com o intuito de as compatibilizar com "*medidas comercialmente razoáveis*", como alegado pela Oceanair?

(*5*°) – A aplicação das disposições da Convenção da Cidade do Cabo relacionadas ao cancelamento do registro de aeronaves na hipótese de inadimplemento do contrato de arrendamento pela companhia aérea devedora dependem de autorização judicial a ser concedida pelo juízo competente para processar a recuperação judicial dessa companhia aérea? A Convenção da Cidade do Cabo autoriza o Poder Judiciário brasileiro a mitigar os direitos dos arrendadores de aeronaves nela previstos?

(*6*°) – As disposições legais contidas no ordenamento jurídico brasileiro em relação à retomada de aeronaves arrendadas devem ter a sua aplicação mitigada em decorrência de eventual caráter absoluto do princípio da preservação da empresa previsto no artigo 47 da LRF? O princípio da preservação da empresa deve ser harmonizado com o princípio da preservação dos interesses dos arrendadores de aeronaves e seus componentes no âmbito de uma recuperação judicial?

(*7*°) – Diante das premissas de que (a) os contratos de arrendamento celebrados pelas Consulentes foram rescindidos em 2018 por inadimplemento da Oceanair; (b) as Consulentes desejam a imediata retomada das suas aeronaves e não concordam com a manutenção desses contratos de arrendamento; e (c) não existem atualmente propostas aceitáveis para eventual acordo com a Oceanair visando a manutenção dos contratos de arrendamento, as Consulentes indagam as decisões agravadas violam os princípios da autonomia da vontade e da liberdade de contratar decorrentes do artigo 421 do Código Civil e se as Consulentes podem ser obrigadas a dar continuidade a contratos de arrendamento já rescindidos por inadimplemento, mesmo contra a sua vontade.

(*8*°) – Qual o tratamento legal correto a ser dispensado aos arrendadores de aeronaves no que diz respeito aos seus direitos de propriedade e à natureza de seus créditos? As Consulentes podem ser compelidas a "participar" da AGC? O juiz tem autonomia e poder para conceder às

Consulentes o direito de votar o Plano na AGC, ou isso contraria a LRF? O juiz tem autonomia e poder de sujeitar seus créditos aos efeitos da Recuperação Judicial e ao Plano mesmo contra a vontade das Consulentes, criando uma nova e separada classe de credores cuja aprovação faz-se necessária para que não seja decretada a falência das Recuperandas?

(9º) – As decisões agravadas poderão gerar impactos negativos ao mercado da aviação civil brasileiro e à reputação do Brasil no mercado da aviação civil internacional? De que forma?

18. Passemos, pois, a expor o nosso entendimento sobre o caso.

PARECER

"*Sem declaração de inconstitucionalidade, as regras da Lei nº 11.101/05 sobre as quais não existem dúvidas quanto às hipóteses de aplicação não podem ser afastadas a pretexto de preservar a empresa*" (STJ, REsp 1.279.525-PA, 3ª Turma, Rel. Min. **Ricardo Villas Bôas Cueva**, m.v., j. 07.03.2013, DJe 13.03.2013).

I – Introdução: a questão central.

19. Pelo que se colhe da precisa consulta apresentada, a questão central, em torno do qual gravitam todas as demais indagações formuladas pela Consulente, consiste em saber se, no processo de recuperação judicial de companhia aérea, o juízo concursal pode, sob o pálio do princípio da preservação da empresa (LRF, art. 47), desconsiderar a disciplina especial existente (LRF, art. 199; e Convenção da Cidade do Cabo e Protocolo) para suspender os direitos derivados de contratos de arrendamento de aeronaves e suas partes durante o período de *stay* (LRF, art. 49, § 3º), assegurar assim os efeitos práticos de relações contratuais extintas e, pois, obstar a retomada dos bens pelas arrendadoras, mantendo-os na posse da arrendatária. Eis, na essência, o cerne da discussão posta nos recursos de agravo.

20. Embora a resposta a essa questão seja um tanto quanto intuitiva (CF, art. 5º, II), vale aqui explorá-la em todas as suas vertentes.

II. – O regime especial dos contratos de arrendamento de aeronaves e suas partes na lei concursal brasileira (LRF, art. 199).

21. O segmento de arrendamento de aeronaves e suas partes, como todos bem sabem, singulariza-se por envolver bens de elevado valor, integrados por tecnologia das mais avançadas, expostos a significativas deteriorações e que, justamente por isso, demandam constantes manutenções (sempre com altos custos envolvidos e necessariamente conduzidas por técnicos especializados e devidamente habilitados).

21.*1*. Constitui – ninguém duvida – um mercado específico, sujeito a riscos particulares, a justificar, de igual modo, a existência de regras especiais a tratar de seus problemas[1].

21.*2*. Essas regras especiais, ademais, precisamente porque contam com razões subjacentes a legitimá-las e a justificar o discrímen (CF, art. 5º, I)[2], são plenamente constitucionais[3], e isso ninguém sequer questiona.

22. Dentre as regras especiais a esse segmento econômico, destacam-se, no que aqui mais nos interessa, aquelas que disciplinam os contratos de arrendamento de aeronaves e suas partes nos processos concursais das companhias aéreas e que se encontram, sobretudo, no art. 199 da LRF, do seguinte teor:

> "**Art. 199.** Não se aplica o disposto no art. 198 às sociedades a que se refere o art. 187 da Lei 7.565, de 19 de dezembro de 1986.
>
> **§ 1º.** Na *recuperação judicial* e na falência das sociedades de que trata o *caput* deste artigo *em nenhuma hipótese ficará suspenso o exercício de direitos*

[1] A explicação dada pelo i. parecerista das Recuperandas é perfeita e legitima não só a Convenção da Cidade do Cabo, mas, ante dela, a disciplina especial do art. 199 da LRF: "O bem financiado tem alto valor, carece de manutenção constante e passa boa parte do tempo de uso no ar ou em diferentes cidades e países. Não surpreende que as empresas especializadas em financiar a aquisição/utilização de aeronaves pelas companhias aéreas busquem algum tipo de padronização global de tratamento, mecanismos de controle de seus bens (como o sistema de registro internacional de garantias), e meios de poder exercer seus direitos de credor em diferentes países. É legítima a preocupação dos financiadores de buscar reforçar sua posição de credor, o que resultou na celebração da Convenção da Cidade do Cabo".

[2] Para maiores desenvolvimentos, *cf.*: Celso Antônio Bandeira de Mello, *Conteúdo jurídico do princípio da igualdade*, 3ª ed. SP: Malheiros, 1993, nºs 30-34, pp. 37-40.

[3] *Cf.*: TJSP, AI 0134526-21.2011.8.26.0000, Câm. Res. Fal. e Rec., Rel. Des. Roberto Mac Cracken, v.u., j. 13.12.2011.

derivados de contratos de locação, arrendamento mercantil ou de qualquer outra modalidade *de arrendamento de aeronaves ou de suas partes.*

§ 2º. Os créditos decorrentes dos contratos mencionados no § 1º deste artigo *não se submeterão aos efeitos da recuperação judicial* ou extrajudicial, prevalecendo os direitos de propriedade sobre a coisa e as condições contratuais, *não se lhes aplicando a ressalva contida na parte final do § 3º do art. 49 desta Lei.*

§ 3º. Na hipótese de falência das sociedades de que trata o *caput* deste artigo, prevalecerão os direitos de propriedade sobre a coisa relativos a contratos de locação, de arrendamento mercantil ou de qualquer outra modalidade de arrendamento de aeronaves ou de suas partes".

22.*1*. Embora inserido no capítulo destinado às "disposições finais e transitórias" da Lei nº 11.101/2005, o art. 199 é norma de caráter permanente, e não efêmero[4], e nele se contém uma disciplina especial aplicável às empresas aéreas e aos contratos de arrendamento de aeronaves e suas partes.

22.*2*. Como disciplina especial que é, o art. 199 da LRF prevalece, dentro do seu particular âmbito material de incidência, sobre as regras gerais da mesma lei.

22.*3*. Por isso – tendo-se expressamente afastado, por essa disciplina especial, os contratos de arrendamento de aeronaves e suas peças dos efeitos da recuperação judicial (LRF, art. 199, §§ 1º e 2º) e, mais do que isso, tendo-se nela taxativamente arredado a aplicação da regra que proíbe, durante o período de *stay*, a retirada de bens de capital essenciais à atividade empresarial das Recuperandas (LRF, art. 49, § 3º) – é *juridicamente inconcebível que se possa pretender sustentar exatamente o oposto daquilo que afirma a lei*, por meio da invocação desordenada de doutrina e jurisprudência que versam sobre a retenção de outros bens essenciais de titularidade de credores extraconcursais durante o período de *stay* e para os quais, por isso, prevalecem outras regras.

[4] *Cf.*: Marcelo Vieira von Adamek, *Comentários à Lei de Recuperação de Empresas e Falência* (obra coletiva) – coords. Satiro/Pitombo, 2ª ed. SP: RT, 2007, nº 353, p. 583. *Cf.* no mesmo sentido: Mario Sergio Milani, *Lei de recuperação judicial, recuperação extrajudicial e falência comentada*, SP: Malheiros, 2011, nº 1.071, p. 657; e Fábio Ulhoa Coelho, *Comentários à Lei de Falência e de Recuperação de Empresas*, SP: Saraiva, 2009, p. 423.

22.*4*. A regra especial para contratos de arrendamento de aeronaves e suas partes, aliás, não poderia ser mais enfática: para esses negócios jurídicos, prevalecem "os direitos de propriedade sobre a coisa e as condições contratuais, não se lhe aplicando a ressalva contida na parte final do § 3º do art. 49 [da LRF]".

III. – Sobre a suposta antinomia entre os parágrafos do art. 199 da LRF e a sua cabeça: critério temporal.

23. O art. 199 da LRF acima transcrito, por sua vez, não contém em seu corpo nenhuma antinomia a contrapor o *caput* aos seus parágrafos e, menos ainda, uma antinomia absoluta que não pudesse ser resolvida pelos critérios tradicionais de solução de conflitos de leis – bem ao contrário do que foi defendido pelas Recuperandas, imbuídas que se encontram do claro propósito de reter a propriedade alheia contra a vontade expressa das arrendadoras.

24. Como adiante se procurará demonstrar, a suposta antinomia aventada pelas Recuperandas entre *caput* e parágrafos do art. 199 da LRF simplesmente não existe; mas, ainda que houvesse (e não há!), ela seria mui facilmente equacionável pela aplicação do tradicional critério temporal de solução de conflito de leis previsto no art. 2º, § 1º, da Lei de Introdução às Normas do Direito Brasileiro (DL nº 4.657/1942 ou "LINDB"):

> "**Art. 2º.** Não se destinando à vigência temporária, a lei terá vigor até que outra a modifique ou revogue.
>
> **§ 1º.** A lei posterior revoga a anterior quando expressamente o declare, quando seja com ela incompatível ou quando regule inteiramente a matéria de que tratava a lei anterior.
>
> **§ 2º.** A lei nova, que estabeleça disposições gerais ou especiais a par das já existentes, não revoga nem modifica a lei anterior.
>
> **§ 3º.** «*omissis*»"

24.*1*. Ora, o art. 199 da LRF tinha, em sua redação original, uma cabeça e um parágrafo único; posteriormente, através do art. 122 da Lei nº 11.196, de 21 de novembro de 2005, o original parágrafo único do art. 199 da LRF foi revogado e, em seu lugar, foram introduzidos três novos parágrafos, que extirparam as falhas verificadas na redação primitiva da LRF.

24.2. Significa dizer, portanto, que hoje o art. 199 da LRF compõe-se do *caput* (na redação originária da Lei nº 11.101/2005) e de três parágrafos (introduzidos pela Lei nº 11.196/2005).

24.3. Se assim é, e ninguém realmente duvida, fácil é perceber que, se conflito houvesse entre a cabeça originária e os mais recentes parágrafos do art. 199 da LRF, a antinomia seria resolvida, em primeira plana, em favor da prevalência da literalidade dos últimos, por respeito à multissecular regra *lex posterior derogat legi priori* (= critério cronológico).

25. Mas não é só.

IV. – Sobre a suposta antinomia entre os parágrafos do art. 199 da LRF e a sua cabeça e os arts. 2º e 49, § 3º: critério de especialidade.

26. Tivessem o *caput* e os parágrafos do art. 199 da LRF surgido no mundo jurídico coevamente (o que, como visto, não sucedeu dessa forma), ainda assim não se poderia vislumbrar a insuperável antinomia cogitada pelas Recuperandas – as quais, em realidade, *forçam* esse quadro irreal, até não mais poder, para, como isso, tentar justificar o recurso ao redentor princípio da preservação da empresa.

27. Seja como for, não há essa insuperável antinomia genética, por dois bons motivos.

27.1. *Primeiro* porque entre os parágrafos do art. 199 da LRF e o art. 49, § 3º, da mesma lei não existe impasse algum; o que há, apenas, são regras especiais, que destoam da regra geral e que, por esse modo, asseguram aos arrendadores em contratos de arrendamento de aeronaves e suas partes o direito de retomada mesmo durante o período de *stay*, pouco importando se tais bens são ou não de capital ou essenciais. Esse aparente conflito entre regras especiais e regra geral resolve-se, sem mais, pelo critério da especialidade: lex *specialis derogat generali* (LINDB, art. 2º, § 2º).

27.2. *Segundo* porque entre os parágrafos do art. 199 da LRF, de um lado, e a sua cabeça e o art. 2º da mesma lei, de outro, também não há qualquer choque; as regras são em si perfeitamente harmonizáveis. Explica-se.

27.3. Os arts. 2º e 199, *caput*, da LRF simplesmente determinam a sujeição dos empresários do setor aéreo a processos de falência e de recuperação: podem falir e podem pedir recuperação; mas, neste último caso, e por força do que se contém nos §§ 1º a 3º do art. 199 da LRF, os contratos de arrendamento de aeronaves e suas partes não estarão sujeitos aos seus efeitos, – o que, apesar disso, de per si não obsta o recurso àquele processo concursal para equacionar débitos de outra espécie.

27.4. De outro lado, a circunstância de os §§ 1º e 2º do art. 199 da LRF restringirem os *efeitos práticos* de eventual recuperação judicial por parte dos empresários desse setor (porquanto na atualidade a maioria das companhias aéreas não mantém frota própria e usa aeronaves de terceiros), revela simplesmente uma *opção legislativa*, da qual o intérprete e o aplicador da lei podem discordar e até criticar a escolha feita; não podem, todavia, ir além e simplesmente desprezar a lei ou reescrevê-la – como, em última análise, tencionam as Recuperandas fazer, por não a considerarem adequada, conveniente ou útil aos seus desígnios.

27.5. Aliás, se a discordância do intérprete com a orientação da lei pudesse gerar uma "antinomia" ou autorizar o menosprezo ao seu comando, ter-se-ia que se admitir, por essa mesma senda e de forma harmonicamente absurda, que as tão causticadas regras sobre cessão fiduciária de créditos, ACC ou créditos fiscais na recuperação judicial poderão doravante também ser atropeladas, pois, afinal, diminuem o alcance prático da lei concursal e colidem com o art. 2º° da LRF. O absurdo fala de per si.

28. A verdade, porém, é que, pouco importando o juízo pessoal que cada qual possa fazer sobre a opção do legislador, os parágrafos do art. 199 da LRF são comandos legais; são válidos; e, ainda quando restrinjam o alcance da recuperação judicial de companhias aéreas com frota baseada em contratos de arrendamento, devem ser cumpridos (CF, art. 5º, II)[5] enquanto estejam plenamente em vigor no ordenamento jurídico e não tenham sido revogados, mesmo se ao aplicador da lei não pareçam espelhar a melhor solução, ou a solução que gostaria fosse encampada[6].

[5] "É a lei vigente, da qual se pode discordar e à qual se pode criticar, mas não a descumprir, porque *dura lex sed lex*" (MARCELO VIEIRA VON ADAMEK, *Os empresários do setor aéreo e os contratos de arrendamento de aeronaves na Lei de Recuperação de Empresas e Falência (Lei nº 11.101/2005, art. 199)*, RDM 151-152/173).

[6] Desde que não seja inconstitucional, a lei deve ser obedecida, pois não é papel do juiz decidir sobre a conveniência e a oportunidade da regra de direito; enquanto lei, há de ser

29. Há mais.

V. – Sobre as regras da Convenção da Cidade do Cabo e o Protocolo: tratado com força de lei ordinária; prevalência sobre lei anterior.

30. Não fossem as considerações precedentes de per si mais do que suficientes para revelar o desacerto da pretensão das Recuperandas, é preciso ainda brevemente enunciar que a sustação dos atos de apreensão das aeronaves determinada em primeira instância contrasta abertamente com regras de tratado internacional adotado pelo Brasil, tratado esse que é posterior à Lei nº 11.101/2005; que foi devidamente incorporado ao direito interno brasileiro; e que, como tal, vigora entre nós com força de lei ordinária.

31. De fato, a Convenção da Cidade do Cabo e o Protocolo referidos na consulta foram devidamente incorporados ao direito pátrio (CF, arts. 49, I, e 84, VIII) – por meio do Decreto Legislativo nº 135, de 26 de maio de 2011, e do Decreto nº 8.008, de 15 de maio de 2013 – e, desfru-

respeitada e fielmente cumprida. Se a lei é clara e expressa, não pode o juiz desconsiderá-la ou nela inserir sua regra de juízo próprio, transmudando-a, como assim já se decidiu: "se é certo que toda interpretação traz em si carga construtiva, não menos correta exsurge a vinculação à ordem jurídico-constitucional. O fenômeno ocorre a partir das normas em vigor, variando de acordo com a formação profissional e humanística do intérprete. No exercício gratificante da arte de interpretar, descabe « inserir na regra de direito o próprio juízo – por mais sensato que seja – sobre a finalidade que « conviria » fosse por ela perseguido » – Celso Antônio Bandeira de Mello, em parecer inédito. Sendo o Direito uma ciência, o meio justifica o fim, mas não este àquele" (STF, RE 149.612-MG, 2ª T., Rel. Min. Marco Aurélio, v.u., j. 30.06.1994, RTJ 157/298). "De resto, o juiz não examina a sabedoria da lei ou sua tacanhice; se ela não for inconstitucional, pode não ser a melhor das leis, mas enquanto não revogada há de ser cumprida. Antigo Presidente da Corte Suprema americana, Stone, disse certa vez que uma lei pode ser perfeitamente constitucional e perfeitamente idiota. Se a lei é constitucional, pode perfeitamente não ser modelo de sabedoria, pode mesmo ser «idiota», para repetir o famoso 'Chief-Justice', mas o Juiz não pode desprezá-la, sob pena de converter-se em legislador. Penso que não há maior lesão à ordem que o descumprimento da lei. Se esta não for boa, revogue-se a lei, mas enquanto lei há de ser respeitada e tem de ser cumprida. Aliás, convém lembrar que certas questões se resolvem nas urnas e não nos pretórios" – excerto da decisão do Ministro Paulo Brossard (STF, SS 682-RS-AgRg, Tribunal Pleno, Rel. Min. Octavio Gallotti, v.u., j. 18.08.1994, RTJ 157/456). A mesma crítica, com tintas ainda mais ácidas, é encontrada em conhecida obra de doutrina (*cf.*: Jean Cruet, *A vida do direito e a inutilidade das leis*, Lisboa: Aillaud Alves & Cia., 1915, pp. 79-85).

tando assim de força de lei ordinária[7], hoje *integram a disciplina do art. 199 da LRF, complementando-a*[8].

32. Dentre as suas regras, o Artigo XI, parágrafo 2°, do Protocolo, tal como adotado pelo Brasil, prevê que, sobrevindo uma situação relacionada à insolvência, o devedor deveria retornar a posse do bem aeronáutico ao credor em 30 (trinta) dias corridos ou na data em que, pela legislação nacional, o credor teria direito à posse do bem (o que, diante dos termos do art. 199, § 2º, da LRF, significa dizer "de imediato", pois os contratos de arrendamento de aeronaves não se sujeitam aos efeitos do *stay*[9]). Apesar disso, as Consulentes não conseguiram efetivar a sua reintegração na posse dos bens, porque tais atos foram suspensos pelo juízo da recuperação e, até hoje, passados muito mais de 30 (trinta) dias, continuam sustados, não obstante o MM. Juiz de primeira instância tenha afirmado ser "inegável a aplicabilidade ao caso concreto do Decreto nº 8.008 de 2013", que promulgou a Convenção da Cidade do Cabo e o Protocolo Aeronáutico.

[7] Trata-se de entendimento consolidado junto ao Supremo Tribunal Federal: "Os tratados ou convenções internacionais, uma vez regularmente incorporados ao direito interno, situam-se, no sistema jurídico brasileiro, nos mesmos planos de validade, de eficácia e de autoridade em que se posicionam as leis ordinárias, havendo, em consequência, entre estas e os atos de direito internacional público, mera relação de paridade normativa. Precedentes. No sistema jurídico brasileiro, os atos internacionais não dispõem de primazia hierárquica sobre as normas de direito interno. A eventual precedência dos tratados ou convenções internacionais sobre as regras infraconstitucionais de direito interno somente se justificará quando a situação de antinomia com o ordenamento doméstico impuser, para a solução do conflito, a aplicação alternativa do critério cronológico ('lex posterior derogat priori') ou, quando cabível, do critério da especialidade. Precedentes" (STF, ADI 1.480-DF-MC, Tribunal Pleno, Rel. Min. Celso de Mello, m.v., j. 04.09.1997, DJ 18.05.2001).

[8] A relação entre o tratado e a LRF não é de exclusão, mas de *complementariedade*. *Cf.* no mesmo sentido: Felipe Bonsenso Veneziano, *Convenção da Cidade do Cabo e Protocolo Aeronáutico: aplicabilidade e efeitos no ordenamento jurídico brasileiro*, SP: USP (Dissertação), p. 159.

[9] Depois de registrar que "não há que se falar em conflito entre os dois diplomas, nesse particular assunto", Felipe Bonsenso Veneziano bem destacou na sua inovadora dissertação de Mestrado apresentada junto à Faculdade de Direito da USP: "o Protocolo determina que o devedor ou o administrador judicial deverão transferir a posse do bem ao credor até o que ocorrer primeiro: o término do período de espera ou a data na qual o credor teria direito à posse do bem aeronáutico se o tratado não fosse aplicável. No caso brasileiro, o que primeiro ocorre é a ata em que o credor tem o direito, conforme a Lei de Falências, que é a lei aplicável às companhias aéreas locais. Isto é, imediatamente ao início da recuperação" (*Convenção da Cidade do Cabo e Protocolo Aeronáutico...*, p. 159).

33. Além disso, o Artigo XI, parágrafo 9°, do Protocolo declara ser "vedada qualquer tentativa de impedir ou atrasar as medidas previstas na Convenção após a data especificada no parágrafo 2°". Não obstante isso, o que se viu no caso submetido à nossa análise foram, desde sempre, medidas das Recuperandas claramente preordenadas a impedir ou atrasar os atos de reintegração.

34. Por fim, o Artigo IX, parágrafo 1º, do Protocolo assegura aos credores, por ato próprio, o poder de promover o cancelamento da matrícula das aeronaves de sua propriedade na hipótese de inadimplemento do contrato de arrendamento de aeronave; em complemento, o Artigo XI, parágrafo 8º, alínea (b), do mesmo protocolo dispõe que "as autoridades competentes deverão cooperar de forma expedita com o credor e assisti-lo na utilização dessa medidas" e é assim que vem procedendo a Agência Nacional de Aviação Civil ("ANAC"). Em primeira instância, no entanto, ao invés de obter a cooperação necessária, o que sucedeu foi o empeço judicial ao uso da prerrogativa administrativa prevista no Protocolo, tendo sido as arrendadoras e a ANAC proibidas de requisitar e promover, respectivamente, o cancelamento de registros de aeronaves arrendadas às Recuperandas.

35. Além disso, a declaração prestada pelo Brasil ao Artigo XIII do Protocolo Aeronáutico é expressa ao mencionar que, em havendo autorização irrevogável de cancelamento de matrícula assinada pelo arrendador, tal remédio "será exercido sem autorização judicial", e até essa faculdade extrajudicial foi tolhida das arrendadoras, *mitigando-se por esse modo as previsões legais que garantem tais prerrogativas* às *arrendadoras.*

36. ortanto, no caso concreto, resta evidente – sem meias palavras – o maltrato à Convenção da Cidade do Cabo e ao Protocolo (CF, art. 105, III, *a*, 1ª parte), conforme disso corretamente reclamam as Consulentes. E, até para obviar as consequências desse estado de coisas – que tende a ir muito além do caso concreto, seja no plano internacional, seja no âmbito dos financiamentos de outros arrendatários (como adiante se explicará) – é preciso corrigir o quadro, o quanto antes.

VI. – Sobre o redentor princípio da preservação da empresa e o real alcance da sua força normativa.

37. Prosseguindo na análise do caso, tampouco nos parece correto supor que as regras do art. 199 da LRF e do Protocolo devam ou possam ser "compatibilizadas" ou "mitigadas" por meio do recurso às etéreas noções de preservação da empresa (LRF, art. 47) e de função social, supostamente porque as regras daqueles diplomas constituíram "entraves" à recuperação judicial.

38. Em primeiro lugar, ***o princípio da preservação da empresa não pode ser invocado para simplesmente descumprir regras expressas da própria Lei nº 11.101/2005.*** No conflito entre regras e princípio veiculados por diplomas do mesmo plano normativo[10], aquelas devem prevalecer sobre estas, na medida em que espelham o resultado de uma ponderação do legislador a respeito dos aspectos relevantes que podem surgir no conflito entre interesses regulados no mesmo diploma[11].

38.*1*. Vale dizer, "preservação da empresa" não é fundamento hábil para negar a aplicação de regras expressas[12], da mesma forma como a invocação da "função social" a tanto não se presta.

[10] Frise-se: "veiculadas por diplomas *do mesmo plano normativo*", como no caso. Não se está a sugerir, por evidente, que um princípio constitucional possa se subordinar ao um artigo de lei ordinária, à toda evidência.

[11] *Cf.*, embora versando outra hipótese: "*Os princípios da preservação e da recuperação econômica da empresa* (art. 47 da Lei n. 11.101/2005) *não garantem excepcional afastamento* dos princípios da isonomia e *da legalidade* tributária (art. 97, VI, do CTN) nem do disposto no art. 111, do CTN, que veda interpretação extensiva da legislação que dispõe sobre a suspensão do crédito tributário, modalidade na qual o parcelamento se enquadra" (STJ, REsp 1.383.982-PR, 1ª Turma, Rel. Min. Gurgel de Faria, m.v., j. 08.02.2018, DJe 05.03.2018).

[12] *Cf.*: "Recurso Especial. Recuperação judicial. Adiantamento a contrato de câmbio – ACC. Preservação da empresa. Arts. 47 e 49, § 4º, da Lei nº 11.101/05. 1. As execuções de títulos de adiantamento a contrato de câmbio – ACC não se sujeitam aos efeitos da recuperação judicial (art. 49, § 4º, da Lei nº 11.101/05). Precedentes. 2. Sem declaração de inconstitucionalidade, as regras da Lei nº 11.101/05 sobre as quais não existem dúvidas quanto às hipóteses de aplicação, não podem ser afastadas a pretexto de se preservar a empresa. 3. Recurso especial provido" (STJ, REsp 1.279.525-PA, 3ª Turma, Rel. Min. Ricardo Villas Bôas Cueva, v.u., j. 07.03.2013, DJe 13.03.2013). Onde se lê a seguinte: "Como é sabido, a Lei nº 11.101/05 foi editada para reformar o regime jurídico das empresas em crise, cuja disciplina se dava pelo antigo Decreto-Lei nº 7.661, de 1945, à época já incapaz de dar resposta satisfatória às demandas dos agentes econômicos e sociais envolvidos, com relações cada vez mais complexas e delicadas. Nessa tarefa, o legislador viu-se diante do desafio de considerar as premissas estabelecidas pela Constituição de 1988, dentre as quais destaca-se a função social da propriedade (art. 170, III, da CF), norteadora dos empreendimentos privados e do uso dos bens deles decorrentes no exercício da atividade econômica, chamados 'bens de produção'. Em tal perspectiva, como resultado das múltiplas ponderações consideradas no processo político-jurídico próprio da atividade legislativa, e seguindo a tendência pós-positivista de prescrever também na lei cláusulas gerais, normas com tipos abertos ou 'em

branco', adveio a lei supracitada, especificando em seu art. 47 as diretrizes normativas do chamado "princípio da preservação da empresa", consectário nuclear da função social da propriedade no plano infraconstitucional (...). Logicamente que, além disso, por sua própria razão de ser, tratou também a lei de disciplinar como seriam as relações entre a empresa em crise e seus credores, definindo possibilidades, limitando direitos, prescrevendo deveres, repartindo responsabilidades, distribuindo ônus processuais e materiais. Uma dessas regras se encontra no § 4º do art. 49, que determina expressamente que a cobrança dos chamados adiantamentos de créditos decorrentes de contratos de câmbio celebrados na operação de exportação – os nominados 'ACCs' –, mencionados no art. 86, II, da mesma lei, não é influenciada pelo deferimento da recuperação judicial. Veja-se: '§ 4º Não se sujeitará aos efeitos da recuperação judicial a importância a que se refere o inciso II do art. 86 desta Lei'. A questão que se põe é decidir se o raciocínio desenvolvido pelo acórdão recorrido, de considerar aplicável mas ao mesmo tempo afastar a incidência desta norma pelas peculiaridades do caso em julgamento, é possível. Segundo o Tribunal de origem, observadas as circunstâncias dos autos – em que mais da metade das dívidas da empresa seriam de ACCs, afigurando-se então quase inócua a recuperação concedida sem a sujeição daqueles – , a regra do § 4º do art. 49 da Lei nº 11.101/05 estaria em conflito com o preceito do próprio art. 47 da mesma lei, representando a primeira praticamente a negação da segunda, sendo que esta, por veicular propósitos mais elevados, deveria prevalecer no caso concreto. (...) Tenho, contudo, que a questão não deve ser revolvida nos termos assentados. Em primeiro lugar, não se pode esquecer da distinção entre regra e princípio, que se extrai das lições atuais de Teoria Geral de Direito. Em segundo, não se deve descurar que *o juízo de ponderação, ou de sopesamento, só se admite na hipótese de colisão de princípios, não naquela de suposto conflito entre regra e princípio*. No acórdão recorrido, entretanto, procedeu-se a juízo de ponderação, como se houvesse, no caso, conflito normativo em que concorreriam um princípio e uma regra, estipulados em ordenamentos distintos. De um lado, estaria o art. 47, que estatui o princípio da preservação da empresa; de outro, a regra do § 4º do art. 49, que estabelece critério acerca de como os titulares de ACCs são considerados quando a empresa em crise está sob tutela judicial. Ora, *a ponderação é recurso interpretativo que se molda a resolver conflitos de normas da mesma natureza, o que não se verifica no caso*. Não bastasse, percebendo as disposições do art. 47 como realmente principiológicas e as do art. 49, § 4º, como de cogência absoluta, não haveria razão para afastar estas últimas, em prevalência das primeiras. Afinal, estamos diante de dois dispositivos trazidos pelo mesmo veículo normativo, portanto do mesmo nível hierárquico. Nesses casos, *quando a estipulação do princípio não advém de legislação editada com o fim de dispor sobre normas gerais, mas do mesmo plano normativo que a regra, a regra dever prevalecer sobre o princípio*, salvo se houver declaração de inconstitucionalidade que lhe retire eficácia. Isso porque, conforme leciona Humberto Ávila, ao delimitarem comportamento desejado pelo legislador exatamente para concretizar, na medida fiel de seus desígnios, as finalidades estabelecidas pelos princípios, as regras assumem sua 'função definitória'. Diz: '*A regra consiste numa espécie de decisão parlamentar preliminar acerca de um conflito de interesses e, por isso mesmo, deve prevalecer no caso de conflito com uma norma imediatamente complementar, como é o caso dos princípios. Daí a função eficacial de trincheira das regras.*' (*in* 'Teoria dos Princípios', 12 ed. SP: Malheiros. 2011, págs. 102-132) Apoiando-se na doutrina estrangeira, o autor destaca que

38.2. Ou, ainda segundo lúcida observação do culto Magistrado paulista e respeitado Professor de Direito Comercial da Faculdade de Direito da PUC/SP, Dr. **Marcelo Barbosa Sacramone**: "a interpretação do art. 47 não pode gerar um *assistencialismo*, em que a recuperação judicial seria concedida independentemente do preenchimento dos requisitos legais"[13]!

39. Em segundo lugar, ***o princípio da preservação da empresa precisa ser conjugado com outros vetores da lei concursal***, em especial o respeito ao interesse dos credores, também previsto às expressas no art. 47 da LRF, e o primado da tutela do crédito (que sempre foi e continua a informar as leis concursais em geral[14]).

40. O setor de arrendamento de aeronaves, turbinas e outras partes, conforme acima destacado, é mercado sujeito a riscos agudos e bem específicos. Nele, até pela teia contratual que o envolve, o inadimplemento de um agente do setor repercute sobre outro e, quando essa situação (respaldada por decisão judicial declaradamente tomada com apoio em valor jurídico abstrato e contra os termos da LRF e da Convenção da Cidade do Cabo) perdura, os efeitos tendem a se alastrar: ***de imediato, serão as Consulentes a arcar com os custos; no médio e longo***

as regras têm '*a finalidade de eliminar ou reduzir a arbitrariedade que pode potencialmente surgir no caso de aplicação direta de valores morais*'. ***A regra, especialmente quando clara, direta, a respeito da qual não pairem dúvidas sobre o comportamento pretendido, apresenta-se como resultado da ponderação do legislador a respeito dos aspectos relevantes que podem surgir no conflito entre interesses regulados, editada que foi justamente para evitar, no momento da aplicação da norma, o ressurgimento da controvérsia que foi antes dirimida pelo legislador***". Fossem o princípio e a regra provenientes de diplomas de distinta hierarquia, sem dúvida a análise seria outra; mas não é isso o que sucede, na espécie.

[13] Marcelo Barbosa Sacramone, *Comentários à Lei de Recuperação de Empresas e Falência*, SP: Saraiva, 2018, p. 190.

[14] É a lúcida observação da Prof. Titular de Direito Comercial da Faculdade de Direito da USP, Dra. Paula A. Forgioni: "por mais que outros valores sejam considerados dignos de tutela jurídica, a proteção do crédito continuará desempenhando função primordial na organização do sistema de direito mercantil e, especialmente, na disciplina e na execução dos contratos empresariais" (*Contratos empresariais: teoria geral e aplicação*, 3ª ed. SP: RT, 2018, nº 5.20, pp. 158-160). De igual modo, J. X. Carvalho de Mendonça advertia que "a lei de falência, sob o ponto de vista do interesse social, tem por escopo a proteção do crédito" (*Tratado de direito comercial brasileiro*, vol. VII, 5ª ed. RJ: Freitas Bastos, 1954, n° 89, p. 157) para, na sequência, exortar, enfaticamente: "toda a doutrina que contrariar esse escopo deve ser repelida, pois emprestaria àquela lei um sentido anormal, ofensivo ao seu caráter. Seria diluir a obra legislativa" (*op. et. loc. cits.*).

prazo, porém, serão todos os empresários brasileiros do setor a serem severamente prejudicados[15].

41. Assim é porque a Convenção da Cidade do Cabo e o Protocolo resultaram de um longo processo consensual de negociação internacional, com a participação de todos os segmentos envolvidos e sob os auspícios do "Instituto Internacional para Unificação do Direito Privado" – Unidroit[16].

41.*1*. Vários estudos de impacto econômico de suas regras foram conduzidos internacionalmente ao longo do processo de elaboração dos tratados e demonstraram que, com a sua adoção, haveria – e agora houve e há – ganhos econômicos substanciais não só para arrendadores, senão também para as próprias companhias aéreas, seus acionistas e empregados, usuários e, em última análise, toda a economia nacional dos países que àqueles diplomas aderiram[17].

[15] É por isso então que, segundo noticia a imprensa, a decisão enfocada neste parecer desagradou profundamente não só as arrendadoras, mas inclusive as demais arrendatárias de aviões brasileiras. O Presidente da Latam, de maneira muito incisiva, afirmou: "Quando se tem uma decisão dessa, você aumenta de forma brutal a incerteza de quem faz negócio no Brasil. E quando sobe a incerteza, sobem o risco, a expectativa de retorno e também os preços" (https://todosabordo.blogosfera.uol.com.br/2019/02/06/presidente-da-latam-re cuperacao-ju dicial-avianca). Ou seja, "alguém" vai pagar a conta...

[16] Para uma visão geral sobre o processo que levou à Convenção da Cidade do Cabo, *cf.*: Felipe Bonsenso Veneziano, *Convenção da Cidade do Cabo e Protocolo Aeronáutico...*, cit., pp. 68-73.

[17] Os ganhos econômicos decorrentes da Convenção da Cidade do Cabo foram objeto de diversos estudos, os quais concluíram "that *potential gains are both substantial and complementary and accrue specifically to*: (1) *end-users of the affected aircraft equipment, notably airlines, their employees, their shareholders, and their customers*; (2) *governments and their country's national economies through improved transportation infrastructures, the size and structure of external debt, and increased commercial activity*; and (3) manufacturers, their shareholders, employees and suppliers" (Antony Saunders *et al.*, *The economics implications of international secured transactions law reform: a case study*, 'in' *Journal of International Economic Law*, 1999, p. 310). Ainda sobre o tema, *cf.*: Jeffrey Wool, *Economic analysis and harmonized modernization of private law*, 'in' *Rev. dr. unif* 2003-1/2, pp. 389-394; Vadim Linetsky, *Economic benefits of the Cape Town Treaty*, Illinois: Northwestern Un., 2009, e *Accession to the Cape Town Convention by the UK: an Economic Impact Assessment Study*, Illinois: Northwestern Un., 2010; e Anthony Saunders e Ingo Walter, *Proposed Unidroit Convention on International Interests in Mobile Equipment as applicable to aircraft equipment through the Aircraft Equipment Protocol: economic impact assessment* (NY: 1998).– estudo preparado sob os auspícios da Insead e "New York University", em que os estudiosos concluíram que "to the extent adopted and effectively implemented, these proposed legal instruments will *achieve significant economic gains*"

41.2. Para os arrendatários, os substanciais ganhos econômicos resultam basicamente de (*i*) descontos decorrentes da diminuição do risco de crédito em países onde a Convenção da Cidade do Cabo, com determinadas Declarações, é adotada e cumprida ("Cape Town Discount")[18]; e, também, (*ii*) novas estruturas de financiamento que permitem a colocação de títulos representativos da operação no mercado de capitais, títulos esses que serão tanto melhor precificados quanto forem a certeza e a eficiência do ambiente jurídico local[19].

41.3. Em qualquer dos casos, no entanto, é imperioso não só que as regras sejam incorporadas ao direito interno do país, mas que, acima de tudo, sejam respeitadas e cumpridas.

e "these gains will be *widely shared among airlines* and manufacturers, their employees, suppliers, shareholders, and *customers*, and *the national economies in which they are located*".

[18] É novamente Felipe Bonsenso Veneziano quem didaticamente explica: "Desde 2003, o *Ex-Im Bank* dos Estados Unidos oferecia benefícios para operações que envolvam companhias aéreas localizadas em Países que aderiram à Convenção e ao Protocolo. Dentre os quais, a redução de um terço nas taxas de exposição (*exposure fees*) em operações de aquisição de novas aeronaves, termos diferenciados para financiamentos e taxas mais favoráveis para motores e partes sobressalentes. Particularmente em relação ao material aeronáutico, podemos citar a redução de até 33% das taxas de administração aplicadas pelo *Ex-Im Bank* dos Estados Unidos e aplicação do descontos pela OCDE (...). A partir de 2007, o ASU ampliou esses descontos em escala global, já que permitiu reduções de até 10% nas taxas de *minimum premium rates* (conhecido como *Cape Town Discount*) quando certas condições são verificadas em relação à Convenção e ao Protocolo e o bem aeronáutico está situado em um Estado Contratantes (...). Deve-se indubitavelmente reconhecer que esses descontos incentivaram que grande número de países aderissem à Convenção e ao Protocolo, visto que as próprias companhias aéreas pressionavam os governos de seus respectivos países para a implementação do tratado e, consequentemente, redução de seus custos diretos de financiamento e arrendamento (que representam a maior fatia de despesas nesse setor)" (*Convenção da Cidade do Cabo e Protocolo Aeronáutico...*, pp. 61-62).

[19] A Convenção da Cidade do Cabo também permitiu novas estruturas de financiamento com a captação de recursos junto ao mercado de capitais e, para tanto, os títulos representativos desses financiamentos devem ser avaliados por agências de classificação de riscos – que, no processo de atribuição de *ratings*, consideram "dentre outros, o grau de confiança do ordenamento jurídico da jurisdição da companhia aérea e o tempo médio para que o investidor possa recuperar seu investimento (diretamente relacionado ao tempo de recuperação do bem). *Quanto maior o grau de confiança e menor o tempo de recuperação, melhor a nota.* Quanto melhor a nota, menor o risco. Logo, mais atrativo o investimento e custos menores para as companhias aéreas" (Felipe Bonsenso Veneziano, *Convenção da Cidade do Cabo e Protocolo Aeronáutico...*, p. 63).

41.4. É por isso então que aqui se afirmou, sem nenhum exagero, que a postergação da situação retratada na consulta – a qual pode parecer, à primeira vista, muito simpática, porquanto caridosa para com as Recuperandas e os seus funcionários – cobrará um alto preço a ser pago por todos os empresários sérios que atuam no setor aeronáutico, os quais perderão o desconto (decorrente da diminuição do risco de crédito em países onde a Convenção da Cidade do Cabo, com determinadas Declarações, é adotada e verdadeiramente cumprida) e, ao final, severamente prejudicado sairá o próprio País.

41.5. Frise uma vez mais: ao aderir àqueles tratados internacionais, os poderes legislativos e executivos do Governo brasileiro optaram por Declarações qualificantes para um desconto hoje reconhecido pela "Organização de Cooperação e Desenvolvimento Econômico" (OCDE), organização composto de 36 países membros, e do qual Brasil aguarda aceitação como membro pleno. E não será desrespeitando os seus compromissos no plano internacional que o País a tanto chegará.

41.6. Em suma, a prevalecer o que restou decidido em primeira instância, todos pagarão a conta de um: é o que inevitavelmente ocorrerá.

42. De outro lado, e ainda neste tema, discordamos frontalmente das suposições de que a Convenção da Cidade do Cabo e do Protocolo poderiam ser desprezadas, como no caso foram, quando não redundarem em "medidas comercialmente razoáveis", ou, então, que "o objetivo principal de qualquer financiador não é ter de volta o bem financiado – que via de regra é só do interesse direto do usuário – mas receber efetivamente o valor contratado pelo bem que disponibilizou".

42.1. Na medida em que o contrato representa a veste jurídica da operação econômica pretendida pelas partes, não se compreende como a retomada do bem, à vista do inadimplemento substancial da contraparte, possa não ser considerada "medida comercialmente razoável". É, antes, ***a*** medida comercialmente razoável eleita pelas próprias partes, ora pois!

42.2. De outro lado, se é verdade que o interesse primário de um arrendador é receber o valor do arrendamento, não é menos certo que, falhando este, o interesse premente passa ser justamente retomar do bem, antes que seja completamente escangalhado, bem esse que é escasso e concorrido no mercado, para poder ser destinado a outro arrendatário capaz e disposto a honrar os seus compromissos. Até porque, como acima já explicado, aeronaves e suas partes são bens de facílima deterioração, caso não sejam submetidos às rigorosas e caríssimas revisões técnicas a que estão rotineiramente sujeitas. Qual a dúvida que pode haver a esse respeito?

42.3. Assim, com renovadas vênias, é arbitrário, para dizer o mínimo, pretender se substituir às partes para arbitrar *ex post facto* o que seria a medida "comercialmente razoável" ou qual seria, na particularmente conflitada visão das devedoras, o interesse dos arrendadores – sugerindo-se aqui implicitamente uma descabida equiparação entre o arrendamento de um jato comercial Airbus ou a caríssima turbina de uma aeronave com a alienação fiduciária de um automóvel de passeio. Ainda mais para, sob tais balizas, não se cumprir a lei.

43. Em realidade, portanto, se algum valor deve ser preservado na espécie, esse valor é a ***segurança jurídica*** (legalidade, certeza e previsibilidadc)[20].

44. A lei concursal, neste particular, é bastante clara – não admite modulações e temperamentos principiológicos. A doutrina em torno dela é uníssona[21] – não se conhece quem afirme ser possível desprezar o texto legal. E a jurisprudência formada é absolutamente convergente – e não é de hoje.

[20] Sobre o ponto, *cf.*: Luis Felipe Salomão e Paulo Penalva SAntos, *Recuperação judicial, extrajudicial e falência*, RJ: Renovar, 2012, nº 8.7, p. 19 – anotando que "credores e devedores, além de terceiros interessados, enfim, todos os envolvidos na cadeia de relações que envolvem a atividade econômica, devem contar com normas claras e precisas, que confiram segurança jurídica ao processo". *Cf.* ainda: Eros Roberto Grau, *Por que tenho medo dos juízes (interpretação/aplicação do direito e os princípios)*, 9ª ed. SP: Malheiros, 2018, nº 2, pp. 16-17; e Paula A. Forgioni, *Contratos empresariais...*, cit., nº 5.6, p. 119 (para quem "os contratos empresariais somente podem produzir riquezas em um ambiente que privilegie a segurança e a previsibilidade jurídicas").

[21] *Cf.*: Marcelo Vieira von Adamek, *Comentários à Lei de Recuperação de Empresas e Falência* (obra coletiva), cit., nº 398, p. 646; Marcelo Barbosa Sacramone, *Comentários à Lei de Recuperação de Empresas e Falência*, cit., p. 557; José da Silva Pacheco, *Processo de recuperação judicial, extrajudicial e falência*, RJ: Forense, 2006, nº 330.2, p. 398; Mario Sergio Milani, *Lei de recuperação judicial, recuperação extrajudicial e falência comentada*, cit., nº 1.072, p. 657; Sérgio Mourão Corrêa Lima e Humberto Lucena Pereira da Fonseca, *Comentários à nova Lei de Falências e Recuperação de Empresas* (obra coletiva), RJ: Forense, 2009, pp. 1.318-1.319 (anotando que "a suspensão prevista no art. 6° não é compatível com a preservação da integridade do direito do arrendador e, por isso, não pode ser aplicada"); e Scalzilli/Spinelli/Tellechea, *Recuperação de empresas e falência*, 3ª ed. SP: Almedina, 2018, nº 3.2.9, p. 383.

45. De fato, o Egrégio Tribunal de Justiça do Estado de São Paulo decidiu faz muito que o art. 199 da LRF é constitucional, que os contratos de arrendamento de aeronaves estão excluídos dos efeitos da recuperação judicial[22] e que a eles não se aplica a suspensão de retirada de bens de capital essenciais à empresa durante o período de *stay* (LRF, art. 49, § 3º):

> "O art. 199, §§ 1º e 2º, da LRF, na redação que lhe deu a Lei 11.196, de 21 de novembro de 2005, exclui dos efeitos da recuperação judicial os 'contratos de locação, de arrendamento mercantil ou de qualquer outra modalidade de arrendamento de aeronaves ou de suas partes'. Também é clara a inaplicabilidade a tais contratos do disposto no art. 49, § 3º, da LRF (art. 199, § 2º, na redação dada pela Lei 11.196/2005). A exclusão é ampla, sem possibilitar equiparação, por interpretação sistemática, entre o contrato de arrendamento mercantil de aeronave com os contratos de arrendamento de outro tipo de bem" (TJSP, AI 0220277-10.2010.8.26.0000, Câm. Res. Fal. e Rec., Rel. Des. **Lino Machado**, v.u., j. 12.04.2011).

VII – Sobre o princípio da autonomia da vontade e a participação de credores extraconcursais em assembleia geral de credores.

46. Para encerrar, vale ainda apresentar duas considerações adicionais.

47. A primeira, um tanto quanto manifesta, é de que, ao dar curso forçado a relações contratuais extintas e obstar a retomada da posse dos bens das arrendadoras, por esse modo assegurando o resultado prático do negócio jurídico extinto às Recuperandas, malferiu-se uma das mais caras expressões da *autonomia da vontade* (CC, art. 421), com raízes no sobreprincípio da liberdade de iniciativa, e que é a *liberdade de contratar*[23].

[22] *Cf.*: TJSP, AI 00076764-47.2011.8.26.0000, Câm. Res. Fal. e Rec., Rel. Des. Araldo Telles, v.u., j. 23.08.2011; TJSP, AI 0053136-29.2011.8.26.00, Câm. Res. Fal. e Rec. Rel. Des. Araldo Telles, v.u., j. 23.08.2011; TJSP, AI 0220277-10.2010.8.26.0000, Câm. Res. Fal. e Rec., Rel. Des. Lino Machado, v.u., j. 12.04.2011; e TJSP, AI 0134526-21.2011.8. 26.0000, Câm. Res. Fal. e Rec., Rel. Des. Roberto Mac Cracken, v.u., j. 13.12.2011.

[23] Do princípio da autonomia da vontade descende, como uma de suas manifestações, o primado da liberdade contratual, que se manifesta no momento da conclusão do contrato mediante uma tripla faculdade: *contratar ou não*, escolher a pessoa do contratante e determinar livremente (porém em acordo com a outra parte e nos limites da lei) as cláusulas do contrato (*cf.*: Jacques Ghestin, *Traité de droit civil – la formation du contrat*, 3ª ed. Paris: LGDJ,

47.*1*. Afinal, os contratos de arrendamento já foram rescindidos, antes mesmo do pedido de recuperação judicial; as negociações de potenciais acordos com os arrendadores de aeronaves se encerraram em definitivo; os arrendadores de aeronaves já manifestaram seu desinteresse na continuidade dos contratos de arrendamento – e, por não desejarem mais contratar com as Recuperandas ou reviver os contratos extintos, pretendem simplesmente, como lhes é dado, retomar as suas aeronaves.

47.*2*. E é por isso, então, que ao proibir os arrendadores de dispor de suas aeronaves e ao pretender que sejam compelidos a se sujeitar aos efeitos do plano de recuperação judicial contra a sua vontade, restou caracterizada, a nosso ver, também a violação aos princípios da autonomia da vontade e da liberdade de contratar (CC, art. 421).

48. A segunda consideração final refere-se à determinação judicial para que as Consulentes "participem" da assembleia geral de credores – na qual apenas será discutido um plano de recuperação que, juridicamente, não as pode vincular, por serem credoras extraconcursais. Pois bem.

48.*1*. A assembleia geral de credores é reunião privada à qual somente podem ter acesso pessoas legitimadas.

48.*2*. Ainda quando parte da doutrina considere possível, com boas razões, a participação de credores extraconcursais em tais conclaves[24], é fora da de dúvida que tais credores: ***(i)*** não integram o quórum de instalação; ***(ii)*** não votam (em um plano que não lhes pode vincular sem a sua expressa concordância individual); e, por um e outro motivos, ***(iii)*** *não podem ser obrigados a participar do encontro.*

48.3. Se, no entanto, participarem – sem direito de voto, por suposto – nem por isso estarão sujeitos a um plano de recuperação transbordante, que os pretenda enlear no processo; apenas e tão-somente se aderirem expressamente é que poderiam, individualmente, ficar sujeitos.

1993, nº 47, p. 35; ANTUNES VARELA, *Das obrigações em geral*, vol. I, 10ª ed. – 5ª reimp., Coimbra: Almedina, 2008, nº 60, pp. 230-232; e MÁRIO JÚLIO DE ALMEIDA COSTA, *Direito das obrigações*, 8ª ed. Coimbra: Almedina, 2000, nº 27.1, pp. 206-215).

[24] *Cf.*: ERASMO VALLADÃO AZEVEDO E NOVAES FRANÇA, *Comentários à Lei de Recuperação de Empresas e Falência* (obra coletiva) – coords. Satiro/Pitombo, cit, n° 141, p. 211; e SCALZILLI/SPINELLI/TELLECHEA, *Recuperação de empresas e falência*, 3cit., 2018, p. 303.

Não, porém, por efeito de uma deliberação colegiada ou do comparecimento a um conclave em que, afinal, sequer terão direito de voto[25].

49. É o quanto basta destacar, nesta altura; nada mais precisa, ou merece ser dito para demonstrar, com renovadas vênias, o total desacerto do pronunciamento de primeiro grau.

VIII. – Respostas aos quesitos.

50. Isto posto, passamos a responder aos quesitos formulados:

> (*1º*) – As decisões agravadas de fls. 3.284/3.292, 4.417/4.428, 5.740/5.750 e 14.755/14.764 que determinam a suspensão das medidas relacionadas à reintegração de posse de aeronaves e equipamentos utilizados pela Oceanair na prestação de serviços de transporte aéreo e das medidas administrativas relacionadas ao cancelamento das matrículas das aeronaves violam o artigo 199, *caput* e §§ 1º, 2º e 3º da LRF? E violam o CTC?

[25] *Cf.* a respeito do tema as seguintes passagens de preciso acórdão do STJ: "(...) 5. Na hipótese, o recorrido, credor fiduciário, apesar de não se sujeitar ao plano de reorganização, acabou sendo nele incluído, tendo o magistrado efetivado sua homologação. 6. Apesar disso, ainda que o crédito continue a figurar no plano de recuperação judicial devidamente homologado, não se submeterá à novação efetivada nem perderá o direito de se valer da execução individual, nos termos da lei de regência, para efetivar a busca da posse dos bens de sua propriedade. 7. Isso porque a instituição de tal privilégio (LF, art. 49, § 3°) foi opção legislativa com nítido intuito de conferir crédito para aqueles que estão em extrema dificuldade financeira, permitindo que superem a crise instalada. Não se pode olvidar, ademais, que o credor fiduciário de bem móvel ou imóvel é, em verdade, o real proprietário da coisa (propriedade resolúvel e posse indireta), que apenas fica depositada em mãos do devedor (posse direta) até a solução do débito. 8. Deveras, tais créditos são imunes aos efeitos da recuperação judicial, devendo ser mantidas as condições contratuais e os direitos de propriedade sobre a coisa, pois o bem é patrimônio do fiduciário, não fazendo parte do ativo da massa. Assim, as condições da obrigação advinda da alienação fiduciária não podem ser modificadas pelo plano de recuperação, com a sua novação, devendo o credor ser mantido em sua posição privilegiada. 9. Não se poderia cogitar que o credor fiduciário, incluído no plano de recuperação, teria, por conduta omissiva, aderido tacitamente ao quadro. É que referido credor nem sequer pode votar na assembleia geral, não podendo ser computado para fins de verificação de quórum de instalação e deliberação, nos termos do art. 39, § 1º da LF, sendo que, como sabido, uma das principais atribuições do referido colegiado é justamente o de aprovar, rejeitar ou modificar o plano apresentado pelo devedor" (STJ, REsp 1.207.117-MG, 4ª Turma, Rel. Min. Luis Felipe Salomão, v.u., j. 10.11.2015, Dje 25.11.2015).

R: Sim, por todas as razões longamente expostas neste parecer, às quais aqui nos reportamos, estamos convictos de que as decisões agravadas violaram os §§ 1º e 2º do art. 199 da LRF e as regras da CTC e do Protocolo Aeronáutico (CF, art. 105, III, *a*), os quais conferem no direito concursal brasileiro tratamento especial aos contratos de arrendamento de aeronaves e suas peças dentro da recuperação judicial da companhia aérea, arredando-os dos efeitos desta e expressamente assegurando a retirada dos bens, ainda durante o período de *stay*, pouco importando se são bens de capital essenciais para a empresa ou não, e, mais do que isso, asseguram o exercício de prerrogativas extrajudiciais (= desregistro da aeronave e dos motores junto à ANAC), exigem a colaboração dos órgãos públicos envolvidos e reprimem qualquer conduta tendente a embaraçá-los. A nosso ver, houve também clara violação do art. 49, § 3º, da LRF, na medida em que tal artigo foi aplicado a hipótese para a qual claramente não se presta.

(*2º*) – Existe antinomia entre o *caput* e os §§1º, 2º e 3º do artigo 199 da LRF? E entre o artigo 199 e os artigos 2º e 49, §3º da LRF? Na hipótese de se admitir a existência de suposta antinomia, ela deveria ser extirpada no caso concreto em consonância com quais critérios? O artigo 199 da LRF afasta a incidência, na hipótese específica de recuperação judicial de companhia aérea e de créditos extraconcursais decorrentes de contratos de arrendamento de aeronaves, do quanto disposto no artigo 49, §3º da LRF?

R: Não existe antinomia alguma entre os parágrafos do art. 199 da LRF e a sua cabeça: este prevê a sujeição das empresas aéreas aos processos concursais; estes arredam dos efeitos destes processos os contratos de arrendamento de aeronaves e suas partes – sendo que, ainda quando as regras dos parágrafos possam restringir os efeitos práticos do processo, trata-se de uma opção legislativa, da qual o intérprete até pode discordar, sem que isso se erija em antinomia. De toda forma, se antinomia houvesse, seria facilmente solucionável pelo critério temporal (LINDB, art. 2º, § 1º), dando-se prevalência aos parágrafos, que foram introduzidos na lei quando já existia a cabeça do art. 199 da LRF.

Também não existe antinomia alguma entre o art. 199 da LRF e os arts. 2º e 49, § 3º da LRF; o que há, apenas, são regras especiais no art. 199 da LRF, que destoam da regra geral (LRF, art. 49, § 3º) e que, por esse modo, asseguram aos arrendadores em contratos de arrendamento de aeronaves e suas partes o direito de retomada mesmo durante o período de *stay*, pouco importando se tais bens são ou não de capital ou essenciais. Esse aparente conflito entre regras especiais e regra geral resolve-se, sem mais, pelo critério da especialidade (LINDB, art. 2º, § 2º).

Os §§ 1º e 2º do art. 199 arredam expressamente a aplicação do disposto no art. 49, § 3º, da mesma lei.

(*3º*) – O artigo 199 da LRF teve a sua aplicação e constitucionalidade reconhecida pela jurisprudência?

R: O art. 199 da LRF compõe uma disciplina especial e permanente de direito concursal e, havendo discrímen válido a legitimar o afastamento dos contratos de arrendamento de aeronaves e suas partes da integral incidência de regras gerais, é norma perfeitamente constitucional – conforme assim já decidiu o Egrégio Tribunal de Justiça do Estado de São Paulo.

(*4º*) – As disposições da Convenção da Cidade do Cabo foram incorporadas ao ordenamento jurídico brasileiro através do Decreto 8.008/2013? Tais disposições são aplicáveis ao caso concreto? Elas se compatibilizam com o quanto disposto no artigo 199 da LRF? Há algum impedimento à sua aplicação estabelecido pelo ordenamento jurídico brasileiro com o intuito de as compatibilizar com "*medidas comercialmente razoáveis*", como alegado pela Oceanair?

R: Sim, sem dúvida. A Convenção da Cidade do Cabo e o Protocolo Aeronáutico foram devidamente incorporados ao direito brasileiro através do Decreto Legislativo nº 135, de 26 de maio de 2011, e do Decreto nº 8.008, de 15 de maio de 2013, respeitando-se assim o processo constitucionalmente definido (CF, arts. 49, I, e 84, VIII), e, portanto, gozam do *status* de lei ordinária federal (*cf.* STF, ADI 1.480-MC, Tribunal Pleno); amoldam-se ao art. 199 da LRF e, portanto, o complementam. Não há entre as regras daqueles tratados e o art. 199 da LRF relação de conflito e exclusão, mas de simples complementariedade. Diante de tal quadro, não cabe ao aplicador da lei ou ao intérprete condicionar o seu atendimento ou a aplicação das suas regras àquilo que, segundo a particular visão destes, seria uma "medida comercialmente razoável". Até porque razoável e mais do que elementar é apenas que os pactos sejam cumpridos.

(5º) – A aplicação das disposições da Convenção da Cidade do Cabo relacionadas ao cancelamento do registro de aeronaves na hipótese de inadimplemento do contrato de arrendamento pela companhia aérea devedora dependem de autorização judicial a ser concedida pelo juízo competente para processar a recuperação judicial dessa companhia aérea? A Convenção da Cidade do Cabo autoriza o Poder Judiciário brasileiro a mitigar os direitos dos arrendadores de aeronaves nela previstos?

R: Não, para ambas as questões. O desregistro de aeronaves é medida que independe de autorização judicial por força de expressa regra constante do Protocolo Aeronáutico da Convenção da Cidade do Cabo (Artigos IX, parágrafo 1º, XI, parágrafo 8º, alínea *b*, e XIII). Não apenas não há previsão legitimando o Judiciário a "mitigar" os direitos dos arrendadores de aeronaves, mas, antes, existe norma expressamente proibindo que assim se faça (Artigo XI, parágrafo 9º)!

(6º) – As disposições legais contidas no ordenamento jurídico brasileiro em relação à retomada de aeronaves arrendadas devem ter a sua aplicação mitigada em decorrência de eventual caráter absoluto do princípio da preservação da empresa previsto no artigo 47 da LRF? O princípio da preservação da empresa deve ser harmonizado com o princípio da preservação dos interesses dos arrendadores de aeronaves e seus componentes no âmbito de uma recuperação judicial?

R: Não cabe a "mitigação" (que nada mais é do que um eufemismo para "descumprimento da lei"); tanto mais quando o (inventado) conflito entre regra e princípio resultaria de normas da mesma lei e, portanto, do mesmo plano hierárquico – hipótese em que se deve entender, em linha com a boa doutrina e a jurisprudência referidas neste parecer, que, se conflito houvesse entre princípio e regras estas devem se sobrepor àquelas, por representarem o resultado da ponderação feita pelo próprio legislador a respeito dos aspectos relevantes que podem surgir no conflito entre os interesses regulados na lei.

(7º) – Diante das premissas de que (a) os contratos de arrendamento celebrados pelas Consulentes foram rescindidos em 2018 por inadimplemento da Oceanair; (b) as Consulentes desejam a imediata retomada das suas aeronaves e não concordam com a manutenção desses contratos de arrendamento; e (c) não existem atualmente propostas aceitáveis para eventual acordo com a Oceanair visando a manutenção dos contratos de arrendamento, as Consulentes indagam as decisões agravadas violam os princípios da autonomia da vontade e da liberdade de contratar decorrentes do artigo 421 do Código Civil e se as Consulentes podem ser obrigadas a dar continuidade a contratos de arrendamento já rescindidos por inadimplemento, mesmo contra a sua vontade.

R: Pelo que se colhe dos elementos aprestados pelas Consulentes, os contratos de arrendamento de aeronaves e motores já foram rescindidos, antes mesmo do pedido de recuperação judicial; as negociações de potenciais acordos com os arrendadores de aeronaves se encerraram em definitivo; os arrendadores de aeronaves já manifestaram seu desinteresse na continuidade dos contratos de arrendamento – e, por não terem mais interesse em contratar com as Recuperandas ou reviver os contratos extintos, pretendem simplesmente, como lhes é dado, retomar as suas aeronaves. Logo, viola o princípio da autonomia da vontade e a liberdade de contratar determinar que faticamente se dê seguimento forçado a relações extintas e, ainda, impedir que retomem a posse direta do bens que lhes pertence – por esse modo também menosprezando uma das projeções do direito de propriedade.

(***8º***) – Qual o tratamento legal correto a ser dispensado aos arrendadores de aeronaves no que diz respeito aos seus direitos de propriedade e à natureza de seus créditos? As Consulentes podem ser compelidas a "participar" da AGC? O juiz tem autonomia e poder para conceder às Consulentes o direito de votar o Plano na AGC, ou isso contraria a LRF? O juiz tem autonomia e poder de sujeitar seus créditos aos efeitos da Recuperação Judicial e ao Plano mesmo contra a vontade das Consulentes, criando uma nova e separada classe de credores cuja aprovação faz-se necessária para que não seja decretada a falência das Recuperandas?

R: De maneira direta, entendemos que o tratamento correto a ser dispensado aos arrendadores é cumprir e fazer com que seja cumprida a lei – ordinária federal e os tratados que, incorporados ao direito interno, gozam de tal *status*. É, pois, respeitar o direito dos credores e assegurar previsibilidade e segurança jurídica. Os créditos extraconcursais dos arrendadores não se sujeitam aos efeitos da recuperação judicial, salvo se, por ato individual e expresso, alguma delas assim desejar. No mais, embora credores extraconcursais possam comparecer ao conclave, os seus créditos não integram os quóruns de instalação e de deliberação, não votam e, ainda quando o plano de forma extravagante pretende enleá-los, não estão sujeitos a tais disposições. A lei concursal não permite a criação de classe para credores extraconcursais – o que é uma contradição em si mesmo – e nenhum credor extraconcursal pode ser compelido ao comparecer ao conclave nem a sua ausência pode ser juridicamente sancionada.

(9º) – As decisões agravadas poderão gerar impactos negativos ao mercado da aviação civil brasileiro e à reputação do Brasil no mercado da aviação civil internacional? De que forma?

R: Por força de regra expressa, há determinação clara para que, também na esfera judicial, não se decida "com base em valores jurídicos abstratos sem que sejam consideradas as consequências práticas da decisão" (LINDB, art. 20). Sem medo de errar, afirmo que desprezar as regras da LRF, da Convenção da Cidade do Cabo e do Protocolo Aeronáutico, sob o pálio do redentor princípio da preservação da empresa, é decisão que não apenas pode, mas concretamente já está, a produzir seriíssimos impactos negativos ao mercado de aviação brasileiro e à reputação do Brasil no mercado da aviação civil internacional. A sinalização para os financiadores é clara e a resposta será unívoca: eliminação dos descontos associados a empresas situadas em países onde vigem aqueles tratados. Todos os empresários do setor e o Brasil, no plano internacional, arcarão com as consequências do socorro judicial imerecido a quem, afinal, não cumpriu os seus contratos. Impende, pois, restabelecer o quanto antes o império da lei.

É o nosso parecer, s.m.j.

São Paulo, 21 de fevereiro de 2019.

